# DAS GROSSE BUCH VOM HOLZ

# DAS GROSSE BUCH VOM HOLZ

*Aus dem Englischen übersetzt und bearbeitet
von Jürgen Schwab*

EDITION ATLANTIS

Die englische Originalausgabe ist unter dem Titel »The International Book of Wood« im Verlag Mitchell Beazley, London erschienen.
Autor und Verlag danken der International Paper Company, durch deren Hilfe dieses Buch möglich wurde.

*Originalausgabe*
Editor: Martyn Bramwell; Art Editor: Janette Palmer; Editorial Advisor: Bryan Haynes; Assistant Editors: Sue Farr, Paul Holborton; Designers: Mike Blore, Celia Welcomme, Len Roberts, John Ridgeway; Researchers: Gillian Abrahams, Helen Varley, Jinny Johnson, Yvonne McFarlane, Mike Janson, Karen de Groot, Tristan Allsop; Photo-research Editor: Susan Pinkus; Pictur Researchers: Jackum Brown, Juliet Scott; Production: Elsie Day; Publisher: Bruce Marshall; Art Director: John Bigg; Production Director: Michael Powell.

*Deutsche Ausgabe*
Übersetzung und Bearbeitung: Dr. Jürgen Schwab, Frankfurt a. M.; Fachliche Beratung: Dipl.-Holzwirt Karsten Lempfer, Hamburg; Gestaltung der Seiten 112–113: md-Redaktion, Leinfelden.

Printed in Spain by Cayfosa, Barcelona

# Inhalt

ISBN 3-7611-0708-0
© 1976 by Mitchell Beazley Publishers Ltd., London
© Schuler Verlag, Herrsching
Sonderausgabe für Atlantis Verlag, Luzern
Alle Rechte vorbehalten

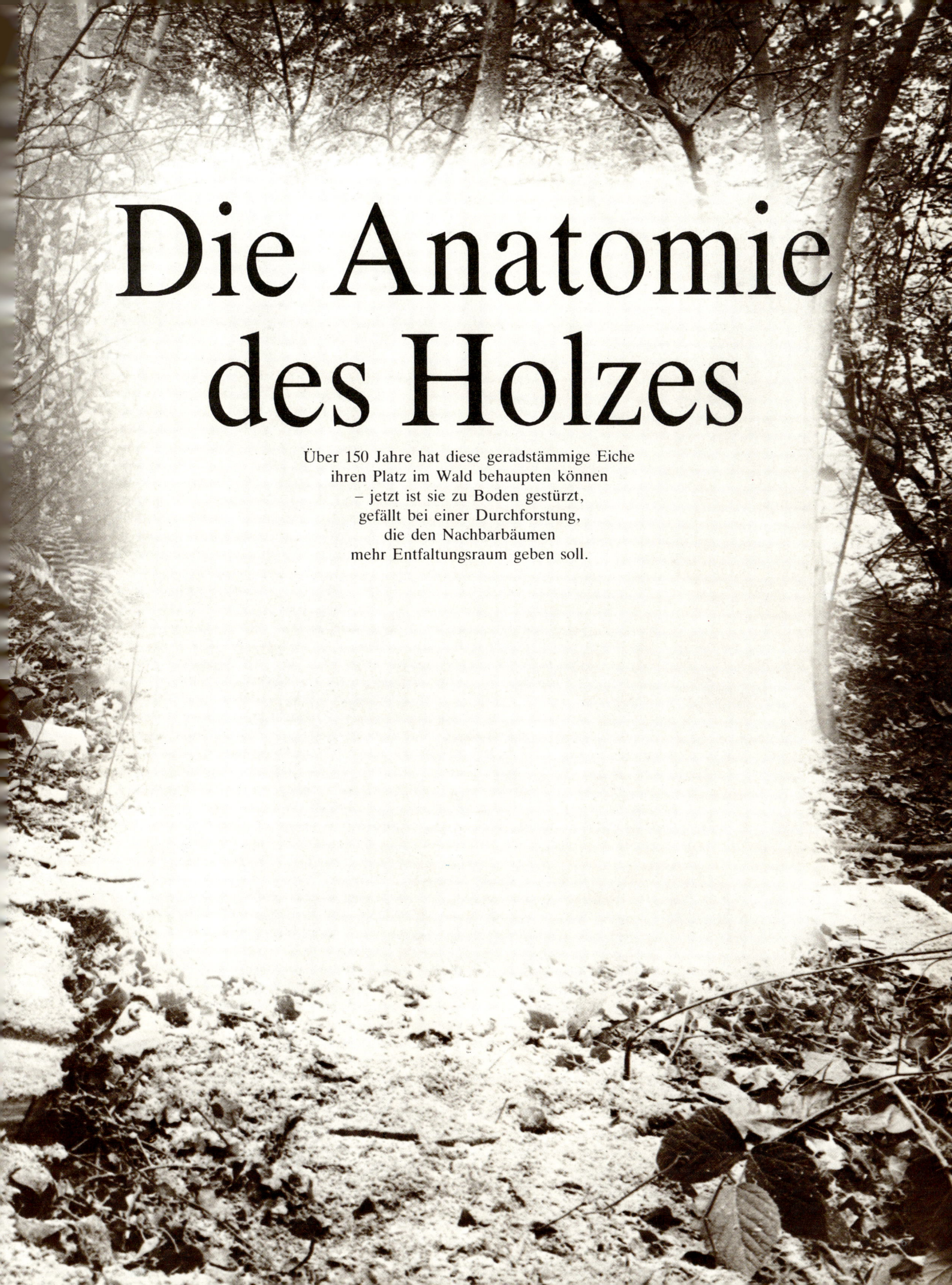

# Die Anatomie des Holzes

Über 150 Jahre hat diese geradstämmige Eiche
ihren Platz im Wald behaupten können
– jetzt ist sie zu Boden gestürzt,
gefällt bei einer Durchforstung,
die den Nachbarbäumen
mehr Entfaltungsraum geben soll.

# Holz im Werden

Wie alle grünen Landpflanzen bilden auch die Bäume die zum Wachstum notwendigen Stoffe in ihren Blättern. Man nennt diesen Prozeß Photosynthese oder Assimilation: eine komplexe chemische Reaktion, bei der mit Hilfe der Sonnenenergie Kohlendioxid aus der Luft sowie aus dem Boden aufgenommenes Wasser in Stärke- und Zuckerverbindungen umgesetzt werden. Diese Reaktion findet in Anwesenheit von Chlorophyll statt – jener grünen Substanz, die Blättern ihre charakteristische Farbe gibt.

In ein Blatt hinein gelangt Kohlendioxid durch kleine Spaltöffnungen, die man auch als Stomata bezeichnet. Das Wasser aber hat einen langen Weg vom Boden bis zur chemischen Fabrik im Blatt zurückzulegen. In die Wurzeln kommt es durch die Wurzelhaare auf dem Wege der Osmose – dies ist der Durchtritt von Wasser aus einer Lösung mit niedriger Salzkonzentration, wie sie normalerweise im Boden vorhanden ist, in eine höher konzentrierte Salzlösung, wie sie die Wurzelhaarzellen enthalten. Das Wasser steigt dann durch das Xylem oder Splintholz bis in die Baumkrone hinauf.

Außer dem Wassertransport hat der Holzkörper jedoch noch andere wichtige Aufgaben zu erfüllen. Er muß Stamm und Krone festigen und stützen und die von den Blättern gebildete Nahrung speichern. Von den Blättern aus werden die Nährstoffe in alle Teile des Baumes in gelöster Form durch die Innenrinde, das Phloem, transportiert und entweder sofort verbraucht oder während der Vegetationsruhe für die nächste Generation des Neuzuwachses gespeichert.

Neues Holz wird von einer darauf spezialisierten Zellschicht, dem Kambium, erzeugt, die zwischen dem Holz und dem Phloem liegt. Diese Kambialschicht umschließt völlig die lebenden Teile des Baumes. In Zeiten aktiven Wachstums teilen sich die Zellen des Kambiums und scheiden nach innen neue Holzzellen, nach außen neue Rinden- oder Phloemzellen ab. Auf diese Weise wird eine neue Holzschicht an den vorhandenen Holzkern angelagert. Herrschen während einer Periode des Jahres ungünstige Wuchsbedingungen, weil es zu kalt oder zu trocken ist, wird das Holz in Form jahreszeitlicher Zuwachszonen angelagert, die als Jahresringe zu erkennen sind. Bäume, die in Gebieten ohne Vegetations- und Ruheperioden, etwa in den Tropen, wachsen, bilden keine Jahresringe in ihrem Holz.

Zwei wichtige Aufgaben haben die jüngsten Holzschichten, das Splintholz, zu erfüllen: den Wassertransport und die Nährstoffspeicherung. Eines Tages ist das innerste Splintholz jedoch so weit von der Zone aktiven Wachstums entfernt, daß es abstirbt und sich sein Zellinhalt chemisch verändert. Die dabei entstehenden Substanzen verfärben bei vielen Baumarten das Holz, so daß es sich dann als Kernholz deutlich vom Splintholz abhebt.

MAJESTÄTISCHE REIFE
*Der Baum hat die größte Lebenserwartung aller höheren Lebensformen der Erde und kann zu seinen Lebzeiten buchstäblich Millionen von Nachkommen erzeugen. Zur Erhaltung dieser bemerkenswerten Existenz verfügt er über hochspezialisierte Organe. Die Wurzeln verankern* *den Baum im Boden und nehmen Wasser und Mineralsalze auf. Der Stamm leitet die körperfremden Nährstoffe zu den Blättern, die daraus Nahrung bereiten, und transportiert diese Nahrung dann in alle Teile des Baumes. Jährlich erzeugte Früchte sichern das gesunde Überleben der Art.*

## BLATTANATOMIE

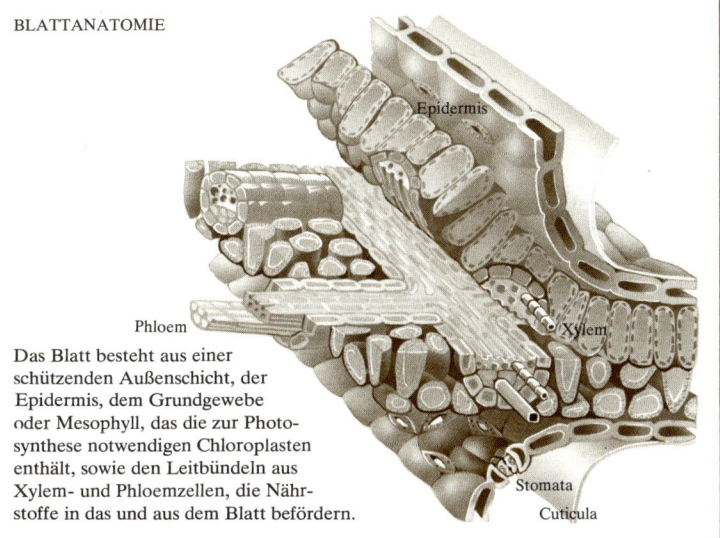

Das Blatt besteht aus einer schützenden Außenschicht, der Epidermis, dem Grundgewebe oder Mesophyll, das die zur Photosynthese notwendigen Chloroplasten enthält, sowie den Leitbündeln aus Xylem- und Phloemzellen, die Nährstoffe in das und aus dem Blatt befördern.

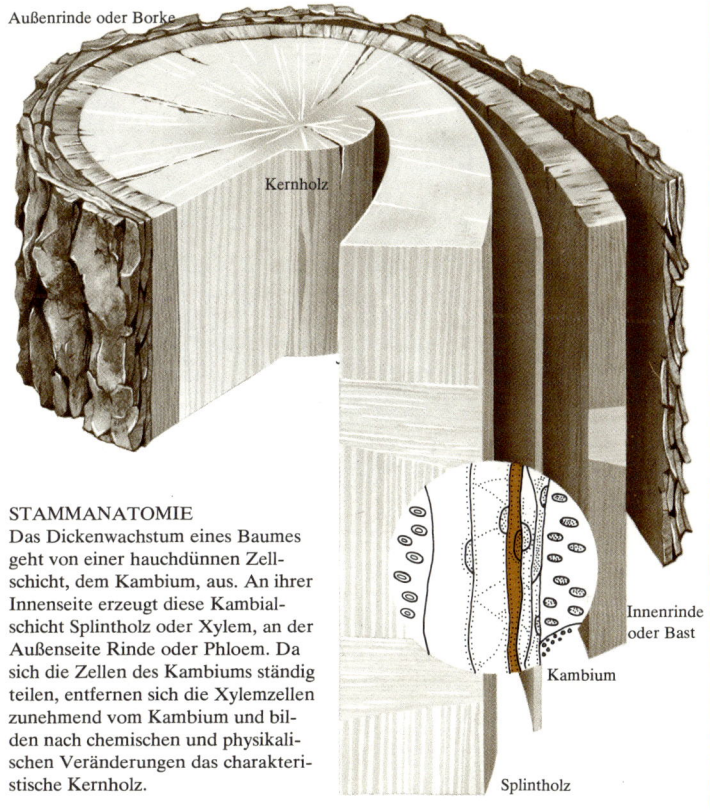

## STAMMANATOMIE

Das Dickenwachstum eines Baumes geht von einer hauchdünnen Zellschicht, dem Kambium, aus. An ihrer Innenseite erzeugt diese Kambialschicht Splintholz oder Xylem, an der Außenseite Rinde oder Phloem. Da sich die Zellen des Kambiums ständig teilen, entfernen sich die Xylemzellen zunehmend vom Kambium und bilden nach chemischen und physikalischen Veränderungen das charakteristische Kernholz.

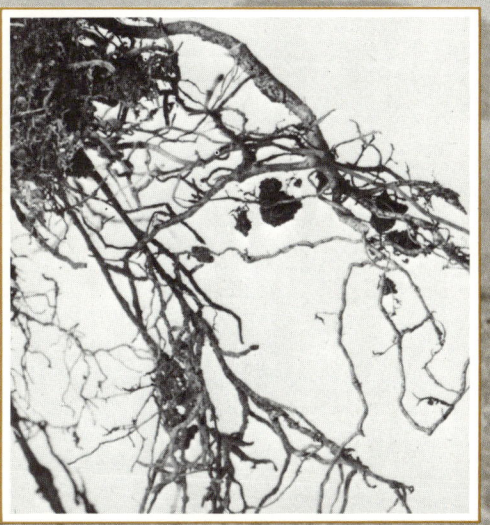

## WURZELANATOMIE

Kleine Haare an den Wurzeln schieben sich zwischen den Bodenpartikeln hindurch und nehmen auf osmotischem Wege Feuchtigkeit auf. Auch für das Wachstum unerläßliche Mineralsalze werden dabei absorbiert und gelangen in den Wasserstrom. Diese Lösung kommt in die Xylemgefäße der Wurzeln und wird von dort auf den ganzen Baum verteilt. Zu 99 Prozent entweicht dieses Wasser wieder durch Verdunstung aus den Stomata oder Spaltöffnungen der Blätter. Somit findet im Baum ein ununterbrochener Wasserkreislauf statt, und an einem Sommertag kann eine Eiche an die 500 Liter Wasser aufnehmen.

# Chronik des Baumlebens

Die Lebensgeschichte eines Baumes läßt sich aus der Struktur seines Holzes ablesen – besonders deutlich bei im Vegetationsrhythmus gewachsenen Bäumen am Bau ihrer Jahresringe. In der Breite ihrer Jahresringe unterscheiden sich die einzelnen Holzarten beträchtlich. Manche, etwa Buchsbaum und Eibe, wachsen langsam mit schmalen Ringen, andere, wie die Pappel und einige Kiefernarten, sind sehr raschwüchsig und können Jahresringe von mehr als 1,25 cm Breite bilden. Je nach den Wachstumsbedingungen kann die Ringbreite eines Baumes jedoch von Jahr zu Jahr unterschiedlich ausfallen.

Die Wachstumsbedingungen sind besonders ausschlaggebend. Bäume an einem fruchtbaren Standort bilden breitere Ringe als solche auf unfruchtbarem Boden; Parkbäume ohne Kronen- und Wurzelkonkurrenz haben breitere Ringe als Waldbäume, die in einem harten Wettbewerb um Entfaltungsraum stehen; Bäume mit kurzen Vegetationsperioden, etwa in der arktischen Zone oder in Gebirgsregionen nahe der Schneegrenze, bilden im allgemeinen nur sehr feine Ringe.

Verfolgt man Jahresringe um den Stammquerschnitt herum, stellt man fest, daß ihre Breite nur selten konstant ist, und am Hang oder unter stark einseitiger Windeinwirkung gewachsene Bäume haben oft einen Stamm mit ovalem Querschnitt, dessen Jahresringe beiderseits der Markröhre deutliche Breitenunterschiede aufweisen. Einen solchen einseitig verstärkten Zuwachs nennt man Reaktionsholz. Es hat eine besondere Struktur und chemische Zusammensetzung, die den Baum befähigen, den ungewöhnlichen Belastungen standzuhalten, der Schiefe entgegenzuwirken und dem Stamm zu helfen, seine normale, aufrechte Ausgangsstellung wiedereinzunehmen. Wird Reaktionsholz geschnitten und getrocknet, ist seine Längsschwindung außergewöhnlich stark; deshalb neigt es zu starken Formveränderungen und zur Rißbildung.

Auch Klima- und Witterungsbedingungen beeinflussen das Wachstum und somit die Breite der Ringe. Abnorme Bedingungen, etwa eine anhaltende Dürre, können das Wachstum zum Stillstand bringen und zur Bildung »falscher Jahresringe« führen, während Insektenbefall, Feuer- und Frostschäden an Wundreaktionen erkennbar sind.

Die Erkenntnis, daß sich die klimatischen Einflüsse auf die Ringbreite häufig innerhalb eines größeren geographischen Gebietes auswirken, hat die Datierung von Ringsequenzen anhand von Proben ermöglicht, die man sehr alten Bäumen und Hölzern bekannten Alters entnimmt. Diese Ringstrukturen geben Auskunft über die jahreszeitlichen Witterungsbedingungen vergangener Jahrhunderte und Jahrtausende: Anhand von Holzproben aus lebenden und abgestorbenen kalifornischen Grannenkiefern, die bis zu 4900 Jahre alt werden, hat man die Klimageschichte der letzten 8200 Jahre rekonstruiert.

**SPLINTHOLZ**
*Saftleitendes und nährstoffspeicherndes Gewebe macht das Splintholz oft heller als das Kernholz. Breite Ringe zeigen kräftiges Wachstum in den letzten Jahren an.*

**WUNDHOLZ**
*In jeder Vegetationsperiode schob sich junges Holz weiter über die Wunde vor, was ein deutliches Bild in den Jahresringen ergibt.*

**JUNGE WUCHSENERGIE**
*Der junge Baum, in zuträglicher Umgebung ausgesät, wuchs stetig und lagerte gleichmäßige Jahreszuwachsringe an.*

**DÜRRE**
*Ein mehrere Jahre anhaltender starker Wassermangel schränkte das Wachstum ein, so daß sich nur extrem schmale Ringe bildeten.*

**KRANKHEIT**
*Stark gebremst werden kann das Wachstum ebenfalls durch Krankheiten und Insekten- oder Pilzbefall der Wurzeln oder Blätter. Auch ein erfolgreicher Wettbewerb benachbarter Bäume um Wasser und Nährstoffe kann dieses Bild ergeben.*

**BORKE UND BAST**
*Die schützende Rinde und das nährstoffleitende Phloem liegen außerhalb des Kambiums – der für das Wachstum verantwortlichen, nur eine Zellage starken Schicht. Bei Jahresringuntersuchungen besteht der einzige Wert dieser Teile darin, daß sie die Vollständigkeit des Xylems beweisen.*

**GERINGER ZUWACHS**
*Die schmalen Ringe zeigen schlechte Wuchsjahre an. Ursache war möglicherweise eine wiederholte Entblätterung durch Schadinsekten.*

**FEUERSCHADEN**
*Von seinem selbsterzeugten Sturm durch den Wald getriebenes Feuer hat an einem Quadranten des Stammes schwere Brandwunden verursacht. Der Heilprozeß dauerte zehn Jahre – bis die Wunde schließlich von gesundem Holz überdeckt war.*

**MARKRÖHRE**
*Oft kaum oder gar nicht im Querschnitt eines ausgewachsenen Baumes zu erkennen, bildet das Mark manchmal einen hellen Strang von nur wenigen Millimetern Durchmesser.*

**NORMALWUCHS**
*Während die eine Seite des Baumes die vom Waldbrand hinterlassene Wunde überwallte, war der Zuwachs am übrigen Stammumfang normal. Die Jahresringe sind gleichmäßig und mittelbreit.*

**ZUGHOLZ**
*Das in ziemlich breiten Zuwachszonen angelagerte Zugholz ist eine Wachstumsreaktion auf einseitige Belastung. Vielleicht hat der Baum nach einem Erdrutsch an einem Hang oder bei starkem einseitigem Winddruck eine Schrägstellung entwickelt.*

**LABORPROBEN**
*Zur Untersuchung von Wuchs-
mustern und -abweichungen in
Hölzern entnimmt man Probe-
scheiben von gefällten Bäumen
und behält sie zum Analysieren
zurück. Bei der Mehrzahl dieser
(rasch getrockneten) Scheiben
treten Radialrisse auf, da die tan-
gentiale Schwindung größer als
die radiale ist.*

**ENGRINGIGES WUCHSBILD**
*Bei der abgebildeten Tannenholz-
probe sind die jährlichen Zuwachszonen oder Jahresringe aus
einem großen Teil des Baumlebens
schmal. Dieses Ringbild läßt darauf schließen, daß der Baum unter recht ungünstigen Bedingungen – vielleicht an einem Kahlhang
mit magerem, unfruchtbarem Boden – gewachsen ist.*

**WEITRINGIGES WUCHSBILD**
*Im Gegensatz zu der Probe des
langsamgewachsenen Tannenhol-
zes links hat sich das Tannenholz
unten frohwüchsig entwickelt: dies
zeigen seine breiten jährlichen Zuwachszonen, besonders der ersten
zwölf Lebensjahre. Offenbar bekam dieser Baum reichlich Wasser
und hatte einen Standort mit gutem
Boden.*

**SCHUTZSPERRE**
*Der Querschnitt oben zeigt, wie ein
Pflaumenbaum (Prunus sp.) auf einen
Pilzbefall durch Anlegen einer Harz-
sperre reagierte. Ursprünglich unmittelbar unter der Rinde abgesondert, ist
dieser Schutzmantel jetzt völlig von
späterem Holzzuwachs eingeschlossen.*

**DRUCKHOLZ (FICHTE)**
*Bei Nadelhölzern bildet sich bei Schief-
stellung des Stammes an dessen »Tal-
seite« ein Sonder- oder »Reaktionsge-
webe«. Dieses Druckholz, das die gleiche Stabilisierungsfunktion wie das
Zugholz bei den Laubbäumen hat, ist
anomal dicht und hat einen hohen
Ligningehalt, aber verminderte Festigkeitseigenschaften.*

**ZUGHOLZ (LAUBHOLZ)**
*Dieses an der »Bergseite« eines zur
Schrägstellung neigenden Baumes
zwecks Stabilisierung erzeugte Reaktionsholz weist eine außergewöhnlich
große Längsschwindung auf. Das Zugholz einer Buche (unten) ist in Faserrichtung gerissen, und an den Innen-
flächen sind zerrissene Fasern zu erkennen.*

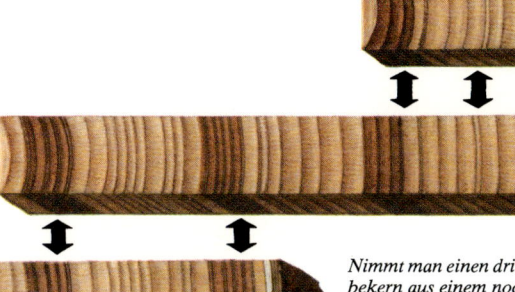

**BAUMRINGDATIERUNG (DENDROCHRONOLOGIE)**

*Das Ringbild eines Baumstammes hält als
getreue Chronik die Schwankungen der
Witterungsbedingungen fest. Entnimmt
man Proben aus lebenden Bäumen, Haus-
balken oder noch älterem Holz, kann man
Zonen mit dem gleichen Jahrringbild miteinander verketten und so allmählich einen
Baumringkalender zusammenstellen, der
bis zur ältesten Holzprobe zurückreicht.
Eine solche Chronologie kann bei der
Altersbestimmung archäologischer Funde
von Nutzen sein.*

*Ein Probekern aus einem
lebenden Baum zeigt fast
vierzig Jahresringe aus der
jüngsten Vergangenheit.*

*Nimmt man einen dritten Pro-
bekern aus einem noch älteren Holz hinzu, ergibt sich
eine korrelierte Sequenz, die
einen Zeitraum von fast neun-
zig Jahren umfaßt.*

*Ein Vergleich dieser aus einem
Stützbalken entnommenen
Probe mit der aus dem lebenden Baum darüber zeigt, daß
der Balken aus einem vor
neunzehn Jahren gefällten
Baum geschnitten wurde.*

# Wuchsformen

Außer den Jahresringen gibt es noch andere Wuchsmerkmale, die Ereignisse im Leben eines Baumes festhalten. Auskunft über die Astbildung gibt die Verteilung der Aststellen im Holz. Manchmal kann man sogar noch die Anordnung der Blatttriebe am jungen Stamm erkennen; dies ist der Fall bei einigen Nadelhölzern mit mehrjährigen Blattorganen. Die Gewebe an jedem Blattgrund werden von den nachwachsenden Holzschichten des Stammes eingeschlossen. Wenn das Holz geschnitten ist, kann man das regelmäßige Muster der Blattansätze deutlich erkennen.

Solange ein Trieb Blätter erzeugt, hängen seine Gewebe mit denen im Stamm zusammen; stirbt ein Zweig oder Ast ab, bleibt er zwar vom Hauptstamm umschlossen, aber eine Gewebeverbindung besteht nicht mehr. Wird ein Ast, dessen Zellen noch mit denen des Hauptstammes verbunden sind, dann später von einem Sägeschnitt getroffen, bleibt das Astholz an seinem Platz – und man spricht von einem lebenden Ast. Ist der Ast dagegen tot, d. h. fehlte die Gewebeverbindung, dann schwindet er beim Trocknen häufig und fällt heraus. Ein solcher toter oder Durchfallast mindert den Wert des Holzes. Wird ein Ast entfernt, überwallt der Stamm seinen Stumpf und schließt die Wunde, nach deren völliger Ummantelung wieder gesundes Holz mit normalem Faserverlauf wächst. Überwallungen oder Einschlüsse größerer Aststummel sind oft als Wülste am Stamm zu erkennen.

Im Bereich größerer Äste und bei Bäumen mit spannrückigem oder gerieftem Stamm kann Rinde von nachwachsendem Holz eingeschlossen werden, und im Holz mancher Kiefern hat man sogar eingelagerte Zapfen gefunden. Zu Einschlüssen anderer Art kommt es, wenn sich Risse oder Hohlräume im Holz füllen – häufig mit Gummi oder Harz, manchmal aber auch mit mineralischen Ablagerungen aus dem Saft, die so hart sind, daß die Sägeblätter stumpfen. Gummi, Harze und Öle sind in vielen Holzarten enthalten und geben ihnen oft einen charakteristischen Geruch. Auch kristalline Einlagerungen sind häufig, allerdings meist so klein, daß man sie nur unter dem Mikroskop erkennt. In manchen Hölzern findet man Ablagerungen feiner Kieselsäurekörner, die ein rasches Stumpfen der Schneidwerkzeuge verursachen.

Fremdkörper an einem Baum oder in seiner Nähe können völlig vom Holzkörper eingeschlossen werden. Sie sind oft nur schwer zu erkennen und vermögen schwere Schäden an Sägewerksausrüstungen zu verursachen sowie außerdem dem Holz seinen Nutzwert zu nehmen.

FREMDKÖRPEREINSCHLUSS
*Während die Jungen, die einst auf ihr saßen, zu Männern in den besten Jahren heranwuchsen, wurde eine schmiedeeiserne Bank, die früher an einer Eiche auf dem Hof einer Schule lehnte, allmählich vom nachwachsenden Holz ihres Schattenbaums verschlungen.*

## DREHWUCHS
*Normalerweise verlaufen Holzfasern geradlinig und parallel zur Baumachse, aber bei über 200 Arten hat man drehwüchsige Fasern festgestellt, die sich schraubig um die Stammachse drehen. Der Drehwuchs des Pflaumenbaums unten führte zu Rissen im Holz.*

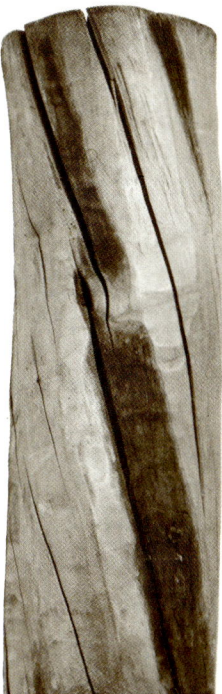

## BLATTNARBEN
*Blattnarben markieren die Anordnung der Blatttriebe am Stamm eines jungen Baumes. Unten sieht man die Blatttriebe am lebenden Schößling, rechts ihre Narben auf der Fladerschnittfläche eines Kiefernholzbretts, wo sie ein deutliches Spiralmuster ergeben.*

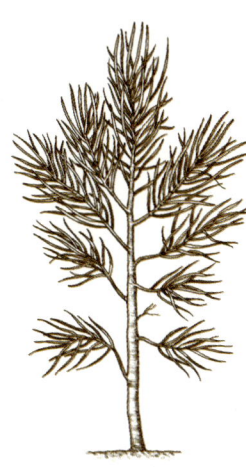

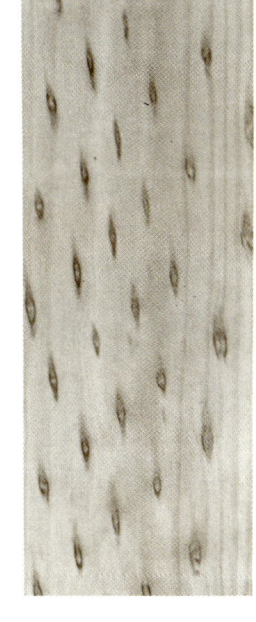

## ASTBILDUNG
*Äste im Holz markieren die »Wurzeln« der Äste im Stamm des Baumes. Lebende Äste bleiben in organischer Verbindung mit dem Stamm, und die von ihnen im Schnittholz hinterlassenen »lebenden« Aststellen stören zwar den Faserverlauf, beeinträchtigen aber nur wenig die Festigkeit des Holzes.*

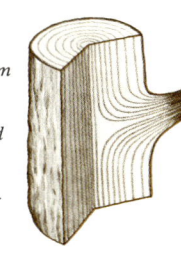

## TOTAST (oben)
*Ein »toter« Ast ist der Stumpf eines abgestorbenen Astes. Vom Zeitpunkt seines Absterbens an unterbricht er die Jahresringe wie ein Fremdkörper. Totäste sind nicht fest verwachsen und können beim Trocknen des Schnittholzes leicht herausfallen.*

## MINERALEINSCHLÜSSE
*Die Wurzeln eines Baumes nehmen ständig Wasser und Mineralsalze aus dem Boden auf. Die im Wasser gelösten Salze scheiden sich oft vom Saft ab und bilden kristalline Einlagerungen. Diese Kalkablagerung in Afzelia ist ein schwerer Holzfehler und eine Gefahr für das Sägewerk.*

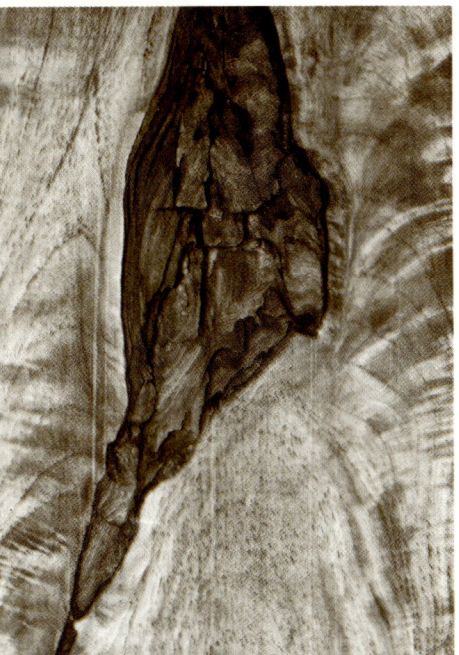

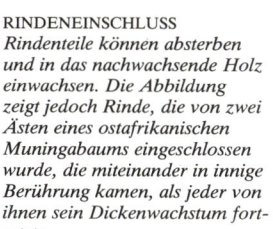

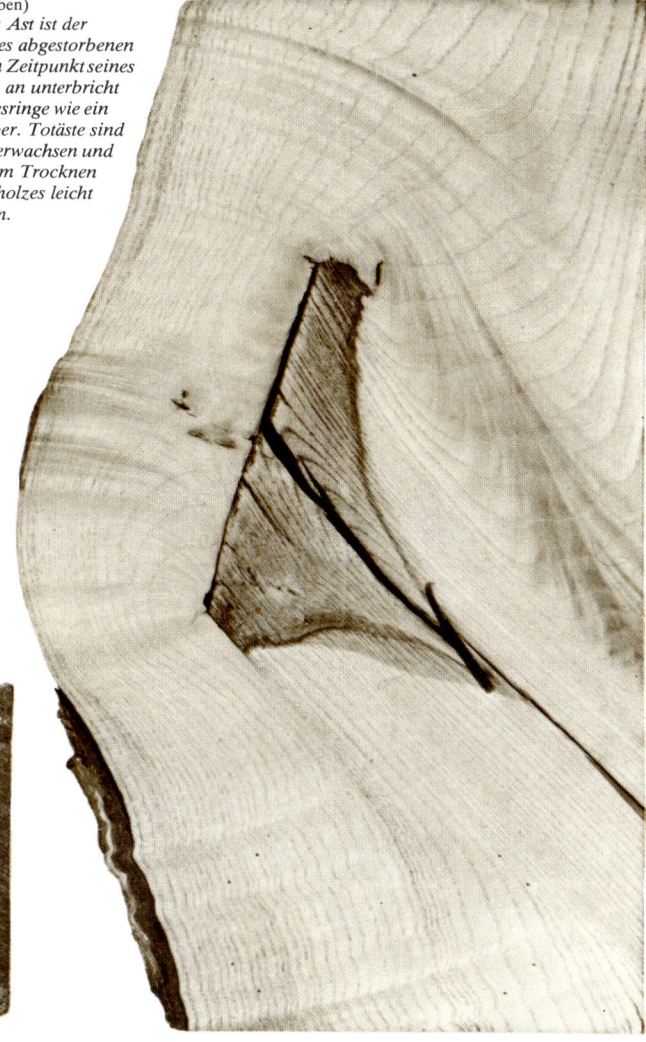

## RINDENEINSCHLUSS
*Rindenteile können absterben und in das nachwachsende Holz einwachsen. Die Abbildung zeigt jedoch Rinde, die von zwei Ästen eines ostafrikanischen Muningabaums eingeschlossen wurde, die miteinander in innige Berührung kamen, als jeder von ihnen sein Dickenwachstum fortsetzte.*

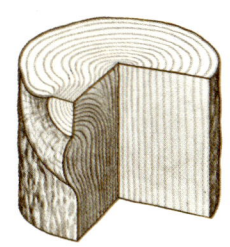

## GESUNDE ÄSTUNG
*Richtig entfernte Äste sind nahe am Stamm abgeschnitten, so daß möglichst wenig totes Holz einwächst. Zwar bildet sich ein Wulst, und die Schnittfläche ragt aus der Ebene des Schaftmantels heraus, doch entwickelt sich das nachwachsende Holz normal.*

# Form und Funktion der Zellen

Im Baum werden die Aufgaben des Wassertransportes, der physikalischen Festigung und Stützung sowie der Nahrungsspeicherung von Zellen ausgeführt, die ihren Funktionen spezifisch angepaßt sind, wenngleich die jeweiligen Zelltypen bei Nadel- und bei Laubhölzern unterschiedlich sind. So übernehmen die Wasserleitung bei den Nadelbäumen dünnwandige Tracheiden, bei den Laubbäumen dagegen Gefäße. Die mechanische Festigung des Stammes ist bei den Nadelhölzern Aufgabe dickwandiger Tracheiden, bei den Laubhölzern dagegen die von Faserzellen. Bei Nadel- wie bei Laubbäumen werden die Aufbaustoffe von Parenchymzellen gespeichert.

Auf Wassertransport spezialisierte Nadelholz-Tracheiden sind lange, dünnwandige, röhrenförmige Zellen mit großen Hohlräumen, den sogenannten Lumen, und vielen Ventilen in ihrer Wand, den Tüpfeln, die den Saftstrom regulieren. Die auf die Festigungsfunktion spezialisierten Tracheiden dagegen haben dicke Zellwände und ein kleines Lumen. Nadelhölzer in temperierten Klimazonen bilden im Frühjahr ein Band dünnwandiger Tracheiden, das sogenannte Frühholz, und im Sommer englumige und dickwandige Holzzellen, das sogenannte Spätholz.

Laubhölzer haben für den Wassertransport und die Festigung je eine besondere Zellart. Den Wassertransport leisten Gefäße, die ein röhrenartiges System von den Wurzeln bis zu den Blättern bilden. An einem sauberen Hirnschnitt sind sie als kleine Öffnungen oder Poren zu erkennen, durch deren Vorhandensein sich Laubholz von Nadelholz unterscheidet. Laubhölzer mit gleichmäßiger Verteilung der Poren auf das Hirnholz bezeichnet man als zerstreutporig. Seltener treten die Poren in Zonen gehäuft auf, und wenn sie im Frühholz eine deutliche Linie bilden und größer sind als die Spätholzporen, nennt man das Holz ringporig.

Die Hauptbestandteile des Laubholz-Festigungsgewebes sind Faserzellen, im allgemeinen nadelförmige Zellen, je nach Holzart mehr oder weniger dickwandig. Mehr als jedes andere Merkmal bestimmt die Stärke der Zellwand die Dichte – und damit viele der physikalischen Eigenschaften eines Laubholzes.

Bei Nadel- wie bei Laubhölzern wird die Speicherung der Nähr- und Bildungsstoffe von Parenchymzellen übernommen – kleinen, kastenförmigen Zellen, die manchmal, besonders bei Laubhölzern, axial, sonst immer in horizontalen Bändern, den sogenannten Markstrahlen, angeordnet sind, die auf Querschnitten ein radiales Muster bilden. Bei Bäumen mit breiten Markstrahlen, etwa bei Eiche und Buche, ergeben sie auf Schnittflächen eine charakteristische Zeichnung.

## NADELHÖLZER UND LAUBHÖLZER

Nadelhölzer stammen von zapfentragenden Bäumen oder Koniferen, häufig mit immergrünen, nadelförmigen Blättern, die der botanischen Abteilung der Gymnospermen oder Nacktsamigen angehören. Laubhölzer kommen von (immergrünen oder laubwerfenden) breitblättrigen Bäumen, die zur Abteilung der Angiospermen oder Bedecktsamigen gehören.

## DIE BILDUNG DER ZELLEN

Neues Holz wird vom Kambium, einer feinen Zellschicht zwischen Rinde und Holz, erzeugt. Die Kambialzellen teilen sich, wenn die Wachstumsbedingungen günstig sind. Dabei verbleibt jeweils eine Zelle im Kambium, während sich eine andere, nach innen abgeschiedene zu einer Xylem- oder Holzzelle, eine weitere, nach außen abgeschiedene entweder zu einer allgemeinen Rindenzelle oder zu einer Bastzelle entwickelt. Die dünnwandigen neuen Zellen wachsen schnell, während weitere Schichten aus dem Zellinnern angelagert werden und spezialisierte Merkmale wie die Wandtüpfel entstehen.

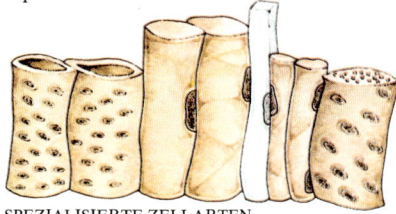

## SPEZIALISIERTE ZELLARTEN

Nadelholz-Tracheiden sind lange Zellen, oft etwa 3 mm lang. Manche haben dünne Wände und eine große Zahl von Tüpfeln, die den Wassertransport ermöglichen; andere, die Hauptfestigungszellen, haben dickere Wände, spitze Enden und nur wenige Tüpfel. Laubholzfaserzellen sind kürzer, etwa 1 mm lang, dickwandig und haben zugespitzte Enden. Gefäße bestehen aus kurzen, röhrenartigen Zellen mit offenen Enden. Parenchym- oder Speicherzellen sind klein, dünnwandig und kastenförmig gebaut.

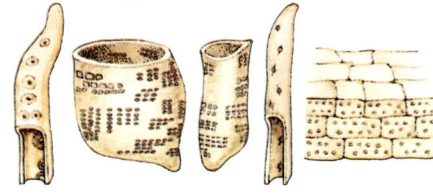

Gemeine Kiefer
*Pinus sylvestris*

Stieleiche
*Quercus robur*

Rotbuche
*Fagus sylvatica*

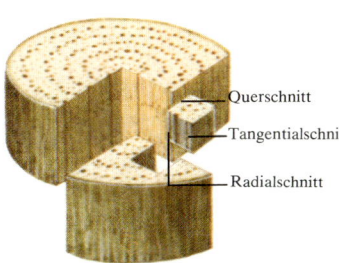

**HAUPTSCHNITTEBENEN**
*Der Baumabschnitt links ist so ge-
schnitten, daß er die drei Hauptschnittebenen verdeutlicht, nach
denen sich Position und Orientierung von Holzzellen definieren
lassen. Die Ebenen des Quer-,
Tangential- und Radialschnitts
stehen alle senkrecht zueinander.*

Querschnitt

Tangentialschnitt

Radialschnitt

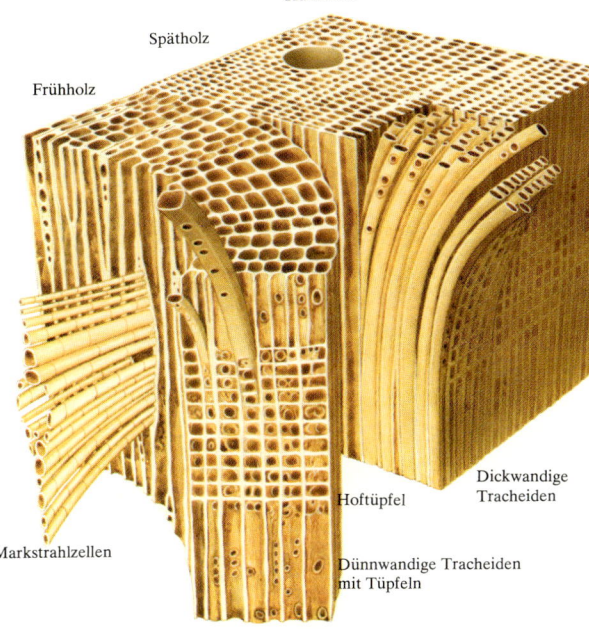

Harzkanal

Spätholz

Frühholz

Dickwandige
Tracheiden

Hoftüpfel

Markstrahlzellen

Dünnwandige Tracheiden
mit Tüpfeln

Das Spätholz besteht aus dickwandi-
gen Tracheiden und ist das Hauptge-
webe, das dem Holz seine Festigkeit
verleiht. Harzkanäle, auf Querschnitten oft deutlich zu erkennen, sind ein
kennzeichnendes Merkmal vieler Nadelhölzer.

Das Frühholz besteht aus dünnwandigen Tracheiden, die dieser Zone des
Jahresrings eine charakteristisch lok-
kere und weichere Struktur geben.
Dünnwandige Tracheiden haben eine
große Zahl von Hoftüpfeln, die dem
Wassertransport dienen.

Bei den meisten Nadelhölzern beschränkt sich das Speichergewebe auf
die Markstrahlen, die immer sehr fein
sind. Gelegentlich haben Markstrahlen einen zentralen Hohlraum, der
dem Harztransport dient. Ähnliche
Kanäle sind bei manchen Hölzern in
das Tracheidengewebe eingestreut.

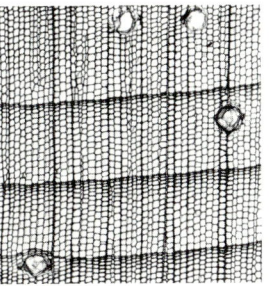 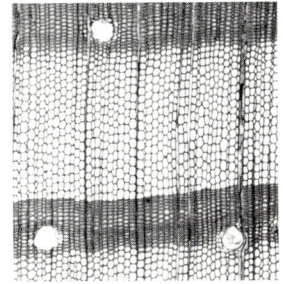

**NADELHOLZSTRUKTUREN**
*Das wichtigste strukturelle Unter-
scheidungsmerkmal der verschiedenen Nadelhölzer ist der Aufbau
ihrer Jahresringe, von denen
Dichte und Textur abhängen. Die
Dichte wird weitgehend bestimmt
durch das Verhältnis von dünn-
wandigem Frühholzgewebe zu
dickwandigem Spätholz, das ein
dichteres Gefüge hat. Diesen Unterschied zeigen oben die Quer-*
*schnitte der leichten Weymouths-
kiefer (links) und der Pitch pine
oder Parkettkiefer (rechts). Auch
die Textur ist, außer von der
Wuchsgeschwindigkeit, mit vom
Frühholz-Spätholz-Verhältnis abhängig. Raschwüchsiges Holz
neigt zu rauher Textur, während
bei kontinuierlichem Wachstum,
wie bei der Parana pine oder
Brasilkiefer, die Textur fein und
ebenmäßig ist.*

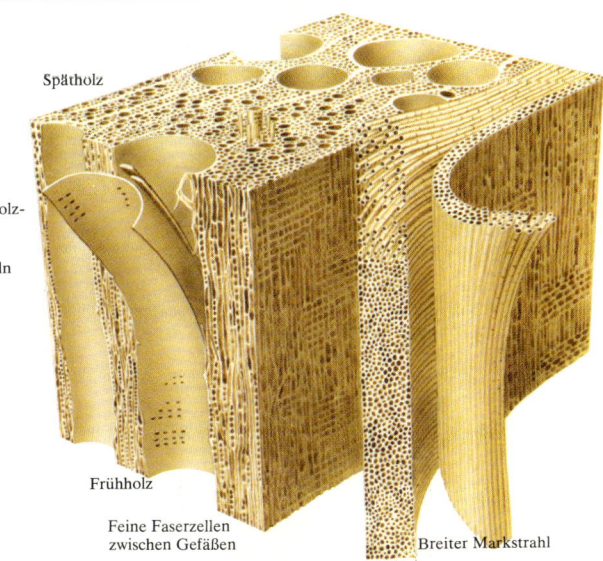

Spätholz

hholz-
äß
pfeln

Frühholz

Feine Faserzellen
zwischen Gefäßen

Breiter Markstrahl

In diesem ringporigen Laubholz kon-
trastiert eine auffällige Linie sehr breiter Frühholzgefäße mit den zahlreichen kleinen Gefäßen in der Spät-
holzzone. Gemeinsam bilden diese
beiden Zonen einen Jahresring.

Das Spätholz besteht überwiegend aus
Faserzellen mit einigen angelagerten
Speicherzellen, dem sogenannten Parenchym. Die Faserzellen geben dem
Holz seine Festigkeit und haben Einfluß auf andere physikalische Eigenschaften.

Ein großer Teil des Speichergewebes
des Holzes besteht aus Markstrahlen –
die als rechtwinklig zu den Jahresringen verlaufende Linien zu erkennen
sind. In den meisten ringporigen Hölzern sind die Markstrahlen sehr fein,
doch in der Eiche (siehe Abb.) sind
manche Markstrahlen sehr breit und
verleihen dem Holz auf Radialschnitten eine attraktive silbrige Zeichnung.

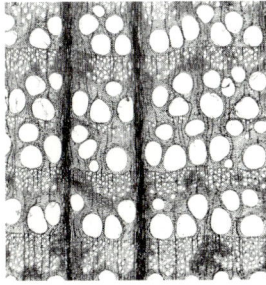 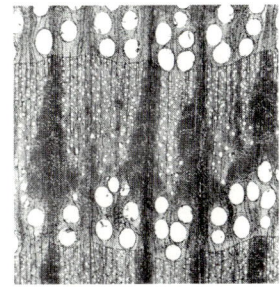

**EICHENHOLZ-VERGLEICH**
*Struktur und Eigenschaften ring-
poriger Hölzer werden durch ihre
Wuchsgeschwindigkeit beeinflußt. Verlangsamt sich das
Wachstum, verringert sich die
Ringbreite, vor allem weil die
Menge des dichten Spätholzes abnimmt. Der von großen Frühholz-
zellen ausgefüllte Anteil des Holz-
körpers nimmt relativ zu, und da
dieses Gewebe leicht ist, vermin-*
*dert sich die Gesamtdichte des
Holzes. Der Unterschied wird
deutlich beim Vergleich langsam
gewachsener Eiche (links) mit
raschwüchsiger Eiche (rechts). Das
leichtere, langsam gewachsene
Holz verfügt über eine geringe
Festigkeit, aber eine gute Bearbeitbarkeit. Rascher gewachsenes
Holz ist schwerer und härter, dafür aber oft schwieriger zu bearbeiten.*

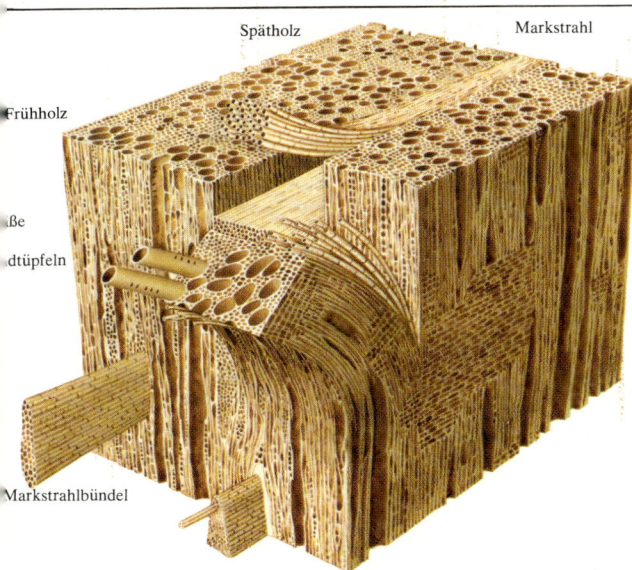

Spätholz

Markstrahl

Frühholz

ße

dtüpfeln

Markstrahlbündel

Das hier durch die Buche repräsen-
tierte zerstreutporige Laubholz hat
eine große Zahl gleichmäßig verteil-
ter kleiner Gefäße, die innerhalb des
Jahresrings nur geringe Größenunter-
schiede zeigen. Eingebettet sind diese
Gefäße in eine große Zahl feiner Faserzellen, die den Hauptbestandteil des
Holzes bilden.

Buchenholz-Speichergewebe hat fast
ausschließlich die Form von Markstrahlen. Diese haben eine sehr unterschiedliche Größe, sind aber auf allen
Schnittflächen des Holzes zu erkennen. Tangentialschnitte zeigen die charakteristische Zigarrenform der Bu-
chenmarkstrahlen.

Die Gefäßwände sind mit Anhäufun-
gen kleiner Tüpfel versehen, aber der
Wassertransport findet bei Laubhölzern nicht quer zur Faserrichtung,
sondern durch die »offenen« Enden
der Zellen statt.

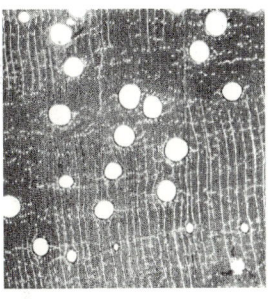 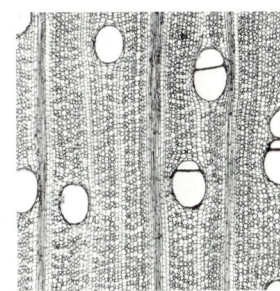

**EIGENSCHAFTEN-SPEKTRUM**
*Die meisten Laubhölzer der Erde
haben eine zerstreutporige Struktur und bilden aufgrund der Unterschiede in der Größe, Zahl und
Verteilung ihrer Zellarten ein breites Spektrum von Merkmalen und
Eigenschaften. Die Querschnitte
von Pockholz (links) und Balsa
(rechts) zeigen einen Unterschied
in der Textur: Balsa ist viel rauher*
*als das schwere Pockholz. Be-
deutsamer aber ist ihre Faser-
struktur. In Balsa sind die Faserzellen dünnwandig und schließen
sehr viel Luft ein, worauf das extrem geringe Gewicht dieses Holzes beruht; in Pockholz sind die
Faserzellen sehr dickwandig, was
dieses Holz ausgesprochen schwer
macht.*

19

# Mikroskopische Holzstrukturen

Seit vielen Jahren schon ist es möglich, Holzstrukturen durch Betrachtung dünner Schnitte unter einem optischen Mikroskop zu untersuchen, aber die Zahl der hierbei erkennbaren Einzelheiten ist begrenzt. Da ein Elektronenstrahl eine viel kürzere Wellenlänge als ein Lichtstrahl hat, kann man mit einem Durchstrahlungs-Elektronenmikroskop noch viel kleinere Strukturen erkennen. Eine jüngere und noch eindrucksvollere Weiterentwicklung ist jedoch das elektronische Rastermikroskop, das eine solche Tiefenschärfe hat, daß seine Bilder plastisch wirken – und die innere »Architektur« des Holzes sichtbar machen.

Dieses erstaunliche Instrument hat uns die Zellwandstruktur vor Augen geführt, die man zuvor anhand optischer und anderer Untersuchungsmethoden lediglich deduziert hatte. Holz besteht aus Zellulose-Molekülketten, die lange, bündelförmige Einheiten bilden, die man als Mikrofibrillen bezeichnet. Diese Mikrofibrillen sind in einer Matrix aus Lignin und Hemizellulosen eingelagert. Die Mikrofibrillen geben dem Holz seine Zug- und Biegefestigkeit, während ihm das Lignin Steifigkeit verleiht. Unter dem Elektronenmikroskop sind die Mikrofibrillen sichtbar, und ihre Orientierung in der komplex geschichteten Zellwandstruktur ist deutlich zu erkennen.

Bei ihrer Abtrennung vom Kambium hat die Zelle zunächst eine Primärwand aus einem Gerüst locker verknüpfter Mikrofibrillen, das eine Größenzunahme der Zelle erlaubt. Bei weiterem Wachstum wird innen an diese Primärwand eine zweite und viel dickere Wand angelagert, die meist aus drei Schichten besteht. Ihre Außen- und ihre Innenschicht sind dünn, die Zentralschicht ist dagegen mächtiger entwickelt, und ihre Mikrofibrillen verlaufen meist in Richtung der Zellenlängsachse. Die physikalischen und mechanischen Holzeigenschaften sind in hohem Maße von dieser dicken Zentralschicht der sekundären Zellwand abhängig.

Dem Wassertransport von Zelle zu Zelle dienen bei Laubhölzern kleine Öffnungen oder Durchbrechungen in der Membran zwischen benachbarten Gefäßen. Bei den Nadelhölzern übernehmen die Wasserleitung bewegliche Ventile oder Tüpfel in den Wänden der Frühholz- und Markstrahl-Tracheiden. Mit diesen feinen Einzelheiten der Zellstruktur und des Aufbaus der Zellwände hat uns das Rasterelektronenmikroskop buchstäblich die Augen für den unglaublichen Detail- und Formenreichtum im Holz geöffnet.

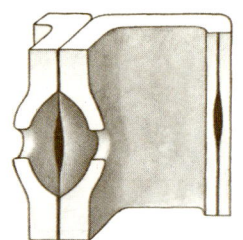

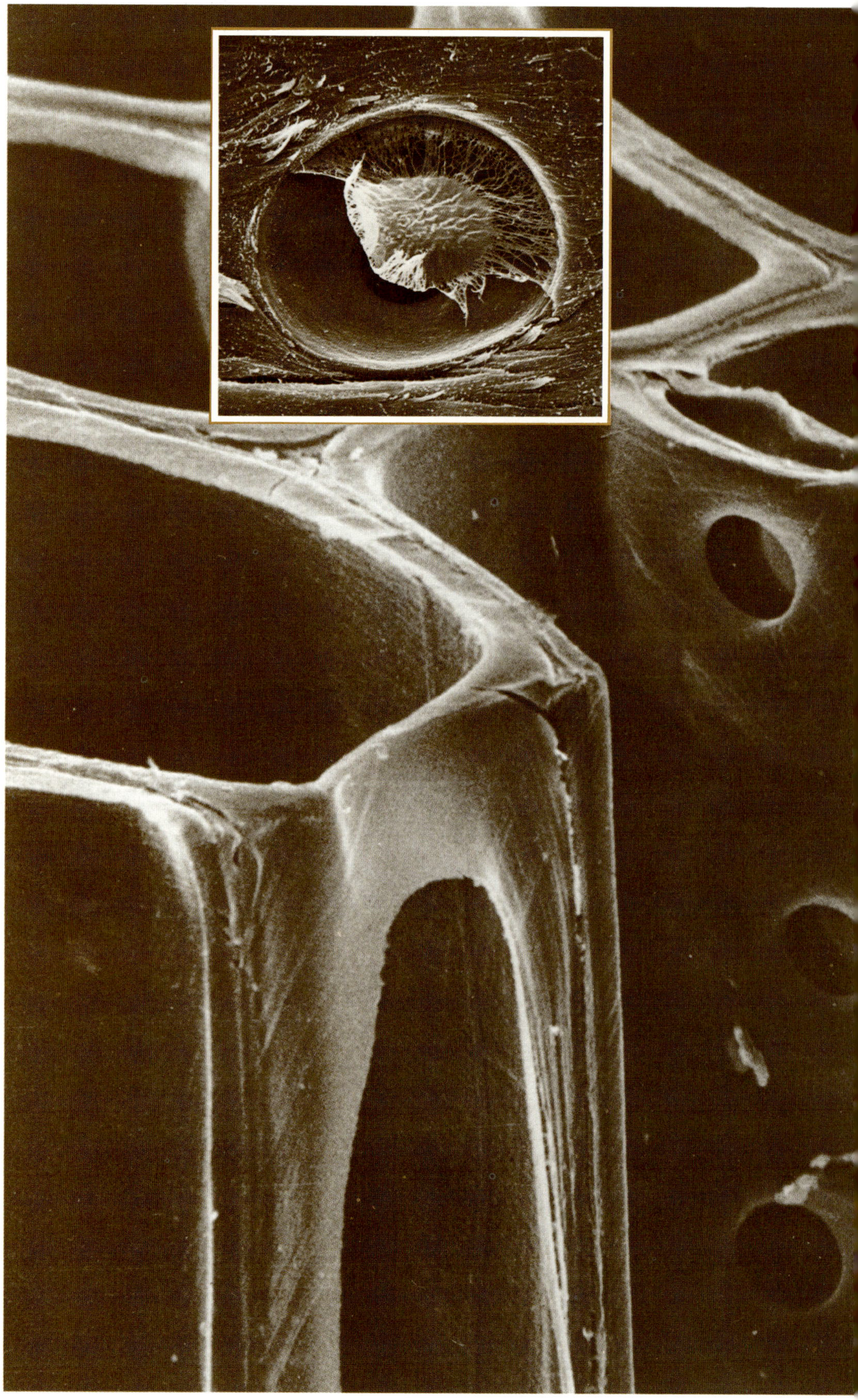

**HOFTÜPFEL**
*Der Wassertransport von Zelle zu Zelle erfolgt im Nadelholz durch Tüpfel (unverdickte Zonen in der Zellwand). Eine dünne Membran schließt benachbarte Tüpfel angrenzender Zellen gegeneinander ab. Die Wand überwallt häufig einen Tüpfel und umschließt eine Tüpfelkammer, so daß nur eine kleine, kreisrunde Mündung in die Zelle, der Porus, offen bleibt. Bei einem solchen Hoftüpfel kann sich das Zentrum der Membran verdicken und einen Torus bilden. Der Membranring löst sich teilweise auf, so daß der Torus von einem mikrofibrillären Netz gehalten wird, durch das Wasser fließt.*

**ZELLWÄNDE UND TÜPFEL**
*Die Mikroaufnahme zeigt Tüpfelöffnungen in den Zellwänden und eine Tüpfelkammer, wo die Zellen quergeschnitten sind. Der eingeblendete Bildausschnitt zeigt einen Torus, die zentrale Verdickung der Schließhaut, und sein Haltefädennetz, das teilweise entfernt wurde, um die Tüpfelkammer und die Tüpfelöffnung der Zelle dahinter sichtbar zu machen.*

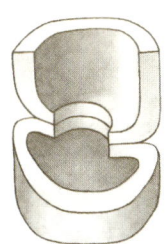

**GEFÄSSDURCHBRECHUNGEN**
*Die Gefäßwände der Laub-
hölzer weisen eine dichte
Tüpfelung auf, aber den
Stofftransport von Zelle zu
Zelle ermöglichen Durch-
brechungen, die sich durch
Auflösung angrenzender
Wandbereiche zweier Gefäße
bilden. Hier ist eine solche
Öffnung mit überwölbtem Rand.*

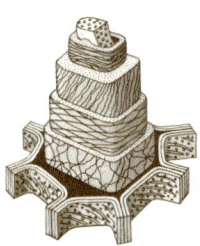

**ZELLWANDSCHICHTUNG**
*Die Dicke der Zellwand wird
weitgehend von der Zentralschicht der Sekundärwand bestimmt. Dies verdeutlicht die
Mikroaufnahme, auf der die
dünne Innenschicht der Wand
von den übrigen Schichten
zwischen den Zellen teilweise
abgelöst ist.*

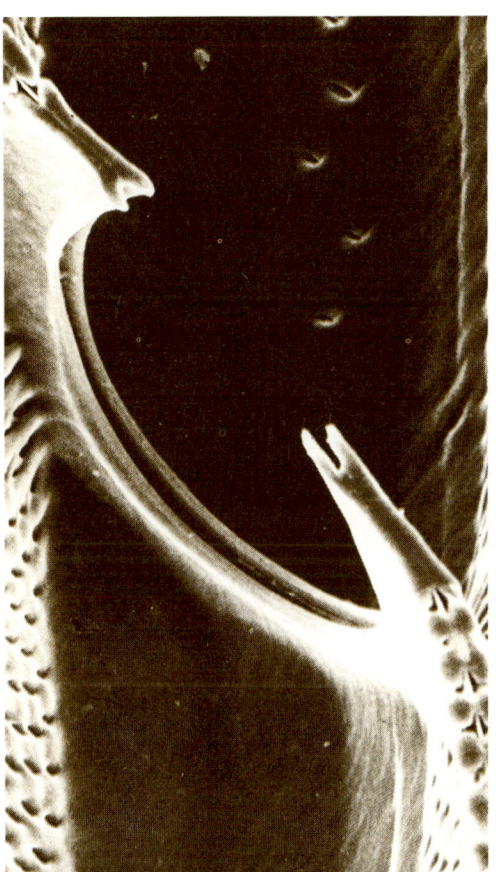

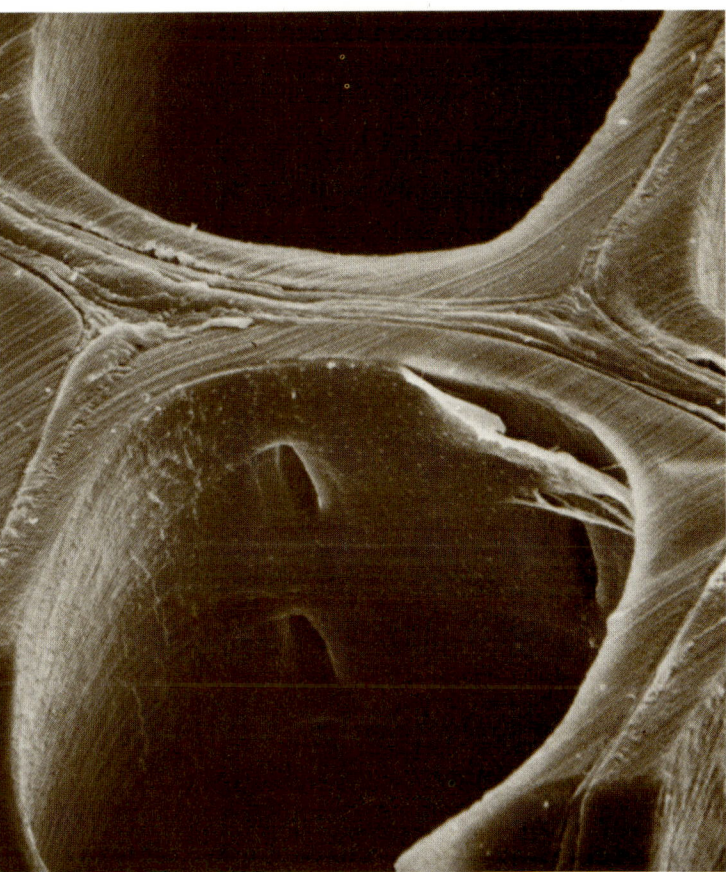

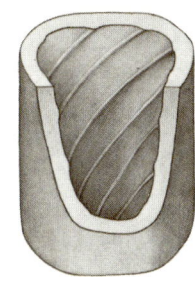

**ABWEICHUNGEN**
*Bei manchen Hölzern ist das
normale Schema der Wand-
struktur modifiziert. Beispielsweise können sich an
der sekundären Zellwand
schraubenförmige Verdik-
kungsleisten bilden. Das Mikrobild zeigt Schraubenver-
dickungen als Innenverstei-
fung einer Douglasienzelle –
die so aussehen wie Ver-
stärkungen, die ein Ingenieur
an Hohlkonstruktionen aus
Metall anbringt.*

# Die versteinerten Wälder

DER ZEITLOSE WALD
*Einst Teil eines üppig ge-
deihenden Waldes, stehen
diese zu Stein erstarrten fos-
silen Bäume heute als stumme
Wächter in der bulgarischen
Landschaft. Die Erosions-
kraft von Wind und Regen
wird sie eines Tages in Staub
verwandelt haben.*

Unser bestenfalls fragmentarisches Wissen von der
Evolution der Pflanzen beruht ausschließlich auf
Fossilien. Zwar hat das gründliche Studium fossiler
Funde zu einigen Erkenntnissen geführt, aber die
meisten Fossilien sind ja lediglich Abdrücke von
Stielen oder Blättern weicher, vergänglicher Pflan-
zen, die in Sedimentgestein eingeschlossen wurden.
Bäume bilden jedoch eine Ausnahme. Kieselsäure,
Quarz und andere Mineralien können das Innere der
Gewebezellen eines Baumes ausfüllen und so die
Zellulosewand erhalten. In vielen Teilen der Erde
findet man auf diese Weise entstandene versteinerte
Wälder, in denen alle anatomischen Einzelheiten
unversehrt geblieben sind.

Während der ersten Jahrmilliarde verlief die
Pflanzenevolution nur langsam. Einzellige Pflanzen
kümmerten in den Urmeeren, während sich über ih-
nen allmählich eine Schicht des lebenserhaltenden
Sauerstoffs bildete. Sobald genug Sauerstoff das
Festland gegen die schädlichen Strahlen der Sonne
abschirmte, setzte eine stürmische Entwicklung der
Landpflanzen ein.

Die ersten wirklichen Landpflanzen entstanden
vor etwa 450 Millionen Jahren. Sie hatten noch
keine richtigen Blätter und Wurzeln, doch ging aus
ihnen im Mitteldevon die erste Art hervor, die so
groß war, daß man sie als Baum bezeichnen kann.
Verglichen mit heutigen Waldbäumen, waren diese
Baumartigen zwar klein, aber im Oberdevon erreichten Riesenmoose und -farne bereits Höhen von
über 30 m.

Die Entwicklung männlicher und weiblicher Ga-
meten und die Fortpflanzung durch Samen anstelle
von Sporen waren zwei wichtige stammesgeschicht-
liche Schritte, die das Pflanzenreich nahe an seine
heutige Stufe der Evolution heranführten. In der
Karbonzeit traten die ersten Gymnospermen auf –
frühe Verwandte der Koniferen, Palmfarne und
Ginkgogewächse –, aber bis zu den Massenausrot-
tungen im Perm vor 280 Millionen Jahren dominierten in den Sumpfwäldern noch niedere Gefäßpflan-
zen.

Bei Beginn der Kreidezeit hatten die Nacktsamer
die Vorherrschaft erlangt – und nun begann die Entwicklung der Angiospermen, also der Blütenpflanzen, die heute in der Erdflora dominieren. Denn
größere klimatische und geologische Veränderungen führten zu einer Ausbreitung der Bedecktsamer
und zum Niedergang der Nacktsamer – deren Reich
auf die kälteren temperierten und nördlichen Regionen zusammenschmolz, wo sie heute noch vorherrschend sind.

RINGE AUS STEIN
*Die Wachstumsstrukturen
dieses fossilierten Holzes haben Austausch-Mineralstoffe
unversehrt erhalten, und der
gleichmäßig breite Jahresring-
bau ist ein deutlicher Hinweis
auf die guten Wuchsbedin-
gungen, unter denen dieser
Baum lebte.*

FOSSILER STAMM
*Dieser geschliffene Quer-
schnitt zeigt die innere Struktur einer amerikanischen
Eiche, die vor über 26 Millionen Jahren wuchs und ge-
dieh. Die Lumen der Zellen
sind mit kristalliner Kieselsäure gefüllt und durch verschiedene mineralische Pig-
mente verfärbt.*

## EVOLUTION DER PFLANZEN

*Die ersten Gefäß-Landpflanzen traten vor etwa 430 Millionen Jahren auf. Der nächste große Evolutionsschritt war das Aufkommen der ersten samentragenden Pflanzen, der Gymnospermen, die sich so gut weiterentwickelten, daß sie in der Kreidezeit die vorherrschende Form des Pflanzenreichs waren. Ihre Herr-schaft währte allerdings nur kurz, denn verschiedene klimatische und geologische Veränderungen löschten ganze Gattungen aus und ebneten den Weg für den spektakulären Aufstieg der Angiospermen oder Bedecktsamer, auch Blütenpflanzen genannt, während der letzten 135 Millionen Jahre.*

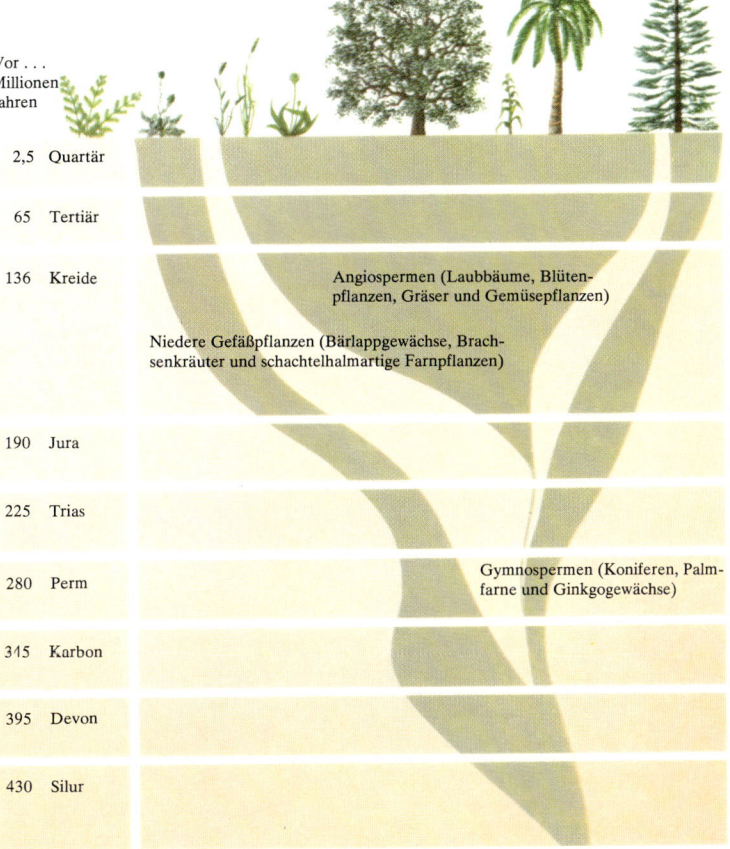

Vor . . .
Millionen
Jahren

| | | |
|---|---|---|
| 2,5 | Quartär | |
| 65 | Tertiär | |
| 136 | Kreide | Angiospermen (Laubbäume, Blüten-pflanzen, Gräser und Gemüsepflanzen) |
| | | Niedere Gefäßpflanzen (Bärlappgewächse, Brach-senkräuter und schachtelhalmartige Farnpflanzen) |
| 190 | Jura | |
| 225 | Trias | |
| 280 | Perm | Gymnospermen (Koniferen, Palm-farne und Ginkgogewächse) |
| 345 | Karbon | |
| 395 | Devon | |
| 430 | Silur | |
| 500 | Kambrium | |

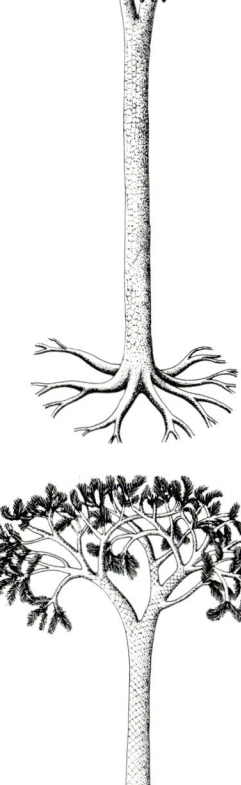

### DIE ERSTEN BÄUME
*Die Siegelbäume, riesige Bär-lappe, waren im Karbon weit verbreitet. Ihr Stamm war un-verzweigt und mit den Narben abgestorbener Blätter über-sät. Diese Blattnarbenab-drücke zählen zu den Fossi-lien, die man in Kohlenflözen am häufigsten findet.*

### KARBONZEIT-REISEN
*Über 30 m hohe Schuppen-bäume zählten zu den domi-nierenden Pflanzenfamilien in den Sumpfwäldern der Karbonzeit. Die Blattnarben zeigen die schraubige Anord-nung der Blattstiele an den Ästen und am Hauptstamm dieser primitiven Baumpflan-zen.*

### KOHLENBILDENDE WÄLDER
*In der Karbonzeit (vor 345 bis 280 Millionen Jahren) waren gewaltige Tieflandre-gionen von dichten Sumpf-wäldern überzogen, die wie-derholt vom Meer überflutet wurden. In diesen Wäldern wuchs eine üppige Fülle von Riesenfarnen, Schachtelhalm-artigen und primitiven Bäu-men heran – und abgestor-bene, verfaulende pflanzliche Substanz häufte sich auf dem versumpften Waldboden an. Unter dem Druck nachfol-gender Schlick- und Lehm-bedeckung wurde dieses koh-lenstoffreiche Material zu-sammengepreßt und wandel-te sich chemisch in die Koh-lenflöze um.*

### FOSSILER FARN
*Da die meisten Pflanzen weich sind und schnell ver-rotten, gibt es nur wenige wirklich deutliche Fossilien, und in ihrer Mehrzahl sind es lediglich die in Schlamm- und Schlickablagerungen erhal-ten gebliebenen Abdrücke von Stielen und Blättern. Farne findet man jedoch unversehrt in Kohlenlagerstätten.*

# Der erneuerbare Rohstoff

Diese vor kurzem gefällten Lärchen
zeugen von der unablässigen Ausbeutung
der Rohstoffquellen unserer Erde durch den Menschen.
Die Forstwirtschaft hält Einschlag und Regeneration
im Gleichgewicht, um ein gesundes Überleben der Wälder
als Rohstofflieferanten, Lebensräume für Tiere
und unersetzliche Erholungsgebiete sicherzustellen.

# Der lebende Wald

Der Wald, dem der Mensch sein Holz entnimmt, ist die höchstwüchsige und eindrucksvollste Pflanzengemeinschaft der Erde. Verglichen mit der kurzen Lebensspanne eines Menschen, wirkt er zeitlos und unwandelbar, wenn man vom jahreszeitlichen Wachsen und Fallen der Blätter absieht. Für den Förster aber stellt er den Höhepunkt einer langen Kette von Ereignissen dar.

Keine der bewaldeten Landschaften, die wir heute kennen, ist schon immer Wald gewesen. Pflanzen stellen Mindestanforderungen an Temperatur und Feuchtigkeit, und in den zurückliegenden Zeitaltern war praktisch jeder Teil der Erdoberfläche irgendwann einmal zu trocken oder zu kalt, als daß dort Pflanzen hätten überleben können. Doch sobald sich die klimatischen Verhältnisse zugunsten des Pflanzenwachstums ändern, setzt eine faszinierende Aufeinanderfolge von Veränderungen ein, die man »primäre Sukzession« nennt.

Zuerst kolonisieren das kahle Land primitive Flechten, die auf nacktem Gestein leben können. Allmählich fressen die von diesen Organismen produzierten Säuren Vertiefungen in die Gesteinsoberfläche, in denen sich Pflanzenreste ansammeln und Moose einen flachen Wurzelgrund finden. Als nächstes können nun Farne folgen, die zusammen mit kurzen Gräsern und kleinen Sträuchern eine Pflanzendecke bilden. Wurzeln dringen immer tiefer in den entstehenden Boden ein, bis schließlich große Sträucher den ersten Bäumen weichen. Diese wachsen rasch, nehmen den kleineren Pflanzen das Sonnenlicht und dominieren bald uneingeschränkt. Sie schließen ihre Reihen und bilden die höchste oder Klimaxstufe einer Pflanzengesellschaft, die möglicherweise Jahrtausende überdauern wird.

Aber unbegrenzt bleibt auch diese Siedlungsgemeinschaft nicht bestehen. Feuer kann sie völlig vernichten, und Siedler können sie abholzen, um Weide- und Ackerland zu gewinnen. Wird solches Land dann wieder aufgegeben, setzt eine sekundäre Sukzession ein, die auf dem fruchtbaren Boden viel schneller verläuft. Zu den ersten Pionieren zählen Sträucher und Bäume, deren Samen vom Wind, von Vögeln oder im Fell von Säugetieren herantransportiert werden.

Solange er steht und gedeiht, ist der Wald eine gewaltige Maschine, die Energie und die vielen für ihn lebensnotwendigen Stoffe speichert: Kohlenstoffprodukte im Holz der Bäume und der Bodenstreu. Seinen Wasserhaushalt regelt der als Regen oder Schnee fallende Niederschlag, den die Gewebe der Bäume und der Boden festhalten, während die Blätter einen großen Vorrat an dem Boden entnommenen mineralischen Nährstoffen halten, die sie dem Boden wiederzuführen, wenn sie im jährlichen Regenerationszyklus fallen und vermodern.

ÜBERLEBENDER
BAUMGREIS
*Dieser knorrige, verdrehte Eichenbaum steht in einer öden Heide- und Moorlandschaft. Die Mißwüchsigkeit des Stammes und der Äste zeugt von dem kargen Moorboden und den ständigen starken Winden in diesem Gebiet.*

*Die Primärsukzession, in der ein Stück unfruchtbaren Landes nacheinander von einer Reihe von Pflanzengesellschaften kolonisiert wird, spiegelt in nur wenigen Jahrzehnten die ganze Geschichte der Pflanzenevolution wider. Als erste fassen die Flechten Fuß, die auf nacktem Gestein leben* können und die Prozesse der Bodenbildung einleiten. Diesen niederen Pionieren folgen dann zunehmend höher entwickelte Pflanzengruppen, von denen jede den Boden anreichert und den Weg für die nächste Gruppe ebnet. Das Klimaxstadium ist mit dem vollentwickelten Wald erreicht.

## PRIMÄRE SUKZESSION

Stufe 1: Das kahle Gestein wird von Pionier-Flechten und -Moosen kolonisiert.

Stufe 2: Farne und kleine Sträucher wurzeln in dem sich bildenden Boden.

Stufe 3: Größere Sträucher und kleine Bäume dominieren.

Stufe 4: Schlagreifer Wald mit Bäumen und Unterwuchs.

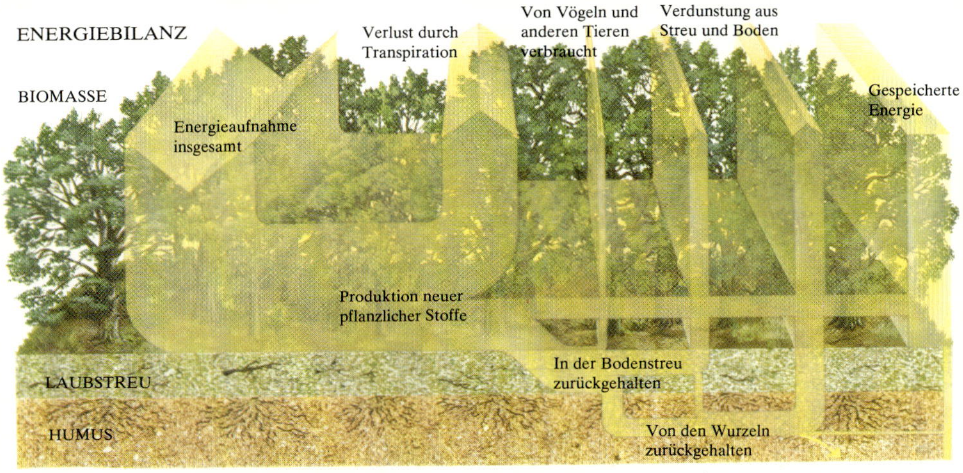

## DIE NATUR REGENERIERT DAS LAND

Auf brachliegendem Ackerland übernimmt eine sekundäre Pflanzensukzession sofort die Aufgabe der Regeneration. Sie verläuft viel schneller als eine primäre Sukzession, da ein gesunder Boden vorhanden ist und die Klimabedingungen günstig sind.

*Unkräuter, Gräser und kleine Sträucher kolonisieren sofort das Brachland.*

*Wird die Bodenbedeckung dichter, fassen Sträucher, Büsche und Nadelgehölze Fuß.*

*Eine Zeitlang dominiert Kiefernwald, doch können sich die Bäume in ihrem Eigenschatten nicht vermehren.*

*Im Klimaxstadium schließlich wird Laubwald (Eiche – Hickory) zur vorherrschenden Pflanzengemeinschaft.*

## ENERGIEBILANZ

BIOMASSE

Energieaufnahme insgesamt

Verlust durch Transpiration

Von Vögeln und anderen Tieren verbraucht

Verdunstung aus Streu und Boden

Gespeicherte Energie

Produktion neuer pflanzlicher Stoffe

In der Bodenstreu zurückgehalten

LAUBSTREU

HUMUS

Von den Wurzeln zurückgehalten

## DER ENERGIEHAUSHALT

*Die Wälder der Erde fungieren als bedeutende Energiesammler, -umwandler und -speicher. Sonnenenergie wird in der chemischen Fabrik der Blätter zur Produktion neuen pflanzlichen Materials verwertet – das eine Form gespeicherter Energie ist. Wenn die abgestorbenen Pflanzenteile verrotten, nimmt der Boden sie als gelöste Nährstoffe wieder auf. Der in den Blättern stattfindende Gasaustausch erneuert die Atmosphäre, während sich das durch Transpiration an die Luft verlorene Wasser an anderer Stelle des Kreislaufsystems wieder als Regen oder Schnee niederschlägt.*

# System im Gleichgewicht

Jeder natürlich gewachsene Wald bietet Lebensraum für eine große Zahl von Säugetieren, Vögeln und Insekten, die in einem feinausgewogenen Gleichgewicht untereinander und zu ihrer unbelebten Umwelt leben. Samenfresser könnten zwar, theoretisch, den Wald zerstören, indem sie sämtliche Nüsse fräßen, die eigentlich Sämlinge erzeugen sollten; aber in der Praxis geschieht dies nur selten. Denn räuberische Eulen, Habichte, Füchse und Baummarder halten die Zahl der samenfressenden Vögel, Mäuse und Eichhörnchen in Grenzen und sorgen dafür, daß genug Samen übrigbleiben, die den Ersatz alter und kranker Bäume sicherstellen. Werden die Räuber dagegen zu erfolgreich und rotten ihre Beutetiere aus, verkleinern sich ihre Populationen aufgrund von Nahrungsmangel.

In Laub- und in Nadelwäldern leben sehr unterschiedliche Tiergesellschaften. Laubwälder beheimaten einen großen Artenreichtum. An einer einzigen Eiche hat man allein über 200 Insektenarten gefunden, darunter Schwammspinner, Gallenerzeuger, Fleisch- und Pflanzenfresser. Scharen insektenfressender Vögel wie Drosseln, Amseln und andere Singvögel teilen sich ihr Laubwald-Habitat mit körnerfressenden Waldtauben, Fasanen, Haselmäusen und Eichhörnchen. Die Fauna der Nadelwälder ist begrenzter und umfaßt Arten, die besser an die harzhaltigen Rinden und Blätter der Koniferen und ihre harten Nadeln und Samen angepaßt sind.

Diese ausgewogene Balance kann jedoch gestört werden, wenn man eine Spezies in ein Land einführt, in dem sie keine natürlichen Feinde hat. Heute versuchen zwar alle Staaten, mit Quarantänebestimmungen ihre Waldbestände zu schützen, erzielen damit aber nur Teilerfolge. Die Borkenkäfer, die 1970 einen virulenten Stamm des für das Ulmensterben verantwortlichen Schlauchpilzes nach Großbritannien einschleppten, kamen aus Kanada mit amerikanischem Rotulmen-Rundholz, das im Bootsbau verarbeitet wird. Auf Karten, in die man die Ausbreitung der Ulmenseuche eingezeichnet hatte, ließ sich deutlich verfolgen, daß sie von jenen Häfen ausging, in denen diese Holzladungen gelöscht worden waren.

Gifte sind das einfachste der im großen Maßstab einsetzbaren Bekämpfungsmittel, doch erfordern sie eine wiederholte Anwendung und können auch harmlosen Tierarten schaden. Die biologische Schädlingsbekämpfung ist eine bessere Methode. In Australien gepflanzte amerikanische Radiatakiefern litten an einem starken Befall von *Sirex*-Holzwespen, die unabsichtlich aus Europa eingeführt worden waren. Das Gleichgewicht stellte man wieder her, indem man die europäische Holzschlupfwespe importierte, einen natürlichen und larvenvertilgenden Parasiten der Holzwespe.

**MANGEL UND ÜBERFLUSS**
*Eine hungrige Haselmaus hat mit diesen Eicheln reinen Tisch gemacht, indem sie eine nach der anderen aufbiß und die nahrhaften Kerne durch ein sauberes rundes Loch herausholte. Im nächsten Jahr aber werden die Eichen keine Samen tragen, und den darauffolgenden Winter werden nur wenige Haselmäuse, Tau-*

*ben und Eichhörnchen überleben. Dann kommt wieder die Rekordernte eines »Mastjahres«, in dem weitaus mehr Eicheln fallen, als die Überlebenden konsumieren können. Diese mit Mangeljahren alternierende Samenausstreuung ist die unbarmherzige, aber wirksame Antwort der Eiche an die Zerstörer ihrer Samen.*

**SAMENFRESSENDES CHIPMUNK**
*Chipmunks und andere Hörnchen verstecken ständig im Boden Samen und Nüsse für den Winter. Vergessen sie eins dieser Verstecke oder verlieren sie Samen aus ihren hamsterähnlichen Backentaschen, wachsen dort meist Sämlinge. Wald-*

*bäume produzieren Samen in so großen Mengen, daß es genügt, wenn von tausend nur einer keimt.*

**RÄUBERISCHER MARIENKÄFER**
*Siebenpunkt-Marienkäfer fressen als Larven wie als ausgewachsene Tiere Blattläuse, die den Saft aus Blättern saugen und so das Baumwachstum beeinträchtigen. Nimmt jedoch die Zahl der Blattläuse zu sehr ab, schmilzt auch die Marienkäfer-Population katastrophal zusammen.*

**KOLIBRI**
*Im Schwirrflug vor einer Blüte stehend, saugt der Kolibri den Nektar heraus, und beim Weiterflug von Baum zu Baum bestäubt er sie wechselseitig. Um in den Genuß dieser guten Dienste zu kommen, muß ein Baum jedoch eine große Menge Blütenhonig absondern.*

**PORENPILZE**
*Gehen die windverbreiteten Sporen der Porenpilze auf ungeschützten Wunden nieder, durchdringen sie den ganzen Baum mit ihrem Fadengeflecht, bis er schließlich abstirbt. Da sie aber auch am Abbau toten Holzes mitwirken, leisten sie einen Beitrag zum Nährstoffkreislauf.*

**ZAPFENFRESSENDER KREUZSCHNABEL**
Mit seinen Schnabelspitzen kann der Kreuzschnabel Zapfenschuppen aufreißen und die Samen herausholen. Die in den weichen Früchten der Eberesche und der Stechpalme enthaltenen harten Samen aber passieren den Verdauungstrakt dieses Vogels unversehrt.

**SCHWAMMSPINNER**
Die hier gierig an Korkeichenblättern fressenden behaarten Raupen des Schwammspinners (Lymantria dispar) haben eine große Palette von Fraßpflanzen. In Europa, seiner ursprünglichen Heimat, wird dieser Schmetterling von vielen Feinden bedrängt. Als ihn aber ein Mathematiker, der den genialen Einfall hatte, ihn mit dem Seidenspinner zu kreuzen, 1869 nach Neuengland einführte, entwich er ihm und ist seitdem zu einer großen Plage geworden. Um seine Ausbreitung einzudämmen, hat man schon viele Millionen Dollar für das Besprühen befallener Wälder mit DDT ausgegeben.

**WILDVERBISS**
Wild wie der amerikanische Elch oder Wapitihirsch hemmt das Wachstum von Bäumen, indem es junge Triebe abfrißt, besonders wenn das Gras von Schnee bedeckt ist. Aber sie trampeln auch Samen tief in den Boden hinein, wo sie vor Waldmäusen sicher sind.

**HOLZFÄLLER DER NATUR**
Biber fällen gezielt große Bäume, um aus dem Stamm- und Astholz ihre Dämme, Nester und Burgen zu bauen. Aus frischer Rinde, zarten Trieben, Nüssen und Früchten legen sie sich einen Nahrungsvorrat für den Winter an. Mit den Dämmen entstehen Lebensräume für Insekten und Wassertiere.

**SAMENVERBREITUNG**
Der von einer Waldmaus in einem alten Vogelnest angelegte Vorrat an Nüssen und Beeren trägt mit dazu bei, daß Samen aus dem Wald heraus – oft über oder in kahle Landstriche – verbracht wird. Diese verhältnismäßig großen und schweren Samen würden nicht weit kommen, sorgen nicht Tiere und Vögel dafür.

# Die Regenwald-Laubhölzer

Die tropischen Regenwälder im äquatorialen Mittel- und Südamerika, in Asien und Afrika bilden für die Welt eine Rohstoffquelle von gewaltigen Ausmaßen – aber mit ungewisser Zukunft. Diese Wälder sind Alleinlieferanten so wertvoller und einzigartiger tropischer Laubhölzer wie Mahagoni, Teak, Greenheart, Abachi, Iroko und Padouk. Aber die großen Stämme, deren Verwertung sich lohnt, kommen nur als verstreute Einzelexemplare vor, als »überragende Bäume«, die sich aus einem Meer kleinerer Nachbarn in einer komplexen, vielschichtigen Pflanzengesellschaft erheben. Die herkömmliche Praxis war, nur den Rahm abzuschöpfen – d. h. nur die haubaren und begehrten Stämme von einer gesetzlich festgelegten Mindestgröße an zu schlagen. Zwangsläufig kolonisierten dann die weniger begehrten Bäume – und auf einer Quadratmeile Tropenwald kann man zweihundert verschiedene Arten antreffen – als erste die Lücken, so daß die hochwertigen Nutzholzbäume zunehmend seltener wurden.

Heute befürwortet man die uneingeschränkte Verwertung des gesamten verfügbaren Holzes. Hochleistungs-Erntemaschinen werden an die Stelle des selektiven Fällens und der Elefanten- oder Büffelbringung treten. Zwar wird man nach wie vor erstklassige Teak- oder Mahagonistämme beiseite legen, jedoch das andere Rundholz in modernen Anlagen zu Schnittholz oder Holzschliff zur Herstellung einfachen, aber brauchbaren Papiers verarbeiten.

Im Gefolge dieser Kahlschlagpraktiken legt man dann vielleicht Plantagen mit raschwüchsigen Bäumen wie Gamari an, die Wärme und Regen der Tropen voll nutzen und erstaunliche Wuchsleistungen erzielen werden. Auch subtropische Kiefern beweisen heute schon, daß sie sich vielen tropischen Standortbedingungen anpassen können, und ihr erfolgreicher Anbau hat das Volumen der früher aus den nördlich-gemäßigten Waldgebieten importierten Nadelhölzer und Nadelholzerzeugnisse bereits vermindert.

Neupflanzungen und die Eingriffe landhungriger Siedler, vor allem in asiatischen und afrikanischen Ländern mit ständig wachsender Bevölkerung, verkleinern unaufhörlich den Tropenwald. Möglicherweise wird der eigentliche Regenwald mit seinen 60 m hohen Bäumen, seinem faszinierenden Gefüge aus Kronen- und Unterholzschichten, seinen kletternden Lianen, seltsamen Farnen und als Epiphyten hoch über dem Boden aufsitzenden, blühenden Orchideen eines Tages nur noch in Nationalparks und Naturschutzreservaten überleben.

BRETTWURZEL-RIESE
*Viele tropische Laubbäume entwickeln brettartig zusammengedrückte Wurzeln an der Basis ihrer Stämme. Sie helfen mit, das Gewicht des Baumes zu tragen, indem sie es auf eine größere Fläche verteilen, und bilden außerdem ein »Plankengerüst«, das ihn dem Druck der stürmischen Winde standhalten läßt.*

GEFÄHRLICHER BRAUCH
*Auf Borneo und in vielen anderen Tropenregionen gefährdet der Brauch des Wanderfeldbaus die Waldbestände: Halbnomadische Stämme roden Waldstücke für den Ackerbau, ziehen dann eines Tages weiter und geben das Land der Erosion preis.*

GEZÜGELTE KRAFT
*In Thailand spielen Elefanten heute noch eine wichtige Rolle bei der Gewinnung des wertvollen Teakholzes. Als Jungtiere eingefangen, wird ihnen beigebracht, große Stämme im Geschirr zu schleppen, kleinere mit Rüssel und Stoßzähnen zu heben und die größten mit dem Gewicht ihres ganzen Körpers zu rollen.*

PRIMITIVE AUSRÜSTUNGEN
*Trotz der beachtlichen Größe und des hohen Wertes der tropischen Laubhölzer sind die in den Erzeugerländern verwendeten Ausrüstungen oft noch klein und unzulänglich. Diese von einem Dieselmotor angetriebene Sägemaschine in Kambodscha hat erst vor kurzem das Bretterschneiden von Hand abgelöst.*

GANG DES FORTSCHRITTS
*Das Bild oben zeigt modernen Holzeinschlag in Sarawak, Ost-Malaysia. Der Staat vergibt Konzessionen an Holzfirmen, die eine Abgabe auf den Ertrag zahlen. Nur die größten Stämme sind für diese Firmen kommerziell interessant.*

FALSCHFARBENBILDER
*Einmaliges Überfliegen mit einem Flugzeug mit hochentwickelten Kameras kann mehr aufdecken als eine monatelange Geländeaufnahme am Boden. Die Infrarot- oder »Falschfarben«-Photographie macht Tatbestände sichtbar, die normalerweise das Laubwerk des Waldes verdeckt. Hier erscheint der gesunde Wald rot, während die Blautöne kahlgeschlagene Flächen markieren. Die Satellitenüberwachung kann größere jahreszeitliche Veränderungen im Zustand von Waldregionen feststellen und vielleicht auch rechtzeitig warnen, wenn Bestände von Schädlingen oder Krankheiten befallen werden.*

# Künstliche Wälder

Mit künstlich angelegten Wäldern, Baumplantagen und -farmen dürfte sich der ständig steigende Bedarf unserer Zivilisation an Holz und Holzerzeugnissen ausreichend decken lassen. Das 19. Jahrhundert war noch eine Zeit hemmungsloser Ausbeutung der Wälder – besonders in Nordamerika, wo die Bestände unerschöpflich zu sein schienen. Die Natur hatte die Wälder ja für nichts und wieder nichts geschaffen – also konnte sie der Mensch getrost um des Profits willen abernten; an künftige Holzverwender wurde dabei kaum gedacht. Im letzten Augenblick erklärten dann Naturschützer, an ihrer Spitze Gifford Pinchot und Präsident Theodore Roosevelt, daß eine schrankenlose Exploitation nur zu einer ökonomischen und ökologischen Katastrophe führen könne. Der Mensch müsse nicht nur die verbleibenden Wälder erhalten, sondern rasch die bereits zerstörten Reserven wiederaufbauen und die Zukunft der Bestände neu planen.

Grundlage der Planung künstlich angelegter Wälder ist das »Nachhaltigkeitsprinzip«. Es geht davon aus, daß der Holzabsatz – an ein Sägewerk, an eine Papierfabrik oder an lokale Nutzholzverwender – entweder konstant bleiben oder stetig wachsen wird und daß der Ertrag der Wälder die (augenblickliche wie künftige) Nachfrage im Rahmen des natürlichen Holzerntezyklus decken muß. Grob vereinfacht dargestellt bedeutet dies, daß bei einem Erntealter der Bäume von 50 Jahren in jedem Jahr ein Fünfzigstel des Bestandes gefällt und ein entsprechender Anteil

neu angepflanzt werden sollte. Der verantwortliche Förster kann dafür eine große oder mehrere kleine Parzellen, aber auch Einzelbäume im Verhältnis 1:50 auswählen, doch darf er nie seinen »Hiebssatz« überschreiten. Dieser Hiebssatz, der dem jährlichen Gesamtzuwachs des Waldes entspricht, wird anhand von Stichprobenerhebungen aus einem Zeitraum von mehreren Jahren sorgfältig ermittelt und regelmäßig neu festgelegt.

Forstwirtschaftliche Nutzung bedeutet, daß in einen Waldbestand Kapital angelegt wird, das sich in der Zukunft verzinsen soll, wobei für das Anlagekapital reale oder angenommene Zinsen berechnet werden. Das Gelände, die Arbeitskräfte und die Bäume kosten Geld, aber das aufgewendete Kapital kann erst dann eine Rendite abwerfen, wenn der Ernteertrag einen marktfähigen Umfang erreicht. Die Förster müssen deshalb die neuesten wissenschaftlichen Methoden anwenden, um ein rasches Wachstum bei niedrigsten Kosten zu erzielen und die Jungbaumverluste möglichst gering zu halten. Daher hat die Mechanisierung zahlreiche traditionelle Verfahren verdrängt, besonders bei der Baumschulenaufzucht von Pflanzgut aus Samen.

Bei der Anpflanzung von Laubbäumen, die ihre Erntereife erst nach mehreren Jahrzehnten erreichen, übernimmt man mancherorts Methoden der Mehrkulturenwirtschaft – beispielsweise im Süden der USA, wo man Sojabohnen und Viehgras zwischen in großen Abständen gesetzten Reihen von

Schwarznuß-Sämlingen angebaut hat. Zuerst wird die landwirtschaftlich genutzte Fläche abgeerntet, und die anschließende wertvolle Nußernte wirft einen zusätzlichen Zwischenertrag ab, bis die Bäume hiebsreif werden. Zwar braucht die Walnuß viele Jahre, bis sie wirtschaftlich verwertbare Ausmaße erreicht, aber ihr als Furnier begehrtes Holz erzielt einen sehr hohen Preis.

Die Erfahrungen der praktischen Forstwirtschaft haben gezeigt, daß es sich auszahlt, am Anfang weitaus mehr Bäume zu pflanzen, als man später als voll haubare Exemplare ernten will. Man kann annähernd die zehnfache Anzahl pflanzen, denn ein schwankender Prozentsatz wird die jungen Wachstumsphasen nicht überleben, unter Unkraut ersticken, dem Wildverbiß oder Kaninchen- und Insektenfraß zum Opfer fallen. Einen weiteren hohen Prozentsatz wird man bei Durchforstungen fällen, bei denen in regelmäßigen Abständen ausgewählte Bäume abgeholzt werden, um den zur Hiebsreife heranwachsenden Nachbarbäumen mehr Wuchsraum zu geben. Die Abmessungen des Durchforstungsholzes sind zwar klein, aber es läßt sich als Zaunpfähle, Grubenstempel, Faserholz und kleine Nutzholz-Sägeblöcke gut verkaufen. Dieses Holz bringt somit eine willkommene Verzinsung der Anfangsinvestitionen, bevor man den endgültigen, voll hiebsreifen Bestand ernten und das Land neu bepflanzen kann.

## KAHLSCHLAGMETHODE

Um die Nachhaltigkeit eines Waldes sicherzustellen, unterteilt man ihn in Schläge, die in strenger Hiebsfolge kahlgeschlagen werden, so daß er nach beispielsweise 50 Jahren Bestände aller Altersstufen vom Sämling bis zum 50jährigen Baum enthält. Die Bodenerosion verhindert man durch weiter hangaufwärts angelegte Holzbestände, und die Kahlschlagfläche bietet einer Reihe von Tieren ausgezeichnete Äsung. Bei ihrer Wiederbepflanzung kann man neue Zuchtrassen einführen.

*Der ausgewählte Schlag wird völlig kahlgeschlagen; die benachbarten Schläge sorgen für den Bodenschutz und nehmen den Wildbestand auf.*

*Die Kahlschlagfläche kann mit Baumschulmaterial neu bepflanzt oder einer Wiederbesamung durch Nachbarbestände überlassen werden.*

*Tritt in einem kahlgeschlagenen Bezirk der Bestandesschluß ein, kann auf einer angrenzenden Fläche Holz eingeschlagen werden.*

## SAMENBAUMMETHODE

Wo Bäume gut aus angeflogenen Samen wachsen, kann man die Fläche kahlschlagen und dabei in geeigneten Abständen Samenbäume (»Mutterbäume«) stehenlassen. Die Wiederaufforstungskosten sind zwar gering, aber man kann keine neuen Zuchtrassen einführen. Auch können sich bei gutem Nachwuchs zu dicht geschlossene Bestände ergeben, die dann mit größerem Kostenaufwand zu durchforsten sind, damit das Wachstum der Jungbäume nicht beeinträchtigt wird.

*Man schlägt eine größere Fläche kahl und läßt dabei in geeigneten Abständen Samenbäume stehen; den Nachwuchs können Düngemittel unterstützen.*

*Ist die Fläche wiederbestockt, kann man die Samenbäume zusammen mit schwachen oder schlechtgeformten Bäumen aushauen.*

*Zur Förderung der Wuchsenergie junger Bestände können ein bis zwei Durchforstungsphasen erforderlich sein.*

## EINZELSTAMMWIRTSCHAFT

Ausgewählte Bäume jeder Größe und aus allen Bereichen des Waldes werden gefällt, abgefahren und für die Endverwendung nach Größe und Qualität sortiert. Die Erntekosten sind hoch, aber der Wald und der Boden bleiben gut geschützt. In Gebirgsgegenden, besonders solchen mit Fremdenverkehr, bewahrt die verbleibende Walddecke den Reiz der Landschaft und bietet ausgezeichneten Schutz vor Lawinen.

*Nach dem Aushauen ausgewählter Bäume verschiedenen Alters bleibt eine dünnere, aber gleichmäßige Walddecke zurück.*

*Natürliche Wiederbesamung durch den verbleibenden Bestand sorgt für Nachwuchs, doch kann zusätzliches Pflanzen erforderlich sein.*

*Der Jungholzstand hat sich gut entwickelt, und die in ihm stehenden Samenbäume können nun geschlagen werden.*

**BAUMSCHULANZUCHT**

*Containerpflanzlinge wie die hier abgebildeten Baumschulpflanzen zieht man, indem man die Samen einzeln in Pappbehälter mit Sand, Komposterde und Dünger gibt. Wenn sie sprossen, werden die jungen Bäume ausgepflanzt, und die mit seitlichen Spalten versehenen Behälter öffnen sich leicht beim Auswachsen der Wurzeln.*

**PFLANZMASCHINE**

*Diese amerikanische Maschine arbeitet mit einer sechsköpfigen Bedienungsmannschaft und kann pro Tag bis zu 30 000 Sämlinge pflanzen. Laufräder setzen die jungen Bäume in eine von einem Pflug gezogene Furchenreihe, und abschließend verdichten Rollen den Boden neben den Sprossen.*

**HACKMASCHINE**

*Bei entsprechend angelegten Pflanzreihen kann ein Schlepper über die Sämlingsreihen hinwegfahren und mit seinem Hackrahmen das meiste Unkraut herausreißen. Die verbleibenden Unkräuter beseitigt man mit selektiven Unkrautvernichtern, die mit traktorbetriebenen Geräten oder aus Flugzeugen versprüht werden.*

**PFLANZENSCHUTZ**

*Der Einsatz von Flugzeugen ermöglicht dem Förster die chemische Behandlung von Beständen, die zu dicht sind, als daß man sie mit einem Traktor durchfahren könnte. Aus der Luft lassen sich Düngemittel zur Wachstumsförderung, Insektizide zur Bekämpfung von Schadinsekten und Fungizide gegen Baumkrankheiten versprühen.*

*Um Durchforstungsholz zu ernten, ohne dem übrigen Stand Schaden zuzufügen, schlägt man zuerst Schneisen – die sogenannten »Rückegassen« –, indem man mehrere benachbarte Baumreihen fällt. Nun können mit Greifzeugen ausgerüstete Lastwagen und Forstschlepper tief in den Wald hinein vorstoßen und ihre Stangen- und Faserholzladungen aufnehmen. Unterbaupflanzungen (im Bild unten rechts) sind ein wirksames Verfahren zur Steigerung der Erträge. Hier hat man einen Birkenbestand von geringem Handelswert durchforstet und mit Riesentanne (Abies grandis), einer ertragreichen Konifere aus dem amerikanischen Nordwesten, unterbaut. Birken fördern das Anfangswachstum, weil sie die Tannen gegen Wind, Sonne und Schnee abschirmen und einen Halbschatten geben, in dem diese Baumart besonders gut gedeiht.*

# Suche nach dem Superbaum

Seit Jahrtausenden schon bauen Menschen selektierte Mais-, Zuckerrüben-, Kartoffel- und Apfelsorten an. Die Forstwirtschaft zog jedoch bis zu Beginn unseres Jahrhunderts nur »unveredelte« Bäume – fast genauso, wie sie sich als Wildpflanzen entwickelt hatten. Züchtungs- oder Selektionsversuche wurden vorher kaum oder gar nicht unternommen: Man wußte noch sehr wenig von den Eigenschaften, die zu einer schnelleren Holzproduktion hätten führen können, und die lange Lebenszeit der Bäume ließ ein Experimentieren unrealistisch erscheinen. Die Suche nach dem Superbaum setzte erst spät ein – und wurde allein durch die glückliche Entdeckung von Zufallshybriden zwischen heimischen und eingeführten Baumarten ausgelöst, die gemeinsam in botanischen Gärten wuchsen.

Gleichwohl war noch eine ganze Reihe neuer Methoden zu entwickeln, bevor man Bäume wissenschaftlich züchten und so vermehren konnte, daß eine Aufforstung in größerem Maßstab möglich war. Dazu muß man zunächst die Wälder nach hervorragenden Mutterbäumen absuchen und lebende Triebe von ihnen bekommen, indem man entweder hinaufklettert oder Zweige herunterschießt. Diese Triebe, sogenannte Pfropfreiser, werden dann auf Wurzelstöcke verwandter Bäume ohne besondere Vorzüge gepfropft. Großes Geschick ist erforderlich, um zwei harzige Koniferenstämme miteinander zu vereinigen.

Schon nach ein paar Jahren tragen die Pfropfreiser männliche und weibliche Blüten, und ihre Fortpflanzung muß sorgfältig kontrolliert werden. Deshalb hüllt man die weiblichen Blüten sofort in Kunststoffbeutel ein, um ihre Zufallsbestäubung zu verhindern, und injiziert mit einer Spritze Pollen der männlichen Blüten eines selektierten Baumes in die Beutel. Kiefernsamen braucht zur Reifung weitere zwei Jahre und kann dann in der Baumschule ausgesät werden. Manche Sämlinge zeigen bald eine außergewöhnlich gute Form und Wuchsenergie – die anderen mit schlechteren Wuchseigenschaften sondert man aus. Die Sieger werden in Saatzuchtbetrieben so schnell wie möglich vermehrt, und mit Pfropfreisern von ihnen veredelt man nun Bestände weiträumig gesetzter normaler Bäume. Nach wiederum einigen Jahren fangen diese zu blühen an, und dann kann man die Bestäubung getrost der Natur überlassen, da alle Bäume im Bestand jetzt selektiertes Pflanzenmaterial sind.

Die hohen Verkaufserlöse aus der jährlichen Saatguternte übersteigen bei weitem die Entwicklungskosten, und die Superbäume, deren Anpflanzung ja nicht mehr kostet als die gewöhnlicher Bäume, bedeuten größere Holzerträge und eine bessere Bodennutzung.

**DIE WALDELITE**
*In dieser Versuchspflanzung im Süden der USA überragt eine Reihe speziell gezüchteter Superbäume die nichtselektierten Stämme des Bestandes. (Die Versuchsanordnung verlangte, daß beide Gruppen identische Wuchsbedingungen hatten.) Bei gleichen Pflanz- und Pflege-* *kosten liefern selektierte Bäume in weniger als der halben Zeit dasselbe Nutzholzvolumen wie normale Bäume. Die eingeblendeten Hirnschnitte eines Standard- und eines Superbaums – beide mit sieben Jahresringen – verdeutlichen die beachtliche Steigerung der Holzproduktion: Die Ringe des Superbaums* *sind doppelt so breit wie die der Standardvarietät – was bedeutet, daß das Vierfache an Festmetern erzeugt wird. Kurz gesagt, der Superbaum nutzt die normale Zufuhr von Sonnenenergie, Niederschlag und mineralischen Nährstoffen im Boden weitaus besser.*

Japanische Lärche
*Larix kaempferi*

Europäische Lärche
*Larix decidua*

JAPANISCHE LÄRCHE
*Rostrote Zweige, blaugrüne Nadeln und fast kugelige Zapfen mit rosenartig zurückgerollten Schuppen.*

Dunkeld-Lärche
*Larix x. eurolepis*

**GLÜCKLICHE BEGEGNUNG**
*Zu Kreuzungen kommt es, wenn die weiblichen Blüten einer Art von Pollen einer anderen, verwandten Spezies befruchtet werden. Die Japanische und die Europäische Lärche hatten sich nie getroffen, bis sie eines Tages ein Förster in Schottland unbeabsichtigt zusammenbrachte. Pollen der frühreifenden männlichen*

*Blüten der Europäischen Lärche erreichten weibliche Blüten ihrer japanischen Verwandten, bevor deren Pollenflug einsetzte. Der Förster, der eigentlich einen rein japanischen Bestand ziehen wollte, fand seine Baumschule voll von frohwüchsigen Hybriden – den ersten Exemplaren der »Dunkeld«-Hybride.*

**EUROPÄISCHE LÄRCHE**
*Strohfarbene Zweige, hellgrüne Nadeln und eiförmige Zapfen mit geraden, braunen Schuppen.*

**DUNKELD-HYBRIDE**
*Die hybride Form hat Merkmale beider Elternteile: braune Zweige, grüne Nadeln und eiförmige Zapfen mit halb zurückgerollten Schuppen.*

**KREUZUNGSBESTÄUBUNG**
*Pollen windblütiger Pflanzen kann sich ungehindert ausbreiten, und wenn sich weibliche Blüten öffnen, nehmen sie dieses männliche Element aus jeder beliebigen Quelle auf. Baumzüchter müssen deshalb weibliche Mutterblüten schützen, bevor sie empfänglich werden, indem sie*

*sie mit pollensicherem, aber luftdurchlässigem Polyäthylen umhüllen. Nach der künstlichen Befruchtung werden die Hüllen abgenommen, und die Zapfen und Samen entwickeln sich normal. Zuvor wird Blütenstaub von ausgewählten männlichen Elternbäumen entnommen und mit einer modifizierten »Blas-*

*spritze« (eingeblendetes Photo) eingeführt, die den Wind imitiert und den hellblauen Pollen auf die weiblichen Narben, also die Fortpflanzungsorgane, bringt. Pollen läßt sich gekühlt lagern, aber die weiblichen Blüten müssen in den wenigen Tagen bestäubt werden, in denen sie voll befruchtbar sind.*

# Hauer, Kapper und Rücker

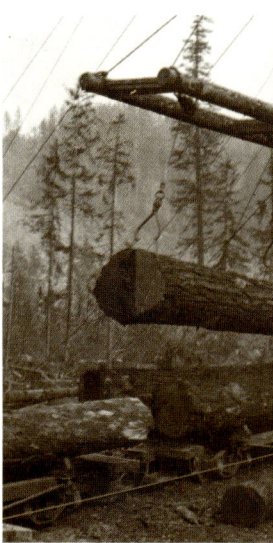

Schon zu Beginn unseres Jahrhunderts hatte die Technik des Dampfmaschinenzeitalters das Problem gelöst, wie man gewaltige Rundhölzer aus den Wäldern des amerikanischen Nordwestens herausholt, und die zuvor eingesetzten langsamen Ochsengespanne abgelöst. Hauptenergiequelle war die – billig mit Abfallholz beheizte – Dampflokomotive. Eisenbahnstrecken legte man geschickt so an, daß sich schwere Rundholzblöcke auf Niederbordwagen über Gleise mit überhöhten Kurven transportieren ließen, und führte sie auf schwindelerregenden Holzgerüstbrücken über Flüsse und Schluchten hinweg hoch in gewundene Täler hinauf.

Beiderseits des Schienenstrangs wählte der Haumeister in bestimmten Abständen einen langschäftigen, gesunden und gut verwurzelten Baum als »Rükkemast« aus, zu dem dann die gefällten Bäume mit einem Stahlseil nach der »Kopf-hoch-Methode« gerückt wurden – eine Vorläuferin der Verfahren, die man heute in bergigem Gelände anwendet.

Zuerst erkletterte ein waghalsiger und geschickter Holzarbeiter, der Steiger, mit Steigeisen an den Stiefeln und einem festen Halteriemen um den Leib den ausgewählten Baum. In geeigneter Höhe entwipfelte er ihn, damit die Krone den Mast nicht mehr in gefährliche Schwingungen versetzen konnte. Dieses Entwipfeln war eine sehr riskante Arbeit, denn der Steiger mußte der herabstürzenden Krone ausweichen und sich gleichzeitig am vibrierenden Stamm festhalten. Seine nächste Aufgabe bestand darin, das komplizierte System von Trag- und Zugseilen anzubringen; an einem typischen Seilkran waren ein Dutzend Halteseile, fünfzehn Laufseile und fünfzehn Rollen zu befestigen. Angetrieben wurden die Zugseile von einer stationären Dampfmaschine mit Holzfeuerung, die in einiger Entfernung vom Rükkemast aufgestellt war, damit das geförderte Rundholz sie nicht beschädigte. Die Maschine wickelte die Seile über Flaschenzüge auf Antriebstrommeln auf und zog so die Rundholzblöcke zum Rückemast – ein Vorgang, den die Fachsprache als »Bringung« oder »Rücken« bezeichnet.

Zum Verladen des Rundholzes auf die Eisenbahnwagen konstruierte man einen leiterförmigen Hebebaum, der etwa 8 m über dem Boden schwenkbar angebracht war. Aus zwei kräftigen Stammabschnitten gebaut, konnte diese Vorrichtung einen Rundholzblock vom Boden auf den Tiefladerwagen heben.

Das ausschließlich von Hand ausgeführte Fällen der Bäume war die schwierige und anstrengende Aufgabe der Hauer. Die Kapper dagegen mußten das Astwerk abnehmen und die Stämme in Abschnitte der für das Sägewerk richtigen Länge zersägen oder »ablängen«.

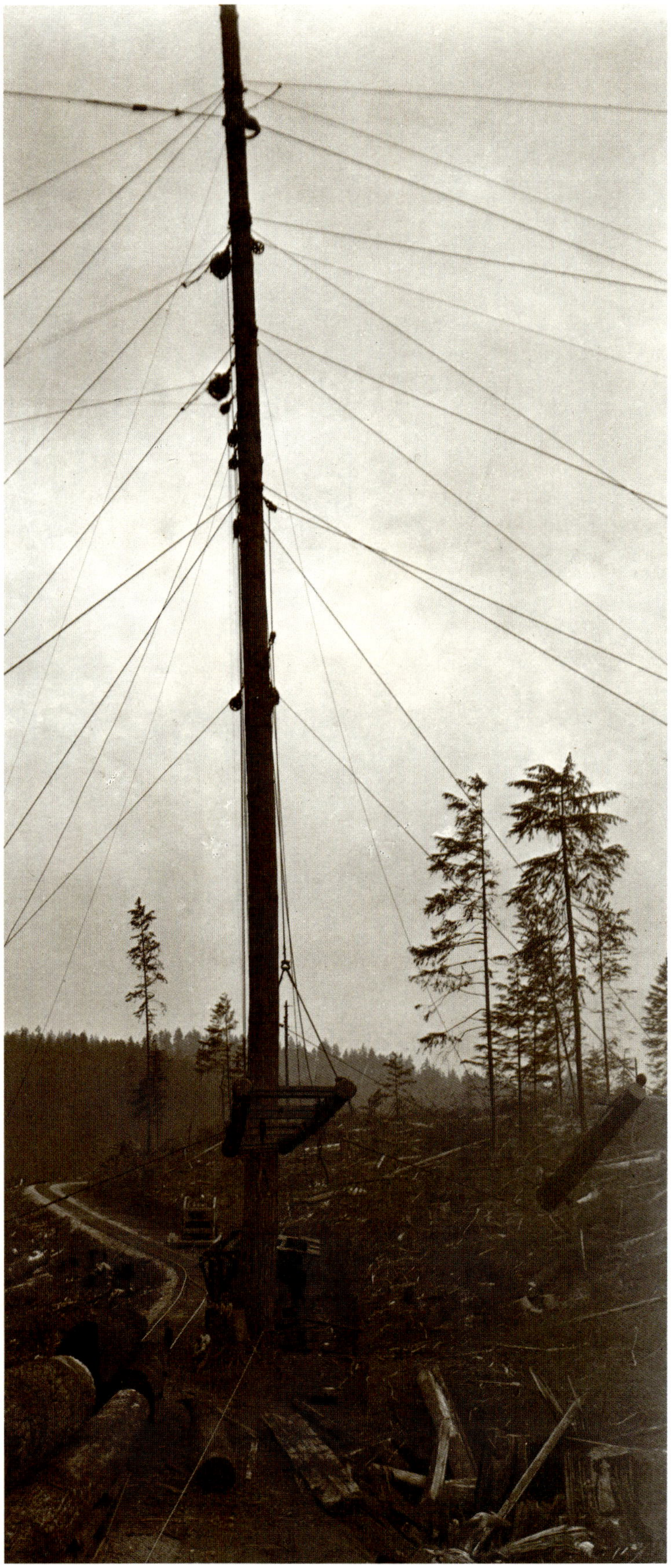

DER RÜCKEMAST
*Eine 45 m hohe Douglasie ist entwipfelt und als Rückemast mit der Drahtseilausrüstung für das Rükken vom hochgeführten Kabel aus ausgerüstet worden. Verankerungsseile erhöhen die Standfestigkeit und vermindern die Schwingungen, wenn von beiden Seiten die schweren Rundholzblöcke am Hochseil hängend herangeschleppt werden.*

HEBEBAUM
*Der aus zwei langen Stammabschnitten und Querverstrebungen gebaute Ausleger ist etwa 8 m über dem Boden schwenkbar angebracht. Mit seinen maschinenbetriebenen Seilzügen hebt er das Rundholz vom Boden und senkt es auf die Eisenbahnwaggons zum Abtransport.*

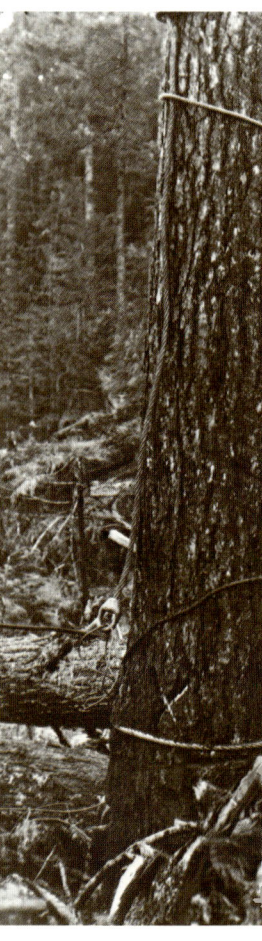

STEIGER
*Der wichtige Steiger beginnt seinen Aufstieg auf den Rückemast. Er zieht ein Tau hinter sich her, an dem er später seine Axt und seine Baumsäge, die ersten Klammerhaken sowie die für die Haupttakelung notwendigen großen Seil- und Kabelmengen heraufziehen wird.*

**ERFAHRENE HOLZHAUER**
*Die Holzhauer stehen auf in den Stamm eingezapften Fußbrettern, damit sie oberhalb des verbreiterten Stammendes schlagen können. Mit schweren Doppelblattäxten haben sie bereits vorn am Baum den ersten Fällkerb geschlagen und führen nun den Sägeschnitt aus; die Flasche ent-*

*hält Öl zum Schmieren der Säge. Außerdem verwenden die Arbeiter Keile, die das Festklemmen der Säge unter dem Gewicht des Baumes verhindern. Fällt der Baum schließlich, wird seine Fallrichtung von dem zwischen den beiden Schnitten verbliebenen Holzscharnier bestimmt.*

**ARBEITSPFERD DES WALDES**
*Bevor es Maschinen mit Benzinmotorantrieb gab, lieferten die für die Rückevorrichtungen erforderliche Kraft ausschließlich Dampfmaschinen, die man einfach und billig mit sonst unverwertbaren Ästen und Abfällen beheizte. Hier hebt ein Dampfkran Rundhölzer auf Eisenbahnwagen.*

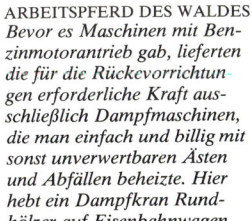

**HAUER, KAPPER UND RÜCKER**
*Die ganze Einschlagrotte posiert auf einem Haufen abgelängter und auf die Verladerampe gerückter Rundhölzer. Der Block einer mächtigen Douglasie hängt noch an den Stahlseilen des Hochseiltransportsystems.*

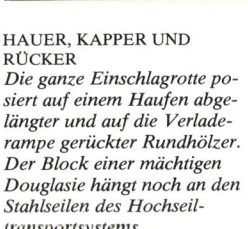

**PIONIER-HOLZFÄLLER**
*Ihre Arbeit führte die Holzfäller häufig in unberührte Waldregionen – zerklüftete, bergige Landschaften, die den Eisenbahningenieuren ihr ganzes Können abverlangten. Tiefe Geländeeinschnitte überbrückte man mit riesigen Holzgerüstkonstruktionen.*

# Gebirgsforstwirtschaft

Die Waldarbeiter früherer Zeiten waren zwar durchaus in der Lage, die größten Bäume des Waldes zu bewältigen, brauchten dafür jedoch verhältnismäßig viel Zeit. Die höher gelegenen Berghänge lagen aber – wie gut das Holz dort auch sein mochte – außerhalb ihrer Reichweite, denn hier war der Abtransport ein zu schwieriges Problem. Riesige Areale mit an sich wertvollem Waldbestand wurden deshalb als unzugänglich abgeschrieben, während man zugängliche Gebiete oft genug rücksichtslos kahlschlug.

Die moderne Forstwirtschaft hat dies alles geändert. Das Interesse am Naturschutz und an einer umsichtigen Nutzung der vorhandenen Rohstoffquelle haben die Entwicklung von Holzernteverfahren gefördert, die nicht nur den Ertrag des Waldes maximieren, sondern gleichzeitig auch die Kontinuität des Wachstums und die Erhaltung der Waldfauna gewährleisten. Der Förster ist heute eher ein Landwirt, der wieder sät oder pflanzt, was er erntet, und ständig die Zukunft im Auge behält.

Erdbaumaschinen haben den Straßenbau bis hoch hinauf ins Gebirge möglich gemacht; sie fressen sich tief in den Hang und planieren die Erd- und Gesteinsmassen zu kühnen Böschungen. Strenge bautechnische Maßstäbe werden an diese Straßen angelegt, denn die über sie bewegten Lasten sind schwer, und die Lastwagen müssen sie ungehindert befahren können, damit die Transportkosten wirtschaftlich bleiben. Ein moderner zehnachsiger Langholztransporter, dessen Eigengewicht schon bis zu 40 Tonnen beträgt, befördert vielleicht ein Dutzend Blöcke mit einem Gesamtgewicht von etwa weiteren 80 Tonnen.

Diese halsbrecherischen Straßen hinauf kurven die selbstfahrenden Rücketürme, von denen jeder mit so viel Drahtseil ausgerüstet ist, daß er Rundholzblöcke aus einem Umkreis bis zu 800 m einholen kann. Ihre röhrenförmigen Teleskoptürme aus Stahl kann man bis zu 33 m hoch ausfahren, damit sie die Blöcke hoch genug heben können. Die alten Rückemasten haben sie fast völlig verdrängt, denn sie sind mobil, mit kompletten Drahtseilausrüstungen sowie selbstspannenden Verankerungsseilen versehen und innerhalb weniger Stunden nach Eintreffen an einem neuen Schlagort aufgebaut und einsatzbereit.

Eine andere Möglichkeit besteht darin, mit einem selbstfahrenden Seilkran mit Ausleger oder kleinerem Turm ein Seilbahnsystem zu betreiben – ein Luftkabel, das weit in den Wald hineinreicht und an dem von einer Winde bewegte Laufkatze Holz über sehr schwieriges Gelände transportieren kann. Geländegängige Rad- oder Raupenholzlader mit hydraulisch betriebenen Greifern heben dann die bis zu 10 Tonnen schweren Blöcke und stapeln sie flink auf die Transporter, die sie zu Tal befördern.

Hat eine solche Operation einmal begonnen, läuft sie mit fast militärischer Präzision ab. Das Rücken der Stämme muß mit dem Fällen Schritt halten, und die Ladegeräte müssen stets zur Hand sein, damit die Transporter einen ununterbrochenen Pendelverkehr zwischen Schlagort und Sägewerk aufrechterhalten können.

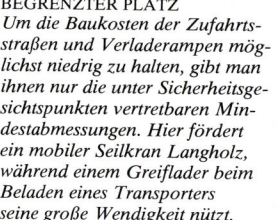

**HOLZLADER**
*Kleine und außerordentlich wendige Ladegeräte mit Dieselantrieb und hydraulisch betriebenen Greifern haben heute den alten Hebebaum als Vorrichtung zum Verladen von Rundholz auf Lastwagen oder Eisenbahnwaggons so gut wie verdrängt.*

**BEGRENZTER PLATZ**
*Um die Baukosten der Zufahrtsstraßen und Verladerampen möglichst niedrig zu halten, gibt man ihnen nur die unter Sicherheitsgesichtspunkten vertretbaren Mindestabmessungen. Hier fördert ein mobiler Seilkran Langholz, während einem Greiflader beim Beladen eines Transporters seine große Wendigkeit nützt.*

## ALTHOLZ

*Hoch oben in den Küstengebirgen des US-Staates Washington (links) arbeitet ein Einschlagteam in Tannen- und Hemlockbeständen, die dort über 300 Jahre gestanden hatten. Für Holzarbeiter bedeutet dies allerdings, daß sie es nur mit Stämmen mittlerer Abmessungen zu tun haben, die sich nicht mit den riesigen Red-* *woods an der Küste vergleichen lassen, welche oft eine Höhe von über 90 m erreichen. Gleichwohl ergeben diese Bäume hier in der Regel fünf 10,5 m lange Blöcke pro Stamm. Vor allem das Holz der Douglasie ist wegen seiner Astfreiheit und seines guten Stehvermögens sehr begehrt. Hier die Förderung des Rundholzes aus dem Tal und sein Abtransport.*

## »GEWICHTHEBER«

*Auf den Holzlagerplätzen weit unterhalb des Einschlaggebiets werden die Rundhölzer mit gewaltigen hydraulischen Greifern von den Transportern gehoben und vor der Weiterbeförderung ins Sägewerk nach Art und Größe sortiert. Diese Gewichtheber können einen ganzen Langholzwagen mit einem einzigen »Biß« entladen.*

## LANGE TRANSPORTWEGE

*Auf den Bau von Straßen und ihre Unterhaltung entfällt ein großer Teil der Betriebskosten der Holzeinschlagunternehmen. Das obere Bild zeigt einen Transporter auf der Fahrt vom Gebirge zur Küste, das untere einen der Holzlagerplätze.*

# Techniken der Holzernte

Die heutigen Methoden des Holzeinschlags sind je nach der Geländeform, dem Forstnutzungsplan und dem zu fällenden Baumtyp unterschiedlich. Die im amerikanischen Nordwesten und in manchen Tropenwäldern eingesetzten mächtigen Hochleistungsmaschinen sind nur dort wirtschaftlich, wo größere Holzmengen innerhalb kurzer Zeit eingeschlagen werden können. Die Rundholzblöcke sind dort so groß – etwa 10 m lang, mit einem Durchmesser bis zu 2 m –, daß sie nur mit schweren Ausrüstungen zu bewältigen sind. Außerdem müssen sie, abgesehen vom Entasten, unbearbeitet abgefahren werden. Kostenintensive Aktionen dieser Art planen und ausführen können nur große Firmen mit dem Rückhalt gutausgelasteter Sägewerke und Papierfabriken, die ihnen das Holz zur Weiterverarbeitung abnehmen.

In Skandinavien schlägt man kleinere, in flacherem Gelände gewachsene Bäume selektiv. Hier fällen, entasten, entrinden und zersägen riesige Maschinen die Stämme an Ort und Stelle. Eingeführt wurde dieses Verfahren, weil ein Mangel an gelernten Arbeitskräften eintrat, als Holzfäller, die bislang mit Axt, Pferd und Schlitten gearbeitet hatten, ihre kleinen Höfe und Waldparzellen aufgaben und in die Stadt zogen. Schwedische Holzfirmen waren deshalb gezwungen, aufwendige Maschinen zu entwickeln, zu deren Bedienung man viel weniger ausgebildete Kräfte brauchte. Als Ausgleich für ihr isoliertes Hinterwäldlerdasein konnte man ihnen dafür hohe Löhne zahlen.

So entstand eine neue Generation von Robotern mit verwirrenden Namen, von denen jeder in die Wälder vorstoßen und dort die Arbeit von einem Dutzend Männern verrichten kann. *Fellers* und *Harvesters* zerschneiden Nadelholzstämme bis zu 60 cm Durchmesser, und zwar nicht mit einer Säge, sondern mit einer Schere. *Limbers, Bunchers* und *Processors* befreien die Stämme von Astwerk und Rinde, zerschneiden sie in Abschnitte der gewünschten Länge, sortieren sie automatisch und stapeln sie ordentlich zu Haufen für den Abtransport. Auf diese Weise geerntetes Schwachholz wird meist als Pfosten, Grubenholz oder Faserholz verwendet.

Für die zahlreichen kleineren, verstreuteren Einschlagsarbeiten lohnen sich aber nur einfachere und weniger kapitalintensive Verfahren. Hier muß man mit Motorsägen fällen und das Holz mit Schleppern oder sogar Pferdegespannen abfahren. Auf einfachem Gelände ist jedoch der moderne *Forwarder* am wirtschaftlichsten: ein geländegängiges Fahrzeug mit Ladefläche und Kran, das tief im Innern des Waldes seine Rundholzladung aufnehmen kann.

**AMERIKANISCHER NORDWESTEN**
*Die Wälder im pazifischen Nordwesten Amerikas enthalten noch Bestände aus natürlicher Besamung zur Hiebsreife herangewachsener Douglasien, Hemlocks, Riesenlebensbäume und verwandter Koniferen. Häufig sind diese Bäume schon über 350 Jahre alt, an die 60 m hoch und haben einen Stammumfang von 8 m.*

**FÄLLUNGSTECHNIKEN**
*Will man solche Riesen fällen, ohne ihren mächtigen Stamm zu beschädigen, muß man besondere Techniken anwenden: Von beiden Seiten führt man die Sägeschnitte so, daß längs des Stammdurchmessers ein Scharnier aus gewachsenem Holz stehen bleibt. Nach Lösen der Verankerung neigt sich der gewaltige Baum langsam in die gewünschte Fallrichtung.*

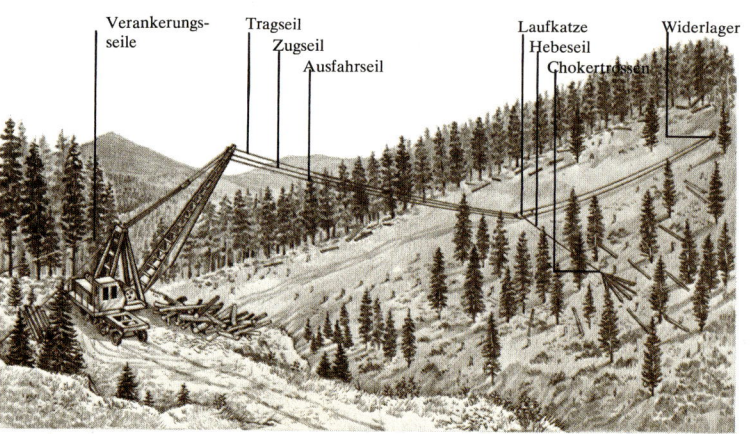

Verankerungsseile | Tragseil | Zugseil | Ausfahrseil | Laufkatze | Hebeseil | Chokertrossen | Widerlager

**SEILKRAN-BRINGUNG**
*Bei diesem System ist die Rückemaschine fest am Hang verankert. Ihr an einem Widerlager am gegenüberliegenden Hang befestigtes Tragseil wird mittels einer Winde gespannt. Das Hebeseil zieht die von Chokertrossen gehaltenen Rundholzbündel zur Laufkatze hoch, die vom Zugseil an die Verladerampe an der Straße befördert wird. Anschließend bringt das Ausfahrseil die Laufkatze wieder in die Position zurück, von der aus sie eine neue Rundholzladung aufnehmen kann.*

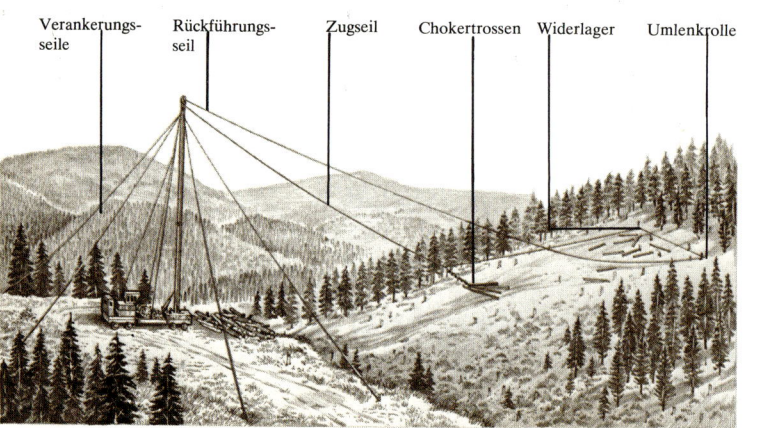

Verankerungsseile | Rückführungsseil | Zugseil | Chokertrossen | Widerlager | Umlenkrolle

**KOPF-HOCH-METHODE**
*Kopf-hoch-Systeme arbeiten mit einem teleskopartig ausfahrbaren Turm (früher mit einem Rückemast), von dem aus die Stämme beim Transport ganz oder nur am vorderen Ende angehoben werden. Der hier gezeigte Turm ist 30 m hoch und auf einem Fahrzeug mit komplettem Eigenantrieb montiert. Die Rundhölzer werden mit Chokertrossen an einem kurzen Seil und dieses wiederum am Zugseil befestigt. Das über Umlenkrollen geführte Rückführungsseil zieht die Chokertrossen nach jedem Lauf wieder zurück.*

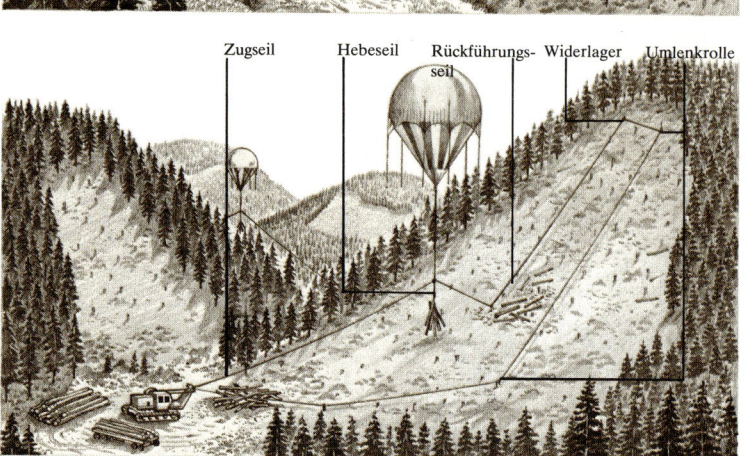

Zugseil | Hebeseil | Rückführungsseil | Widerlager | Umlenkrolle

**BALLON-BRINGUNG**
*Dieses praktische Verfahren nutzt die Auftriebskraft eines hin- und herbewegten Fesselballons. Man befestigt die Stämme an einem vom Ballon herabhängenden Hebeseil und zieht dann den Ballon zur Verladerampe. Bei dieser Technik läßt sich die potentielle Energie, die in den Rundhölzern der höheren Hanglagen »gespeichert« ist, voll nutzen, doch kann man sie nur in verhältnismäßig windstillen Gebieten anwenden, also nicht in Nordeuropa.*

## RÜCKESCHLEPPER

*In gutzugänglichen Beständen im Flachland oder leicht hügeligen Gelände setzt man Spezialtraktoren, die sogenannten Rückeschlepper, ein. Sie können schmale Rückeschneisen passieren und bei Durchforstungen angefallenes Stangenholz transportieren, ohne den Baumbestand zu beschädigen.*

## BAUM-HARVESTER

*Selbstfahrende Maschinen zum Fällen kleinerer Bäume sind in gutzugänglichen Beständen wirtschaftlicher als das Einschlagen von Hand. Der Harvester greift den Stamm an der Basis und durchtrennt ihn mit einer hydraulischen Schere. Anschließend wird der ganze Baum gehoben und einem Processor zur Weiterbearbeitung zugeführt.*

## STAMM-PROCESSOR

*Ein Processor entastet den Baum schneller als der geschickteste Waldarbeiter. Außerdem übernimmt er das Entwipfeln und Entrinden der Stämme, längt sie mit einer Kappsäge ab und sortiert die Rundhölzer in Faserholz oder Pfosten- und Grubenstempelholz.*

## HOLZFLÖSSEREI

*In vielen Gegenden Nordeuropas und Kanadas ist der Holztransport auf dem Wasser immer noch das einfachste und wirtschaftlichste Verfahren. Meist werden die einzelnen losen Hölzer zunächst als »Trift« auf Wildbächen abgeschwemmt, dann an Wehren oder Dämmen gesammelt und zu »Gestören« (»Flügeln« oder »Tafeln«) verbunden. Diese Holzflöße werden dann durch Fließwasser fortbewegt, mit Flößerstangen abgestoßen oder von Schleppschiffen gezogen. Im Bild oben erkennt man hinten rechts die Sortierkanäle, in die man die einzelnen Hölzer je nach Qualität und Verwendungszweck einschleust.*

41

# Waldkatastrophe

Durch Blitz oder (seltener) Vulkanausbrüche verursachte natürliche Brände gehörten schon zum Lebenszyklus der Wälder, lange bevor es den Menschen gab. Seine Aktivitäten, seine Lagerfeuer, seine Holzbringungsmaschinen und vor allem seine Rauchgewohnheiten haben die Waldbrandgefahr jedoch in einem beängstigenden Ausmaß erhöht. Jedes Feuer im Wald ist eine Tragödie für die Tiere, die in ihm umkommen oder deren Lebensraum es zerstört, und eine größere wirtschaftliche Katastrophe für den Menschen. Ständige Wachsamkeit der Brandwarte auf Beobachtungstürmen und in Patrouillenflugzeugen ist erforderlich, wenn Feuerausbrüche rechtzeitig entdeckt und noch begrenzte Brandherde bekämpft werden sollen.

Ein Wald ist ein gewaltiger Speicher von Energie, die ein Waldbrand mit verheerender Gewalt freisetzen kann. Brennbares Material ist ja reichlich vorhanden: der Baumbestand mit Stämmen, Rinde, Geäst, lebenden und abgestorbenen Blättern hoch über dem Boden und unten die Streu aus abgefallenen Zweigen, Ästen und Laub. Nichts davon brennt leicht in feuchtem Zustand, nicht einmal bei feuchter Luft. Aber schon ein nur wenige Tage wehender austrocknender Wind kann den ganzen Wald in eine Zunderbüchse verwandeln. Ein achtlos weggeworfenes Streichholz kann dann den Bodenüberzug entzünden und so ein Lauffeuer entfachen, das rasch schwerer brennbare Substanzen in Brand setzt. Bald breitet sich das Feuer explosionsartig aus und erzeugt seine eigenen orkanartigen Konvektionswinde, die frische Luft heranziehen und große Rauchsäulen hunderte Meter aufsteigen lassen.

Die Bekämpfung einer solchen Brandkatastrophe gleicht einer umfangreichen militärischen Operation. Verstärkungen, Ablösungen und Proviantnachschub müssen für einen Einsatz geplant werden, der Tage oder sogar Wochen dauern kann. Da nur selten genug Wasser zum Löschen eines größeren Brandes vorhanden ist, versucht man meist als erstes, den Brandherd einzudämmen. Planierraupen reißen Brandschneisen oder Feuerschutzstreifen durch den Wald, während Flugzeuge heftig brennende »Vorrangstellen« mit Feuerhemmungsmitteln »bombardieren«, die an Blättern und Ästen haften und die Ausbreitungsgeschwindigkeit so vermindern, daß die Löschtrupps Zeit haben, an den Brandherd zu gelangen und das Feuer vom Boden aus zu bekämpfen.

Oft wird dieser Kampf nur gewonnen, wenn starke Regenfälle niedergehen oder das Feuer ein natürliches Hindernis wie einen Fluß oder einen Gebirgszug erreicht. Manchmal läßt sich aus einem vom Feuer verwüsteten Wald noch verwertbares Holz bergen, doch allzuoft ist kaum mehr als Asche und Holzkohle übriggeblieben. Auf dieser sterilen Basis müssen der Wald, seine Flora und Fauna völlig neu geschaffen werden.

DER OXBOW-WALDBRAND
*Der im August 1966 ausgebrochene Oxbow-Waldbrand entwickelte sich zu einer der heftigsten und verheerendsten Feuersbrünste, die jemals den US-Staat Oregon heimsuchten. Hier überquert das Feuer in einem frühen Stadium dieser Katastrophe einen Hang, erfaßt die Bäume und droht, sich jeden Augenblick explosionsartig auszubreiten.*

DIE »RAUPEN« KOMMEN
*Schwere Planierraupen brechen eine Schneise in den Wald und räumen sie von Holz und Bodenstreu, so daß ein Feuerschutzstreifen entsteht. Wegen der dichten Rauchschwaden, der starken Sogwirkung des Feuers und seiner schnell näherrückenden Front ist diese Arbeit* außerordentlich schwierig und oft auch gefährlich.

FEUERHEMMUNGSMITTEL
*Im Tiefflug über einer »Vorrangstelle« des Waldbrands* entlädt ein umgebauter Bomber die erste seiner vier 2000-Liter-Chargen Feuerhemmungsmittel. Diese feuerhemmenden Chemikalien können zwar den Brand nicht löschen, heften sich aber an das Laubwerk und verzögern die Ausbreitung des Feuers bis zum Eintreffen der Bodenlöschmannschaften.

GLUT DER VERWÜSTUNG
*Bei zunehmender Ausbreitung des Waldbrandes entwickeln sich örtliche »Vorrangstellen« überall dort, wo reichlich trockenes Holz in Bodenformationen vorhanden ist, die eine Entstehung starker Konvektionsströmungen begünstigen. Diese vom Feuer selbst erzeugten Luftströmungen saugen Sauerstoff in den Brandherd und verwandeln ihn in ein weißglühendes Inferno. Wollen die Löschmannschaften Erfolg haben, müssen sie zunächst diese Brandflächen eindämmen; gelingt das nicht, geraten sie außer Kontrolle, katapultieren einen Feuerregen in große Höhen und fachen den Waldbrand weiter an. Der Anblick eines solchen Brandherds läßt dem Förster kaum Hoffnung.*

GEZEICHNETE LANDSCHAFT
*Das Feuer wütete bis zum Grat des Berges hinauf und vernichtete alles in seiner Bahn; an der Windschattenseite entgingen einige Flächen der Zerstörung. Diese erhalten gebliebenen Teile des Bestandes werden zur Bodenstabilisierung und Böschungssicherung beitragen, vielleicht auch durch natürliche Besamung die Regeneration fördern.*

DIE FOLGEN
*Bäume sind erstaunlich feuerbeständig, und selbst nach schweren Bränden können Forstarbeiter oft noch beträchtliche Mengen verwertbaren Holzes bergen. Wo der Waldbrand besonders heftig gewütet hat, bleibt allerdings kaum mehr übrig als versengte Stämme und ein weißer Ascheteppich.*

# Sperrholzherstellung

Zu den erstaunlichsten Tatsachen, die Untersuchungen über die menschliche Nutzung des Rohstoffes Holz ans Licht bringen, zählt wohl die, daß das Gesamtvolumen der Holzernte seit der Jahrhundertwende kaum gestiegen ist, obwohl sich unser Bedarf an Holzerzeugnissen in dieser Zeit vervielfacht hat. Was sich geändert hat, ist die Wirtschaftlichkeit, mit der man diesen Rohstoff zu einer Reihe von Produkten ver- und bearbeitet.

Zu verdanken ist diese rationellere Holzverwertung sowohl den großen Fortschritten der Sägemaschinentechnik als auch der in unserer Zeit entwickelten Vielzahl von Holzwerkstoffen. Die Hersteller von Sperrholz, Faserplatten und Tischlerplatten verwerten Holzfaser, die sonst möglicherweise ein reines Abfallprodukt wäre. Vom Sperrholz, dem meistverwendeten Holzwerkstoff, lebt heute ein bedeutender Industriezweig. Amerika allein verbraucht pro Jahr 1,5 Milliarden qm – eine Zahl, die wenig besagt, es sei denn, man rechnet aus, daß sie ausreichte, einen 3,60 m breiten Weg von der Erde bis über den Mond hinaus zu belegen.

Der große Vorteil des Sperrholzes als Konstruktionsmaterial besteht darin, daß man es nach genauen technischen Spezifikationen mit voll vorhersagbaren und zuverlässigen mechanischen Eigenschaften herstellen kann, während die Natur das Holz ja uneinheitlich erzeugt und Äste, Risse und Harzansammlungen auf das gesamte Fasermaterial verteilt. Bei der Sperrholzfabrikation bohrt man die Äste heraus und flickt sie mit Pfropfen aus. Feine Risse lassen sich mit synthetischen Füllmitteln ausbessern, während man kleinere Furnierstücke buchstäblich mit einem Leimfaden zusammenheften und als Blindfurnier verarbeiten kann, ohne die Festigkeit der Platte zu beeinträchtigen.

Die an den Furnierschälmaschinen und Montagestraßen, Platten-Formatsägen und Schleifmaschinen anfallenden Abfälle werden wie im Sägewerk gesammelt und in der Papier- oder Hartfaser- und Spanplattenproduktion verwertet.

Ein Blick in die Zukunft läßt vermuten, daß man in kommenden Jahren selbst diese künstlichen Erzeugnisse als überholt und unrationell betrachten wird. Die heutige Forschung verfolgt das Ziel, den gesamten Baum – Stamm, Geäst, Rinde und Wurzeln – zu einer einzigen Fasermasse zu reduzieren und aus diesem Rohmaterial Platten und Formteile zu fertigen, die nicht nur völlig kontrollierbare Eigenschaften haben, sondern auch während der Verarbeitung mit jedem gewünschten Additiv versehen werden können.

SCHÄLBLÖCKE
*Stammabschnitte, an denen die Entrindungswerkzeuge deutliche Spuren hinterlassen haben, werden der Rundschälmaschine zugeführt. Von dem eingespannten hellen Schälklotz im Hintergrund wird nur eine Restrolle von 15 cm Durchmesser übrigbleiben, die dann zu Nutzholz geschnitten oder zu Hackspänen verarbeitet wird.*

BAND AUS HOLZ
*Während das feststehende Messer der Furnierschälmaschine gegen den rotierenden Klotz gedrückt wird, hebt es ein zusammenhängendes Furnierband ab, dessen Dicke je nach Plattenart und Verwendungszweck zwischen 0,55 und 10 mm beträgt.*

**FURNIERSTAPLER**
Die aus der Schälmaschine kommende Furnierbahn wird automatisch nach Fehlern abgetastet und von Schlagscheren in Einzelblätter mit Standardabmessungen zerteilt (im Bild oben rechts). Furnier wird im »grünen« Zustand sortiert und gestapelt, bevor es in den Kammer- oder Kanaltrockner kommt.

**FURNIERHEFTEN**
Kleinere Fehler, Spalte und ein uneinheitlicher Feuchtigkeitsgehalt des Schälblocks führen zum Zerreißen des Furnierblatts. Die dabei anfallenden Teilstücke sind jedoch kein Abfall; z. B. kann man sie mit einem Leimfaden zusammenheften und als Blindfurnier verarbeiten.

**PRESSENSTRASSE**
Die im Vordergrund gestapelten Sperrholzplatten sind so zusammengesetzt, daß die Faserrichtung des einen Blatts jeweils rechtwinklig zu der des nächsten verläuft. Die Blätter sind schon beleimt und können nun in die Pressen eingelegt werden. Anschließend werden sie besäumt und geschliffen.

# Das integrierte Sägewerk

Das integrierte Sägewerk der Gegenwart verbindet in einzigartiger Weise altes handwerkliches Können mit fortschrittlicher Technik; beides hat man hier zusammengebracht, um den Rohstoff Holz optimal zu verwerten. Auf jeder Stufe der Bearbeitung des Rundholzes zu Nutzholz hängt die letzte Entscheidung vom erfahrenen Urteil des Sägers ab, auch wenn er heute dank computerisierter Meß- und Steuervorrichtungen und mechanischer Förderanlagen, die einen viele Tonnen schweren Block mühelos heben und umdrehen, ungleich produktiver arbeitet.

Abfälle gibt es in unserer Zeit nicht mehr: Die vor der Einführung des Rundholzes in die Sägemaschine entfernte Rinde wird pulverisiert und findet vielseitige Verwendung. Zum Teil wird sie manchmal als billiger Brennstoff in den Feuerungsanlagen des Sägewerks verheizt. Außerdem kann man sie in Gärten als Bodenabdeckung oder in der Holzhalbwarenindustrie zur Herstellung von Hartfaser- und verschiedenen Verbundplatten verwenden, die jetzt aus dem Versuchsstadium herauskommen und in größerem Umfang industriell verarbeitet werden. Auch die an Bandsägen, Kreissägen und Hobelmaschinen anfallenden Späne sammelt man und verkauft sie als Rohstoff an Spanplatten- und Papierfabriken.

Bei Überführung des Rundholzblocks von der Entrindungsstation zur Sägemaschine wird er von elektronischen Abtastvorrichtungen vermessen und in Abschnitte der für die Bearbeitung zweckmäßigsten Länge zersägt oder »abgelängt«. Blöcke mit großem Durchmesser werden gleich zwecks Weiterbearbeitung zur Hauptmaschine (siehe S. 48) weitergeleitet, schwächeres Rundholz dagegen meist zu den kleineren Bandsägen oder dem Profilzerspaner, einer neuentwickelten Maschine, die Stammabschnitte zur Weiterbearbeitung durch die Bandsäge vierkantig zurichtet.

Starkholz leitet man von der Blockbandsäge zur Trennstation, wo Bandsägen, oft Doppel- oder Vielblattmaschinen, die vorgemodelten Stücke weiter in die gewünschten Formate auftrennen und die Baumkanten entfernen. Dieser Besäumabfall gelangt auf Förderbändern ins Hackschnitzelwerk, wo er zerkleinert und als Rohstoff für die Zellstoffindustrie verkauft wird.

Das bearbeitete Schnittholz kommt dann in Holztrocknungsanlagen, damit es gutes Stehvermögen im Einsatz zeigt. Sehr großes Schnittholz, z. B. Balken, kann unmittelbar nach der Trocknung verkauft werden. Doch für die meisten Abnehmer werden die Hölzer anschließend noch auf vierseitig arbeitenden Hobelmaschinen abgerichtet und auf Verbrauchsformat gebracht. Schließlich bekommt das Schnittholz einen Sorten- und Gütestempel und wird versandfertig gebündelt und verpackt.

ENTRINDUNGSANLAGE
*Die Rundholzblöcke werden nacheinander einem Rollenwerk zugeführt, das sie kontinuierlich dreht, während ein Fräskopf am Block entlangfährt. Die Bedienung kann die Vorschubgeschwindigkeit des Rundholzes regulieren.*

ABLÄNGSÄGE
*Blick aus dem Innern des Sägewerks auf einen von der Entrindungsanlage hereinkommenden Rundholzblock. Der Block wird automatisch bei einem auf die abzutrennende Länge einstellbaren Anschlag angehalten und von der herabschwenkenden großen Kreissäge sauber rechtwinklig zur Längsachse abgelängt.*

## BLOCKBANDSÄGER

Der Rundholzblock ist fest auf einem Wagen eingespannt, der auf Schienen läuft und unter dem vertikalen Blatt der Bandsäge vor- und rückwärtsbewegt werden kann. Nach Ausführung des Schnitts lenkt der Gehilfe des Sägemeisters mit einem scharfen Haken die abgetrennte Bohle auf die Rollenbahn im Vordergrund. An der Eingangsseite der Hauptmaschine wird jeder Block von optischen Instrumenten abgetastet, die den Durchmesser seiner beiden Hirnschnittflächen, seine Länge und seinen Ausbauchungsgrad messen. Anschließend analysiert ein Computer diese Daten und zeigt auf einem Bildschirm im Bedienungsstand des Sägeführers eine Auswahl möglicher Schnittdiagramme. Sie dienen jedoch nur zur Orientierung des Sägeführers, der die endgültige Entscheidung zu treffen hat, wie der Block einzuschneiden ist, und dabei auch Merkmale im Stamminnern berücksichtigen muß.

## PROFILZERSPANER

Eine der bedeutendsten Entwicklungen zur Rationalisierung der Holzbearbeitung ist der Profilzerspaner, eine neue Maschine, die Hölzer planparallel zurichtet, so daß sie dann unmittelbar der Trennsäge zugeführt und in ihre Endformate zerlegt werden können.

## DOPPELTE TRENNBANDSÄGE

Von der Blockbandsäge geschnittene große Kanthölzer werden von Doppelband- oder Vielblatt-Trennbandsägen zu Brettern aufgetrennt. Die Walzen- und Kettenzugfördersysteme zum Transport der Hölzer von einer Bearbeitungsstation zur anderen lassen sich programmieren oder handsteuern.

## HOBELMASCHINE

Damit die fertig zugeschnittenen Hölzer formstabil bleiben, wird ihnen in Trocknungsanlagen Feuchtigkeit entzogen. Ihre Endbearbeitung erfahren sie auf Hobelmaschinen, deren Messerwellen alle Unebenheiten beseitigen und ihnen die vorgeschriebenen Abmessungen geben.

# Die Blockbandsäge

Zu den Aufgaben im Sägewerk, die besonders viel Können und Aufmerksamkeit erfordern, zählt die des Blockbandsägers, von dessen Urteilsvermögen und Erfahrung es abhängt, ob das Rundholz in die optimale Schnittholzmenge zerlegt wird.

Er sitzt an seinem Steuerpult, oft oberhalb des Rundholzblocks, und muß seinen Einschnittplan immer wieder revidieren, um ihn der zunehmend sichtbar werdenden, bei jedem Block wieder anderen Innenstruktur anzupassen. Beispielsweise muß er darauf achten, daß er Äste und Risse ausspart, und die besonderen Wünsche der Sägewerkskunden berücksichtigen.

Beim Vorschub des Blocks an die gewaltige vertikale Bandsäge fällt beim ersten Schnitt eine Rundschwarte an, die meist zu Hackschnitzeln für die Zellstoffindustrie verarbeitet wird. Die folgenden Schnitte trennen vom astfreien Holz der Mantelzone des Blocks eine Reihe 25 mm dicker Bretter. Danach dreht der Sägeführer den schweren Block um 90 oder 180 Grad und nimmt eine weitere Anzahl von Schnitten aus hochwertigem Holz ab. Je näher er an die Stammachse kommt, desto mehr muß er mit Ästen und Rissen rechnen, weshalb er diese Herzzone in schwerere »Dimensionshölzer« und große Balken zerlegt.

**DIE BLOCKBANDSÄGE**
*Das obere Bild zeigt das Abtrennen einer Schwarte beim ersten Blockdurchgang; sie wird von Hand weggezogen. Das Bild unten zeigt, wie von Seite drei hochwertige Bretter aus dem astfreien Splintholz und dem äußeren Kernholz geschnitten werden.*

**HOHE SCHNITTAUSBEUTE**
*Der Säger begann mit dem Einschnitt des Blocks an dessen Oberseite (wie im Bild links) und trennte dann eine Anzahl hochwertiger Bretter ab. Dann wurde der Block um 180 Grad gedreht und in der gleichen Weise eingeschnitten. Da dieser Stammabschnitt überwiegend aus einwandfreiem Holz mit sehr wenigen Ästen und Rissen bestand, konnte ihn der Sägeführer zu einem sehr hohen Prozentsatz in Bretterwaren auftrennen. Die Rinde verwendet man entweder als Brennstoff im Sägewerk oder als Bestandteile einiger Faserplattenerzeugnisse. Beim Besäumen der Brettkanten anfallendes Abfallholz wird zu Hackschnitzeln für Zellstofffabriken verarbeitet.*

**SCHWACHHOLZ**
*Manche Sägewerke haben sich auf die Bearbeitung kleinerer Rundholzblöcke spezialisiert – eine Reihe von Band- und Kreissägen zerlegt den gesamten Block in einem Durchgang in 50 mm oder 100 mm dicke Bohlen genormter Breiten. Anschließend werden sie flachgelegt und auf handelsübliche Bau- oder Werkholzmaße zugeschnitten. Die äußeren Schnitte, unmittelbar nach Entfernung der Schwarten, können breite, hochwertige 25 mm dicke Bretter ergeben.*

**SELEKTIVER EINSCHNITT**
*Beim selektiven Einschnitt wird jede Seite gesondert aufgetrennt. Hier wurde die (auf der Abbildung) »untere« Seite zuerst eingeschnitten und ergab, nach Entfernung der Schwarte, sechs hochwertige Bretter. Danach zerlegte man die rechte Seite in zwei Bretter und ein dickeres Kantholzstück, das später zu kleineren Brettern aufgetrennt wurde. Die dritte Seite ergab mehr Brettware, während die letzte Seite zu größeren Bohlen eingeschnitten wurde. Der zu einem Balken mit einer Querschnittsfläche von 130 qcm reduzierte Stammkern wurde zu Bauholz geschnitten, bei dem Äste die Festigkeit der Konstruktionselemente nicht nennenswert beeinträchtigen.*

# Imprägnierte Masten und Pfähle

Praktisch überall auf der Erde findet man druckgetränkte Masten und Pfähle, die Energie- und Fernmeldeleitungen tragen, Brücken und Gebäude stützen, Küsten und Flußufer vor Erosion schützen und zum Vertäuen von Booten und Schiffen in Häfen und Liegeplätzen dienen. Ein einmal mit Kreosot, dem meistverwendeten Holzschutzmittel, imprägnierter Nadelholzmast dürfte unter Allwetterbedingungen eine Gebrauchsdauer von 50 Jahren haben.

Die Imprägnierbarkeit eines Holzes hängt von seiner inneren Struktur ab und ist von Art zu Art, manchmal auch bei zwei Probekörpern derselben Art, unterschiedlich. Das Holzschutzmittel dringt vor allem in Faserrichtung in das Holz ein – die Durchdringung quer zur Faser, durch die Wandtüpfel, dauert viel länger. Markstrahlen und Harzgänge haben nur wenig regulierenden Einfluß auf die Durchtränkung mit Flüssigkeiten. Splintholz wird relativ leicht durchdrungen, während Kernholz, in dem chemische Veränderungen viele Leitbahnen blockiert haben, Konservierungsmittel nur schlecht aufnimmt und bei manchen Holzarten nahezu undurchtränkbar ist.

**DRUCKTRÄNKUNG**
*Moderne Druckkessel können Mastenchargen bis zu 40 m Länge aufnehmen. Auch kleinere Hölzer werden imprägniert, und wenn sie aus Kernholz bestehen, wird das Holz häufig maschinell mit Einstichen oder Einschnitten versehen, damit die Flüssigkeit besser eindringt.*

*Man kann verschiedene Holzschutzmittel verwenden, doch wählt man bei Masten, die keinen Anstrich brauchen, meist Kreosot. Der Feuchtigkeitsüberschuß des Holzes wird dadurch entfernt, daß man über 100°C warmes Öl in dem Kessel umwälzt. In 40 bis 50 Stunden kann man einer Ladung frischer Mast-*

*holzes auf diese Weise über 20000 Liter Wasser entziehen. Dann wird die Imprägnierlösung in den Hauptkessel eingelassen und der Druck langsam erhöht, bis die erforderliche Flüssigkeitsmenge eingepreßt ist. Danach werden die Masten dampfgetrocknet und dann (Einsatz) aus dem Kessel gefahren.*

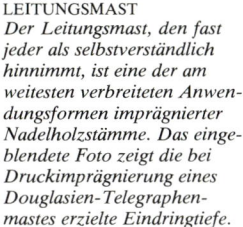

**LEITUNGSMAST**
*Der Leitungsmast, den fast jeder als selbstverständlich hinnimmt, ist eine der am weitesten verbreiteten Anwendungsformen imprägnierter Nadelholzstämme. Das eingeblendete Foto zeigt die bei Druckimprägnierung eines Douglasien-Telegraphenmastes erzielte Eindringtiefe.*

**GEWALT DER ELEMENTE**
*Diese Buhnenpfähle veranschaulichen die starke Erosionswirkung der von der Meeresbrandung transportierten Gerölle und Sande. Ohne Konservierung wäre das Ausmaß der Zerstörung noch weitaus größer – zumal dann auch Schiffsbohrwürmer und andere Meeresbewohner erheblich dazu beigetragen hätten.*

# Der verborgene Rohstoff

In ordentlicher und guttransportierbarer Verpackung – dem Rundholz – enthalten Bäume eine große Menge Fasern, die sich für zahlreiche industrielle Verarbeitungsverfahren eignen, deren bedeutendstes die Papier- und Pappefabrikation ist. Der entrindete Stamm eines Baumes besteht, je nach Art, zu 65 bis 85 Prozent aus Fasern, die von 15 bis 35 Prozent Lignin zusammengehalten werden. Die Holzaufschlußverfahren lösen den Faserverband auf und trennen die einzelnen Fasern voneinander, bevor sie dann im Endprodukt neu integriert werden.

Das meiste Faserholz kommt aus Waldbeständen und fällt dort bei Durchforstungen an, die der Pflege gutgewachsener Zukunftsstämme dienen, die bei Erreichen ihrer Hiebsreife als Nutzholz geschlagen werden sollen. Faserholz transportiert man auf Straßen und Gewässern. Oft läßt man die Stämme zunächst auf Wildflüssen einzeln treiben, vereinigt sie weiter talwärts zu Flößen, die an das Zellstoffwerk geschleppt und dort sortiert werden.

Brauchbares Stammholz kommt zuerst in die Entrindemaschine, die in ihrer einfachsten Form aus einer 14 m langen Metalltrommel mit Längsschlitzen besteht, durch die Wasser eingelassen wird. In der langsam rotierenden Trommel werden die Hölzer so herumgewirbelt, daß sie sich gegenseitig ständig reiben und Rinde und Bast abschleifen, die dann durch die Schlitze herausgespült werden. Andere

Maschinentypen »reinigen« das Holz mit Ketten, Hobel- oder Fräsköpfen oder mit Hochdruck-Wasserstrahlen. Die Rinde, 7 bis 9 Prozent des Stammgewichts, wird dann meistens als Kesselbrennstoff verwertet.

Die entrindeten Hölzer werden dann entweder mechanisch oder – nach vorhergehender Zerkleinerung zu Hackschnitzeln – chemisch aufgeschlossen. Beim mechanischen oder Holzschliffverfahren reißen Schleifersysteme die Faserelemente physikalisch auseinander, während im chemischen oder Zellstoffverfahren das Lignin aus dem Faserverband gelöst wird. Das halbchemische Verfahren, der »chemische Schliff«, kombiniert beide Techniken.

Holzschliff weist eine geringe Festigkeit auf: Er enthält Lignin und vergilbt mit der Zeit. Normalerweise verarbeitet man ihn nur zu kurzlebigen Erzeugnissen wie Zeitungsdruckpapier. Zellstoff ist fester und weist einen höheren Reinheitsgrad auf. Die Ausbeute des Rohholzes sinkt mit der Intensivierung der chemischen Behandlung: Die Werte liegen zwischen 95 Gewichtsprozenten des entrindeten Stammes beim Holzschleifen und 45 Prozent oder noch weniger bei bestimmten Zellstoffarten.

Beim Holzschliffverfahren werden Rundholzabschnitte von Hydraulikpressen gegen einen schnell umlaufenden zylindrischen Stein mit rauher, körniger Oberfläche gedrückt. Zum Schmieren des

Schleifsteins und Wegspülen der herausgerissenen Faserelemente verwendet man Wasser.

Die chemischen Verfahren der Zellstoffgewinnung, bei denen das Lignin erweicht oder gelöst wird, sind sauer, basisch oder neutral. Um die Chemikalien möglichst schnell an das Lignin heranzuführen, zerkleinert man das Holz vorher zu maximal 25 mm langen und 1,5 mm dicken Hackschnitzeln – in Hackmaschinen mit einer mit acht oder zwölf scharfen Messern bestückten Rotorscheibe, deren Durchmesser bis zu 2,5 m betragen kann. Ein Einzugssystem führt die Stämme der Länge nach in einem bestimmten Winkel an die Messer heran, die sie zu Schnitzeln zerkleinern, als würden sie Bleistifte spitzen. Die Hackschnitzel werden dann zu großen Halden aufgehäuft und gelangen von dort in die Zellstoffkocher. In diesen Kochern bleiben die Chemikalienlösungen und Holzschnitzel unter Dampfdruck 10 bis 60 Minuten lang einer Temperatur von 170 bis 190° C ausgesetzt – je nach Holzart, geforderter Zellstoffqualität und angewendetem chemischen Verfahren. Nach der Kochung werden die Chemikalien abgelassen und zum Teil wiederverwendet. Die Schnitzel werden in einen Tank ausgeblasen, wo sie je nach dem Aufschlußgrad des Verfahrens entweder ganz bleiben oder zerfallen.

Schließlich wird der Faserbrei in mehreren Wäschen von den Kochchemikalien, unaufgeschlossenen Teilen und Schmutzpartikeln befreit. Man kann ihn dann direkt einer Papierfabrik zur Weiterverarbeitung zuleiten oder vorher bleichen. Auch kann man ihn auf einer Entwässerungsanlage sieben und zu dicken Bahnen pressen, die heißluftgetrocknet werden und in Ballen zum Versand kommen. Holzschliff wird, wenn er nicht unmittelbar einer Papierfabrik zugeführt wird, auf ähnlichen Sieb- und Pressenpartien entwässert und in Form verfestigter Rollen verschickt.

**FASERHOLZERNTE**
*Das meiste Faserholz fällt bei Durchforstungen an. Diese von einem Mann bediente »Pika 52« nimmt gefällte Stämme auf, entastet sie und zersägt sie in gleich lange Stücke. Weiterentwickelte Prototypen dieser Maschine verarbeiten auch das Astholz.*

**HOLZSCHLIFF UND ZELLSTOFF**
*Die Verfahren der Holzschliff- und Zellstoffgewinnung gleichen sich in ihren Grundzügen und weisen eine Reihe gemeinsamer Verarbeitungsstufen auf. Besonders wichtig ist das Waschen des Faserbreis, der dann unter Umgehung der Siebpartie unmittelbar einer Papiermaschine zugeführt werden kann.*

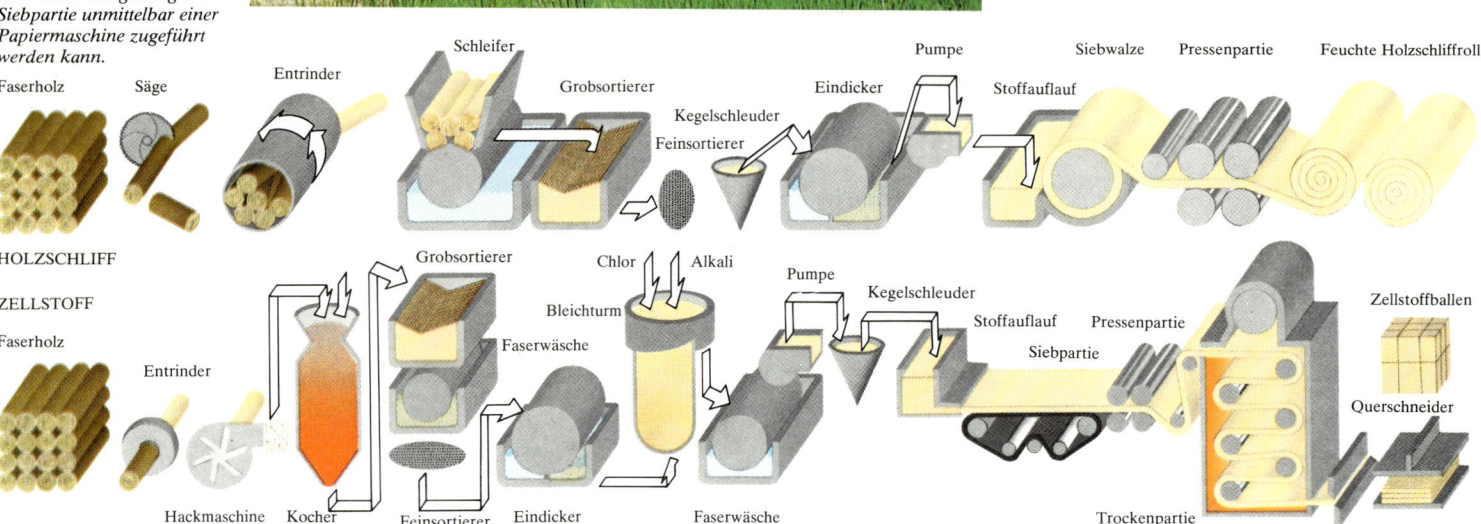

HOLZSCHLIFF

Faserholz — Säge — Entrinder — Schleifer — Grobsortierer — Feinsortierer — Kegelschleuder — Eindicker — Pumpe — Stoffauflauf — Siebwalze — Pressenpartie — Feuchte Holzschliffrolle

ZELLSTOFF

Faserholz — Entrinder — Hackmaschine — Kocher — Feinsortierer — Grobsortierer — Eindicker — Faserwäsche — Bleichturm — Chlor — Alkali — Faserwäsche — Pumpe — Kegelschleuder — Stoffauflauf — Siebpartie — Pressenpartie — Trockenpartie — Querschneider — Zellstoffballen

ZELLSTOFFABRIK
Zur Zellstoffgewinnung baut man heute immer größere Anlagen, denen häufig eine Papierfabrik angeschlossen ist. Das Bild zeigt ein Zellstoffwerk in der schwedischen Hafenstadt Umeå am Bottnischen Meerbusen, wo auf dem Fluß herantransportiertes Faserholz darauf wartet, in Form von Hackschnitzeln den Berg im Vordergrund aufzufüllen.

ENTRINDEN
Unter Entrinden versteht man das Entfernen von Bast und Rinde – die erste Stufe der Faserholzverarbeitung. In dieser Lochrotor-Entrindemaschine führen Stachelwalzen die Rundhölzer beweglich gelagerten, rotierenden Schälarmen zu. Die Rinde fällt nach unten und findet meist als Brennstoff für die Heizkessel des Werks Verwendung.

HACKSCHNITZEL
Hackschnitzel sind etwa 25 mm lang und 1,5 mm dick. Ein Gebläsesystem befördert sie von der Hackmaschine auf große Halden, die von Planierraupen geebnet und geformt werden. Die Abbildung zeigt eine Batterie von Schüttrohren.

HOLZFASERBREI
Holzschliff, bei dem das Holzgefüge kaum verändert ist, hat eine braune Farbe. Zellstoffe dagegen bestehen überwiegend aus reiner Zellulose und sehen selbst vor dem Bleichen weißlich wie eine dichte Baumwolle aus.

# Papier und Pappe

Ein Bogen Papier ist ein aus unregelmäßiger Verfilzung von Fasern entstandenes blattartiges Gebilde. Papier läßt sich aus allen organischen Fasern herstellen, doch der weitaus bedeutendste Rohstoff ist Holzfaser. In vielen Zellstoffabriken wird der nasse Faserbrei unmittelbar in eine angeschlossene Papierfabrik geleitet, andere Papierhersteller bekommen ihr Fasermaterial in Form gepreßter Ballen oder Rollen. In diesem Fall muß zunächst ein Papierfaserbrei bereitet werden, indem man das Fasermaterial in einen Hydrapulper leitet: einen zylindrischen, oben offenen und unten konischen Behälter mit Wasser. Ein kegelförmiger Schaufelrotor am Boden des Behälters erzeugt einen Strudel, der Kavitationskräfte freisetzt, die die Fasern trennen und sie gleichmäßig auf das Wasser verteilen.

Bevor der Brei in die Papiermaschine kommt, wird er gemahlen und gründlich gereinigt. Dieses Mahlen ist ein wichtiger Vorgang, der die späteren Eigenschaften des Papiers mitbestimmt. Die Wand einer Faser besteht aus zu einem maschigen Gerüst verwobenen Fibrillen, und beim Mahlen werden die äußeren Fibrillenschichten der Faserwände teilweise abgelöst und entwirrt, aber nicht abgetrennt. Dieses als Defibrillierung bezeichnete Verfahren ergibt ein festeres Papier. Bei der Bildung der Papierbahn verstärken die ausgefaserten Fibrillen die Verbindung zwischen benachbarten Fasern. Papiere unterschiedlicher Eigenschaften erzeugt man durch Variieren des Mahlgrads. Papier aus einer »röschen« Mahlung, z. B. Löschpapier, ist dickgriffig und porös, Papier aus einer »schmierigen« Mahlung, etwa Zeichenpapier, dagegen dicht und glatt.

Gemahlen werden die Fasern in einer Reihe von Refinern. Nach der Bauart unterscheidet man Kegel- und Scheiben-Refiner, die jedoch nach demselben Prinzip arbeiten: Im Kegel-Refiner dreht sich ein massiver Kegel in einem feststehenden konischen Gehäuse, dessen Abstand zum Kegel regulierbar ist. Senkrecht am Kegel und an der Gehäuseinnenwand angebrachte Metallstäbe spalten, schneiden, zerreiben und stoßen die zwischen sie gelangenden Fasern und fibrillieren sie.

Eine Papierbahn entsteht, wenn der zu 99,9 Prozent aus Wasser und zu 0,1 Prozent aus Fasern bestehende Papierbrei auf ein sich fortbewegendes feines Metall- oder Kunststoffsieb geleitet wird. Der größte Teil des Wassers fließt ab, und auf dem Sieb bleibt ein Faservlies zurück. Am Ende des Siebteils wird die Entwässerung durch Vakuumsauger und Gautschwalzen unterstützt. Anschließend wird die Papierbahn in einem dampfbeheizten Zylinderwerk getrocknet.

**VON DER FASERMASSE ZUM FERTIGPRODUKT**
*Die Graphik unten zeigt die fünf wichtigsten Holzaufschlußverfahren und ihren jeweiligen Anteil an der Herstellung bestimmter Papiererzeugnisse. Sie zeigt ferner, in welchem Verhältnis die einzelnen Verfahren Laub- und Nadelholz verarbeiten und in welchem Maße sie ihren Papierstoff zu den verschiedenen Fertigprodukten beisteuern (z. B. wird Natronzellstoff, der überwiegend aus Laubholz be-*steht und kurzfaserig ist, *als Füllstoff bei der Herstellung von Druckpapier verwendet). Sulfat- wie auch Sulfitzellstoffe enthalten vor allem Nadelholz und lange Fasern und werden wegen ihrer Festigkeit zu Pack- und Seidenpapier verarbeitet. Holzschliff ist billiger, aber nicht so fest wie Zellstoff, und wird zu kurzlebigen Papierarten verarbeitet. Brauner Halbzellstoff findet vor allem Verwendung bei der Herstellung von Wellpappeinlagen für Pappkartons.*

**HOLZSCHLIFF**
*Das Fasermaterial im Holzschliff ist steif, kurz, zerrissen und besteht zu einem großen Teil aus Faserbruch. Holzschliff läßt sich zwar billiger gewinnen, ergibt aber Papier minderer Qualität und läßt sich nur mit Zellstoffzusatz verarbeiten. Die Mikroaufnahme unten zeigt in 76facher*

*Vergrößerung zerrissene Fasern in Nadelholzschliff.*

## VON DER FASERMASSE ZUM FERTIGPRODUKT

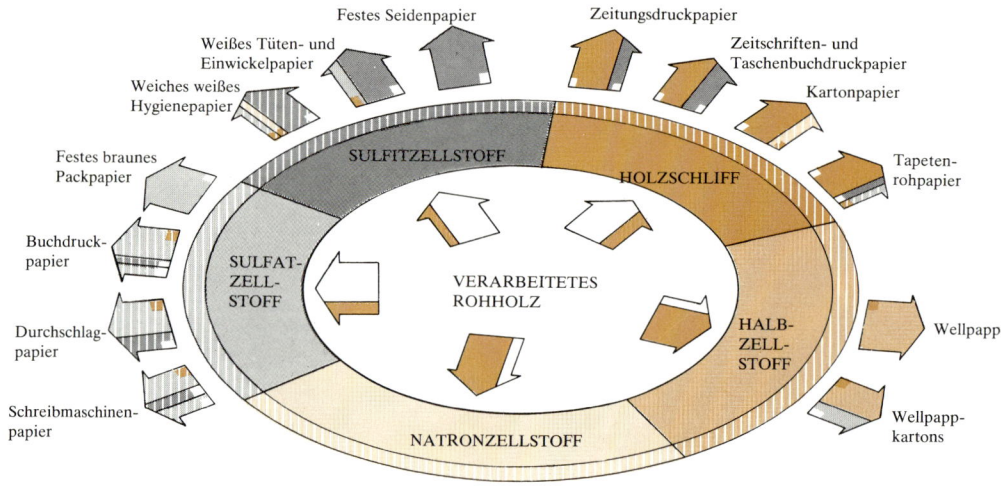

Festes Seidenpapier · Zeitungsdruckpapier · Zeitschriften- und Taschenbuchdruckpapier · Weißes Tüten- und Einwickelpapier · Weiches weißes Hygienepapier · Kartonpapier · Festes braunes Packpapier · SULFITZELLSTOFF · HOLZSCHLIFF · Tapetenrohpapier · Buchdruckpapier · SULFAT-ZELL-STOFF · VERARBEITETES ROHHOLZ · HALB-ZELL-STOFF · Wellpappe · Durchschlagpapier · Wellpappkartons · Schreibmaschinenpapier · NATRONZELLSTOFF

Laubholz □ Nadelholz │ Gebleichter Zellstoff

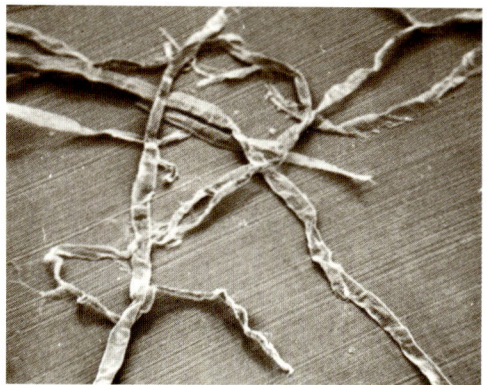

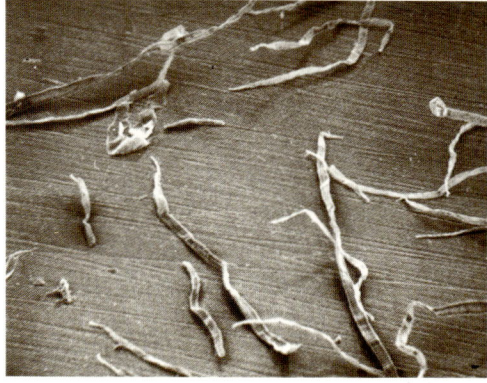

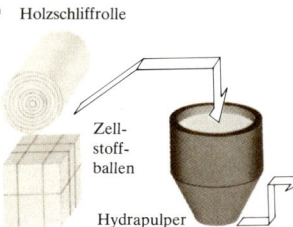

**NADELHOLZ-ZELLSTOFF**
*Beim chemischen Holzaufschluß bleiben die Holzfasern unversehrt, weil das sie zusammenhaltende Lignin gelöst wird. Die Mikroaufnahme (77fach) zeigt die langen, getrennten, unbeschädigten Fasern im Nadelholz-Zellstoff, die ein festes Papier ergeben.*

**LAUBHOLZ-ZELLSTOFF**
*Da Laubholzfasern kürzer als Nadelholzfasern sind, ist Laubholzpapier weniger fest. Kurzfaseriges Papier hat jedoch ein dichteres Gefüge und eine glattere Bedruckfläche. Die Mikroaufnahme (75fach) oben rechts zeigt Espenholz-Zellstoff.*

**PAPIERHERSTELLUNG (rechts)**
*Der Faserstoff wird mit Wasser zu einem Brei vermischt, aufgeschlagen und gemahlen und dann in den Stoffauflauf der Papiermaschine geleitet. Auf dem Siebband bildet sich eine Papierbahn, die anschließend gepreßt, getrocknet und nach Durchlaufen des Glättwerks auf dem Rollapparat aufgewickelt wird.*

Holzschliffrolle · Zellstoffballen · Hydrapulper

**PAPIERMASCHINE**
*Papierbrei fließt gleichmäßig
durch einen Schlitz am Boden
des Stoffauflaufkastens auf
ein sich kontinuierlich fortbewegendes und quer oszil-
lierendes Siebband. An diese
Naßpartie schließen sich die
Pressen- und die Trocken-
partie an.*

**DER FILZ**
*Von der Siebpartie kommt die
nasse Papierbahn auf eine
Filzbahn. Bevor sie auf diesem
Filz die Pressenpartie erreicht,
passieren Papierbahn und
Filz zur weiteren Entwäs-
serung eine Siebsaugwalze.
Ein Wasserstrahl besäumt
die Kanten.*

**TROCKENZYLINDER**
*Zum Trocknen läuft die noch
60 Prozent Wasser enthal-
tende Papierbahn über eine
Reihe dampfbeheizter Zylinder. Der Ausschnitt unten
zeigt drei dieser Zylinder,
das Papier, den Filz, der es
an die Zylinder drückt, und
ein Messer, das Partikel
abstreift.*

**DAS GLÄTTWERK**
*Das aus einem Satz polierter
Stahlwalzen bestehende Glätt-
oder Kalanderwerk gibt dem
Papier eine glatte Oberfläche.
Es läßt sich sehr fein regu-
lieren und arbeitet mit einer
Kombination aus Druck und
Reibung. Angeordnet ist es
unmittelbar hinter dem
Trockenzylinder.*

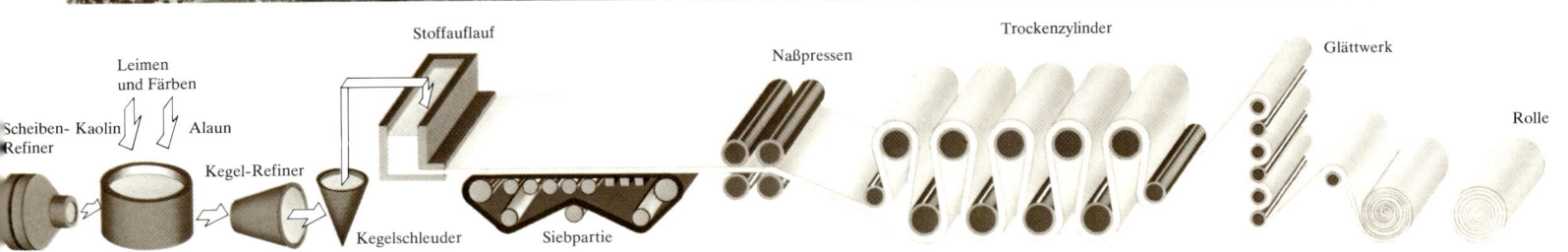

Scheiben-
Refiner — Kaolin — Leimen und Färben — Alaun — Kegel-Refiner — Stoffauflauf — Kegelschleuder — Siebpartie — Naßpressen — Trockenzylinder — Glättwerk — Rolle

53

# Die Holzchemie

Die Holzsubstanz eines Baumes enthält eine Fülle von Rohstoffen, die in praktisch allen Bereichen der Technik Verwendung finden. Neben den vielen traditionellen Extraktstoffen, wie dem Kautschuk aus dem Gummibaum *(Hevea brasiliensis)* und dem Terpentin und Kolophonium aus Koniferen, gibt es die direkten und indirekten Erzeugnisse der Zellstoffindustrie und die durch hydrolytische Spaltung von Holz gewonnenen Chemikalien.

Die herkömmliche Methode des Anzapfens bestimmter Bäume ist in vielen Fällen durch schnellere Extraktionsverfahren oder durch die Produktion synthetischer Stoffe ersetzt worden. Eine der Ausnahmen ist das Gummi arabikum, das getrocknete Exudat aus Rindenwunden einiger Akazienarten, das zur Herstellung von Süßwaren, Medikamenten, Kosmetika, Klebstoffen, Farben und Textilappreturen verwendet wird. Zahlreiche ätherische Öle, wie Kanadabalsam und Zedernholzöl, die in der Parfümherstellung und Medizin Anwendung finden, werden weiterhin in der traditionellen Weise gewonnen, wenngleich man heute ätherische Öle auch in großem Umfang synthetisiert.

Terpentin, Kolophonium, Pech und Teer werden zwar noch in kleineren Mengen an lebenden Bäumen gewonnen, viel häufiger aber durch Dampfdestillation der Stumpen gefällter Nadelbäume. Der weitaus größte Teil des Weltbedarfs wird jedoch aus den sogenannten Schwarzlaugen gedeckt, die als Nebenprodukte beim Nadelholz-Aufschluß im Sulfatverfahren anfallen. Zur Rückgewinnung des Sulfatterpentins werden die Ablaugen destilliert, und der konzentrierte Rückstand ergibt eine unlösliche »Tallölseife«. Gereinigtes Tallöl ist ein wichtiger Ausgangsstoff für die Produktion von Kolophonium sowie Bestandteil einiger Schmiermittel.

Terpentinöl verarbeitet man in der Farben- und Lackindustrie. Es enthält sehr viel α-Pinen, jenen Kohlenwasserstoff also, aus dem chlorierte Insektizide und weiter synthetischer Kampfer gewonnen werden.

Kolophonium nahm man früher zum Abdichten der Nähte zwischen den Planken hölzerner Schiffsrümpfe und zum Imprägnieren von Tauwerk. Heute findet es vor allem Anwendung als Papierleimungsmittel und als Bestandteil von Anstrichmitteln, Druckfarben und Klebstoffen. Außerdem verwendet man es in der Synthesekautschuk- und Kunststoffproduktion.

Tannin wird zur Ledergerbung und jetzt auch als Dispergens sowie als Flockungsmittel zur Klärung verunreinigten Wassers verwendet. Als Handelsprodukt gewinnt man es, indem man Holz des in Argentinien und Paraguay wachsenden Quebracho-Baums, von französischen und italienischen Edelkastanien oder die Rinde verschiedener in Süd- und Ostasien heimischer Gerberakazien in Wasser auskocht.

Bei der Gewinnung jeder Tonne Sulfitzellstoff fallen 220 bis 450 kg modifiziertes Lignin an. Diese Lignosulfonate dienen als Dispersionsmittel und finden Verwendung bei der Ledergerbung, in Kautschukmischungen, als Bindemittelbestandteile und als Ausgangsstoffe organischer Chemikalien, etwa des synthetischen Vanillin, das natürliche Vanille inzwischen weitgehend verdrängt hat. Große Ligninmengen verbraucht die Mineralölindustrie bei Ölbohrungen, um dem Spülschlamm die notwendige Viskosität zu geben. Neutrale Sulfitrückstände des halbchemischen Verfahrens liefern Essig- und Ameisensäure, während man Sulfatablaugen als Dispersionsmittel und Bestandteile von Gießerei-Kernbindern, keramischen Massen, Farbstoffen und Druckfarben verwertet.

Mittels Säurehydrolyse kann man Holz in Zucker – vor allem Glukose – zerlegen, die sich zu Äthanol vergären lassen. Dieses Verfahren der Zucker- und Alkoholgewinnung ist allerdings vergleichsweise kostspielig, weshalb Holzhydrolysate wirtschaftlich vor allem zur Herstellung von Spezialhefen für Tierfuttermittel und Nahrungsmittel sowie zur Fermentation von Essigsäure, Milchsäure, Azeton und Butanol Anwendung finden. Bei stärkerer Aufspaltung der Holzzellulose erhält man Lävulinsäure, deren Derivate man technisch als Lösungsmittel und Weichmacher verwendet. Aus der Hemizellulose des Holzes gewinnt man Furfurol (Ausgangsmaterial für die Herstellung von Preßharzen).

Die wichtigsten Holzstoffprodukte sind Papier und Pappe, doch gibt es noch zahlreiche andere Anwendungen für Zellulosefaser. Im Viskoseverfahren wird sie »regeneriert« und zu Kunstseide verarbeitet, die als Rohstoff für Bekleidung und technische Gewebe wie Reifencord sowie für Zellglasfolien dient. Die Umsetzung der Zellulosemoleküle ergibt eine Reihe von Substanzen, die entweder Zelluloseäther oder -ester sind.

Zu den Zelluloseestern zählen Zellulosenitrat und Zelluloseacetat. Aus Zelluloseacetat fertigt man Verpackungsfolien, Filme und eine große Zahl im Spritzgieß- oder Extrusionsverfahren hergestellter Artikel sowie Folien aus Kunststoff. Zelluloseacetatfaser oder Acetatseide ist der Viskoseseide insofern überlegen, als sie viel weniger Feuchtigkeit aufnimmt und im feuchten Zustand fester ist; auch ist sie knitterfester. Mit Kampfer verknetetes Zellulosenitrat war der erste erfolgreiche Kunststoff, das Zelluloid, das heute in großem Umfang zu Formartikeln wie Klaviaturtasten und Tischtennisbällen verarbeitet sowie als Oberflächenüberzug verwendet wird. Aus hochnitrierter Zellulose stellt man Schießbaumwolle und Cordit her, und Zelluloseacetat wie Zellulosenitrat finden in Speziallösungen Anwendung als Lacke und Kleber.

Zelluloseäther dienen als Eindick- und Emulgiermittel für Lebensmittel und Farben sowie als Leimungsmaterial und Klebstoff in der Papier- und Textilindustrie. Am meisten verwendet wird die Karboxymethylzellulose, die als Bohrschlamm-Stabilisierungsmittel bei Erdölbohrungen, als Klebstoff und Pigment-Bindemittel, als Festiger für keramische Rohmassen sowie als Schmutzlöser in Wäschereien eingesetzt wird.

**AHORNSIRUP**
*Immer wenn nach Frost Tauwetter einsetzt, sondern schlafende nordamerikanische Zuckerahorne Saft aus Wunden ab. Diesen zuckerreichen Saft sammelt man heute mit Kunststoffschlauch-Systemen, an die ein ganzer Bestand angeschlossen ist. Zu Sirup eingedampft, verwendet man ihn in der Süßwaren- und Tabakindustrie.*

**NATURKAUTSCHUK**
*Obwohl man inzwischen mehr Kunstkautschuk herstellt, werden nach wie vor einige Millionen Tonnen Naturkautschuk im Jahr gewonnen. Der nach Anritzen der Rinde des Kautschukbaums ausfließende Milchsaft oder Latex wird koaguliert und heute vulkanisiert, damit er feste, elastische, unlösliche Gummierzeugnisse ergibt.*

**DER ROHSTOFF**
*Die zu Textilien und Folien verarbeitete Zellulose gewinnt man aus Fichten-, Eucalyptus- und Liquidambarholz, das nach dem Sulfitverfahren aufgeschlossen wird. Der hochreine Zellstoff wird anschließend gebleicht, zu Bogen gepreßt und in Ballen verschickt.*

**ALKALIZELLULOSE**
*In der Fabrik werden die Zellstoffbogen in Natronlauge getaucht und gepreßt. Die dabei entstehende Alkalizellulose wird zu Krümeln gemahlen und durch längeres Lagern einer »Vorreife« unterzogen, d. h. einer Oxydation durch den Luftsauerstoff.*

**VISKOSE**
*Bei Umsetzung mit Schwefelkohlenstoff bildet sich Zellulosexanthat, das in Natronlauge gelöst Viskose ergibt. Diese Viskose überläßt man dann der »Nachreife«, bis sie Spinnreife erreicht hat, und filtriert alle ungelösten Teilchen aus der Lösung heraus.*

 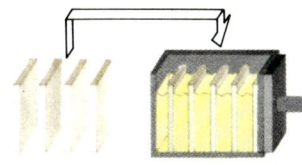 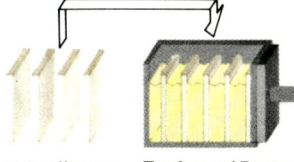 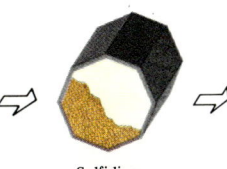  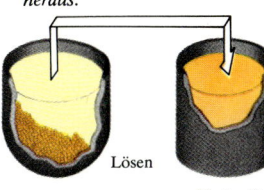 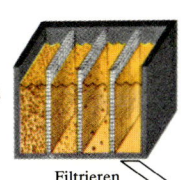

Zellstoffbogen | Tauchen und Pressen | Zerflocken | Vorreifen | Sulfidierung | Lösen | Nachreifen | Filtrieren

**SPINNEN**
*Die Viskose wird durch die feinen Öffnungen einer Spinndüse in ein Fällbad aus Schwefelsäure und Salzen extrudiert. Die ursprüngliche Zellulose regeneriert zu Endlosfilamenten oder -fäden, die gebündelt und auf Spulen aufgewickelt werden.*

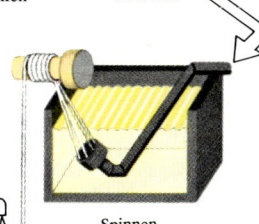

Spinnen

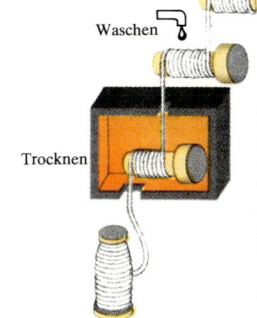

Waschen

Trocknen

**ENDFERTIGUNG**
*Auf der Spule bilden die Fäden ein Einfachgarn, das über weitere Spulen geführt und dabei gründlich gereinigt und getrocknet, dann für Versand oder Weiterverarbeitung aufgespult wird.*

**ZERFLOCKUNG**
*Große rotierende Messer zerkleinern Alkalizellulose-Bogen zu Flocken.*

**VISKOSE**
*Frisch gebildete Viskose fließt vor dem Nachreifen und Filtrieren in einen Tank.*

**ZELLGLAS**
*Zur Herstellung von Zellglasfolie extrudiert man flüssige Viskose durch eine feine Schlitzdüse und wäscht sie mit einer Wasserstrahlanlage, während sie eine Walzenstraße zur Aufwickelrolle passiert.*

**ELEMENTARFADENKABEL**
*Nach dem Filtrieren und Entlüften wird die Viskose durch mehrere tausend winzige Öffnungen einer Düse gepreßt, damit sie feine Fäden bildet. Diese Fäden werden in ein saures Fällbad gesponnen, aufgespult und dann mit Fäden aus anderen Düsen zu einem »Strang« vereint.*

# Holz als Baustoff

Die strahlende Nachmittagssonne läßt die
unterschiedlichen Strukturen und Maserungen
an einem modernen nordamerikanischen
Holzhaus deutlich hervortreten

# Urformen der Behausung

Selbst die fortschrittlichsten Bauten lassen sich ihrer Anlage und Konstruktionstechnik nach meist auf verwandte Vorläufer zurückführen. In manchen Fällen erfüllte die ursprüngliche Konzeption die an sie gestellten Anforderungen schon so gut, daß man sie viele Jahrhunderte lang praktisch unverändert beibehielt.

Wo immer leichte organische Materialien für Bauzwecke vorhanden waren, verwendete man sie in aller Regel in Verbindung mit irgendeinem Holzgerüst. Ihre bescheidenen Ansprüche an einen Windschirm z. B. konnten Eingeborene auf einfache Weise mit einem schlichten Gerüst aus groben Ästen erfüllen, die sie mit Laub, Gras oder Rinde bedeckten. Die paar Pfosten, die ein solches primitives Schutzdach trugen, sind die Vorläufer der komplizierteren Rahmenwerke aus Ständern und Schwellen, die sich in anderen Regionen der Erde entwickelten, wo Gesellschaften ständig steigende Anforderungen an ihre Bauten stellten.

Wie die einzelnen Bestandteile eines einfachen Hausrahmens miteinander verbunden werden, hängt vor allem davon ab, ob verfeinerte Werkzeuge zur Verfügung stehen oder nicht. In vielen Teilen der Welt kennt man kaum andere Holzverbände als einfache Auskerbungen und bindet die Gerüstteile mit Wurzeln, Blattfasern oder Kletterpflanzen zusammen. Diese Holzverbände sind außerordentlich stabil und dank ihrer natürlichen Flexibilität hervorragend für Gebiete mit starken Winden geeignet. Zur Verkleidung von Gebäuderahmen mit Pflanzenmaterial hat man mancherlei Techniken angewandt, die dann ihre Weiterentwicklung in zweckmäßigeren Formen wie geflochtenen Rohrmatten, Webmatten aus Palmfasern sowie jenen Zweiggeflechten fanden, die später allgemein als stützendes Flechtwerk der Weller- oder Lehmwände verwendet wurden. Schilfhütten wurden in vielen Gegenden der Erde entwickelt und werden nach wie vor im Sudan und im Süden des Irak gebaut.

Die große Zahl und Verschiedenartigkeit der Bauten mit einfach verstrebtem, nur mit Pflanzenfasern verbundenem Rahmen spricht für die Güte und Zuverlässigkeit ihrer Konstruktion und dürfte in der Geschichte der Baukunst wohl beispielhaft für eine besonders ökonomische Verwendung reichlich vorhandener Baustoffe sein. Manche dieser Behausungen, etwa die Jurten Zentralasiens, haben einen Entwicklungsstand erreicht, den unsere heutige Technologie kaum überbieten kann, und dies allein hat ihr Überleben bis ins 20. Jahrhundert hinein gesichert.

HOCHLANDHÜTTE
*In vielen primitiven Gesellschaften nimmt man als Baumaterial, was gerade zur Hand ist. Eine der am weitesten verbreiteten Formen der Behausung ist die Rundhütte. Hier entsteht aus großen Stücken reichlich vorhandenen Holzes ein Frauenhaus im Bergland Neuguineas.*

PRÄHISTORISCHE WERK-
ZEUGE
*Die heute noch von vielen
Eingeborenenstämmen be-
nutzten Werkzeuge unter-
scheiden sich kaum von
denen des Steinzeitmenschen.
Rechts von oben nach unten:
ein Steinmesser, zwei Stein-
beilformen und ein aus einer
Flaschenscherbe gefertigtes
Messer.*

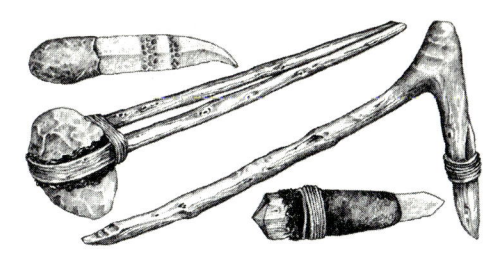

ZERLEGBARES GITTER-
WERK
*Das praktischste Konstruk-
tionsmerkmal der Jurte ist
ihr Scherengitter, das zerleg-
bar und leicht zu transportieren ist. Die Zahl der Holz-
stangen und somit die Größe
der Jurte lassen sich den
jeweiligen Erfordernissen
anpassen.*

DIE JURTE
*Auf Kamelen, Pferden oder
anderen Lasttieren zu transportieren und in einer knap-
pen halben Stunde aufzu-
bauen, dient die Jurte schon
seit Dschingis-Khan noma-
dischen Hirtenvölkern West-
und Zentralasiens als mobile*

*Behausung. Trotz ihres sehr
leichten Holzgerüsts sind
diese Wohnzelte außerordentlich robust und stabil. In
einigen der höchstgelegenen
und ödesten Gebieten der Erde
bieten sie Menschen Behag-
lichkeit und Wärme, selbst
wenn die Temperaturen
nachts unter −40° C absinken.
Ihre Filzmattenwände halten
den schneidenden Steppen-
winden stand.*

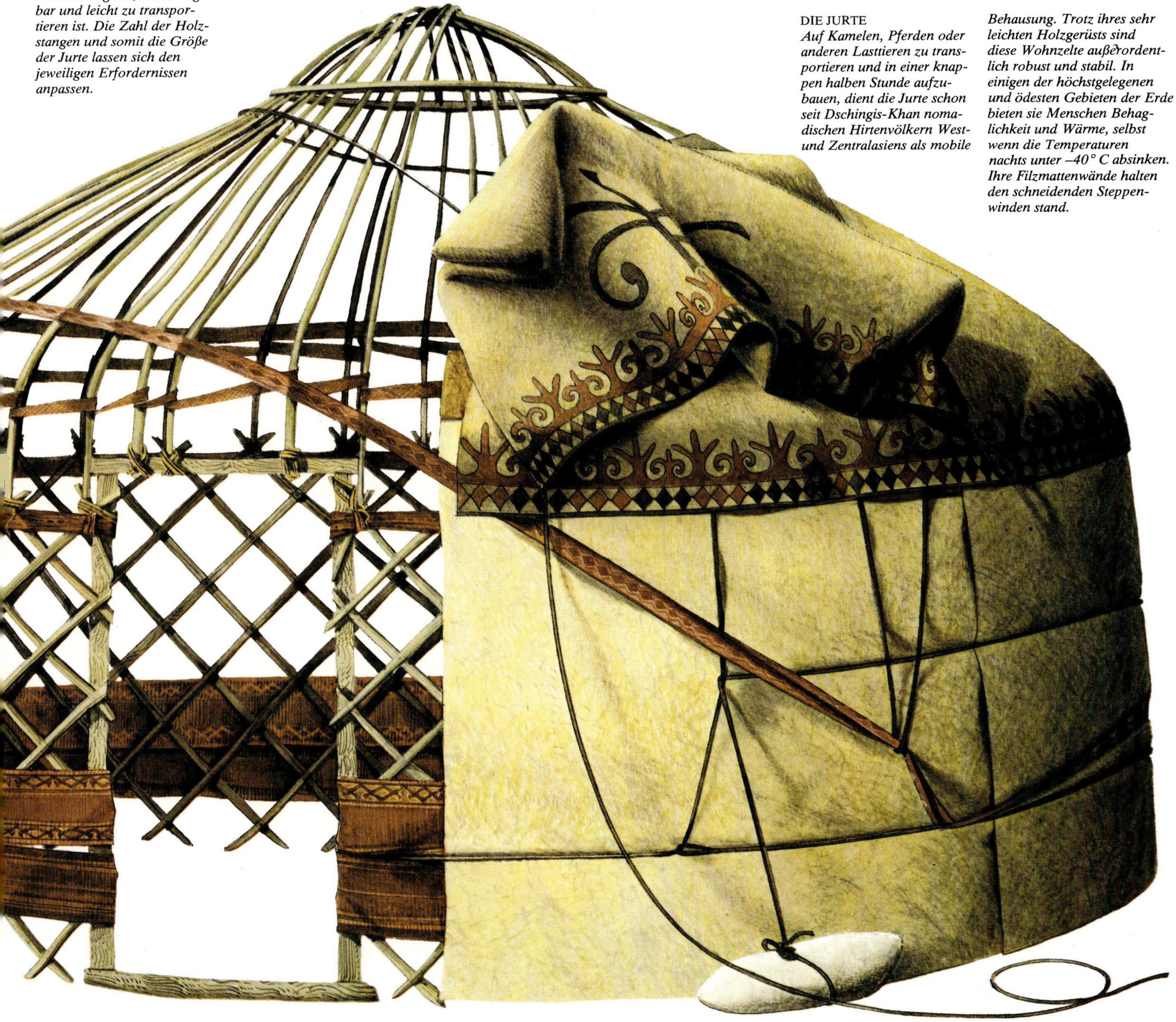

DACH UND TÜR
*In das Gitterwerk wird ein
Rahmen eingebunden, der
die stabile Holztür trägt, die
als letztes eingebaut wird.
Auch das Dachgerüst aus
gebogenen, in einem Firstring
zusammengehaltenen Holz-
stangen wird mit Filzdecken
belegt.*

ISOLIERENDE DACHHAUT
*Die Herden der Nomaden
liefern das Material für die
Außenhaut der Jurte. Gitter-
netz und Dachgestänge werden mit dicken Filzmatten
belegt, die festgezurrt oder
von Steingewichten gehalten
werden. Bei starkem Frost
braucht man zur Isolierung
bis zu acht Filzschichten.*

# Die Blockbauweise

Archäologische Funde beweisen, daß man Blockhäuser schon in der Jungsteinzeit kannte, und Autoren der Antike, etwa Tacitus, waren offenbar mit Hauskonstruktionen in Germanien vertraut, die aus vierseitig behauenen Stämmen bestanden. Herodot zufolge wandten auch die Skythen im 1. Jahrtausend v. Chr. die Blockbauweise in ihren königlichen Grabkammern an. Der Nadelwaldreichtum Nord- und Osteuropas ließ Holz zum führenden Baumaterial in diesen Regionen werden, und man weiß, daß es in Biskupin bei Posen schon um 700 v. Chr. eine Siedlung aus Blockhäusern gab.

In Norwegen war der Blockbau im vierten Jahrhundert v. Chr. bekannt, und um 1000 n. Chr. waren in ganz Skandinavien Häuser aus waagrechten oder senkrechten Stämmen allgemein üblich. Schließlich aber setzten sich horizontal übereinandergeschichtete und an den Ecken überstehende, auf verschiedene Weise miteinander verbundene Stämme durch, weil sich diese Bauweise als stabiler erwies.

Eines der größten Probleme besteht bei dieser Bauweise allerdings darin, wie man die Häuser wetterfest macht. Mit verschiedenen Methoden – dem Abdichten der Fugen zwischen den Hölzern mit gefärbten Wolltüchern oder, in ärmeren Haushalten, mit Lehm und Moos – erzielte man nur begrenzten Erfolg. Deshalb kam man schließlich auf die Außenverkleidung mit Brettern und manchmal auch mit Schindeln.

Ein weiteres Problem ist, daß beim Blockbau die aus den Hausecken herausragenden Stirnflächen der Hölzer ungeschützt sind. Weil diese Flächen die geringste Fäulnisresistenz haben, muß zum Schutz der eigentlichen Hauswand das an den Ecken überstehende Holz reichlich bemessen sein.

Mit der Weiterentwicklung der Sägetechniken und der Errichtung von Wasserkraft-Sägewerken zu Beginn des 16. Jahrhunderts wurde es leichter, Bohlen zu schneiden und sie an der Längsseite mit Federverbindungen zu versehen. So konnte man wetterfeste Verbindungen herstellen, und ineinandergreifende Kanthölzer traten nun an die Stelle der früheren Rundhölzer, die man ja nur an den Ecken miteinander verbinden konnte. Diese neue Bauweise erhöhte die Standfestigkeit der Häuser beträchtlich, und man konnte nun fünf- bis sechsgeschossige Gebäude errichten.

MEHRSTÖCKIGE HÄUSER
*In der Schweiz, besonders im Wallis, findet man viele alte fünf- und sechsstöckige Blockhäuser, die aus Feuerschutzgründen ein gemauertes Untergeschoß haben. Trotz Frost, Sonneneinstrahlung, Regen und Schnee stehen viele dieser Häuser dort schon seit über vierhundert Jahren.*

AMERIKANISCHE BLOCKHÜTTE
*Deutsche und skandinavische Einwanderer führten um 1700 die Blockbautechniken in Nordamerika ein. Einfach und aus dem reichlich vorhandenen Material zu errichten, waren es ideale Behausungen für diese ersten Siedler.*

HEILIGE SCHEUNE
*Wie dieses neben dem Sangatsudo-Tempel in Nara stehende Baudenkmal zeigt, bauten auch die Japaner ihre Vorratshäuser früher aus waagerechten, sich an den Ecken überschneidenden Stämmen. Diese wahrscheinlich aus dem 7. Jahrhundert stammende Scheune könnten koreanische Handwerker errichtet haben.*

## ISOLIERDACH
*Die Dächer der Blockhäuser bestanden aus einer Bretterlage, die zuerst mit überlappenden Streifen Birkenrinde und dann mit Rasenstücken bedeckt wurde. Diese Dachhaut kühlte das Haus im Sommer, während es im Winter den Schnee festhielt und so für eine dicke Isolierschicht sorgte.*

## TRADITIONELLE WERKZEUGE
*Viele Jahrhunderte lang baute man Blockhäuser nur mit ganz einfachen Werkzeugen, von denen die Axt das wichtigste war. Für die einzelnen Arbeiten wie das Fällen, Zurichten und Kerben der Stämme benutzte man jeweils verschiedene Äxte. Die ungewöhnliche Säge fand Verwendung im Treppenbau.*

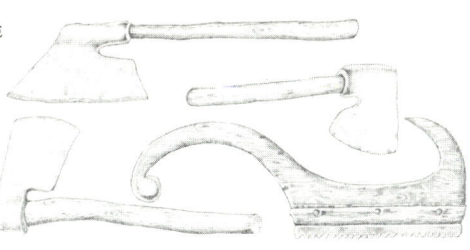

## DAS ÄLTESTE BLOCKHAUS
*»Raulandstue«, um 1250 errichtet, ist das älteste Gebäude Norwegens in Blockbauweise, das erhalten geblieben ist. Ursprünglich in Numedal gebaut, steht es heute im Osloer Volkskunde-Freiluftmuseum. Den als Baumaterial ausgewählten Nadelbäumen schnitt man die Krone ab und ließ sie danach noch zwei Jahre bis zum Fällen stehen.*

## ARBEITEN DES HOLZES
*Einfache Blockhäuser hatten Türen, aber keine Fenster: Die Türöffnung sägte man erst heraus, wenn das fertige Haus schon etwa ein Jahr gestanden hatte. In dieser Zeit konnte das Holz schwinden und sich setzen, was das Gebäude stabilisierte.*

## STEINERNES FUNDAMENT
*Wie viele norwegische Blockhäuser wurde auch »Raulandstue« auf einem Steinfundament errichtet. Andere Gebäude, vor allem Scheunen für Getreide und Viehfutter, baute man häufig auf Holz- oder Steinpfeilern, um Ratten fernzuhalten.*

## EINSEITIGE VERKÄMMUNG
*Die Stabilität eines Blockhauses hängt von den Eckverbindungen ab. Der hier abgebildete Typ war früher am gebräuchlichsten: Unweit des Stammendes haute man eine einseitige Vertiefung als Wiege für den Stamm darüber aus.*

## ÜBERBLATTUNG
*Blockhäuser findet man in vielen Teilen der Erde, vor allem aber in Norwegen, Kanada und Rußland, und ihre Eckverbindungen sind erstaunlich ähnlich. Bei einem weitverbreiteten Typ bringt man an jedem Stammende oben und unten Kerben an, die eine sichere Querverzahnung bewirken.*

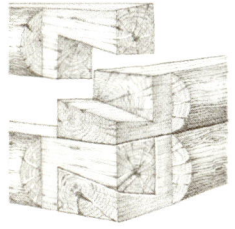

## HALB-SCHWALBENSCHWANZ
*Als weitere Werkzeuge wie Schlegel und Stecheisen aufkamen, wurden verfeinerte Eckverbindungen möglich. Der Halb-Schwalbenschwanz ist eine der sichersten: Die Fugen zwischen den Stämmen wurden so klein, daß man nur noch wenig Ausstopfmaterial brauchte.*

# Pfahlbauten

Die Architektur entwickelt sich von der primitiven hin zur landes- oder landschaftstypischen Bauweise und überwindet diese Stufe, wenn ausreichende Technologie vorhanden ist. Die Industrieländer haben diese fortgeschrittene Stufe schon erreicht, doch gibt es noch heute viele Gesellschaften, die weiterhin ohne Maschinenkraft, Metalle, Kunststoffe und Glas bauen. Gleichwohl gehört die bodenständige Architektur, wie man sie heute noch in Afrika, Polynesien und Südamerika baut, zu den eindrucksvollsten der Erde.

Gelegentlich verwendet man noch lebendes Holz als Baustoff – wie einst in der Steinzeit. Solche Baumhäuser findet man auf Neuguinea, in Malaysia und einigen Teilen Indiens, doch werden diese Konstruktionen meist nicht als permanente, sondern nur als temporäre Behausungen benutzt. Obwohl für ihren Bau nur eine begrenzte Zahl von Werkzeugen, wie die geschliffene Steinaxt und das Muschel-Querbeil Polynesiens, zur Verfügung steht, sind diese landestypischen Gebäude sehr geschickt und mit erheblichem Konstruktionsaufwand gebaut.

Die Versammlungshäuser mancher Dörfer Neuguineas sind 18 m hoch, über 40 m lang und ausschließlich aus Holz gebaut. Riesige Bambuspfähle sind tief im Boden verankert und stützen wie gotische Spitzbogen das dickgedeckte Dach. Diese Bauten zählen zu den kühnsten, die jemals mit minimaler Ausrüstung und Technologie errichtet wurden.

Auch die Verwendung von Fertigteilen ist weit verbreitet. Auf den Samoa-Inseln und in einigen Gebieten Afrikas und Indiens baut man Dächer am Boden und zieht sie dann, manchmal komplett mit Deckmaterial, auf das Haus. In Kamerun werden die Holzrahmen der gewaltigen Bamileke-Häuser flach auf der Erde montiert und dann von spezialisierten Hausbaugruppen aufgerichtet.

Auf Stelzen vom Erdboden abgehobene oder auf Pfählen über dem Wasser ruhende Bauten wurden früher vom Wallis und den Pyrenäen bis hin nach Indonesien, den Philippinen und Peru gebaut. Heute findet man noch Pfahlbaudörfer in China, in Afrika – vor allem in Dahomey –, in Südamerika und vielen Gegenden Südostasiens. Als Fußböden in Form hölzerner Plattformen üblich geworden waren, bestand nun einmal eine logische Weiterentwicklung darin, diese Plattformen frei über dem Boden zu errichten – um das Haus vor wilden bzw. schädlichen Tieren oder vor Überschwemmungen zu schützen.

BATAK-HAUS
*Das Boot spielt in Inselkulturen eine so beherrschende Rolle, daß man seine Form oft symbolisch beim Hausbau reproduziert. Dieses bootsförmige Batak-Haus in Indonesien ist zum Schutz vor Ungeziefer und periodischen Überschwemmungen auf einem Pfahlwerk errichtet.*

SEPIK-MÄNNERHAUS
*Auch in der Senke des Sepik-Flusses auf Neuguinea baut man bootsförmige Häuser, ähnlich wie die in Indonesien. Dieses Kangaman-Männerhaus betont die traditionelle Form, wenngleich die spitzzulaufenden Giebel orientalischen Einfluß verraten.*

PFAHLHÄUSER
*Die Fischer von Ganvié in Dahomey haben beim Bau ihrer Häuser am Nokwe-See genau die gleichen Techniken angewandt wie zum Fertigen ihrer Netze und Körbe. Gedeckt sind diese Pfahlbauten mit Stroh und Palmwedeln.*

LEBENDIGE TRADITION
*Weil die Toradja auf Sulawesi oder Celebes glauben, ihre Vorfahren seien einst aus Südchina oder Kambodscha gekommen, richten sie ihre Häuser nach Norden aus und bauen sie in Form der Boote ihrer Urahnen. Die hohen, schmalen Häuser ruhen auf Pfählen, haben Wände aus geflochtenen Palmfasern und Bambus- oder Palmenholz-Fußböden sowie ein mit Pflanzenmaterial gedecktes Dachgerüst aus gespaltenen Bambusstangen. Auch der Rahmen und das Baugerüst des im Bau befindlichen Hauses rechts bestehen aus Bambus oder Palmenholz.*

# Der europäische Fachwerkbau

Der Holzfachwerkbau entwickelte sich in Skandinavien aus der Stabbauweise, wurde jedoch im 14. Jahrhundert vom Blockbau überholt. Im übrigen Europa entstanden die ersten Fachwerkbauten schon in römischer Zeit, und viele Städte Italiens bestanden früher aus dichtgedrängten Fachwerkhäusern, die jedem Feuer üppige Nahrung boten.

Die Grundprinzipien des Fachwerkbaus dürften aber schon in der Bronzezeit in Europa bekannt gewesen sein. Mit den wenigen primitiven Werkzeugen jener Zeit konnte man durchaus bereits vierkantig behauene Blöcke herstellen, wenngleich dies sehr mühsam war. Und da man für ein Rahmenwerk eine geringere Zahl bearbeiteter Hölzer als für ein Blockhaus brauchte, setzte sich der Fachwerkbau schließlich als die führende Holzbauweise durch. Als Rahmenmaterial verwendete man allgemein Eichenholz.

Auf jene Frühzeit gehen auch schon die Verstrebungs-Grundformen und das Prinzip des Dreiecksverbandes zurück, den man dadurch erzielte, daß man ein waagrechtes und ein senkrechtes Holz entweder mit einer diagonalen Strebe oder mit einem gekreuzten Strebenpaar verband.

In England wurde die Unterteilung in durch Balken und Streben verbundene Gefache besonders weit entwickelt, und in ganz Europa wurde der Bau vorkragender oder überhängender Obergeschosse sehr beliebt, zumal man so den durch die Stadtmauern äußerst beengten Raum besser ausnutzen konnte.

Zur Vergrößerung der Spannweite von Häusern erfanden englische Zimmerleute im Mittelalter einen besonderen Rahmen, den sogenannten Cruck-Rahmen, einen Vorläufer unserer heutigen Nur-Dach-Ferienhäuser. Diese Rahmenkonstruktion aus zwei senkrecht gestellten, gebogenen Hölzern – häufig die beiden Hälften eines längs aufgespaltenen Stammes –, die oben von einer Firstpfette zusammengehalten und in Höhe des ersten Stockwerks von einem Spannbalken stabilisiert wurden, war früher in England sehr beliebt.

Im späteren Mittelalter hatten die Zimmerleute gelernt, sechs- bis siebenstöckige Fachwerkhäuser zu bauen. Tatsächlich hatten einige der größten und imposantesten Bauten des Mittelalters und der Renaissance Holzrahmenwerke, und viele von ihnen sind genauso gut erhalten geblieben wie andere aus Natur- oder Backsteinen.

SKELETTBAUWEISE
*Das freistehende Balkengerippe dieses an seinem ursprünglichen Standort abgetragenen und hier wiederaufgebauten Hauses aus dem Mittelalter veranschaulicht das Konstruktionsprinzip des Kastenrahmens mit von den Wänden getrenntem Dach. Erst wenn das gesamte Rahmenwerk fertig ist, werden Flechtwerk und Füllung angebracht.*

MITTELALTERLICHER
KASTENRAHMEN
*Die Kopfbänder am Oberge-
schoß des Pförtnerhauses am
Stokestay Castle (Grafschaft
Shropshire) sind geschwun-
gen und dekoriert. Die starken Eckständer, die das Gewicht der oberen Stockwerke
tragen mußten, wurden häufig mit Schnitzwerk verziert.*

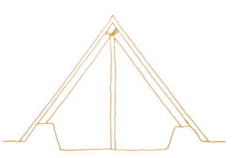
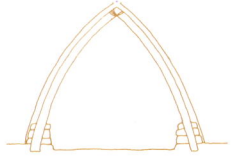
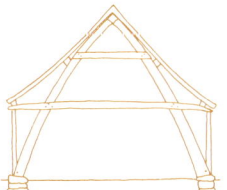

DER RAHMEN
*Die Weiterentwicklung früher
zeltähnlicher Rahmenkon-
struktionen (links) aus zwei
von einem Firstständer ge-
stützten Balken führte zum
einfachen Cruck-Rahmen.
Aus der Versteifung dieser
Konstruktion mit Kehlbalken
und Balkenlagen entwickelte
sich die Ständerbauweise.*

DER STICHBALKEN
*Zum Bau von Häusern mit aus-
kragenden Geschossen verlänger-
te man jeweils die Deckenbalken
über die darunterliegende Wand
hinaus. Auf einem vorkragenden
Eckbalken oder Eckstich ruhte
die überhängende Last zweier
Gebäudeseiten.*

MEISTER DES FACHWERKS
*Die mittelalterlichen Baumeister
deutscher Fachwerkhäuser per-
fektionierten die Verwendung von
Stichbalken. Das 1430 errichtete
alte Rathaus von Esslingen zeigt,
wie viele auskragende Stockwerke
sicher über den Gebäudegrundriß
hinaus gebaut werden konnten.*

65

# Die Kunst der Ausfachung

Der Reiz der europäischen Fachwerkarchitektur des ausgehenden Mittelalters und der Renaissance beruht zum großen Teil auf den Wandelementen der Gebäude. Sie wurden ausnahmslos als Füllungen gebaut, da die gesamte Baulast auf dem Rahmen ruhte.

Die ältesten Materialien, mit denen man Gefache ausfüllte, waren Sand und Lehm, die man auf eingeschobene Zweiggeflechte aufbrachte. Die Geflechte wurden fest mit dem tragenden Skelett verbunden und von innen wie von außen mit dem Füllstoff bestrichen. War das Fachwerk kleinfeldrig, konnten diese Geflechte ohne weiteres das Gewicht der Füllung tragen – für große Gefache dagegen brauchte man kräftigeres Stützwerk aus miteinander verflochtenen Latten. Das bei Verarbeitung frischen Eichenholzes häufige Schwinden und Werfen des Rahmens verursachte oft Risse im Putz, und infolge der Austrocknung der Felder konnten sich Spalte an ihren Rändern öffnen.

Die Nachteile dieser Ausfüllverfahren führten dann schließlich dazu, daß man zu Bruch- und Backsteinfüllungen überging, deren Gewicht auf den waagerechten Balken des Rahmenwerks ruhte. In Schweden und später auch in Holland füllte man Gefache mit dünnem Natursteinmauerwerk aus. Einen tiefgreifenden Wandel der Bautechnik brachte aber erst die Einführung von Backsteinfüllungen, mit denen man nicht nur dauerhafte und wetterfeste Außenwände bauen, sondern auch dekorative Effekte erzielen konnte. Das Paycocke-Haus in Coggeshall, Essex, hat Backsteinfüllungen im Fischgrätenmuster, während die Giebel des stattlichen zweistöckigen Portauschen Hauses in Jork bei Stade – früher Sitz der Landesversammlung des Alten Landes – eine außerordentliche Vielfalt brauner Backsteingefache mit weißen Fugen und sehr originellen Zierverbänden schmückt. Zuweilen wurden die Backsteinfüllungen auch verputzt und bekamen einen Kalkanstrich.

Als dann im 17. Jahrhundert Glas erschwinglicher wurde, konnte man die Vorteile des Fachwerkbaus noch besser nutzen. Fenster wurden nun zu einem hervorstechenden Stilelement von Stadthäusern und ließen sich leicht im herkömmlichen Rahmenwerk unterbringen, während man die ausgefachten Felder unter und neben ihnen noch reicher verzierte. Damals erreichte der Holzfachwerkbau seine höchste Vollendung und entwickelte Konstruktionsmerkmale, die wir in der Architektur des 20. Jahrhunderts wiederfinden.

MITTELALTERLICHER EINGANG
*Die Tür des Fachwerkhauses
– aus schweren, senkrechten
und an der Innenseite mit
Querverstrebungen gesicherten Bohlen – hatte oft mit
Schnitzereien ausgeschmückte Pfosten, wie an diesem
Zunfthaus in Südostengland.
Manchmal war in die Eingangstür noch eine kleinere
Pforte eingesetzt.*

ZWEIGGEFLECHT UND LEHM
*Die Wände dieses Bauern-
hauses aus dem 15. Jahr-
hundert bestehen aus einem
Zweiggeflecht mit einer
Lehmfüllung, die innen
(links) schon fast ganz ab-
gefallen ist. Außen schützte
man die Lehmfüllung mit
einer dünnen Schicht Putz
(unten rechts).*

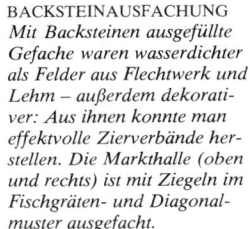

BACKSTEINAUSFACHUNG
*Mit Backsteinen ausgefüllte
Gefache waren wasserdichter
als Felder aus Flechtwerk und
Lehm – außerdem dekorati-
ver: Aus ihnen konnte man
effektvolle Zierverbände herstellen. Die Markthalle (oben
und rechts) ist mit Ziegeln im
Fischgräten- und Diagonal-
muster ausgefacht.*

LATTEN UND PUTZ
*Viele Fachwerkhäuser haben
Gefachfüllungen aus einem
verputzten Lattenrost. Wie
das Foto oben zeigt, trug man
auf diese Latten zwei Schichten Kalkputz auf. In manchen
Gegenden überzog man auch
die Balken des Rahmenwerks
mit einer zusätzlichen Ober-
putzschicht.*

67

# Bohlengerippe- und Plattformbauweise

Die ersten europäischen Siedler fanden in der Neuen Welt einen Nadel- und Laubholzreichtum vor, der ihnen erlaubte, die Tradition des Fachwerkbaus fortzusetzen. In den USA sind aus dem 17. Jahrhundert rund achtzig Fachwerkhäuser erhalten, und das älteste, das Jonathan Fairbanks House in Dedham, Massachusetts, wurde um 1636 errichtet. In Konstruktion und Ausführung, einschließlich seines Rahmenwerks aus Ständern, Schwellen und Verstrebungen sowie des vorkragenden Obergeschosses, entspricht es genau dem zeitgenössischen englischen Baustil.

Auch in der Folgezeit übten die Heimatländer der Einwanderer einen stilprägenden Einfluß auf deren Bauten aus, ohne neue Methoden der Rahmenkonstruktion bei ihnen einzuführen. Den amerikanischen Zimmerleuten fiel es nicht schwer, ein steinernes Gebäude im mittelalterlichen, Queen-Anneoder klassischen Stil aus Holz nachzubauen, aber sie führten auch Neuerungen ein: z. B. das häufig angewandte Konstruktionsprinzip, das Treppenhaus um den mächtigen Kamin herum anzuordnen.

Nach dem Aufkommen der Sägewerksmaschinen standen Bohlen und Bretter in großen Mengen zur Verfügung, und in den 1830er Jahren gelang den Amerikanern die Massenproduktion von Nägeln. Diese beiden technischen Fortschritte führten zur Entwicklung von zwei neuartigen Rahmenwerk-Bauweisen. Bei der einen, dem Bohlengerippebau, waren die Ständer zwei Geschosse hoch, d. h. durchgehend vom Boden bis zum Dach. Bei dem anderen Rahmentyp waren die Ständer nur jeweils ein Stockwerk hoch, und das tragende Skelett wurde geschoßweise gebaut, wobei das untere als Plattform für das obere diente. Bei beiden Rahmenkonstruktionen waren Verstrebungen erforderlich. Die traditionellen Schrägstreben an den Gebäudeecken ersetzte man durch eine diagonale Bretterverschalung der gesamten Rahmenaußenseite, die wiederum mit einer Lage waagerechter oder senkrechter Bretter mit verschiedenen Kantenverbindungen verkleidet wurde.

Als Außenverschalung wählten die Zimmerleute oft angestrichenes Kiefernholz oder Redwood- und Zedernholz, das anfangs nicht konserviert wurde. Die Entwicklung von Imprägnieranstrichen ermöglichte dann jedoch attraktive Außenflächen, die nur wenig Pflege erforderten.

FRÜHKOLONIALER RAHMEN
*Menge, Qualität und Sortenreichtum des Holzes in der Neuen Welt erlaubten den frühen Siedlern die Anwendung der Fachwerktechniken ihrer Heimat. In Neuengland bauten sie ihre Häuser aus schweren, meist handbehauenen Eichenhölzern mit Zapfen- und Holzdübelverbindungen.*

DAS BOARDMAN-HAUS
*Das 1651 gebaute, für die damalige Fachwerkarchitektur Neuenglands typische Boardman-Haus veranschaulicht den zentralen Einzelkamin, das steile Giebeldach, das ausgeprägte Vorkragen und die naturbelassene Bretterverschalung der frühamerikanischen Bauweise.*

EUROPÄISCHE
WERKZEUGE
*Die Werkzeuge der ersten
amerikanischen Siedler waren
sehr einfach. Oben das Breitbeil zum Behauen von Rundholz zu Kantholz; darunter
das Dachs- oder Querbeil für
Vertiefungen, Absätze usw.,
die Fällaxt und der Spaltkeil
zur Herstellung von Schindeln und Stülpschalungen.*

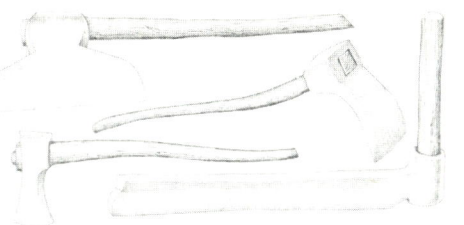

## DIE AMERIKANISCHEN TECHNIKEN
### DER BOHLENGERIPPEBAU
Das Rahmenwerk bestand aus Querträgern oder
Deckenbalken, die mit senkrechten Kanthölzern
verbunden waren, die über die gesamte Höhe des
Gebäudes (meist zwei Stockwerke), von der
Schwelle bis zu der als Dachsparren-Auflage
dienenden Fußpfette, liefen.

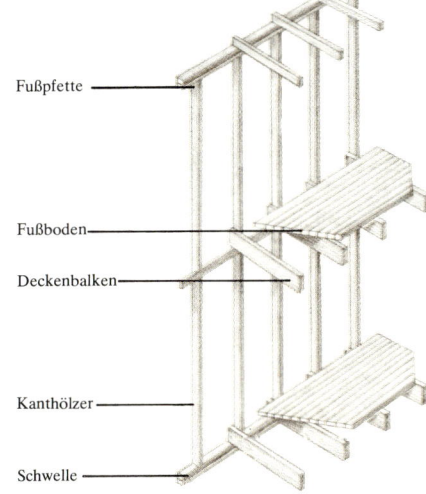

Fußpfette

Fußboden

Deckenbalken

Kanthölzer

Schwelle

### DER PLATTFORMBAU
Die Plattformbauweise verwendete z. T. die gleichen Konstruktionsprinzipien wie der Bohlengerippebau, doch waren bei ihr die senkrechten Elemente jeweils nur ein Geschoß hoch, und jede
fertige Decke diente als Plattform für den Aufbau
des nächsten Stockwerks.

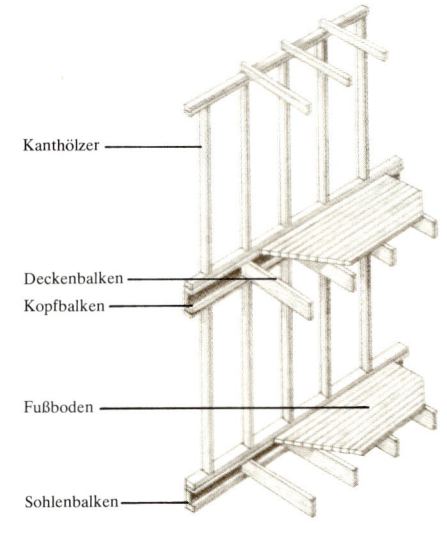

Kanthölzer

Deckenbalken
Kopfbalken

Fußboden

Sohlenbalken

## DAS BOHLENGERIPPEHAUS
*Mit zunehmender Verbreitung von
Sägewerksbalken und Nägeln entwickelte man in den 1830er Jahren ein leichteres Traggerippe, das
ein einziger Mann allein mit Hammer und Säge errichten konnte.
Der einfache Rahmen aus engge-
stellten Kanthölzern und waagerechten Balkenlagen wurde mit einer Diagonalverschalung versteift.*

# Schalbretter und Schindeln

Holz ist das am meisten vorhandene und billigste Baumaterial in den Vereinigten Staaten, und obwohl man in vielen Ländern Europas schon vor langer Zeit die herkömmliche Holzbauweise durch Konstruktionen aus schwereren Baustoffen ersetzte, lebt die Mehrzahl der Amerikaner auch heute noch in Holzhäusern.

Im ausgehenden 18. und beginnenden 19. Jahrhundert erreichten amerikanische Architekten und Zimmerleute in Bauentwurf und -ausführung einen Standard, der durchaus an das Beste heranreichte, was Europa in Back- und Naturstein zu bieten hatte.

Außen waren diese Fachwerkhäuser ausnahmslos mit einer waagerechten Verschalung versehen. Solange es jedoch noch keine preiswerten Profilbretter gab, war es schwierig, die Tropfkanten dieser überlappenden Verbretterung zu schützen, und bei vielen Gebäuden war die Zersetzung dieser Kanten nicht aufzuhalten. Dies zeigen zahlreiche »georgianische« Gebäude in den USA, selbst die außerordentlich solide gebauten Häuser der Ende des 18. Jahrhunderts gegründeten Shaker-Sekte.

Als dann um die Mitte des 19. Jahrhunderts in Europa verschiedene Baustile einander heftig bekämpften, wurde auch Amerika von dieser allgemeinen Verwirrung erfaßt und paßte seine Holzhäuser dieser und jener architektonischen Mode an. Damals waren die Fachwerktechniken der Neuen Welt schon so hoch entwickelt, daß sie einen sehr weiten Gestaltungsspielraum erlaubten. Dieser wurde allerdings häufig mißbraucht, und der Geschmackswirrwarr jener Zeit brachte eine große Zahl beklagenswerter, leider dauerhafter Resultate hervor. So griff man auf Techniken vergangener Zeiten zurück, oft jedoch aus den falschen Gründen. Architekten wie Henry Hobson Richardson z. B. ließen die Wandschindeln wiederaufleben, obwohl sie extrem anfällig gegen Hirnendenfäule waren und man inzwischen die konstruktiv überlegene waagerechte Verschalung aus Profilbrettern herstellen konnte.

Allerdings gab es auch andere Baumeister wie Bernard Maybeck und die Gebrüder Greene, die es verstanden, materialgerechte Holzbauten zu schaffen, und diese Männer ebneten den Weg für die großen Neuerungen im amerikanischen Holzbau des 20. Jahrhunderts.

FORMENSPRACHE UNSERER ZEIT
*Dachschindeln und Verschalung hat man bei diesem erst vor kurzem in den USA gebauten Haus als kreative Stilelemente verwendet. Farbe und Struktur der Hölzer betonen das ungewöhnlich geschwungene Dach und die massive Reihung der vertikalen Wandverschalung.*

## STÜLPSCHALUNG

Anders als in Europa verkleidete man in Amerika die Fachwerkhäuser seit Ende des 17. Jh.s mit ungestrichenen Horizontalbrettern. Dazu spaltete man keilförmige Eichen- oder Zedernholzbrettchen radial von Rundholzstücken ab (rechts); Kiefernholz dagegen wurde meist gesägt. Die mit ihrem dickeren Ende nach unten mit Nägeln oder Holzstiften in ziegeldachartiger Überlappung angeordneten Konstruktionen heißen (a) stumpf gestülpt und (b) gefalzt. Flache Verschalungen mit Breitenverbindungen sind entweder (c) mit Hohlkehle oder (d) mit V-Nut gespundet.

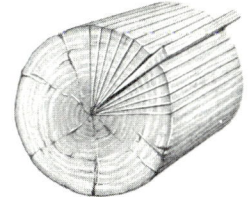

## GEORGIANISCHE ELEGANZ

Dieses 1759 von John Vassal erbaute und einst von dem Dichter Longfellow bewohnte Rahmenhaus in Massachusetts ist mit waagerechten Brettern verschalt. Im Gegensatz zu früheren Verschalungen hat diese einen Farbanstrich, der die Symmetrie der streng klassizistischen Fassade noch betont.

## STOUGHTON HOUSE

In den 1880er Jahren bildete sich in Neuengland und Kalifornien ein besonderer Schindelbaustil heraus. Das 1882 von H. H. Richardson erbaute Stoughton House veranschaulicht die für diesen Stil charakteristische einheitliche Verkleidung mit Zypressenschindeln.

## SCHINDELVERKLEIDUNG

Wie Schieferplatten und Dachpfannen leiten auch die Schindeln das Wasser von der Gebäudeoberfläche nach demselben Prinzip ab wie die überlappenden Federn eines Vogels. Schindeln kann man sägen oder mit Spaltbeil und Schlegel (rechts) abspalten. Heute fertigt man sie in Europa vorwiegend aus Fichte und Kiefer, während man sie früher in großen Mengen auch aus Lärche und Eiche herstellte. Die Hölzer müssen gut ausgetrocknet sein, und die Dachneigung muß mindestens 45 Grad betragen, damit das Wasser schnell abfließt und das Holz sich nicht vollsaugt und wirft.

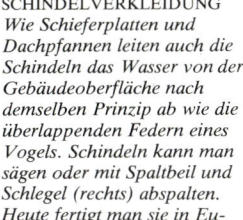

# Die Holzarchitektur Asiens

Die Architektur Japans wie die anderer ostasiatischer Länder hat sehr viel dem Einfluß des chinesischen Festlands zu verdanken – einem starken Einfluß, der sich im Gefolge des Buddhismus schnell ausbreitete. Gemeinsame Merkmale der Wohngebäude dieser Länder sind die Pfosten- und Balkenkonstruktionen mit nichttragenden Wandfüllungen, das ausladende, von Konsolensystemen gestützte Dach und der von kurzen, auf Steinfundamenten ruhenden Pfählen getragene Holzfußboden. Die gebräuchlichsten Bauhölzer der gesamten Region sind Zypresse, Zeder und eine der Hemlocktanne ähnliche Tsuga-Art.

Während jedoch die Gebäude auf dem Festland in der Regel durch Solidität und Schwere gekennzeichnet und häufig reich ausgeschmückt sind, hat sich die japanische Baukunst eigenständig weiterentwickelt. Einer der wesentlichen Gründe dafür war das Klima der japanischen Inseln mit seinen starken Niederschlägen, feuchtheißen Sommern und kalten, trockenen Wintern. Ein japanisches Heim braucht genug Öffnungen, damit die Luft ungehindert zirkulieren und den nachteiligen Folgen der Feuchtigkeit entgegenwirken kann.

Nach Japan kam der Buddhismus im 6. Jahrhundert, und unter seinem Einfluß entwickelte sich eine Tendenz zur extremen Schlichtheit. Da aber nach Prinzipien gebaut wurde, die auf jegliche Diagonalverstrebung verzichteten, wurden sehr hohe Anforderungen an die komplizierten Holzverbände gestellt.

Der vor allem mit den Häusern der Aristokratie assoziierte »schinden-sukuri«-Stil kam schon geraume Zeit vor dem 11. Jahrhundert auf. Sein Grundriß basierte auf einer zentralen Halle (»schinden«), um die sich in strenger Symmetrie die anderen Räume und gedeckten Verbindungsgänge gruppierten. Aus jener Zeit ist kein Baudenkmal mehr erhalten, aber Teile des Kaiserpalastes in Kyoto aus dem 19. Jahrhundert sind in diesem Stil erbaut.

Als im 11. Jahrhundert der elitäre Kriegerstand der Samurai seine Macht gefestigt hatte, bildete sich der »Studio-Stil« oder »schoin sukuri« mit seinem freien, asymmetrischen Grundriß, weit überhängenden Dächern und Veranden heraus. Mit transparentem Papier füllte man Schiebefenster und -türen aus, während hölzerne Drehflügelfenster erst später aufkamen. Dieser Stil setzte sich schließlich in der japanischen Wohnhausarchitektur durch.

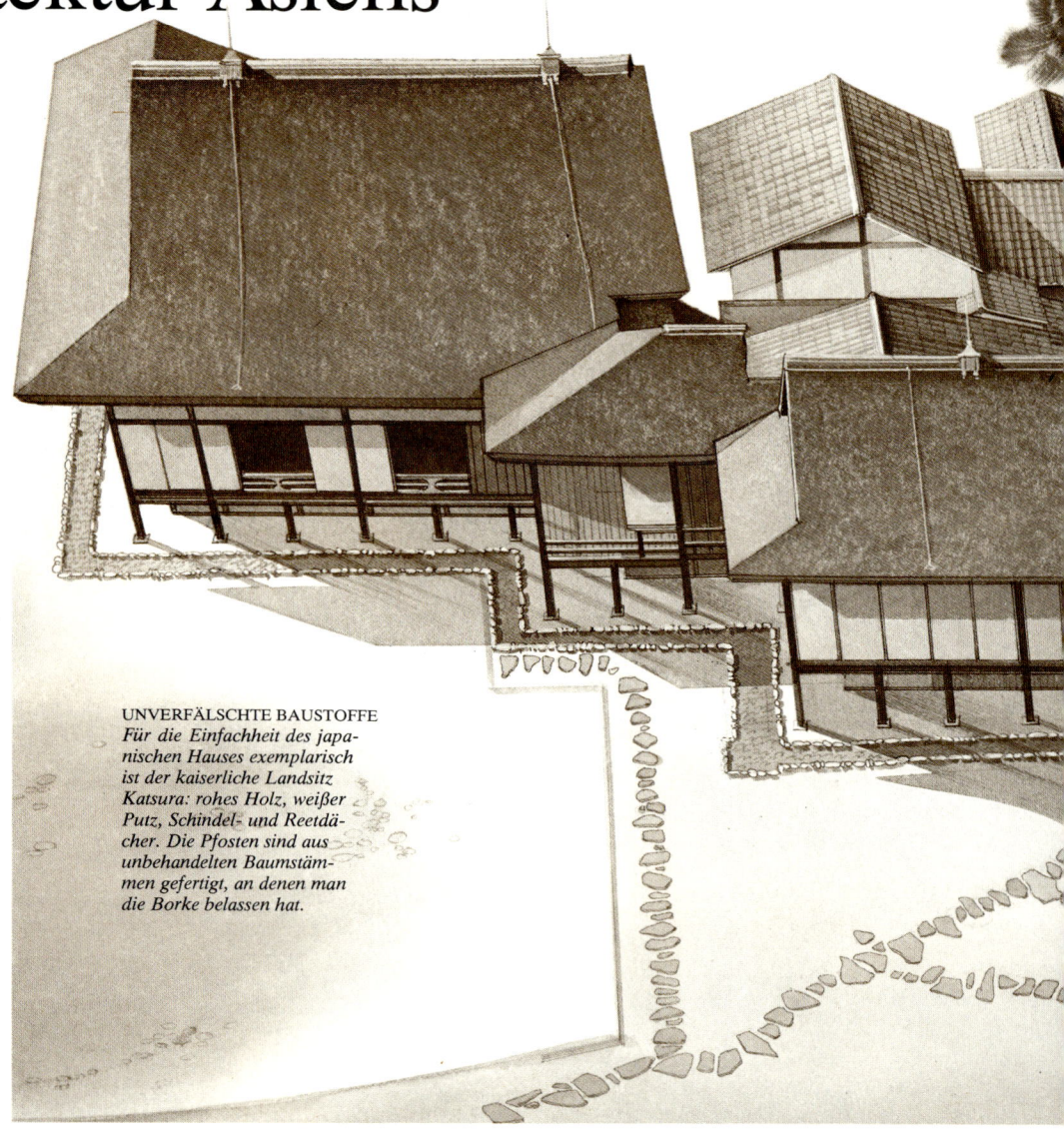

UNVERFÄLSCHTE BAUSTOFFE
*Für die Einfachheit des japanischen Hauses exemplarisch ist der kaiserliche Landsitz Katsura: rohes Holz, weißer Putz, Schindel- und Reetdächer. Die Pfosten sind aus unbehandelten Baumstämmen gefertigt, an denen man die Borke belassen hat.*

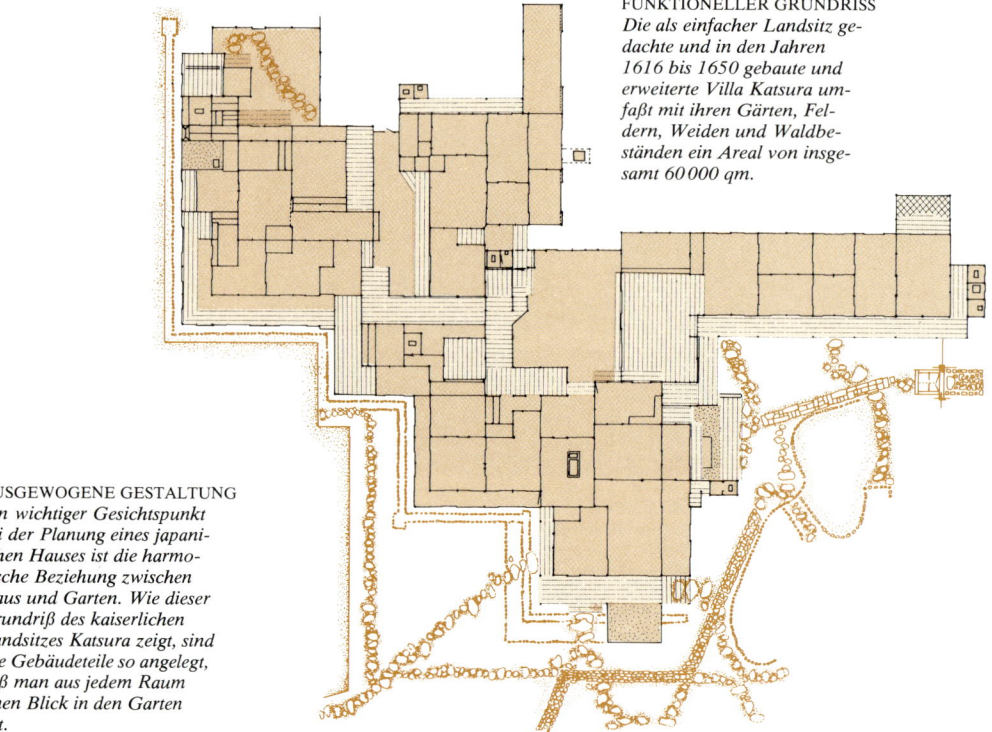

FUNKTIONELLER GRUNDRISS
*Die als einfacher Landsitz gedachte und in den Jahren 1616 bis 1650 gebaute und erweiterte Villa Katsura umfaßt mit ihren Gärten, Feldern, Weiden und Waldbeständen ein Areal von insgesamt 60 000 qm.*

AUSGEWOGENE GESTALTUNG
*Ein wichtiger Gesichtspunkt bei der Planung eines japanischen Hauses ist die harmonische Beziehung zwischen Haus und Garten. Wie dieser Grundriß des kaiserlichen Landsitzes Katsura zeigt, sind alle Gebäudeteile so angelegt, daß man aus jedem Raum einen Blick in den Garten hat.*

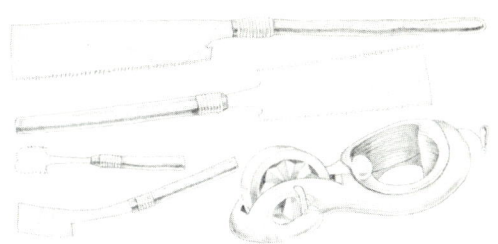

FERNÖSTLICHES WERKZEUG
*Wie sie ihre Handwerkskunst
schon seit vielen Generationen
vom Vater auf den Sohn über-
liefern, so verwenden die japanischen Zimmerleute bis
heute ihre traditionellen Werkzeuge. Rechts verschiedene Sägen und eine Tintenschreiber-
Richtschnur zum unmittelbaren Anzeichnen des Holzes.*

## KUNST DER ZIMMERLEUTE

Im 14. Jahrhundert wurde das Winkeleisen in Japan bekannt. Seine geschickte Anwendung ermöglichte die präzise Konstruktion komplizierter Verbindungen im Häuserbau. Unten abgebildet sind
(a) die »arigake«-Eckverbindung, (b) die »ka-
nawa-tsugi«-Verbindung für Pfeiler sowie die Verbindungen (c) »kama-tsugi« und (d) »ari-tsugi« für
Dachtraufen, für Balken sowie für Fuß- und First-
pfetten.

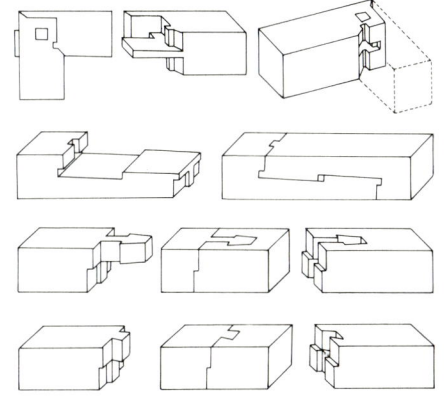

Die festen Wände eines japanischen Hauses bestehen aus zwischen den Pfosten angebrachten Bam-
busgittern, die beidseitig mit einer Füllung aus
Lehm und Sand mit einem Zusatz aus feinem
Strohhäcksel als Bindeelement beworfen wird.

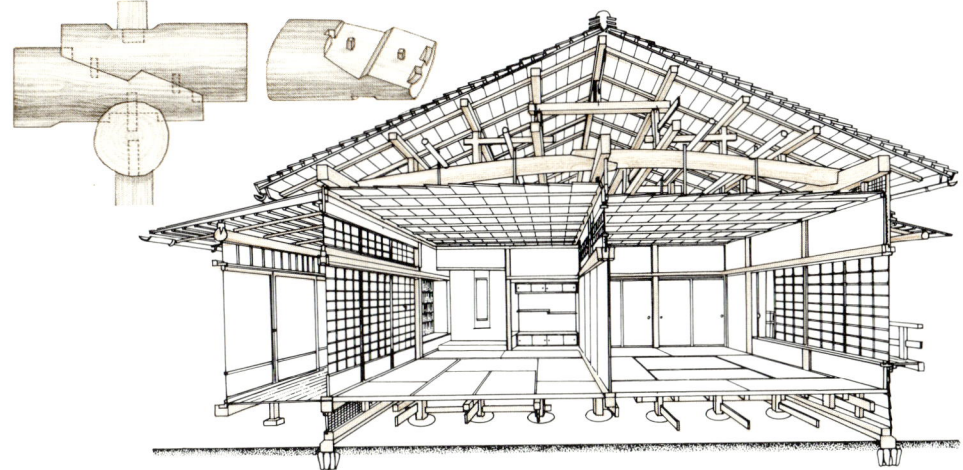

WOHNHAUSARCHITEKTUR
*Das normale japanische
Wohnhaus ist, wie dieser
Aufriß zeigt, eine Rahmenkonstruktion ohne Eckbän-
der oder Diagonalverstrebun-
gen. Als Pfosten dienen in
Steinfundamente gesetzte
Ständer aus Sugi, einem Nadelholz mit gutem Stehvermögen. Zypresse verwendet man*
*vor allem für Außenflächen,
Redpine für Dachbalken.
Lattenrostdecken mit Sugi-
holz-Paneelen werden am
Sparrenwerk aufgehängt und
das Dach mit dicken Rohrlagen gedeckt, die auf Bambus-
latten ruhen.*

# Dachbalken und -bogen

In seiner elementarsten Form ist der Begriff der Behausung – oder des »Obdachs« – synonym mit dem des Dachs. Schon in der Jungsteinzeit hatte der Mensch große konstruktive Geschicklichkeit beim Bau einfacher Behausungen erlangt, und noch heute beweisen die riesigen Kuppelhütten einiger südamerikanischer Stämme und die Langhäuser Neuguineas, welch gewaltige Dachkonstruktionen sich mit den allereinfachsten Werkzeugen und Techniken errichten lassen. Der ebenso einfache Eindruck, den diese Strukturen vermitteln, täuscht allerdings, denn ihre Erbauer hatten viele schwierige Konstruktionsprobleme zu lösen.

Holz war das erste Dachbaumaterial überhaupt und ist in der ganzen Geschichte der Baukunst eines der wichtigsten und vielseitigsten geblieben. Mit dem Bau der großen Steildächer Mittel-, West- und Nordeuropas erreichte die Zimmermannskunst ihre höchste Blüte, während die nur schwach geneigten oder flachen Dächer der Mittelmeerländer ihren Erbauern weniger anspruchsvolle Aufgaben stellten.

Wie schon im Griechenland der Antike, so genügte auch in Italien das Pfettendach mit geringer Neigung allen Anforderungen und blieb bis nach der Renaissance gebräuchlich. Im übrigen Europa dagegen setzte sich das Sparren- und Kehlbalkendach durch – eine fundamental andersartige Konstruktion, bei der die Sparren von unter Zugspannung stehenden Kehl- und Binderbalken zusammengehalten werden. Aus Eichenholz ließen sich nach diesem Prinzip außerordentlich eindrucksvolle und stabile Dachformen bauen, für die die mehrstöckigen Dächer europäischer Stadthäuser des 16. und 17. Jahrhunderts und die gewaltigen Steildächer westfälischer Bauernhäuser beispielhaft sind.

Der Höhepunkt in der Entwicklung von Dachkonstruktionen im Mittelalter wurde mit der Erfindung des Stichbalkendachs erreicht, mit dem man Spannweiten von 20 m überbrücken konnte.

Im 18. Jahrhundert – einer Zeit, die ihren Zimmerleuten keine besonderen Glanzleistungen abforderte – entwickelte die Shaker-Sekte in Amerika ein bemerkenswert geschickt konstruiertes rundes Scheunendach. Getragen wurde diese Konstruktion von einem mittleren Ring von acht Holzpfosten, die durch Querträger miteinander verbunden waren und einen zentralen Entlüftungsschacht bildeten.

STICHBALKENDACH
*Von Streben in der Wand abgestützte kurze waagerechte Hölzer oder Stichbalken ragen aus der Wandfläche heraus und tragen den Hauptbogen. Da diese Konstruktion die Bogenspannweite beträchtlich reduziert, kann man mit ihr Spannweiten von bis zu 20 m ohne Zwischenstützen überbrücken, ohne daß dazu sehr lange Hölzer erforderlich wären. Zu den vielen berühmten Dächern dieses Typs zählen die der Westminster Hall (1395) und des Eltham Palace (siehe Bild oben) aus dem Jahre 1405.*

FRANZÖSISCHER TAUBENSCHLAG
*Im Mittelalter war es üblich, die eintönige winterliche Kost mit Tauben anzureichern. Dieser große Taubenschlag des französischen Château de Vayres hat ein kegelförmiges Dach, das vom Wandmauerwerk und einem hölzernen Mittelständer mit Querverstrebungen getragen wird.*

ENGLISCHE SCHEUNE
*Dieses für das 17. Jahrhundert typische Scheunendach in Jordans, Buckinghamshire, wurde 1624 aus dem Eichenholz der berühmten »Mayflower« gebaut. Alte Schiffshölzer hatten den Vorteil, daß sie gut ausgetrocknet und zusätzlich von ausgesuchter Qualität waren.*

HÖLZERNES SCHMUCKWERK
*Die Bewohner des Sepik-Gebiets auf Neuguinea sind für ihre dekorativen Mal- und Schnitzarbeiten bekannt, mit denen sie ihre Gebäude ausgiebig schmücken. Das Versammlungshaus oben ist im Stil der traditionellen Geisterhäuser gebaut.*

GUAYANISCHES HAUS
*Das Dach dieses reichverzierten guayanischen Hauses ist aus Bambus und Laubhölzern gebaut. Die Dachkonstruktion besteht aus einem einfachen, nach europäischem Fachwerkprinzip gefügten Holzrahmen, auf dem eine dichte Dachhaut aus geflochtenen Bambusblättern liegt.*

# Ingenieurholzbau

PARABOLBOGEN
*Mit schichtverleimten Parabolbogen lassen sich große offene Flächen überspannen, ohne daß Zwischenstützen erforderlich wären. Mit Zedernholzbrettern gedeckte schichtverleimte Douglasien-Bogen tragen hier das Dach der Ankunftshalle für Passagiere im Hafen Southampton.*

Auch schon vor dem Aufkommen der heutigen Klebstoffe konnte man mit herkömmlichen Techniken Holzkonstruktionen beträchtlicher Stützweite bauen, die zumeist Weiterentwicklungen des Bogens und des Fachwerkbinders waren. Rasche Fortschritte wurden zu Beginn des 20. Jahrhunderts im Hallenbau erzielt, und es entstand damals eine Reihe eindrucksvoller Holzbauten aus hochwertigen Hölzern wie Douglasie, Hemlock, Oregon pine und verschiedenen europäischen Nadelhölzern, die mit entsprechenden Stahlkonstruktionen durchaus vergleichbar waren. Die riesige Westfalenhalle in Dortmund beispielsweise, die mit Bogen und Fachwerkbindern eine Spannweite von 75 m hatte, war zum Zeitpunkt ihrer Entstehung einer der größten Holzbauten der Welt.

Als jedoch im Stahlhochbau der Vollwandträger mit seinem verstärkten Steg eingeführt wurde, konnte der Ingenieurholzbau erst nach der Entwicklung der Brettschichtverleimung etwas Gleichwertiges anbieten. Das Prinzip der Überbrückung mit weitspannenden Bindern beruht ausschließlich auf der Anwendung von Leimen, die es ermöglichen, große Bauteile aus kleinen Holzstücken herzustellen. Diese Verfahren lieferten Holzträger mit überlegenen Eigenschaften, nicht nur hinsichtlich ihrer Biegefestigkeit, sondern auch ihrer Durchbiegung unter dem Eigengewicht. Der parabolische lamellenverleimte Binder ist sogar noch leistungsfähiger als der flache Brettschichtträger, weil seine äußere Form dem Spannungsverlauf entspricht, was die Konstruktion stabiler macht.

Bei einer Holzleimbau-Konstruktion ist es vor allem der Klebstoff, der der gesamten vom Träger aufgenommenen Last standzuhalten hat, und der einzige problematische Faktor dabei ist die Möglichkeit, daß die Leimfuge ermüdet und nachgibt. Die Gründe für das Versagen einiger der ersten tragenden Holzleimbauteile sind heute jedoch zuverlässig nachgewiesen: In erster Linie schuld daran waren weder der Leim noch das Holz, sondern fehlerhafte Bauentwürfe.

Trotz dieser Probleme ist der Anwendungsbereich verleimter Schichtkonstruktionen im Holzbau sehr groß. Dies zeigen die neueren Entwicklungen so vielversprechender Bauelemente wie der verschiedenen Doppel-T-Träger, die in manchem dem Stahl-Vollwandträger nahekommen, und des Kastenträgers mit seinem Hohlquerschnitt.

ZYLINDERSCHALENDACH
*Das Dach dieser Schulaula ist aus einer Reihe selbsttragender Zylinderschalen aus Sperrholz konstruiert. Die Außenlagen sind aus Buchenholz, was dem Dach ein warmes, angenehmes Aussehen und eine leicht zu pflegende Oberfläche gibt.*

## HOLZVERBUND-
## WERKSTOFFE

*Der unten abgebildete Dach-
ausschnitt zeigt die Kombina-
tionsmöglichkeit großer Brettschichtträger mit einer Brett-
terverschalung und Sperrholz-
täfelung. Die Hauptträger
werden an den Knotenpunk-
ten von bündig eingelassenen
Stahlschuhen gehalten.*

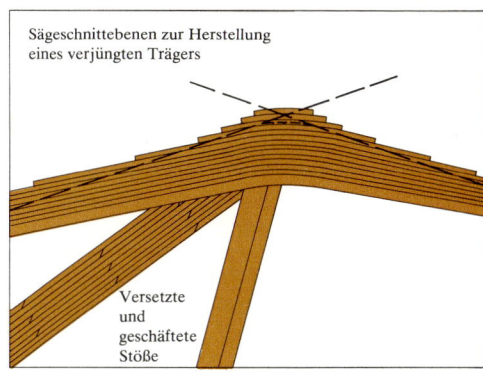

Sägeschnittebenen zur Herstellung
eines verjüngten Trägers

Versetzte
und
geschäftete
Stöße

## BRETTSCHICHTHOLZ

*Aus verleimten Lamellen
(oben) lassen sich Holzbau-
teile jeder beliebigen Form
herstellen, wobei man die
Holzart entsprechend der
Belastung und den ästhe-
tischen Anforderungen
wählen kann. Im allgemei-
nen verarbeitet man Nadelhölzer, manchmal aber*

*auch Hickory, Eiche und
andere Laubhölzer. Die
Lamellen werden verleimt,
gepreßt und der Leim unter
Energiezufuhr gehärtet. Die
Schäftungen oder Keilzink-
verbindungen werden ver-
setzt angeordnet, um eine
Querschnittsschwächung
des fertig verleimten Trägers zu verhindern.*

## DIE GITTERSCHALE

*Zu den eindrucksvollsten
Neuentwicklungen auf dem
Gebiet der Holzüberdachung
zählt die in Europa von Frei
Otto entwickelte Gitterscha-
lenkonstruktion. Im Prinzip
gleicht sie einem hängenden
Netz, das in dieser Form
»eingefroren« und dann um-
gestülpt wird. Das abgebilde-*

*te Gitterwerk ist aus Sibiri-
schem Yellow pine gearbeitet,
doch dürfte die westamerika-
nische Hemlocktanne wegen
ihres besseren Verhaltens unter Biegebelastung geeigneter
sein. Das Gitter ist leicht,
stabil (da jedes Glied ausschließlich einer Druckbean-
spruchung ausgesetzt ist) und
einfach zu transportieren. Die*

*Gitterschale oben ist eines
von vielen kleinen Versuchs-
modellen, doch läßt sich dies
Konstruktionsprinzip auch
gut auf Großbauten anwen-
den. Zu den größten bislang
fertiggestellten Gebäuden
zählt die 1975 von Frei Otto
erbaute Mannheimer Aus-
stellungshalle mit einer Stützweite von über 60 m.*

## KIEFERNHOLZPFEILER

*Schichtverleimte Träger und
Pfeiler wählt man ihrer ästhetischen Wirkung und kon-
struktiven Vielseitigkeit wegen häufig für kommunale
Großbauten. Das Dach dieses
Schwimmbads wird von
Pfeilern aus lamellenverleim-
ter Gemeiner Kiefer getragen.*

# Der dekorative Baustoff

AUSSENVERKLEIDUNG
*Bündig verlegte Nut- und Federbretter sind eine der einfachsten und wirkungsvollsten Formen der Holzverkleidung. Bei diesem modernen amerikanischen Haus sind die Wände, Kaminsockel und das elegant geschwungene Dach einheitlich verkleidet.*

In der umfangreichen Palette der für Bauzwecke geeigneten Holzarten finden wir eine solche Vielfalt von Tönen und Farben und eine organische Struktur, wie sie uns kein künstlich hergestellter Werkstoff bieten kann. Die in unserem Jahrhundert entwickelten Furnier- und Sperrholzplatten haben die Möglichkeiten der Holzbauweise formal wie dimensional erheblich erweitert. Während man Holzwände früher aus Stämmen, Sägebrettern oder Spaltschindeln baute, erweitern heute große Platten, flach oder gebogen, den Gestaltungsspielraum der Architekten und Bauherrn und bieten ihnen zugleich Maserungen mit einer unendlichen Vielfalt linearer Dekoration. Dank der Weiterentwicklung der Verleimungstechnik sind Sperrholzplatten auch als Außenmaterial geeignet, wenn die Stirnenden ausreichend gegen Feuchtigkeitseinflüsse geschützt werden können.

Die natürliche Schönheit des Holzes zur Wirkung zu bringen ist zu einem der wesentlichen Ziele des mit Holz arbeitenden Architekten geworden, und dabei kommen ihm die erheblich verbesserten Holzschutzverfahren zur Hilfe. Bis in unsere Zeit hinein erforderten Hölzer, die der Witterung und Feuchtigkeit ausgesetzt waren, eine gründliche und häufige Pflege. Den einzig sicheren Schutz erzielte man, indem man das Holz mit Ölfarbe anstrich, was zwar wirksam war, aber das Holz verdeckte. Neue Verfahren der Druckimprägnierung ermöglichen es, das Holz in einem natürlicheren Zustand zu verwenden und ihm gleichzeitig einen Langzeit-Oberflächenschutz zu geben. Mit ähnlichen Techniken kann man Hölzer für tragende oder verkleidende Anwendung mit feuerhemmenden Chemikalien imprägnieren und so eines der ältesten und gefährlichsten Risiken von Holzbauten neutralisieren.

Normalerweise verwendet man für Holzverkleidungen glatte Hobelbretter, doch haben einige zeitgenössische Architekten, vor allem der Amerikaner Frank Lloyd Wright, ausgiebigen Gebrauch von sägerauhem Holz gemacht – weil sie der rustikale Effekt und der Kontrast reizte, der sich in Kombination mit sorgfältig geglätteten Tischlerarbeiten an Türen und Fenstern erzielen läßt.

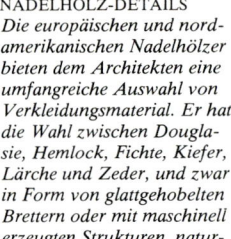

NADELHOLZ-DETAILS
*Die europäischen und nordamerikanischen Nadelhölzer bieten dem Architekten eine umfangreiche Auswahl von Verkleidungsmaterial. Er hat die Wahl zwischen Douglasie, Hemlock, Fichte, Kiefer, Lärche und Zeder, und zwar in Form von glattgehobelten Brettern oder mit maschinell erzeugten Strukturen, naturfarben oder gebeizt, von Normplatten, Tafeln mit Nut und Feder oder Schindeln. Ihre vielseitige Anwendbarkeit als Außenmaterial läßt sich durch Druckimprägnierung mit Holzschutzmitteln gegen Pilze und Insekten sowie durch eine Behandlung mit feuerhemmenden Chemikalien noch beträchtlich erweitern.*

**REDWOOD-VERANDA**
*Holzhäuser an der Westküste Nordamerikas baut man gern mit einer Veranda oder Holzplattform, meist in Höhe des ersten Stockwerks, die als Freizeitfläche dient. Die hier abgebildete Plattform ist aus kräftig gefärbtem Redwood gezimmert.*

**WÄRME UND FARBE**
*Bautechnische Untersuchungen haben bewiesen, daß Holzverkleidungen, vor allem solche mit Hinterlüftung, weitaus bessere Dämmeigenschaften haben als Außenwände aus Beton oder Mauerwerk – was man in den Alpen schon lange beim Haus- und Hüttenbau ausnutzt.*

# Der vielseitige Baustoff

Von allen im Baugewerbe verwendeten Werkstoffen erfordert das Holz den geringsten Energieaufwand; außerdem ist es ein Rohstoff, der bei forstwirtschaftlicher Nutzung und Pflege der Bestände sowie kluger Anwendung der Holztechnologie nie Mangelware zu werden braucht. Neue Bauverfahren sind zwar vor allem in den USA entwickelt worden, doch erkennt man nun auch in Nordeuropa die Vorteile der Holz-Leichtbauweise.

In Ländern, die wie die Schweiz eine eigene Bautradition pflegen, dürften sich neue Holzbauverfahren nur langsam einführen lassen; in Skandinavien aber, wo das Holz ein bedeutender Wirtschaftsfaktor ist, hat sich zwangsläufig eine moderne Holztechnologie entwickelt. Und da in den Vereinigten Staaten die Mehrheit der Bevölkerung in Holzhäusern lebt, hat die Forschung dort einen sehr starken Anreiz, verbesserte Bautechniken zu entwickeln. Dies hat dazu geführt, daß das durchschnittliche amerikanische Wohnhaus bei gleichen Kosten erheblich mehr bietet als ein europäisches Haus.

Es stimmt zwar, daß eine Leichtbaukonstruktion nicht die gleiche Wärmespeicherfähigkeit wie ein Gebäude aus schwerem Material hat und deshalb seine Innenwärme schneller abgibt. Andererseits braucht man aber einem Leichtbau auch viel weniger Wärme zuzuführen, um angenehme Raumtemperaturen zu erzielen oder zu halten, weshalb die Heizungskosten bei einem Leichtbau insgesamt niedriger sind.

In den meisten Industrieländern kann man das umfangreiche Sortiment von Hölzern und Holzwerkstoffen zum Innenausbau – bei guter Planung – in den handelsüblichen Formaten verwenden. Profilbretter, Tafelmaterial, schlichte und dekorative Sperrholzplatten, Verbundplatten, Holzfaserplatten und beschichtete Paneele sind herkömmlichen Wand- und Deckenüberzügen, etwa aus Putzmörtel oder Anstrichmörtel, eindeutig überlegen. Sie brauchen meist nur wenig Pflege, und viele von ihnen zeichnen sich durch hervorragende Wärmedämmeigenschaften aus.

Für das Bauen mit Holz sprechen viele überzeugende Vorteile, u. a. geringe Lohnkosten, kurze Bauzeiten, Anpassungsfähigkeit bei niedrigen Anlageinvestitionen, gute Typnormungsmöglichkeiten sowie die Tatsache, daß man mit einem sehr kleinen Betrieb ein breites Spektrum von Anforderungen erfüllen kann. Die bemerkenswertesten Erfolge wurden bislang in den USA erzielt, doch bieten sich dem Holzbau auch in Europa ausgezeichnete Entwicklungschancen.

AUSSTEIFENDE SCHALUNG
*Das Tragskelett des Hauses wird zunächst mit einer aussteifenden Schalung aus dickem Sperrholz versehen, die die Konstruktion stabilisiert und für eine gute Wärmedämmung sorgt. Diese Schalung bekommt dann eine dekorative Verkleidung aus gebeizten oder strukturierten Brettern.*

*Das im Bau befindliche Haus unten veranschaulicht die Vorzüge der Rasterbauweise. Der Hauptrahmen ist fertig, die Dachhaut schützt das Innere, und die Versorgungsleitungen können nun in den Wandelementen vor deren Verkleidung installiert werden.*

TAFELBAUWEISE
*Zusammengesetzte Wandelemente kann man als Fertigteile und einbaufertig an die Baustelle transportieren. Diese Elemente bestehen entweder nur aus einem Rahmen mit Außenverschalung oder enthalten zusätzliche Dämmschichten.*

VERBUNDWERKSTOFFE
Seit der Entwicklung der Holzwerkstoffe kann der Mensch die Rohstoffquelle Wald viel rationeller nutzen. So können die Furnier-Mittellagen beim Sperrholz von geringerer Qualität als die Deckfurniere sein, ohne daß sich dies auf die Festigkeit auswirkt, während man bei anderen plattenförmigen Werkstoffen die Mittellagen aus Holz- und Faserabfällen der Sägewerke herstellen kann.

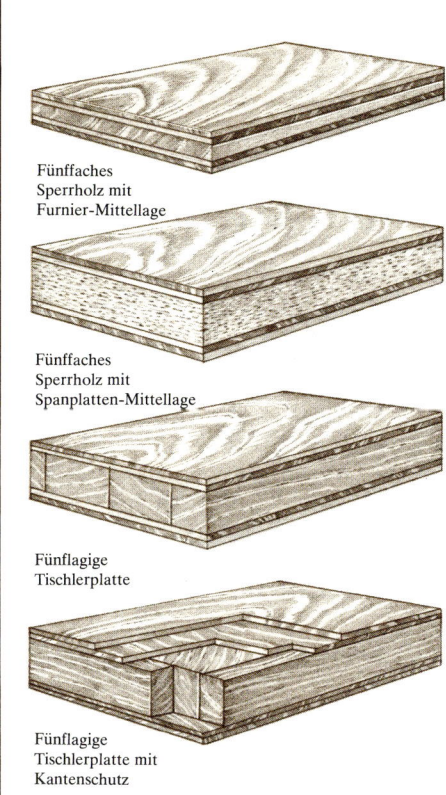

Fünffaches Sperrholz mit Furnier-Mittellage

Fünffaches Sperrholz mit Spanplatten-Mittellage

Fünflagige Tischlerplatte

Fünflagige Tischlerplatte mit Kantenschutz

FUSSBODEN-FERTIGTEILE
*Die genormten Abmessungen der meisten Baumaterialien haben die Entwicklung sehr rationeller Montageverfahren ermöglicht. Hier wird Leim auf die Balkenlage aufgetragen, die so angeordnet ist, daß man sie mit schweren Sperrholzplatten genormter Länge und Breite belegen kann.*

NUT UND FEDER
*Die Fußbodenplatten aus Sperrholz können stumpf gestoßen oder mit Nut- und Federverbindungen versehen werden. Schon in dieser Form kann der Fußboden einer durchschnittlichen Beanspruchung standhalten, doch wird er meist als Blindfußboden unter herkömmlichen Dielenbrettern verwendet.*

SCHUTZLATTE
*Der Umgang mit maschinell hergestellten Nut- und Feder-Platten erfordert große Sorgfalt, da beschädigte Federn oder Nutwangen die Platten unbrauchbar machen. Hier nimmt eine Schutzlatte die Hammerschläge beim Einpassen einer Sperrholzplatte auf.*

Als Breitenverbindungen dieser vielflagigen oder Multiplex-Platten eignen sich Nut und Feder sowie die komplizierteren Keilzinken. In beiden Fällen kann man die Festigkeit gegebenenfalls durch eine zusätzliche Vernagelung erhöhen.

MOBILE HÄUSER
*Wegen des geringen Gewichts einer Holzrahmenkonstruktion kann man ein komplettes Haus fabrikmäßig herstellen und dann als Einheit zu seinem Grundstück transportieren, wo es nur noch an die Strom- und Wasserversorgung und die Kanalisation angeschlossen zu werden braucht.*

Sakrale

# Bauten

Die vorspringenden Balkenköpfe der
Dachkonstruktionen boten den
Holzschnitzern des Mittelalters eine
vorzügliche Gelegenheit, ihre Kunst zu zeigen.

# Abendländischer Kirchenbau

Viele Länder der westlichen Welt blicken auf eine reiche, bis ins 11. Jahrhundert und noch weiter zurückgehende Tradition des Holzkirchenbaus zurück. Einige dieser herrlichen Bauwerke sind bis in unsere Zeit erhalten geblieben, vor allem in Skandinavien, Mitteleuropa und Frankreich, wo noch etwa zwei Dutzend solcher Kirchen stehen.

Früher war Europa weithin von riesigen Mischwäldern bedeckt; im Norden und in den Alpen dominierten Koniferen, während in Mittel- und Westeuropa Wälder hochwüchsiger, mächtiger Eichen großformatige Hölzer für Bauzwecke lieferten. Man kann davon ausgehen, daß schon in der Bronzezeit eine Reihe von Zapfenverbindungen bekannt waren und daß die Handwerker in der Frühzeit der Christianisierung bereits die meisten Zimmermannswerkzeuge der späteren Jahrhunderte benutzten.

Einige sehr alte europäische Kirchen haben Wände aus aufgespaltenen Rundhölzern; eins der schönsten Beispiele ist die Kirche von Greensted in der englischen Grafschaft Essex. Bei noch älteren Bauten wurden diese Stämme unmittelbar in den Boden gesetzt, doch ermöglichte die Einführung von Lagerhölzern oder Schwellen (später auf Steinbettung) eine erstaunlich stabile Bauweise, die dann jahrhundertelang praktiziert wurde. Die auf einen Schwellenrost gestellten und von Kopfbändern, Andreaskreuzen und Riegeln zusammengehaltenen senkrechten Ständer, die nun nicht mehr Stämme, sondern Pfosten waren, konnten komplizierte mehrstöckige Dächer tragen. Wie bei Steingebäuden wurden dabei häufig die Dachelemente als Pultdächer gestaltet, weil deren Abstrebungseffekt die Standsicherheit der Konstruktionen erhöhte. Über 300 Jahre lang entstanden Kirchen in dieser Bauweise, die man nach ihren wichtigsten Konstruktionselementen, den senkrecht gestellten Stämmen oder Pfosten, als Stabbau bezeichnet. Leider verhinderte dann der Schwarze Tod, daß der Erfahrungsschatz der Stabbautechnik weitergegeben wurde.

Die frühen amerikanischen Siedler in Neuengland konnten beim Kirchenbau auf die bewährten europäischen Fachwerktechniken zurückgreifen, die sich in den reichbewaldeten neuen Kolonien geradezu anboten. Den Stabbau aber kann man als Vorläufer des Holzfachwerkbaus betrachten, denn er löste bereits manche Probleme der konstruktiven Standsicherheit von Rahmenwerken, vor die sich die Baumeister der folgenden Jahrhunderte gestellt sahen.

**WUCHTIGE HOLZWÄNDE**
*Viele frühe Kirchenwände wurden aus aufgespaltenen Stämmen oder Rundhölzern gebaut, die man in bündiger Reihung senkrecht stellte und mit eingesetzten Federn zusammenhielt. Die Kirche von Greensted in Essex (rechts und darüber) ist eins der ältesten erhaltenen Beispiele.*

**VERDREHTER TURM**
*Der Ende des 14. Jh.s erbaute Turm einer Kirche in Chesterfield verdrehte sich stark und verleiht diesem Bauwerk nun ungewöhnlichen Charakter. Das Turmgerüst ist aus Eiche, einem Holz, das bei Verarbeitung im »grünen« oder nichtausgetrockneten Zustand zum Verwerfen neigt.*

**DIE ÄLTESTE KIRCHE**
*Jahresringanalysen zufolge wurde die Pfarrkirche von Greensted in Essex im Jahre 845 n. Chr. gebaut. Nach einer in jüngster Zeit vorgenommenen Altersdatierung von Holzproben dürften viele der starken Rundhölzer von demselben Baum stammen, einer mächtigen Eiche, die damals selber schon über 600 Jahre alt war.*

STABKIRCHE
*Die Kirche von Borgund ge-
hört zu den 25 erhalten gebliebenen der einst 700 Stab-
kirchen. Im Jahre 1150 aus
Nadelhölzern erbaut, hat sie
sechs Schindeldächer, deren
Giebel mit Kreuzen oder Dra-
chenköpfen, einem alten Wi-
kingersymbol, geschmückt
sind.*

SCHWELLENROST
*Bei den Frühformen des
Stabhaus wurden die Ständer
unmittelbar in den Boden gesetzt. Bei späteren Konstruktionen findet man Boden-
schwellen, auf denen die dach-
tragenden Innenpfosten ruhen. Die Wandpfosten stehen
am Rand des Schwellenrosts.*

FACHWERKKIRCHE
*Losgelöst von der europäi-
schen Monumentalbau-Tra-
dition wurden die frühen amerikanischen Kirchen ähnlich
wie die zeitgenössischen Fachwerkhäuser gebaut, mit großen Fenstern und Brettver-
kleidung. Diese Kirche ist
typisch für Neuengland.*

# Die Kuppeln von Kischi

Osteuropa ist die Heimat der Blockbauweise. Seine ausgedehnten Wälder boten eine große Auswahl an Bauhölzern: Tanne, Kiefer, Lärche und ein Fichtenholz, das zum besten der Welt zählt. Unter den Laubhölzern findet man ausgezeichnete Qualitäten von Ahorn, Buche, Linde, Ulme sowie hervorragendes Eichenholz, aus dem beispielsweise die 988 n. Chr. erbaute Sophienkathedrale in Nowgorod fast ausschließlich besteht.

Den an diesen frühen Kirchen arbeitenden Zimmerleuten stand nur eine begrenzte Zahl einfacher Werkzeuge zur Verfügung, aber diese Handwerker verstanden es, sie mit vollendeter Geschicklichkeit zu handhaben. So sind viele alte Kirchen mit schönen Schnitzarbeiten ausgeschmückt, die mit der Axt ausgeführt wurden. Was Werkzeuge und Techniken anlangt, blieb Osteuropa extrem konservativ; die Massenproduktion von Nägeln z. B. gelang dort erst zu Beginn unseres Jahrhunderts.

Das hervorstechende Kennzeichen vieler osteuropäischer Kirchen ist die dreifache Unterteilung des Baus. Ein Zentralraum bildet den Kern der Kirche, an dessen Ostseite sich ein kleiner Anbau mit dem Altar und an dessen Westseite sich eine überdachte Vorhalle anschließt. Diese Bauten wurden fast ausnahmslos aus Rundhölzern errichtet, und um mit solchen Blöcken begrenzter Länge einen größtmöglichen Innenraum bauen zu können, wählte man einen achteckigen Grundriß. Für Standfestigkeit sorgte einmal dieser polygonale Grundriß, zum anderen die horizontale Steifigkeit der Blockkonstruktion, die keiner zusätzlichen Aussteifung bedurfte.

Häufig sind die Achtecke übereinandergestellt und von Zwiebelhauben gekrönt, und auch die vielen, ebenfalls zwiebelförmig geschwungenen Giebel tragen mit zur dekorativen Wirkung bei. Nur an wenigen der erhalten gebliebenen Holzkirchen aus dem 17. Jahrhundert findet man zusätzliche Ausschmückungen; ihre Wirkung geht nahezu ausschließlich von der Form des Baukörpers und der Struktur des Holzes aus.

Besonders bemerkenswert an diesen Kirchen sind die Dächer mit ihrer Dachhaut aus Schindeln, die mit Holzstiften befestigt sind. Die 1714 erbaute Verklärungskirche auf der Insel Kischi im Onegasee hat 22 solcher Kuppeln mit Schindeln aus Espenholz. Auf dem Areal einer früheren, durch Feuer zerstörten Kirche errichtet, ist dieses Baudenkmal das großartigste Zeugnis russischer Holzarchitektur.

**KARELISCHES MEISTERWERK**
*Die Kuppelpyramide der Verklärungskirche lenkt den Blick hinauf zur Mittelkuppel, deren Tambour unmittelbar auf dem von den Wänden des Hauptbaus gebildeten Achteck ruht. Das Bauwerk ist zwar reicher durchgebildet als die ihm vorausgegangenen traditionellen Zeltkirchen, aber so gestaltet, daß die Tradition der Pyramidenform gewahrt bleibt.*

**ZIERSCHINDELN**
*Mit länglich-rautenförmigen
Schindeln meisterten die rus-
sischen Handwerker perfekt
die schwierige Verkleidung
der vielfach gekrümmten
Flächen ihrer Kuppeln. Die
Schindeln, in diesem Fall aus
Espenholz, wurden mit Hart-
holzstiften befestigt.*

**NADELHOLZ-TRAUFEN**
*Die Eckverbindungen von
Blockbauten sind immer
besonders anfällig gegen
Verwitterung und Fäulnis.
Hier sind sie ein wenig vor
Regen und Schmelzwasser
durch die Dachtraufe aus
aufgespaltenen Nadelholz-
brettern geschützt.*

**SCHNITZORNAMENTE**
*Im Gegensatz zur schlichten
Blockstruktur des Baukörpers
sind die Windbretter der Dächer, die Wasserspeier und
die Stützpfosten des Portal-
vorbaus mit geschnitzten
Durchbrechungen und bogen-
förmig abschließenden Rändern verziert.*

# Tempel des Fernen Ostens

Die Grundrisse religiöser Bauwerke in Ostasien sind nicht so kompliziert wie die europäischer Kirchen. Meist sind es schlichte, innen nur wenig unterteilte rechteckige Hallen oder vielstöckige Turmbauten, häufig mit Mauern und Kolonnaden umfriedet. Chinesische Tempelbauten haben einen streng axialsymmetrischen Grundriß, doch scheint man in Japan zu allen Zeiten asymmetrische Gliederungen bevorzugt zu haben.

Mit der Ausbreitung des Buddhismus wurde der chinesische Einfluß in Ostasien vorherrschend, und alle Nachbarländer übernahmen die Kunst und die Techniken der chinesischen Zimmerer. Aus der reichen Auswahl hervorragender Bauhölzer in den ausgedehnten Wäldern dieser Region entstand eine große Zahl eindrucksvoller Gebäude wahrhaft monumentalen Charakters, auch wenn sie oft sehr schlicht sind. Zypressenbäume wie der japanische Hinoki, ein Aristokrat unter den Koniferen, und die Zedern Ostasiens, aus denen man 25 m hohe Pfosten mit 120 cm Durchmesser gewinnen und als Dachständer aufstellen konnte, verleihen diesen Tempeln eine Erhabenheit, wie man sie sonst nirgends findet. Außerdem erlaubten sie den Bau mehrgeschossiger Pagoden mit Mittelpfeilern gleicher Dimensionen.

Gemeine Kiefer wählte man meist für Tragbalken, und für dekorative Schnitzereien gab es in diesem Gebiet eine Fülle attraktiver Hölzer, darunter den Ahorn, der in China 15 m hoch wird, den Maulbeerbaum, die Konara-Eiche und das Chinesische Sandelholz.

Die Grundkonstruktion der meisten ostasiatischen Tempel besteht aus Pfosten und Trägern auf einem steinernen Sockel, manchmal mit mehreren Pfostenreihen übereinander. In den Etagenkonstruktionen ihrer komplexen Dächer findet man keinerlei Dreiecksverstrebung. Würden nicht das große Gewicht des Dachbelags aus Hohlpfannen oder dicken Rohrlagen und die Masse des unterstützenden Rahmenwerks ohnehin eine kräftige Konstruktion erfordern, so wäre eine lediglich Vertikalkräfte aufnehmende Bauart ohne Diagonalausteifung nicht ausreichend. Allerdings sind Dreiecksverstrebungen im Fernen Osten nicht unbekannt; sie werden beim Aufbau als provisorische Hilfsmittel eingesetzt und nach Abschluß der Bauarbeiten wieder entfernt. Die Ablehnung der Dreiecksverstrebung ist traditionsbedingt, denn die Chinesen haben schon immer mit Sattelhölzern oder Konsolen gebaut, die von dichtgereihten Pfosten getragen werden, welche alle Lasten senkrecht in das Fundament einleiten.

HORYUJI-TEMPEL
*Die durch zwei Tore in der Holzeinfriedung zugängliche Pagode aus dem 17. Jahrhundert und die Halle des buddhistischen Horyuji-Tempels in der Nähe der japanischen Stadt Nara gelten als der Welt älteste Kultbauten aus Holz, die erhalten geblieben sind.*

SCHREINE VON ISE
*Von den 478 n. Chr. erbauten Schinto-Schreinen von Ise sagt man, sie repräsentierten den Wohnhausstil der japanischen Aristokratie des 3. bis 5. Jahrhunderts. Sie sind aus hellem Hinokiholz auf Stelzen errichtet. Die Holzzylinder auf dem First schützen das Rohrdach vor Beschädigungen durch starke Winde.*

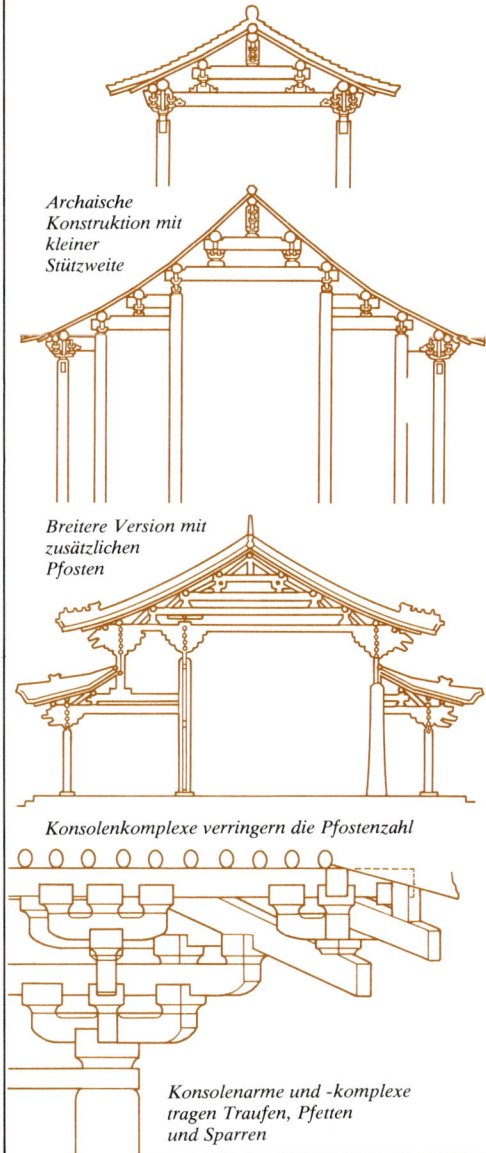

## OSTASIATISCHE DACHKONSTRUKTION

Das archaische chinesische Dach bestand aus übereinandergeschichteten, zum First hin zunehmend verkürzten Balken. Zwischen den Balken befanden sich Stempel, auf denen die sparrentragenden Pfetten ruhten; dieses Konstruktionsprinzip sicherte einen vertikalen Auflagerdruck auf die Pfosten. Erweitern konnte man das Gebäude durch Vermehrung der Pfosten. Später vergrößerten die nach oben und außen erweiterten Konsolenkomplexe die Auflagerfläche der einzelnen Pfosten.

*Archaische Konstruktion mit kleiner Stützweite*

*Breitere Version mit zusätzlichen Pfosten*

*Konsolenkomplexe verringern die Pfostenzahl*

*Konsolenarme und -komplexe tragen Traufen, Pfetten und Sparren*

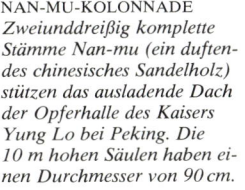

**NAN-MU-KOLONNADE**
*Zweiunddreißig komplette Stämme Nan-mu (ein duftendes chinesisches Sandelholz) stützen das ausladende Dach der Opferhalle des Kaisers Yung Lo bei Peking. Die 10 m hohen Säulen haben einen Durchmesser von 90 cm.*

**REICHTUM DER DEKORATION**
*Zeremonielle Holzbauten im Fernen Osten, wie dies Gebäude aus der Spätzeit der Yi-Dynastie in Korea, schmückte man mit reicher Schnitzerei und Malerei aus. Koreanische Gebäude wurden immer bemalt, während die Chinesen den freiliegenden Holzflächen ihrer Bauten einen Lacküberzug gaben.*

# Gefaßtes Holzwerk

Schon seit der griechischen und der römischen Antike schmückt man im Abendland religiöse Bauten mit Werken der Holzschnitzkunst. Aus der vormittelalterlichen Zeit sind jedoch nur wenige Schnitzereien erhalten geblieben. Im Mittelalter aber erfaßte vor allem Europa eine wahre Kirchenbauwut und Begeisterung für mit Schnitzwerk verzierte Lettner, Schranken, Chorgestühle, Sparren und Balken sowie Kirchenmobiliar nahezu jeder Art.

In Nordfrankreich und England war Eiche das bevorzugte Material der Kirchen-Holzschnitzer. Südlich Burgunds und in Italien lieferte der reichlich vorhandene Walnußbaum das bevorzugte Material der Schnitzer, die manchmal aber auch Feigen- und Korkholz wegen des niedrigen Gewichts wählten. Die deutschen und skandinavischen Holzschnitzer nutzten ihre ausgedehnten Nadelwälder und fertigten aus ihrem Holz kunstvolles Rahmen-, Laub- und Sprengwerk sowie Fabelwesen.

Die Holzschnitzereien in den Kirchen des Mittelalters wurden fast ausnahmslos in leuchtenden, reinen Farbtönen bemalt. Blau und Gold waren die beliebtesten Deckenfarben, während Grün und Rot, Schwarz, Weiß und Gelb nicht nur kleinere Flächen schmückten, sondern – wenn genug Geld vorhanden war – zu einem überwältigenden, alles einbeziehenden Farbklang komponiert wurden.

Leider mißfiel diese Farbenfreudigkeit den kalvinischen und puritanischen Bilderstürmern, die sehr viele Holzarbeiten des Mittelalters mit dunkler, stumpfer Farbe übermalten. Weil sie schwer erreichbar waren, entgingen jedoch zahlreiche bemalte Decken mit vergoldetem Schnitzwerk dieser rauhen Behandlung und erfreuen uns noch heute in ihrer originalen Fassung.

In Asien und im Fernen Osten gibt es außer den Statuen in buddhistischen und Hindutempeln nur wenig große religiöse Holzschnitzereien. Allerdings sind die bis ins kleinste Detail kunstvollen Türen mancher Hindutempel aus Sandelholz gearbeitet. In Burma waren Teak, Shisham (härter als Teak, aber nicht so hochwertig) und Deodar oder Himalayazeder (ein ausgezeichnetes Nadelholz) die bevorzugten Materialien der Bildschnitzer. Die Stützen chinesischer Tempel sind aus Nan-mu, einem eigens wegen seiner hohen, geradschäftigen Stämme gezogenen Baum, gearbeitet, und in Japan findet man sehr schöne Beispiele der Holzschnitzerei des 17. Jahrhunderts unter den Dekorationen der Mausoleen in Tokio, Shiba und Nikko.

ENGELSSCHAREN
*Das holzgedeckte Spannbalkendach der Kirche in Blythburgh in Suffolk bauten Zimmerleute im Mittelalter mit Holzdübel- und Zapfenverbindungen. Erst in unserem Jahrhundert mußten die Hauptquerträger verstärkt werden.*
*Die ursprüngliche rot-grün-schwarze Bemalung ist noch zu erkennen, und die Sparren sind mit zartem Rankenschmuck und dem Monogramm Christi verziert. Cromwells Truppen richteten schwere Verwüstungen in dieser Kirche an, und viele der geschnitzten Engel wurden damals stark beschädigt.*

OSTASIATISCHE SKULPTUR
*Auch im Fernen Osten war es üblich, religiöse Figuren zu bemalen. Dieses geschnitzte Standbild des Bodhisattwa, einer früheren Daseinsform des späteren Buddha, stammt aus dem 11. Jahrhundert. Die Figur stellt dieses hilfreiche und heilstiftende Wesen in Gestalt eines Bettelmönchs dar.*

LETTNER
*Dieser minuziös geschnitzte Lettner der Kirche von La Faouet, Frankreich, stammt aus dem Jahre 1480. Er steht in der Kapelle des hl. Fiacrius, und seine leuchtende Bemalung vermittelt einen Eindruck von der Farbenpracht, die für die Holzschnitzereien in den Kirchen des Mittelalters kennzeichnend war.*

DER WINZER
*Miserikordien wurden nur selten bemalt, doch ist dieses grob, aber klar geschnitzte Beispiel, das einen Winzer mit seinen Fässern darstellt, in zarten Farben gefaßt. Ursprünglich war es Bestandteil des Chorgestühls der Kirche Saint Etienne des Tonneliers im französischen Rouen.*

FINNISCHE KANZEL
*In Skandinavien gab man Kirchenräumen im Mittelalter oft einen bunten Farbenschmuck. Holzdecken wurden bemalt und Innenwände mit Freskomalereien dekoriert. Diese Kanzel in Hattula, Finnland, wurde mit einer Reihe schlichter Schnitzfiguren verziert und im 16. Jahrhundert bemalt.*

KELCHFÖRMIGE KANZEL
*Eine der wenigen bemalten Kanzeln aus dem Mittelalter, die in England erhalten geblieben sind, befindet sich in der Kirche von Burnham Norton. Sie entging den bilderstürmenden Soldaten Cromwells und auch der Mode der georgianischen Zeit, Holzarbeiten eine imitierte Mahagoni-Maserung und -Farbe zu geben.*

91

# Meisterwerke der Holzschnitzerei

HANDWERKSKUNST
*Das Chorgestühl der Kathedrale von Chester ist ein gutes Beispiel dafür, wie vollendet die Holzschnitzer des Mittelalters die Steinmetzkunst imitierten. Diese schlanken Holzfialen entstanden gegen Ende des 14. Jahrhunderts.*

Im frühen Mittelalter stand der Holzschnitzer auf einer der unteren Sprossen der sozialen Stufenleiter und genoß weniger Ansehen als der Steinmetz. Die Bildschnitzer selber betrachteten ihre Arbeiten und ihr Material als zweitrangig im Vergleich zu denen der Steinmetzen und wünschten sich wahrscheinlich, ihre Werke wären im gefaßten Zustand, also nach der Bemalung oder Vergoldung, von solchen in Stein nicht mehr zu unterscheiden.

Bis zum Beginn des 15. Jahrhunderts sollte sich diese Situation jedoch umkehren und die Holzschnitzerei einen neuen Stellenwert erlangen. Als die Bildschnitzer noch den Steinmetzen nacheiferten und viele ihrer Techniken und Motive übernahmen, hatte sich nämlich gezeigt, daß bestimmte dekorative Elemente, Maßwerk etwa, in Holz viel besser auszuführen waren, als dies jemals in Stein gelungen wäre.

Ein weiterer Grund, der die Holzschnitzer ermutigte, ihre Arbeit mit neuem Stolz zu sehen, war die Tatsache, daß geschnitztes Blattwerk als Schmuckmotiv immer beliebter wurde als die streng stilisierenden Ornamente, die im Frühmittelalter vorherrschend gewesen waren. Mit ihren fließenden, anmutigen Linien erzielten Holzschnitzer nun großartige Effekte, und Miserikordien, Kirchenbänke und Lettner wurden ausgiebig damit verziert. Die Chorgestühle der großen europäischen Kathedralen boten den Schnitzern eine vorzügliche Gelegenheit, ihre Kunst zu zeigen. Chorgestühle wie die im Ulmer Münster oder in der Kathedrale von Chester sind Meisterwerke subtiler Schnitzkunst. In Italien und anderen Ländern Südeuropas dagegen entwickelten Kunsthandwerker damals die Techniken der Holzeinlegearbeiten, vor allem Intarsien und Marketerien.

Die nüchternen, geschlossenen Kirchengestühle des 19. Jahrhunderts waren Ausdruck eines tiefgreifenden Wandels in der sozialen Einstellung. Schmucklos aus schlichten Nadelholzbrettern gezimmert, stehen sie in einem starken Kontrast zu den schweren, niedrigen Eichenbänken früherer Epochen, die oft verschwenderisch mit geschnitzten Fabelwesen, Laubornamenten, Figuren und Zierkreuzen geschmückt waren. Viele dieser aus über 10 cm dicken Eichenbohlen gebauten Bänke aus dem Mittelalter tragen heute noch die Spuren von Querbeil und Schnitzbeitel, oft auch das diskrete Signet des Handwerkers, der sie schuf.

NUSSBAUM-KAPITELLE
*Zwar wird der Walnußbaum heute fast nur noch als Furnier verwendet, doch liefert er auch größere Stammabschnitte, die man früher als Vollholz verarbeitete. Das Kapitellrelief dieser italienischen Säule aus dem 12. Jahrhundert stellt den Propheten Jeremias dar.*

## VERSTECKTE MEISTERWERKE

Zu den interessantesten Holzarbeiten in deutschen, englischen und französischen Kirchen und Kathedralen zählen die Miserikordien: Vorsprünge an den Unterseiten der Chorgestühl-Klappsitze, die den erschöpften Mönchen und Priestern beim Stehen während der endlos langen liturgischen Handlungen des Mittelalters als Gesäßstützen dienten. In der Geschichte der kirchlichen Holzschnitzerei spielen sie eine bedeutende Rolle, weil sie wichtigen Aufschluß über das Leben im Mittelalter sowie über die Kleidung, Arbeit und Werkzeuge jener Zeit geben. Da die Unterseite der Sitze den allgemeinen Blicken entzogen blieb, hatten die Handwerker nämlich die Freiheit, hier auch solche Themen zu behandeln, die sie vielleicht selbst besonders interessierten. Deshalb wählten sie ihre Motive aus dem Alten Testament, oft aber auch aus Sagen, Märchen, Liebes- und Abenteuergeschichten, und stellten sie grotesk, spielerisch oder scherzhaft dar.

*Die Kathedrale von Amiens in Frankreich nennt man wegen der Vielzahl der in ihrem Schnitzwerk dargestellten biblischen Ge-schichten auch die »Bibel von Amiens«. Hier wird Josephs Becher in Benjamins Kornsack entdeckt.*

*Die Miserikordien der Kathedrale von Worcester entstanden 1390 und behandeln Themen aus dem Alten Testament. Die Ab-bildung oben zeigt Davids Kampf mit einem Löwen.*

**DIE MADONNA**
*Anstelle der Mosaiken der byzantinischen Kunst wählten die Russen Holz zur Darstellung religiöser Gegenstände. Sie glaubten, auf diese Weise die Natur zum Ruhme Gottes wiederherzustellen. Dieses geschnitzte und bemalte Fragment (links) stammt aus Wologda.*

**CHORGESTÜHL VON SIENA**
*Das Chorgestühl im Dom von Siena veranschaulicht jene Kunst, die in dieser Stadt geboren wurde. Denn aus diesem berühmten Zentrum kamen im 15. und 16. Jahrhundert die Meister der Einlegekunst, die überall in Italien Kirchen und Kathedralen ausstatteten.*

**GEMÄLDE IN HOLZ**
*Die Meister der Intarsie entwickelten ihre Kunst zu solcher Perfektion, daß es oft schwierig ist, ihre Einlegearbeiten von perspektivischen Gemälden zu unterscheiden. Diese Kaninchendarstellung befindet sich in einem der Chorgestühle des Doms von Siena.*

# Islamische Holzmosaiken

Eigentlich ist es paradox, daß der Islam ausgerechnet in seiner westlichen Sphäre – in Syrien, Ägypten, Nordafrika und Spanien –, wo so wenig Holz wächst, viele seiner schönsten Holzarbeiten hervorbringen sollte. Aber auch deshalb, weil Holz derart rar und kostbar war, arbeiteten ägyptische Holzschnitzer vom 10. bis zum 15. Jahrhundert so minuziös und geduldig wie Elfenbeinschnitzer.

Für Ägypten kennzeichnend war es, großflächige Holzarbeiten aus einer Vielzahl sehr kleiner Paneele zusammenzusetzen, so daß eine komplexe, kleinfeldrige Fläche von überwältigender Gesamtwirkung entstand. Außer diesem ästhetischen Grund gab es dafür aber auch noch einen praktischen: Im Wechsel zwischen heißer Sonne und kalter Nacht rissen und verwarfen sich größere Bretter und lösten sich aus ihren Verbindungen.

Extreme Zeugnisse dieser Notwendigkeit, kleine Holzteile zu einem großen Ganzen zusammenzusetzen, sind die Maschrabijen oder Gitterwerk-Konstruktionen, die an vielen arabischen Häusern als Fenster dienten. Diese Gitterwerke bestanden aus mehreren hundert oder tausend gedrechselten Kugeln und Dübeln, die nicht starr vernagelt oder verleimt, sondern nur lose ineinandergesteckt waren, damit sie sich verformen konnten. Je mehr Kugeln und Dübel eine gegebene Fläche ausfüllten, desto wirksamer zerstreuten sie das gleißende Sonnenlicht; deshalb setzte man einen einzigen Quadratmeter Fenstergitter aus bis zu 2400 einzelnen Holzteilen zusammen.

Aber auch andere Techniken der Holzverarbeitung beherrschten die ägyptischen Handwerker meisterhaft. Ihre hohen Decken beispielsweise verstanden sie so kunstvoll zu durchbrechen, zu kassettieren und mit stalaktitenförmigen Elementen zu schmücken, daß das Auge kaum noch ihren Formenreichtum erfassen kann.

Überwiegend scheinen die Ägypter aus der Türkei eingeführtes Eichen- und Kiefernholz verarbeitet zu haben. Für dekorative Einlegearbeiten, manchmal auch für größere Stücke, importierten sie aber auch Teak aus Indien sowie Ebenholz und andere Edelhölzer aus dem Innern Afrikas. In ihrer Blütezeit kam es den ägyptischen Holzkünstlern jedoch vor allem auf den Effekt ihrer feinen Reliefs an, mit denen sie alle freien Flächen verkleideten – was bemerkenswerten Fleiß und viel Geduld erforderte, da jedes Paneel ja als eigenständiges Kunstwerk zu gestalten und mit den elementarsten Werkzeugen auszuführen war.

IBN-TULÛN-MOSCHEE
*Der inzwischen erfreulicherweise restaurierte Minbar (die Kanzel) der Kairoer Ibn-Tulûn-Moschee entstand 1296. Aus (wahrscheinlich türkischer) Eiche gearbeitet, vereint er in sich alle Spezialitäten der ägyptischen Holzschnitzkunst: die Stalaktiten-Kopfbänder am Schalldeckel, die ge-* *schnitzte Inschrift über der Tür, die Arabeskenreliefs, die Gitterwerk-Geländer und die meisterhafte Vertäfelung der Seitenflächen. Jede polygonale Tafel ist anders gestaltet, und die einzelnen Paneele sind ohne jede Verleimung oder Vernagelung zu einem asymmetrischen Muster zusammengefügt.*

Die Maschrabijen – wört-
lich »Balkone«, weil man
sie dort vor allem ver-
wendete – sind hölzerne
Gitter, die aus zahllosen
kleinen, ovalgedrehten
Teilchen mit Hilfe strahlen-
förmiger Verbindungs-
stücke zusammengesetzt
sind. Die zu den verschiedensten Mustern angeord-
neten Elemente drechselte
man in Ägypten meist aus
6 m langen Parkettkiefer-
Rundhölzern aus der Tür-
kei. Mit gekreuzten Beinen
saßen die Handwerker
vor einer niedrigen Drechselbank und verrichteten
ihre Arbeit mit Händen
und Füßen.

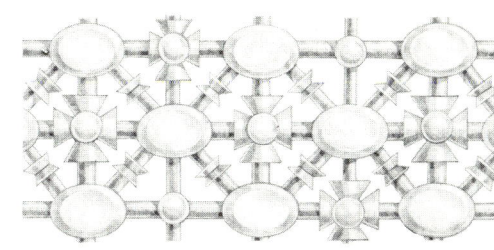

TÄFELUNGSDETAIL
Außerordentlich fein ge-
schnitzte Arabesken verzieren
die vielen unterschiedlichen
Paneele, die mit verdeckten
Federn in die profilierten
Einfassungen eingesetzt
sind. Diese Tafelrahmen sind
aus einzelnen Holzstücken
zusammengesetzt, in die
andere Hölzer eingelegt sind.

# Wohnen
# mit Holz

Dieser chinesische Stuhl aus dem frühen 19. Jahrhundert
verkörpert Lebensstil und Eleganz
einer vergangenen Epoche. Seine verzierte Eckverstrebung
und der Glanz seines satten Lacküberzugs setzen einen
Akzent geschmackvoller Schlichtheit im Heim
seines heutigen Besitzers.

# Die Alte Welt

Zum Glück für die Nachwelt war es bei den alten Ägyptern Brauch, ihre Toten mit Mobiliar und anderer persönlicher Habe zu bestatten, damit ihr Leben nach dem Tode nicht der Annehmlichkeiten ermangele. So ist eine Anzahl großartiger Stücke erhalten geblieben, die uns zeigen, wie die ägyptischen Handwerker damals arbeiteten und welche Materialien sie verwendeten.

Da Ägypten arm an heimischen Hölzern war, mußte ein großer Teil des zu guten Möbeln verarbeiteten Holzes eingeführt werden. Aus alten Urkunden erfahren wir, daß während der 3. Dynastie (etwa 2686–2613 v. Chr.) nicht weniger als vierzig mit Holz beladene Schiffe nach Ägypten kamen, vermutlich aus Syrien, wo viele der von den Ägyptern verarbeiteten Hölzer wuchsen: Zeder, Zypresse, Esche und Buchsbaum.

Am kostbarsten dürfte damals das Ebenholz gewesen sein. Häufig wurde es als Tribut von anderen Ländern gezahlt – Herodot zufolge beispielsweise von Äthiopien als solcher angeboten. Erwiesen ist, daß man es zu den verschiedensten Dingen wie Truhen, Peitschen, Statuen und Harfen verarbeitete und daß um 1390 v. Chr. König Amenophis III. dem König von Babylon vier Betten, eine Kopfstütze, zehn Hocker und sechs Stühle – alles aus Ebenholz – schickte.

Eines der bekanntesten heimischen Hölzer Ägyptens ist Tamariske. Doch findet man ebenso Sida, Akazie und den Karoben- oder Johannisbrotbaum, selbstverständlich auch die Dattelpalme, die allerdings als Möbelholz kaum Verwendung gefunden hat, weil sie zu leicht reißt. Mit Ebenholz furnierte man häufig einfachere Hölzer, oder es wurde zusammen mit Elfenbein zu kunstvoll gestalteten Mustern gefügt. Die Dekorationstechniken waren hochentwickelt und phantasiereich. Spätestens seit 3000 v. Chr. war die Kunst des Furnierens bekannt, und mit Marketerie- und Intarsienarbeiten verstand man großartige Effekte zu erzielen.

Vom Holzmobiliar der griechischen und der römischen Antike ist dagegen nur so wenig erhalten geblieben, daß unsere heutige Kenntnis zum größten Teil auf dem Studium von Vasenmalereien und Reliefplastiken beruht. Den Handwerkern im alten Griechenland und in Rom bot sich eine reiche Auswahl an Hölzern. Eines der wertvollsten war der aus Mauretanien und Nordafrika eingeführte Zitronenbaum. Zu den gängigeren Möbelhölzern zählten Ahorn, Eibe, Stechpalme, Eiche, Weide, Linde und Buche. Buchenholz galt als besonders gut geeignet für Betten, Stühle, Tische und Truhen – war es doch, wie Plinius bemerkt, »leicht zu bearbeiten, wenngleich spröde und weich«. Um eine polierte Oberfläche zu erzielen, rieb man diese Hölzer mit Rochenhaut.

Wie die Ägypter, so arbeiteten auch die Griechen und Römer mit Zapfenverbindungen und Holzdü-

ECHNATONS SESSEL
*Dieser prächtig geschnitzte und vergoldete Sessel aus der 18. Dynastie (1567–1320 v. Chr.) wurde mit einem unbekannten tropischen Holz furniert, das mit Holzstiften am Rahmen befestigt ist.*

beln, und die Verleimung war ebenso allgemein üblich. Beliebt waren gedrechselte Stuhl- und Tischbeine, und wie in Ägypten dekorierte man feinere Stücke mit Furnieren und Einlegearbeiten.

Die Formen der griechischen Möbel waren anfangs dem zuvor in Ägypten entwickelten Stil angepaßt, doch kamen Tierfüße an Sitzmöbeln allmählich aus der Mode und wurden durch vierkantige und gedrechselte Pfosten ersetzt. Eine elegante Stuhlform, der sogenannte Klismos-Stuhl, mit geschwungenen Beinen und Rückenbrett, erfreute sich im 5. Jahrhundert v. Chr. großer Beliebtheit und sollte Möbel-

gestalter noch etwa 1300 Jahre später inspirieren. Die Römer entwickelten eine schwerere Form des Klismos-Stuhls und neuartige Sitzmöbel wie Bänke in Rahmenbauweise und Flechtwerkstühle. Während die Ägypter und Griechen ihre Habseligkeiten noch in Truhen und Kästen aufbewahrten, erfanden die Römer die Kommode. Zwar trugen die Barbareneinfälle viel zum Untergang der klassischen Traditionen bei, doch blieben manche von ihnen trotzdem lebendig und beeinflußten zahllose Möbelgestalter und Handwerker späterer Jahrhunderte.

## ÄGYPTISCHER MUMIEN-SARG

*Entsprechend ihrem Glauben an die Überwindung des Todes balsamierten die Ägypter die Körper ihrer Toten ein, um sie für das neue Leben zu erhalten. Die Mumien legte man in hölzerne, in Form und Bemalung dem Verstorbenen angenäherte*

*Särge. Dieser aus dem 6. Jh. v. Chr. stammende Nadelholzsarg des »Milchträgers vom Hause Amun« ist nur mit einem kunstvollen Kragen und einem Hieroglyphenband mit dem üblichen Gebet an Osiris und die Götter des Totenreichs geschmückt.*

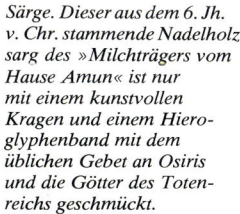

### FRÜHE ÄGYPTISCHE HOLZVERBÄNDE

*Die Verbindung von Bettfuß und Holzrahmen veranschaulicht den bei den Handwerkern des alten Ägypten üblichen Zapfen mit dem Zapfenloch.*

*Eine andere Methode der Holzverbindung bestand darin, daß man Lederriemen durch Löcher in Füßen und Rahmen führte. An diesen Riemen konnte man außerdem die Matratze befestigen.*

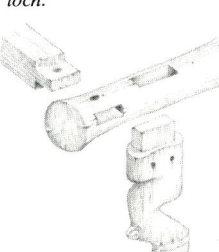
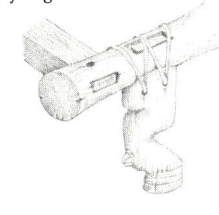

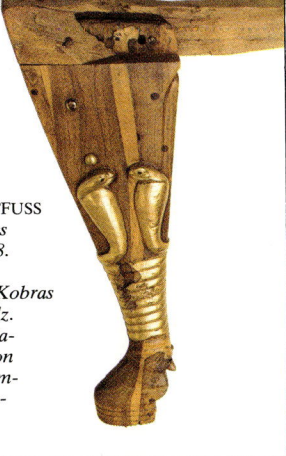

**KÖNIGLICHER BETTFUSS**
*Dieses Fragment eines Königbetts aus der 18. Dynastie besteht aus edlem, mit goldenen Kobras dekoriertem Laubholz. Es verdeutlicht den damaligen Gebrauch von Holzdübeln im Zusammenhang mit Zapfenverbindungen.*

**RÖMISCHES BETT**
*Die Intarsien dieses in Pompeji ausgegrabenen, reichverzierten Ebenholzbetts sind aus Elfenbein, Glasmasse und Halbedelsteinen gearbeitet. Bett und Kline dienten zugleich als Speisesofa.*

**KLISMOS-STUHL**
*Diese attische Vase vermittelt einen Eindruck von der Eleganz des Klismos-Stuhls, einer von den Griechen im 5. Jh. v. Chr. entwickelten Sitzmöbelform mit geschwungenen Lehnen und Beinen.*

**ZWEI HOCKER**
*Hocker waren die im Altertum weitaus gebräuchlichsten Sitzmöbel und sehr unterschiedlich gebaut. Eine der beliebtesten Formen: der Gittertyp (links) aus Theben. Die Gitterverstrebung hatte zugleich konstruktive und dekorative Funktionen und*

*dürfte ursprünglich auf Kreidegrund weiß lackiert gewesen sein. Das Beispiel darüber ist ein Faltschemel, dessen Beine in feingeschnitzten Entenköpfen mit eingelegtem Elfenbein auslaufen. Die Sitzfläche bestand wahrscheinlich aus Leder oder einem Schnuroder Binsengeflecht.*

# Elementare Möbelformen

Für viele Naturvölker ist Holz leicht erreichbar; manche können sogar mühelos große Bäume fällen. Solche Bäume oder abgefallene Äste liefern die elementarsten aller Möbel: Rundhölzer dienen als Sitzbänke und senkrecht in den Boden gerammte Äste als Ständer für Behälter, Kleidung oder Waffen. Doch gibt es auch Fälle, in denen der Unterschied zwischen Naturholz und menschlichem Artefakt noch schwerer zu ziehen ist. So pflanzen viele westafrikanische Gesellschaften großblättrige Gehölze (meist *Ficus*-Arten) als Schattenbäume an den Versammlungsplätzen ihrer Stammesältesten an. Ihre Stämme und Luftwurzeln werden nach und nach so zurechtgeschnitten und abgenutzt, daß sie bequeme Sitze und Lehnen abgeben. Auf diese Weise wird der lebende Baum mit der Zeit zum wichtigsten Möbelstück des Dorfes. Jäger- und Sammler-Gesellschaften wie die australischen Ureinwohner oder die Bambuti-Pygmäen Zentralafrikas bauen sich oft aus ein paar abgerissenen Ästen ein einfaches Bett.

Auch die Tatsache, daß Äste in einem bestimmten Winkel zum Hauptstamm wachsen, nutzt man auf mannigfache Weise. Die Acholi und andere sudanesische Stämme verwenden Astgabeln als Pfosten ihrer Schlafhütten-Plattformen: Indem sie Querlatten in den Gabeln befestigen, entsteht eine einfache Liegestatt. Aus dreifach gegabelten Zweigen und dem dazugehörigen Astabschnitt fertigten die Aschanti Ghanas früher Rückenstützen für ihre Häuptlinge. Die Eingeborenen Neuguineas machten Kopfstützen aus Aststücken mit Zweigansätzen: Drei oder vier solcher Zweige, die sich ungefähr an der gleichen Stelle befanden, wurden zu Füßen zugerichtet, während der stärkere Astabschnitt geglättet wurde und als Kopf- oder Nackenstütze diente.

Aus einzelnen Holzklötzen werden oft mit einer Breitaxt einfache drei- oder vierbeinige Hocker gearbeitet. Die südlichen Akan-Gruppen in Westafrika verwenden Sitze, die sie als Vierkantblöcke aus Esese-Stämmen (*Funtumania* sp.) heraushauen und an deren einem Ende sie einen kleinen Vorsprung als Handgriff stehenlassen. Sehr geschickt konstruiert sind auch die Vorratskästen der Indianer an der Nordwestküste Amerikas: Mit Keilen zerlegten sie Rundholzstücke in Bretter, aus denen sie ein kreuzförmiges Stück für den Boden und die vier Seitenflächen herausschnitten. Dann kerbten sie die Kanten ein, bogen die Seitenwände hoch und verbanden sie miteinander.

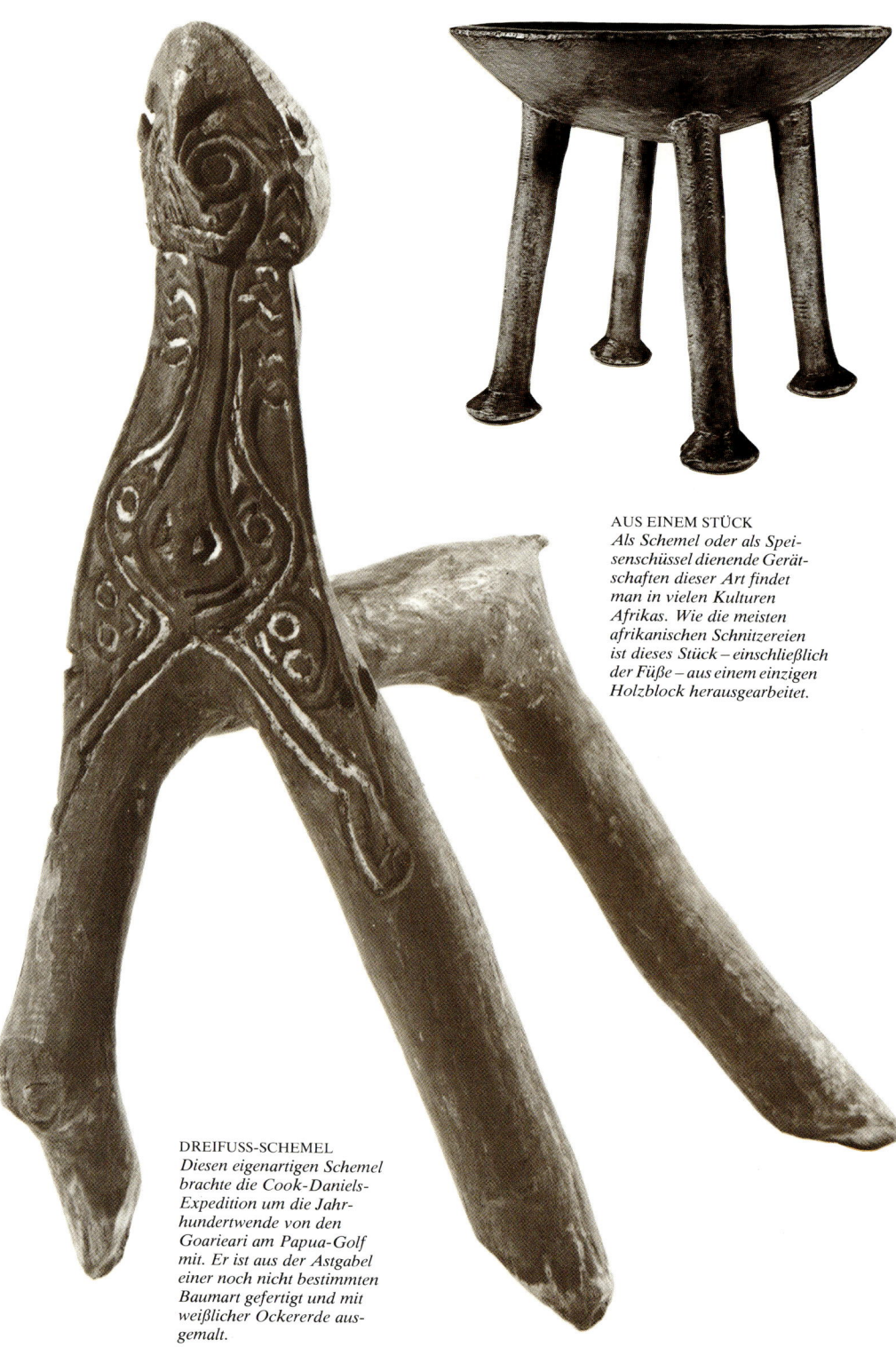

**AUS EINEM STÜCK**
*Als Schemel oder als Speisenschüssel dienende Gerätschaften dieser Art findet man in vielen Kulturen Afrikas. Wie die meisten afrikanischen Schnitzereien ist dieses Stück – einschließlich der Füße – aus einem einzigen Holzblock herausgearbeitet.*

**DREIFUSS-SCHEMEL**
*Diesen eigenartigen Schemel brachte die Cook-Daniels-Expedition um die Jahrhundertwende von den Goarieari am Papua-Golf mit. Er ist aus der Astgabel einer noch nicht bestimmten Baumart gefertigt und mit weißlicher Ockererde ausgemalt.*

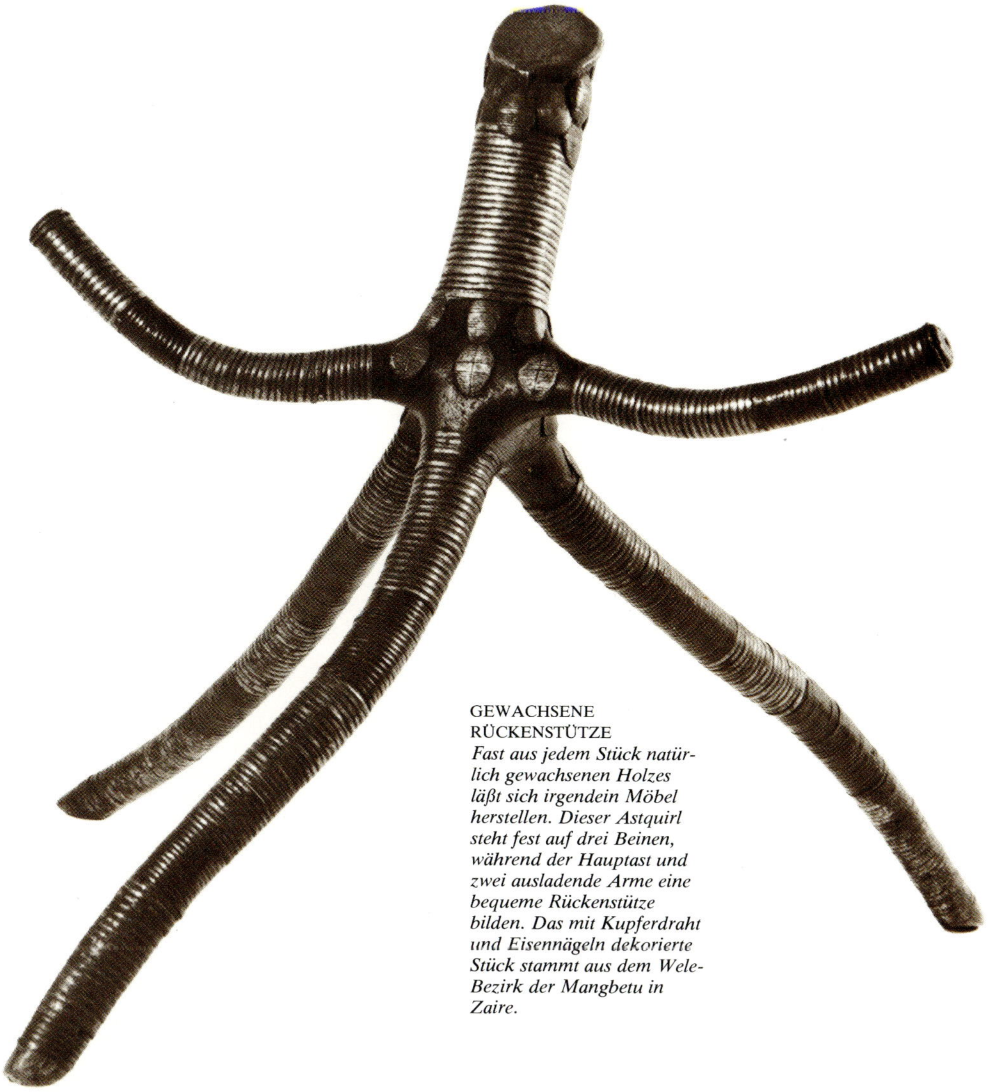

## GEWACHSENE RÜCKENSTÜTZE

*Fast aus jedem Stück natürlich gewachsenen Holzes läßt sich irgendein Möbel herstellen. Dieser Astquirl steht fest auf drei Beinen, während der Hauptast und zwei ausladende Arme eine bequeme Rückenstütze bilden. Das mit Kupferdraht und Eisennägeln dekorierte Stück stammt aus dem Wele-Bezirk der Mangbetu in Zaire.*

## ROTEICHEN-TISCH

*Dieser ungewöhnliche Tisch – er steht in einer Wirtschaft in der englischen Grafschaft Northamptonshire – ist aus zwei Teilen derselben Roteiche gearbeitet. Der knorrige Wurzelanlauf und ein Teil der Pfahlwurzel bilden den Mittelfuß, während eine Stammscheibe als Tischplatte dient. Der Baum wurde vermutlich vor über 100 Jahren gefällt. Um das Holz vor den mit Nägeln beschlagenen Stiefeln seiner Kanalarbeiter-Kundschaft zu schützen, hat der Wirt den Sockel mit Hunderten von Nagelköpfen gespickt.*

## NACKENSTÜTZEN AUS HOLZ

In vielen Teilen der Erde ist es allgemein üblich, Nackenstützen zu verwenden: der Bequemlichkeit wegen und um kunstvolle Frisuren zu schützen. Diese Stützen gibt es in einer Vielzahl von Formen, Materialien und Ausschmückungen; man findet sie geschnitzt, bemalt und mit Einlagen verziert, aber auch als in Form und Farbe naturbelassene Baumteile. Die drei Beispiele sind (von oben nach unten): ein Schlafkissen von Aneityum, der südlichsten Insel der Neuen Hebriden; eine aus einem (möglicherweise gebogenen) Hartholzstück gefertigte Nackenstütze von den Tonga-Inseln; eine weitere Tonga-Stütze aus Bambus mit Laubholzfüßen.

*Schlafkissen von der Insel Aneityum, Neue Hebriden*

*Aus einem Hartholzstück gearbeitete Tonga-Nackenstütze*

*Tonga-Nackenstütze aus Bambus mit Laubholzfüßen*

# Raumgestaltung im Mittelalter

Aus unserer heutigen Sicht betrachtet, wirkt eine frühmittelalterliche Inneneinrichtung, auch wenn sie einst einem Adligen und seinem Gefolge diente, außerordentlich karg. Der wichtigste Raum war die große Halle, und weil in ihr so viele und so verschiedenartige Aktivitäten stattfanden, kam es darauf an, diesen zentralen Raum so frei wie möglich zu halten. Deshalb war nur wenig Platz für Mobiliar, und man stellte es meist an den Wänden auf. In jener Zeit, in der man alles andere als ein geruhsames Leben führte, legte man Wert darauf, daß Möbel leicht zu transportieren waren. Aus Platten und Böcken bestehende Tische z. B. ließen sich abbauen und nach den Mahlzeiten beiseite räumen, auch wenn das verarbeitete Holz, massive Eiche, sehr schwer war. Aus demselben Grund waren auch Faltstühle äußerst beliebt, während man Bänke und Schemel ohnehin beliebig herumschieben konnte.

Mit ihren Holzfußböden, Strohmatten und Holzmöbeln müssen die Menschen jener Zeit in ständiger Feuergefahr geschwebt haben, zumal es im Frühmittelalter üblich war, mitten im Raum ein offenes Holzfeuer zu unterhalten und dessen Rauch durch Löcher in der hölzernen Dachkonstruktion abziehen zu lassen.

Aber obwohl die Menschen damals ihr Heim so reichlich mit Holz ausstatteten – oder gerade deshalb –, hielten sie noch mehr von Tapisserien, Stickereiarbeiten und Teppichen, mit denen sie oft ihre Wände bekleideten und ihre Möbel bedeckten. Dieses getäfelte Zimmer vermittelt einen Eindruck von einem Wohnraum des Spätmittelalters, in den man sich noch etwas mehr kunstvollen Textilschmuck hineindenken muß.

*DER KASTENSITZ*
*Eine der ersten Sesselformen, der Kastensitz, entwickelte sich aus der Truhe und ist eine Rahmenbaukonstruktion mit Füllbrettern. Ein Scharnier hinten an der Sitzfläche oder eine Klapptür darunter machte den Vorratsbehälter zugänglich.*

**KREDENZ**
*Diese zur Aufbewahrung von
Speisen und Getränken be-
stimmten Schränke waren
mit durchbrochenen gotischen
Maßwerkschnitzereien ge-
schmückt.*

**BELEBENDE FARBEFFEKTE**
*Holz war zwar das meist-
verwendete Bau- und Möbel-
material, doch waren Tex-
tilien wertvoller. Mit Tapisserien brachte man Wärme
und Farben in die Wohn-
räume, polsterte Betten und
Sitzmöbel mit Kissen und
bedeckte die Fußböden mit
Binsenmatten.*

**EICHENTISCH**
*Die Tische in der großen
Halle waren meist massive
Konstruktionen aus einem
Untergestell und dicken
Eichenbohlen, die man mit
Hartholzpflöcken und -keilen
zusammenfügte.*

# Stollen- und Rahmenbaumöbel

Das Frühmittelalter hat uns nur sehr wenig Mobiliar hinterlassen, und tatsächlich wurde damals nach heutigen Maßstäben auch nicht viel hergestellt. Zeitgenössische Darstellungen, Illuminationen und die wenigen erhalten gebliebenen Stücke zeigen uns, daß diese Möbel im allgemeinen plump und wenig kunstvoll aus dicken behauenen Bohlen – meist Eiche – gebaut und in ihrem Schnitzwerk vorwiegend von Architekturmotiven wie Maßwerk, Säulen und Arkaden inspiriert waren. Die Schnitzereien an Möbeln jener Zeit imitieren gewöhnlich Muster, die von den Steinmetzen entwickelt worden waren.

Wenngleich der gotische Stil in der Baukunst nationale Eigenheiten entwickelte, lassen sich bis zum Ausgang des Mittelalters Möbelstücke kaum mit hinreichender Sicherheit dem einen oder anderen Land zuordnen. Allgemein kann man aber feststellen, daß in Nordeuropa, wo man Laubhölzer, vor allem Eiche, zur Möbelfertigung verwendete, das tiefgeschnittene Bildhauer-Ornament beliebter war als in Südeuropa, wo sich die weicheren Hölzer der Bergwälder weniger gut für Hochrelief-Arbeiten eigneten. Deshalb war das gemalte Dekor in Süddeutschland und Italien kunstvoller als im Norden.

Zwar schauten die Möbeltischler ihr Schmuckwerk weitgehend den Steinmetzen ab, doch waren die Holzverbände eine Kunst, die sie selbst entwickelten. Und in der Tat begann in der Gotik der Möbelhandwerker eine wichtige, eigenständige Stellung einzunehmen. Hatte man früher zimmermannsmäßig gefügtes Mobiliar mit leuchtenden Farbanstrichen aufgewertet, so wurden nun zunehmend verfeinerte Holzverbindungen verwendet, deren Krönung die Konstruktion von Truhen, Sesseln und Wänden aus Rahmen und Füllungen war.

Das wesentliche Kriterium beim Bau von Möbeln im Mittelalter war offenbar ihr praktischer Nutzen. Die Truhe – das weitaus gebräuchlichste Möbelstück jener Zeit und zweifellos praktisch sowie vielseitig verwendbar – wurde beispielsweise nicht nur zur Aufbewahrung aller möglichen Dinge, sondern auch als Sitz, Tisch oder sogar als Bett benutzt.

Hocker und Bänke waren gebräuchlicher als Stühle, die meist Höhergestellten wie dem Herrn des Hauses vorbehalten blieben. Als wichtigstes Einzelmöbel galt das Bett, und war sein Holzrahmen nicht mit einem Stoffbaldachin und Vorhängen versehen, trug es häufig reiche Verzierungen in Form von Schnitzwerk oder Einlegearbeiten.

**BAUMTRUHE**
*Bei einem der frühesten überlieferten Truhentypen wurde der Behälter aus einem massiven Stammabschnitt mit Axt und Querbeil herausgehauen. Im Vergleich zum Holzvolumen war der nutzbare Hohlraum zwar sehr klein, aber das große Gewicht der Truhe garantierte einen gewissen Schutz vor Dieben. Der größte Nachteil dieser ausgehöhlten Truhen bestand darin, daß ihre Seitenwände rissen, wenn das dicke Holz austrocknete.*

**RUNDDECKEL-TRUHE**
*Ein im 14. Jahrhundert verbreiteter Truhentyp hatte einen gewölbten Deckel aus einem abgespalteten Stammabschnitt, der ausgehöhlt war. Die Seitenwände der Truhe bestanden aus dicken Bohlen, die von langen Nägeln und Eisenbeschlägen zusammengehalten wurden.*

**BRETTKONSTRUKTION**
*Während die einfachsten Truhen unmittelbar auf dem Boden ruhten, waren bei vielen Bretttruhen die Seitenwände über den Kasten hinaus verlängert und dienten als »Füße«. Bei diesen »Seitwandstollen« verlief die Faserrichtung vertikal, bei der Vorder- und Rückwand dagegen horizontal – was beim Austrocknen oft zum Reißen der waagerechten Bretter führte.*

**DIE DACHSTOLLENTRUHE**
*Diese Variation der Brettstollentruhe kommt in einer Reihe von Formen im 13., 14. und 15. Jahrhundert vor. Der dachförmige Deckel ist aus drei Brettern gearbeitet, die von den ausgekehlten Stirnteilen gehalten werden, und an hölzernen Stiften drehbar befestigt.*

**BRETTSTOLLENTRUHEN**
*Die Mittelstücke der Vorder- und der Rückwand hatte man in die tragenden Brettstollen gespundet und mit dünnen Holzstiften befestigt. Die dünneren Seitenwände waren eingefalzt und durch kräftige Längs- und Querstreben verstärkt. Der Deckel dreht sich um hölzerne Zapfen.*

## DIE RAHMENWERKTRUHE
*Obwohl Konstruktionen aus Rahmen und Füllungen schon viel früher bekannt waren, setzte sich diese Bauweise seltsamerweise erst Mitte des 16. Jahrhunderts im Truhenbau durch. Die Holzfelder wählte man meist recht schmal, um Breitenverbindungen zu vermeiden, und setzte sie ohne Verleimung oder Nagelung in Nuten ein, damit das Holz ohne zu reißen arbeiten konnte. Diese Truhen weisen sehr große Unterschiede im Grad der Ausschmückung und der handwerklichen Fertigkeit auf, doch finden sich nur wenige Beispiele ohne dekoratives Schnitzwerk an den Pfosten, Schenkeln und Bindern der Rahmenkonstruktion.*

## DIE ENTWICKLUNG DER MÖBEL
Während des ganzen Mittelalters, ja sogar bis weit ins 18. Jahrhundert, waren Qualitätsmöbel den Reichen vorbehalten. Das gemeine Volk besaß kaum mehr als Bänke, eine Tischplatte mit Böcken sowie Truhen. Die frühmittelalterlichen Möbel waren noch zimmermannsmäßig ausschließlich aus massiven Brettern gefertigt. Erst mit der Entwicklung des Rahmenbaus kam eine Vielzahl von Kastenkonstruktionen auf.

### BOHLENSTUHL
*Dieser schlichte deutsche Brettstuhl veranschaulicht die einfache Bohlenkonstruktion, wie sie im Mittelalter üblich war.*

### KINDERWIEGE
*Das feste Verdeck dieser Wiege mit gedrechseltem und geschnitztem Dekor schützte das Kind vor Zugluft.*

### KASTENSITZBANK
*Bei dieser aus Rahmen und Füllbrettern gefertigten Sitzbank aus dem 17. Jahrhundert diente die hochklappbare Sitzfläche als Deckel des Vorratskastens.*

### KASTENBETT
*Das mittelalterliche Kastenbett war bequem und praktisch zugleich. Das geschlossene Bett hielt die Wärme in kalten Nächten, während der Schrankraum über und unter der Liegestatt zur Aufbewahrung von Wäsche diente.*

# Wände, Fußböden und Decken

VON HOLZ UMGEBEN
*In vielen Häusern der Alpen-region sind zwangsläufig die Räume ausschließlich aus Holz gestaltet (rechts). Das hier abgebildete Zimmer befindet sich in dem schönen Renaissance-Palazzo Besta in Teglio und wird wegen der Form seiner Decke als botte (»Faß«) bezeichnet.*

Da die Mehrzahl von uns in kastenförmigen Räumen lebt und arbeitet, die von Fußböden, Wänden und Decken begrenzt sind, kommt deren Konstruktion und Ausschmückung einige Bedeutung zu. Trotz der Konkurrenz von Tapeten, Putz, Stuck, Linoleum, Teppichware und anderen Materialien ist Holz ohne Zweifel nach wie vor einer der dekorativsten, natürlichsten und vielseitigsten Werkstoffe für den Innenausbau.

An dem einen Ende der Skala seiner Vorzüge stehen Umkompliziertheit und Funktionalität, wofür die Wigwams oder Blockhütten Nordamerikas sowie schlichte, primitive Behausungen aus Ästen und Zweigen bei den Naturvölkern überzeugende Beispiele sind. Schon seit dem Altertum kennt man Fußböden aus rohen Bohlen, deren Fugen man zuweilen wie im Schiffbau mit Werg und Bitumen abdichtete. Und dicke, schmucklose Balken haben sich als dauerhafte Deckenträger in nahezu jedem Land bewährt, in dem man Holz ernten und zu Baumaterial zurichten kann.

Der Reiz von naturbelassenem oder kaum behandeltem Holz liegt in seiner Maserung und Farbe, vor allem in seiner Schlichtheit. Nimmt sich jedoch der Handwerker oder Künstler dieses Werkstoffes an, können Wände, Fußböden und Decken – unter Beibehaltung ihrer eigentlichen Funktion – zu eigenständigen Kunstwerken werden. Um sich von seiner die Zeiten überdauernden dekorativen Wirkung zu überzeugen, braucht man sich nur einmal die prächtigen Intarsien-Vertäfelungen in manchen italienischen Schlössern und Klöstern des 16. Jahrhunderts, die mit reichem Schnitzwerk geschmückte Decke eines orientalischen Palastes oder den Intarsien- oder Parkettfußboden in einem französischen Palais aus dem 18. Jahrhundert anzuschauen.

Von dem im 15. und 16. Jahrhundert im nördlichen Europa so beliebten Faltwerk bis hin zum Täfelwerk des 18. Jahrhunderts mit seiner geschwungenen Linienführung und überreichen Dekoration war die Wandvertäfelung mancherlei Stilwandel unterworfen. Im 20. Jahrhundert übten die Skandinavier dann einen starken Einfluß auf das übrige Europa und auf Nordamerika aus, weil sie Holz ebenso phantasie- wie effektvoll im Innenausbau einsetzten und häufig sämtliche Wände, Böden und Decken eines Hauses vertäfelten, vor allem mit Kiefer und anderen heimischen Nadelhölzern.

GENTER BALLSAAL
*An diesem herrlichen Fußboden im Hôtel d'Hane-Steenhuyse in Gent wurde von 1776 bis 1781 gearbeitet. Er besteht aus sechs verschiedenen Hölzern: Mahagoni, Ebenholz, Walnuß, Bergahorn, Rio- und Ostindisch Palisander. Zum Schutz der Hölzer wird er jeden Monat gebohnert.*

**GEOMETRISCHE INTARSIEN**
*Einige der kunstvollsten Deckenvertäfelungen in Europa zeigen arabischen Einfluß. Eine solche Verschmelzung islamischer und christlicher Kunst verkörpert diese herrliche Decke im Kloster San Juan de los Reyes(1476–1492), Toledo.*

**EICHEN-TÄFELUNG**
*Während der Gotik und der Renaissance war Eiche ein bevorzugtes Täfelungsholz. Das hervorstechende Maserbild dieses alten Täfelwerks an der Wand der langen Galerie im englischen Hever Castle erinnert an Schildpatt.*

# Künstler und Handwerker

BOISERIEN
*Im 17. und 18. Jahrhundert vertäfelte man überall in Europa Paläste und Herrensitze mit Eiche oder Kiefer. Diese Vertäfelungen oder Boiserien waren meist mit Flachrelief-Schnitzerei verziert und oft passend zum Barock-Mobiliar vergoldet oder bemalt.*

Seit dem Mittelalter, als das Schnitzwerk an nordeuropäischen Möbeln weitgehend von der romanischen und der gotischen Architektur beeinflußt war, hat die Kunst der Holzschnitzerei eine bedeutende Rolle in der Entwicklung der Innendekoration und der Möbelausschmückung gespielt. Brettmöbel verzierte man mit Flachschnitzereien, und mit Faltwerk dekorierte man nicht nur Täfelwerk, sondern auch Schränke, Truhen und Kastenstühle. Als sich im 16. Jahrhundert die Einflüsse der italienischen Renaissance bemerkbar machten, vermischten sich italienisierende Köpfe, Akanthusranken, Amoretten und andere klassische Ornamente mit gotischem Maßwerk und geschnitzten Fabelwesen.

An Möbeln aus späteren Jahrhunderten dominieren Schnitzereien zuweilen so sehr, daß man versucht ist, manches italienische und französische Stück aus dem 17. Jahrhundert nicht als Mobiliar, sondern als Skulptur zu bezeichnen. In England schufen Grinling Gibbons und seine Schüler unter dem starken Einfluß der flämischen Schule einige der lebendigsten und kunstvollsten Schnitzereien jener Epoche. Weiche Hölzer eigneten sich am besten für die feinen Details und komplizierten Kompositionen aus Früchten, Blumen und Musikinstrumenten, und Gibbons selbst bevorzugte offenbar Lindenholz. Die luxuriösen Tische, Stühle oder Spiegel jener Zeit haben meist mit üppigem Schnitzwerk geschmückte Füße oder Rahmen.

Das Rokoko, das um die Mitte des 18. Jahrhunderts seine volle Blüte erreichte, war die Glanzzeit der Möbelkunst und der Holzschnitzerei. Zunehmend wurde nun das Mobiliar zum integrierten Bestandteil der Innenausstattung, so daß beispielsweise die Schnitzornamente an den Stühlen mit denen an der Wand- und der Deckenvertäfelung übereinstimmten.

Die im 19. Jahrhundert arbeitenden Holzschnitzer konnten auf eine größere Auswahl an Hölzern zurückgreifen als ihre Vorgänger. Auch sie schufen erlesene Stücke, etwa die »naturalistischen« Möbel mit einer verschwenderischen Fülle allegorischer Figuren.

In unserem Jahrhundert hat die Vorliebe für klare Linien und reine Formen sowie die Tatsache, daß die meisten Möbel Serienprodukte sind, zu einem deutlichen Niedergang der Holzschnitzkunst geführt.

HOCHRELIEF-SCHNITZWERK
*Im 18. Jahrhundert schmückte man nicht nur Möbel mit kunstvollen Schnitzereien. Dieses Treppenhaus aus den für stark plastische Reliefs geeigneten Harthölzern Mahagoni und Eiche entstand im 18. Jahrhundert unter dem Einfluß von Grinling Gibbons.*

**SZENEN IN HOLZ**
*In Fortsetzung der Tradition der mittelalterlichen Holzschnitzer und der Barock- und Rokoko-Künstler, die ihre Möbel üppig mit Schnitzwerk schmückten, schuf Gerard Robinson 1857 diese kunstvollen Szenen aus »Robinson Crusoe«.*

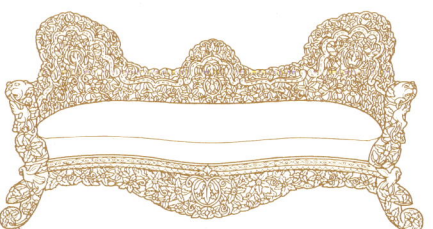

**LIEBE ZUM DETAIL**
*Heute noch beherrschen die Handwerker im indischen Bundesstaat Gujarat die Kunst, mit den primitivsten Werkzeugen Meisterwerke filigranartig durchbrochener Holzschnitzerei zu schaffen, wie dieses vor über hundert Jahren gearbeitete Palisander-Sofa.*

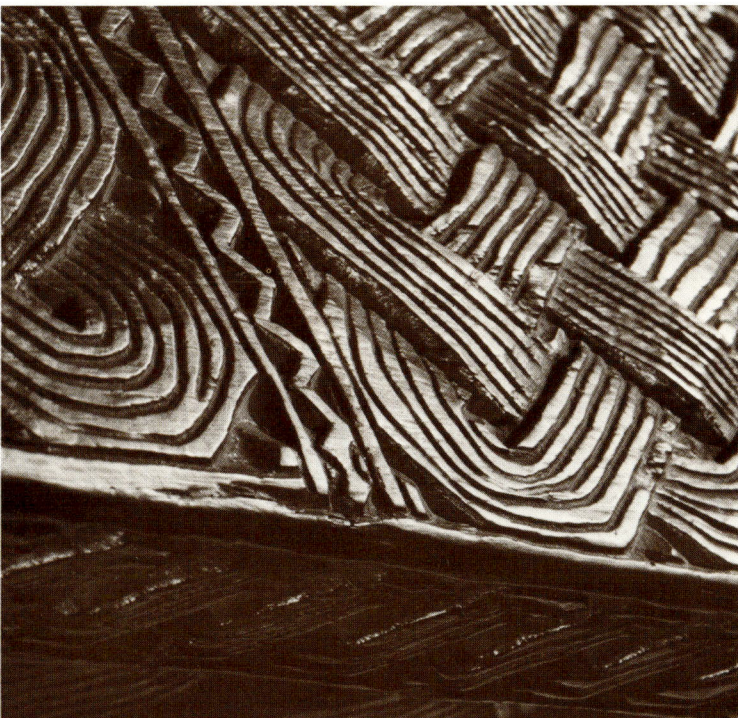

**AFRIKANISCHE SCHNITZ-KUNST**
*In vielen Teilen Afrikas stehen Holzschnitzer in hohem Ansehen, und seit Jahrhunderten schaffen sie hervorragende Kunstwerke. Diese im 19. Jahrhundert in Benin entstandene, grobgeschnitzte Truhe hat ein effektvolles Flechtwerkdekor.*

**NADELHOLZ-SCHNITZEREI**
*Wegen ihrer geringeren Dichte und Härte kann man an Nadelhölzern Schnitzdekor nur im Flachschnitt anbringen. In Neumexiko verzierte man Möbel aus Kiefernholz mit schlichten, mit einem V-förmigen Schnitzeisen ausgeführten Ritz- und Kerbdekor.*

# Drechsler-arbeiten

Die Kunst des Drechselns entwickelten mit großer Wahrscheinlichkeit die alten Ägypter, die mit ihren gedrehten Verzierungen von Stuhl- und Schemelbeinen einen so hohen Grad der dekorativen und handwerklichen Perfektion erreichten, daß man Gleichwertiges in Europa erst seit Anfang des 17. Jahrhunderts findet.

In ihrer einfachsten Ausführung besteht die Drechselbank aus zwei angespitzten Dornen, zwischen die man das Holz einspannt, und einer um das Holzstück geschlungenen Schnur, die von Hand oder mit einem Fiedelbogen hin- und herbewegt wird. Bearbeiten läßt sich das Werkstück dann nur beim Vorwärtsstoß, denn die Rückwärtsbewegung dient lediglich dazu, das Holz für den nächsten Arbeitsstoß zurückzudrehen.

Die in vielen Teilen der Erde zur Herstellung volkstümlicher Möbel verwendete Wippdrehbank ist eine Weiterentwicklung des Bogenprinzips. Auch hier wird der Rohling von einer Schnur gedreht, doch ist deren unteres Ende an einem Fußhebel befestigt, während das obere von einer langen, federnden Holzstange nach oben gezogen wird.

Die wichtigsten Werkzeuge des Drechslers sind Drehröhre, Drehmeißel und Schrotstähle sowie verschiedene Eisen zum Ausdrehen von Hohlräumen. Drehröhre und Drehmeißel sind reine Schneidwerkzeuge und werden immer beim Drehen von Weichholz benutzt, dessen Späne in langen zusammenhängenden Stücken abgehoben werden. Sehr harte, dichte Hölzer erfordern eine andere Technik und werden meist mehr schabend bearbeitet, wobei die Schneidkante des Werkzeugs nahe der Mittellinie des sich drehenden Rohlings angesetzt wird.

In Europa lebte das Interesse an Drechslerarbeiten Ende des 16. Jahrhunderts wieder auf, und zwar nicht nur an gedrehten Stuhl- und Tischbeinen, sondern auch an nachträglich angebrachtem Dekor aus aufgeteilten Drechslerarbeiten. Dazu schnitt man den Rohling vor dem Drehen in der Längsrichtung in zwei Hälften und leimte diese dann mit einer Papierzwischenlage wieder zusammen. Nach dem Drechseln ergaben die beiden erneut getrennten Hälften genau übereinstimmende Ornamente, die man sehr wirkungsvoll als Schrankdekor verwendete.

Da man beim Drechseln ausgebauchter Tischfüße und von Schmucksäulen aus massiven Rohlingen jedoch viel wertvolles Holz vergeudet hätte, arbeitete man solche Teile aus zusammengesetzten Blöcken, wobei man sehr darauf achten mußte, daß die Faserrichtungen der einzelnen Elemente genau gleich verliefen, weil sonst das Holz beim Drehen leicht reißen konnte.

**WEICHHOLZ-DRECHSELN**
*Die wichtigsten Drechslerwerkzeuge zur Bearbeitung weicher Hölzer sind die Drehröhre und der Drehmeißel. Beides sind reine Schneidwerkzeuge, die lange, feine Ringelspäne abheben.*

**HARTHOLZ-DRECHSELN·**
*Sehr dichte Hölzer werden nicht mit Schneidwerkzeugen bearbeitet, sondern mit Schrotstählen geschabt, die nicht so schnell stumpf werden. Außerdem sind sie ein zusätzlicher Sicherheitsfaktor, denn sobald sie sich »einhaken«, werden sie von dem schnellrotierenden Holz weggestoßen. Schrotstähle verwendet man auch bei Weichhölzern, bei denen eine Schneidkante gegen die Faserrichtung arbeiten würde.*

**DRECHSLER-LÜNETTE**
*Eines der Probleme beim Drehen langer Spindeln besteht darin, daß sie in der Mitte durchfedern. Um dies zu vermeiden, verwendet der Drechsler eine »Lünette« genannte Vorrichtung aus Hartholz mit einem schwenkbar gelagerten Führungsarm, den ein Keil unter seinem Eigengewicht fest an den sich verjüngenden Werkstückdurchmesser andrückt.*

**FALSCHES AUGENMASS**
*Das linke Stuhlbein zeigt einen von Anfängern häufig begangenen Fehler: An den »Hälsen« ist zuviel Holz abgehoben, was die Stabilität des Beins vermindert.*

**DEKORATIVE DRECHSLERARBEITEN**
*Obwohl das Drechseln schon in vorrömischer Zeit bekannt war, wurden die Techniken erst im 17. Jahrhundert voll entwickelt. Um 1650 gedrechselte Stuhlbeine hatten noch lange vierkantige Abschnitte zur Aufnahme der Zapfen und schweren Quer-* *hölzer. Mit dem stilistischen und technischen Wandel wurden die Stuhlbeine viel leichter, kunstvoller und eleganter, weil man Zahl und Größe der kantigen Abschnitte sehr verringerte. Ihre dekorative Wirkung beruhte nun auf dem Wechsel von Wülsten und Kehlen.*

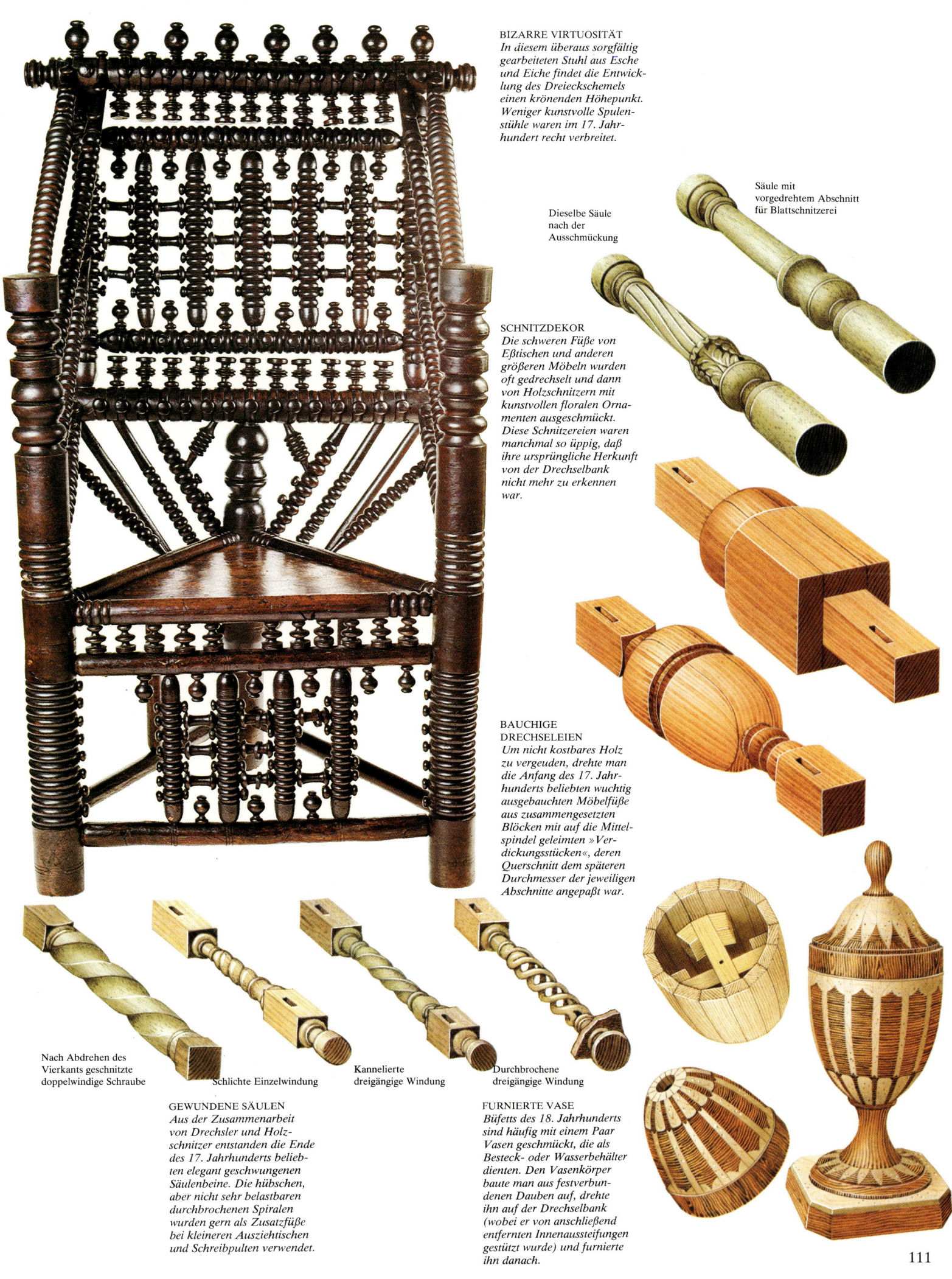

**BIZARRE VIRTUOSITÄT**
*In diesem überaus sorgfältig gearbeiteten Stuhl aus Esche und Eiche findet die Entwicklung des Dreieckschemels einen krönenden Höhepunkt. Weniger kunstvolle Spulenstühle waren im 17. Jahrhundert recht verbreitet.*

Dieselbe Säule nach der Ausschmückung

Säule mit vorgedrehtem Abschnitt für Blattschnitzerei

**SCHNITZDEKOR**
*Die schweren Füße von Eßtischen und anderen größeren Möbeln wurden oft gedrechselt und dann von Holzschnitzern mit kunstvollen floralen Ornamenten ausgeschmückt. Diese Schnitzereien waren manchmal so üppig, daß ihre ursprüngliche Herkunft von der Drechselbank nicht mehr zu erkennen war.*

**BAUCHIGE DRECHSELEIEN**
*Um nicht kostbares Holz zu vergeuden, drehte man die Anfang des 17. Jahrhunderts beliebten wuchtig ausgebauchten Möbelfüße aus zusammengesetzten Blöcken mit auf die Mittelspindel geleimten »Verdickungsstücken«, deren Querschnitt dem späteren Durchmesser der jeweiligen Abschnitte angepaßt war.*

Nach Abdrehen des Vierkants geschnitzte doppelwindige Schraube

Schlichte Einzelwindung

Kannelierte dreigängige Windung

Durchbrochene dreigängige Windung

**GEWUNDENE SÄULEN**
*Aus der Zusammenarbeit von Drechsler und Holzschnitzer entstanden die Ende des 17. Jahrhunderts beliebten elegant geschwungenen Säulenbeine. Die hübschen, aber nicht sehr belastbaren durchbrochenen Spiralen wurden gern als Zusatzfüße bei kleineren Ausziehtischen und Schreibpulten verwendet.*

**FURNIERTE VASE**
*Büfetts des 18. Jahrhunderts sind häufig mit einem Paar Vasen geschmückt, die als Besteck- oder Wasserbehälter dienten. Den Vasenkörper baute man aus festverbundenen Dauben auf, drehte ihn auf der Drechselbank (wobei er von anschließend entfernten Innenaussteifungen gestützt wurde) und furnierte ihn danach.*

111

# Möbel aus gebogenem Holz

Im Jahre 1819 eröffnete ein gewisser Michael Thonet in Boppard am Rhein eine Bau- und Kunsttischlerei. Zwei Jahrzehnte später, nach vielen Versuchen, Möbelteile aus untereinander verleimten Formen herzustellen, gelang Thonet das, was der Architekt Walter Gropius »ein durchschlagendes Ereignis in der Möbelproduktion« nannte: die Erfindung des Bugholzmöbels. Das neue Verfahren besaß alle Voraussetzungen für eine industrielle Massenproduktion. Eine bis heute folgenreiche Stil-Revolution des Möbels hatte begonnen.

Das Prinzip dieser Erfindung ist einfach: Durch minutenlanges Einwirken heißer Wasserdämpfe wird das zu Latten geschnittene Material – in der Regel Buchenholz – biegsam gemacht (gedämpft). Die gedämpften Latten werden auf Eisenformen aufgespannt (gebogen), in diesem Zustand getrocknet und schließlich durch mechanische Bearbeitung in die endgültige Fasson gebracht. Leichtigkeit, Stärke, Elastizität und große Haltbarkeit sind die Haupteigenschaften gutgearbeiteter Möbel aus gebogenem Holz. Die Hauptteile sind nur durch Schrauben – ganz ohne Leim – miteinander verbunden.

Auf der ersten Weltausstellung in London 1851 war die neue Holzkonstruktion eine vielbestaunte Attraktion und erhielt eine Preismedaille. Thonet, der von der allgemeinen Hofkammer in Wien das Privilegium erhalten hatte, »jede, auch selbst die sprödeste Gattung Holz, auf chemisch-mechanischem Wege in beliebige Formungen und Schweifungen zu bringen«, erreichte mit seinen Exponaten den Höhepunkt internationaler Anerkennung auf der dritten Weltausstellung in London 1862. Im illustrierten Ausstellungskatalog werden die Bugholzmöbel »eine Spezialität deutschen Gewerbefleißes« genannt, »wie sie das Ausland bis jetzt noch nicht zu bieten vermag. Daher waren auch die Stühle, Fauteuils, Sofas und Tische aus gebogenem Holz ein Anziehungspunkt für alle Kenner. Diese Arbeiten lösen mit Glück und Geschick ein Problem, an welchem schon viele Vorgänger gescheitert sind. Das Thonetsche Verfahren gibt den Gebrauchsmöbeln nicht bloß größere Leichtigkeit und Festigkeit, sondern erhöht auch deren Zierlichkeit; allerdings ist nicht zu leugnen, daß sich das Auge vorher an die neuen stabähnlichen Formen gewöhnen muß.«

In den folgenden Jahrzehnten haben Michael Thonet und seine Söhne die Produktionsvorgänge immer mehr verbessert, vereinfacht und schließlich völlig mechanisiert. Der Übergang vom Handwerk zur Massenfertigung war damit vollzogen. Der einfache Bugholzstuhl ist bis heute ein Vorbild für die gelungene Synthese von Materialgerechtigkeit, Zweckmäßigkeit und formaler Eleganz.

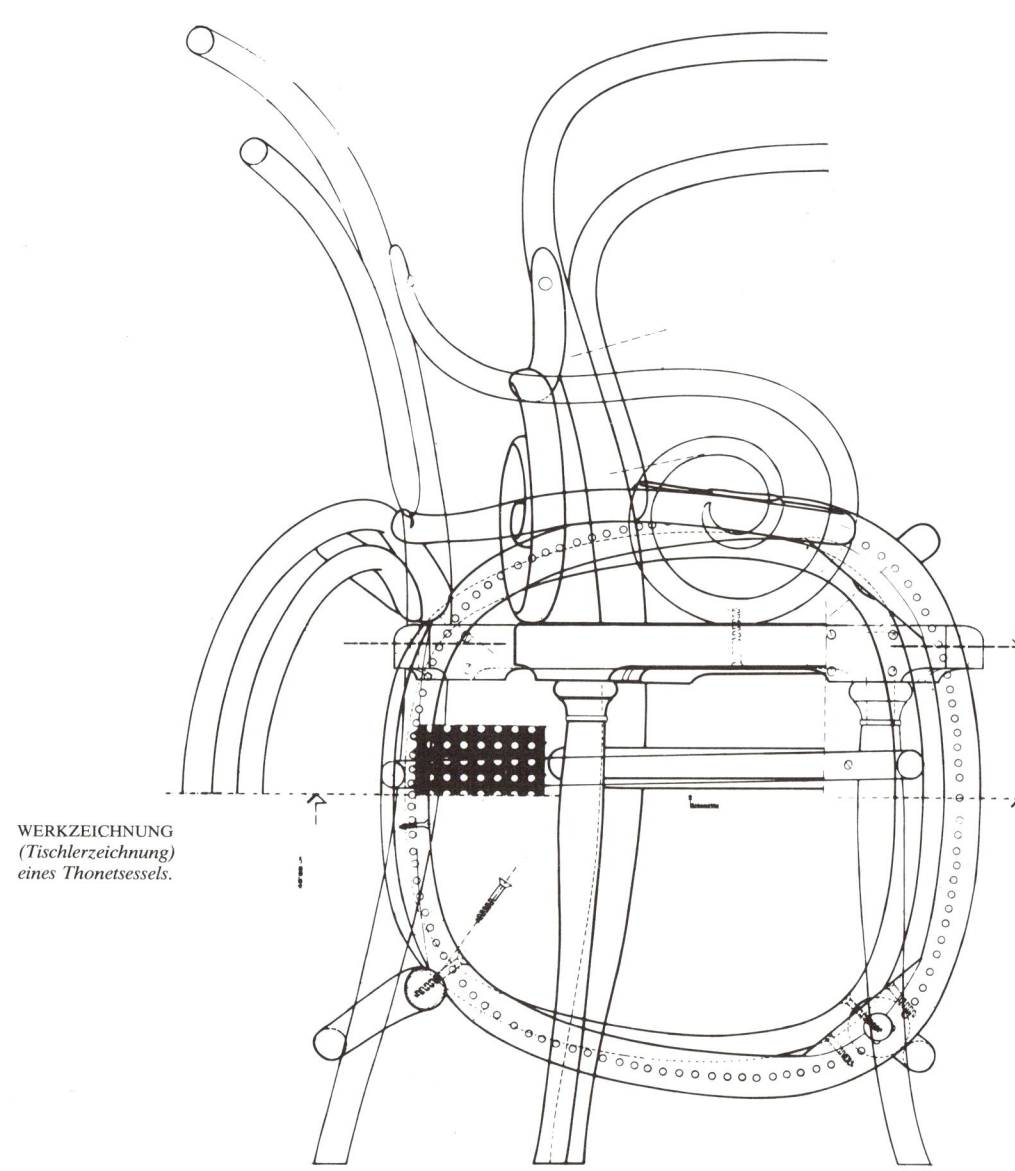

WERKZEICHNUNG
*(Tischlerzeichnung)*
*eines Thonetsessels.*

Michael Thonet, 1796 in Boppard am Rhein geboren, gründete 1819 eine Bau- und Möbeltischlerei. 1841 wird Fürst Metternich auf die Bugholzmöbel aufmerksam. Ein Jahr später übersiedelt Thonet mit seiner Familie nach Wien. 1856 entsteht die erste Thonetmöbelfabrik in Koritschan/Mähren. 1871, im Todesjahr Michael Thonets, bestehen u. a. Verkaufsniederlassungen in Brüssel, Rom, Moskau und New York.

*1836–1840*
*Einer der ersten von Michael Thonet hergestellten Stühle aus gebogenen Furnieren.*

*1859*
*als Prototyp entstanden, aber noch im Thonet-Katalog von 1911 vertreten.*

*1890*
*Schaukelstühle werden noch heute aus Bugholz gefertigt.*

*1904*
*Beliebter Export-Sessel, besonders nach Süd-amerika.*

*1885*
*Sessel mit geteilter Rücken-lehne; damals billigster Sessel der Produktion.*

*1859*
*ging dieser Stuhl in die Serienproduktion. Bis 1930 wurden etwa 50 Millionen Stück gefertigt.*

*1976*
*Modell Thonet-Flex. Ver-wandtschaft zu den Bugholz-stühlen in bezug auf die Synthese von Funktion, Material und Herstellungs-technik.*

# Formale Harmonie

Das traditionelle japanische Haus aus »Holz, Papier und Bambus« ist nach westlichen Maßstäben nur spärlich möbliert. Die Japaner haben wenig Interesse an Betten und Stühlen, denn sie schlafen und sitzen lieber auf dem Fußboden. Deshalb sind die wenigen Möbel, die sie besitzen, meist niedrig und klein.

Die Wände bestehen gewöhnlich nur aus mit angestrichenem Papier bespannten Holzrahmen, die sich verschieben lassen, so daß man unterschiedlich geschnittene Räume verschiedener Größe gestalten kann, zumal keinem Raum eine bestimmte Funktion zugeordnet ist. Ein typisches Merkmal japanischer Wohnhäuser ist die als »Tokonoma« bezeichnete Bildnische, deren Ausschmückung häufig wechselt: mal ist es eine Graphik oder ein dekoratives Holzornament, mal ein Bonsai-Bäumchen oder ein Blumen-Arrangement.

Da in Japan kein Mangel an Holz besteht, gehört es zu den wichtigsten Bau- und Innenausbaumaterialien. Und weil die Japaner großen Wert auf Naturverbundenheit legen, ziehen sie häufig rohes und unbehandeltes Holz vor. Sugi, ein leichtes, weiches, rötlichbraunes Nadelholz, wird gern zur Vertäfelung von Decken gewählt. Bevorzugte Möbelhölzer dagegen sind Maulbeerbaum und das wegen seiner Silbertönung attraktive Kiriwood, das außerdem in dem feuchten Klima ein ausgezeichnetes Stehvermögen hat. In japanischen Häusern findet man ferner Ebenholz und Eisenholz sowie indochinesische Hölzer wie die sehr beliebten Arten Sandelholz und Padouk.

Obwohl japanische Wohnräume nur äußerst sparsam mit Mobiliar ausgestattet sind, wirken sie nicht karg und nüchtern. Denn die Japaner sind Meister in der Kunst, die Effekte des natürlichen Lichts, der Farben und der Materialien zu einer Gesamtwirkung zu kombinieren.

## DECKENKONSTRUKTION
*Die traditionelle Decke wird von Bohlen getragen, die mittels Latten von den Sparren abgehängt werden. Zwischen diese Bohlen und im rechten Winkel zu ihnen werden Paneele (häufig aus Sugi-Holz) eingeschoben. Auch Holzstreifen- oder mit Bambus verstärkte Binsengeflechte sind gebräuchlich.*

## EINBAUSCHRÄNKE
*Auch die vielen Einbauschränke machen bewegliches Mobiliar weitgehend überflüssig. Diese Schränke haben meist Schiebetüren aus Holz. Hier eine modernere Ausführung: eine Schubladen-Einbauwand, die oft aus Kiriwood gearbeitet wird.*

## MATTEN UND DIELEN
*Die Fußböden ruhen hohl auf Pfeilern. Zur Erzielung einer ausreichenden Fußwärme sowie zur Schall- und Feuchtedämmung belegt man sie mit dicken Reisstrohmatten, deren Standardabmessungen die Raumgröße bestimmen. Böden ohne Mattenbelag haben meist eine Hinoki-Holzdielung.*

## FESTE WÄNDE
*Nichtbewegliche Wände werden aus einem mit durchbrochenen Ständern ausgesteiften Bambus-Lattenrost gebaut. Das Lattenwerk verputzt man beidseitig mit Lehm, Sand und Strohhäcksel. Die Oberfläche dieser etwa 5 cm dicken Wand bekommt keinen Anstrich.*

HOLZBALKEN
*Schwelle und Rahmen der
Tokonoma-Nische werden
meist dadurch akzentuiert,
daß man eine andere Holz-
art als im übrigen Raum
verwendet. Gern wählt man
einen natürlichen Sugi-
Stamm, entweder entrindet
und poliert oder völlig unbe-
handelt.*

TOKONOMA-NISCHE
*Die Bildnische hat sich aus
der Tradition entwickelt,
buddhistische Bilder über
niedrigen Tischen aufzu-
hängen. Allmählich baute
man dann eine besondere
Nische dafür, und weltliche
traten an die Stelle religiöser
Motive. Der Boden der
erhöhten Plattform ist entweder mit Matten belegt
oder besteht nur aus Nadel-
holz-Dielen.*

PAPIERFENSTER
*Einem Raum mit sparsamer
oder gar keiner Dekoration
verleiht das diffuse Licht,
das man durch Verwendung
von Transparentpapier an-
stelle von Glas erzielt, eine
behagliche, ruhige Atmo-
sphäre. Da diese Fenster
nicht luftdicht sind, hält eine
natürliche Ventilation den
Raum ständig frisch und
kühl.*

# Möbel des Fernen Ostens

Wenngleich die legendären Tischler T'an Ku und Lu Pan einen göttlichen Status erlangten, genoß ihre Handwerkskunst kein besonders hohes Ansehen im alten China. Gleichwohl waren die Chinesen schon in sehr früher Zeit geschickte Holzverarbeiter, und seit der Han-Dynastie (206 v. Chr. bis 221 n. Chr.) war die Herstellung von Möbeln und anderem hölzernen Hausgerät allgemein üblich.

China ist zwar einigermaßen reich an heimischen Hölzern, importierte früher aber auch Holz, vor allem aus Indien und von den Philippinen. Da Holz teuer war und kein Mangel an billigen Arbeitskräften herrschte, bereitete man oft Teile ausrangierter oder zu Bruch gegangener Möbel wieder auf und verarbeitete sie zu neuen Stücken. Die kostbarsten Möbelhölzer im alten China waren die Laubhölzer hua-li mu, huang-hau-li und tsu-t'an, alles Varietäten des Manila Padauk *(Pterocarpus indicus)*. Tsu-t'an bedeutete wörtlich übersetzt »purpurrotes Sandelholz«; es war das Lieblingsholz Kublai Khans (1216–1294), der es zum Bau seiner Palasthallen einführen ließ.

Ein anderes damals bei den Chinesen beliebtes Holz bekam den amüsanten Namen »Hühnerflügel-Holz«. Es weist eine gewisse Ähnlichkeit mit den Satinhölzern auf, nimmt beim Ablagern aber eine viel dunklere braune Farbe an. Obwohl es recht grobfaserig ist, hat es für den Möbeltischler den Vorteil, zäh und dauerhaft zu sein. Weitere in China gebräuchliche Möbelhölzer sind das als Zedernart klassifizierte nun-mu, das für funktionelle und rein praktische Stücke gern verwendete yü-mu (Ulme), hsiang-sha-mu und chang-mu oder Kampferbaum, das früher wie in Europa ein beliebtes Material für hochwertige Truhen war.

Charakteristisches Merkmal der chinesischen Möbel sind ihre Holzverbindungen. Nägel wurden nie und Dübel nur sehr selten verwendet, während man Leim verabscheute. Seit 400 v. Chr. waren sorgfältig gearbeitete, auf Gehrung geschnittene Zapfenverbindungen, gelegentlich auch Schwalbenschwänze gebräuchlich. Da die verarbeiteten Laubhölzer zum Schwinden und Quellen neigten, mußten die Füllbretter in den Nuten so viel Spielraum haben, daß sie sich nicht warfen oder rissen.

Die chinesischen Traditionen und Lebensgewohnheiten, die sich erheblich von denen des Abendlands unterscheiden, haben viele Möbeltypen hervorgebracht, für die es in Europa und Amerika keine Entsprechungen gibt. So fertigte man Tische aller Formen und Größen für die verschiedensten Zwecke. Auch die Stühle waren ganz anders konstruiert: manche hatten einen kastenartigen Rahmen, andere eine stark gekrümmte Lehne oder Rohrgeflecht-Sitzflächen mit Palmfaser-Untergurten. Ausgeschmückt waren sie mit kunstvollem Laubsägedekor, Lack, Farbe oder Einlegearbeiten aus kostbaren Materialien. Die Chinesen bauten eine erstaunliche Vielzahl verschiedener Typen von Truhen, Kästen und Schränken und zogen es offensichtlich vor, ihre Utensilien und Vorräte möglichst immer zu verwahren, statt sie offen herumliegen zu lassen.

Die Japaner dagegen haben als einziges unter den bedeutenden Kulturvölkern zu keiner Zeit so etwas wie eine Möbelkunst entwickelt. Sie sitzen lieber auf dem Fußboden, und wenn sie die wenigen niedrigen Tische oder Kästen, die sie besitzen, gerade nicht benutzen, verstauen sie sie sogar in eingebauten Schränken. Den niedrigen Tisch mit Klappfüßen verwendete man schon früher bei den Mahlzeiten, und da Tischdecken nicht gebräuchlich waren, kam der Qualität des Holzes eine ästhetische Bedeutung zu. Truhen für die sorgfältig gefalteten Kimonos oder für Manuskriptrollen wurden meist aus Kiriwood gearbeitet, das unter dem Einfluß von Luftfeuchte quillt und somit den wertvollen Behältnisinhalt vor deren Folgen schützt.

**PALISANDER-STUHL**
*Unter allen von chinesischen Möbeltischlern verarbeiteten Hölzern wurde Ostindisch Palisander am höchsten bewertet. Die Sitze dieses Stuhltyps wurden meist aus weichem Rohr oder Palmfasern geflochten, und die getrennt gefertigten Rahmen aus Hartholz gearbeitet und mit Holzstiften befestigt.*

**BAMBUSIMITATION**
*Obgleich Bambus in China ein gängiges Material für einfache Gebrauchsmöbel war, wurden häufig auch kostbare Laubholzstücke mit seinen Formen und Strukturen beschnitzt. Diese Satztische mit imitiertem Bambus-Schnitzdekor entstanden um 1800.*

**K'ANG-TISCH**
*Diese aus der Han-Dynastie (206 v. Chr. bis 221 n. Chr.) stammenden und ursprünglich als Lese- oder Schreibpulte verwendeten Möbel wurden auf den k'ang gestellt – eine erhöhte Plattform, auf der man schlief oder sich in Mußestunden ausruhte.*

**KIMONOSTÄNDER**
*Seit Jahrhunderten ist in Japan der traditionelle Kimonoständer gebräuchlich. Das hier abgebildete elegante Stück ist vergoldet und lakkiert und mit ziselierten Metallbeschlägen verziert. Um das Gestell standfest zu machen, muß man für seinen Sockel sehr schweres Holz wählen.*

**CHINESISCHER SCHRANK**
*Kleidung, Arbeitsmaterial, Geschirr und anderes Hausgerät verwahrten die Chinesen vor den Blicken in Schränken und Truhen. Dieser schöngezeichnete Palisander-Schrank mit Messing-Zierbeschlägen entstand im 17. Jahrhundert.*

**KONSTRUKTION OHNE VERBINDUNGSMITTEL**

*Den Erfahrungen vieler Jahrhunderte verdanken chinesische Handwerker ihre einzigartige Kunst, Möbel aus dem allgegenwärtigen Bambus herzustellen. Diese ausschließlich aus Bambus gearbeiteten Sessel sind an keiner Stelle vernagelt oder verleimt. Die Hauptelemente des Rahmens sind so gekerbt und angefast, daß sie wie die Stücke eines Puzzlespiels zusammenpassen und selbst bei ständiger Beanspruchung unbegrenzt haltbare Verbindungen ergeben. Die Sitzflächen bestehen meist aus schmalen Bambus-Streifen oder einem Geflecht aus Rohr oder Binsen.*

# Furnieren

Wenngleich es Plinius verächtlich ablehnte, »den gewöhnlicheren Hölzern eine Rinde mit höherem Preis zu verleihen«, ist die Kunst des Furnierens seit vorägyptischer Zeit bis heute als beliebtes und ständig verfeinertes Verfahren zur Nutzung der dekorativen Wirkung bestimmter Hölzer lebendig geblieben.

Furnieren besteht darin, daß man eine dünne Schicht einer Holzart mit attraktiver Zeichnung auf einen Träger aus schlichtem, aber stabilem, »ruhigem« Holz leimt. Diese Technik ermöglicht eine wirtschaftlichere Verwertung der teuren dekorativen Hölzer und erlaubt dem Handwerker, zusammengesetzte Muster zu schaffen, beispielsweise, indem er Maserknollen- und Pyramidenfurniere in Flächen aus kontrastierendem Holz einsetzt.

Früher trennte man Furniere von Hand mit großen Vielblattsägen ab. Anfang des 19. Jahrhunderts gab es dann Maschinen, die Furnierblätter auf großen Kreissägen schnitten. Heute sind dekorative Furniere viel dünner als ihre Vorgänger und werden meist im Flach-, Quartier- oder Fladerschnitt vom Holzblock gemessert. Läßt man einen ganzen Stamm gegen ein feststehendes Messer rotieren, entsteht ein Furnier in Form eines fortlaufenden Bandes. Diese sogenannten Schälfurniere zeigen allerdings meist ein recht wirres, unnatürliches Faserbild und werden gewöhnlich nur zu Sperrholz verarbeitet.

Vor der Jahrhundertwende wählte man als Blindholz für furnierte Möbel überwiegend Kiefer, schlichtes Mahagoni oder Eiche. Manchmal fanden als Träger auch etwa 5 cm breite, miteinander verleimte Holzstreifen Verwendung, wobei man der natürlichen Neigung zum Verwerfen dadurch entgegenwirkte, daß die Kernseite der Brettchen abwechselnd nach oben und nach unten zeigte. Heute werden Furniere vor allem auf Sperrholz, Tischlerplatten und Spanplatten aufgebracht, weil sich diese Werkstoffe gut in großen Abmessungen produzieren lassen und sich später kaum verformen.

Furnierte Platten kann man heute als Massenprodukte in Mehretagenpressen mit heißhärtenden Klebstoffen innerhalb weniger Minuten herstellen. Aber auch die älteren, handbetätigten Spindelpressen finden noch in kleineren Werkstätten sowie für bestimmte hochwertige Arbeiten Verwendung. Unser technisches Zeitalter hat zwar vieles geändert; die alten Furnierverfahren können wir jedoch noch in Spezialwerkstätten erleben, die antike Möbel restaurieren.

**SÄGEFURNIERE**
*Bis zum 19. Jahrhundert wurden Furniere noch mit der Handsäge geschnitten. Diese Darstellung aus dem 1774 erschienenen Buch »L'art du menuisier ebeniste« zeigt zwei Handwerker, die Furnierblätter mit einer Mehrblatt-Gestellsäge abtrennen. Der wegen seiner schönen Maserung ausgewählte Stamm ist senkrecht im starken Schraubstock des Arbeitstisches festgeklemmt. Mit fortschreitender Arbeit hoben die Männer den Block im Schraubstock an und banden die Furnierenden zusammen, um so zu verhindern, daß sie einrissen.*

**GEFORMTE FURNIERE**
*Zur Erzielung konvexer und konkaver Wölbungen – wie an dieser niederländischen Kommode mit Walnußbaum-Maserknollen-Furnier aus dem 18. Jahrhundert – mußte man die Furnierblätter dämpfen und mittels heißer Sandsäcke in die gewünschte Form bringen.*

**ANGEPASSTE GEGENZULAGE**
*Eine gleichmäßige Verleimung von Trägermaterial und Furnier gewährleisten bei gerundeten Flächen passend geformte Zulagen.*

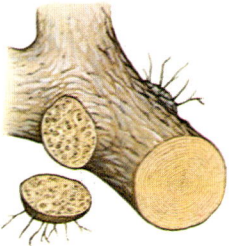

**MASERKNOLLEN-FURNIER**
*Diese überaus gesuchten Furniere stammen von Maserknollen, wie sie an Stämmen verschiedener Holzarten auftreten. Meist werden sie gemessert – vor allem aus Ulme, Eiche, Esche, Walnußbaum (oben) und anderen Harthölzern. Länge des Musters: 20 cm*

**GEFLAMMTES FURNIER**
*Furniere aus der Gabelung eines Hauptstammes – sogenannte Pyramidenfurniere – weisen eine attraktiv geflammte Zeichnung wie das oben gezeigte Mahagoni-Muster auf. Auch die Hauptwurzeln mancher Bäume ergeben schön gemaserte Furniere. Länge des Musters: 55 cm*

*Im 19. Jahrhundert schnitt man Furniere mit Kreissägen – ein leistungsfähiges, aber wegen der breiten Sägefuge verschwenderisches Verfahren.*

*Horizontal gemessertes Furnier Dicke: 0,5–0,9 mm*

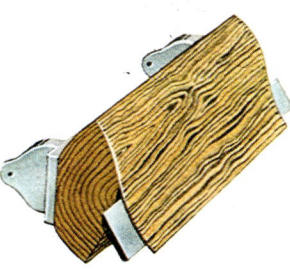

*Vertikal gemessertes Furnier Dicke: 0,4–0,9 mm*

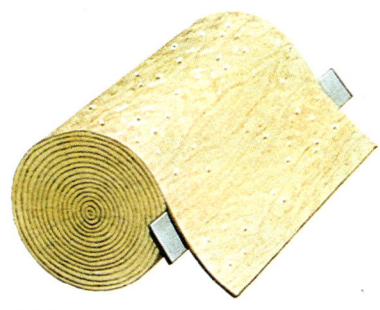

*Schälfurnier Dicke: 0,3–9,5 mm*

### EINSEITIG FURNIERT
*Bringt man das Furnier nur auf eine Seite der Trägerplatte auf, hat es die Tendenz, beim Schwinden die Fläche in eine konkave Form zu ziehen. Deshalb furniert man die Kernseite des Blindholzes, wo das Furnier der natürlichen Neigung des Holzes, sich beim Trocknen zu werfen, entgegenwirkt.*

### ABSPERRFURNIER
*Hochwertige Furnierarbeiten sind stets abgesperrt: Die Faserrichtung des ersten Furniers – des Absperrfurniers – verläuft senkrecht zu der des Blindholzes, die Faserrichtung des Deckfurniers hierzu parallel. Beide Seiten dieser Stab-Mittellage sind mit Absperrfurnieren versehen, damit absolute Dimensionsstabilität gewährleistet ist.*

### FURNIEREN MIT PRESSZULAGEN
*Eine ebene, einseitig mit Zinkblech belegte Holzplatte wird fest auf das mit dem Blindholz zu verleimende Furnier gepreßt. Diese Zulage ist vorgewärmt, um den Leim flüssig zu halten und so zu gewährleisten, daß er sich beim Anziehen der Schraubzwingen gleichmäßig verteilt.*

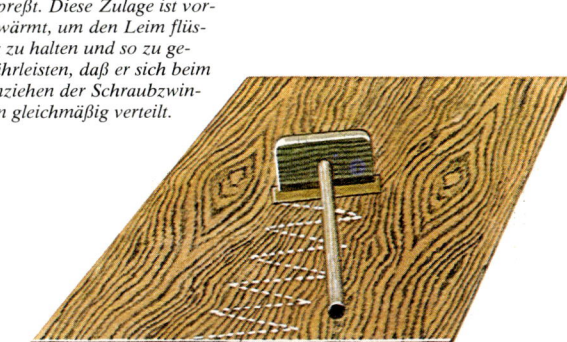

### AUFGEHÄMMERTES FURNIER
*Beim traditionellen Aufhämmerverfahren werden Furnier und Trägerplatte mit Leim bestrichen. Dann befeuchtet man das Material, erwärmt es mit einem Bügeleisen und drückt es unter Zickzackbewegungen des Hammers – von der Plattenmitte ausgehend – vorsichtig an.*

### MESSERFURNIER
*Der halbierte Stamm wird vor dem Messern in Wasser geschmeidig gemacht. Quer über die Stammrundung abgenommene Furnierblätter legen das marmorierte Kernholz frei, mit kontrastierendem hellem Splintholz an den Rändern. Muster oben: Rio-Palisander. Länge des Musters: 45 cm*

### QUARTIERSCHNITT
*Nach dem Erweichen durch »Kochen« oder Dämpfen befestigt man den Viertelblock oder »Flitch« auf einem beweglichen Schlitten, der das Holz an einem feststehenden, leicht angewinkelten Messer vorbeiführt. Das Muster oben zeigt Sapelli. Länge des Musters: 38 cm*

### SCHÄLFURNIER
*Gedämpft und auf einer Entrindungsanlage »geputzt«, rotiert der ganze Stamm gegen ein feststehendes Messer. »Vogelaugen«-Ahorn (oben) ist eine der wenigen Holzarten, die für dekorative Zwecke zu Schälfurnier verarbeitet werden. Länge des Musters: 38 cm*

# Die Techniken der Intarsie

## MARKETERIE

Mit der Erfindung der Laubsäge um 1600 wurde es möglich, Furniere als bildliche Darstellungen einzulegen. Da die Zeichnung mit einem sehr dünnen Sägeblatt ausgesägt wird, ermöglicht diese Technik komplizierte, sorgfältig durchgearbeitete Muster. Früher sägte man Marketerien auf einem »Bock«: Der Sägerahmen wurde waagerecht bewegt, und das Gerät war mit einer einfachen fußbetätigten Klemmeinrichtung zum Festhalten der Furniere versehen. Die einzelnen Stücke wurden beleimt, auf einem Blindholz zusammengesetzt und unter Verwendung von Zulagen bis zum Abbinden des Leims verpreßt.

PUNKTIEREN
*Die Umrisse der Originalzeichnung des Entwurfs werden zuerst fein durchstochen. Durch diese Löcher kann man dann Bitumenpulver auf weitere Papierbogen aufbringen und erhitzen und auf diese Weise identische Kopien in beliebiger Zahl herstellen.*

SERIENSCHNITT
*Die Herstellung wird häufig dadurch rationalisiert, daß man mehrere Furniere auf einmal aussägt. Verleimte Papierbogen zwischen den einzelnen Lagen halten die Furniere hierbei zusammen.*

## PARKETERIE

Kennzeichnend für die Parketerie ist ein regelmäßiges, sich wiederholendes Muster, das bei Möbeln aus Furnieren und bei dekorativen Bodenbelägen aus dünnen Brettchen, sogenannten »Dickten«, aufgeleimt wird. Die stets geometrischen Parketerien werden meist so gestaltet, daß auf folgende Weise eine Art Schachbrettmuster entsteht: Man schneidet die Furniere auf eine einheitliche Länge, ordnet sie nebeneinander an, trennt sie quer zur ersten Schnittrichtung auf und verschiebt die so erhaltenen Streifen gegeneinander. Über die Oberfläche der Hölzer verleimte Papierbogen halten die einzelnen Teile des Musters an ihrem Platz, während sie mit Hilfe von Zulagen verpreßt werden.

VORBEREITUNG DER BRETTCHEN
*Man wählt zwei farblich kontrastierende Holzarten und trennt sie in gleichmäßig breite Streifen auf. Diese Streifen werden dann abwechselnd nebeneinandergelegt und mit Leim und Papier fixiert.*

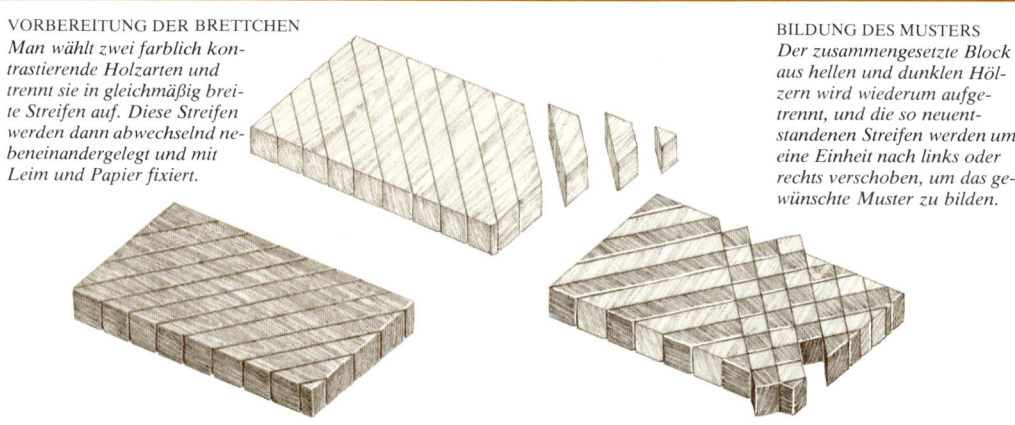

BILDUNG DES MUSTERS
*Der zusammengesetzte Block aus hellen und dunklen Hölzern wird wiederum aufgetrennt, und die so neuentstandenen Streifen werden um eine Einheit nach links oder rechts verschoben, um das gewünschte Muster zu bilden.*

## INKRUSTATION UND BLOCKMOSAIK

Die Technik der Inkrustation oder Einstemmarbeit besteht darin, eine Reihe kontrastierender Holzarten in eine Grundplatte aus Massivholz einzulassen. Da man die Vertiefungen mit einem Stecheisen ausheben muß, sind die Möglichkeiten detaillierter Formgebung begrenzt. Man kann entweder zunächst den Entwurf mit einer feinen Laubsäge aus dem Furnier heraussägen und seine Umrisse auf der Grundplatte anzeichnen oder zuerst die Vertiefungen ausstechen und deren mit Pauspapier abgebildete Formen dann auf das Furnier übertragen. Als Blockmosaik bezeichnet man speziell zusammengesetzte Intarsienarbeiten (oft als Kantenverzierung bei größeren Möbelstücken angewendet).

AUSGESTOCHENE GRUNDPLATTE
*Der Entwurf wird entweder unmittelbar auf das Holz oder auf ein aufgeleimtes Papier gezeichnet. Die Vertiefungen für die einzulegenden Hölzer sticht man mit einem Hohl- und Stecheisen aus und glättet sie mit einem Grundhobel.*

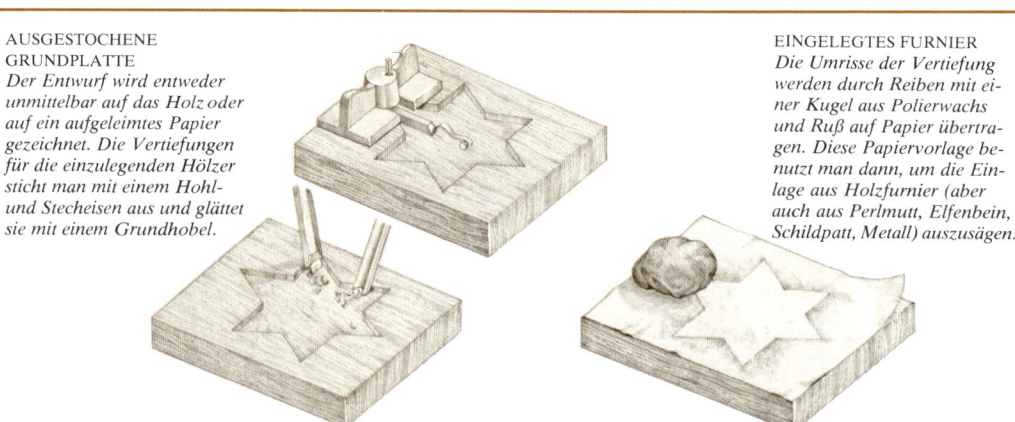

EINGELEGTES FURNIER
*Die Umrisse der Vertiefung werden durch Reiben mit einer Kugel aus Polierwachs und Ruß auf Papier übertragen. Diese Papiervorlage benutzt man dann, um die Einlage aus Holzfurnier (aber auch aus Perlmutt, Elfenbein, Schildpatt, Metall) auszusägen.*

## TUNBRIDGE-TECHNIK

Diese Technik der Holzmosaik-Verzierung wurde im 19. Jahrhundert in der englischen Stadt Tunbridge Wells entwickelt. Kleine quadratische Stäbe aus Hölzern verschiedener Farbe werden so zusammengesetzt, daß die gewünschten Muster oder Bilder entstehen. Dann beleimt man die Stäbe und bindet sie bis zum Aushärten fest zu einem Block zusammen, von dem sich bis zu 1,5 mm dünne Furniere abtrennen lassen. Die Tunbridge-Technik war im vergangenen Jahrhundert als Ausschmückung von Tischen, Pulten, Schnupftabakdosen und anderen Ziergegenständen weit verbreitet.

BILDHAFTES MOSAIK
*Die einzelnen Elemente des Mosaiks bestehen aus den Enden von Dutzenden schlanker Holzstäbe. Deren Farbe kann natürlich sein, oder sie wurde durch Beizen oder Erhitzen der Stäbe geändert. Um ein sauberes Abtrennen der Furniere zu ermöglichen, verläuft die Faserrichtung der Stäbe meist parallel zur Oberfläche des Mosaiks.*

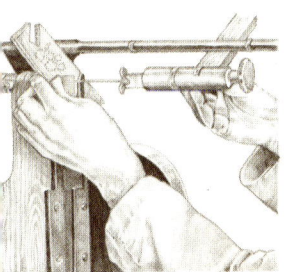

### DER »BOCK«
*Der traditionelle Sägebock des Intarsienschneiders ist mit einer einfachen fußbetätigten Klemmvorrichtung versehen, die das Brettchen festhält. Das feine, horizontale Sägeblatt hat etwas seitliches Spiel, aber Kurvenschnitte werden durch Bewegungen des Furniers ausgeführt.*

### ZUSAMMENSETZEN
*Die verschiedenen Elemente des Entwurfs, der aus einer Anzahl von Teilen aus Furnieren gegensätzlicher Holzarten bestehen kann, werden auf einem Papierblatt zusammengesetzt und sorgfältig angerissen. Diese zweite Vorlage benutzt man dann genauso wie die erste, um das Grundfurnier auszusägen.*

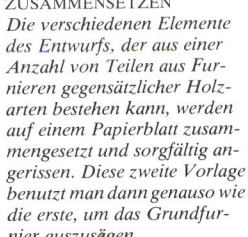

### AUSTAUSCH-TECHNIK
*Hiermit läßt sich ein einfacher Entwurf leicht mehrfach wiederholen. Beispielsweise kann man abwechselnd ein dunkles Holz in hellen Grund und ein helles Holz in dunklen Grund setzen.*

### EINZELN ZUSAMMENGEFÜGT
*Viele Parketerie-Entwürfe lassen sich nicht im Streifenverfahren ausführen, sondern müssen von Hand aus einzelnen, maschinell auf vorbestimmte Abmessungen gesägten Teilchen zusammengefügt werden. Ein Anwendungsgebiet dieser Technik sind Fußbodenbeläge.*

### FISCHGRÄTENMUSTER
*Zur Herstellung dieses beliebten Bandmosaiks verleimt man zwei Schichten dünner Holzscheibchen so zwischen Furnieren, daß ihre Faserrichtungen einen spitzen Winkel bilden.*

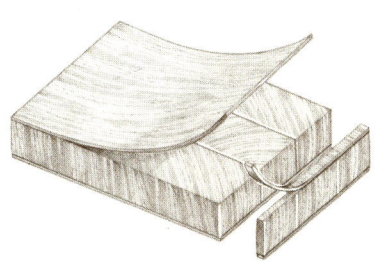

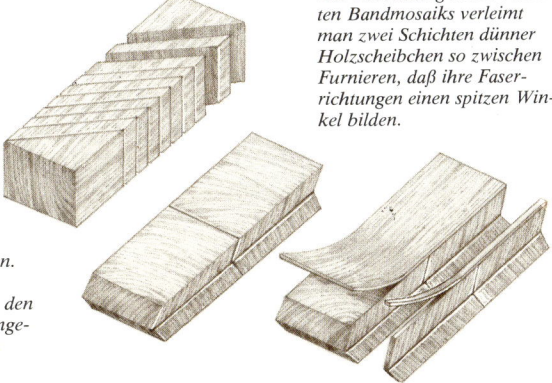

### BLOCKMOSAIK
*Eine Vielzahl dekorativer Bänder und Borten kann man aus Blöcken herstellen, die aus wie bei einem Sandwich zwischen Furnieren verleimten Holzbrettchen bestehen. Mit einer feinblättrigen Kreissäge trennt man von den Kanten solcher zusammengesetzten Blöcke etwa 2 mm dicke Streifen ab.*

### ALTER SÄGETISCH
*Diese seltsame handbetriebene Kreissäge besteht – mit Ausnahme des Sägeblatts – ausschließlich aus Holz. Sie wurde früher zum Aussägen der dünnen Stäbe für die Tunbridge-Technik und wahrscheinlich auch zur Herstellung von Bandmosaiken verwendet.*

# Dekorative Einlegearbeiten

PRÄRAFFAELITISCHE
EINLEGEARBEIT
*Um 1850 schuf J. P. Seddon
in Anlehnung an die vor Einführung der Marketerie lebenden Vorläufer Raffaels
dieses Schreibpult aus Eiche
mit Einlegearbeiten aus verschiedenen Hölzern. Die Szenen aus den Flitterwochen
René von Anjous sind gemalt.*

Im 14. Jahrhundert erlebten die Einlegearbeiten einen gewaltigen Aufschwung, besonders in Italien,
wo diese als *intarsia* bezeichnete Technik in großem
Umfang zur Ausschmückung von Kästen und Truhen Anwendung fand. Anfangs erzielte man Kon-
trastwirkungen einfach dadurch, daß man helle
Holzarten wie Buchsbaum oder Spindelbaum zusammen mit dunklen Hölzern wie Ebenholz oder
Walnußbaum verwendete, aber Ende des 15. Jahrhunderts erreichte man auch Schattierungen, indem
man das Holz beizte oder mit einem heißen Eisen
ankohlte. In der zweiten Hälfte des 15. Jahrhunderts
schufen *intarsiatori* bemerkenswerte Täfelungen,
die Ruinen antiker Bauwerke oder rein geometrische Muster wiedergaben – ein Resultat ihrer neu-
gewonnenen Kenntnisse von der Konstruierbarkeit
der Perspektive. Auch Landschaften, Stilleben,
Tiere und Trompe-l'œil-Effekte entstanden in dieser
Zeit.

Sorgfältig durchgearbeitete Marketerien wurden
zum kennzeichnenden Merkmal deutscher Möbel
des 16. Jahrhunderts, und Stücke wie Schränke und
Kommoden wurden mit komplizierten Kompositionen aus Tieren, Bändern, klassischen Säulen und
vielen anderen Phantasiegebilden verziert. In Holland und England kam in der zweiten Hälfte des
17. Jahrhunderts eine Vorliebe für die lebhaft gefärbten floralen Marketerien auf, wie wir sie an vielen Schränken, Standuhren, Tischen und Spiegel-
rahmen jener Zeit finden.

Die französischen Ebenisten – Kunsttischler, deren Name auf die im 17. Jahrhundert verbreitete
Vorliebe für Ebenholz zurückgeht – waren erstklassige *marqueteurs,* und ihre Möbel sind meist mit
Marketerien verziert, die aus geometrischen Wür-
feln oder Spaliermustern und floralen oder bildhaf-
ten Darstellungen komponiert sind. Zu den schönsten Zeugnissen der Marketerie-Technik zählen
auch die Arbeiten des deutschen Kunsttischlers David Roentgen (1743–1807), der in seiner Neuwieder
Werkstatt einen der Malerei nahekommenden Stil
entwickelte. Mit seinen Möbeln erwarb sich Roentgen einen internationalen Ruf und belieferte alle
Höfe von Paris bis Petersburg. Nach seinen Muster-
büchern arbeiteten noch im 19. Jahrhundert viele
Tischler in ganz Deutschland Möbel im »Neuwieder
Roentgen-Stil«.

Zu Roentgens Zeit und im ganzen 19. Jahrhundert fand eine Vielzahl von Holzarten Verwendung
in Marketerien: Rio- und Ostindisch Palisander,
Mahagoni, Olivenholz und Buchsbaum – um nur
einige wenige zu nennen.

NONESUCH-TRUHEN
*Ende des 16. Jahrhunderts
entstanden überall in Europa
Einlegearbeiten. Die sogenannten Nonesuch-Truhen
waren mit einem symmetri-
schen Musterwerk eingelegt,
von dem man annimmt, daß
es den im 17. Jahrhundert
zerstörten Palast Heinrichs
VIII. in Nonesuch darstellt.*

## MODERNE MARKETERIE

*Die Marketerie läßt sich allen Kunstrichtungen anpassen. Dieses ein Mädchen im Maskenkostüm darstellende Jugendstil-Paneel entstand vermutlich in Portugal und wurde mit mehr als zehn verschiedenen Holzarten eingelegt. Heute sind Marketerie-Arbeiten ein beliebtes Hobby.*

## MOSAIKMOTIVE

*Ein Schmuckkästchen aus der zweiten Hälfte des 19. Jahrhunderts, das mit zwei für die Tunbridge-Technik typischen Entwürfen verziert ist. Das Deckelmotiv zeigt die Ruine einer Klosterabtei, während die Türen mit einem Blumenmuster ausgeschmückt sind, das die damals beliebten Berliner Wollstickereien imitiert.*

## BLUMEN-MARKETERIE

*Dieses Detail eines Kastens aus dem Jahre 1670 verdeutlicht die kräftigen Farben, die damals modern waren. Walnußbaum ist zusammen mit anderen Hölzern eingelegt, die entweder angekohlt wurden, um Tonabstufungen zu erzielen, oder zur Verwendung als grüne Blätter gebeizt wurden. Grüne Farbtöne ergaben auch bestimmte pilzbefallene Hölzer.*

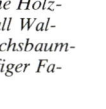

## OPTISCHE TÄUSCHUNGEN

*Den plastischen Würfeleffekt der Parketerie dieser um 1850 entstandenen holländischen Kommode bewirken verschiedene Holzarten, in diesem Fall Walnußbaum- und Buchsbaumholz, mit gegenläufiger Faserrichtung.*

# Eine Zeit der Entdeckungen

Die Entdeckung neuer Länder und ihre europäische Kolonisierung führten oft zu einer glücklichen Mischung von dort gewachsenen künstlerischen Traditionen und festverwurzelten europäischen Vorstellungen von der Bequemlichkeit und Schönheit des Mobiliars. Die Europäer lernten neue Holzarten kennen, verschifften sie in ihre Heimatländer und legten so die Grundlagen des heute bedeutenden Welt-Holzhandels. Während diese neuen Hölzer die Möbelherstellung im Mutterland beeinflußten, nahmen auswandernde Handwerker ihre herkömmlichen Verfahren und Stilrichtungen mit, so daß eine wechselseitige Befruchtung zwischen der Alten und der Neuen Welt stattfand.

Schon im 8. Jahrhundert hatten in Europa die Mauren – anerkannte Meister der Holzbearbeitung – Spanien überfallen. Ihr Stil beeinflußte Architektur und Möbelkunst, besonders ihre Technik der Vertäfelung im Mudejar-Stil. Mit diesen geometrischen Figuren – häufig aus kontrastierenden, manchmal eingelegten Hölzern – wurden später auch Möbel und Inneneinrichtungen der spanischen Kolonien Zentral- und Südamerikas verziert. Die zweifellos wichtigste Rolle in der Geschichte des Holzes in Lateinamerika jedoch spielte das Mahagoni. Dieses bemerkenswerte Holz, zum erstenmal 1595 von einem europäischen Zimmermann erwähnt, wächst auf den Westindischen Inseln und in Mittelamerika bis hinunter ins nördliche Kolumbien und nach Venezuela. Man verwendete es zuerst für den Schiff- und den Hausbau, wo man seine Dimensionsstabilität und die aufgrund der Stammgröße möglichen enormen Schnittholzmaße nutzte. Erst im späten 18. Jahrhundert entfaltete es seinen nachhaltigen Einfluß auf die Möbelkunst des eleganten Europa, nachdem man erkannt hatte, daß die dichte Struktur dieses Holzes beispielsweise das Schnitzen schmaler, sich verjüngender Stuhlbeine erlaubte.

Ein weiteres, bei den Möbeltischlern Südamerikas beliebtes Holz war Cedrela. Der spanische Naturforscher Cobo, der zu Beginn des 19. Jahrhunderts dort arbeitete, berichtet: »Fast all die seltsamen, dauerhaften Gegenstände dieses Landes sind aus Cedrela . . . Schränke, Truhen und tausend andere Dinge.« Wertvolle Hölzer wurden in den Heimatländern für Marketerien verwendet. Andere Exoten wie Jacaranda und Pausanto lösten bei portugiesischen Stühlen Eiche und Walnußbaum ab. Die für spanisch-peruanische Barockmöbel so charakteristische üppige Fülle des Schnitzwerks zeigt eine erfrischende Durchmischung verschiedener Stilrichtungen: Inka- und Indianer-Motive wie Sonne und Schlange sind in die europäische Barock-Formensprache integriert.

Während sich in Südamerika die Spanier und die Portugiesen engagierten, waren es zunächst vor allem die Portugiesen, die Asiens Schätze entdeckten. Noch vor den Holländern und Engländern ließen sie

sich entlang der Westküste Indiens nieder. Wie in den meisten asiatischen Kulturen gab es auch in Indien kaum Möbel, aber die Architektur bot überzeugende Beispiele dafür, daß die Handwerker mit Holz umzugehen verstanden. Unter dem europäischen Einfluß wandten die Holzschnitzer Indiens dann ihr Können auch auf den Möbelbau an. Zur Fortbildung schickten die Portugiesen sie nach Lissabon, woraus eine der beständigsten Stilrichtungen erwuchs: die indo-portugiesische. Kleine Ortschaften wie Goa und Malabar waren Ende des 16. Jahrhunderts zu blühenden Städten herangewachsen, in denen zahllose Möbeltischlereien Sal/Balau, Teak, Ebenholz und andere einheimische Hölzer verarbeiteten.

Die ersten nordamerikanischen Kolonialmöbel sind dem späten 17. Jahrhundert zuzuordnen und ähneln noch sehr den englischen Gegenstücken des frühen 17. Jahrhunderts. Überhaupt ist für alles Mobiliar der Siedler ein Zeitverzug zwischen dem Originalstil im Mutterland und dessen Übernahme in der Kolonie kennzeichnend. In Nordamerika folgte man vor allem dem englischen Geschmack, doch werden heute noch – besonders in Pennsylvania – auch deutsche und holländische Stücke benutzt. Aber schon bald bildeten sich in Amerika deutliche regionale Stilrichtungen heraus, die weit-

gehend durch die örtlich verfügbaren Holzarten beeinflußt waren. Im Süden waren dies vor allem *Magnolia*- und *Dalbergia*-Spezies, während im Norden Ahorn mit seiner gelockten Maserung mehr dem städtischen Geschmack entsprach.

Im kanadischen Quebec übertrug man französische – vor allem provinzielle – Stilelemente auf das reichlich vorhandene Kiefern- und Birkenholz, woraus sich einer der elegantesten Bauernmöbel-Stile der Kolonialzeit entwickelte.

»Schönheit beruht auf Nützlichkeit« – Maxime der Shaker-Sekte

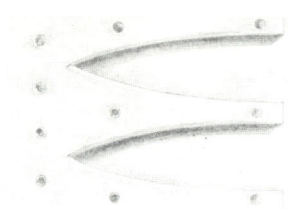

Einwanderer gründeten 1774 in Amerika die von den Quäkern ausgehende Shaker-Sekte. Wie für ihre Lebensart waren auch für ihre Möbel die Ideale der Sicherheit und Zweckmäßigkeit bestimmend. Um alle vier Zimmerwände herum verlief ein hölzernes Nagelbrett zum Aufhängen von Möbelstücken und Kleidung. Ihr berühmter Brettlehnenstuhl aus Ahorn, Kiefer oder Buche wurde gewerblich hergestellt, und die ovale Hutschachtel (oben rechts) fertigte man aus rundgebogenen, mit kleinen Hartholzstiften gesicherten Ahornbrettchen (rechts).

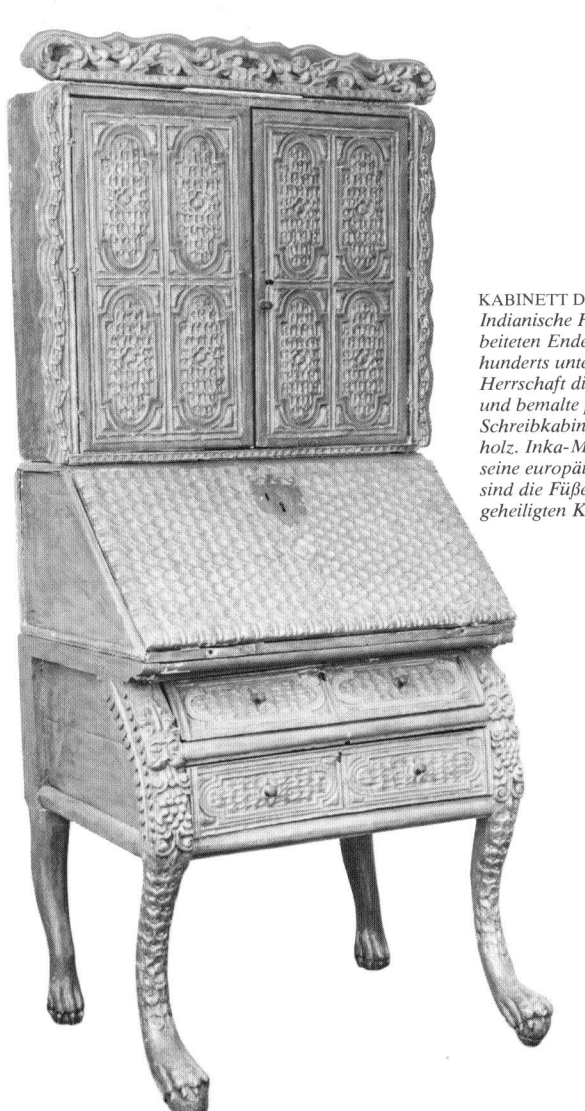

**KABINETT DER GÖTTER**
*Indianische Handwerker arbeiteten Ende des 17. Jahrhunderts unter spanischer Herrschaft dieses vergoldete und bemalte peruanische Schreibkabinett aus Nadelholz. Inka-Motive verzieren seine europäische Form – so sind die Füße als Krallen des geheiligten Kondors gestaltet.*

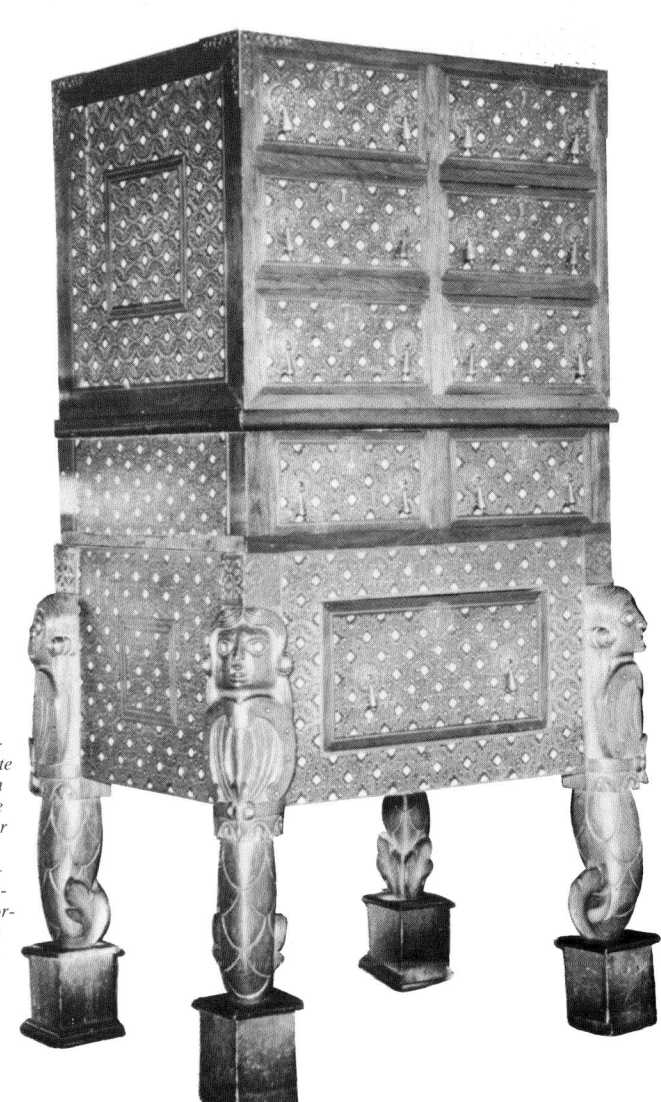

**INDO-PORTUGIESISCH**
*Diese mit Palisander, Ebenholz und Elfenbein eingelegte Mahagoni-Kommode ist ein sehr schönes Beispiel für die Durchmischung indianischer und portugiesischer Stilelemente. Solche Entwürfe entstanden in den Möbeltischlereien Goas, die unter den Portugiesen im 17. Jahrhundert hervorragende Stücke schufen.*

**SONNENBLUMENKOMMODE**
*Ende des 17. Jahrhunderts in Connecticut entstanden, ist diese Eichen- und Kiefern-Kommode mit Deckel und Schubladen eines der ersten eigenständigen »amerikanischen« Möbelstücke. Der Name bezieht sich auf die im Flachschnitt geschnitzten Blumen der mittleren Füllung.*

**PORTUGIESISCHER EINFLUSS**
*Dieser Palisander-Schrank mit seinen Relief- und durchbrochenen Schnitzereien entstand im 19. Jahrhundert in Indien. Für die verwestlichten Parsen gearbeitet, soll dieser Möbeltyp Stücken ähneln, wie man sie in Brasilien – einer ebenfalls frühen portugiesischen Kolonie – findet.*

# Beizen und Polieren

EICHE: POLYURETHANLACK
*Lacke dienen dazu, die Schönheit der Maserung und der Zeichnung des Holzes zu akzentuieren und das Eindringen von Schmutz zu verhindern. Matte oder hochglänzende Polyurethanharze ergeben eine harte, widerstandsfähige Oberfläche und sind besonders wasserbeständig.*

Nachdem unsere Vorfahren begonnen hatten, Holz zu verwenden, muß ihnen recht bald klargeworden sein, daß bei diesem Material irgendeine Form der Oberflächenbehandlung angebracht ist: sei es, um seine Fasern gegen die Einwirkung der Atmosphäre abzuschließen und damit seine Neigung zum Schwinden und Werfen zu verringern, sei es, um seine Oberfläche – besonders bei ständig transportierten oder strapazierten Gegenständen – vor Kratzern oder Schmutz zu schützen, sei es, um die Schönheit des Holzbildes zu unterstreichen.

Frühe Eichenmöbel hat man offenbar auf verschiedene Weise behandelt. Im natürlichen Zustand belassenes Eichenholz nimmt zwar von selbst einen ziemlich düsteren Farbton an, doch wurden manche Stücke vermutlich gebeizt oder mit flüssigem Ammoniak bzw. Ammoniakdämpfen, dem sogenannten »Räuchern«, nachgedunkelt. In beiden Fällen überzog man die Oberfläche mit mehreren Anstrichen eines trocknenden Öls, z. B. Leinöl, das man entweder natur beließ oder durch Zugabe gestoßener Alkannawurzel ebenfalls mit nachdunkelnder Wirkung ausstattete.

Auch Walnußbaum bekam eine Ölgrundierung, der normalerweise ein Firnisüberzug folgte. Diesen Überzug trug man in mehreren Schichten auf, die jeweils mit einem Filzklotz und feinem Schleifpulver abgerieben wurden. Anschließend erzielte man durch wiederholtes Polieren mit Wachs einen schönen, schützenden Glanz. Mahagoni wurde praktisch genauso behandelt, doch auch hier färbte man das Öl zuweilen mittels beigemischter Alkannawurzel dunkler. Anfangs wurde das dunklere Mahagoni aus Kuba verarbeitet, das wahrscheinlich mit klarem Leinöl behandelt wurde. Das später im 18. Jahrhundert verwendete Holz stammte dagegen meist von der helleren Honduras-Art. Auch dieses Mahagoni behandelte man mit Öl, manchmal jedoch mit naturreinem – was die gedämpfte Honigfärbung vieler Stücke erklärt. Sheraton empfiehlt in seinem 1791 erschienenen Möbelbuch, auf Mahagoni-Oberflächen Ziegelstaub und Öl mit einem Korken zu verreiben; die Verwendung von Firnis erwähnt er nicht.

Die meisten Harthölzer nehmen einen natürlichen Glanz an, wenn man sie poliert, indem man ein hartes, glattes Werkzeug über ihre Oberfläche reibt. Schnitzereien zeigen häufig diesen Effekt, denn die schneidende Kante eines Schnitzeisens wirkt ebenso polierend. Möglicherweise haben Tischler dies bereits früh erkannt und auch andere Teile »streichpoliert«, um einen natürlichen Glanz zu erzielen, ohne Hilfsmittel wie Öle oder Polituren anzuwenden.

Schellackpolituren kamen Anfang des 19. Jahrhunderts auf und wurden schon bald zu einem der gebräuchlichsten und vielseitigsten Mittel der Oberflächenbehandlung. Bei diesem Verfahren wird die Politur mit einem in einer Stoffhülle steckenden Wattebausch aufgetragen. Der Glanz entsteht allmählich durch die Bewegungen des Polierkissens über die darunterliegenden, halbausgehärteten Schichten.

Schwarze Politur findet auch Anwendung bei der Herstellung von Ebenholz-Imitationen. Hierbei beizt man das Holz zunächst schwarz, versiegelt dann seine Poren mit einem schwarzen Füllstoff und behandelt die Oberfläche abschließend mit einer ebenfalls schwarzen Politur. Ursprünglich diente als schwarzer Farbstoff Ruß, der gewonnen wurde, indem man ein Stück Blech über die Flamme eines Gasbrenners hielt und den sich bildenden Rückstand zum Vermischen mit der Politur abschabte. Heute wird schwarze Anilinfarbe verwendet. Ein schwerwiegender Nachteil aller Schellackpolituren ist allerdings ihre Empfindlichkeit gegen Wärme, Wasser und Alkohol.

Viele Stilmöbel aus Walnußbaum oder Mahagoni beließ man – abgesehen von einer Ölbehandlung – in ihrem natürlichen Farbton. Allerdings wurde manches Stück aus der Zeit seit etwa 1850 mit Beizen oder Chemikalien abgedunkelt. Aus Van-Dycke-Kristallen bereitete man eine je nach Konzentration dunklere oder hellere Beize, die einen recht kalten braunen Farbton ergab. Vor Anwendung der Beize wurde meist Ammoniak hinzugefügt, damit sie besser eindringen und so den Farbton vertiefen konnte. Von den anderen Chemikalien fand Kaliumbichromat vor allem Anwendung bei Mahagoni. Es gab diesem Holz einen recht warmen Braunton, der sich fast bis zum Schwarz hin vertiefen ließ – je nach Stärke der Lösung und der behandelten Mahagoni-Art.

Der wirtschaftliche Zwang zur schnellen Fließbandfertigung und die allgemeine Nachfrage nach verschleißfesten, pflegeleichten Oberflächen führten zur Entwicklung einer Reihe sehr haltbarer synthetischer Lackarten. Weil sie kratz- und wärmefest sind und sich unter Feuchtigkeitseinwirkung nicht verfärben, haben Zellulose-, Polyurethan- und Polyester-Lacke die Schellackpolituren weitgehend verdrängt. Die meisten dieser Lacke lassen sich mühelos mit Pinseln auftragen oder aufsprühen und erfordern nur einen Bruchteil des Zeit- und Arbeitsaufwands für eine Handpolitur. Die althergebrachten Verfahren sind allerdings weiterhin bei der Herstellung hochwertiger Möbel gebräuchlich, und niemand ist mehr auf sie angewiesen als der Restaurator, der durch Feuchtigkeit, Hitze oder Mißbrauch beschädigten alten Möbeln ihren ursprünglichen Glanz wiedergibt.

BUCHE: TEAKÖL
*Öle vertiefen den Farbton des Holzes stärker als alle anderen Überzüge, die kaum imstande wären, die Farbe einer Holzart wie Buche zu verändern. Dauerhaftere moderne Öle mit Kunstharzen trocknen schneller als Leinöl, was die Gefahr verringert, daß sich beim Trocknen Staub auf der Oberfläche absetzt.*

**AHAGONI: KUNSTSTOFF**

*Mahagoni wie Walnuß-
um nach einer Oberflä-
enbehandlung – einerlei
lcher Art – nachdunkelt, ist
nicht möglich, das hellere
t des natürlichen Holzes zu
alten. Transparente Kunst-
fflacke haften gut, sind ab-
bfest, wärme- und wasser-
ständig und altern nicht.*

**RESTAURATOR-
WERKSTATT**

*Unter den kreisförmigen Be-
wegungen des Poliertuches
läßt der Restaurator den herrlichen Glanz der verfärbten
Tischoberfläche wieder zutage treten. Die Messingein-
lagen akzentuieren die Pali-
sander-Maserung unter der
gewachsten Schellackpolitur.*

**SCHELLACKPOLITUREN**

*Die vielen verschiedenen
Schellackpolituren basieren
alle auf dem Lackharz oder
Schellack, einer Ablagerung
auf den Zweigen bestimmter
indischer Baumarten, z. B.
Feigen-Spezies. Sie ist das
eingetrocknete Sekret verschiedener parasitärer Gum-
milacklaus-Arten. Es wird*

*abgekratzt, gewaschen, gerei-
nigt, dann im geschmolzenen
Zustand gesiebt, gefiltert und
in Linsen- oder Flockenform
gebracht. Anschließend in
Spiritus gelöst, kann es als
Politur verwendet werden.
Schellackpolitur aus Flocken
ist meist viel dunkler als die
aus den reineren »Linsen«
gewonnene Lösung.*

**ALNUSSBAUM: DÄNISCHES ÖL**

*alnußbaum dunkelt bei ei-
r Oberflächenbehandlung
enso nach wie Mahagoni,
hält aber seinen satten Farb-
a. Dänisches Öl, das wie
aköl auf Kunstharzen ba-
rt, enthält weitere Zusätze,
dem Holz einen weichen
anz verleihen. Öle einfach
einem Lappen auftragen.*

**VERRÄTERISCHE ZEICHEN**

*Die runde Mahagoni-Platte
dieses Tisches aus dem 19.
Jahrhundert wurde minde-
stens zweimal beschädigt.
Holzkitt neigt dazu, sich mit
der Zeit zu verfärben, und
selbst eine sorgfältige Oberflächenbehandlung kann die
reparierte Stelle selten vollständig verbergen.*

**BEIZEN NEUEN HOLZES**

*Die beschädigten Buchsbaum-
Intarsien dieses nußbaumfur-
nierten italienischen Sekretärs
aus dem 18. Jahrhundert sind
erneuert worden; jetzt wird
das neue Holz gebeizt, um es
dem alten anzupassen. Vorher
mischt und vergleicht der
Restaurator seine Farben so
lange, bis er genau die erforderliche Patina getroffen hat*

# Farbe und Struktur

Im Einklang mit der Entwicklung der modernen Architektur nach dem Zweiten Weltkrieg waren neue Materialien auch für Innenausbau und Möbel eine Zeitlang überaus »en vogue«. In den letzten Jahren kann man jedoch ein deutliches Wiederaufleben älterer und mehr traditioneller Wert- und Geschmacksvorstellungen feststellen. Der zunächst starke dekorative Effekt von Glas-, Stahl- und Kunststoffmöbeln hat sich – mit zunehmender Gewöhnung an sie – weitgehend abgeschwächt, und der weiteren Verwendung dieser Materialien entgegen wirken ein wiedererwachtes Interesse am Holz und eine neue Kreativität der Gestalter von Holzmobiliar und Holztäfelungen sowie die ästhetischen und praktischen Möglichkeiten neuer Holzprodukte.

Die Welle des allzu glatten und geometrischen Funktionalismus, die Licht und Platz in die zuvor dunklen und engen Zellen brachte, in denen die Generation davor gelebt hatte, ist mittlerweile gebrochen. Eine nostalgische Strömung sucht nun wieder die Wärme und ungezwungene Vertrautheit natürlicher Werkstoffe.

Hochentwickelte Herstellungsverfahren haben Holztäfelungen für jeden Haushalt erschwinglich gemacht; große Flächen, die man früher mit einer Vielzahl kleiner Elemente bedecken mußte, lassen sich jetzt mit großen furnierten Sperrholzpaneelen täfeln. Technische Neuerungen haben zudem die natürlichen akustischen, wärmedämmenden und feuerhemmenden Eigenschaften des Holzes gewaltig verbessert, die neue Methoden der Oberflächenbehandlung machen es dauerhafter und verstärken zugleich die Wirkung seiner Maserung und Färbung.

Die früher ausschließlich als Konstruktionselemente des Hauses betrachteten hölzernen Bestandteile von Fußböden, Decken und Treppenhäusern läßt man heute immer mehr unbedeckt und unverkleidet, so daß ihre Farbe und Gestalt den freiliegenden Flächen von Wohnungen und Häusern eine neue Dimension verleihen.

**ESSZIMMER**
*Rohrstühle sind schlicht und lassen sich modernen Formen gut anpassen: Da die Hölzer des Gestells gebogen werden, hat der Designer einen weiten Gestaltungsspielraum. Die Jalousien aus hellen Holzlatten – farblich auf die Stühle abgestimmt – kann man so einstellen, daß sie dem Licht kaum Widerstand bieten.*

**KORBSESSEL**
*Der Rohrgeflechtsessel mit seinem gemütlichen Knarren gibt dem Raum einen Akzent der Zwanglosigkeit und bringt mit seiner Struktur Abwechslung in die vorherrschenden braunen Farbtöne. Die kantige Eichenplatte des Beistelltisches neben dem Sessel ist in die aus Buche gedrechselten Beine eingelassen. Die Kiefernbretter des Fußbodens sind farblos gewachst.*

WANDPANEELE
*Unter den vielen Holzarten, die zu Furnieren verarbeitet werden, ist Walnußbaum im Quartierschnitt eins der attraktivsten. Billigere Mittellagen-Furniere verringern die Gesamtkosten. Mit zusammenpassenden Furnieren desselben Blocks lassen sich große Flächen sehr dekorativ gestalten.*

FEUERHEMMENDE DECKE
*Holzoberflächen verkohlen bei einem Brand – die so entstehende Schicht schützt das darunterliegende Holz, so daß sich Flammen nur bei sehr großer Hitze ausbreiten. Dieser natürliche Schutz wird durch eine Behandlung mit feuerhemmenden Chemikalien noch verstärkt.*

ROTANGTISCH
*Der flache Tisch aus gespaltenem Rotang hat eine widerstandsfähige Oberfläche. Zusammen mit dem Rohrsessel bildet er einen angenehmen Kontrast zum Nadelholz der Wände, der Decke und des Bodens. Die Tische und vereinzelt angebrachten Paneele aus Laubholz sind ein drittes Stilelement.*

TREIBHOLZ-SKULPTUR
*Dieses weißgewaschene, verwundene Stück Treibholz versinnbildlicht die Urgewalten der freien Natur, und seine Kontrastwirkung unterstreicht die behagliche Wärme des geschlossenen Raumes. Außerdem erinnert es an die erstaunliche Vielseitigkeit des Holzes.*

# Tradition und Technologie

SCHLICHTE ELEGANZ
*Dank der Anpassungsfähigkeit des Formsperrholzverfahrens können Möbeldesigner alle Möglichkeiten dreidimensionaler Krümmungen ausschöpfen. Ist die Form erst einmal hergestellt, können die Stuhlelemente fortlaufend gepreßt werden.*

Nach dem Prunkmobiliar des Barock und dem höfisch überfeinerten Stil der Rokoko-Möbel kehrte man seit der zweiten Hälfte des 18. Jahrhunderts zu einfacheren Formen zurück. Chippendale und Sheraton in England stellten wie der französische Louis-XVI.- und der Empire-Stil die Zweckmäßigkeit wieder über die Verzierung. Und um 1830 brachte das deutsche Biedermeier eine Rückkehr zu schlichten, gediegenen Formen.

In der zweiten Hälfte des 19. Jahrhunderts dagegen war der Möbelgeschmack vom Historismus geprägt und weitgehend von zurückliegenden Stilepochen inspiriert. So wurden damals die Stilrichtungen der Renaissance, des Barock, des Orientalismus und des Neoklassizismus wiederbelebt und neu interpretiert.

Schon im frühen 19. Jahrhundert hatte die Technik der Furnierherstellung bedeutende Fortschritte gemacht, und besonders in Frankreich konzentrierten sich viele Möbelgestalter darauf, mit der natürlichen Maserung, Farbe und Zeichnung heller Hölzer Schmuckwirkungen zu erzielen. »Vogelaugen«-Ahorn war eines der beliebtesten dieser *bois clairs*.

Trotz des starken Einflusses historischer Stilrichtungen brachte das 19. Jahrhundert aber auch die Einführung einer Reihe neuer wichtiger Gestaltungsprinzipien und Techniken im Möbelbau. Hierzu zählt z. B. das von dem Möbeltischler Michael Thonet aus Boppard am Rhein 1837 entwickelte Verfahren, aus heiß in entsprechend geformten Vorrichtungen verleimten Holzlamellen gebogene Möbelteile herzustellen. Zunehmend verlor jedoch die einst so hochgeschätzte Qualität der handwerklichen Arbeit aufgrund der sich rasch ausbreitenden Mechanisierung an Wert. Dennoch überlebten die herkömmlichen Methoden, besonders in Skandinavien, wo die Industrialisierung nur langsam vorangetrieben wurde, und in den Ländern Europas, in denen der Jugendstil und spätere Bewegungen (wie in Deutschland der Werkbund und das Bauhaus) für eine verfeinerte Handwerksgerechtigkeit und eine Wiederaufwertung des gesellschaftlichen Status der Handwerker eintraten.

Die Massenproduktion von Möbeln verbindet man zwar normalerweise mit dem 19. und 20. Jahrhundert, doch gab es schon Ende des 17. Jahrhunderts Vorläufer unserer heutigen Fertigungsstraßen – als nämlich die Handwerker sich zu spezialisieren begannen: Der eine stellte nur Stuhlbeine her, der andere nur Schnitzwerk usw.

Die heutige Möbelfabrikation bedient sich neben einer hochentwickelten Fließbandtechnik einer Vielzahl neuer Holzwerkstoffe. Massives Holz findet nur noch für besonders hochwertige Möbel Verwendung – deren Einzelteile zwar maschinell bearbeitet, aber von Hand zusammengebaut und deren Oberflächen von Fachkräften behandelt werden. Bei der Herstellung gängiger Stücke werden Kosten dadurch eingespart, daß man Tischlerplatten, Spanplatten oder Faserplatten verwendet und sie entweder furniert oder mit Kunststoffen – oft mit nachgebildeter Holzstruktur – beschichtet. In vielen Fabriken, besonders bei den Herstellern von Kücheneinrichtungen und Anbauwänden mit genormten Abmessungen, bewegen Fördersysteme die Teile kontinuierlich von einer Station der Fertigungsstraße zur anderen, wobei sie fast ausschließlich maschinell bearbeitet werden.

Schichtwerkstoffe spielen eine wichtige Rolle in der heutigen Möbelgestaltung und -herstellung: Sie ermöglichen eine gute Ausnutzung des Holzes, da nur die sichtbare Schicht von höchster Qualität zu sein braucht, und sie sind vielseitig, da man sie in beheizten Hochdruckpressen in komplexe Formen überführen kann. Designern geben sie somit einen Gestaltungsspielraum, wie er ihnen in dieser Weite bei der Arbeit mit massivem Holz versagt bleibt.

SERIENFABRIKATION
*Für das Formsperrholzverfahren eignen sich viele verschiedene Holzarten. In dieser dänischen Fabrik werden neun Einzelschichten zu einer Stuhlschale vereinigt. Für die beiden lebhaft gezeichneten Deckfurniere verwendet man Eiche, Buche, Teak oder Maha-goni, für alle inneren Schichten, von denen zwei quer, die übrigen parallel zur Hauptrichtung des Stuhlkörpers verlaufen, dagegen ausschließlich Buchenfurniere. Die Furnierblätter werden mit einem feuchtigkeits- und wärmebeständigen Leim beschichtet und in beheizten Formen verpreßt.*

HIMMELBETT AUS EIBE

In dieser ländlichen englischen Kunsttischlerei wird gerade einer der vier Füße geschnitzt, die ein Himmelbett aus Eibenholz tragen sollen. Gemeinsam mit einer kleinen Gruppe kreativer Handwerker entwirft der Werkstattinhaber John Makepeace jedes Möbelstück so, daß es aus einem einzigen mächtigen Stamm seines Holzlagers gefertigt werden kann. Zunächst untersucht er sorgfältig bei jedem Block Faserverlauf, Farbe und auch die Fehler. Bei der Entwicklung eines Möbelstücks oder auch einer ganzen Gruppe wird so gewährleistet, daß die besondere Eigenart des Holzes jeweils voll zur Geltung kommt. Dieses Bett wurde für einen außergewöhnlich dicken und langen Abschnitt eines Eibenstammes entworfen. Die Blockverleimung der Füße gewährleistet eine optimale Holzausnutzung; anschließend werden sie mit Schnitzwerkzeugen in ihre endgültige Form (unten rechts) gebracht.

DER ENTWURF

Die vier Ständer des Bettes sind leicht gekrümmt, damit es scheint, als würden sie von dem seidenen Himmel unter Spannung gehalten. Diese Spannung verhilft der Konstruktion zu einer harmonischen Gesamtwirkung, während die wuchtigen Füße ein Gegengewicht zur schlanken Eleganz der Säulen bilden.

# Holz im

Inmitten einer scheinbar grenzenlosen
Gras- und Strauchsavanne zügelt dieser
1926 in Südafrika fotografierte Postkutscher
sein Maultiergespann beim Durchwaten
eines Wasserlaufs.

# Verkehr

# Von der Kufe zum Rad

LABRADOR-SCHLITTEN
*Die ungewöhnlich langen Kufen des Karibu-Eskimo-Schlittens sind durch Querhölzer mit Seehundsleder-riemen leiterförmig verbunden. Täglich werden die Kufen mit einer Torfmasse beschichtet und dann mit Wasser bestrichen, damit sich eine Eisoberfläche bildet.*

ESKIMO-SCHLITTEN
*Die leichteren, vielseitig verwendbaren Schlitten der Mackenzie-Eskimos haben eine Ladefläche in Ständerbauweise sowie Griffstangen zum Steuern. In seiner herkömmlichen Ausführung wird dieser Ständerschlitten aus Elastizitätsgründen mit Riemenverbindungen gebaut.*

Seit unvordenklichen Zeiten zwingen die Lebensumstände den Menschen, Vorrichtungen zum Transport seiner Güter zu bauen. Der Jäger muß sein ganzes Beutetier mitnehmen, denn über zurückgelassene Teile würden Aasfresser herfallen; der Fallensteller in nördlichen Regionen muß schnell und sicher zwischen seinen Pelztierfallen und der Handelsstation verkehren können, und der umherziehende Präriebewohner muß seine Familie, Zeltausrüstung und Habe leicht von Camp zu Camp befördern können.

Schnitzereien und Wandbilder aus vielen alten Kulturen belegen die Verwendung eines Fahrzeugs mit Kufen. Die Völker Ägyptens und des Nahen Ostens transportierten Steinblöcke und Statuen auf riesigen Holzschlitten, die sie im beladenen Zustand auf Baumwalzen fortbewegten.

In unserer Zeit sind Schlitten vor allem in den Polargebieten gebräuchlich. Aus Holz, gelegentlich auch aus Knochen gebaut und von Rentieren oder Hunden gezogen, bilden sie ein praktisches und leistungsfähiges Transportmittel in den Eis- und Schneelandschaften. Die Bauteile dieser Schlitten sind nicht fest gefügt, sondern zusammengebunden, damit sich die Konstruktion verwinden und verbiegen kann, ohne zu brechen. Selbst bei sehr niedrigen Temperaturen behält Holz ein erstaunliches Maß an Elastizität und Schlagbiegefestigkeit.

Der besonders bei lockerem Schnee hervorragende Pulka der Lappen gleicht einem kleinen Boot, dessen breiter Kiel als Einzelkufe dient. Kanadische Indianer verwenden einen ähnlichen Bootsschlitten aus Borke oder Holz – ein einfacher Trog mit mittels Dämpfen vorn hochgebogenen Kanten –, und die Sommerschleife war früher in Europa, Asien und im Amerika der Pionierzeit ein allgemein übliches Fahrzeug, auf dem man Steine und Baumstümpfe von neuangelegten Äckern und Feldern schaffte.

Radfahrzeuge waren in ganz Amerika bis zur europäischen Kolonisierung unbekannt, aber das Rad verwendeten die alten Kulturen Asiens und des Mittelmeergebiets schon mindestens fünf Jahrtausende vor Christus. Über den genauen Ursprung des Rades weiß man nichts. Seine Entwicklung läßt sich jedoch verfolgen von der vollen, fest mit der Achse verbundenen Scheibe – eine Form, die heute noch in vielen Teilen der Erde gebräuchlich ist – bis hin zu den weitaus leichteren und konkaven oder gewölbten Rädern, die ihre höchste Perfektion im Wagen- und Kutschenbau des 19. Jahrhunderts erreichten.

**NANSENSCHLITTEN**
*Der von Polarexpeditionen bevorzugte Nansenschlitten ist eine Weiterentwicklung des Eskimo-Schlittens, die sich durch geringes Gewicht und Zuverlässigkeit auszeichnet. Er besteht ausschließlich aus Esche, und seine Bauteile sind verzapft und mit Kordel und Rohhautstreifen zusammen-gebunden. Die Kufen – aus Hickory – werden heute aus mit dem Gleitmittel »Tufnol« beschichteter Esche gearbeitet. Eine an den Querhölzern der Lastenplattform mit Riemen befestigte flexible Bremsstange läßt sich mit dem Fuß in den Eis- oder Schneegrund drücken.*

**DER »BAHNRÄUMER«**
*Das Zugseil ist um die ersten drei Ständer herumgeführt, damit es plötzliche Belastungen absorbieren kann. Vom Boden hebt es der »Bahnräumer« ab – ein dampfgebogenes Stück Rotanrohr, das als Stoßdämpfer und Tragvorrichtung dient.*

**LAPPEN-PULKA**
*Dieser einfache, bootsförmige Schlitten der nomadischen Lappen gleitet gut über lockeren Schnee. Stabilisiert wird er von seinem breiten, einer Einzelkufe vergleichbaren Kiel. Der Trog besteht aus vernähten oder mit Holzpflöcken verbundenen Nadelholzbrettern.*

**EUROPÄISCHER GABELSCHLITTEN**
*Der Gabelschlitten kommt in zahlreichen Formen in ganz Nordeuropa und in Teilen Afrikas vor. Als Schlittenrahmen dient eine entrindete und grobgeglättete Astgabel. Die Bretter der Ladefläche sind mit Hartholzpflöcken befestigt.*

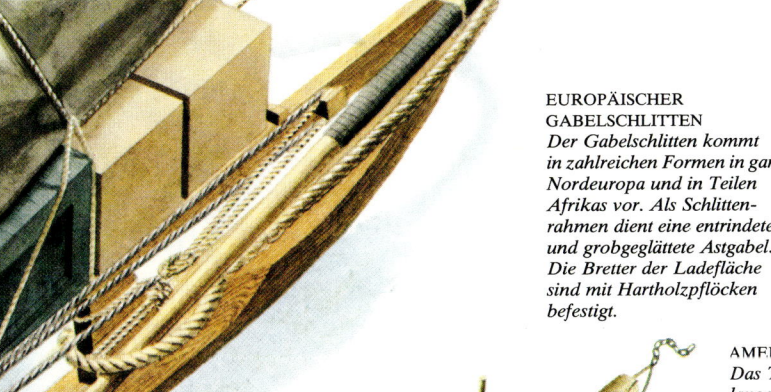

**AMERIKANISCHER TRAVOIS**
*Das Transportgestell aus zwei langen, dünnen, zu einer umgekehrten V-Form verstrebten und zusammengebundenen Stangen wurde am Rücken eines Pferdes oder Hundes so befestigt, daß es von dem Tier mit dem breiten Ende am Boden schleifend geschleppt werden konnte. Travoises waren das bevorzugte Transportgerät der nordamerikanischen Tiefland-Indianer.*

**ENTWICKLUNG DES RADES**
Archäologische Funde beweisen, daß die Erfindung des Rades mindestens 5000 Jahre zurückliegt. Die ältesten überlieferten Räder stammen von Ochsenkarren und sind entweder behauene Massivholz-scheiben oder aus drei und mehr Teilen zusammengesetzt. Das viel leichtere Speichenrad kam erst um 1500 v. Chr. im Nahen Osten auf, wo es für schnelle Kampfwagen gebaut wurde.

*Behauenes Vollscheibenrad Holland: etwa 2000 v. Chr.*

*Dreiteiliges Vollscheibenrad Mesopotamien: etwa 2500 v. Chr.*

*Querstrebenrad Italien: etwa 1000 v. Chr.*

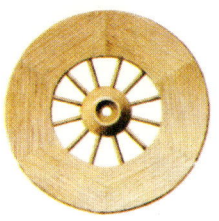

*Speichenrad Norwegen: etwa 850*

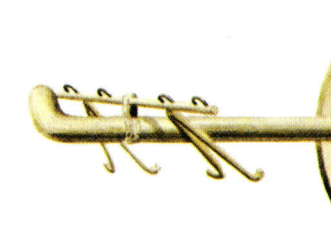

*Konkaves Karrenrad Europa: etwa 1850*

**CHINESISCHER STREITWAGEN**
*Die Abdrücke von 19 in Hui-hsien vergrabenen Streitwagen ermöglichten ihre Rekonstruktion, die beweist, daß die Chinesen schon 250 v. Chr. sowohl Speichen- als auch konkave Räder hatten. Später bauten die Chinesen ihre Räder mit Naben aus Ulme, Felgen aus Eiche und Speichen aus Palisander.*

135

# Das Stellmacherhandwerk

Der Bau eines Speichenrads erfordert großes handwerkliches Können und ein gründliches Verständnis der spezifischen Eigenschaften dreier verschiedener Holzarten. Die Nabe wird immer aus Ulme gefertigt, einem der zähesten und spaltfesten Hölzer überhaupt. Zunächst werden konisch verjüngte Zylinder aus gutabgelagertem Kernholz auf einer Drehbank hergestellt. Anschließend wird das Zentrum der Nabe mit einem Stangenbohrer ausgehöhlt und die eiserne Achsbuchse eingesetzt, die sich um die feste Achse dreht. Dann werden Ausnehmungen zur Aufnahme der Speichen eingestemmt und die Nabe durch Aufschrumpfen von Eisenbändern an beiden Seiten verstärkt. Stark beanspruchte Räder werden konkav oder gewölbt gebaut, damit sie plötzlichen Rüttelstößen standhalten.

Eiche, und zwar Stieleiche (*Quercus robur*) oder Amerikanische Weißeiche (*Q. alba*), wählt man für die Speichen. Mit Ausnahme von Esche kann man keinem anderen Holz die gewaltigen Belastungen anvertrauen, denen die Speichen unterliegen, wenn sie jeweils allein die gesamte auf dem Rad ruhende Last zu tragen haben. Speichen spaltet man immer von Hand aus Kanteln heraus, um einen geraden Faserverlauf von einem Ende zum anderen zu gewährleisten. Jede Speiche muß völlig astfrei und geradfaserig sein.

Die Felgenteile des Radkranzes schneidet man aus gutgetrocknetem, völlig astfreiem Eschenholz, entweder Gemeine Esche (*Fraxinus excelsior*) oder Amerikanische Weißesche (*F. americana*). Beide Hölzer sind zäh, fest, tragfähig und hochelastisch, können also plötzliche Stoßbeanspruchungen aufnehmen, ohne zu brechen. Jedes Felgenteil ist nur so lang, daß es zwei Speichen halten kann, denn längere Kreisringteile müßten quer zur Faser geschnitten werden. Wichtig ist außerdem, daß einige Jahresringbogen durch das gesamte Felgenteil verlaufen. Kleine, zylindrische Eichenzapfen sichern die Felgenstöße und halten den Felgenkranz zusammen.

Zuletzt wird der durch Erhitzen geweitete Eisenreifen aufgezogen und anschließend mit Wasser gekühlt: Er schrumpft, preßt alle Teile des Rades fest zusammen und gibt ihm eine glatte und verschleißfeste Lauffläche.

ALT UND NEU
*Ein gerade repariertes Wagenrad mit mehreren neuen Felgenteilen und Speichen wartet auf das Aufziehen eines neuen Radreifens. Hinter ihm steht das zu Bruch gegangene Rad einer Kanonenlafette aus dem 18. Jahrhundert – mit nach jahrzehntelangem hartem Einsatz gerissener Ulmenholz-Nabe.*

**DIE SPEICHEN**
*Geradfaserige Eiche ist das
bevorzugte Holz für die Radspeichen. Das Rundholz wird
nicht gesägt, sondern nach
dem Faserverlauf aufge-
spalten, um die langen Fasern
zu erhalten. Zunächst läßt
man es ein Jahr lang aus-
trocknen und formt es dann
mit dem Ziehmesser.*

**DIE NABE**
*Ulmenholz allein hat jene
Zähigkeit und Festigkeit, die
eine Radnabe erfordert. Ein
gut ausgetrockneter, 35 cm
langer Rohling mit einem
Durchmesser von 30 cm wird
hier auf der Drehbank hergestellt, bevor Löcher für die
Speichenzapfen eingestemmt
werden.*

**DIE FELGENTEILE**
*Die alternierenden Bänder
aus lockerem, weitporigem
Frühholz und dichtem, zähem
Spätholz machen Esche zu
einem natürlichen Stoß-
dämpfer. Hier wird vor dem
Schneiden der Umriß eines
Felgenteils in eine 8 cm
dicke Eschenbohle geritzt.*

**ZUSAMMENBAU DES RADES**
*Zum Spannen des Speichen-
paares mit dem Speichen-
greifer braucht der Stellmacher beim Einpassen der
Felgenteile die ganze Kraft
seines Körpers. Und bei der
Bearbeitungsstufe vor dem
Aufziehen des Reifens bedarf*
*es seiner ganzen Handwerks-
kunst: wenn er von Speichen
und Radkranz mit Ziehmesser
und Speichenhobel über-
schüssiges Holz abnimmt. Er
macht so das Rad leichter,
muß aber genug Holz an den
Stellen lassen, die am stärksten
beansprucht werden.*

137

# Bauernkarren und -wagen

In vielerlei Hinsicht ähnelt das Handwerk des Stellmachers dem des Tischlers. Während jedoch der Tischler zur Verstärkung auf Nägel und Leim zurückgreifen kann, mußte sich der Wagenbauer allein auf die Festigkeit seiner Holzverbände verlassen. Denn herkömmliche Leime waren dem ständigen Biegen und Rütteln, Naßwerden und Trocknen eines Bauernwagens einfach nicht gewachsen.

Die Qualität des Holzes war für den Stellmacher so entscheidend, daß er sehr oft das Fällen der Bäume und das Sägen des Holzes selbst überwachte. Auf dem Lagerplatz sortierte und kennzeichnete er dann die einzelnen Hölzer nach ihrer besonderen Eignung. Leicht gekrümmte Buchen- und Eschenteile wählte er für die Felgen, zylindrische Eichenklötze für die Speichen, gekrümmte Eschenstämme für die Deichseln und geradfaseriges Eichen- und Eschenholz für Wagenrahmen und Seitenwandung.

Eiche und Esche waren überall die bevorzugten Hölzer für Wagenrahmen, doch bildeten sich in England andere Fuhrwerkstypen heraus als im übrigen Europa. Die vierrädrigen Ackerwagen auf dem Festland hatten Wagenkästen mit geraden Seitenwänden aus Eiche, die außerordentlich robust waren, aber den Wendekreis des Fahrzeugs vergrößerten. Englische Stellmacher, die ihre Wagen oft für schmale Wege und enge Höfe bauen mußten, behoben diesen Nachteil dadurch, daß sie den Wagenkasten in zwei Teilen bauten – mit einem verjüngten Mittelteil, das einen stärkeren Radeinschlag erlaubte.

Die Bodenbretter aus Ulmenholz verlegte man entweder längs oder quer. Bei geschaufeltem Ladegut wie Sand, Kies oder Mist waren Längsbretter vorteilhafter, weil Querfugen von den Schaufeln beschädigt worden wären. Die Seitenteile arbeitete man meist aus Esche, häufig in Verbindung mit Pappel.

Aber nicht jedes Bauernfahrzeug ist das Werk eines geübten Handwerkers, und in vielen Teilen der Erde müssen sich die Bauern ihre Karren und Wagen selber aus dem Material zimmern, das gerade zur Hand ist. In China verwendet man ebenfalls Eiche und Esche im Wagenbau, wählt für zahlreiche Zwecke aber lieber Palisander als Eiche. Auch der unübertroffen vielseitige Bambus spielt im Fahrzeugbau zahlreicher fernöstlicher Länder eine bedeutende Rolle.

**DER ÜBERBAU**
*Für den geschweiften Überbau – die äußeren Teile des Rahmens, die die Ladefläche erweiterten und die Räder vor dem Ladegut schützte – wählte man meist Eschenholz.*

**SEITENRAHMUNG**
*Die Hauptbestandteile des Seitenrahmens waren aus Esche oder Eiche, die Sprossen meist aus Pappel oder Buche.*

**SEITENWANDUNG**
*Für die Seitenwandung wählte man gewöhnlich Ulme, besonders wenn der Wagen für schwere Lasten bestimmt war. Für den vorderen Teil nahm man gern Pappelbretter, weil sie sich leichter biegen und den Krümmungen anpassen ließen.*

**ACHSLAGERUNG**
*Ein kräftiger Eichenbalken – gelegentlich verwendete man auch Esche oder Buche – nahm das Gewicht des Aufbaus und Fahrgestells auf und trug die Achsschenkel aus Stahl.*

**DEICHSEL**
*Die Deichseln arbeitete man allgemein aus Esche – ein zähes, federndes Holz, aus dem man gut die langen, geschweiften Deichselarme herstellen konnte.*

**ACHSSCHENKEL**
*Ein in die Achslagerung eingesetzter Schmiedestahlarm trug die Radnabe aus Ulmenholz.*

**SUSSEX WAGON**
*Die wuchtigen Räder des traditionellen Sussex Wagon hatten unterschiedliche Spurweiten. Das hier abgebildete Fuhrwerk hat die älteren Greifräder mit Breitspur.*

**LINCOLNSHIRE WAGON**
*Die Karren von Lincolnshire mit ihren hohen Kastenaufbauten ohne Auskragungen erinnern an niederländische Fuhrwerkstypen. Jede englische Grafschaft hatte früher ihre eigene traditionelle Farbenkombination für Aufbau und Fahrgestell.*

GEORGE B. DORLING
HAILSHAM

LEONARD ROBERTS
CHALLIS FARM
LINCOLN SHIRE
18 30

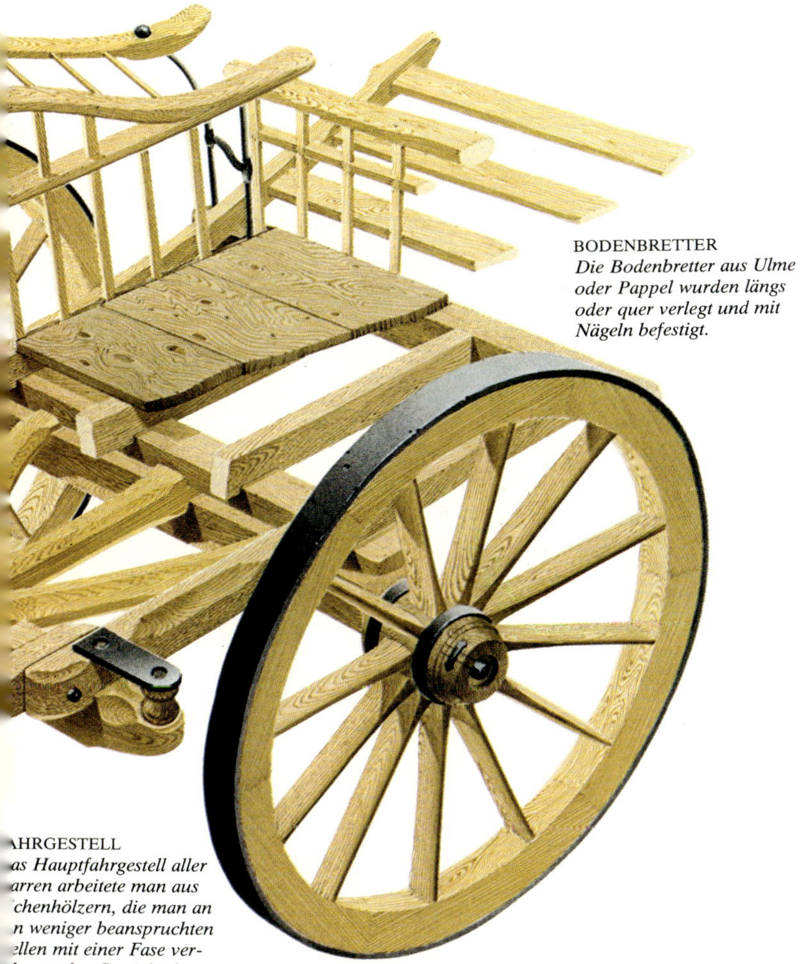

**BODENBRETTER**
*Die Bodenbretter aus Ulme oder Pappel wurden längs oder quer verlegt und mit Nägeln befestigt.*

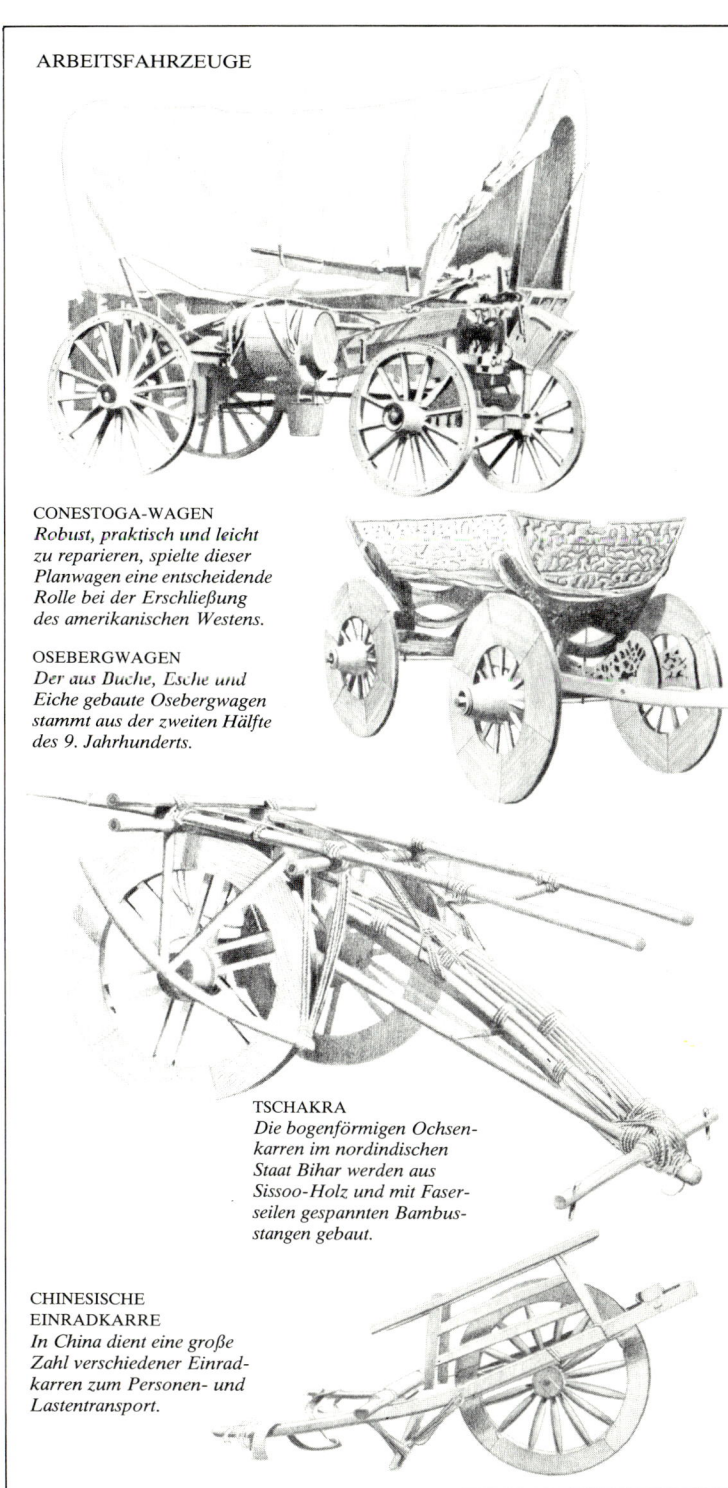

**CONESTOGA-WAGEN**
*Robust, praktisch und leicht zu reparieren, spielte dieser Planwagen eine entscheidende Rolle bei der Erschließung des amerikanischen Westens.*

**OSEBERGWAGEN**
*Der aus Buche, Esche und Eiche gebaute Osebergwagen stammt aus der zweiten Hälfte des 9. Jahrhunderts.*

**TSCHAKRA**
*Die bogenförmigen Ochsenkarren im nordindischen Staat Bihar werden aus Sissoo-Holz und mit Faserseilen gespannten Bambusstangen gebaut.*

**CHINESISCHE EINRADKARRE**
*In China dient eine große Zahl verschiedener Einradkarren zum Personen- und Lastentransport.*

**FAHRGESTELL**
*Das Hauptfahrgestell aller Karren arbeitete man aus Eschenhölzern, die man an den weniger beanspruchten Stellen mit einer Fase versah, um das Gewicht des Fahrwerks zu reduzieren.*

**OXFORD WAGON**
*Der nur 900 kg schwere Oxford Wagon zählte zu den leichtesten der englischen Bauernfuhrwerke – und mit seinen geschwungenen Linien und hohen, schmalen Rädern zugleich zu den schönsten. Der hintere Teil der Bordwand war wegen des Rad-durchmessers von 150 cm hochgezogen. Die Rückwand bestand wie die Seitenwände aus einem Leiterrahmen, der manchmal nur bis zur halben Höhe eine Kastenbretter-verkleidung trug. Die Rückwand war klappbar mit Holzzapfen befestigt.*

# Kutschen und Karossen

Schwere Reisewagen kannte man in Europa schon seit der Römerzeit. Doch erst die Einführung der abgefederten Aufhängung gegen Ende des 17. Jahrhunderts revolutionierte den Wagenbau, und Anfang des 19. Jahrhunderts war dieses Handwerk so entwickelt, daß es hochelegante Kabrioletts, Kaleschen, Karriolen und Landauer zu fertigen verstand.

Der Kutschenbau hatte viele Gemeinsamkeiten mit dem Stellmacherhandwerk. Beide benutzten die gleichen Werkzeuge und sehr ähnliche Techniken. Während jedoch der Stellmacher das ganze Fahrzeug allein herstellte, arbeiteten bei einem Kutschenbauer meist verschiedene Fachhandwerker wie Karosseriebauer, Stellmacher, Schmiede, Polsterer und Maler.

Die im Kutschenbau verarbeiteten Hölzer waren hart, gut ausgetrocknet und feinfaserig, und obwohl es schon Ende des 19. Jahrhunderts dreilagige Sperrholzplatten gab, verschmähten die meisten Handwerker dieses neue Material und blieben bei ihrem traditionellen Eichen-, Eschen-, Buchen- und Mahagoniholz.

Wichtigstes Konstruktionsholz war Esche – ein zähes und festes Holz, das man nach dem Kochen oder Dämpfen biegen konnte; außerdem zeichnete es sich durch Stehvermögen und Torsionsfestigkeit aus. Besonders für den Rahmenbau gesucht war das Holz im Freistand herangewachsener oder sogenannter »Garteneschen« wegen seiner unübertroffenen Zähigkeit. Aufgrund seiner Grobfaserigkeit, die selbst nach sorgfältigem Glätten noch durch den Anstrich durchschien, eignete es sich allerdings nicht für Sichtpaneele.

Für die Wagenkästen wählte man gewöhnlich Honduras-Mahagoni, ein hochwertiges Holz, mit dem sich im Zusammenhang mit der damals modischen Hochglanzlackierung beste Oberflächenergebnisse erzielen ließen. Auch konnte man Mahagoni gut in die elegant geschwungenen Kastenformen biegen. Für Platten, die mit Leder bespannt wurden, nahm man gelegentlich auch Cedro (»Honduras-Zeder«), das sich wegen seiner Porosität nicht lackieren läßt.

Gegen Ende des 19. Jahrhunderts wurde der Kutschenbau standardisiert; es gab Lehrbücher und Konstruktionsvorlagen, sogar schon Fachzeitschriften. Die Werkstattmethoden blieben allerdings weitgehend traditionsgebunden, bis dann der Verbrennungsmotor das Ende des Pferdekutschen-Zeitalters besiegelte.

**RATIONELLE AUSNUTZUNG**
*Gleich zu Beginn seiner Lehrzeit mußte der angehende Kutschenbauer lernen, die Rahmenteile richtig anzureißen. Gutes Holz war teuer, weshalb auf maximale Ausbeute und gleichzeitig darauf zu achten war, daß bei den tragenden Elementen des Rahmens der Faserverlauf nicht unterbrochen wurde, weil dies ihre Festigkeit beeinträchtigt hätte.*

**VERTAFELUNG MIT GEHRUNGSFUGE**
*Die Decken-, Rücken- und Seitenverkleidungen fügte man meist »auf Gehrung« zusammen, um die Stirnflächen des Holzes vor Witterungseinflüssen zu schützen. Die Tafeln – in Europa überwiegend Mahagoni, in Amerika Tanne – wurden zunächst gedämpft, um sie biegsamer zu machen, und dann an die Rahmenhölzer genagelt. Kleinere Seitenplatten wurden in Nute im Rahmenwerk eingesetzt und entweder verleimt oder mit Bleiweiß gesichert. Das Bleiweiß gewährleistete festen Halt und schützte außerdem das Holz vor Feuchtigkeit.*

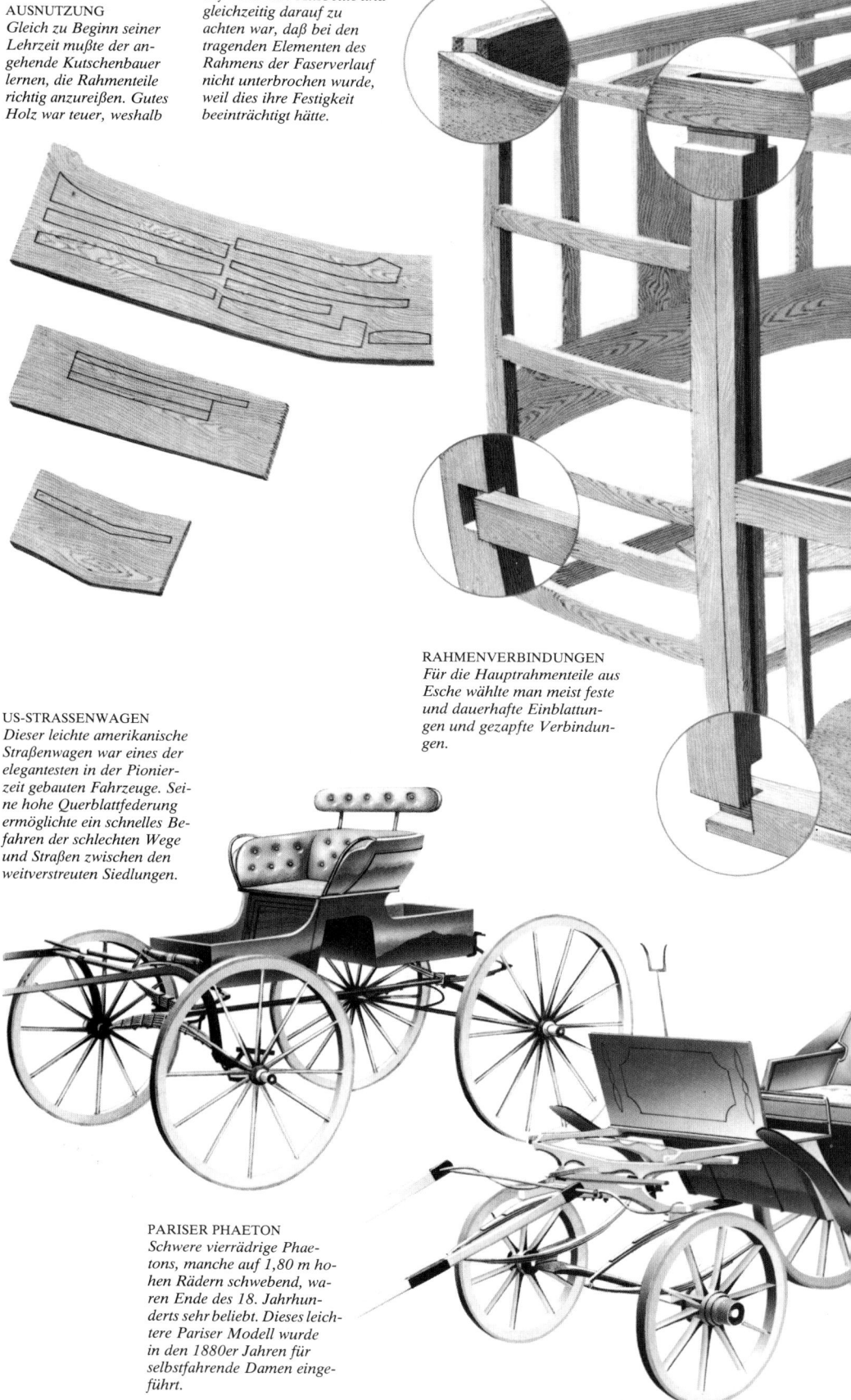

**RAHMENVERBINDUNGEN**
*Für die Hauptrahmenteile aus Esche wählte man meist feste und dauerhafte Einblattungen und gezapfte Verbindungen.*

**US-STRASSENWAGEN**
*Dieser leichte amerikanische Straßenwagen war eines der elegantesten in der Pionierzeit gebauten Fahrzeuge. Seine hohe Querblattfederung ermöglichte ein schnelles Befahren der schlechten Wege und Straßen zwischen den weitverstreuten Siedlungen.*

**PARISER PHAETON**
*Schwere vierrädrige Phaetons, manche auf 1,80 m hohen Rädern schwebend, waren Ende des 18. Jahrhunderts sehr beliebt. Dieses leichtere Pariser Modell wurde in den 1880er Jahren für selbstfahrende Damen eingeführt.*

**NEUHEIT AUS AMERIKA**
*Anfang des 19. Jahrhunderts wurden einteilige Dachelemente aus dreilagigem Sperrholz aus Amerika eingeführt. Aber obwohl dieser neue Werkstoff praktischer als die einzelnen, miteinander verbundenen Nadelholzbretter war, fand er nur wenig Anklang bei den Europäern.*

**HOLZVERBÄNDE**
*Die meisten Elemente des Rahmens waren gezapfte oder überblattete geradfaserige Hölzer, die mit Holzdübeln gesichert waren, damit die Verbindungen den Beanspruchungen standhielten.*

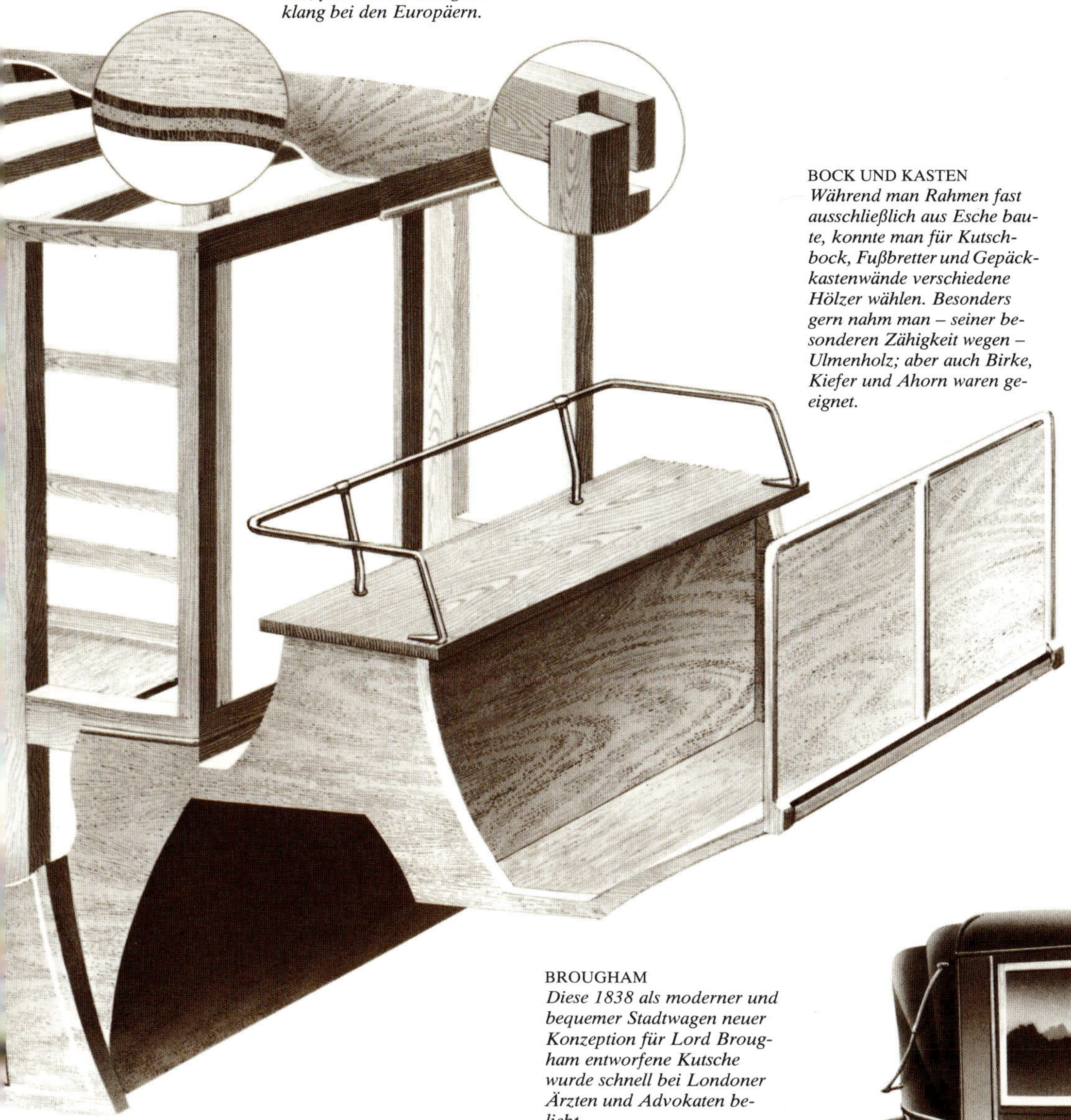

**BOCK UND KASTEN**
*Während man Rahmen fast ausschließlich aus Esche baute, konnte man für Kutschbock, Fußbretter und Gepäckkastenwände verschiedene Hölzer wählen. Besonders gern nahm man – seiner besonderen Zähigkeit wegen – Ulmenholz; aber auch Birke, Kiefer und Ahorn waren geeignet.*

**STAATSKAROSSEN**
Prunkkutschen aus der Barockzeit waren oft überladen mit kunstvoll geschnitzten und vergoldeten allegorischen Figuren, Amoretten, Blumen und Ranken. Die schlichteren Kutschen der Reichen hatten eine Hochglanzlackierung mit Emaildekor.

**BROUGHAM**
*Diese 1838 als moderner und bequemer Stadtwagen neuer Konzeption für Lord Brougham entworfene Kutsche wurde schnell bei Londoner Ärzten und Advokaten beliebt.*

**CANNSTATT-DAIMLER**
*Der 1898 gebaute Cannstatt-Daimler ist ein hervorragendes Beispiel für die »pferdelosen Kutschen« der ersten Generation. Obwohl von einem 4-PS-Motor angetrieben, sind sein Chassis und seine Vorderachse noch nach dem gleichen Prinzip konstruiert wie bei dem 60 Jahre älteren Brougham.*

# Anbruch einer neuen Zeit

Die großen Fortschritte des 19. Jahrhunderts in der Erzeugung und Bearbeitung von Eisen und Stahl führten zu einem schnellen Rückgang der Verwendung von Holz im Fahrzeugbau. Zwar hatten die 1818 patentierte »Laufmaschine« des badischen Forstmeisters Karl Friedrich Drais von Sauerbronn und das Kirkpatricksche Pedal-Zweirad von 1839 noch geschweifte Längsteile aus Holz, doch das berühmte Hochrad war schon aus Eisen und seine Nachfolger aus Stahlrohr und verschiedenen Leichtmetall-Legierungen. Das 1884 von Carl Benz konstruierte dreirädrige Kraftfahrzeug war noch ebenso aus Holz wie das Zweirad, in das Gottlieb Daimler 1885 einen seiner ersten Motoren einbaute. Die Vorzüge des Stahls lagen jedoch auf der Hand, und seit 1905 wurde er dann nahezu ausschließlich als Chassis-Material verwendet.

Holz blieb allerdings noch viele Jahre als Material für Karosserieaufbauten in Gebrauch. Aus Esche, dem traditionellen Wagen- und Kutschenholz, sowie aus Eiche und Mahagoni baute man den Karosserierahmen. Kiefern-, Lärchen- und Tannenholz wurden in großem Umfang zu Armaturenbrettern und Paneelen verarbeitet, doch war Mahagoni zweifellos das bevorzugte Material zum Vertäfeln komplex gekrümmter Flächen. Birke, Hickory, Buche und Rüster fanden als Bretter Verwendung – für Sitzkonstruktionen, Trittbretter und Kofferraumwände. Noch in der Zeit zwischen den beiden Weltkriegen wurde im Karosseriebau für Personen- und Lastkraftwagen mehr Holz als Stahl verarbeitet.

In Europa waren die ersten Privatautomobile Luxusprodukte für feine Leute, die an sie gleichhohe Ansprüche hinsichtlich Komfort und Eleganz stellten wie zuvor an ihre Kutschen, und viele Jahre noch blieben Mechaniker und Karosseriebauer zwei völlig getrennte und eigenständige Handwerke. In jener Zeit entstanden in Europa phantastisch sorgfältig gearbeitete Autos für die Reichen und den Export – aber das Ende des Kraftwagens aus Holz war schon abzusehen. In Amerika führte Henry Ford das Aluminium ein und erzielte damit nicht nur höhere Produktionsraten, sondern auch ein weitaus besseres Leistungsgewicht für sein Modell T, als man es je mit einer Holzkonstruktion hätte erreichen können. Und 1913 begann die Zeit des modernen Fließband-Automobils, als E. G. Budd für die Gebrüder Dodge eine ganz aus Preßstahl bestehende Kraftfahrzeug-Karosserie baute.

Wenngleich Holz nicht für Serienkarosserien Verwendung findet, hat es doch mehrmals ein Comeback in der Fertigung von Spezialfahrzeugen gefeiert, beispielsweise beim Marcos-Sportwagen der 1960er Jahre, dessen gesamte Karosserie aus Sperrholzplatten gebaut war. Auch als Statussymbol ist Holz weiterhin beliebt und wird oft zu Lenkrädern, Instrumentenbrettern und anderen Teilen der Innenausstattung von Qualitätsfahrzeugen verarbei-

HISPANO SUIZA
*Dieser 8-Liter-Hispano-Suiza aus dem Jahre 1924 war eine Sonderanfertigung für den Millionär André Dubonnet. Die Rosenholz-Karosserie mit ihren kräftigen, durch die glänzenden Kupferniete akzentuierten Farbtönen konstruierte der Franzose Nieuport, der vorher Flugzeuge gebaut hatte.*

KNIGHT-PROTOTYP
*Der Engländer Knight baute einige Kraftwagen-Prototypen, von denen dieser »Hundekarren« aus dem Jahre 1895 der erste war. Im Gegensatz zu dem exotischen Hispano Suiza sind hier Räder, Chassis und Aufbau deshalb aus Holz, weil es das billigste und vertrauteste Material war.*

tet. So wird seit 1904 jeder Rolls-Royce mit einem Armaturenbrett aus Nußbaum ausgerüstet – womit das Werk, wenn auch in recht verkümmerter Form, eine jahrhundertealte Kutschenbau-Tradition fortsetzt.

Heute hat Holz neue Aufgaben im Verkehrswesen übernommen. Aus Sperrholzplatten z. B. stellt man Kastenkonstruktionen von Lkw-Aufbauten, Containern, Eisenbahnwaggons und Lieferwagen her. Die Platten werden meist mit einer dünnen Stahl- oder Aluminiumhaut überzogen, die das Holz vor Witterungseinflüssen und übermäßigem Verschleiß schützt. So ein rechteckiger Kastenaufbau ist – selbst ohne Innenaussteifung – erstaunlich robust und hält harten Einsatzbedingungen weitaus besser stand als ein Ganzmetall-Wagenkasten.

**BEACHTLICHE NEUERUNG**
*Im Gegensatz zur damaligen Praxis verwendete Nieuport Holz nicht für Rahmen und Platten, sondern als Beplankung. Ein späterer Besitzer perfektionierte seine Konzeption, indem er die ursprünglichen Aluminium-Kotflügel durch zur Karosserie passende Rosenholz-Furnierteile ersetzte.*

**MOTORKUTSCHEN**
*Die Automobile der ersten Generation – in den 1880er und 1890er Jahren – waren noch motorisierte Kutschwagen, wie dieser 1885 von Knight und in ähnlicher Form auch von Carl Benz gebaute »Dogcart«. Ihr Rahmen bestand meist aus Eiche oder Esche, die Sitze und Aufbauten waren aus Nadelholzbrettern.*

**DAIMLER-MOTORRAD**
*Bei diesem 1885 von Gottlieb Daimler gebauten Benzinmotor-Niederrad, dem ersten der Welt, mußte der gesamte Holzrahmen mit Gußeisen verstärkt werden. Neuartige Beanspruchungen und größere Gewichte begrenzten bald die Verwendung hölzerner Bauteile in Kraftfahrzeugen.*

**KNOCHENMÜHLE**
*Räder und Rahmen des abgebildeten eisenbereiften Fahrrads aus dem 19. Jahrhundert bestanden aus Holz, besonders stark beanspruchte Teile aus Eisen. Die Tretkurbel hatte 1845 der Sachse G. Mylius erfunden. Bei diesem Modell sind die Radspeichen zur Erhöhung der Festigkeit in zwei Ebenen angeordnet.*

143

# Holz im Flugzeugbau

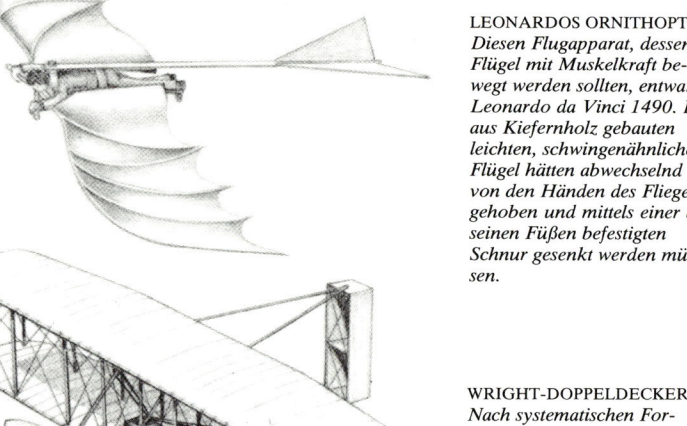

In der Pionierzeit der Motorluftfahrt war Holz der im Flugzeugbau meistverwendete Werkstoff. Es war billig, gut zu bearbeiten, leicht und fest zugleich und einfach zu reparieren. Vor und nach dem Ersten Weltkrieg bestand bei den meisten Flugzeugen die tragende Konstruktion oder Zelle aus hochwertigem Holz, meist Esche oder Fichte. Die einzelnen Baugruppen aus vernagelten oder verleimten Hölzern wurden bei der Endmontage mit großen Schrauben zum ganzen Flugzeug zusammengesetzt. Zuweilen verkleidete man einige Bauteile, häufig die Tragflächen-Vorderkanten, mit dünnem Birken-Sperrholz, während man den Rest mit leichtem Stoff bespannte.

Seit Leonardo da Vinci waren alle möglichen Flugmaschinen entworfen oder erprobt worden: Konstruktionen aus Eiche, Kiefer, Bambus, Fischbein und geschmeidigen Hasel- und Weidenruten. Um 1910 jedoch wurde der Flugzeugbau Sache von Fachingenieuren. Sie leisteten präzise Konstruktionsarbeit, für die jedes einzelne Holzteil peinlich genau inspiziert werden mußte. Waren bis 1914 auf der Erde etwa 5000 Flugzeuge gebaut worden, so wuchs allein in den vier Weltkriegsjahren die Produktion auf etwa 200 000 an.

Der Erste Weltkrieg leitete die Spezialisierung der Flugzeugkonstruktion ein, und nach 1918 wurde Holz nur noch wenig im Militärflugzeugbau verarbeitet, dagegen weiterhin in größerem Umfang im Zivil- und Sportflugzeugbau, und zwar überwiegend zu Schalenbaukonstruktionen, bei denen die Außenbeplankung mittragende Funktion hatte. Die Deperdussin-Sportmaschine aus dem Jahre 1913 war eines der ersten Flugzeuge in dieser Bauweise, die sich die Elastizität des Holzes und die Möglichkeit, ihm in beheizten Biegewerkzeugen eine gewünschte Krümmung zu geben, zunutze machte.

Im Zweiten Weltkrieg griff man wieder in starkem Umfang auf Holzflugzeuge zurück – teils um die begrenzten Metallvorräte zu schonen, teils um das Potential der Holzverarbeiter voll auszunutzen. Das bekannteste hölzerne Kriegsflugzeug war wohl der Mosquito-Bomber, eine Schalenkonstruktion mit einer Außenbeplankung aus Sandwichplatten mit einer Mittellage aus leichtem Balsa und Deckschichten aus Birkenfurnier. Mosquitos flogen noch zehn Jahre nach Kriegsende mit Geschwindigkeiten von 650 Stundenkilometern – selbst in tropischen Gebieten, wo zu den normalen Flugbeanspruchungen noch die Gefahren des Verwerfens, Leimversagens und Insektenfraßes hinzukamen.

Heute sind zahlreiche Leicht- und Segelflugzeuge Holzkonstruktionen, und zwar nicht nur aus Kostengründen, sondern auch wegen der bei diesem Material erzielbaren Oberflächengüte und seiner Anpassungsfähigkeit, die bei serienproduzierten Metallkonstruktionen immer weniger gegeben ist.

**LEONARDOS ORNITHOPTER**
*Diesen Flugapparat, dessen Flügel mit Muskelkraft bewegt werden sollten, entwarf Leonardo da Vinci 1490. Die aus Kiefernholz gebauten leichten, schwingenähnlichen Flügel hätten abwechselnd von den Händen des Fliegers gehoben und mittels einer an seinen Füßen befestigten Schnur gesenkt werden müssen.*

**WRIGHT-DOPPELDECKER**
*Nach systematischen Forschungen und Versuchen gelangen den Gebrüdern Wright 1903 mit ihrem Doppeldecker »Flyer« die ersten gesteuerten Motorflüge. Zu ihren vielen Neuerungen zählte die Quersteuerung mittels unterschiedlicher Verwindung der hölzernen Tragflächen.*

**ZWEITEILIGE SCHALEN**
*Der Mosquito-Rumpf war aus links- und rechtsseitigen Schalenteilen zusammengesetzt, die sich viel leichter mit den Hydraulik- und anderen Systemen ausrüsten ließen als eine ungeteilte Konstruktion. Tür- und Lukenöffnungen wurden mit Fichtenholzleisten eingefaßt und erst danach herausgeschnitten. Der größte Ausschnitt für das Cockpit hatte verstärkte Kanten zur Aufnahme des Metallrahmens des Kabinendachs.*

**DEPERDUSSIN**
*Die 1913 gebaute Deperdussin-Sportmaschine war eins der ersten Flugzeuge in Schalenbauweise. Den stromlinienförmigen Rumpf bildete ein stabiler Hickory-Rahmen mit einer mittragenden Außenbeplankung aus dreilagigem Rosenholz-Furnier. Nachteilig waren die kostspieligen und schwierigen Reparaturen.*

**FOKKER D. VII**
*Dieses im Ersten Weltkrieg bewährte Jagdflugzeug hatte ein Stahlrohrgerüst, das teils mit Stoff bespannt, teils mit Sperrholz verkleidet war. Die hölzernen Tragflächen mit Sperrholz-Vorderkanten und Stoffbespannung waren so stabil, daß man auf zusätzliche Spanndrähte verzichten konnte.*

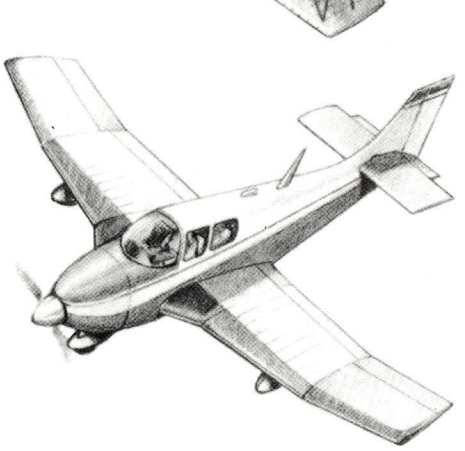

**ROBIN**
*Die in der französischen Stadt Dijon hergestellten Robin-Leichtflugzeuge sind teils Metall-, teils Holzkonstruktionen. Die Holz-Robins werden aus selektierten Fichtenhölzern gebaut, die zur Erzielung höchster Maßgenauigkeit maschinell bearbeitet werden. Die Verkleidung wird als Sperrholzbeplankung und Stoffbespannung ausgeführt.*

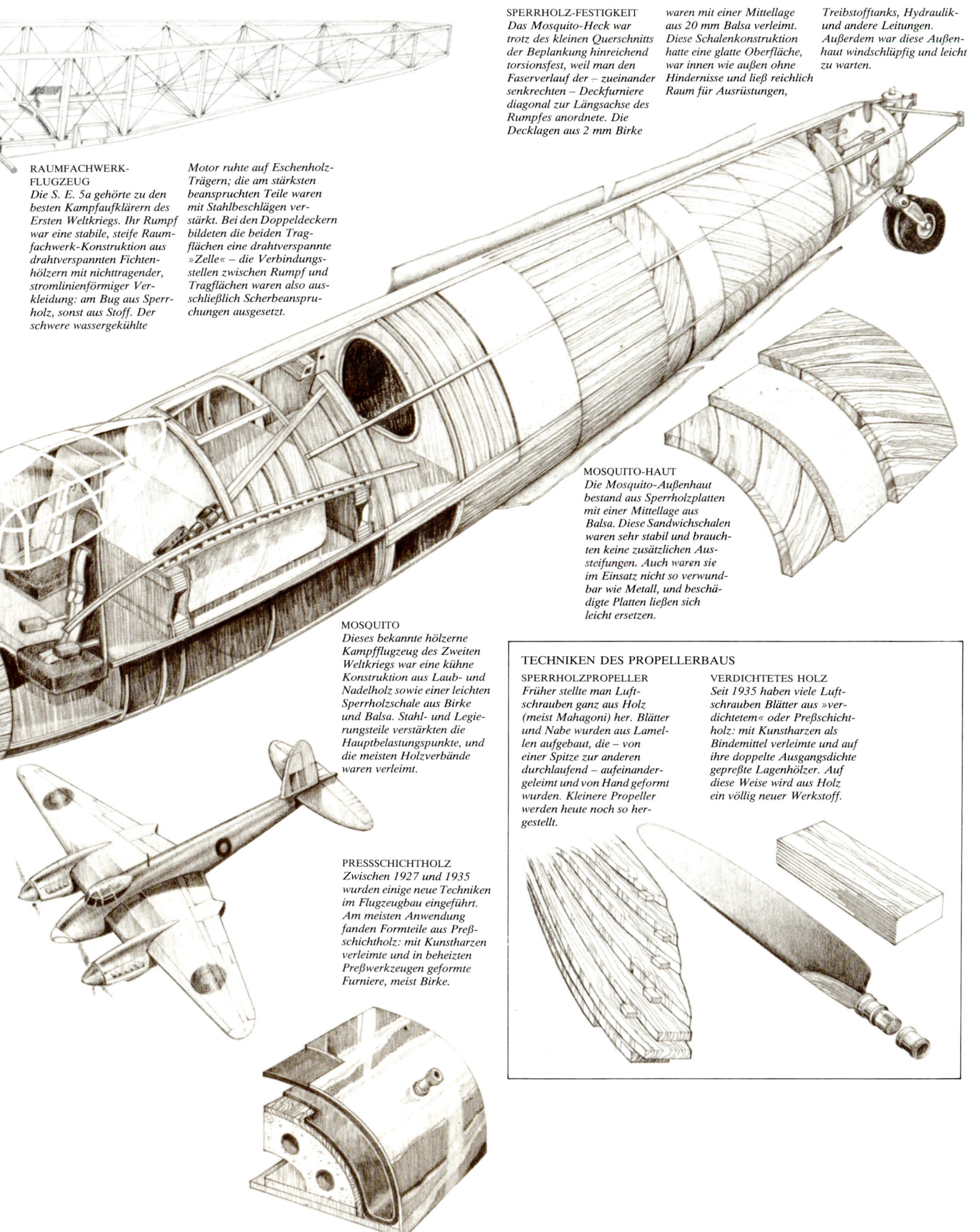

**SPERRHOLZ-FESTIGKEIT**
*Das Mosquito-Heck war trotz des kleinen Querschnitts der Beplankung hinreichend torsionsfest, weil man den Faserverlauf der – zueinander senkrechten – Deckfurniere diagonal zur Längsachse des Rumpfes anordnete. Die Decklagen aus 2 mm Birke*
*waren mit einer Mittellage aus 20 mm Balsa verleimt. Diese Schalenkonstruktion hatte eine glatte Oberfläche, war innen wie außen ohne Hindernisse und ließ reichlich Raum für Ausrüstungen,*
*Treibstofftanks, Hydraulik- und andere Leitungen. Außerdem war diese Außen- haut windschlüpfig und leicht zu warten.*

**RAUMFACHWERK- FLUGZEUG**
*Die S. E. 5a gehörte zu den besten Kampfaufklärern des Ersten Weltkriegs. Ihr Rumpf war eine stabile, steife Raum- fachwerk-Konstruktion aus drahtverspannten Fichten- hölzern mit nichttragender, stromlinienförmiger Ver- kleidung: am Bug aus Sperr- holz, sonst aus Stoff. Der schwere wassergekühlte*
*Motor ruhte auf Eschenholz- Trägern; die am stärksten beanspruchten Teile waren mit Stahlbeschlägen ver- stärkt. Bei den Doppeldeckern bildeten die beiden Trag- flächen eine drahtverspannte »Zelle« – die Verbindungs- stellen zwischen Rumpf und Tragflächen waren also aus- schließlich Scherbeanspru- chungen ausgesetzt.*

**MOSQUITO-HAUT**
*Die Mosquito-Außenhaut bestand aus Sperrholzplatten mit einer Mittellage aus Balsa. Diese Sandwichschalen waren sehr stabil und brauch- ten keine zusätzlichen Aus- steifungen. Auch waren sie im Einsatz nicht so verwund- bar wie Metall, und beschä- digte Platten ließen sich leicht ersetzen.*

**MOSQUITO**
*Dieses bekannte hölzerne Kampfflugzeug des Zweiten Weltkriegs war eine kühne Konstruktion aus Laub- und Nadelholz sowie einer leichten Sperrholzschale aus Birke und Balsa. Stahl- und Legie- rungsteile verstärkten die Hauptbelastungspunkte, und die meisten Holzverbände waren verleimt.*

**PRESSSCHICHTHOLZ**
*Zwischen 1927 und 1935 wurden einige neue Techniken im Flugzeugbau eingeführt. Am meisten Anwendung fanden Formteile aus Preß- schichtholz: mit Kunstharzen verleimte und in beheizten Preßwerkzeugen geformte Furniere, meist Birke.*

**TECHNIKEN DES PROPELLERBAUS**

**SPERRHOLZPROPELLER**
*Früher stellte man Luft- schrauben ganz aus Holz (meist Mahagoni) her. Blätter und Nabe wurden aus Lamel- len aufgebaut, die – von einer Spitze zur anderen durchlaufend – aufeinander- geleimt und von Hand geformt wurden. Kleinere Propeller werden heute noch so her- gestellt.*

**VERDICHTETES HOLZ**
*Seit 1935 haben viele Luft- schrauben Blätter aus »ver- dichtetem« oder Preßschicht- holz: mit Kunstharzen als Bindemittel verleimte und auf ihre doppelte Ausgangsdichte gepreßte Lagenhölzer. Auf diese Weise wird aus Holz ein völlig neuer Werkstoff.*

# Ländliches Holzhandwerk

Die hier an einem Baumstumpf lehnenden Werkzeuge
– Daubenreißer, Ziehmesser, Breitbeil, Holzhammer
und Klöpfel – rufen eine vergangene Zeit in die
Erinnerung zurück, in der diese einfachen,
aber wirksamen Geräte zur Standardausrüstung eines
jeden ländlichen Holzhandwerkers gehörten.

# Gespaltenes und geflochtenes Holz

**DIE HASELRUTE**
*Während des Saftstroms im Frühjahr und Herbst wählt der Hürdenmacher sein Rohmaterial aus: etwa siebenjährige Stangen mit einer Länge zwischen 1,5 und 3 m. Dieses Holz verarbeitet er sofort, solange es noch biegsam ist, zu beweglichen Zäunen.*

**VORBEREITUNG DER STANGEN**
*Die meisten Haseltriebe werden aufgespalten: entweder über die ganze Länge mit dem hakenförmigen Spaltmesser oder indem der Hürdenmacher die beiden auseinanderklaffenden Hälften einer an einem Ende aufgetrennten Stange gegen einen Pfosten treibt.*

Das Spalten ist eine Technik des spanlosen Zerlegens von Rundholzstücken nach der Längsrichtung in Bretter oder Latten, bei der – anders als beim Sägen – der natürliche Faserverlauf nicht zerstört wird. Ein geschickter Handwerker kann bei vielen Holzarten, etwa Eiche, Esche und Kastanie, einen Stamm von einem Ende zum anderen spalten, indem er eine Axt oder einen Keil in die Stirnfläche eintreibt – unmittelbar in einen Markstrahl, also eine jener Speicherzellreihen, die radial von der Stammachse ausgehen. Die dabei entstehenden beiden Halbzylinder spaltet er dann mit Axt oder Spaltbeil weiter in Scheite oder Balken mit dreieckigem Querschnitt auf.

Weil sich Holz nach dieser Methode schnell, einfach und mit wenig Werkzeug bearbeiten läßt, war es früher weithin üblich, Spalthölzer als Zaunpfosten und -latten oder Material für Tore, Gatter und Verschläge zu verwenden. Auch sehr viele Haus- und Scheunenverkleidungen bestanden aus gespaltenen Brettern, und in manchen Gegenden, etwa in Oberbayern oder im Schwarzwald, sind gespaltene Dachschindeln heute noch landschaftstypisch.

Für eine Vielzahl ländlicher Geräte und Werkzeuge bevorzugte man ebenfalls gespaltenes Holz: vor allem Eiche und Esche. Denn die festen Fasern dieser Holzarten, die ja beim Spalten nicht verletzt werden, verleihen z. B. gerade wie gekrümmten Werkzeugstielen eine Zähigkeit und Dauerhaftigkeit, wie sie gesägte Stücke nie aufweisen können.

Die schlanken Triebe ausgesuchter Hölzer, vor allem Haselnuß und Weide, lassen sich mit Messern auftrennen und zu Flechtzäunen verarbeiten. Diese heute vielfach als bewegliche Zäune verwendeten Flechtwerke dienten früher auch als Stützmaterial für die Lehmfüllungen der Fachwerkbauten. Und in manchen Gegenden greift man gegenwärtig zur Verstärkung von Viehweiden-Hecken wieder häufiger auf alte Verfahren des Spaltens und Verflechtens von Holz zurück: die lebenden, aufrechtwachsenden Stämmchen werden halb durchgetrennt, umgebogen und mit benachbarten Trieben verflochten, damit sie einen festen Hürdenzaun bilden.

Aus gespaltenem und geflochtenem Holz lassen sich auch Korbwaren aller Art herstellen. Das traditionelle Weidenholz verwenden Korbmacher heute jedoch nur noch wenig, denn sie arbeiten nun überwiegend als Zulieferer für Möbelhersteller und Innenausstatter, für deren Zwecke das feinere und vielseitiger zu verarbeitende Boondut- und Peddigrohr besser geeignet ist. Die früher als Heimgewerbe in waldreichen Landschaften in reiner Handarbeit betriebene Herstellung von Spankörben aus Fichte und weichen Laubhölzern hat heute fast ganz die Industrie übernommen, wo Spanhobel- und Furnierschälmaschinen dem Spanschneider von einst das Handwerk gelegt haben.

**STAKEN UND EINSCHLAG**
*Löcher in einem kräftigen Querholz nehmen an beiden Enden rund belassene Stangen und dazwischen gespaltene Triebe als Stützwerk auf. Zwischen diesen aufrecht stehenden Staken wird der Gerten-Einschlag hindurchgewunden und im unteren Hürdenbereich miteinander verflochten, um die Festigkeit der Hürde zu erhöhen. Zusätzliche Stabilität bekommt der bewegliche Zaun dadurch, daß der Hürdenmacher alle horizontalen Geflechte um die äußeren Pfosten herumführt und außerdem noch verdrillt. Latten- und Drahtgeflechtzäune sind zwar dauerhafter und gebräuchlicher, Flechtzäune dieser Art aber billiger und deshalb weiterhin in der Forst- und Landwirtschaft vieler Gegenden gebräuchlich.*

**GEÜBTE HÄNDE**
*Nur mit seinem Hakenmesser und seinen Händen stellt dieser Handwerker bis zu zehn Hürden am Tag her. Jeden neu eingeschlagenen Haseltrieb muß er mit einer Nachbargerte fest verflechten, und obwohl er weder Nägel noch Draht benutzt, hält eine gute Hürde zehn Jahre lang.*

**SPALTHOLZ-RAHMEN**
*Der hier entstehende Korb (rechts) wird für Kaminholz, Gartenfrüchte und dergleichen verwendet. Sein Rahmen besteht aus einem Streifen Kastanienholz, der gedämpft um eine Holzform gebogen und mit Nägeln zusammengeheftet wird. An diesen Rahmen wird dann der Henkel genagelt.*

**WEIDENHOLZ-MULDE**
*Die eigentliche Korbmulde bilden gespaltene Streifen aus Weißweide oder Bruchweide. Der Handwerker gibt ihnen mit dem Ziehmesser ihren halbmondförmigen Zuschnitt, fügt sie dann so zusammen, daß sie wie die Planken eines Bootes in Klinkerbauweise einander überlappen, und nagelt sie am Rahmen fest.*

**HECKEN-FLECHTZAUN**
*Dieser Bauer verwandelt seine gewachsene Hecke in einen festen Zaun. Er trennt die Haupttriebe teilweise durch, legt die angeschnittenen Stämme um und verflicht sie miteinander. Lücken in der gewachsenen Hecke schließt er mit eingeschlagenen Stangen.*

# Böttcher und Holzschuhmacher

Lange bevor der Mensch lernte, mit Metallen umzugehen, zu töpfern und Kunststoffe herzustellen, fertigte er eine große Zahl einfacher und praktischer Gebrauchsgegenstände aus Holz. Davon haben einige alle Neuerungen bis heute überdauert, weil sie entweder billiger sind oder Eigenschaften haben, die unsere synthetisch produzierten Werkstoffe nicht aufweisen.

So entwickeln Sherry und Whisky ihr unverwechselbares Aroma nur dann, wenn man sie in Eichenfässern reifen läßt. Zwar eignen sich billigere Holzfässer auch sehr gut für »trockene« Güter wie Butter oder Mehl, doch entfalten die Böttcher ihre größte Handwerkskunst bei der Herstellung von Fässern für Spirituosen. Denn diese Behälter müssen ja nicht nur wasserundurchlässig sein, sondern auch – und das ist noch wichtiger – die flüchtigen Bestandteile zurückhalten, die aus einem ungeeigneten Gefäß schnell entweichen würden. Die Dauben solcher Qualitätsfässer werden immer in Handarbeit aus astfreien Klötzen gespalten – und zwar in Europa fast ausnahmslos aus Stiel- oder Traubeneiche.

Pantinen mit Holzsohlen oder die ganz aus Holz gearbeiteten Holzschuhe bzw. Klompen werden in vielen Teilen der Erde als traditionelle Fußbekleidung, jedoch auch als Fußschutz in manchen Industriezweigen getragen. Als Rohholz verarbeitet man heute in Europa überwiegend Weide, Pappel oder eine der weichen und leicht zu bearbeitenden, aber zähen und beständigen Erlenarten, meist *Alnus glutinosa*. Zunächst spaltet der Holzschuhmacher Klötze aus Stammabschnitten ab und stapelt sie zum Altern, damit das Holz mit dem Trocknen und Schwinden die notwendige Stabilität bekommt. Seine äußere Form gibt der Handwerker dem Schuh mit dem Bockmesser, das ihm aufgrund der Hebelwirkung die Arbeit erleichtert. Dann mißt der Holzschuhmacher die Füße des künftigen Besitzers aus, beobachtet seinen Gang sowie seine Schrittweite und schnitzt ihm daraufhin ein bequemes und haltbares Paar Schuhe nach Maß.

Auch Wasserrohre werden schon seit vielen Jahrhunderten aus Holz hergestellt, und zwar vorzugsweise aus Ulmenholz, weil es widerstandsfähig gegen Fäulnis ist, solange es im Boden ständig feucht bleibt. Den zentralen Hohlraum hebt man mit einem Bohreisen aus. Ein Rohrende wird jeweils kegelförmig verjüngt und in eine konische Aushöhlung des nächsten Abschnitts so eingepaßt, daß eine wasserdichte Verbindung entsteht. Auch Pumpen kann man aus Holz herstellen. Hierzu befestigt man eine Röhre aus Ulme im Brunnen, bringt in ihr einen beweglichen Kolben, ebenfalls aus Ulme, mit Klappventilen aus Leder an und versieht diese Konstruktion mit einem Hebelgestänge, das den Kolben auf- und abbewegt.

**DAS BOCKMESSER**
*Die kräftige Schneide des an einem Ende der Werkbank befestigten Bockmessers schneidet beim Ausformen der Holzschuhe mühelos durch das weiche Erlenholz. Obwohl das Messer sehr schwer ist, kann es ein geübter Holzschuhmacher mit großer Genauigkeit führen.*

**DER HOLZSCHUH**
*Die in vielen Teilen Europas getragenen Holzschuhe werden aus einem massiven Holzklotz geschnitzt. Mit einer Reihe von Hohleisen formt der Handwerker das Innere der Schuhe entsprechend den Füßen seines Kunden aus. Allerdings steht schon seit längerem die industrielle Holzschuhfertigung an erster Stelle.*

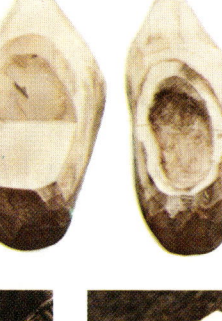
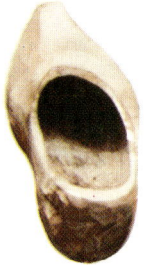

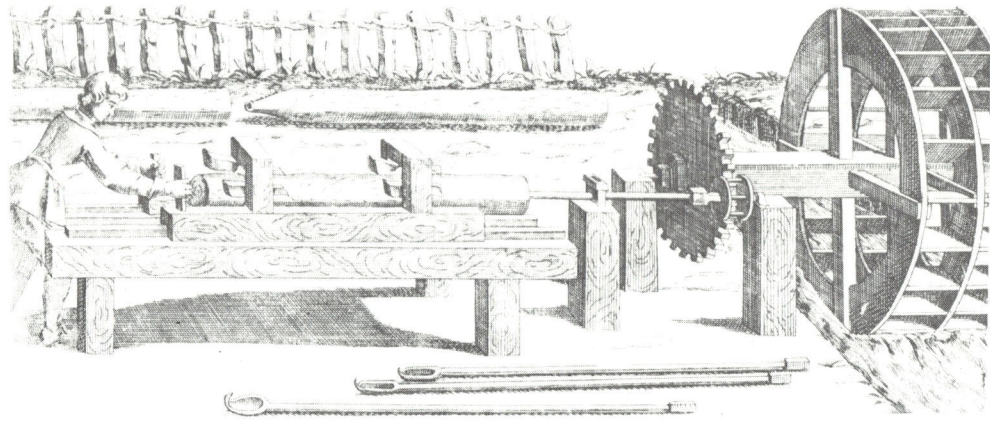

**PUMPEN UND WASSERROHRE**
*Nur sehr wenige Holzarten sind bei ständiger Durchtränkung so dauerhaft wie Ulme: So waren 1613 in London verlegte Wasserleitungen aus diesem Holz noch völlig intakt, als man sie 1930 ausgrub. Die großen Ulmenblöcke für die Pumpenherstellung, rund 3 m lang* *und 30 cm im Quadrat, wurden mit einem Bohreisen ausgehöhlt, das einen stumpfen, löffelförmigen Kopf mit einer hohleisenartigen Schneide besaß. Die Steigleitung hatte einen Innendurchmesser von 5 cm, das obere Pumpenteil mit dem beweglichen Kolben einen von 13 cm.*

**MECHANISIERTES BOHRWERK**
*Diese Darstellung eines Bohrwerks für hölzerne Wasserleitungen ist dem 1664 erschienenen Werk »Nouvelle Invention de Lever l'Eau Plus Hault« von Isaac de Caus entnommen. Im Vordergrund die Bohreisen mit löffelförmigenSchneidköpfen.*

**HOBELN DER DAUBEN**
Der Böttcher arbeitet mit einer fußbetätigten Klemmvorrichtung, wenn er mit dem Ziehmesser die Innenseiten der Dauben aushöhlt, ihre Kanten abschrägt und ihre Dicke anpaßt. Anschließend glättet er die Kanten, indem er sie über einen feststehenden Hobel zieht.

**AUFSETZEN**
In beide Daubenenden schneidet der Böttcher Nuten für Faßdeckel und -boden. Dann hält er die Dauben an einem Ende mit einem Eisenband zusammen, treibt einen hölzernen Reifen über sie, der sie aneinanderpreßt, so daß ihre abgeschrägten Kanten eine perfekte Verbindung ergeben.

**ANHEIZEN DES FASSES**
Bevor der Böttcher auch über das andere Daubenende einen eisernen Reifen pressen kann, muß er das Holz so biegsam machen, daß es sich in die Faßform überführen läßt. Deshalb zündet er ein Feuer in seinem Innern an, in dessen Wärme das Holz elastischer wird.

**EINPASSEN DER BÖDEN**
Beim Entfernen der äußeren beiden Faßreifen springen die Dauben wieder etwas auseinander. Jetzt kann der Böttcher Deckel und Boden einfügen, deren sich verjüngende Ränder in die Nuten der Dauben passen; die Fugen werden anschließend mit Binsen abgedichtet.

**ABSCHLUSSARBEITEN**
Weil das Holz während der Bearbeitung schwindet und zusammengedrückt wird, lockern sich die Eisenreifen wieder. Deshalb erhitzt der Böttcher zum Schluß neue Reifen und treibt sie mit Reifsetzer und Triebel auf. Beim Abkühlen pressen die Reifen die Dauben fest aneinander.

# Der Schlüssel zum Fortschritt

Von den ersten Anfängen der Eisenzeit bis hin zum Beginn des 19. Jahrhunderts, als Koks sie ablöste, war die Holzkohle das einzige chemische Reagens, das es den Menschen ermöglichte, Metalle aus ihren Erzen zu gewinnen. Jahrtausendelang beruhte die gesamte Entwicklung der Kultur und Zivilisation auf dem Vorgang der Verhüttung – jenem chemischen Prozeß, der dem Menschen Rohmetalle für seine Schwerter und Kanonen, für Pflugscharen und das heilende Messer der Wundärzte lieferte.

Heute sind die Holzkohlenbrenner oder Köhler in den Industrieländern so gut wie ausgestorben, aber ihr uraltes Erzeugnis hat den technischen Wandel in einer neuen Rolle überlebt: Holzkohle, jetzt in riesigen metallenen Meileröfen oder Retorten hergestellt, ist eines der wichtigsten Reinigungsmittel der chemischen Industrie.

Die Tannine sind eine natürlich vorkommende Gruppe chemischer Verbindungen mit der wertvollen Eigenschaft, die normalerweise eintretende Verwesung von Fellen und Häuten zu unterbinden und sie in zähes, geschmeidiges und haltbares Leder zu verwandeln. Jahrhundertelang gewann man Tannine überwiegend aus den Rinden verschiedener Eichen- und Fichtenarten. Gerbrinde liefern jedoch nur frischgefällte Bäume oder solche, die gefällt werden sollen, denn in aller Regel stirbt ja ein Baum nach dem Entfernen seiner Rinde ab. Eine seltsame Ausnahme bildet allerdings die Korkeiche (*Quercus ilex*), deren dicke Borke man ohne bleibende Schädigung des Baumes ernten kann.

Baumharze gewinnt man vor allem durch Anzapfen verschiedener Kiefernarten. Die wirtschaftlich bedeutendsten Harzlieferanten sind in Südeuropa die Seestrandkiefer (*Pinus pinaster*) und in Amerika die Loblollykiefer (*Pinus taeda*). Schräg verlaufende Schnitte, die während der Harzungszeit im Frühjahr jeden Morgen neu geöffnet werden, bewirken das Austreten des zähflüssigen Baumharzes, das in einem kleinen Gefäß aufgefangen wird. Von diesem Rohharz trennt man mittels Destillation das als Lösungsmittel in der Farben- und Lackindustrie verwendete flüchtige Terpentin. Der Destillationsrückstand Kolophonium findet Verwendung bei der Herstellung von Seifen, Papierleimen, Lacken, Druckfarben, Isolierstoffen – und in der Musik, denn vor jedem Konzert präpariert der Geiger seinen Bogen damit.

**ANZÜNDEN DES MEILERS**
*Nach dem Entfernen der zentralen Abdeckung schüttet der Köhler rotglühende Kohle in den Quandelschacht, um das Feuer zu entzünden. Dann dichtet er den Meiler ab, damit das Holz nicht verbrennt, sondern sich im Verlauf einer zwei- bis zehntägigen Brennperiode langsam in Holzkohle umwandelt.*

**DAS HERZ DES MEILERS**
*Abgelagerte Scheite, die um einen zentralen Kamin aus gespaltenen Stangen, den sogenannten Quandelschacht, gestapelt werden, bilden diesen Meiler mit einem Durchmesser von 5 m. Anschließend wird das Holz mit einer schützenden Grasschicht bedeckt und dann mit dicken Lagen aus Erde und Asche luftdicht abgeschlossen.*

**HARZGEWINNUNG**
*Von Januar bis November kann man bestimmte Koniferen zur Harzgewinnung anzapfen. Hierzu entfernt man an der etwa 60 cm hohen und 10 cm breiten »Lachte« die äußere Rinde und befestigt ein Auffanggefäß. Anschließend wird das Splintholz leicht angeritzt, um den Harzfluß auszulösen.*

**GERBRINDEN-ERNTE**
*Gerbrinde erntet man im Frühjahr von frischgefällten Eichen, weil sie sich dann leicht in großen Fladen abtrennen läßt. Diese Fladen werden so gestapelt, daß ihre tanninreichen Innenschichten vor Regen geschützt sind, der die wertvollen chemischen Bestandteile auswaschen würde.*

**WALDBEWOHNER**
*Weil eine zu rasche oder ungleichmäßige Verbrennung aufgrund starker Winde oder eines Spalts in der Erdabdeckung den ganzen Meiler zerstören kann, muß der Köhler neben seinem Arbeitsplatz leben. Er schläft in einer einfachen Hütte oder in einem Zelt und beobachtet immer wieder seinen Meiler.*

153

# Holz in der Technik

Dieses nach vermutlich jahrhundertelangem Rotieren
verstummte und vergessene wuchtige Kammrad
einer aufgegebenen Windmühle
entdeckte unser Photograph auf der Mittelmeerinsel Kreta.

# Nutzbarmachung der Naturkräfte

Die Wassermühle war spätestens im ersten Jahrhundert v. Chr. in Griechenland und bald danach auch in China bekannt. Erfunden haben sie wahrscheinlich die Araber. Die einfache griechische Mühle bestand aus einem horizontal gelagerten Rad mit schräggestellten Schaufeln, das ein von oben herangeführtes Gerinne antrieb. Mit der Zeit setzte sich überall auf der Erde aber das senkrechte, in Fließrichtung des Wassers laufende Mühlrad durch.

Die ursprünglich nur zum Getreidemahlen genutzte Wasserkraft lieferte später auch den Antrieb für Pumpen und Erzstampfwerke, Blasebälge und Schmiedehämmer, Textilmaschinen und Schießpulverfabriken. Bis zum Aufkommen der Dampfmaschine und sogar noch weit darüber hinaus blieb Wasser die billigste und zuverlässigste Energiequelle.

Windmühlen in einfacher Horizontalbauart verwendeten die Perser schon im 10. Jahrhundert, doch setzte ihre eigentliche Entwicklung erst im 12. Jahrhundert in Westeuropa ein – möglicherweise als unabhängige Erfindung. Von den beiden Haupttypen hat die Bockmühle einen um einen schweren Mittelpfeiler (den Königsbaum) gegen die Windrichtung drehbaren Holzaufbau, der das Flügelrad trägt und das Mahlwerk enthält. Bei der holländischen Windmühle dagegen trägt eine kleine drehbare Haube auf dem feststehenden Turm das Rad.

Das Standardmaterial für Wasserräder, Windmühlen-, Rad- und Flügelwellen war immer Eichenholz, obwohl sein hoher Gerbsäuregehalt mit ihm verbundene Eisenteile korrodieren ließ. Ausweichhölzer für schweres Rahmenwerk waren Esche, Ahorn, Eibe, Ulme und Pitch pine. Die Windmühlenflügel baute man oft aus dem leichteren Tannenholz, und für Teile, bei denen es auf Verschleißfestigkeit ankam – Bremsblöcke, Lager und Getriebe beispielsweise –, wählte man gern Ulmenholz.

Zahnräder wurden jahrhundertelang aus Holz hergestellt; sie liefen leise und waren, bei richtig geschnittenen Zähnen, erstaunlich dauerhaft. In die Räder, oft aus Eiche oder Ulme, setzte man Zähne aus feinfaserigen Harthölzern wie Apfelbaum, Weißbuche, Buche oder Stechpalme ein.

Mitte des 18. Jahrhunderts begann dann das Eisen Holz als Material für Getriebe und Wellen zu verdrängen, aber das alte Holzhandwerk des Mühlenbauers blieb weiter bestehen, bis schließlich in unserem Jahrhundert andere Energiequellen der allgemeinen Nutzung der Wind- und Wasserkräfte ein Ende bereiteten.

**GEGEN DEN WIND**
*Die Flügelräder großer Windmühlen hatten bis zu 30 m Durchmesser. Sie fingen noch die leichteste Brise ein, und ihre Leistung betrug bis zu 20 Kilowatt.*

**DAS KAMMRAD**
*Das wuchtige Kammrad aus Eiche war ein Meisterstück des Handwerkers, der seine rund hundert Zähne präzise schneiden mußte. Geschnitten wurde immer eine ungerade Zahl Zähne, damit sich eine ungleichmäßige Abnutzung ausglich. Andere Getriebeelemente baute man aus Eiche oder Ulme und setzte »Stiftzähne« aus Apfelbaum ein. Ein mit Gewichten betätigter Bremsblock ließ sich fest an den Stirnkranz des Kammrades ziehen, so daß man die Drehgeschwindigkeit steuern oder das Flügelrad anhalten konnte.*

**DIE FLÜGEL**
*Die leichten Saumlatten aus Tannenholz sind an einer schweren »Windrute« aus Pitch pine befestigt, die von einer Flügelspitze zur anderen reicht. Die propellerartige Verwindung oder Steigung beträgt zwischen 7 Grad an der Spitze und 20 Grad an der Wurzel und wurde früher als »Wetterwinkel« bezeichnet.*

**BOCKGERÜST**
*Bei der Bockmühle trägt das gesamte Gewicht der Königsbaum – ein Eichenbalken mit etwa 30 Quadratzoll Querschnitt. Die vier Schrägbalken des Bockgerüsts, die oben in den Königsbaum und unten in die Enden zweier mächtiger Kreuzbalken eingelassen sind, leiten das Gewicht der Mühle in die Steinsockel ein. An ihrem Schnittpunkt unter dem Fuß des Königsbaums nehmen die Kreuzbalken keine Last auf.*

## HOLLÄNDISCHE MÜHLE
*Die holländische Wind-mühle unterscheidet sich von der Bockmühle da-durch, daß bei ihr nur die Mühlenhaube drehbar ist. Diese Haube, die das Flügelrad trägt, läßt sich auf einer kreisförmigen Gleitbahn aus Eisen so drehen, daß die Flügel gegen den Wind stehen.*

## WINDMÜHLEN-PUMPWERK
*In den Nordsee-Küstenge-bieten waren früher von Windmühlen angetriebene Entwässerungspumpen weit verbreitet. Ein Typ arbeitete mit einer archimedischen Schraube, die kontinuierlich Wasser förderte. Einige windgetriebene Pumpen und Schöpfräder sind heute noch in Betrieb.*

## DÄNISCHES WASSERRAD
*Bei diesem oberschlächtigen Zellenrad ist das Gerinne so geleitet, daß das fallende Wasser das Rad an seinem höchsten Punkt beauf-schlagt. Das Rad wird also nicht nur vom Gewicht, sondern auch von der Be-wegungsenergie des Wassers angetrieben.*

## DIE ROHRMÜHLE
*Eine der ältesten bekannten Formen des Wasserrades ist die Rohrmühle. Das Wasser wurde in einer Rinne entweder frontal gegen das Schaufelrad oder von oben zwischen schräg-gestellte Schaufeln geleitet.*

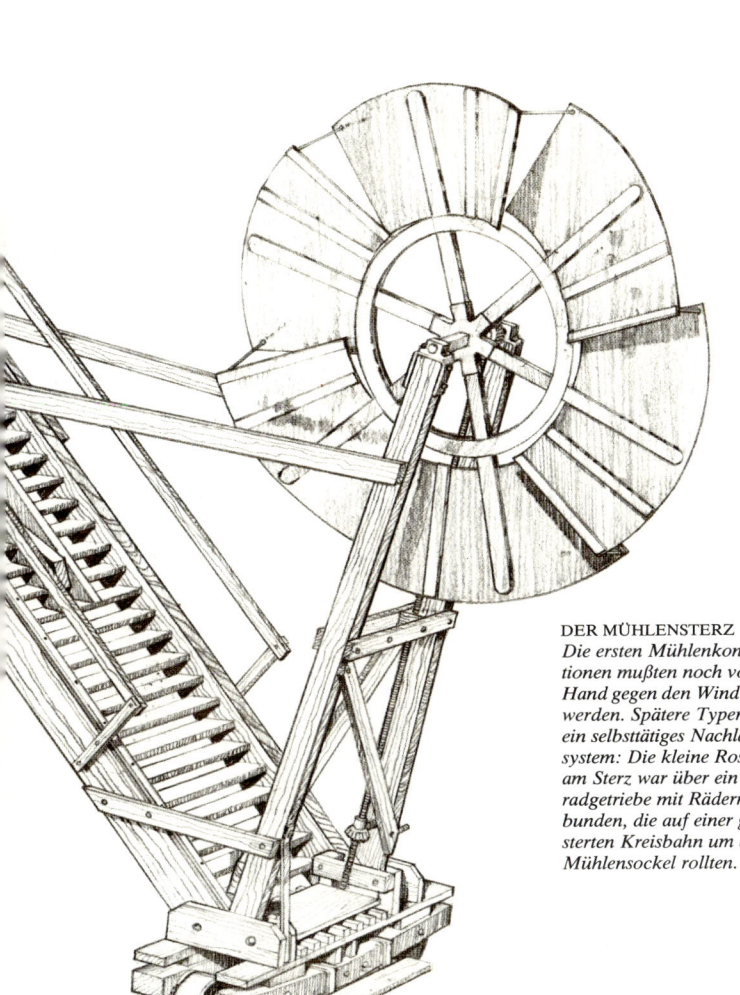

## DER MÜHLENSTERZ
*Die ersten Mühlenkonstruk-tionen mußten noch von Hand gegen den Wind gedreht werden. Spätere Typen hatten ein selbsttätiges Nachlauf-system: Die kleine Rosette am Sterz war über ein Kegel-radgetriebe mit Rädern ver-bunden, die auf einer gepfla-sterten Kreisbahn um den Mühlensockel rollten.*

## HÖLZERNE WÄSCHEREI
*Diese ungewöhnliche, von einem Wasserrad oder einem Pferd angetriebene mechanische Wäscherei wurde kurz nach 1800 in Holland gebaut. Zu ihrer Ausrüstung gehörten riesige Holzkübel zum Einweichen und schwere Holzstempel zum Stampfen der Wäsche in den Seifenwasserbotti-chen. Gehoben wurden diese Stampfer von einer Art Nockenwelle: Die Zapfen an der Hauptan-triebswelle nahmen die Scheibe am Stampfer mit, drehten ihn ein wenig und ließen ihn dann unter seinem Eigengewicht wieder her-unterfallen.*

# Maschinenbau und Feinmechanik

Holz läßt sich leicht formen, ist zäh und gibt einen stabilen, haltbaren Rahmen ab. Seit den Anfängen der Technik hat man es deshalb nicht nur zu Rädern, Hebeln, Walzen und Griffen, sondern auch zu Tragrahmen und Gehäusen von Maschinen verarbeitet. Auch heute noch ist es das praktischste Material für primitive Technologien, bei denen es nicht auf Präzision ankommt. Allerdings ist Holz nicht so verschleißfest wie Metalle und neigt dazu, eine größere Reibung zu erzeugen: Schon Homer berichtet von Bronzelünsen an den Achsen der griechischen Streitwagen vor Troja, und in China hat man bronzene Zahnräder aus vorchristlicher Zeit ausgegraben.

Gleichwohl blieb Holz bis weit ins Industriezeitalter hinein der primäre Werkstoff im Maschinenbau. Großkonstruktionen wie die Bremsräder von Windmühlen oder die mächtigen Antriebsräder von Pferdegöpeln konnte man nicht in Gußeisen herstellen, und selbst die Träger der ersten Bergwerks-Dampfmaschinen waren Holzbalken. Große Zahnräder baute man meist aus Eiche und hämmerte die einzeln gearbeiteten Zähne in ihren Sitz ein. Weil Eiche im Zusammenspiel mit einer anderen Holzart verschleißfester und reibungsärmer ist, stellte man die kleineren Getrieberäder meist aus Buche, Weißbuche oder einem der Obstbaumhölzer her.

In bestimmten Fällen eignete sich Holz für bewegliche Teile sogar besser als Metall, weil das einzige damals bekannte Schmiermittel – Öl aus tierischen Fetten – recht unzulänglich war und schnell zu klebrig wurde. Die Seilzüge der Schiffstakelungen hatten Ulmenholz-Rollen und Trommeln aus Pock-holz, das selbst nach langem Gebrauch eine wachsig-ölige Oberfläche behält. Möglicherweise haben die Rollenzüge, die sie an den Schiffen im Hafen von Hull sahen, die Gebrüder Harrison zu einer der bemerkenswertesten Leistungen auf dem Gebiet der Feinmechanik inspiriert: ihrem Marinechronometer mit Uhrwerksteilen aus Pockholz, der so ganggenau war, daß man mit ihm das Längenproblem lösen konnte – womit die englische Schiffahrt Ende des 18. Jahrhunderts einen gewaltigen Vorsprung gewann.

Holzuhren hatte man allerdings schon seit dem Ende des 17. Jahrhunderts im Schwarzwald gebaut. Sie waren billiger, aber nicht so zuverlässig wie die Messinguhren, da die Holzräder mehr Reibung erzeugten und die Zähne mit dem Trocknen des Holzes dazu neigten, entlang der Faser zu reißen. Auch dafür fanden die Harrisons eine Lösung, indem sie ihre hölzernen Standuhren fast ganz aus Eiche bauten.

Interessant ist, daß zu den ersten Serienerzeugnissen mit austauschbaren Teilen, die in Europa hergestellt wurden, Schiffstakelungen zählten – in Amerika waren es Holzuhren. Einer der Gründe dafür: die gute Bearbeitbarkeit des Materials. Um 1800 wurden in europäischen Marinewerften Maschinen aufgestellt, die Seiltrommeln und -rollen vom Baum bis zum fertigen Artikel schnitten, bohrten und zurichteten. Eli Terry, ein Uhrmacher in Connecticut, stellte von 1807 bis 1810 in Serienproduktion 4000 Holzuhren her – ein anderer Uhrmacher hätte in dieser Zeit kaum 100 Messinguhren bauen können.

Die Bildtafeln in Diderots von 1751 bis 1772 erschienener Enzyklopädie bezeugen, daß Holz damals tatsächlich in allen Manufaktur-Sparten als Werkstoff dominierte. Wie das fünfhundert Jahre zuvor erfundene Handspinnrad waren auch die ersten Spinnmaschinen im 18. Jahrhundert ausschließlich aus Holz gebaut. Als dann eine Flut von Erfindungen die industrielle Revolution vorantrieb, ging die Verwendung von Holz immer mehr zurück. Auf den mechanisierten Webstühlen der Textilfabriken waren bald nur noch die Schützen aus Holz. Innerhalb von fünfzig Jahren hatte das hektische Dröhnen und Rattern von Eisen und Stahl unwiderruflich das langsame, allzu beschauliche Knarren hölzerner Kegel- und Stirnradgetriebe zum Verstummen gebracht.

**EINFACHES HOLZSCHLOSS**
*Ist der Riegel vorgeschoben, fallen drei Sperrstifte in Aussparungen in seiner Oberkante. Der in den Hohlraum des Riegels passende Schlüssel hat drei Zinken, die die Stifte aus ihrer Sperrlage heben. Solche Schlösser baute man früher von Ägypten und Persien bis hin nach Nordeuropa.*

**CHINESISCHES SCHLOSS**
*Sehr einfache Holzschlösser, in denen eine Schlüsseldrehung die Zuhaltung aufhebt, sind heute noch in China gebräuchlich; aus heimischen Hölzern gebaut, sind sie oft über 30 cm breit. Vom Drehschlüssel-Prinzip war es nur noch ein kleiner Schritt zu den modernen Schloßkonstruktionen.*

**BAUMWOLL-ENTKÖRNER**
*Diese indische Maschine trennt Samen und Baumwolle mittels eines gegenläufigen Walzenpaars. Das hölzerne Schneckengetriebe ist praktischer und verschleißfester als Zahnräder. Betätigt wird die Entkörnungsmaschine mit einer Holzkurbel.*

**SELBSTSCHMIERENDES HOLZ**
*Um die Reibung in ihrem Uhrwerk zu mindern, nutzten die Gebrüder Harrison die Selbstschmierfähigkeit des Pockholzes. Die Zähne der Eichenräder greifen in tonnenförmige Walzen in einem Messingkäfig ein. Eichenholz-*

*Räder laufen auf in Pockholz-Buchsen gelagerten Messingwellen, aber die Achse des Hemmungsrades aus Messing lagert auf den Peripherien zweier Pockholz-Scheiben. Der Anker ist aus Eiche, seine in das Hemmungsrad einrastenden Palettenspitzen jedoch aus Pockholz.*

**RÖNTGENBILD**
*Die Röntgenaufnahme beweist, daß Körper und Zähne der Eichenholz-Räder radial gesägt wurden, damit sie sich nicht werfen. Zur Erhöhung ihrer Festigkeit wurden die Zähne in getrennten Dreier- und Vierergruppen geschnitten, so daß in jedem Zahn die Faser längs verläuft.*

**STANDUHR**
*Die in einem entlegenen englischen Dorf lebenden Gebrüder Harrison bauten im 18. Jahrhundert zwei Uhren mit hoher Ganggenauigkeit fast ausschließlich aus Eiche. Sie behaupteten stolz, diese Uhren brauchten nur alle fünfzig Jahre gereinigt zu werden.*

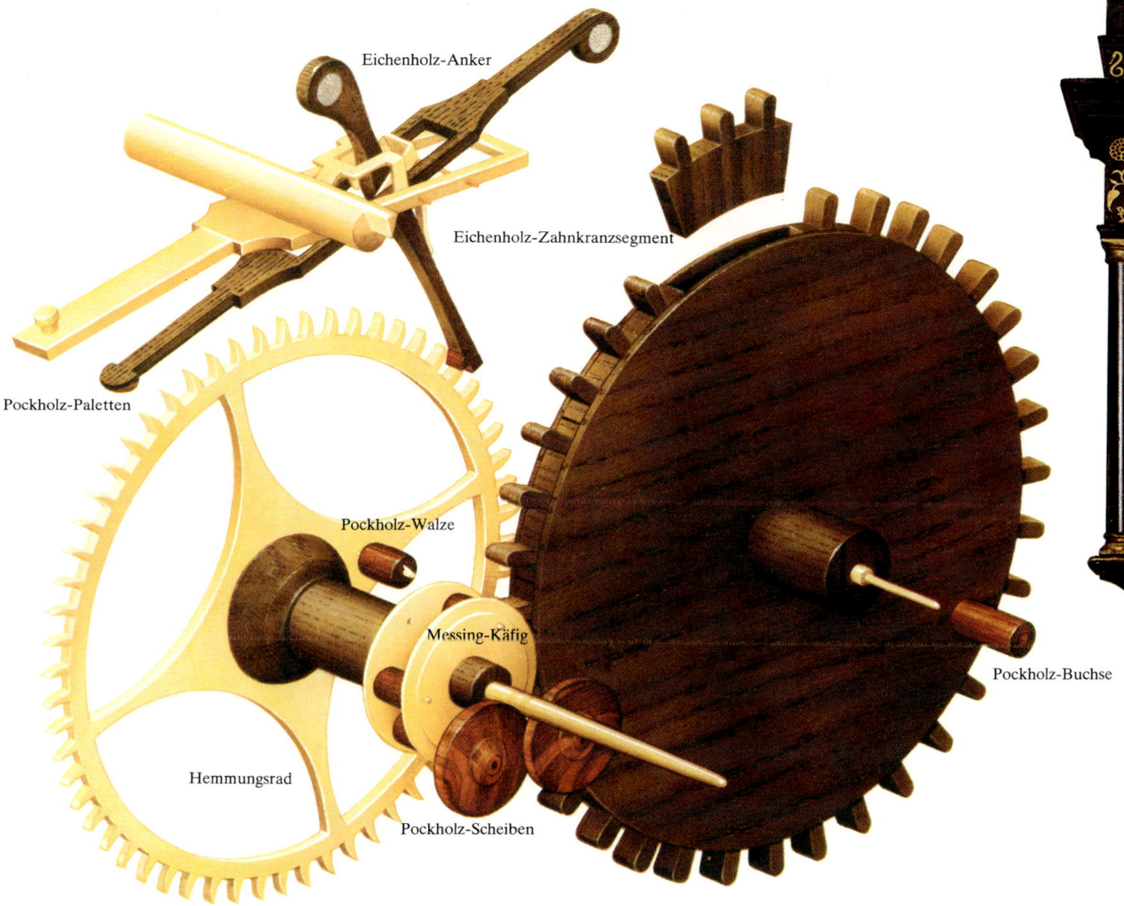

Eichenholz-Anker

Eichenholz-Zahnkranzsegment

Pockholz-Paletten

Pockholz-Walze

Messing-Käfig

Pockholz-Buchse

Hemmungsrad

Pockholz-Scheiben

**GEWINDESCHNEIDER**
*Diese anhand einer Zeichnung von Leonardo da Vinci gebaute Gewindeschneidemaschine war auch ursprünglich als Holzkonstruktion vorgesehen. Ein von Hand betätigtes Vorschubgetriebe bewegt das Schneidwerkzeug über den rotierenden Schaft.*

**SPINNMASCHINE**
*Diese 1769 von Arkwright gebaute Spinnmaschine besteht ausschließlich aus Eichenholz. Vier mit gestaffelten Geschwindigkeiten laufende Zylinderpaare strecken das Baumwoll-Vorgespinst zu Garn, das von rotierenden Flügelspindeln gedreht und auf Spulen aufgewickelt wird.*

159

# Die Brückenbauer

Seit der Mensch zum erstenmal trockenen Fußes auf einem gefallenen Baumstamm einen Fluß überquerte, haben hölzerne Brücken einen entscheidenden Beitrag zu seiner Erschließung der Umwelt, Entdeckung von Neuland und zum Aufbau der Handelsstraßen und des Verkehrswesens seiner zunehmend komplexeren Gesellschaften geleistet. Wenngleich Stein schon seit der Römerzeit eines der meistverwendeten Baumaterialien für feste Brücken war und inzwischen von Eisen, Stahl und Beton verdrängt worden ist, so haben doch die geringen Kosten, vielseitige Verwendbarkeit und Verfügbarkeit des Baustoffs Holz in Gebieten mit schwierigen Geländeverhältnissen dafür gesorgt, daß die Holzbrücke alles andere als in Vergessenheit geraten ist. Eines der bemerkenswertesten Beispiele aus neuerer Zeit ist die 1946 gebaute Holzbrücke über die Elbe bei Wittenberg, mit einer Spannweite von 45 Meter.

Aus der großen Zeit des Holzbrückenbaus sind uns allerdings nur wenige Beispiele erhalten geblieben, denn Verschleiß und die Elemente haben ihren Tribut gefordert. Aber geschnitzte Modelle, Zeichnungen, Gemälde und alte Photographien veranschaulichen uns manches Meisterwerk früherer Jahrhunderte. Jene gewaltigen Holzkonstruktionen, die den ersten Eisenbahnen Nordamerikas oder das Gebirgsland Nordindiens erschließen halfen, sind ein noch recht junges Kapitel in der Geschichte des Brückenbaus. Westchinas Hängebrücken aus geflochtenem Bambus dagegen werden heute noch nach demselben Prinzip gebaut, das bereits Marco Polo zutiefst beeindruckte und ihn veranlaßte, die außerordentliche Festigkeit und Schönheit dieser Brückenkonstruktionen zu rühmen.

Vom primitiven Steg bis hin zu handwerklich und technisch vollendeten Holzbrücken wie der 1758 von den Gebrüdern Grubenmann gebauten Rheinbrücke bei Schaffhausen oder den schwindelerregenden, Stockwerk auf Stockwerk aus kräftigen Pfeilern und Querstreben errichteten Gerüstbrücken Nordamerikas findet man in der Geschichte des Holzbrückenbaus eine Vielzahl von Konstruktionsprinzipien. In die Böschungen eingespannte Baumstamm-Konsolen und einfache Sprengwerke waren die ersten Lösungen zur Vergrößerung der Spannweite. Böcke aus Holz oder Pfeiler aus Stein unterstützten dann eine immer größere Zahl von Sprengwerk-, Hängesprengwerk-, Gitter-, Fachwerk- und Bogenkonstruktionen und erlaubten die Überbrückung breiter Flußtäler.

Der Pons Sublicius, die erste geschichtlich bezeugte Tiberbrücke Roms (um 620 v. Chr.), bestand aus einem Holzbalken-Überbau, der auf Steinpfeilern errichtet war.

Mit ihren späteren, stabbogenförmig angeordneten hölzernen Mehrfachsprengwerken überbrückten die Römer schon Spannweiten bis zu 30 m – zudem in erstaunlicher Schnelligkeit: Für die 350 m lange Rheinbrücke bei Neuwied brauchten Cäsars Pioniere – einschließlich Holzbeschaffung – ganze zehn Tage. Schon die Römer wählten für Unterwasser-Pfahlgründungen besonders dauerhafte Hölzer wie Eiche und Esche und erzielten bereits gute Konservierungsergebnisse mit Ölen und Harzen.

Die römische Kunst des Holzbrückenbaus entwickelten in Europa vor allem deutsche und schweizerische Baumeister weiter. In großer Zahl entstanden im Mittelalter zimmermannsmäßig abgebundene Sprengwerke als Brückenträger oder aus mehreren Balkenlagen zusammengeschraubte Bogen mit bis zu 60 m Spannweite. Das bekannteste aus jener Zeit erhalten gebliebene Beispiel ist die zum Schutz gegen Witterungseinflüsse gedeckte und im Jahre 1333 erstmals gebaute Luzerner Kapellbrücke aus Balken auf vielen Pfahljochen mit engen Abständen.

**RED-SUCKER-GERÜSTBRÜCKE**
*Die gewaltige Aufgabe, eine Eisenbahnverbindung zwischen der Ost- und der Westküste Nordamerikas herzustellen, inspirierte Bahningenieure der Pionierzeit zu einigen der größten Holzbrücken der Welt. Diese achtstöckige Red-Sucker-Gerüstbrücke wurde aus mächtigen Stämmen von den umliegenden Berghängen erbaut.*

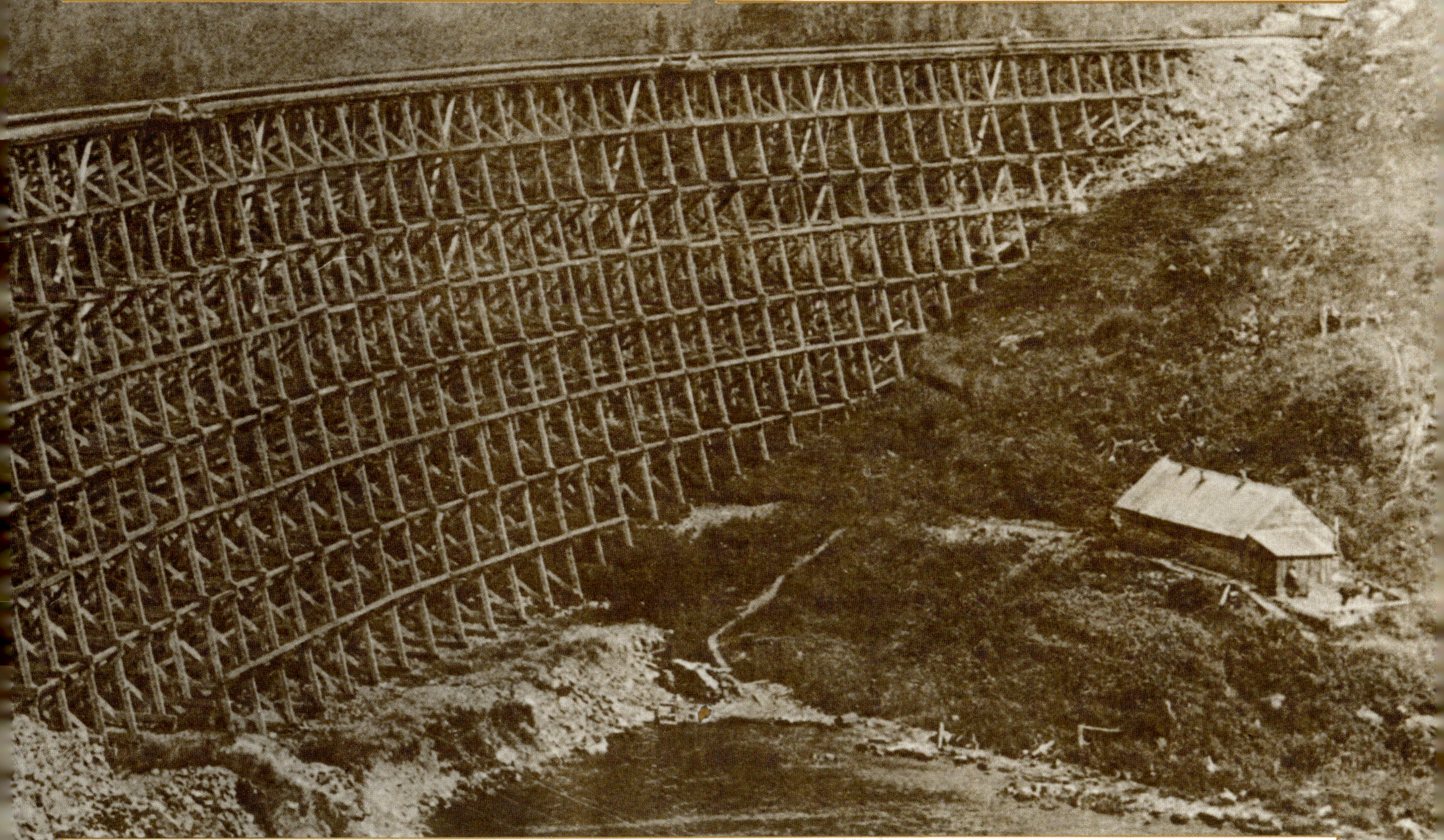

RHEINBRÜCKE SCHAFFHAUSEN
*Ein Meisterwerk des europäischen Holzbrückenbaus ist die 1758 als kombinierte Bogen-, Spreng- und Hängewerkkonstruktion gebaute Rheinbrücke bei Schaffhausen mit steinernem Mittelpfeiler und einer Gesamtspannweite von 110 m.*

KONSOLEN-KONSTRUKTION
*Diese einfache Konsolenbrücke über den Spiti im Himalaja-Gebiet tragen grobbehauene Stämme, die als Kragarme in stufenförmiger Abtreppung in Steinpfeiler eingespannt sind und durch Querhölzer mit Pflöcken an Seitwärtsbewegungen gehindert werden.*

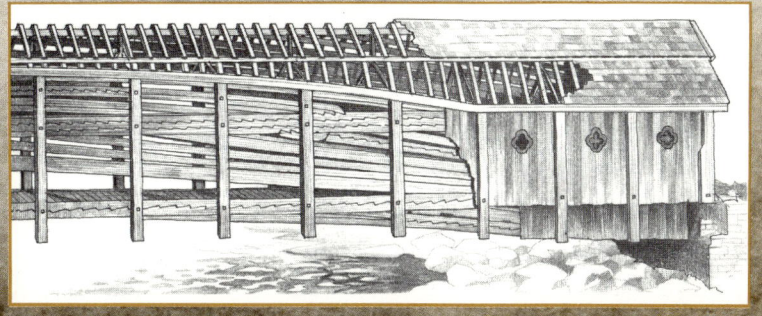

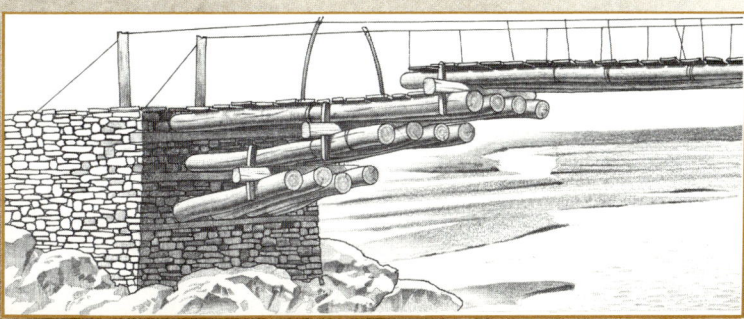

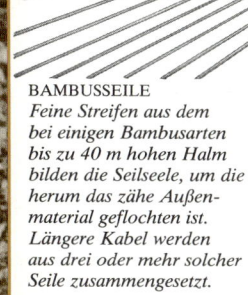

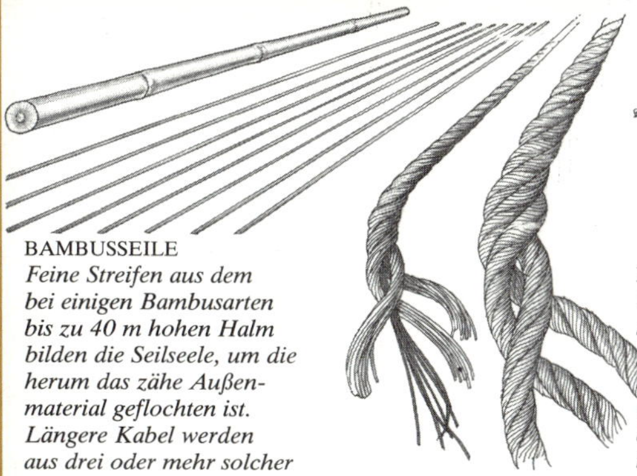

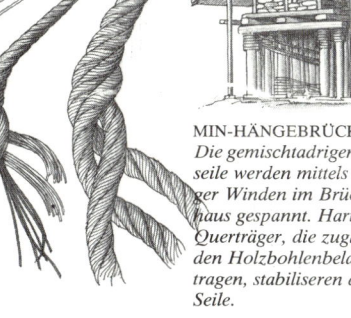

BAMBUSSEILE
*Feine Streifen aus dem bei einigen Bambusarten bis zu 40 m hohen Halm bilden die Seilseele, um die herum das zähe Außenmaterial geflochten ist. Längere Kabel werden aus drei oder mehr solcher Seile zusammengesetzt.*

MIN-HÄNGEBRÜCKE
*Die gemischtadrigen Hauptseile werden mittels kräftiger Winden im Brückenhaus gespannt. Hartholz-Querträger, die zugleich den Holzbohlenbelag tragen, stabilisieren die Seile.*

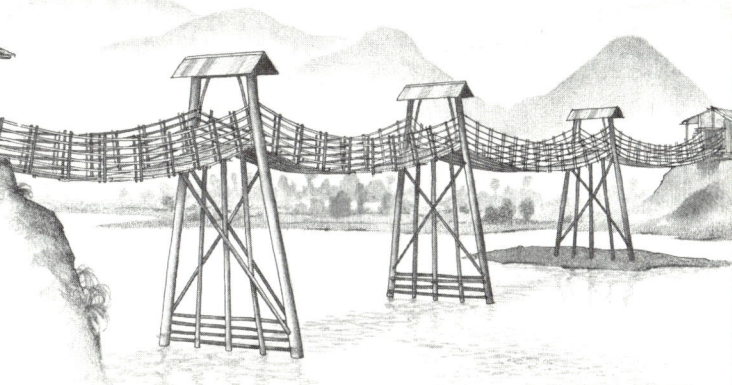

# Kanal- und Flußschleusen

Die Frühform der Schleuse zur Überführung eines Schiffs zwischen Flußabschnitten unterschiedlicher Wasserspiegelhöhe war die einfache Stauschleuse – ein einzelnes Hubtor aus Eiche oder Ulme in einem kräftigen, in die Uferböschungen eingebetteten Holzrahmen. Es wurde kurz geöffnet, um Schiffe oder Flöße durchzulassen, die dann auf der ablaufenden Welle zu Tal fuhren. Dieses Prinzip erwies sich als nicht gerade praktisch und vergeudete auch sehr viel Wasser, war jedoch bis in unsere Zeit hinein gebräuchlich.

Die weitaus leistungsfähigere Kammerschleuse mit je einem einfachen oder doppelten Unter- und Obertor kam in Europa im 14. Jahrhundert auf, blieb aber bis zur Renaissance selten. Das Mittelalter baute seine Schleusen noch ausschließlich aus Holz. Später faßte man den Holzrahmen in Mauerwerk, um die Konstruktionen dauerhafter zu machen. Die ersten Kammerschleusen hatten noch Hubtore, aber das von Leonardo da Vinci erfundene zweiflügelige Stemmtor war eindeutig überlegen und wurde bald allgemein eingeführt.

Damit sie dem Anprall schwerbeladener Schiffe und dem gewaltigen Wasserdruck standhielten, mußte man die Torrahmen aus kräftigen, festverbundenen Hölzern bester Qualität bauen. Obwohl diese Schleusentore sehr unterschiedliche Abmessungen haben, findet man in ihnen kaum Säulen und Riegel mit weniger als einem Quadratfuß Querschnittsfläche, und die Drehbäume, an denen Gegengewichte dem Durchhängen der Torflügel entgegenwirken, können über 8 m lang sein. Schon die Tore einer nur 2 m breiten Schleusenkammer enthalten an die sechs Kubikmeter Holz.

Torrahmen, Gerippe, Riegel, Wende- und Schlagsäule baute man früher fast ausschließlich aus Eiche; erst in jüngster Zeit wird gelegentlich auch Greenheart verarbeitet. Als Torhaut genügen Tannen- oder Kiefernbohlen, die relativ billig und bei Beschädigung leicht auszutauschen sind. Die Drempel, gegen die sich die geschlossenen Torflügel unten lehnen, und die Wendenischen müssen starken Stoßbeanspruchungen standhalten und werden meist aus Eiche oder Ulme hergestellt.

Zur Ufer-, Küsten- und Deichbefestigung finden Faschinen und Holzbohlwerke in großem Umfang Verwendung. Für Wasserbauten allgemein eignen sich neben Eiche, Ulme und ausländischen Harthölzern auch Kiefer, Lärche, Rotbuche und Esche. Kiefernholz hält sich wegen seines hohen Harzgehalts gut in der Wechselzone, Rotbuche hat nur unter Wasser große Haltbarkeit, und Esche wird in Wasser sehr hart. Salzwasser erhöht die Lebensdauer aller Hölzer.

**DIE WENDESÄULE**
*Bei diesem Schleusentor bestehen Wende- und Schlagsäule aus Greenheart (Ocotea rodiaei). Dieses aus Guayana importierte* *Holz ist außergewöhnlich hart und widerstandsfähig, kaum bohrwurmanfällig und hat eine sehr hohe Lebensdauer.*

**DAS SCHARNIERBAND**
*Ein Teil der schweren Greenheart-Wendesäule ist für die eisernen Bänder ausgespart, die die Torflügel in ihrem Mauer-* *werk-Wendenischen halten. Selbst bei einer nur 2 m breiten Schleusenkammer kann jeder Torflügel fast eine Tonne wiegen.*

**KUPPELSCHLEUSEN**
*In dieser Kuppelschleusen-Anlage im alten englischen Grand Union Canal bei Foxton überwinden Kähne auf einer Strecke von 800 m einen Wasserspiegelunterschied von 25 m. Die Anlage besteht aus 2 Kuppelschleusen mit je 5 Kammern und einem dazwi-* *schenliegenden breiteren Kanalabschnitt, der als Ausweichstelle und Wasserreservoir dient. Die Tore der oberen Schleusen wiegen etwa 750 kg, die der unteren zwischen 1,5 und 2 Tonnen.*

*Seit Jahrhunderten hat man an der Nordseeküste die Methoden der Landrückgewinnung immer weiter verbessert. Ziel dieser Arbeiten ist es, durch Sturmfluten in seichtes Wattenmeer verwandelte Landstriche durch allmähliches Aufhöhen dem Wasser zu entreißen und* schließlich in Poldern oder Kögen einzudeichen. Die zunächst senkrecht zur Küste ins Watt vorgetriebenen Lahnungen baut man oft aus Nadelholz-Pfählen und -Faschinen, und die Außenböschungen vieler Deiche sind durch aufgelegte Weidenfaschinen vor Wellenschlag und Eisgang geschützt. Weide hat eine ausgezeichnete Haltbarkeit in der Wechselzone und unter Wasser.*

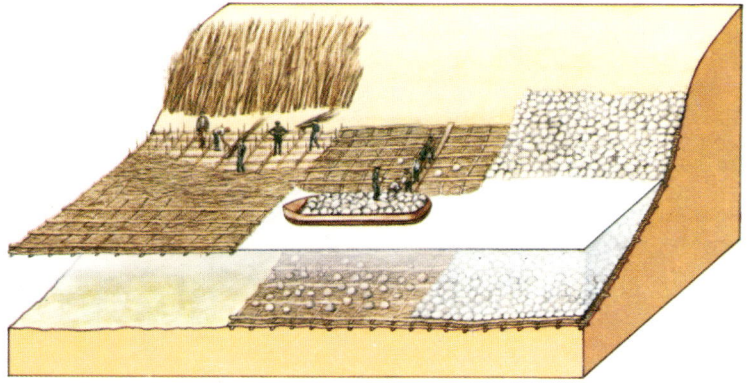

**SENKFASCHINEN**

*Zur Sicherung von Böschungsfüßen größerer Gewässer und gefährdeter Teile von Gewässersohlen verarbeitet man in großem Umfang junge Weidenstämme zu Packwerk oder Sinkstücken, die durch Beschweren mit Steinen versenkt werden. Dank der Elastizität* *des Weidenholzes passen sich die Faschinenkörper den Konturen ihres Untergrunds an.*

# Die ersten Schienenbahnen

DIE WELT UNTER TAGE
*Anfang des 16. Jahrhunderts stellte der »Petrarca-Meister«, wahrscheinlich Hans Weiditz d. J., in einer Holzschnittserie die Arbeit im Bergbau dar. Die Szene unten zeigt einen Förderstollen mit Hauern, Feuersetzern und einem Bergmann, der einen Hund schiebt.*

Die ersten spurgebundenen Bahnen kamen im 15. Jahrhundert im europäischen Erz- und Kohlenbergbau auf, als man dazu überging, das Fördergut unter Tage in kleinen hölzernen, von Hand geschobenen Wagen auf mit Holz ausgelegten Fahrwegen zu transportieren. Auch den Weitertransport von der Grube zu den Brennöfen oder Schiffen besorgten gelegentlich Pferdefuhrwerke auf Holzschienen.

Jahrhundertelang baute man diese Schienen aus Holz, vor allem aus verschleißfesten Harthölzern wie Eiche, Weißbuche und Buche; aber selbst die zäheste Holzschiene hielt nicht länger als zwei bis drei Monate. Zuweilen bestanden die Schienen auch aus Nadelholz mit einem austauschbar aufgenagelten Hartholzstreifen.

Geführt wurden die Wagen von an die Schienenränder genagelten Flanschen, von zwischen den dikken Schienenbalken laufenden Horizontalrädern oder von einem feststehenden Hartholz- oder Eisenzapfen unter dem Wagenkasten, der in einen schmalen Spalt zwischen den breiten Fahrwegbohlen eingriff. Die Wagen hatten meist Kästen aus Nadelholz, in der Regel Tanne, und Räder aus Ulme – einem harten, zähen Holz, das sich durch besondere Stoß- und Druckfestigkeit auszeichnet. Solche einfachen Schienenbahnen gab es in Europa vom 15. bis zum 17. Jahrhundert in großer Zahl. Ihre Wagen nannte man »Hund«, angeblich weil ihre Räder hundeähnlich quietschten.

Anfang des 17. Jahrhunderts kamen im Kohlenbergbau die ersten Vorläufer unserer heutigen Spurkranzräder auf. Sie liefen meist auf Schienen aus Eiche, Esche, Buche oder Erle, die mit Eichendübeln auf Eschenschwellen verlegt waren. Manchmal verwendete man auch Tannen-Schienen mit einer dünnen Buchenholz-Auflage, die bei ständiger Beanspruchung hochglänzend wurde und die Reibung zwischen Rad und Schiene verminderte.

Die ersten Spurkranzräder bestanden entweder aus zwei hölzernen Scheiben unterschiedlichen Durchmessers, wobei die kleinere als Radreifen, die größere als Flansch diente, oder aus mehreren, von S-förmigen Eisenklammern zusammengehaltenen Holzteilen. Abgebremst wurden die Wagen mit Bremsblöcken aus Buche, die man mit einer langen Erlenholz-Stange an den Radkranz drückte.

Schon Mitte des 17. Jahrhunderts begann in Europa die Ablösung der Holzschienen durch gußeiserne und später schmiedeeiserne Schienen, die sich um 1820 überall durchgesetzt hatten. In Amerika dagegen gab es noch bis in die 1870er Jahre viele Holzschienenbahnen, und zum Holztransport sind dort und in Australien bis zum heutigen Tag noch einige in Betrieb.

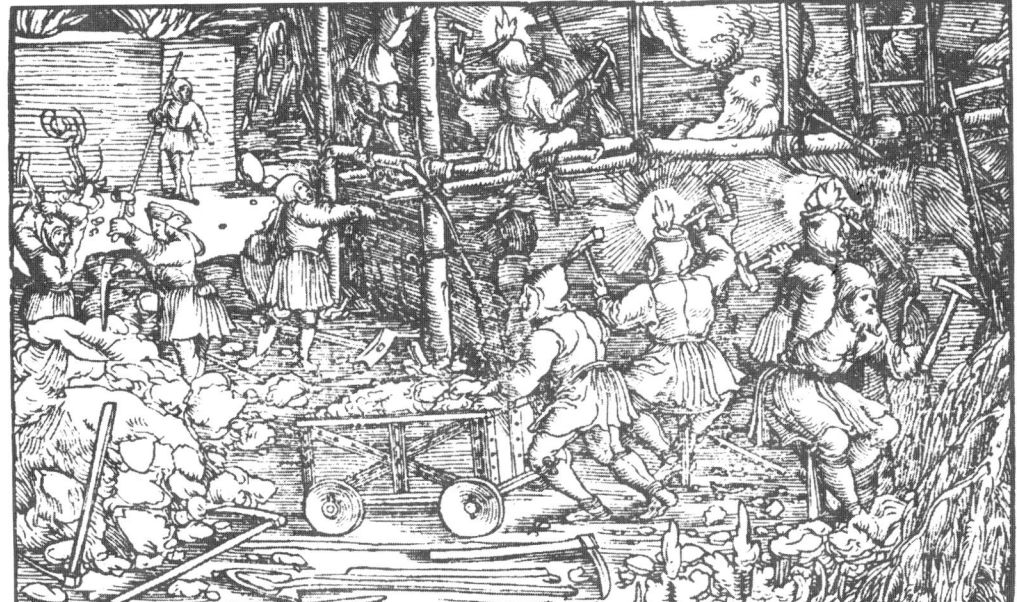

VERSCHIFFUNG DES FÖRDERGUTS
*Da seetüchtige Schiffe nicht weit flußaufwärts fahren konnten, verlud man Kohle und Erz von der Schienenbahn auf kleine Schuten, anfangs mit Schubkarren. Später ermöglichten Verladebrücken einen unmittelbaren Umschlag des Förderguts von der Schiene auf Flußschiffe.*

BRÜCKE UND SCHÜTTE
*Die Verladebrücken waren aus kräftigen Stämmen gezimmert und mit einer Kippvorrichtung sowie einer Schütte versehen, über die das Fördergut von den Schienenwagen unmittelbar in die Leichter gelangte.*

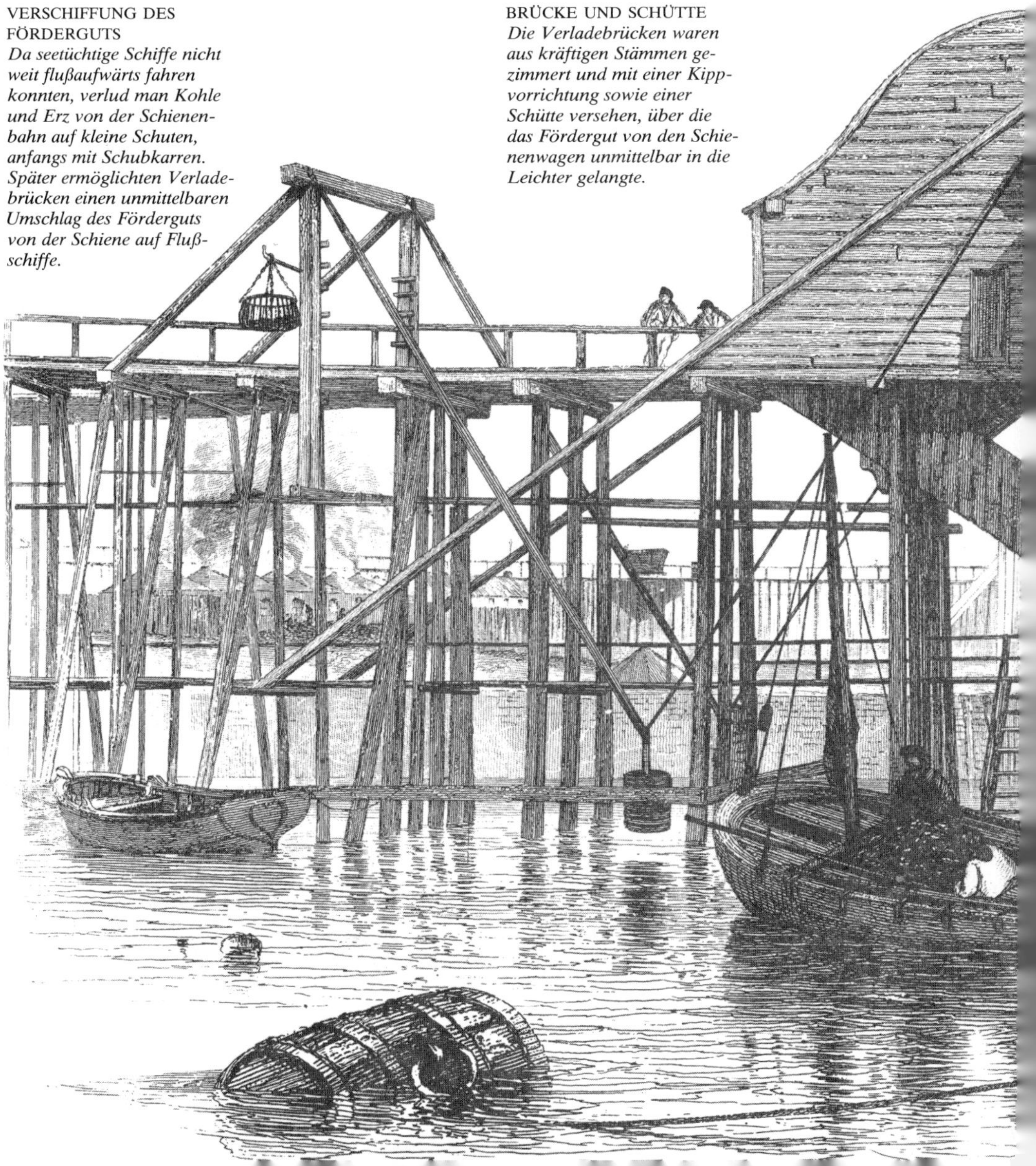

## KOHLENWAGEN

*Dieser Ende des 18. Jahrhunderts im Kohlenbergbau verwendete Förderwagentyp hatte einen Rahmen aus Eichenhölzern und eine Tannenholz-Beplankung. Bei Gefälle drückte der Fahrer den Buchenholz-Bremsklotz an das Rad, indem er sich auf den Bremshebel stützte.*

## TRANSPORTUNTERNEHMER

*Mit dem Bau und Betrieb ihrer Bahnen beauftragten die Bergwerke häufig spezialisierte Firmen. Diese waren für den Unterhalt der Brücken und Schienenwege verantwortlich und bekamen eine Gebühr je Streckenkilometer sowie einen Zuschlag für schwierige Abschnitte.*

## WAGENKRAN

*Eine weitere, weniger gebräuchliche Verladevorrichtung bestand aus einem Auslegerarm mit Gegengewicht, der einen beladenen Schienenwagen auf Bordhöhe des Schiffes senken konnte. Dort wurde das Fördergut durch Öffnen von Klappen im Wagenboden entladen.*

## ALTE GRUBENWAGEN

### SIEBENBÜRGER HUND

*Dieser grobgezimmerte deutsche Förderwagen aus dem frühen 19. Jahrhundert lief auf einer Schienenbahn aus Kiefernhölzern.*

### LEITNAGEL-HUND

*Dieser 1785 in einer Kohlengrube des Berner Oberlands benutzte Hund wurde von einem Führungszapfen, dem »Leitnagel«, auf den kräftigen Schienenbohlen gehalten.*

### LEITRAD-HUND

*Das Leitrad-Prinzip war in Ungarn sehr gebräuchlich und wurde später auch von anderen Gruben Europas übernommen, besonders von den schwedischen Kupferbergwerken in der zweiten Hälfte des 18. Jahrhunderts.*

# Betonschalungen

ARCHITEKTONISCHER
SICHTBETON
*Die Brettfugen, Äste und
Holzfasern der mit unge-
hobelten Schalbrettern geformten Betonoberflächen
der Mauer und des Seiten-
eingangs ergeben hier einen
effektvollen Kontrast zur
»Steinblock«-Struktur der
angrenzenden Hauswand.*

Zwar gossen schon die alten Griechen hohle Mauern mit Beton aus und bauten bereits die Römer im 1. Jahrhundert n. Chr. Beton-Bogen und -Gewölbe, doch begann das eigentliche Zeitalter des Beton- und Stahlbetonbaus erst in unserem 20. Jahrhundert. Hochhäuser, Flyovers, Brücken, Staudämme und Fernsehtürme aus Beton sind die prominentesten Fortschrittssymbole unserer industrialisierten Welt.

Angesichts dieser Bauten aus Beton und Stahl unterschätzt man leicht die gewaltigen Holzmengen, die zu ihrer Errichtung notwendig waren. Abgesehen von dem Holz für Fußböden, Treppen, Fensterrahmen und Türen sowie für den Innenausbau und die Außenverkleidung, wurde jedes dieser Bauwerke ja in seinem Frühstadium einmal ganz in Holz »gebaut«, nämlich in Form der hölzernen Schalungen, in die der Betonbrei eingefüllt wurde.

Die Beschaffenheit der zum Einschalen verwendeten Bretter, Bohlen und Kanthölzer hat unmittelbar Einfluß auf das spätere Erscheinungsbild der Ansichtsflächen. So kann man mit ungehobelten und besonders strukturierten Brettern erreichen, daß der erstarrte Beton eine holzähnliche Oberfläche haben wird – was oft weitaus dekorativer wirkt als mit gehobelten Schalbrettern geformter Beton. Denn selbst bei Verwendung großflächiger Bretter mit dichten Nut- und Federverbindungen lassen sich Schalungsfugen an den Stoßstellen nicht ganz vermeiden, da der nasse Beton durch die Verbindungen hindurchdringt. Erst nach dem Erstarren des Betons kann man diese Fugen abschleifen. Eine andere Möglichkeit besteht darin, mit Fugenleisten oder -bändern zu arbeiten und so der Betonfläche ein attraktives Bausteinmuster zu vermitteln.

In sehr großem Umfang verwendet man heute zum Einschalen Sperrholzplatten aus Macoré, Mahagoni, Buche, Okoumé und anderen Harthölzern. Sperrholzschalung hat den Vorteil, daß sie in großen Abmessungen hergestellt werden kann und wegen der kreuzweisen Verleimung von bis zu 11 Lagen außerordentlich tragfähig ist und sich beim Schwinden und Quellen nicht verzieht. Außerdem sind Sperrholzplatten auch noch dicht am Rand nagelfest und lassen sich nach einer Vorbehandlung mit Öl, Paste oder Wachs schnell und gut vom erhärteten Beton lösen – was ihm eine glatte und dichtgeschlossene Oberfläche gibt und die Lebensdauer der Schalhaut erhöht. Sind Schalhölzer oder -platten nicht mehr zur Herstellung von Sichtbeton geeignet, kann man sie meist noch als Bauholz oder als Schalungen für später verkleidete Betonflächen verwenden.

GIESSEN EINES PFEILERS
*Diese mit Außenbrettern versteifte und von Spannklammern gehaltene Plattenschalung für einen inneren Stützpfeiler ist um die Bewehrungs-Rundstähle herum errichtet. Jetzt wird der Betonbrei aus dem mit einem Kran gehobenen Kübel in die Schalung eingegeben.*

STREBEPFEILER
*Die neue katholische Kathedrale in Liverpool stützen 16 Betonstrebepfeiler von je 35,5 m Länge. Hier wird gerade von einem Strebepfeiler die Schalung abgenommen, deren Spuren deutlich zu erkennen sind.*

GEFORMTE FIALEN
*Jeder Strebepfeiler ist mit seinen Nachbarpfeilern durch Binderringe aus einzeln gegossenen Beton-Bogenteilen verbunden. Zum Schluß wurde auf den großen Kegelstumpf der Kathedrale eine 21 m hohe Laterne mit 16 gegossenen Beton-Fialen von 18 m Höhe aufgesetzt.*

167

# Formen und Modelle

Anders als viele traditionsreiche Handwerke hat das alte und wenig bekannte Handwerk des Modelltischlers im Zeitalter der Technik an Bedeutung gewonnen. Zwar bedient sich die Modelltischlerei heute leistungsfähiger Drehbänke und Bandsägen, Fräs- und Abrichtmaschinen, doch erfordert sie nach wie vor sehr viel technisches Können und gutes Formengefühl.

Meist besteht die Aufgabe des Modellbauers darin, anhand einer Konstruktionszeichnung ein Holzmodell herzustellen, das im gestampften Sand einer Gußform eine Vertiefung hinterläßt, in die dann geschmolzenes Metall gegossen wird. Da Ausstülpungen und Hohlräume die Sandform beim Herausnehmen des Modells beschädigen würden, fertigt man Gußmodelle meist in zwei Hälften oder einer Reihe von ineinandergreifenden Teilen an. Hohlformen, beispielsweise ein Rohr, lassen sich nur gestalten, indem man in den Formkasten einen Block aus gehärtetem Sand, den sogenannten Kern, einlegt, für den ein gesondertes Modell, die »Kernmarke«, erforderlich ist. Solche Komplikationen führen oft dazu, daß das Modell nur wenig Ähnlichkeit mit dem fertigen Gußstück hat.

Aus drei Gründen ist Holz das ideale Material für Gußmodelle: Es läßt sich gut in jede gewünschte Form bringen, ist formstabil und läßt sich durch Bearbeitung oder Hinzufügung eines anderen Holzstücks modifizieren. Die in Deutschland bevorzugten Modellhölzer sind Kiefer, Erle, Ahorn, Nußbaum, Linde, Kirschbaum und für besonders dauerhafte Modelle Weißbuche. Seit dem Zweiten Weltkrieg finden außerdem Mahagoni und Gelutong, ein astfreies Latexholz, zunehmend in der Modelltischlerei Verwendung. Die Japaner bauen ihre Gußmodelle vor allem aus Katsura, einem heimischen Holz mit Buchsbaum-Eigenschaften.

Modelltischlereien arbeiten meist als kleine Nebenbetriebe von Maschinenfabriken oder als selbständige Werkstätten in Gebieten mit viel Eisenindustrie. Ihr Arbeitsfeld ist eine der interessantesten Sparten der Tischlerei, denn ein Modellbauer lernt und praktiziert eine Reihe verschiedener Holzbearbeitungstechniken. Allzu leicht vergißt man beim Dröhnen und Rattern des gewaltigen Maschinenarsenals, beispielsweise einer Automobil-Fertigungsstraße, daß es recht bald verstummen würde, gäbe es nicht die Handwerkskunst des Modelltischlers.

**ANZEICHNEN**
*Beim Anzeichnen arbeitet der Modelltischler mit einem Schwindmaßstab, der das Kleinerwerden der Gußstücke beim Erstarren berücksichtigt: Modelle für Gußeisen sind um 1 Prozent, solche für Stahlguß um 2 Prozent größer als die fertigen Gußstücke.*

**KURBELWELLEN-MODELL**
*Dieses vergleichsweise unkomplizierte, weil keine Kernmarken erfordernde Modell für eine Kurbelwelle wird in zwei genau deckungsgleichen Hälften angefertigt. Damit sich das Modell gut aus der festgestampften Sandform herausheben läßt, werden seine scharfen Innenkanten mit Leder- oder Wachs-Profilen ausgerundet und das ganze Modell mit Polyurethan lackiert.*

**ENDPRÜFUNG**
*Vor dem endgültigen Zusammenbau prüft der Modellbauer jedes einzelne Element anhand seiner Vorlage, deren Maße er bis auf Hundertstel eines Millimeters genau einhalten muß. Modellholz muß ein außergewöhnliches Stehvermögen aufweisen, da ein Arbeiten des Holzes eine Neuanfertigung erforderlich machen würde.*

*Nach Vorbereitung und An-
zeichnen seines Holzes formt
der Modelltischler die einzelnen Teile. Er arbeitet dabei
mit Tastzirkeln, Nagelklem-
men und dem gekröpften
Hohlbeitel. Innenkurven
formt er mit einer senkrecht
rotierenden Schleifspindel.*

## DEKORATIVER FORMGUSS

Da kunstvoll von Hand geschnitzte Bilderrahmen
und Zierelemente für Möbel sehr kostspielig waren, entwickelten Handwerker im 18. und im
19. Jahrhundert ein Verfahren, solche Artikel in
einer Paste zu gießen, die sich – nach Aushärtung
und Vergoldung – nicht von Holz unterscheiden
ließ. Für die sorgfältig geschnitzten Formen wählten sie Hölzer mit sehr feiner und dichter Struktur
wie Buchsbaum oder Buche, in die sich feine Details schnitzen lassen und die formstabil bleiben.

*Diese beiden Formen ergeben zusammen das Zier-
element in der Mitte für einen Louis-quatorze-
Tisch.*

*Mit dieser zum Schutz vor dem Reißen verblockten
Einzelform lassen sich alle Elemente des Bilder-
rahmens herstellen.*

*Fraßresistent und formstabil, werden diese Buchs-
baum-Formen 200 Jahre nach ihrer Anfertigung
immer noch verwendet.*

**DER FORMKASTEN**
*Wie das Modell besteht auch
der Formkasten aus zwei
Hälften. Um die Modellhälf-
ten im Ober- und Unterkasten
stampft man Sand und nimmt
dann die Modellteile wieder
heraus. Das erstarrte Gußteil
wird geputzt und in einer
Nachbearbeitung auf exakte
Maßgenauigkeit gebracht.*

# Boots- und Schiffbau

Die Spanten dieses Nordsee-Fischkutters
sind aus Eiche geschnitten und auf den Kiel aufgesetzt.
Das in Spanten stehende Boot bekommt nun eine
Außenhaut aus 5 cm dicken Fichtenplanken.
Jede dieser Planken wird allein nach Augenmaß
geschnitten, dann mit Dampf behandelt, damit sie
sich ohne zu reißen der Form des Bootskörpers anpassen läßt.

# Flöße und Kanus

Das einzige Bindeglied zwischen all den verschiedenen von Menschen gebauten Booten ist der Baum – liefert er doch beinahe konkurrenzlos das Material für ihre Herstellung. Holz ist zäh, schwimmfähig, einfach zu bearbeiten – selbst mit den primitivsten Werkzeugen – und leicht erhältlich.

Die einfachste Bootsform ist das Floß, das gewöhnlich aus einer Reihe großer Stämme besteht, die zusammengebunden und oft durch Querhölzer versteift sind. Viele Flöße sind zum Schutz von Besatzung und Ladung vor dem Wasser mit einer Plattform versehen. Aber Flöße lassen sich auch bei einer Ausstattung mit Schwertern kaum segeln und werden selten als Hochseefahrzeuge benutzt. Eine bemerkenswerte Ausnahme waren die altinkaischen Floßschiffe, nach deren Vorbild Thor Heyerdahl sein *Kon-Tiki* baute.

Der einfache Einbaum ist lediglich ein ausgehöhlter Stamm ohne jegliche Stabilität und mit nur sehr wenig Freibord. Zur Vergrößerung des Freibords lassen sich an den Seiten Planken aufsetzen, und die Stabilität verbessert man häufig durch Verbinden zweier solcher Bootskörper zu einem Katamaran oder mit einem Ausleger. Aber ein Boot mit nur einem einzelnen Ausleger zu fahren verlangt außerordentliches Geschick. Da der Ausleger immer gegen den Wind gerichtet sein muß, sind Bug und Heck dieser Boote gleichgestaltet, so daß ein Drehen möglich ist.

Leichtere Boote, für die sehr wenig Holz erforderlich ist, entstehen durch Überziehen eines hölzernen Gestells mit Häuten oder Segeltuch. Zu den bekanntesten Vertretern zählen die Boote der Eskimos: der als Jagdkanu dienende Kajak und der zum Transport von Lasten benutzte größere Umiak. Die Birkenrindenkanus der nordamerikanischen Indianer bestehen aus einem leichten Zedernholzrahmen, der mit sorgfältig miteinander verbundenen Rindenstücken verkleidet ist.

Die Eingeborenen im Norden Australiens bauen ein ungewöhnliches Kanu aus einem einzigen Stück Rinde; das Blatt wird gefaltet, und die Enden werden mit Streifen des gleichen Materials zusammengeheftet. Ähnliche Boote gibt es in Südamerika, doch wird dort in jede Seite zunächst eine V-Kerbe eingeschnitten, dann werden die Stücke fest zusammengefügt, so daß die offenen Enden des Kanus aus dem Wasser herausgehoben werden.

Aus Schilfbündeln bestehende Boote sind an der Küste und im Binnenland von Peru wie auch im Niltal noch heute weit verbreitet. Sie sind die Nachfahren der großartigen Papyrusboote des alten Ägypten und damit eine direkte Verbindung zu vergangenen Kulturen.

**PAPYRUSFLOSS**
*In den Bergen um den Tana-See in Äthiopien wachsen kaum Bäume; Boote werden dort wie vor 5000 Jahren in Ägypten aus gebündelten Papyrusstauden gebaut. Diese Paddelboote halten vielleicht nur 2 oder 3 Monate; sie können bis zu 9 m lang sein und beachtliche Lasten tragen. Auf dem Titicaca-See gibt es ähnliche Boote aus Schilf.*

**BAMBUSFLOSS**
*Der Bug ist beim gewölbten Formosa-Floß stark nach oben gezogen, am Heck und über die Breite ist die Wölbung weniger stark. Das trapezförmige, 9 m lange Floß hat eine Besatzung von 3 Mann.*

**RIESENBAMBUS**
*Die Stämme der beiden Bambusarten Dendrocalamus giganteus und D. strictus liefern auf Formosa das Material für leichte, seetüchtige Flöße, bei denen die dünneren Stammenden zum Bug liegen. Mastspur, Schwerter und Ruder sind meist aus lokal verfügbarer Kiefer.*

Balsa

**BALSA**
*Balsa ist das spanische Wort für Floß; der Baum (Ochroma pyramidalis) wird über 20 m hoch. Getrocknet ist das Holz leicht wie Kork; für Flöße werden aber frischgeschnittene Stämme verwendet, da deren Splint die Wasseraufnahme verzögert.*

**BALSAFLOSS**
*Seetüchtige Balsaflöße gab es nachweislich schon im alten Peru, und auch heute noch sind sie auf Seen und Flüssen weit verbreitet. Der Steuermann steht auf den am Heck herausragenden Mittelstämmen. Die Flöße werden gepaddelt oder gesegelt.*

**BROTFRUCHTBAUM**
*Außer eßbaren Früchten liefern viele Arten des Brotfruchtbaums (Artocarpus) gutes, leicht zu bearbeitendes Bootsholz. Auch Palmen und Mangos dienen als Bootskörper; Ausleger und Seitenplanken werden manchmal mit Kokosfaser befestigt.*

**AUSLEGERKANU**
*Als Ausleger dienen gewöhnlich kleinere Stämme, die zur Stabilisierung an einer oder beiden Seiten des Rumpfes mit Stangen befestigt sind. Die oft sehr schnellen, bis zu 20 m langen Kanus sind im Gebiet des Pazifischen und des Indischen Ozeans verbreitet.*

**IROKO**
*Zur Herstellung eines Einbaums eignet sich jeder große, starke Baum mit dauerhaftem Holz; Iroko (Chlorophora excelsa) ist in Westafrika weit verbreitet und wird oft dafür verwendet. Der Stamm wird entastet und durch abwechselndes Ausbrennen und Behauen mit dem Beil ausgehöhlt.*

Iroko

**EINBAUM**
*Der einfache Einbaum ist nicht seetüchtig und nur für Binnengewässer geeignet; er findet sich überall in der Welt in zahlreichen Formen. Dieses westafrikanische Boot hat ein flaches Heck, auf dem ein Speerfischer stehen kann und auf dem heute vielfach ein Außenbordmotor angebracht wird.*

Eastern Canadian spruce

**PAPIERBIRKE**
*Die Rinde der Papierbirke (Betula papyrifera) wird senkrecht eingeschnitten und in einem Stück vom Schaft geschält. Sie wird so geschnitten, daß sie sich leicht in Kanuform biegen läßt. Spanten und Duchten sind meist aus Zeder.*

**EASTERN CANADIAN SPRUCE**
*Mit Wurzeln dieses in Kanada verbreiteten Baumes (Picea glauca) verbinden die Indianer in British Columbia die Birkenrindenstücke für ihre Kanus. Die Fugen dichten sie mit Pech vom gleichen Baum.*

**BIRKENRINDENKANU**
*Rindenkanus gibt es überall in der Welt, die besten in Nordamerika. Sie sind meist 3–4 m lang; aus zwei Rindenstücken gebaute Kanus können auch länger sein. Diese leichten Boote eignen sich ideal für Flüsse mit starker Strömung.*

# Schiffbau im alten Ägypten

Die ägyptischen Schiffe, die im 4. Jahrtausend v. Chr. die 1200 km vom ersten Katarakt des Nils bis zu seiner Mündung zurücklegten, waren einfache, aus Schilfbündeln zusammengebaute Fahrzeuge. Nach der Talfahrt zur Küste bewältigten sie die Strecke stromaufwärts mit Hilfe der vorherrschenden nördlichen Winde. Diese Schiffe hatten hölzerne Decks, auf denen die Fracht lagerte, und Deckhäuser zum Schutz vor der brennenden Sonne. Sie verfügten über Paddel sowie ein Segel an einem weit vorn stehenden zweibeinigen Mast. Solche einfachen Boote sind in Ägypten zu allen Zeiten gebaut worden, doch wurde für den Transport von Steinen vom Steinbruch zum Tempelbauplatz und für die standesgemäße Beförderung von Priestern und Pharaonen eine Reihe stärkerer Schiffe entwickelt.

Der Rumpf der ersten hölzernen Schiffe war der Form der Schilfboote nachgebildet. Er bestand aus mit Zapfen und Schwalbenschwanzdübeln sorgfältig zusammengefügten kurzen Planken – den einzigen an Ort und Stelle verfügbaren Hölzern. Für den Bau größerer Schiffe führten die Ägypter schon zur Zeit der ersten Dynastie Zedernholz aus dem Libanon ein, und die Sicherung der Holzversorgung war einer der Gründe für die Ausweitung ihres Einflußbereichs nach Norden. Zum Bau des 1954 am Fuß der Cheopspyramide entdeckten Schiffs des Cheops, des ältesten erhalten gebliebenen hölzernen Wasserfahrzeugs der Welt, wurden Zedernholzplanken von über 20 m Länge und 12 cm Stärke verwendet. Für kleinere Teile verarbeiteten die alten Ägypter jedoch lokal vorkommende Hölzer wie Akazie, Wacholder und andere.

Das Cheopsschiff beweist, daß selbst große Schiffe aus miteinander verbundenen Planken ohne metallene Befestigungsmittel und ohne Kiel gebaut wurden. Wie eine Sehne einen Bogen spannt, so spannten die ägyptischen Schiffbauer den Rumpf mittels eines unter dem Deck längsschiff verlaufenden Balkens. Bei seetüchtigen Schiffen verstärkten sie dieses »Rückgrat« durch ein oberhalb des Decks gespanntes dickes Tau.

Zahlreiche »Spannvorrichtungen« dieser Art versteiften die größten Schiffe, beispielsweise das 1500 v. Chr. für den Transport von Granitobelisken von Assuan nach Theben gebaute Boot der Königin Hatschepsut. Es heißt, man habe »Platanen aus dem ganzen Land« für den Bau dieses Schiffes herbeigeschafft; wahrscheinlich aber bestanden alle seine Hauptbalken aus Zedernholz. Das riesige Schiff hatte vermutlich eine Verdrängung von rund 7500 Tonnen, und zu seiner Fortbewegung waren 30 geruderte Schlepper erforderlich.

**HOLZHANDEL IM ALTERTUM**
*Die Zedernwälder an den Berghängen des Libanon waren jahrhundertelang eine Quelle kanaanäischen und phönizischen Reichtums. Ein assyrisches Relief aus 700 v. Chr. zeigt, wie das Holz transportiert wurde: hoch auf Deck gestapelt und im Schlepp.*

**SCHIFF DES CHEOPS**
*Die »Stromabwärts-Barke« des Cheops wurde vor 4600 Jahren sorgfältig in 1224 Teile zerlegt und lag bis 1954 in einer Grube neben der Cheopspyramide. Sie ist das älteste Schiff der Welt. Das Segelschiff des Cheops liegt wahrscheinlich in der Nähe.*

**ZWEIBEINIGER MAST**
*Der ursprünglich für Schilfboote konstruierte Zweibeinmast eignete sich auch für hölzerne Schiffe, da er Platz für das Spannseil ließ. Bei Gebrauch stützten ihn mehrere Stage, in Ruhestellung lag er auf einer Art Galgen auf. An der Rahe hing ein großes quadratisches, unten durch eine Spiere gestrafftes Stoff- oder Papyrussegel. Anfangs war der Mast weit vorn, ab 1500 v. Chr. mittschiffs angeordnet.*

**SCHIFF DES SAHU-RE**
*Dieses Schiff (ca. 2450 v. Chr.) ist nach einem 1907 im Grabtempel des Pharaos Sahu-Re gefundenen Relief rekonstruiert. Vieles daran ist für den altägyptischen Schiffbau typisch: genähte Planken, Zweibeinmast, Spannseil und der Tauwerkgürtel längs des oberen Bordplankengangs.*

**STEUERRUDER**
*Nur mit einer Reihe von Steuerrudern war dieses ägyptische Schiff mit seiner großen Segelfläche und ohne stabilisierenden Kiel unter Kontrolle zu halten. Kleinere Wasserfahrzeuge, vor allem Flußschiffe, brauchten dagegen bloß ein einzelnes Steuerruder achtern.*

**DER TAUWERKGÜRTEL**
*Ein elastischer Tauwerkgürtel umspannte den Rumpf in Deckhöhe und verhinderte auf diese Weise ein Ausbrechen der Seitenwände unter dem Druck des gestrafften Spannseils. Querbalken stützten das Deck und hielten die oberen Seitenplanken zusammen.*

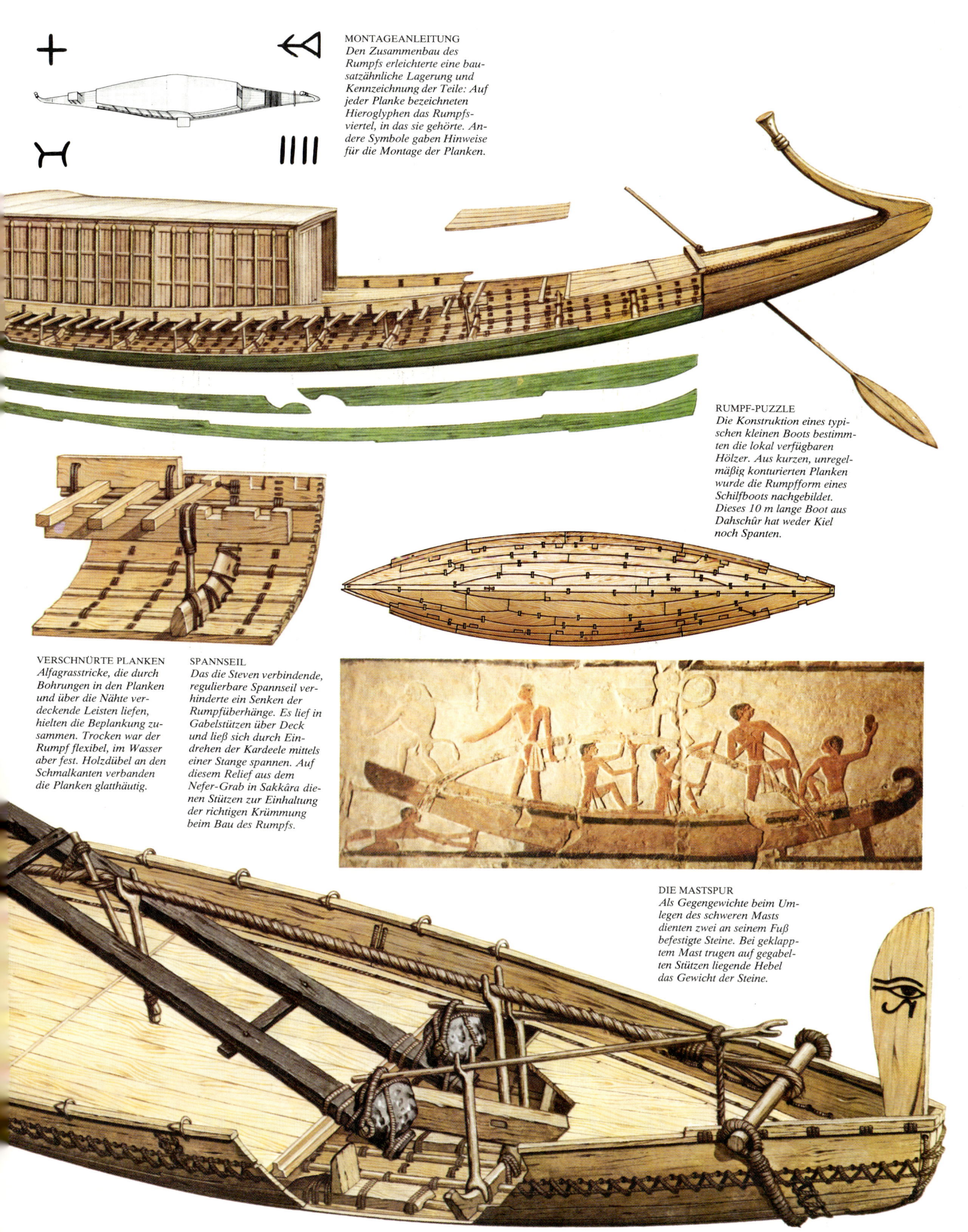

## MONTAGEANLEITUNG
*Den Zusammenbau des Rumpfs erleichterte eine bausatzähnliche Lagerung und Kennzeichnung der Teile: Auf jeder Planke bezeichneten Hieroglyphen das Rumpfsviertel, in das sie gehörte. Andere Symbole gaben Hinweise für die Montage der Planken.*

## RUMPF-PUZZLE
*Die Konstruktion eines typischen kleinen Boots bestimmten die lokal verfügbaren Hölzer. Aus kurzen, unregelmäßig konturierten Planken wurde die Rumpfform eines Schilfboots nachgebildet. Dieses 10 m lange Boot aus Dahschûr hat weder Kiel noch Spanten.*

## VERSCHNÜRTE PLANKEN
*Alfagrasstricke, die durch Bohrungen in den Planken und über die Nähte verdeckende Leisten liefen, hielten die Beplankung zusammen. Trocken war der Rumpf flexibel, im Wasser aber fest. Holzdübel an den Schmalkanten verbanden die Planken glatthäutig.*

## SPANNSEIL
*Das die Steven verbindende, regulierbare Spannseil verhinderte ein Senken der Rumpfüberhänge. Es lief in Gabelstützen über Deck und ließ sich durch Eindrehen der Kardeele mittels einer Stange spannen. Auf diesem Relief aus dem Nefer-Grab in Sakkâra dienen Stützen zur Einhaltung der richtigen Krümmung beim Bau des Rumpfs.*

## DIE MASTSPUR
*Als Gegengewichte beim Umlegen des schweren Masts dienten zwei an seinem Fuß befestigte Steine. Bei geklapptem Mast trugen auf gegabelten Stützen liegende Hebel das Gewicht der Steine.*

# Die europäischen Traditionen

Schon in sehr früher Zeit bauten Bewohner von Regionen mit spärlichem Baumwuchs – wie in Nordnorwegen und Westirland – mit Häuten bespannte Boote. Für ihren Bau brauchten sie lediglich schlanke Äste, vorzugsweise von Weide oder Haselnußbaum, die sie mit gefetteten Tierhäuten bespannten.

Andere Gebiete waren meist dichter bewaldet als heute, und die vorgeschichtlichen Schiffbauer hatten kaum Mühe, in geringer Entfernung vom Wasser große Bäume zu finden. Spätestens mit Beginn der Bronzezeit entstanden aus abgespaltenen Schwarten großer Bäume zusammengefügte kräftige, seetüchtige Schiffe. Im Dänemark der frühen Bronzezeit gab es schon seetüchtige Schiffe mit nicht weniger als 32 Duchten und Kampfschiffe mit an Bug und Heck überstehenden Rammspornen. Gesteuert wurden sie mit einem Stevenschwert oder einer Kielflosse.

Ein solches gespornes Kriegsschiff, etwa aus der Zeit um 300 v. Chr., hat man in einem Moor bei Hjortspring in Dänemark gefunden. Sein Rumpf war aus fünf riesigen Lindenholzplanken zusammengesetzt, von denen jede etwa 15 m lang und fast 70 cm breit war. Als man 1971 eine Nachbildung baute, ließ sich in den dänischen Staatsforsten nirgends eine entsprechend große Linde finden.

Das älteste bekannte Boot stammt aus der Mittelsteinzeit, einer Zeit also, in der erst sehr kleine und ganz einfache Steinwerkzeuge bekannt waren. Es

handelt sich bei diesem Boot um einen Einbaum aus einem ausgehöhlten Kiefernstamm von 3 m Länge und 50 cm Durchmesser. Das allgemein für Einbäume aller Art bevorzugte Material war allerdings Eiche. Solche Boote wurden in manchen Teilen Nordeuropas noch bis in unser 20. Jahrhundert hinein gebaut.

Vermutlich entwickelte sich die Klinkerbauweise daraus, daß man auf den einfachen Einbaum einige Planken aufsetzte, um den Bord zu erhöhen und zu verbreitern. Wie bei den im Mittelmeergebiet und in Ägypten gebauten Booten entstand zuerst die Schale: Kiel und Vorsteven wurden auf Stapel gelegt und miteinander verblattet, anschließend eine Reihe überlappender Plankengänge angefügt. Die ersten Boote waren noch mit Wurzelfasern verzurrt, bei späteren fanden eiserne Nieten Verwendung, die wiederum von Kupfernieten und -nägeln abgelöst wurden. Erst nach Fertigstellung der äußeren Schale setzte man Spanten ein, die dem Rumpf Festigkeit gaben. Das Geheimnis des anhaltenden Erfolges des klinkergebauten Boots bestand darin, daß es Flexibilität mit der großen Stabilität und dem vergleichsweise geringen Gewicht der radialgespaltenen Eichenplanken verband. Die Flexibilität und Stoßfestigkeit gaben ihm die Spanten, die an aus dem Vollen der inneren Plankenseiten herausgearbeiteten Klampen verzurrt waren.

Zur höchsten Vollendung entwickelten diese

Bauweise die Wikinger, die seetüchtige Schiffe von bestechender Schönheit mit elegant geschwungenen Linien bauten. Die am besten erhaltenen Beispiele ihrer Schiffbaukunst wurden bei Oseberg und Gokstad in Südnorwegen ausgegraben und stammen aus der Zeit um 800 und 850 n. Chr. Beide sind aus Eichenholz gebaut, und den Kiel des Gokstadschiffs lieferte ein 25 m langer, geradfaseriger Eichenstamm, wie er heute in ganz Norwegen nicht mehr zu finden wäre.

Schon in der Bronzezeit gab man Schiffen eine aus Holz geschnitzte Stevenzier. Das Oseberg-Schiff schmücken an den Steven und am Setzbord kunstvolle Bandornamente, die ineinander verschlungene Fabelwesen darstellen. Da es einer Königin als Vergnügungsschiff diente, fehlt ihm der furchterregende Drachenkopf, mit dem die Wikinger den Bug ihrer Kriegsschiffe versahen. Außer ihrer Schreckwirkung auf den Gegner hatten diese Drachenköpfe auch den Charakter einer Zauberabwehr.

Das Segel kam in Skandinavien erst recht spät in Gebrauch; im Nordwesten Europas war es bereits 500 Jahre früher weit verbreitet. Dort wandte man auch seit der Eisenzeit ein anderes Bootsbauverfahren an. Aus Werken römischer Schriftsteller und von zeitgenössischen Münzen wußte man zwar davon, ein greifbares Zeugnis dieser alten keltischen Bootsbautradition hat man jedoch erst in jüngster Zeit gefunden.

**DAS BEVAIX-BOOT**
*Im Jahre 1972 fand man bei Bevaix am Neuenburger See in der Schweiz einen gallischrömischen Lastkahn. Die Form seines Rumpfes bestimmen vier große, versetzt angeordnete und schräglaufende Planken.*

**BAUWEISE**
*Unter jedem zweiten Spant des Boots gefundenen Reihen verspundeter Löcher lassen vermuten, daß die Boden-* *planken zunächst mittels Zapfung und Zurrung gehalten wurden, bis die Spanten festgenagelt waren.*

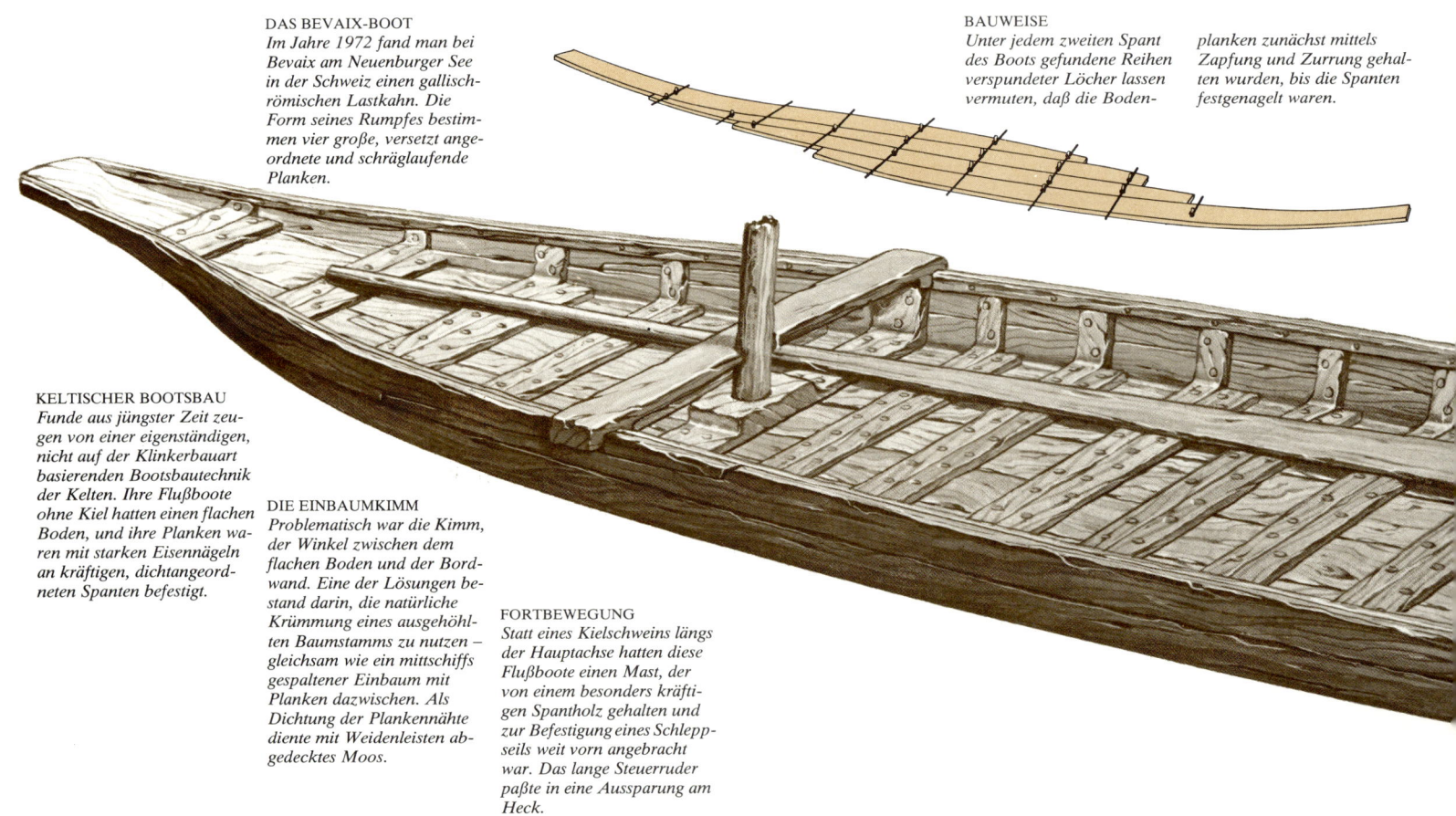

**KELTISCHER BOOTSBAU**
*Funde aus jüngster Zeit zeugen von einer eigenständigen, nicht auf der Klinkerbauart basierenden Bootsbautechnik der Kelten. Ihre Flußboote ohne Kiel hatten einen flachen Boden, und ihre Planken waren mit starken Eisennägeln an kräftigen, dichtangeordneten Spanten befestigt.*

**DIE EINBAUMKIMM**
*Problematisch war die Kimm, der Winkel zwischen dem flachen Boden und der Bordwand. Eine der Lösungen bestand darin, die natürliche Krümmung eines ausgehöhlten Baumstamms zu nutzen – gleichsam wie ein mittschiffs gespaltener Einbaum mit Planken dazwischen. Als Dichtung der Plankennähte diente mit Weidenleisten abgedecktes Moos.*

**FORTBEWEGUNG**
*Statt eines Kielschweins längs der Hauptachse hatten diese Flußboote einen Mast, der von einem besonders kräftigen Spantholz gehalten und zur Befestigung eines Schleppseils weit vorn angebracht war. Das lange Steuerruder paßte in eine Aussparung am Heck.*

## SKANDINAVISCHE SCHIFFSBILDER

In Skandinavien sind Hunderte in Felsen, Waffen und Geräte eingeritzter Schiffsbilder erhalten. Manche stellen offenbar Hautboote dar, doch müssen die größeren (mit mehr als 30 Duchten) aus Holz gewesen sein. Rechts ein Felsbild aus Schweden.

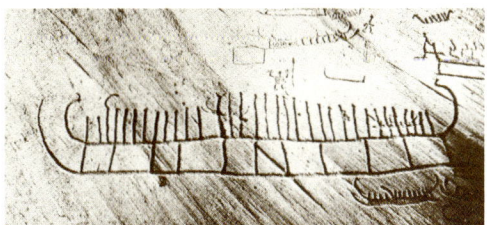

## BRONZEZEIT-SCHIFFE

Im Nordeuropa der Bronzezeit behaute man riesige Stämme und baute Bootskörper von bis zu 15 m Länge. Ihre Überreste belegen, daß das Schnitzen von Klampen aus dem Vollholz zur Befestigung von Innenausstefungen schon damals eine weitverbreitete Technik war.

## BINDUNGEN

Die dicken Eichenplanken waren längsgefügt, ihre Nähte mit Moos verstopft und mit dünnen Eichenleisten abgedeckt, die von gedrehten Eibenwurzeln festgehalten wurden. Diese Bindungen waren versenkt angebracht, um übermäßige Abnutzung zu vermeiden.

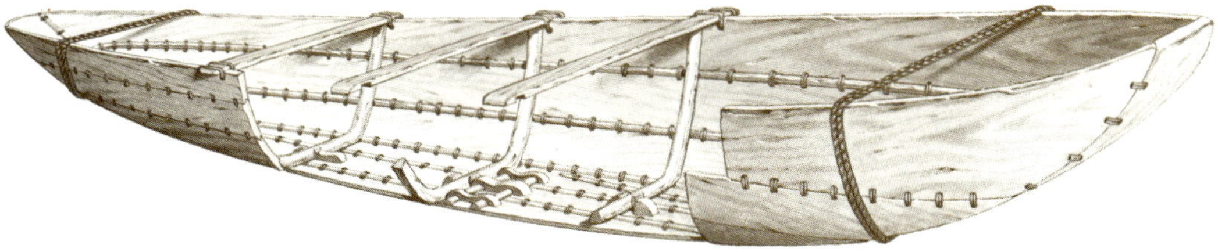

## DAS NYDAMBOOT

Das in Nordschleswig gefundene Nydamboot ist ein offenes Ruderboot von 23 m Länge aus der Vorwikingerzeit (4. Jahrhundert). Seine Außenhaut ist aus nur 15 Teilen zusammengesetzt; jeder Plankengang besteht aus einer einteiligen gebogenen Planke aus gespaltenem Eichenholz.

## FLEXIBLER RUMPF

Die Plankengänge waren mit Eisennieten und Klinkscheiben verbunden, aber die Spanten aus gebogenen Ästen an aus dem Vollen der Plankeninnenseiten herausgeschnitzten Klampen befestigt. Das symmetrische Boot hatte 30 mit dem Dollbord verschnürte Ruderdollen.

## DAS GOKSTAD-SCHIFF

Zwar sind beim Gokstad-Schiff wie beim Nydamboot die Außenhautplanken geklinkert, aber in den dazwischenliegenden 400 Jahren hatte sich vieles geändert. Plankengänge aus mehreren Planken gaben dem Gokstad-Schiff einen schöngeformten Rumpf, und Riemenöffnungen erlaubten eine Freiborderhöhung. Für seinen Antrieb sorgten nicht mehr nur Ruder – auf einem Längs-Kielschwein fußte ein Mast für ein Rahsegel. Unterhalb der Wasserlinie wurde das flexible Verschnürungssystem beibehalten, darüber aber waren die Spanten unmittelbar auf die Planken genagelt.

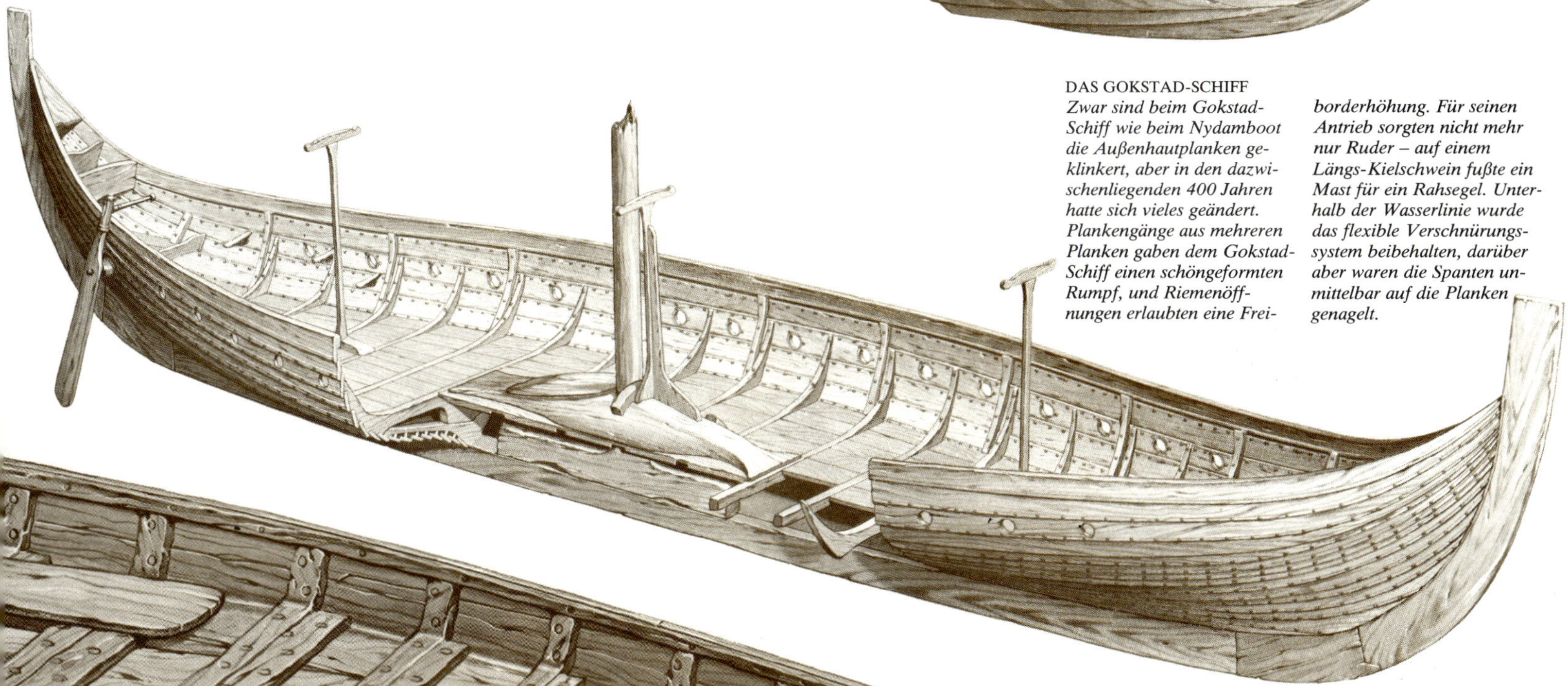

177

# Händler und Galeeren

Zahlreiche Darstellungen aus der Antike zeigen uns, wie die Schiffe jener Zeit aussahen und wie sie getakelt waren. Und die in unserem Jahrhundert unter Wasser entdeckten Überreste von Handelsfahrzeugen, die dank der über ihnen aufgetürmten Mengen von Ballast und Ladung erhalten geblieben sind, lassen die Bauweise dieser Schiffe erkennen.

Den Rumpf steifte ein starker Kiel aus, der zuerst auf Stapel gelegt und an den ein Vorder- und ein Hintersteven fest angeblattet wurden. An diesem »Rückgrat« befestigte man dann eine Schale aus Planken, wobei jeder Plankengang mit dem nächsten durch zahlreiche Holzzapfen verbunden wurde. Sobald die Schale bis oberhalb der Kimmwölbung fertiggestellt war, wurden die schweren Spanten angezeichnet, geformt und mit den Planken verbunden. In Höhe der Wasserlinie befand sich das erste einer Reihe von mit den Plankengängen abwechselnden Berghölzern. Schwere, aus der Bordwand herausragende Querbalken gaben dem Rumpf Festigkeit. Sie wurden an den Berghölzern befestigt und vervollständigten somit die kastenartige Konstruktion.

Im Mittelmeerraum war – verglichen mit Nordeuropa – Nutzholz knapp. Theophrastus, Schüler des Aristoteles, berichtet uns, was es gab: »Schiffbauhölzer sind Edeltanne, Kiefer und Zeder. Für Trieren und andere Kampfschiffe wird Edeltanne wegen des geringen Gewichts, für den Bau von Handelsschiffen dagegen Kiefernholz verwendet, weil es fäulnisbeständiger ist. Manchmal nimmt man es auch für Trieren, weil es an Edeltanne fehlt. Da es in Syrien und Phönizien keine Tanne gibt, baut man dort aus Zeder. Auf Zypern nimmt man Kiefernholz; das wächst auf der Insel und soll sich besser als das dortige Tannenholz eignen.« Die Spanten fertigte man meist aus Eiche, die Dübel und Zapfen aus elastischen Hölzern wie Akazie, Olive und trockener geradfaseriger Eiche.

Offenbar hat man kein systematisch abgelagertes Eichenholz verarbeitet. Immerhin muß das Holz aber so trocken gewesen sein, daß es bei der Wasserung des Schiffs mit seiner Ausdehnung alle Fugen schloß. Die Außenseite des Rumpfs überzog man mit Pech und Wachs oder Harz und beschlug sie anschließend mit Blei.

Handelsschiffe waren als Segelschiffe ausgelegt; ihre übliche Ausrüstung bestand aus einem kurzen Großmast mit einem Rahsegel, aber die Verwendung mehrerer Masten und eines Schratsegels geht schon auf die vorhellenische Zeit zurück. Das Hauptdeck reichte von vorn bis achtern, größere Schiffe hatten ein Unterdeck und die größten sogar zwei. Auf dem Poopdeck bediente der Steuermann unter einem Vordach ein Steuerruderpaar. Spezialeinheiten wie Vergnügungsschiffe waren mit Bädern und luxuriös möblierten Kabinen mit Mosaikfußböden ausgestattet. Die meisten bisher gefundenen Wracks aus der Römerzeit sind Reste von Schiffen zwischen 150 und 200 Tonnen. Wir wissen aber, daß die Römer auch einige Schiffe von mehr als 1000 Tonnen bauten.

Kriegsschiffe unterschieden sich dadurch, daß ihnen als Hauptantrieb nicht Segel, sondern Ruder dienten. Waren lange Strecken zurückzulegen, wurde jedoch ein Segel gesetzt. In den Seekriegen des Altertums lief die Taktik darauf hinaus, den Gegner mit einem vorragenden Rammsporn auszuschalten. Er hatte oft die Form eines Tierkopfes, war am Bug angebracht und bronzebeschlagen. Schnelligkeit und Wendigkeit waren also entscheidend: Deshalb hatten die geruderten Galeeren des geringeren Gewichts wegen einen Rumpf aus Tanne und wurden häufig an Land gezogen, damit sie so trocken und leicht wie möglich blieben; ihr Kiel mußte daher aus einem zähen Holz sein und bestand oft aus Eiche. Entlang der Wasserlinie galt es, möglichst viele Ruderer unterzubringen, was man mit sehr unterschiedlichen Anordnungen erreichte. Das bekannteste und erfolgreichste Kampfschiff war die Triere mit einer Länge von etwa 35 m, einer Breite über die Ausleger von 5 m und einem Freibord von rund 2 m. In der Antike wurden immer mächtigere Kriegsschiffe gebaut für ständig größere Truppenkontingente und Kriegsgerät wie Katapulte. Den Höhepunkt stellten in der hellenischen Zeit die Katamarane dar, die sowohl den notwendigen großen Deckraum hatten als auch Platz für zahlreiche Ruderer boten.

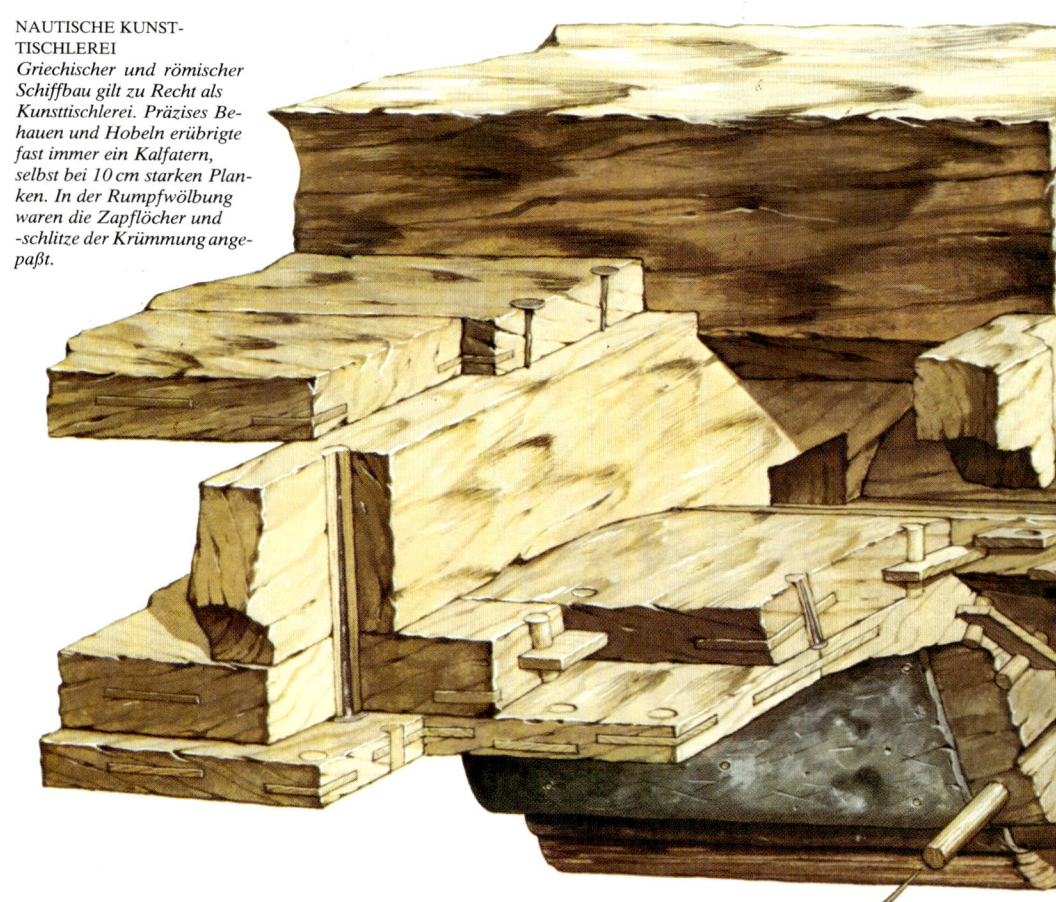

**NAUTISCHE KUNSTTISCHLEREI**
*Griechischer und römischer Schiffbau gilt zu Recht als Kunsttischlerei. Präzises Behauen und Hobeln erübrigte fast immer ein Kalfatern, selbst bei 10 cm starken Planken. In der Rumpfwölbung waren die Zapflöcher und -schlitze der Krümmung angepaßt.*

**NUT UND FEDER**
*Die Rumpfplanken römischer Schiffe waren mit Federn verbunden, die in Nuten in ihren Kanten eingesetzt und mit Holzdübeln befestigt wurden. Zur Fugenabdeckung wurde bei größeren Schiffen auf die innere noch eine Außenhaut aufgenagelt.*

**BLEIBESCHLAG**
*Zum Schutz vor dem Schiffsbohrwurm (Teredo navalis) trugen die meisten Frachtschiffe unterhalb der Wasserlinie mit Kupfernägeln über geteertem Gewebe befestigte Bleiplatten. Um den Kiel herum schützte ein falscher Kiel aus Buche den Bleibeschlag.*

**LEICHTBAUWEISE**
*Das auf der Akropolis gefundene Lenormant-Relief (etwa 400 v. Chr.) veranschaulicht die leichten Aufbauten der griechischen Kriegsschiffe. Die obersten Ruder liegen auf einem Ausleger, die der beiden unteren Reihen ragen aus dem Rumpf heraus, den zwei Gurthölzer unterhalb des Auslegers umfassen. Die Männer sitzen nackt auf Lederkissen, durch das Deck vor der Sonne geschützt. Vor einem Gefecht wurden oft Segel und Ausrüstung an Land gebracht, um die Schiffe leichter und manövrierfähiger zu machen.*

**GALEEREN IM KAMPF**
*Die aufgerichteten Speere und glänzenden Schilde auf einer Fresko-Wandmalerei in Pompeji deuten auf die stetig wachsende Bedeutung der römischen Seesoldaten hin. Die Römer setzten neben Trieren auch kleinere Liburnen sowie Vier- und Fünfruderer ein.*

**KIELSCHWEIN UND BILGE**
*Über den kräftigen Eichenspanten und durch sie hindurch mit dem Kiel verbunden, lag als Binnenkiel und Mastspur das Kielschwein. In den Kielraum – die Bilge – eingedrungenes Wasser mußte mit Pumpen aus Holz und Bronze abgesaugt werden.*

**RÖMISCHES FRACHTSCHIFF**
*Die Waren des römischen Imperiums wurden mit schweren Frachtschiffen befördert. Der Großmast trug das Rahsegel und über der Rahe häufig ein dreieckiges Toppsegel. Gesteuert wurde meist mit großen Seitenrudern. Diese römischen Frachtsegler waren im Durchschnitt 20 m lang und 6 m breit. Sie hatten bis zu 3 m Tiefgang und eine Nutzlast von 200–500 Tonnen.*

**DER HINTERSTEVEN**
*Der hochragende Hintersteven bestand aus einem oder mehreren Teilen und war wie der Kiel zur Befestigung der Beplankung mit Löchern und Zapfen versehen. Manchmal gab man ihm zum Schutz vor Stoßbeanspruchungen zusätzlich einen äußeren Holzbeschlag.*

**SPANTEN AUS EICHE**
*Versteift wurde der Rumpf meist nach Fertigstellung der ersten Beplankung, und zwar mit schweren, in der Regel eichenen Spanten. Sie wurden von Holzdübeln gehalten, in die man von außen lange Bronzespiker trieb.*

**BEFESTIGEN DER SPANTEN**
*Bohrungen in Spanten und Beplankung nahmen Holzdübel auf, durch die lange Kupferspiker getrieben wurden. Auf diese Weise vermied man ein Reißen des Holzes, und der Spiker ließ sich, dem Faserverlauf des Dübels folgend, leicht einführen.*

**HINTERSTEVEN-BLATTUNG**
*Erhalten gebliebene Fragmente von Frachtschiffen bezeugen deren zum Teil recht komplizierte Bauweise – insbesondere hinsichtlich der Verblattung von Kiel und Hintersteven, die oft an beiden Seiten mehrfache Hakenverbindungen aufwies.*

179

# Nautische Archäologie

Die nautische Archäologie ist eine noch recht junge Wissenschaft – zudem eine, die wegen der Empfindlichkeit ihrer Untersuchungsgegenstände vielleicht mehr als irgendeine andere das Zusammenwirkens von Archäologen und Holzexperten, Laboranten und Chemikern bedarf.

Ausgegraben werden können Schiffe jeden Alters: ein Einbaum aus dem Neolithikum, ein Wikinger-Langschiff oder ein holländisches Kauffahrteischiff. Und sie können an den verschiedensten Orten gefunden werden: an Land, wie beim Grabhügel bei Sutton Hoo in Suffolk; in ehemaligen Flußbetten, wie bei Danzig-Ohra; im Watt oder unter Wasser, wie die Wracks der Wikingerschiffe bei Skuldelev in Dänemark; oder bei Flußbaggerungen, wie das 1962 in der Weser bei Bremen geborgene Wrack einer Kogge aus dem 14. Jahrhundert.

Jeder Fundort ist einzigartig und stellt den Archäologen vor völlig neue Probleme. Die Funde sind selten vollständig; die oberen Seitenteile und die Ausrüstung wurden entweder schon früher entfernt oder durch Wellengang und Strömung aus dem Verband gelöst und verstreut. Die Fragmente sind verformt, die Befestigungsmittel für immer verloren, die Beplattungen und andere Verbindungen auseinandergerissen. In den meisten Fällen wurde das erhalten gebliebene Holz dadurch vor dem biologischen Verfall bewahrt, daß es mit Wasser durchtränkt war. Aber gerade dieser Umstand, der das Holz jahrhundertelang konserviert hat, stellt den Archäologen vor ein schwieriges Problem: Läßt er das Holz trocknen, schwindet und reißt es, und es kann dann sogar so sehr zerfallen, daß es kaum noch als Bestandteil eines Schiffes zu erkennen ist. Deshalb muß man das Holz während der Ausgrabungsarbeiten ständig wassersatt halten und mit äußerster Vorsicht behandeln.

Jedes auch noch so kleine Stückchen Holz wird bei der Ausgrabung sorgfältig registriert. Vom Fundort werden Maßstabszeichnungen angefertigt und alle Fundstücke auf diesem Plan eingetragen, um eine spätere Rekonstruktion zu ermöglichen. Schrägphotographien und Photomosaiken, Zeichnungen und genaue Aufzeichnungen, sogar Gipsabdrücke sorgen dafür, daß kein Beweisstück übersehen wird. Alle zum Fund gehörenden Artefakte werden gesammelt und Bodenproben aus der Umgebung analysiert; erst dann kann man die Hölzer bergen und sie in Wasserbehältern passiv konservieren.

Jeder Schiffsfund, oft sogar jedes einzelne Holzstück, verlangt eine besondere Konservierung, denn der Grad der Wassersättigung und der Zersetzung des Holzes ist nicht nur von Fund zu Fund unterschiedlich, sondern selbst innerhalb des Querschnitts ein und desselben Holzstücks. Bevor sich ein erfolgversprechender Konservierungsplan aufstellen läßt, ist deshalb eine eingehende Untersuchung erforderlich. Zur Konservierung wassersatten Holzes gibt es mehrere Methoden. Am meisten Anwendung findet heute ein Verfahren, bei dem das Wasser im Holz gegen ein wasserlösliches Wachs – meist Polyäthylenglykol – ausgetauscht wird. Eine solche Behandlung erfordert zwangsläufig viel Zeit, und es kann deshalb fünf bis zehn Jahre dauern, bis die Fundstücke der Öffentlichkeit zugänglich gemacht werden können.

Nach der Ausgrabung beginnt für den Archäologen das Mammutunternehmen, an den Überresten jedes kleinste beweiskräftige Indiz festzustellen. Fachleute bestimmen die Holzarten und prüfen anhand ausgewählter Proben die Festigkeit. Auch für die Altersbestimmung nach der Radiokarbonmethode und der Dendrochronologie entnehmen sie Proben. Analysen der Bodenproben von der Fundstelle – Sand, Schlick, Erde – sollen Aufschluß darüber geben, unter welchen Umweltbedingungen das Schiff benutzt wurde.

Jedes Teil wird sorgfältig gesäubert, und das besondere Augenmerk gilt der Anordnung der Befestigungsmittel sowie der Form der Verbände und Kanten. Werkzeugspuren können aufschlußreich sein als Hinweise auf die Art des Holzeinschnitts. Auch der Faserverlauf eines jeden größeren Holzstücks und seine Lage im Baum werden ermittelt. Denn wichtig für den Archäologen sind auch die Kriterien, nach denen die alten Bootsbauer ihr Holz auswählten, und die Abfolge ihrer Arbeitsgänge beim Bau des Schiffs. Die Rekonstruktion wird zunächst zeichnerisch und anschließend mit dem Bau eines maßstabsgetreuen Modells vorbereitet. In einigen Fällen baut man daraufhin eine Nachbildung in Originalgröße und prüft sie auf ihre Seetüchtigkeit.

Die unmittelbaren Erkenntnisse aus den Schiffsfunden und die mittelbaren Beweise aus Rasterelektronenmikroskop- und Laboruntersuchungen ergeben zusammen ein umfassendes Bild der Schiffbauer und ihrer Arbeitsweise. Viele dieser Forschungsmethoden sind erst in jüngster Zeit entwickelt worden, und bislang konnten erst wenige Schiffsüberreste umfassend und abschließend untersucht werden.

**HOLZRELIKTE**
*Jahrhunderte unter Wasser gelagertes Holz (unten) behält seine Größe und Form, nicht aber seine Festigkeit und Härte. In seiner Konsistenz ähnelt es Weichkäse und läßt sich vor einer Konservierung nur schwer handhaben und transportieren.*

**GESCHWÄCHTE ZELLEN**
*Das Mikrobild (rechts) von altem, unter Wasser gelagertem Eichenholz zeigt die Aufquellung der Fasern und die dadurch bedingte Schwächung der Zellwände und ihrer Verbindungsgewebe.*

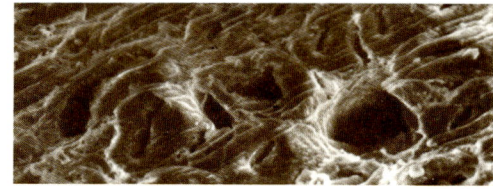

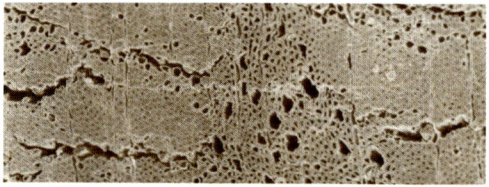

**GETROCKNETE EICHE** (oben)
*Beim Trocknen werden die einzelnen Zellen des geborgenen Holzes deformiert, und entlang der schwächeren, dünnwandigen Zellen treten Risse auf. Diese Mikroaufnahme (100fach) zeigt die gerissene Linie der Parenchym- oder Speicherzellen gedarrter Eiche.*

**ZERSTÖRENDE TROCKNUNG**
*Das untere Bild zeigt dasselbe Stück Eiche nach einer Ofentrocknung. Es ist geschwunden, gerissen und völlig verformt. Zur Bewahrung der ursprünglichen Form muß der Archäologe das Wasser im Holz durch ein Konservierungsmittel ersetzen.*

**SCHUTZBEHANDLUNG**
*Jede Konservierung beruht darauf, daß das Wasser im Holz auf dem Wege der Osmose gegen ein härtendes und festigendes Mittel ausgetauscht wird. Das Mikrobild oben zeigt durch eine Azetonharzschicht gestützte Eichenholzzellen.*

**FUNDORT BEI SKULDELEV**
*Hinter einem eigens errichteten Kofferdamm wird das dritte der fünf im Roskilde-Fjord bei Skuldelev in Dänemark gefundenen Wikingerschiffe ausgegraben. Die zur Blockierung der Schiffahrtsrinne mit einer Steinladung versenkten Schiffe sind zwar auseinandergebrochen, viele ihrer Holzteile aber erhalten geblieben. Während der Schlick weggespült und der Fundort vermessen und genau aufgezeichnet wird, verhindert eine Wassersprühanlage das Austrocknen der Hölzer bis zu ihrer Zerlegung und Bergung. Anschließend erfolgt die Konservierung und die Schiffsrekonstruktion.*

**SPUREN DES SCHIFFBAUERS**
*Diese beiden Ansichten eines kleinen Kiefernholzstücks lassen die Form des benutzten Werkzeugs und die Schlagtechnik des Handwerkers erkennen. Das Holz bearbeitete er mit einer kleinen Axt mit schmalem Blatt und führte die Schläge in Winkeln zwischen 30 Grad und 90 Grad zum Faserverlauf. Die Löcher sind mit einem konischen Bohreisen ausgehoben.*

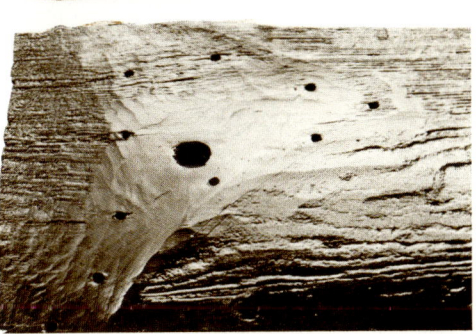

**VERSTECKTE DETAILS**
*An der Oberfläche dieser Kiefernplanke ist die Form ihrer früheren Schäftung mit der Nachbarplanke deutlich zu erkennen. Außerdem ist der Sitz des Holzdübels sichtbar, der für eine sichere Befestigung des Spants sorgte. Auch die Spuren eines Hobeleisens sind zu sehen.*

**ABGESPALTENE EICHEN-PLANKEN**
*Die Schiffsplanken wurden aus radial vom Stamm abgespaltenen, keilförmigen Eichenhölzern zugeschnitten. Diese 32 gleichgroßen Stücke waren fester als gesägte Planken, und gegebenenfalls vorhandene Äste hätten höchstens ein oder zwei Planken beeinträchtigt.*

**PLANKENGÄNGE AUS EICHE**
*Ein mit einem doppelten Schwalbenschwanz dekoriertes Seitenspant sichert den siebten und den letzten Plankengang an Backbord eines der fünf Wracks. Die auf das Spant genagelte Klampe muß für das laufende Gut oder Tauwerk benutzt worden sein. An den Planken sind Axtspuren zu erkennen; nicht ein Holzteil der fünf Schiffe wies Sägespuren auf.*

**WEIDENRINGE**
*Die Weide lieferte das zähe, faserige Holz für Dübel sowie die Ruten für die geflochtenen Ringe, die noch an ihrem ursprünglichen Platz am Dollbord des Schiffes gefunden wurden. An diesen Ringen wurden früher die Wanten befestigt.*

**DAS REKONSTRUIERTE SCHIFF**
*Das dritte, am besten erhaltene Wrack: ein aus ausgesuchten Hölzern in Leichtbauweise konstruiertes schnelles Frachtschiff mit Halbdeck. Seinen Kiel hatte man aus einem 9 m langen Eichenstamm gearbeitet; die Planken waren mit Eisennägeln, die Spanten mit Weidendübeln befestigt.*

**KONSTRUKTIONSDETAILS**
*Die Untersuchung der erhalten gebliebenen Hölzer gibt Aufschluß darüber, wie das Schiff gebaut wurde: Als erstes wurden Kiel, Vor- und Hintersteven sowie die ersten fünf Plankengänge zusammengesetzt, dann Spanten, Decksverband und obere Planken eingefügt.*

# Die chinesischen Dschunken

Seit alters her sind die Wasserläufe der Chinesen gleichsam die Schlagadern ihrer Zivilisation und die Schiffahrt darauf das in ihnen pulsierende Blut. Myriaden hölzerner Flöße, Sampans und Dschunken bevölkern die Flüsse und Ströme dieses riesigen Landes. Sie befördern Güter aller Art, transportieren Menschen und holen Nahrung aus den fischreichen Binnen- und Küstengewässern.

Aus dem allgegenwärtigen Bambus fertigen die Chinesen außerordentlich reißfeste Seile und Taue, die sehr beständig gegen Fäulnis, Abnutzung und Dehnung, gleichwohl aber recht leicht zu handhaben sind. Außerdem verarbeiten sie Bambus zu Wänden und Dachmatten für die Deckhäuser sowie zu Körben aller Art. Man könnte meinen, der Bambus hätte auch bei der Konstruktion der Dschunken Pate gestanden – ist doch sein Halm durch innere Scheidewände in wasserundurchlässige Abschnitte unterteilt und damit Vorbild für die wasserdichten Schotte der Dschunken. Dieses Konstruktionsprinzip wurde im Schiffbau der westlichen Länder erst in verhältnismäßig junger Zeit eingeführt.

Die Dschunke hat keinen tragenden Kiel und nur wenige gerade Linien. Es gibt zahllose Bautypen mit lokalen und vom Verwendungszweck her bestimmten Unterschieden. Sie alle sind jedoch lediglich mit ein paar einfachen Werkzeugen nach Augenmaß gebaut, ohne Zuhilfenahme von Zeichnungen oder Modellen. Man legt die Bodenplanken auf Sandsäcke, die so aufgeschichtet sind, daß die Hölzer vom Gewicht des entstehenden Schiffes in eine gewölbte Form gepreßt werden. Die Schotte werden in unmittelbarer Nähe gebaut, anschließend an ihren Platz gehievt und dort befestigt. Dann setzt man die schweren geschwungenen Berghölzer aus längsgesägten schlanken Bäumen an den Bordwänden an, um die Festigkeit zu erhöhen und den Rumpf vor Abrieb zu schützen.

Der chinesische Schiffbau verwendet vor allem Nadelholz. Tanne kommt aus den südlichen Provinzen, ein raschwüchsiges, leichtes, zähes und doch weiches Holz, das in großen Mengen zur Verfügung steht. Auch die Bäume der Art *Cunninghamia sinensis* sind weit verbreitet; ihr Holz variiert in den Farben von Rot bis Weiß. Die Schotte baut man gewöhnlich aus feinstrukturiertem, dauerhaftem Laurelholz oder aus wohlriechendem Kampferholz, das in Fukien und Szetschuan sowie in der Bergregion Nanschan wächst. Für ihre größten seetüchtigen Dschunken, die es heute nicht mehr gibt, verarbeiteten die Chinesen früher in großem Umfang Teak, und zwar für Schiffskörper wie für Masten und Rahen.

Großmast und Spieren für diese Fahrzeuge grub man zur Festigung für mehrere Jahre in feuchte Erde ein. Das Holz wurde dadurch eisenhart und außerordentlich widerstandsfähig gegen Witterungseinflüsse und holzzerstörende Insekten.

**SCHWIMMENDER SCHILFSCHOBER**
*Das sumpfige Ufer und große Flächen des Tungting-Sees sind dicht bewachsen mit hohem Schilf, das für Matten, Jalousien und als Brennmaterial genutzt wird. Beim Transport versinken die Dschunken fast unter ihrer Fracht, die wie ein Segel wirkt.*

**SCHIEFHECK-DSCHUNKEN**
*Die für die gefährlichen Stromschnellen im oberen Jangtsekiang gebauten Dschunken haben ein ungleichmäßiges Heck, so daß die Steuermänner ohne Gefahr und unbehindert zwei lange Steuerruder bedienen können.*

**BAMBUSRACKS**
*Ein kompliziertes System aus Bambusstangen und -tauen hält das Segel am Mast fest.*

**TSCHUSCHAN-FISCHERBOOT**
*Die Fischer im Tschuschan-Archipel benutzen nach wie vor ihre traditionellen, robusten und seetüchtigen Segelschiffe sowie handgeknüpfte Hanfnetze. Ihre buntgestrichenen Boote haben einen hochgezogenen Bug und nur wenig Tiefgang.*

**AUFHOLBARES RUDER**
*Das Kampferholzruder liegt in einer tiefen Einbuchtung und wird an über eine Deckwinde laufenden Seilen herabgelassen. In flachen Gewässern ist das Ruder hochgezogen. Auf See dient es zusätzlich als Schwert zur Stabilisierung der Schiffe.*

**HAINAN-DSCHUNKE**
*Große Dreimast-Frachtdschunken von der Insel Hainan segelten einst mit dem Wintermonsun nach Indonesien und Malaya und kehrten im Frühsommer zurück. Sie hatten vor dem Großmast liegende Schwerter – was man im Westen damals noch nicht kannte.*

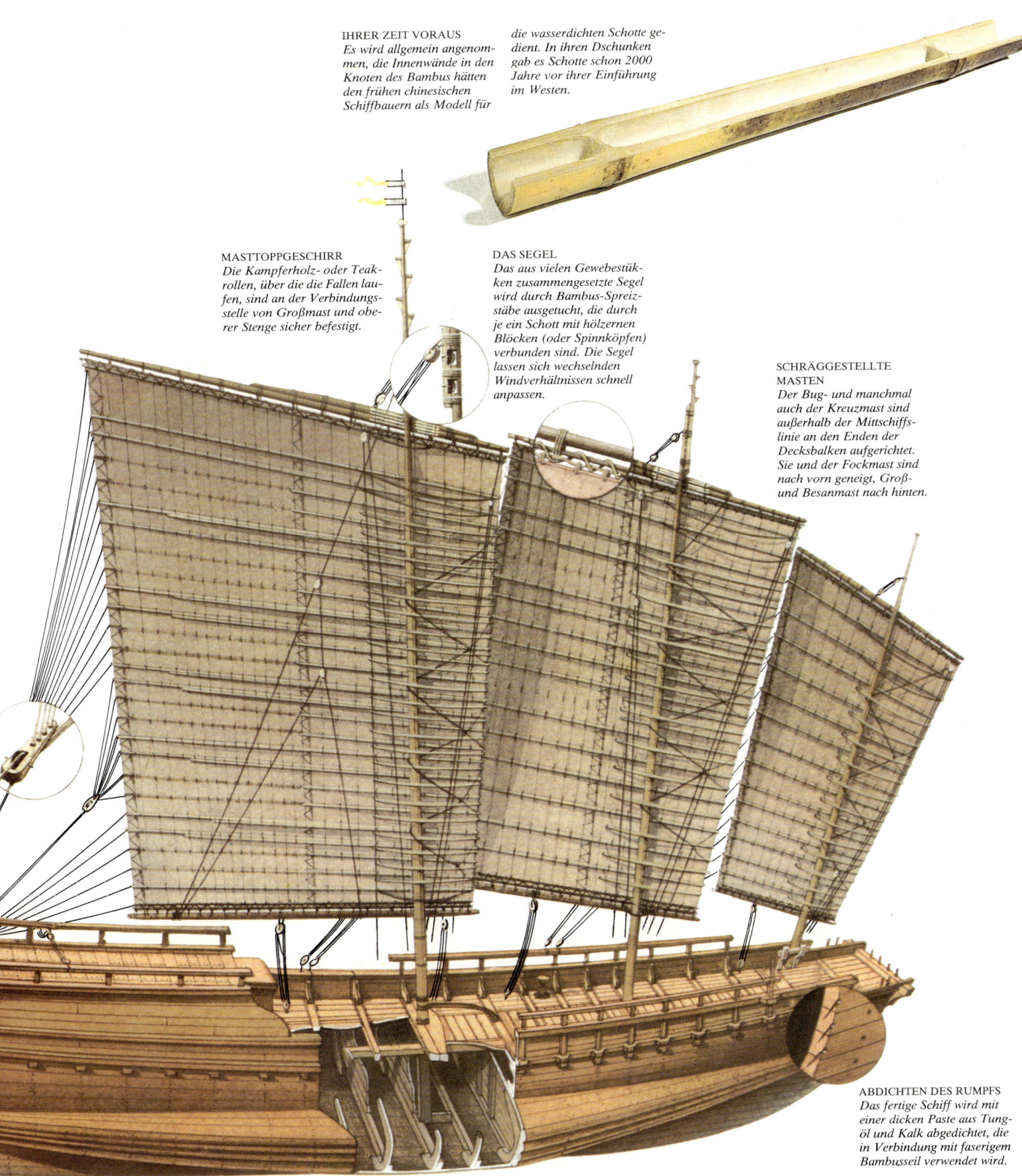

**IHRER ZEIT VORAUS**
*Es wird allgemein angenommen, die Innenwände in den Knoten des Bambus hätten den frühen chinesischen Schiffbauern als Modell für* die wasserdichten Schotte gedient. In ihren Dschunken gab es Schotte schon 2000 Jahre vor ihrer Einführung im Westen.

**MASTTOPPGESCHIRR**
*Die Kampferholz- oder Teakrollen, über die die Fallen laufen, sind an der Verbindungsstelle von Großmast und oberer Stenge sicher befestigt.*

**DAS SEGEL**
*Das aus vielen Gewebestücken zusammengesetzte Segel wird durch Bambus-Spreizstäbe ausgetucht, die durch je ein Schott mit hölzernen Blöcken (oder Spinnköpfen) verbunden sind. Die Segel lassen sich wechselnden Windverhältnissen schnell anpassen.*

**SCHRÄGGESTELLTE MASTEN**
*Der Bug- und manchmal auch der Kreuzmast sind außerhalb der Mittschiffslinie an den Enden der Decksbalken aufgerichtet. Sie und der Fockmast sind nach vorn geneigt, Groß- und Besanmast nach hinten.*

**ABDICHTEN DES RUMPFS**
*Das fertige Schiff wird mit einer dicken Paste aus Tungöl und Kalk abgedichtet, die in Verbindung mit faserigem Bambusseil verwendet wird.*

**BAULICHE FESTIGKEIT**
*Der Großmast besteht oft aus einem einteiligen Teakstamm, der durch langes Lagern in feuchter Erde eisenhart und insektenbeständig wurde. Er wird so aufgerichtet, daß er nach hinten geneigt ist und sich sein Gewicht nach vorn und auf den Querbalken überträgt; seinen Fuß hält ein* gegen das nächste Schott gesetzter Block. In Deckhöhe leitet ein kräftiger Querbalken die Last in die schweren Seitenträger. Starke Vertikalhölzer verbinden die 14 Schotte fest mit den Seitenwänden.

**KONSTRUKTIONSVERFAHREN**
*Zunächst werden die Planken des flachen Bodens heftend vernagelt, also mit schräg eingetriebenen Eisenstiften verbunden. Dann werden die Schotte aufgerichtet und fixiert; zwischen ihnen werden die Bordwände aufgeplankt – manchmal in Klinker-, häufi-* ger in Kaweelbauweise. Fünf Reihen unbearbeiteter Halbstämme im Mittelbereich der Seiten dienen zur Längsversteifung. Zersetztes Kiefernholz des Rumpfs wird nicht entfernt, sondern mit neuem Holz überdeckt; eine alte Dschunke kann so bis zu fünf Häute haben.

# Holz als Politikum

Mit der zunehmenden Ausweitung der Seekriege im späten 17. und im 18. Jahrhundert wurde die Selbstversorgung der rivalisierenden Staaten mit den für die Unterhaltung einer Flotte und damit für ihre Macht unerläßlichen Rohstoffen immer schwieriger. England, Frankreich, die Niederlande und sogar Spanien gerieten allmählich in Abhängigkeit von den Holzbeständen Skandinaviens sowie der weiten Ebenen Norddeutschlands und Rußlands. Aus der Ostsee, in die die Flüsse münden, die jenes gewaltige Gebiet damals erschlossen, brachten ihnen große Konvois und einzelne Schiffe Eichenstämme und -planken, Tannenmastholz, Pech, Teer und Terpentin.

Als Spanien und die Niederlande an politischem Gewicht verloren hatten, entwickelten sich Frankreich und England zu den führenden Seemächten. Auf den ersten Blick könnte man meinen, Frankreich müsse wegen seiner großen Wälder und der von Colbert formulierten strengen Forstgesetze einen entscheidenden Vorsprung bei der Beschaffung des Rohmaterials gehabt haben, denn seine Kriegsmarine hatte ein absolutes Vorrecht auf Belieferung mit den besten Hölzern. England dagegen kannte bis zum endgültigen Sieg im Jahre 1815 so gut wie keine Inlands-Holzpolitik und verfügte nur über äußerst geringe Bestände. Seine Regierung aber war sehr einflußreich und maß der Flotte stets eine überragende Bedeutung bei; beides traf auf die französischen Könige nicht zu.

Nachdem die Engländer im 17. Jahrhundert ihre Auseinandersetzungen mit den Niederländern ausgetragen hatten, war die Sicherung der Holzversorgung aus dem Ostseeraum zu einem Schwerpunkt ihrer Außenpolitik geworden. In der Zeit von 1658 bis 1814 wurde etwa zwanzigmal eine britische Flotte in die Ostsee entsandt, und in jedem Krieg waren dort englische Fregatten ständig einsatzbereit. Den Erfolg dieser harten Machtpolitik beleuchtet wohl am eindrucksvollsten die Tatsache, daß zwischen 1808 und 1813 trotz der Kontinentalsperre Napoleons und der Gegnerschaft fast aller Ostseeanrainer in jedem Jahr ein Konvoi von nahezu 600 Handelsschiffen unter dem Geleitschutz britischer Kriegsschiffe eine Fahrt nach England unternahm.

England durfte seine Versorgungslücke auf die Dauer jedoch nicht allein aus dieser einen Nachschubbasis schließen. Denn bei aller Nähe, anerkannten Qualität der Produkte und Leistungsfähigkeit der Kaufleute: die Ostsee konnte nicht nur plötzlich abgeriegelt werden, sondern war zudem in

Kriegszeiten recht teuer. Zur Förderung des britischen Handels mit den Kolonien wurde deshalb schon 1704 ein Gesetz erlassen, das den Kaufleuten Prämien gewährte. Damit war der Anfang gemacht in dem langwährenden Bemühen, England von der Ostsee unabhängig zu machen. Da deren Anrainer bis 1721 in den großen Nordischen Krieg verwickelt waren, ließ sich der Kolonialhandel zunächst gut an, konnte aber niemals ganz mit den Lieferungen aus dem Ostseegebiet konkurrieren.

Frankreich stand vor sehr ähnlichen Problemen. Seine Abhängigkeit von Eichenholzimporten war zwar nicht so groß, doch mußte es sich von der Mitte des 18. Jahrhunderts an ebenfalls der Ostsee zuwenden. Der besondere Engpaß Frankreichs war das Mastholz. Die Franzosen wurden dort jedoch meist von den besser eingeführten englischen Kaufleuten ausgespielt und mußten ihre Masten oft über ihre Gegner beziehen.

Deutschland dagegen kannte zumindest diese Sorgen nicht, denn nach dem Niedergang der Hanse hatte es den Geschmack an der Seefahrt für lange Zeit verloren. Auch der Versuch des Großen Kurfürsten, eine brandenburgische Kriegsflotte zu schaffen und mit ihr Kolonien in Afrika zu erwerben, wurde nach seinem Tod 1688 abgebrochen. Noch der 1848 gegründeten deutschen Reichsflotte war wegen mangelnden Interesses der Deutschen an Seegeltung ein nur kurzes, ruhmloses Leben beschieden. Erst nach der Reichsgründung 1871 bauten deutsche Werften erstmals wieder deutsche Kriegsschiffe und brachen damit das bis dahin in Deutschland als selbstverständlich hingenommene Monopol der englischen Marinewerften. Aber inzwischen hatten ja die Dampfmaschine und die Konkurrenzmaterialien Eisen und Stahl einen Schlußstrich unter die Kriegsschiffholz-Machtpolitik gezogen.

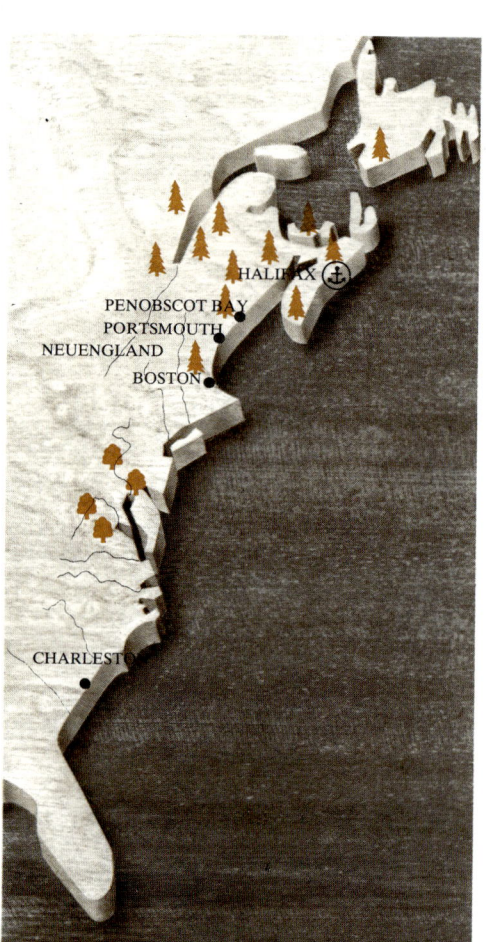

**HOLZTRANSPORTSCHIFFE**
*Holztransporter waren wegen der geringen Tiefe der Ostseehäfen meist kleinere Einheiten. Holz war eine sperrige und billige Fracht und wurde mit alten, schlechtbemannten und -ausgerüsteten Schiffen profithungriger Eigner befördert. Die langen Masten mußte man auf Deck und durch Heckluken verstauen. Aus allen diesen Gründen galten diese Holztransporter als nur begrenzt seetüchtig.*

**HOLZ AUS AMERIKA**
*Das ferne Amerika fungierte nie als Hauptlieferant der Flotten Europas: Der Transport war teuer, und die Siedler verkauften ihr Holz oft lieber auf einträglicheren Märkten. Die Engländer hatten ein unbegründetes Mißtrauen gegen amerikanische Eiche, wurden* *aber schließlich sehr von Kiefer aus Neuengland für Masten abhängig. Mit den amerikanischen Kolonien verloren sie deshalb auch einen ihrer Vorteile gegenüber Frankreich – was ein bezeichnendes Licht auf die strategische Bedeutung des Holzes in jener Zeit der hölzernen Kriegsschiffe wirft.*

| | |
|---|---|
| 🌲 | Kiefernwald |
| 🌳 | Eichenwald |
| • | Hafen |
| ⚓ | Kriegsschiffwerft |
| ⚓ | Handelsschiffwerft |

## ENGLANDS WERFTEN

*Die sechs führenden Marinewerften Englands verbrauchten riesige Holzmengen für Bau und Erhaltung der Kriegsschiffe; außerdem wurden noch viele Einheiten von privaten Werften gebaut. Im 18. Jahrhundert waren die Waldbestände von Kent und Sussex weitgehend ausgebeutet, und Eichenholz kam vorwiegend aus dem New Forest und dem Forest of Dean. Das Importholz wurde zum Teil unmittelbar an die Werften geliefert, kam aber zumeist nach London, wo es die Kriegsmarine in Konkurrenz mit der Handelsmarine ersteigern mußte.*

## DAS MASTHOLZ

Seit Anfang des 16. Jahrhunderts schon hatten die Schiffbauer Masten aus bis zu sieben Teilen zusammengesetzt. Die Franzosen hielten dann an diesem langwierigen und kostspieligen Verfahren fest, während die Engländer zu billigeren großen Masthölzern aus ihren Neuengland-Kolonien übergingen. Mit dem Abfall der Kolonien endeten diese Lieferungen abrupt, und die Briten mußten erneut Masten aus kleineren Ostsee-Hölzern zusammensetzen.

## MASTENTEICH

*Während man Eiche ablagern mußte, bis es trocken war, hielt man Tannenholz zur Bewahrung seiner Festigkeit und Elastizität feucht und harzig. Dies erreichte man, indem man die Hölzer in Wasserbecken unter den Mastschuppen der Werften lagerte.*

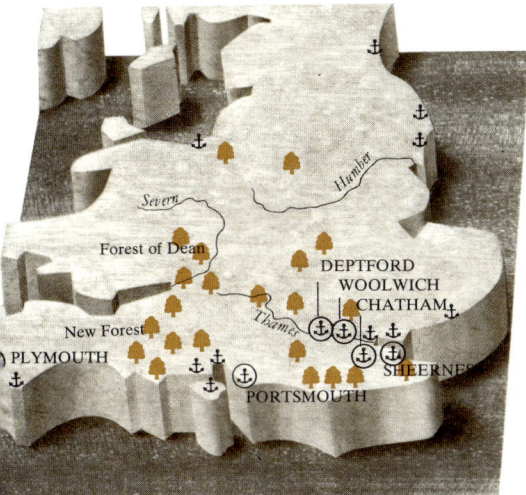

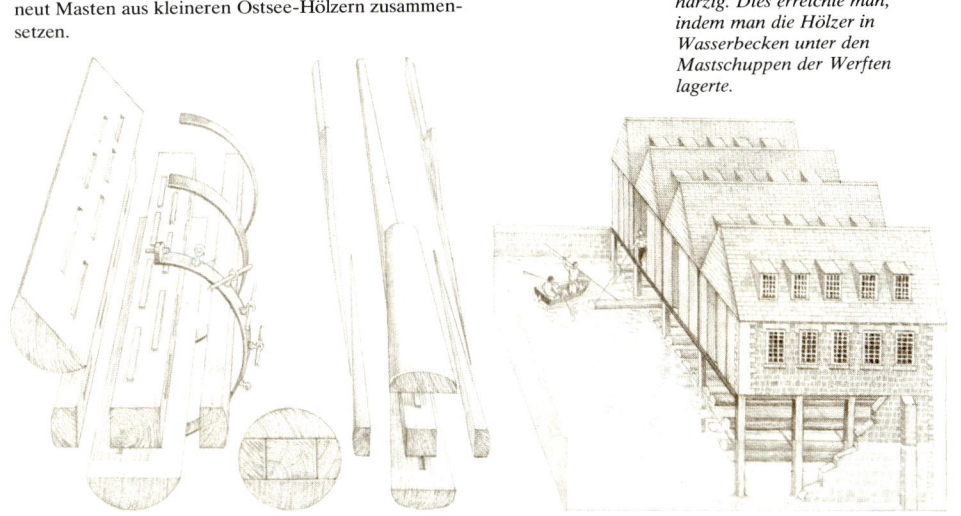

## FRANKREICHS HOLZ

*Die großen französischen Eichenwälder lagen an großen Flüssen; in der Dauphiné und in den Pyrenäen gab es reiche Tannenbestände, und außerdem sicherten Gesetze die Holzversorgung der Kriegsmarine. Frankreich konnte also theoretisch als autark bezeichnet werden, aber die Gesetze waren schwer durchzusetzen und die Tannen von minderer Qualität. Die Versorgung war auch dadurch erschwert, daß an keinem der für den Transport benutzten Flüsse eine geeignete Werft lag. Lediglich Rochefort konnte unmittelbar aus seinem Hinterland versorgt werden.*

## KANALSTRATEGIE

*England kontrollierte die Schiffahrtswege bis hinunter nach Brest und Rochefort und hatte damit einen erheblichen strategischen Vorteil im Kampf um das Ostsee-Mastholz. Da die Engländer außerdem in bestimmten Regionen die absolute Seeherrschaft ausübten, konnten die Franzosen nicht einmal ihr eigenes Holz auf dem Seeweg transportieren. So war Brest 1761 völlig ohne Holz, da keine Schiffe von Le Havre durchkamen. Im amerikanischen Unabhängigkeitskrieg dagegen verhielt es sich umgekehrt: Wegen der Kaperschiffe brauchten die englischen Holztransporter Geleitschutz.*

## OSTSEE-HOLZ

*Der Holzhandel der Ostseeländer war sehr leistungsfähig und wandte ein zuverlässiges Qualitätskontrollsystem an. Danziger »Kronenholz« galt als erstklassig. Zu Beginn des 17. Jahrhunderts beherrschten noch die Holländer mit großen Sägewerken und kostengünstigem Schiffstransport den Handel, wurden jedoch später von Schweden und Russen zurückgedrängt. Dänemark kontrollierte den einzigen Ostseezugang, und der Öresundzoll brachte ihm ansehnliche Einnahmen. Aber es war ein kleines Land, und in Wirklichkeit garantierte die Stärke der britischen Flotte den Zugang.*

# Vom Forst zur Flotte

Der Bau eines Kriegsschiffs aus Holz war ein aufwendiges Unternehmen, in seiner Größenordnung vergleichbar mit der Errichtung einer Kathedrale. Es erforderte eine gewaltige Zahl von Arbeitskräften und einen beträchtlichen Kapitalaufwand, denn schließlich verschlang ein großes Schiff das Holz eines kleineren Waldes. Bei einem Kriegsschiff aus der Mitte des 18. Jahrhunderts mit 74 Kanonen entsprach die verarbeitete Holzmenge der von rund 3700 ausgewachsenen Bäumen, und um ein 100-Kanonen-Schiff bauen zu können, mußte man sogar über dreißig Hektar Eichenwald abholzen.

Zu Engpässen kam es deshalb schon Anfang des 16. Jahrhunderts, und da immer größere Schiffe gebaut wurden, verschärften sich die Versorgungsschwierigkeiten. Für den Hintersteven, eines der am stärksten beanspruchten Teile des Schiffs, war Holz sehr großer Abmessungen erforderlich, denn ein aus mehreren Hölzern zusammengesetzter Achtersteven hätte nicht lange gehalten. Unter Krummholz verstand man von Natur aus gebogene Stücke mit einem der Krümmung entsprechenden, ungebrochenen Faserverlauf. Solches Holz war wesentlich fester als entsprechend gesägtes Holz und fand in großem Umfang für die tragenden Elemente des Schiffs Verwendung.

Die Versorgung mit Werftholz bildete im turbulenten 18. Jahrhundert ein ständiges Problem. Immerhin vergehen mehr als hundert Jahre, bis eine Eiche ihre volle Größe erreicht. Selbst Regierungen, die genug Weitblick hatten, für die Zukunft zu planen, oder solche – wie die französische – mit der Macht zur Requirierung standen oft vor ernsten Versorgungslücken.

Die englische Kriegsmarine konnte auf sichere, aber begrenzte Vorräte aus den königlichen Wäldern zurückgreifen. Gleichwohl waren ihre Werften gezwungen, einen großen Teil ihres Holzes über Händler zu beziehen, deren Kontrolle der Hauptlieferquellen ungebrochen blieb. Seit dem 16. Jahrhundert grassierte die Korruption in den Werften, und allgemein erwies sich das System der Holzbeschaffung für die Kriegsmarine als zu kostspielig und unzulänglich.

Als Folge der Holzknappheit und mangelnden Vorausplanung verarbeiteten die Werften nun oft ungetrocknetes Holz, und selbst gesundes Holz litt in den feuchten, abgeschlossenen Räumen der Schiffe stark unter Fäulnis. Manches Schiff ging verloren, weil es bei schwerem Seegang einfach auseinanderbrach. Kriegsschäden und gedankenlose Vernachlässigung in Friedenszeiten reduzierten die Lebenserwartung dieser großartigen schwimmenden Festungen auf weniger als zwanzig Jahre.

**AUSSENBEPLANKUNG**
*Über den Spanten lagen kaweel dicke Planken, die die Haut des Schiffskörpers bildeten. Vom Bug bis zum Heck verlief unmittelbar oberhalb der Wasserlinie auf beiden Seiten das Bergholz aus Planken von mindestens 20 cm Stärke. Die Beplankung dieser Wechselzone bildete eine Schwachstelle, die fäulnisanfällig war und ständiger Aufmerksamkeit und Ausbesserung bedurfte.*

**GEWACHSENES HOLZ**
*Die idealen Lieferanten von gebogenen oder Krummhölzern waren Eichen aus Baumhecken; Waldbäume lieferten das gerade Holz. Für Knie und Klampen wurden Stammabschnitte mit einem kräftigen Astansatz verwendet.*

**KALFATERN**
*Werg – Fasern aus alten Hanfseilen, mit Pech verschmiert – stopfte man in die Fugen zwischen den Planken, um das Eindringen von Wasser zu verhindern und einem übermäßigen Arbeiten des Holzes unter Belastung vorzubeugen.*

**DECKSVERBAND**
*Mit der Bordwand waren die Decksbalken durch Balkweger und Knie verbunden. Dies waren stets große, rechtwinklige, in dieser Form gewachsene Eichenhölzer. Zur Seitenaussteifung dienten dicke vertikale Binnenspanten.*

**DIE DAMPFKISTE**
*Da die Außenplanken den geschwungenen Linien des Schiffs folgen mußten, dämpfte man sie oft, damit sie biegsamer wurden. Sobald eine solche schwere Planke aus der Dampfkiste kam, mußte sie rasch eingepaßt werden, solange sie noch heiß war.*

**BODENWRANGE UND KIELSCHWEIN**
*Die Bodenwrange, der unterste Teil des Spants, war mit dem mittleren Teil, dem Auflanger, verblattet und mit eisernen Bolzen am Kiel befestigt. Das Kielschwein (oder Innenkiel) war durch die Bodenwrange hindurch mit dem Außenkiel verbunden.*

**FÜGEN DES KIELS**
*Um eine möglichst feste Verbindung zu erzielen, schäftete man alle Balkenenden und versah sie mit Nut und Feder, so daß das Holz selbst praktisch die gesamte Belastung aufnahm. Die Verbände wurden durch Eisennieten mit Klinkscheiben gesichert.*

**DER QUERVERBAND**
*Die Spanten des Schiffs waren paarweise angeordnet; das Hauptspant verlief über den Kiel bis zum Dollbord; die Sekundärrippe diente zur Verstärkung. Alle Spanten waren unterschiedlich geformt und wurden nach anhand von Zeichnungen im Maßstab 1:48 in natürlicher Größe auf dem Schnürboden aufgeschnürten Mallen aus Tannenholzlatten geformt. Bis zu ihrer endgültigen Fixierung durch die Beplankung wurden die Spanten von Schwertlatten und Senten gehalten.*

**GESUCHTE HÖLZER**
*Eines der am schwersten zu findenden Krummhölzer war das für den Heckbalken: Gebraucht wurde ein großer Baum mit ungewöhnlich weit gegabeltem Stamm. Engere Gabelungen fanden innenbords zur Aussteifung von Winkelverbindungen Verwendung. Den Hintersteven bildete ein großer, gerader Stamm.*

**DER HECKBALKEN**
*Schwere Querhölzer verbanden den Hintersteven mit den hintersten Spanten. Weil der oberste dieser Balken, der Heckbalken, sehr stark beansprucht wurde, fertigte man ihn aus einem einzigen Krummholz aus einem außergewöhnlich weit gegabelten Baumstamm. Dieser Heckbalken war oft 10 m lang und über 60 cm dick.*

**DER ACHTERSTEVEN**
*Wie der Kiel die Spanten trug, so verband der große Balken des 10 m hohen Achterstevens die Beplankung und die schweren Berghölzer an den Schiffsseiten miteinander. Während dreier Jahrhunderte klagten Schiffbauer über die Knappheit derart großer Balken, denn nur ein durchgehender, ungestückter Eichenbalken konnte diese Belastungen aufnehmen. Allein dadurch war die Größe der hölzernen Schiffe begrenzt.*

187

# Der Bootsbau heute

Der Bau hölzerner Boote ist zwar weit davon entfernt auszusterben, doch ist er in jüngster Zeit zurückgegangen – nicht etwa weil er überholt wäre, sondern weil die Kosten für Holz und Arbeit seine Wettbewerbsfähigkeit beeinträchtigen. Neue Werkstoffe, wie glasfaserverstärkte Kunststoffe, erfordern weniger Pflege und sind für Freizeitzwecke gut geeignet. Wo es allerdings auf Robustheit und Seetüchtigkeit unter harten Bedingungen ankommt, z. B. bei Rettungsbooten und Fischkuttern, hält man weiterhin an der traditionellen Holz-Klinkerbauweise fest.

Neue Verfahren der Holzbearbeitung haben allerdings gut mit der Entwicklung von Austauschmaterialien Schritt gehalten. Die heute verfügbaren Holzschutzmittel, Kleber und Anstriche machen Bootssperrholz außerordentlich dauerhaft, stabil und vielseitig verwendbar. Auch läßt es sich in praktisch jede gewünschte Form überführen und zu Bauteilen beliebiger Größe verarbeiten – womit man heute mühelos viele der Probleme lösen kann, die den Schiffbauern von einst zu schaffen machten. Als Material für Rennboote bietet Bootssperrholz ein wesentlich besseres Festigkeits-Gewichts-Verhältnis als viele andere Werkstoffe.

Engpässe in der Holzversorgung wurden bis zu einem gewissen Grad durch die Einführung einiger tropischer Laubhölzer überwunden. Dazu zählen Sipo, Iroko und Bilinga, die den vertrauteren Bootshölzern wie Eiche, Teak oder Mahagoni zumindest ebenbürtig, wenn nicht überlegen sind. Die Verwendung von Sperrholz und furnierten Bauteilen hat allerdings den Holzbedarf wie auch die Holzabfallmengen beträchtlich vermindert.

Die neuen Bootsbauverfahren haben mit vielen alten Traditionen radikal gebrochen. So ist die seit der Wikingerzeit in Europa praktizierte Standardmethode, nach der ein Gerüst aus Kiel, Steven und Spanten mit Bordplanken bekleidet wurde, der Schalenbauweise gewichen, bei der die Spanten in die fertige Rumpfschale eingesetzt werden – ein Verfahren, das schon die Bootsbauer im alten Rom anwandten. Auch wenn sich Holz nur zum Bau kleinerer Wasserfahrzeuge eignet, behauptet es im Zeitalter der Technik also durchaus seinen Platz.

**DAS LÄNGSSPANT**
*Das Vordersteven, Kiel, Hintersteven und Heckbalken umfassende Längsspant wird aus zehn jeweils einander in der Form angepaßten Schichten aufgebaut. Es wird fast ganz von der Haut umschlossen. Auf dem Bild unten ist erst eine Schicht an einer Seite fertig verleimt. Die Lücke im Heck wird später mit einem flachen, schrägen Spiegel geschlossen.*

**DIE ERSTE HAUT**
*Planken aus Honduras-Mahagoni in Standardlänge und -breite bilden die innere Haut. Sie sind 3,5 mm dick – die beim Kaltformen gebräuchlichste Stärke. Von der Mitte ausgehend wird jede Planke zunächst auf die Form geheftet und angezeichnet, dann abgenommen, zugerichtet und wieder angesetzt. Die Seitenplanken liegen in einem Winkel von etwa 45 Grad zum Längsspant.*

**DIE ZWEITE HAUT**
*Über die erste Mahagoni-Haut werden in derselben Weise dickere Planken aus Abachi als zweite und dritte Haut gelegt, und zwar kreuzweise geschichtet. So bekommt die lagenverleimte Rumpfschale eine hohe Festigkeit.*

**KALTFORMVERFAHREN**
*Das Kaltformen nutzt zwar alle Vorteile der modernen Technologie, ist aber dennoch sehr einfach und weitgehend von Maschinenausrüstungen unabhängig. Es macht den Bau von Hochseejachten und -rennbooten aus Standard-Holzplanken praktisch und wirtschaftlich.*

**VIER SCHICHTEN**
*Die vierte und letzte Haut besteht wiederum aus Honduras-Mahagoni. Sie wird entweder wie die inneren Schichten schräg verlegt – oder horizontal, damit sie an das Erscheinungsbild der traditionellen Kaweelbauweise erinnert. Dann wird die fertig verleimte Rumpfschale umgedreht und auf ein Gestell gelegt. In dieser Nahaufnahme des zum Glätten vor Einsetzen des Spiegels vorbereiteten Hecks sind die vier Schichten deutlich zu erkennen.*

**SCHICHTHOLZ-SPANTEN**
*Diese Spanten laufen über das Längsspant, das wie ein Kielschwein in den Rumpf ragt, und versteifen das Boot auf seiner ganzen Länge. Die Schichtholz-Spanten werden zunächst im Rumpf in ihre Form überführt, dann zum Schleifen herausgenommen und schließlich an ihren Platz geleimt.*

**DER FERTIGE RUMPF**
*Nach dem Einsetzen der Spanten in den Rumpf wird auf ähnliche Weise, aber getrennt, das Deck geformt. Die Inneneinrichtung besteht meist aus Teak. Die Verleimung ist ebenso fest und dauerhaft wie das Holz, und das Boot ist völlig wasserdicht.*

**STARTKLAR**
*Abgesehen von Aluminium-Mast und Bleiballast besteht das Boot nahezu ausschließlich aus Holz. Dank der leichten »Füllung« in seiner Haut ist es leichter als ein glasfaserverstärktes Kunststoffboot derselben Klasse, aber genauso robust und haltbar.*

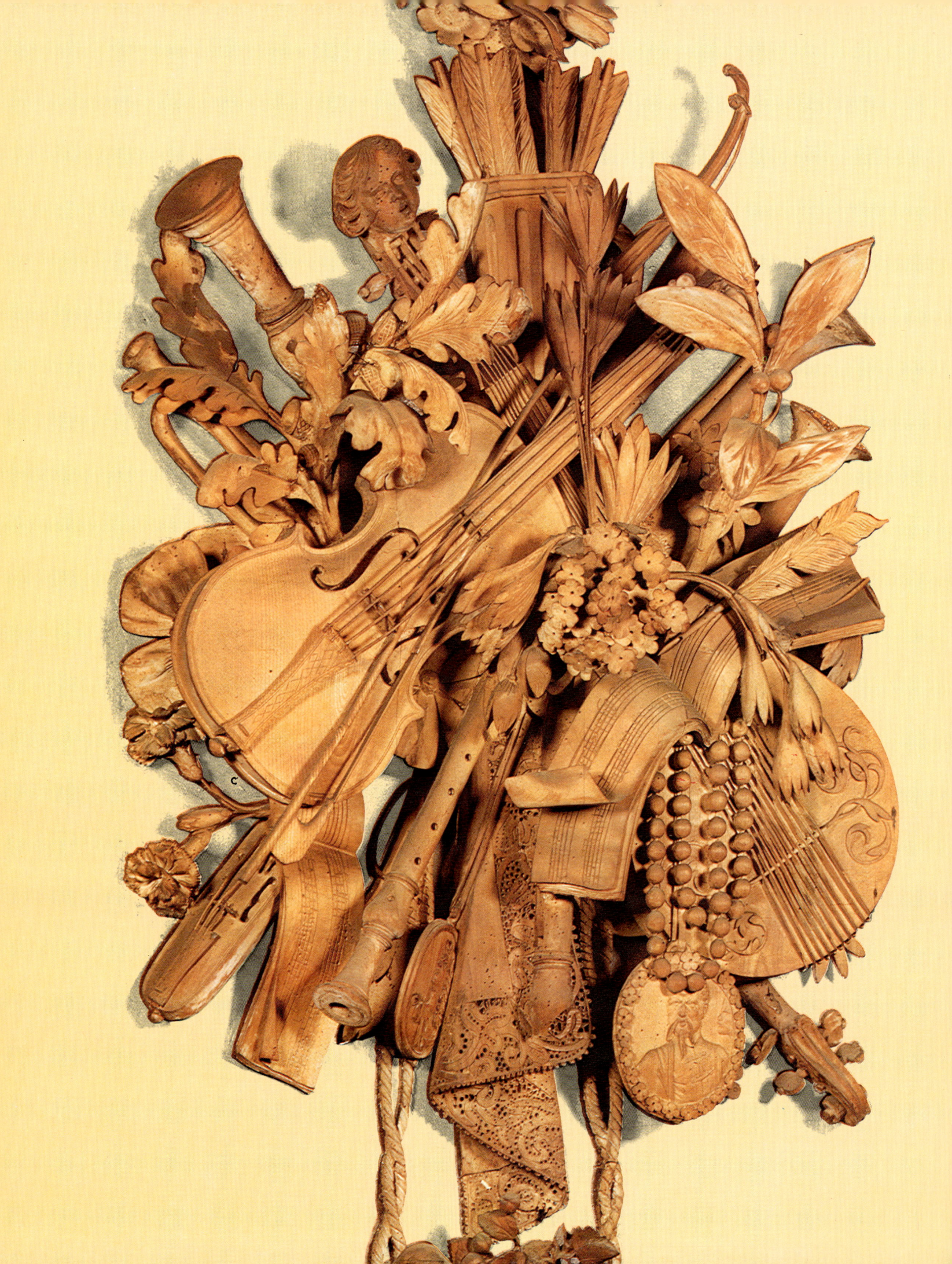

# Holz in Meisterhand

Tilman Riemenschneider (1460–1531)
war einer der ersten Holzbildhauer, die ihrer
Kunst zu einem neuen Materialbewußtsein
verhalfen: Er verzichtete zunehmend
auf eine farbige Fassung von Figuren
und Schnitzwerk, um die feinfühlige
Durchgestaltung der Oberfläche zu
bewahren. Der zwei Jahrhunderte nach ihm
lebende Niederländer Grinling Gibbons
schuf dieses Schnitzdetail für das
englische Petworth House – gleichsam
eine Huldigung in Holz an die Musik, die
diesem Material so unendlich viel verdankt.

# Lippen und Zungen

Die zahlreichen seit Beginn der Menschheitsgeschichte erfundenen Holzblasinstrumente lassen sich jeweils einer von nur drei Grundkategorien zuordnen. Bei ihnen allen werden die Töne dadurch erzeugt, daß man schnelle Schwingungen der Luftsäule in ihrem Schallkörper verursacht. Bei den Flöten – physikalisch Lippenpfeifer – versetzt der auf eine scharfe Kante treffende Blasstrom die im Hohlraum eingeschlossene Luft in Schwingungen. Bei den Schalmeien – physikalisch Zungenpfeifer – wird die Luftsäule durch ein einfaches Rohrblatt oder, bei Oboe und Fagott, durch ein Doppelrohrblatt erregt. Dieses Doppelrohrblatt, zwei fest aufeinanderliegende schmale Pfahlrohrblätter, erzeugt den Ton nach dem Prinzip der schwingenden oder Gegenschlagzunge, während bei einfachen Rohrblatt-Instrumenten wie der Klarinette das Blatt auf einer im Mundstück ausgesparten Bahn liegt und nach dem Prinzip der aufschlagenden Zunge frei schwingt.

Der »hölzerne« Klang der Instrumente beruht darauf, daß der geblasene oder angeschlagene Ton nicht »einsam«, sondern von Ober- und Teiltönen begleitet ist. In diesen »harmonischen« Teiltönen aber liegt das wichtigste Element, das den musikalischen Ton, seinen Klang und seine Klangfarbe bestimmt. Daß die verschiedenen Holzblasinstrumente unterschiedliche Klangfarben haben, liegt daran, daß bei ihnen jeweils andere Obertöne klingen. Art und Dicke des Holzes haben zwar einen Einfluß auf die Klangfarbe, doch entscheidender sind die innere Form des Resonanzkörpers und die Anordnung der Lippe oder der Zunge.

Die Flöte »erfand« vielleicht ein Höhlenmensch beim Herumspielen mit einem hohlen Bambus. Diese eigenartige neue Stimme der Natur wurde schnell Bestandteil von Kulthandlungen, und noch immer begleiten bis zu 2 m lange Längsflöten religiöse Rituale auf Neuguinea und in Südamerika. Unsere heutigen Konzertflöten klingen ganz anders, zählen aber wie die anderen Holzblasinstrumente zu den eindringlichsten Stimmen des Orchesters.

Schon sehr früh wurden die Flöten melodiefähig: Man bohrte Grifflöcher in den Hohlkörper, mit denen Spieler die Luftsäule verkürzen und schließlich eine lückenlose Tonleiter erzeugen konnten. Halbtöne allerdings erforderten schwierige Fingersätze und obendrein noch Glück, und die ständig komplizierter werdende Harmonie der abendländischen Musik erschwerte zunehmend die Handhabung dieser Instrumente. Um dem Spieler das Schließen von Lochkombinationen zu erleichtern, erfand man immer aufwendigere Klappen- und Deckelsysteme, und bei heutigen Holzblasinstrumenten ist das schlichte Holzrohr von einst unter all der metallenen Bedienungsmechanik kaum noch zu erkennen.

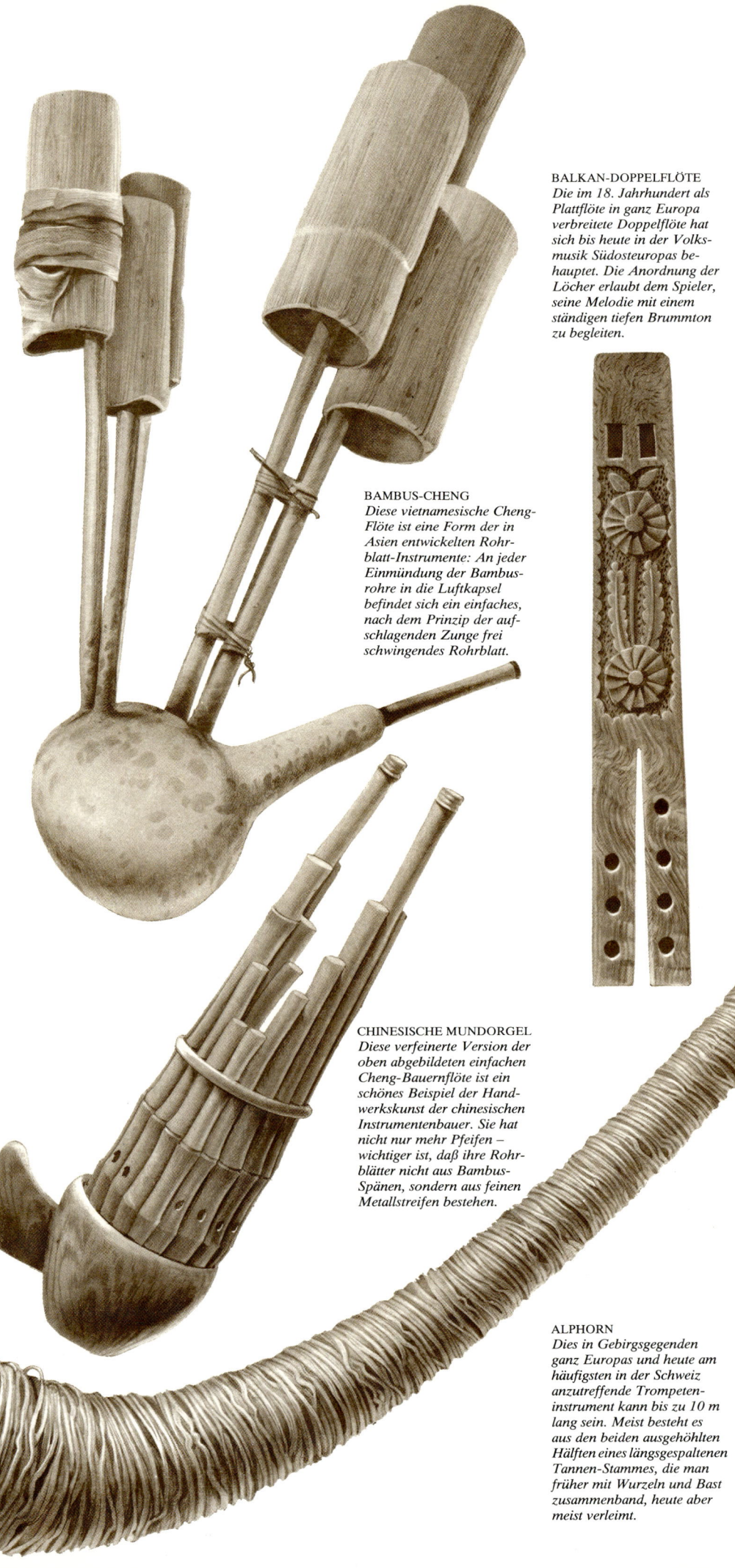

**BALKAN-DOPPELFLÖTE**
*Die im 18. Jahrhundert als Plattflöte in ganz Europa verbreitete Doppelflöte hat sich bis heute in der Volksmusik Südosteuropas behauptet. Die Anordnung der Löcher erlaubt dem Spieler, seine Melodie mit einem ständigen tiefen Brummton zu begleiten.*

**BAMBUS-CHENG**
*Diese vietnamesische Cheng-Flöte ist eine Form der in Asien entwickelten Rohrblatt-Instrumente: An jeder Einmündung der Bambusrohre in die Luftkapsel befindet sich ein einfaches, nach dem Prinzip der aufschlagenden Zunge frei schwingendes Rohrblatt.*

**CHINESISCHE MUNDORGEL**
*Diese verfeinerte Version der oben abgebildeten einfachen Cheng-Bauernflöte ist ein schönes Beispiel der Handwerkskunst der chinesischen Instrumentenbauer. Sie hat nicht nur mehr Pfeifen – wichtiger ist, daß ihre Rohrblätter nicht aus Bambus-Spänen, sondern aus feinen Metallstreifen bestehen.*

**ALPHORN**
*Dies in Gebirgsgegenden ganz Europas und heute am häufigsten in der Schweiz anzutreffende Trompeteninstrument kann bis zu 10 m lang sein. Meist besteht es aus den beiden ausgehöhlten Hälften eines längsgespaltenen Tannen-Stammes, die man früher mit Wurzeln und Bast zusammenband, heute aber meist verleimt.*

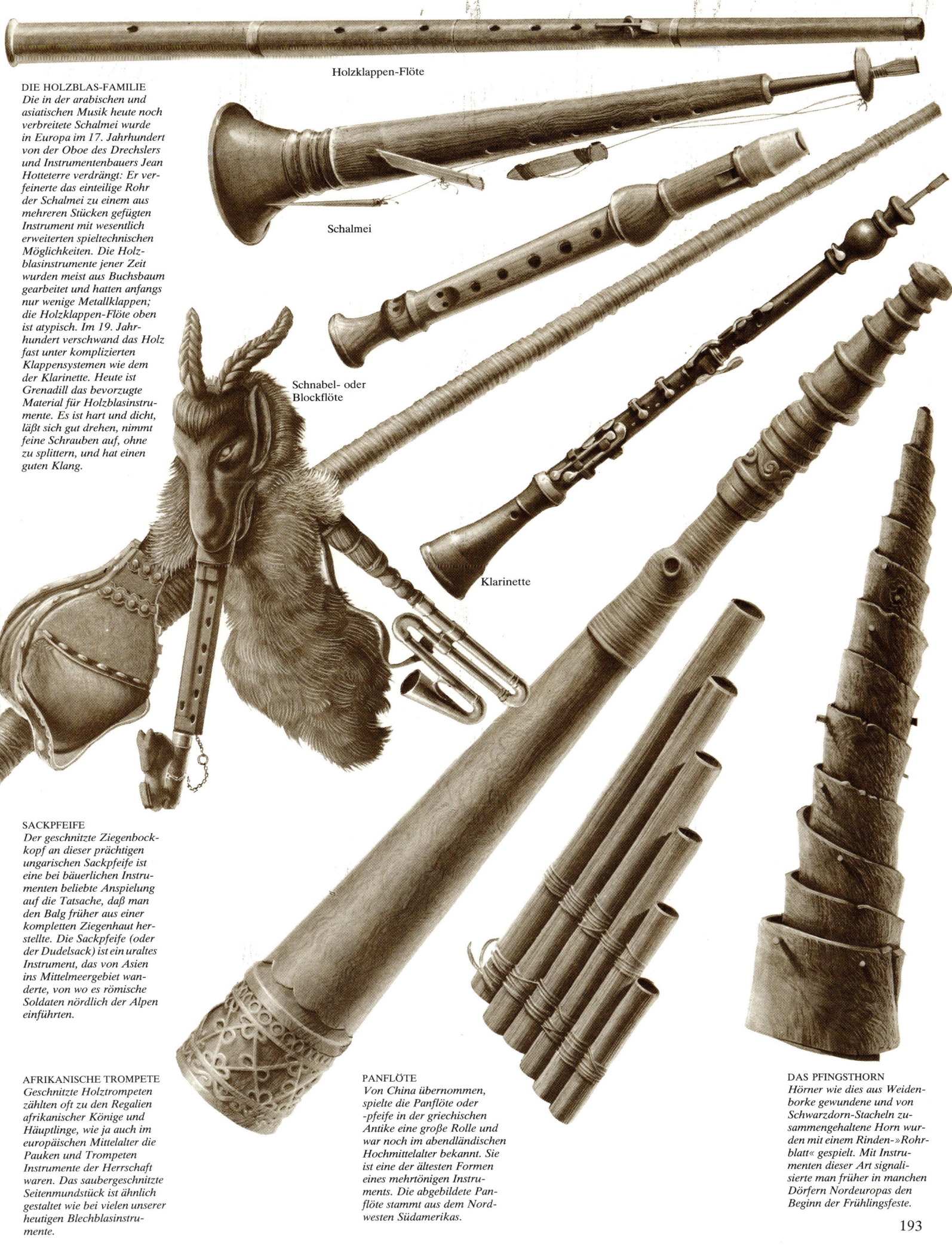

**Holzklappen-Flöte**

**Schalmei**

**Schnabel- oder Blockflöte**

**Klarinette**

## DIE HOLZBLAS-FAMILIE
*Die in der arabischen und asiatischen Musik heute noch verbreitete Schalmei wurde in Europa im 17. Jahrhundert von der Oboe des Drechslers und Instrumentenbauers Jean Hotteterre verdrängt: Er verfeinerte das einteilige Rohr der Schalmei zu einem aus mehreren Stücken gefügten Instrument mit wesentlich erweiterten spieltechnischen Möglichkeiten. Die Holzblasinstrumente jener Zeit wurden meist aus Buchsbaum gearbeitet und hatten anfangs nur wenige Metallklappen; die Holzklappen-Flöte oben ist atypisch. Im 19. Jahrhundert verschwand das Holz fast unter komplizierten Klappensystemen wie dem der Klarinette. Heute ist Grenadill das bevorzugte Material für Holzblasinstrumente. Es ist hart und dicht, läßt sich gut drehen, nimmt feine Schrauben auf, ohne zu splittern, und hat einen guten Klang.*

## SACKPFEIFE
*Der geschnitzte Ziegenbockkopf an dieser prächtigen ungarischen Sackpfeife ist eine bei bäuerlichen Instrumenten beliebte Anspielung auf die Tatsache, daß man den Balg früher aus einer kompletten Ziegenhaut herstellte. Die Sackpfeife (oder der Dudelsack) ist ein uraltes Instrument, das von Asien ins Mittelmeergebiet wanderte, von wo es römische Soldaten nördlich der Alpen einführten.*

## AFRIKANISCHE TROMPETE
*Geschnitzte Holztrompeten zählten oft zu den Regalien afrikanischer Könige und Häuptlinge, wie ja auch im europäischen Mittelalter die Pauken und Trompeten Instrumente der Herrschaft waren. Das saubergeschnitzte Seitenmundstück ist ähnlich gestaltet wie bei vielen unserer heutigen Blechblasinstrumente.*

## PANFLÖTE
*Von China übernommen, spielte die Panflöte oder -pfeife in der griechischen Antike eine große Rolle und war noch im abendländischen Hochmittelalter bekannt. Sie ist eine der ältesten Formen eines mehrtönigen Instruments. Die abgebildete Panflöte stammt aus dem Nordwesten Südamerikas.*

## DAS PFINGSTHORN
*Hörner wie dies aus Weidenborke gewundene und von Schwarzdorn-Stacheln zusammengehaltene Horn wurden mit einem Rinden-»Rohrblatt« gespielt. Mit Instrumenten dieser Art signalisierte man früher in manchen Dörfern Nordeuropas den Beginn der Frühlingsfeste.*

193

# Die Klaviatur

Das erste Saiteninstrument der Welt mit Klaviatur entstand etwa im 12. Jahrhundert in Europa. Dieses Clavichord war ein mit Tastenhebeln mechanisiertes Monochord – ein seit der Antike bekanntes Tonmeßgerät aus einem Resonanzkasten mit einer darübergespannten Saite, die zuvor durch einen von Hand verschiebbaren Steg teilbar war.

Das um 1350 erfundene Klavizimbel oder Cembalo kombinierte das Tastenprinzip des Clavichords und das Anreißen der Saiten mit einem Kiel (ursprünglich einer Rabenfeder). Um 1500 hatten sich seine klassische Flügelform und Kielmechanik herausgebildet. Die beim Clavichord am Ende der Tasten stehenden Stifte (Tangenten), die die Saite zum Schwingen bringen und auf die für den jeweiligen Ton notwendige Länge verkürzen, sind beim Cembalo durch kleine Holzleisten (Docken) ersetzt, an denen seitlich befestigte Rabenfeder-, später auch Messing- oder Lederkiele die Saiten zupfen. Wird die Taste gedrückt, geht die Docke hoch, und ihr Dorn reißt die Saite an. Da er auf einer mit Federkraft bewegten Zunge sitzt, zupft er beim Herabfallen die Saite nicht ein zweites Mal. Diese Mechanik ist zwar genial einfach, mußte aber für jede der etwa achtzig Tasten einzeln gefertigt werden; dies erforderte sorgfältige Holzbearbeitungstechniken, die eigens dafür entwickelt werden mußten. Auch der Bau großer, guter Resonanzgehäuse aus großflächigen, dünnen Holzteilen verlangte hervorragendes handwerkliches Können.

Zu Beginn des 18. Jahrhunderts sank die Popularität des Cembalos, weil man auf ihm nur kurze, scharfe Töne, nicht aber die damals beliebter werdenden feinen Abstufungen zwischen laut und leise spielen konnte. Denn der Kiel zupfte die Saite stets mit der gleichen Kraft, einerlei wie die Taste anschlug. Bartolomeo Cristofori gelang es als erstem, diesen Nachteil zu beheben: mit seinem 1709 in Florenz vorgestellten »Gravicembalo col piano e forte«. Bei diesem Instrument schlugen Hämmer die Saiten an, und je heftiger man die Tasten drückte, desto lauter wurden die Töne.

Allerdings war Christoforis Hammerwerk fast schon zu effektiv, denn die Hämmer konnten mehr Kraft entwickeln, als die auf den damals üblichen Holzrahmen nur schwach spannbaren Saiten auszuhalten vermochten. Erst mit dem im 19. Jahrhundert erfundenen eisernen Rahmen, der bei heutigen Konzertflügeln eine Saitenspannung von 20 000 kg ermöglicht, konnte das Klavier sein ganzes Potential als »Orchester im kleinen« voll entfalten.

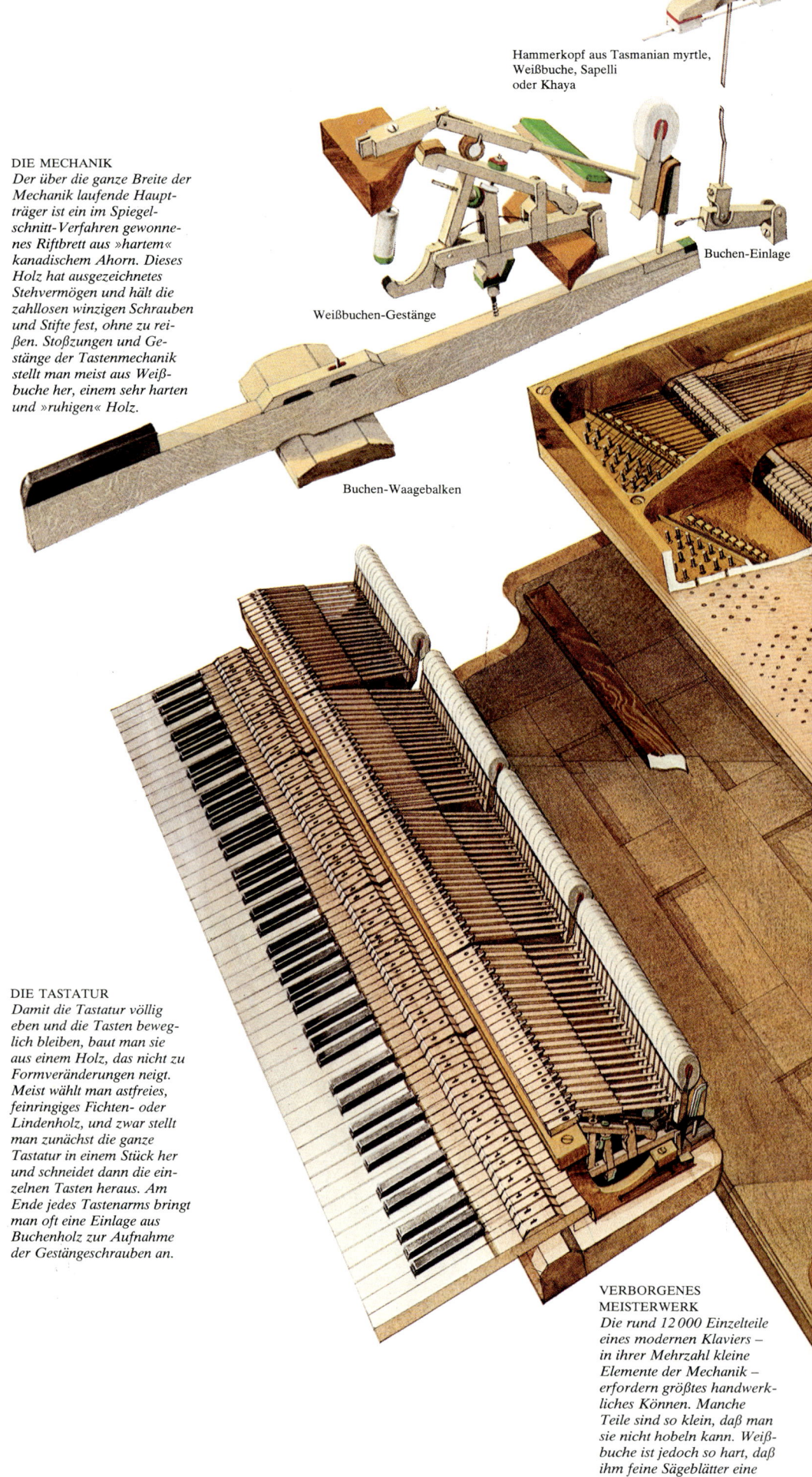

Hammerkopf aus Tasmanian myrtle, Weißbuche, Sapelli oder Khaya

Buchen-Einlage

Weißbuchen-Gestänge

Buchen-Waagebalken

**DIE MECHANIK**
*Der über die ganze Breite der Mechanik laufende Hauptträger ist ein im Spiegelschnitt-Verfahren gewonnenes Riftbrett aus »hartem« kanadischem Ahorn. Dieses Holz hat ausgezeichnetes Stehvermögen und hält die zahllosen winzigen Schrauben und Stifte fest, ohne zu reißen. Stoßzungen und Gestänge der Tastenmechanik stellt man meist aus Weißbuche her, einem sehr harten und »ruhigen« Holz.*

**DIE TASTATUR**
*Damit die Tastatur völlig eben und die Tasten beweglich bleiben, baut man sie aus einem Holz, das nicht zu Formveränderungen neigt. Meist wählt man astfreies, feinringiges Fichten- oder Lindenholz, und zwar stellt man zunächst die ganze Tastatur in einem Stück her und schneidet dann die einzelnen Tasten heraus. Am Ende jedes Tastenarms bringt man oft eine Einlage aus Buchenholz zur Aufnahme der Gestängeschrauben an.*

**VERBORGENES MEISTERWERK**
*Die rund 12 000 Einzelteile eines modernen Klaviers – in ihrer Mehrzahl kleine Elemente der Mechanik – erfordern größtes handwerkliches Können. Manche Teile sind so klein, daß man sie nicht hobeln kann. Weißbuche ist jedoch so hart, daß ihm feine Sägeblätter eine gute Oberfläche geben.*

## DER DÄMPFER
*Mit Ausnahme der für die höchsten Töne haben alle Saiten einen Dämpfer, der beim Anschlag gehoben und beim Freilassen der Taste wieder gegengedrückt wird. Der Dämpferkopf besteht aus Mahagoni, hartem Tasmanian myrtle oder dem Kernholz bestimmter Diospyros-Arten.*

## SPINETTINO
*Dieses schöne Instrument entstand um 1600 aus Zypressenholz. Wegen der Kürze seiner Besaitung fehlt ihm die Klangfülle größerer Spinetts, und ein Musikkritiker des 18. Jahrhunderts bemerkte, man höre bei ihm »mehr Holz als Draht«.*

## DER EISENRAHMEN
*Die Stahlbesaitung heutiger Klaviere belastet den Rahmen mit Zugspannungen, denen Holz gar nicht standhalten könnte. Die Einführung des eisernen Rahmens steigerte deshalb beachtlich Tonumfang und -volumen dieses Instruments.*

## VAUDRY-CEMBALO
*Dies ist eins von nur vier erhalten gebliebenen französischen Cembalos des 17. Jahrhunderts, das 1681 von Jean-Antoine Vaudry gebaut wurde. Es ruht auf gedrechselten Nußbaum-Füßen, und sein Rahmen und Gehäuse – ebenfalls Walnuß – sind mit Chinoiserien lackiert.*

## RESONANZBODEN
*Die Schwingungen der Saiten werden über den Buchenholz-Steg auf den leicht gebogenen Resonanzboden übertragen, der traditionell aus langsam-gewachsener »Rumänischer« Kiefer gearbeitet wird. In Faserrichtung pflanzt sich in ihm der Schall fast vierzehnmal so schnell fort wie in Luft. Unter dem Resonanzboden angebrachte Riegel aus dem gleichen Holz verteilen die Schwingungen über die Fläche.*

## STIMMNAGELBLOCK
*Der Stimmnagelblock aus Buche – entweder massiv oder drei bis fünf verleimte Lagen – muß die Spannung von 225 oder mehr Saiten aushalten, die bei jeder etwa 70 kg beträgt. Bei jedem anderen Holz würden die die Saiten haltenden eisernen Stimmnägel die Fasern an ihren Lochrändern zerquetschen.*

## DIRIGENTEN-PIANO
*Dieses nur drei Oktaven umfassende Kleinklavier diente dem Dirigenten George Smart (1776–1867) auf seinen Konzertreisen. Es wurde so gebaut, daß es in eine Postkutsche paßte, und sein elegantes Gehäuse ist ein Meisterstück der Kunsttischlerei.*

## »JUNGFERNKLAVIER«
*Dieses Ende des 16. Jahrhunderts gebaute »Virginal« trägt das Wappen der Königin Elisabeth I. Ihr soll diese Spinett-Art ihren Namen verdanken; wahrscheinlicher ist jedoch die Ableitung von virga (Dorn – wie Spinett von spina, Feder).*

## DAS GEHÄUSE
*Das Klaviergehäuse wird meist aus mit Walnußbaum oder Mahagoni furnierten Platten gebaut. Für die Mittellagen der Platten wählt man gern Agba, Abachi, Khaya oder Mahagoni. Bei Qualitätsinstrumenten bestehen oft größere Teile der Gehäuse aus Vollholz, und viele Spieler behaupten, Mahagoni gebe dem Klavier den besten Klang. Die Füße, die manchmal ein Gewicht von über einer Tonne zu tragen haben, sind aus Vollholz gedreht oder zusammengesetzt. Sie werden aus Mahagoni, Sapelli oder Buche gearbeitet und in der Regel furniert.*

# Die Geige

Die Geige oder Violine – der Sopran unserer Streichinstrumenten-Familie und »die erste Geige« spielender Klangträger des Orchesters – entwickelte sich Ende des 16. Jahrhunderts aus der Viola, die ihrerseits aus der Laute hervorgegangen war. Der klassische Streichton der indischen Musik ist jener der gezupften Laute, die bekannteste Form der Sitar, während die vornehmsten Instrumente der Japaner das Koto (eine Wölbbrettzither) und das Shamisen (ein lautenartiges Zupfinstrument) sind.

Bei den Zithern hat jeder Ton seine eigene Saite, die zwischen zwei an einem Kasten, der zugleich als Resonanzkörper dient, angebrachten Stiften frei schwingt. Bei den Lauten kann man mit jeder der wenigen Saiten viele verschiedene Töne spielen, indem man ihre Schwingungslänge auf dem Griffbrett verändert.

Der Bogen dürfte um das Jahr 800 erfunden worden sein, vielleicht von einem der Steppenvölker Zentralasiens, und Ende des 10. Jahrhunderts waren bogengestrichene Lauten in ganz Europa und Asien verbreitet. Zu den ersten europäischen Typen zählten der Rebec und die Fidel, deren enge Verwandte wie die slawische Gusla heute noch in der Volksmusik eine große Rolle spielen. Der Rebec hatte einen aus einem Stück herausgeschälten Birnenkorpus mit kurzem, nichtaufgesetztem Hals. Er besaß schon Bauch, Seitenwirbel, Schallrose und C-Löcher. Die Fidel dagegen war aus mehreren Teilen zusammengesetzt und hatte eine Wirbelplatte mit durchgehenden Wirbellöchern. Die seitenständigen Wirbel des Rebecs erlaubten größere Saitenspannungen, während die Segmentbauweise der Fidel einen besseren Resonanzkörper ergab. Im 15. Jahrhundert wurden diese Vorzüge in einer neuen Gruppe von Instrumenten vereint. In Spanien vihuelas genannt, bahnten sie den Weg zu den gegenüber ihren mittelalterlichen Vorläufern verfeinerten Gitarren und Violen. Sie begründeten eine Tradition der Instrumentenbaukunst, die einige der hervorragendsten Beispiele meisterhafter Holzbearbeitung beisteuerte.

Die aus dieser Familie hervorgegangenen Violinen begannen um 1600 die Violen aus der Kunstmusik zu verdrängen. Diese von den Italienern eingeführten neuen Instrumente hatten einen helleren und schärferen Klang als die Violen und setzten sich bald bei den Musikern und ihren Mäzenen in ganz Europa durch.

### DER GEIGENBAUER

### AUSGESUCHTES HOLZ
*Das traditionell für Geigenböden gewählte Holz stammt meist von sorgfältig ausgesuchten Bergahornen aus den Alpen. Diese Bäume erfahren manchmal fünfzig- oder hundertjährige Pflege, bevor sie gefällt und nach mehrjähriger Trocknung radial aufgespalten werden.*

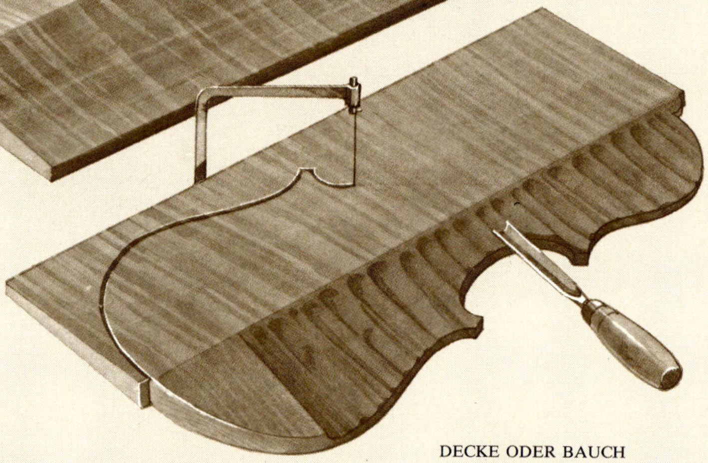

### DER GEIGENBODEN
*Ein Ahorn-Stück, das zugleich groß genug für den Geigenboden und regelmäßig »geflammt« ist, findet man selten. Deshalb fügt man den Rohboden meist aus unsichtbar verleimten Keilen zusammen. Dann schneidet man den Boden mit einer Bügelsäge heraus und formt die gewölbte Innen- und Außenfläche mit Hohleisen und Hobel.*

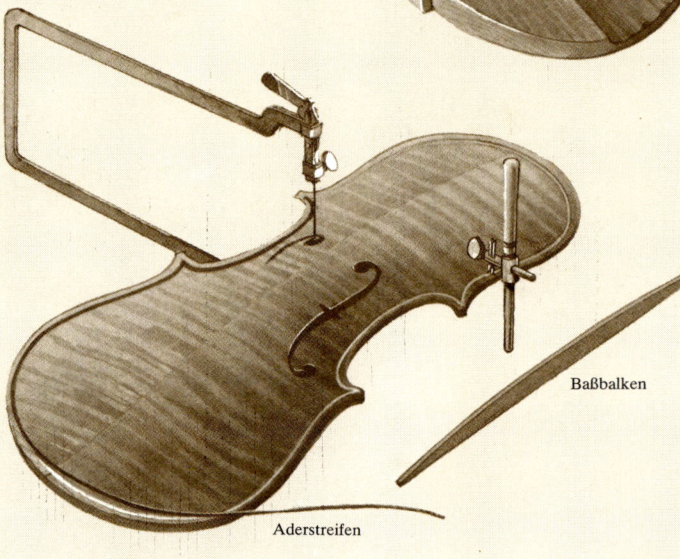

### DECKE ODER BAUCH
*Die Decke aus Fichtenholz ist für die Tonqualität von größter Bedeutung. In Boden und Decke werden Adern – dünne Ebenholz- oder gebeizte Birnbaum-Streifen – in einen den äußersten Rand entlanglaufenden »Adergraben« eingelegt. Die F-Löcher schneidet man mit einer Laubsäge und bearbeitet sie sorgfältig mit einem Messer nach. Am schwierigsten ist der Baßbalken aus Fichtenholz zu schneiden; er muß den komplexen Krümmungen der Decke so präzise angepaßt sein, als ob beide Teile aus einem Stück beständen. Der Baßbalken nimmt den Druck der G- und der D-Saite auf den Steg auf, unterstützt die Decke und verteilt die Schwingungen.*

Baßbalken

Aderstreifen

### GADULKA
*Die bulgarische Gadulka ist ein aus der höfischen Musik stammendes Volksinstrument. Wie ihre Vorläuferin, die Fidel, hat sie einen aus einem Stück Holz geschnitzten Schallkörper und eine Wirbelplatte. Die Volksmusik bevorzugt weiterhin den konvexen Bogen.*

### DIE LAUTE
*In der Kunstmusik von 1400 bis 1650 war die Laute das führende Instrument. Martin Luther spielte sie gern, und noch Johann Sebastian Bach hat sie gekannt und geschätzt. Mit Aufkommen der Sinfonik wurden Laute und Gitarre aus der Kunstmusik verdrängt.*

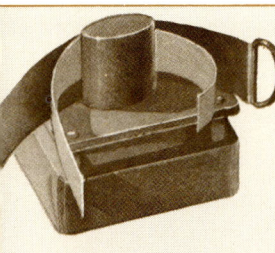

## ZARGENKRANZ
*Decke und Boden werden durch den Zargenkranz – in einer beheizten Form gebogene dünne Streifen Ahorn – miteinander verbunden. Ebenso geformt wird die Bereifung: dünne Fichtenholz-Leisten, die parallel oben und unten am Zargenkranz verleimt werden und die Leimstellen von Decke und Boden etwa um das Doppelte verbreitern.*

## DER ZUSAMMENBAU
*Die Zargen, die Bereifung und 6 geschnitzte Ahorn-Klötze, um die herum die Geige gebaut wird, werden auf einem Brett zusammengesetzt und dann mit dem Boden verleimt – der zuvor sorgfältig mit einem winzigen Hobel geglättet worden ist.*

## INDISCHER SITAR
*Der Sitar hat einen langen und schmalen massiven Hals mit gewölbten Metallbünden und meist 7 Saiten sowie bis zu 13 zusätzlichen Resonanzsaiten darunter. Als Schallkörper dient in der Regel ein einfacher Kürbis, der häufig mit sorgfältigen Holz- oder Elfenbein-Einlegearbeiten verziert ist.*

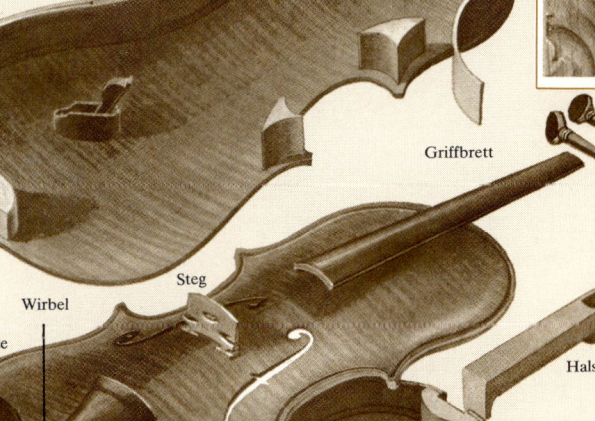

Saitenhalter

Griffbrett

Schnecke

Steg

Wirbel

Hals

...stütze

...opf

Stimmstock

## GESCHNITZTES ZIERWERK
*Der ganze, aus einem Stück Ahorn gearbeitete Boden dieser Violine aus dem 17. Jahrhundert mit dem englischen Wappen am Halsansatz und dem Kopf am Wirbelkasten ist mit phantasievollem Rankenschnitzwerk geschmückt. So kostbare Stücke wurden in der Regel nur für fürstliche Auftraggeber gebaut.*

## DER LETZTE SCHLIFF
*Schnecke und Hals schnitzt der Geigenbauer von Hand aus Ahorn und verleimt sie dann in einer bestimmten Neigung mit dem Korpus. Der Steg, der einer Druckbelastung von bis zu 50 kg standhalten muß, wird ebenfalls aus Ahorn geschnitten; für die anderen Teile – Wirbel, Griffbrett, Knopf, Saitenhalter und Kinnstütze – wählt man meist Ebenholz, zuweilen auch Palisander oder* Buchsbaum. *Nach dem Zusammenbau dieser Teile wird der Stimmstock durch eines der F-Löcher eingebracht, etwa 3 mm vom Steg entfernt gesetzt und so eingepaßt, daß er leicht zwischen Decke und Boden eingeklemmt steht. Schließlich bekommt die Geige einen Schutzüberzug aus Lack, der meist aus mehreren, jeweils sorgfältig geschliffenen Schichten aufgetragen wird.*

## DREHLEIER
*Bei der Drehleier streicht die Saiten ein mit Kolophonium bestrichenes, mittels einer Kurbel betriebenes Rad. Die Melodiesaiten werden vom Spieler nicht gegriffen, sondern mit niederzudrückenden Täfelchen oder Tasten verkürzt. Früher in der Kunstmusik beliebt, verlor dieses Instrument vom 14. Jahrhundert an seine höfische Würde und entwickelte sich zur Bauern- und Bettlerleier.*

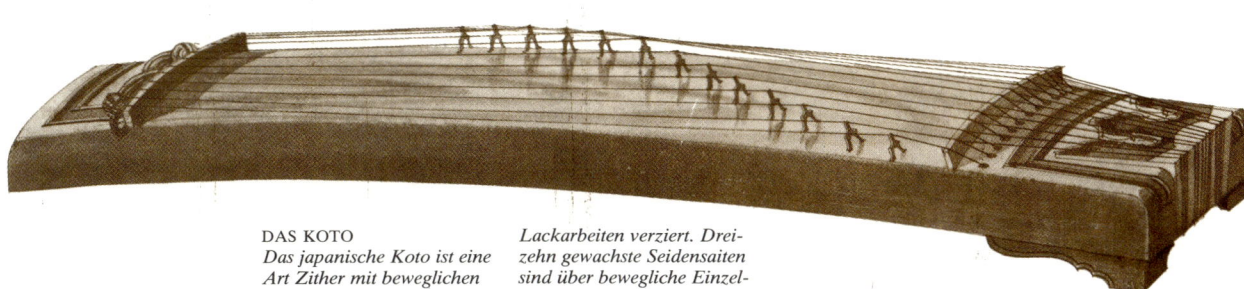

## DAS KOTO
*Das japanische Koto ist eine Art Zither mit beweglichen Einzelstegen. Aus dem chinesischen Dscheng entstanden, war es früher vor allem das Instrument der Intellektuellen und der Hofmusik. Der Schallkörper besteht aus einem bis zu 1,80 m langen Wölbbrett und ist meist mit* Lackarbeiten verziert. *Dreizehn gewachste Seidensaiten sind über bewegliche Einzelstege gespannt. Gespielt wird das Instrument mit Plektren, während die linke Hand durch Druck auf die Saitenteile links der Stege Zwischentöne und Vibrati erzeugt.*

# Hölzer und Klänge

Der Klang von Holz auf Holz – in unseren Konzertsälen selten – war die eigentliche Grundlage der Musik in manchen Kulturen und für viele andere ein Mittel, sich an die Götter zu wenden oder böse Geister abzuwehren. Die Gamelan-Orchester auf Bali bestehen vor allem aus hölzernen Schlagspielen, aus denen sich unser Orchester-Xylophon entwickelt hat. Das Xylophon soll von Südostasien aus über die Handelsstraßen des Indischen Ozeans an die Küsten Afrikas gelangt sein; als Marimba kam das Instrument mit Negersklaven nach Mittelamerika und wurde dort weiterentwickelt. Die Stämme Guatemalas bauen ihre Marimbas weiterhin ausschließlich aus dem Holz weiblicher Bäume, weil sie glauben, den schönen, aber traurigen Klang des Instruments erzeuge der Baum selbst, der die Trennung von seinem im Wald zurückgebliebenen Partner beklage. Europäische Instrumentenbauer bevorzugen Palisander aus dem benachbarten Honduras für Xylophone.

In Afrika verwendete man Schlitztrommeln für die berühmte Busch-Telegraphie; auf Neuirland dröhnen »Priester-Trommeln« nur bei Mondschein-Ritualen, bei denen sie den erschreckenden Ungeheuern, mit denen sie beschnitzt sind, ihre Stimme leihen. In vielen Traditionen ist der Bau von Trommeln von feierlichen Zeremonien begleitet, die das Zusammenspiel zwischen dem Holz und der Geisterwelt sicherstellen sollen. Das Holz wird nach praktischen Kriterien wie Wohlklang und Haltbarkeit ausgewählt, doch muß der Baum in einem günstigen Augenblick gefällt werden und in eine bestimmte Richtung stürzen. Einige Stämme glauben an eine mystische Verbindung zwischen dem Holz und dem Wasser, und der Trommelbauer meidet jegliches Wasser, während er den Stamm aushöhlt. In Dürrezeiten bringt man der Trommel Opfer dar, und auf den Salomon-Inseln glaubt man, das Urmeer sei einst einer von selbst erschallenden Schlitztrommel entsprungen. Die riesigen Kult-Schlitztrommeln der Naga in Assam werden – wie die menschlichen Angehörigen dieses Bergvolks – einem Initiationsritus unterzogen und während ihres Taufakts mit Blut besprenkelt.

Bei anderen Völkern ist die einfache Rassel, die bei manchen Kirchenfesten im europäischen Mittelalter eine Rolle spielte, noch heute ein wichtiges Kultinstrument. Die Xylophone, Kastagnetten und hölzernen Schlaginstrumente unserer heutigen Orchester sind also nur ein schwaches Echo aus einer fernen Zeit und Welt, in der der Klang von Holz Menschen mit Ehrfurcht und Andacht erfüllte.

## DIE MARIMBA

Ein Portugiese, der um 1580 Äthiopien bereiste, berichtete von der »süßen und rhythmischen Harmonie« der Marimba – mit Kürbis-Resonanzkörpern. Die unterschiedliche Stimmung der Hartholzplatten, aus harzigem mutondo, takula oder mwendze, ergibt sich aus ihren abgestuften Größen und Dicken. Die Kürbisse unter den Platten verstärken den Klang; außerdem erzeugt eine in jedem Kürbis angebrachte Membrane einen charakteristischen Summton. Für Orchester-Xylophone wählt man meist Honduras-Palisander.

## STREICHTROMMEL (oben)
Diese Streichtrommel von der Insel Neuirland ist raffiniert konstruiert. Die vier amboßförmigen Teile werden so ausgehöhlt, daß sie jeweils unterschiedlich gestimmt sind. Ihr schöner, hoher Klang wird erzeugt, indem man mit der Hand über die Oberflächen streicht.

## CHINESISCHE TEMPELGLOCKE
Das chinesische mu-yu ist eine glockenähnliche Schlitztrommel. Das Fischornament symbolisiert wache Aufmerksamkeit, und das Schlagen der Trommel sollte die Aufmerksamkeit der Götter erregen.

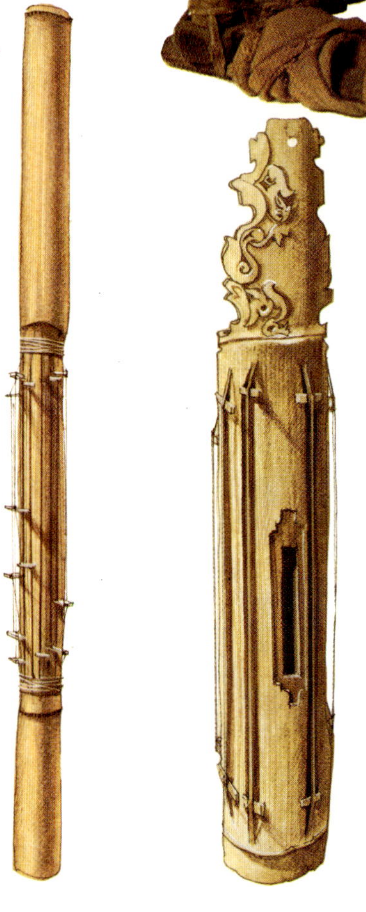

## BAMBUS-RÖHRENZITHERN
Holzinstrumente »par excellence« sind diese mit hölzernen Schlegeln leicht angeschlagenen Röhrenzithern. Die »Saiten« sind aus der Wand des Bambusrohrs herausgeschnittene, an beiden Enden noch mit ihm verbundene Splitter, die über kleine Holzpflöcke gespannt wurden und somit frei schwingen können. Das Rohr selbst dient als Resonator. Wahrscheinlich in Südostasien erfunden und später nach Afrika gebracht, sind Röhrenzithern heute noch auf Madagaskar das führende Volksinstrument.

*Diese hübsch geschnitzte nordamerikanische Indianer-Rassel, mit stilisiertem Fisch, Dämon und Vogel, war ein wichtiger Bestandteil der Ausrüstung des Schamanen. Der rauhe Klang dieses Instruments begleitete die Gesänge während der Kulthandlungen.*

**DIE SANSA**

*Die oft mehrstimmig gespielte, einschmeichelnde Sansa ist als Begleitinstrument religiöser und weltlicher Musik in ganz Afrika gebräuchlich. Die Bambuszungen sind auf einem Holzbrett mit Resonanzkürbis oder einem (oft reich mit symbolischen Figuren dekorierten) Kasten angebracht. Das Instrument wird mit beiden Daumen gezupft.*

**TIGER-KASTEN**

*Drei Schläge mit der Bambusstange auf den Kopf dieses Tigers kündigten das Ende des konfuzianischen Ritus an. Anschließend wurde mit der Stange kräftig über seinen gezackten Rücken gestrichen, was einen scharfen Rasselton erzeugte.*

**AFRIKANISCHE SCHLITZTROMMEL**

*Die Herstellung der für kultische Zwecke und zur Signalübermittlung verwendeten Schlitztrommel erforderte ein mühsames Aushöhlen des Stammes durch den Schlitz. Manchmal ist eine Stirnseite weit aufgebohrt, was einen »männlichen« Ton erzeugt; kleinere Öffnungen ergeben hellere Töne.*

**JUDASKNOCHEN**

*Holzklappern wie diese Triccaballacca aus Süditalien erklangen in Kirchen des Mittelalters in der Karwoche, während der die Glocken schwiegen. Beim Schütteln schlagen die beiden äußeren Hämmer gegen den feststehenden in der Mitte.*

# Holzskulpturen unserer Zeit

Für die Wegbereiter neuer bildnerischer Möglichkeiten zwischen Gegenständlichkeit und Abstraktion des 20. Jahrhunderts war Holz das ideale Material, mit dem sie sich vom akademischen Pathos und repräsentativen Denkmalsstil ihrer Zeitgenossen abwenden konnten. Als das übliche Medium der Volkskunst und der primitiven Skulptur, die sie sehr bewunderten, war Holz ein Stoff, der Schnitzarbeit erforderte – im Gegensatz zum Modellieren in Ton, wie es die akademischen Bildhauer gelernt hatten. Etwas aus einem Holzklotz herauszuschneiden ist eine alte, schwierige und nicht mehr korrigierbare Kunst, bei der der Bildhauer die von ihm in dem Block »gesehene« Form schrittweise freilegen muß, statt sie aus weichem Material aufzubauen.

Die moderne Holzbildhauerei belebte wieder die gemeinsame Identität von Künstler und Handwerker, die es seit der Renaissance nicht mehr gegeben hatte. In Paris schuf Brancusi mit den ökonomischen Sägeschnitten und einfachen Verfahren rumänischer Dorftischler stark abstrahierte Tierskulpturen voller organischer Energie. In Deutschland gestaltete Barlach aus nordischen Harthölzern expressionistische, den Menschen entheroisierende Figuren, die an die mittelalterliche Holzschnitzkunst anknüpften.

Der Gedanke, ganz vom Material her zu arbeiten – eher wie die Natur als nach der Natur –, war kennzeichnend für die moderne Bildhauerei. Die gewaltigen Holzskulpturen des Russen Zadkine beziehen ihre sehnig-knorrige Vitalität von den Stämmen, aus denen sie gearbeitet sind, während die starke Anziehungskraft und sinnliche Ausstrahlung der Struktur und Zeichnung des Holzes bei einigen Skulpturen von Barbara Hepworth zu dominieren scheinen. Bei manchen Werken Henry Moores, der Materialtreue als Hauptziel der Bildhauerkunst betrachtet, hat das Medium Holz ebensosehr die Form bestimmt wie der Künstler.

Andere Bildhauer wandten sich dem Holz nicht wegen seiner Ausdrucksmöglichkeiten zu, sondern weil es billig und zugänglich war. So schuf Picasso aus Tischlereiabfällen seine kubistischen »Konstruktionen«, bei denen die Trivialität des Materials hinter der Ausdruckskraft des Arrangements zurücktritt.

Für manche Künstler liegt der Reiz des Holzes im Reichtum und in der Mannigfaltigkeit seiner Maserbilder und Farben, für andere wiederum ist dieses Material voller Winkel und Strukturen, die es zu ergründen und zu »eröffnen« gilt. Aber ob nun in der Form einer Skulptur aus Künstlerhand oder nur eines von den Wellen geglätteten und an den Strand gespülten Astes: Holz ist ein Material mit einer unendlichen Vielfalt von Erscheinungsbildern und künstlerischen Gestaltungsmöglichkeiten.

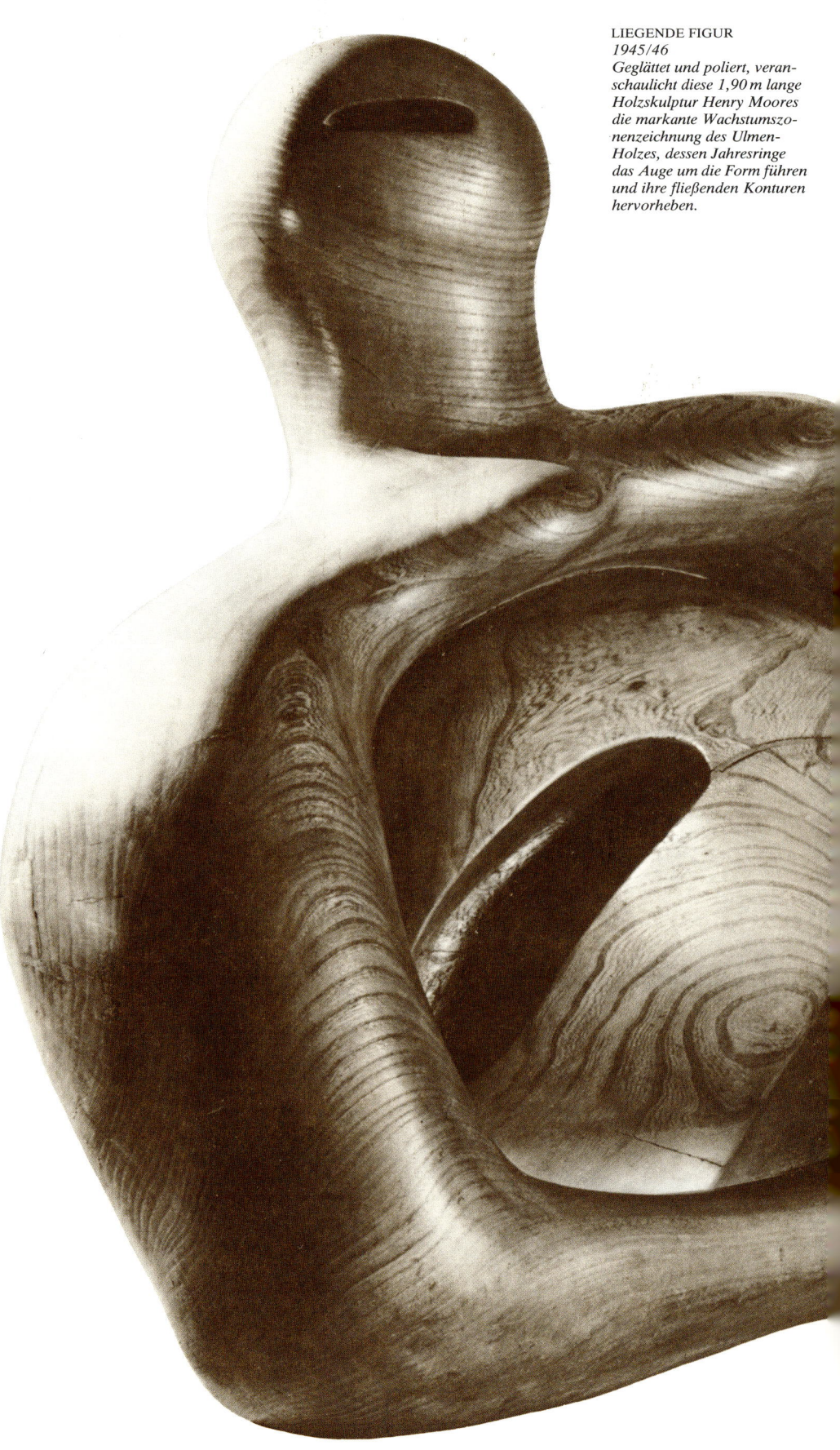

LIEGENDE FIGUR
1945/46
*Geglättet und poliert, veranschaulicht diese 1,90 m lange Holzskulptur Henry Moores die markante Wachstumszonenzeichnung des Ulmen-Holzes, dessen Jahresringe das Auge um die Form führen und ihre fließenden Konturen hervorheben.*

**DIE SCHÖNHEIT VON ULME**

*Alle seine großen Holz-skulpturen schuf Henry Moore in Ulme, weil sich dieses raschgewachsene Holz besser schnitzen läßt als beispielsweise langsam-wüchsige Eiche, deren Krummfaserigkeit häufig unvorhergesehene Schwie-*rigkeiten bereitet. Nach ei-ner Reihe von Skizzen wer-den die Umrisse der liegen-den Figur auf die recht-eckigen Oberflächen des Holzblocks gezeichnet und anschließend mit Bügelsäge und Axt die Grundform der Figur herausgearbeitet. Moore begann diese Arbeit schon bald nach dem Fällen des Baumes. Da er das Holz im nichtausgetrockneten Zustand bearbeitete, durch-brach er den frischen mas-siven Block, der daraufhin schneller trocknen konnte. Frisches Holz ist viel wei-cher und somit leichter zu schnitzen.*

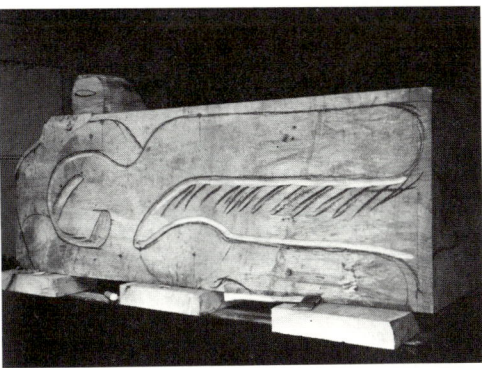  

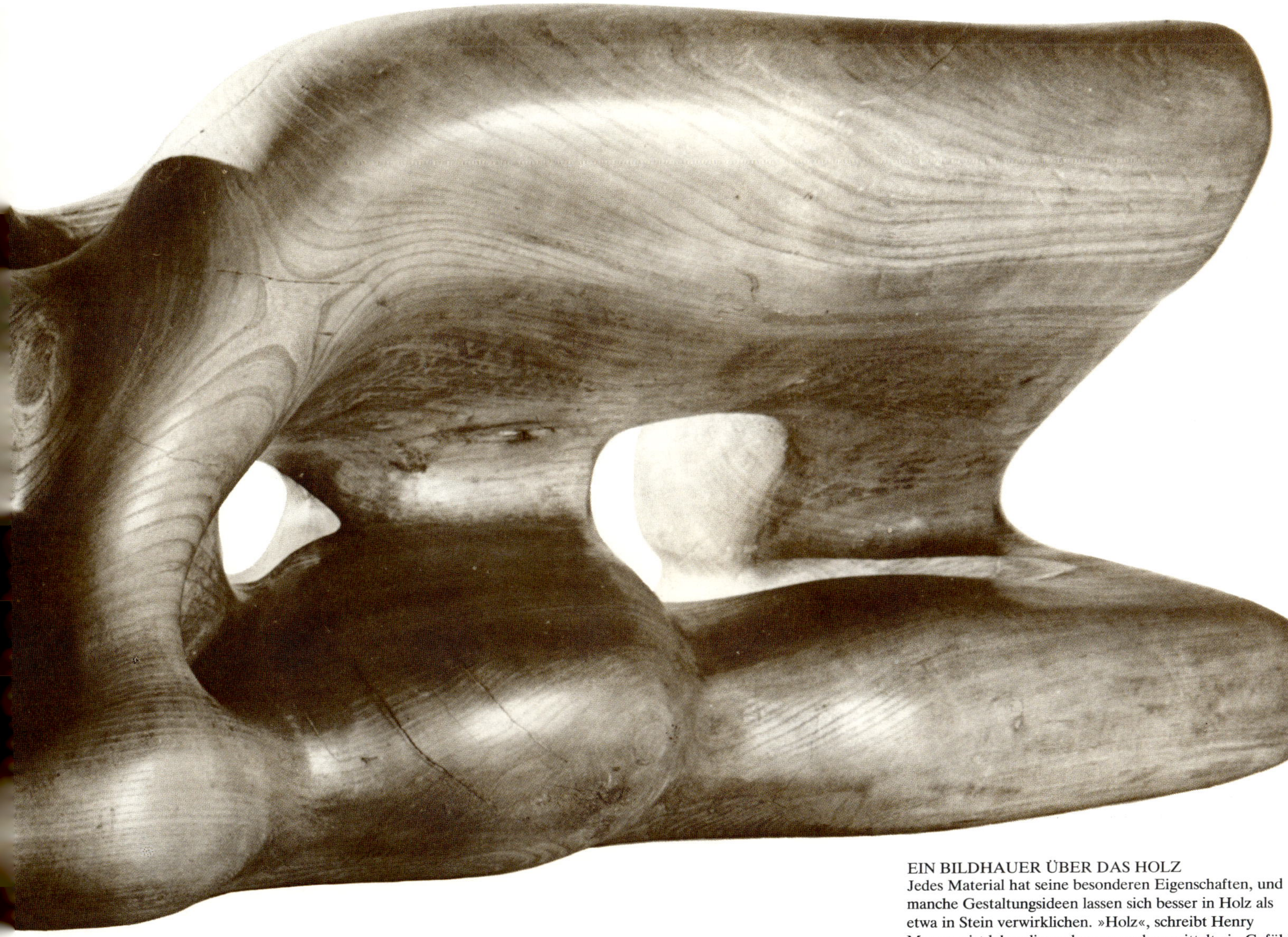

**EIN BILDHAUER ÜBER DAS HOLZ**
Jedes Material hat seine besonderen Eigenschaften, und manche Gestaltungsideen lassen sich besser in Holz als etwa in Stein verwirklichen. »Holz«, schreibt Henry Moore, »ist lebendig und warm und vermittelt ein Gefühl des Wachsens. Holzformen lassen sich soviel leichter er-öffnen als Steinformen. Es war ganz natürlich, daß die Idee, die plastische Masse einer liegenden Figur zu durch-brechen, zuerst in Holz verwirklicht wurde.«

# Amerikanische Volkskunst

Die Volkskunst der Vereinigten Staaten ist zwar nur ein Nebenprodukt des bunten Rassengemischs, aus dem die geschäftigen Amerikaner von heute hervorgegangen sind, doch hält sie Erinnerungen an die beschaulichen Kleinstädte und Gehöfte des 18. und 19. Jahrhunderts wach. Es ist dies eine Welt der bemalten Gipsfiguren und Muschelschnitzereien, der schlichten Möbel, Stoffe und Bilder, vor allem aber der Holzschnitzereien.

Viele dieser Holzarbeiten verraten deutlich das Heimatland dessen, der sie schuf, beispielsweise die geschnitzten Vögel des deutschen Einwanderers Wilhelm Schimmel. Andere wiederum sind ganz eigenständige Arbeiten, etwa die von einem Holzfäller in einem entlegenen Camp geschnitzten Modelle angreifender Indianer. Sein Auge und seine instinktive Fähigkeit allein schufen diese plumpen, aber rührenden Figuren. Solche Schnitzereien waren meist Freizeitarbeiten eines Handwerkers oder Bauern, doch gab es auch Wanderschnitzer, die für eine warme Mahlzeit mit einem Taschenmesser und einer Spiegelscherbe ein Kiefern- oder Zedernbett in ein hübsches Ornament für den Kaminsims verwandelten.

Beiderseits des Atlantiks war es schon lange üblich, vor bestimmten Läden hölzerne Werbefiguren aufzustellen, aber die Zigarrenladen-Skulptur, deren Blütezeit in den Jahren 1850–1885 lag, ist etwas für Amerika Typisches. Damals waren viele Schiffsschnitzer arbeitslos, und ein Heer Tabak anbietender Indianer entstand mit Axt und Beitel aus Hölzern der Werften. Abgelöst wurde dieses volkstümliche Kunsthandwerk von Serienfiguren, die man nach Papiervorlagen herstellte.

Zeder und Weymouthkiefer waren die beliebtesten Schnitzhölzer. Da sie weich und sehr gut zu bearbeiten sind, konnten im volkstümlichen und akademischen Stil ausgebildete Holzschnitzer daraus phantastisch lebensechte oder gekonnt karikierte Karussell- und Zirkustiere gestalten. Andererseits erreichten professionelle und Amateurhersteller von Lockvögeln mit diesen Hölzern eine hervorragend naturalistische Schlichtheit. Der eigentliche Reiz der amerikanischen Volksschnitzkunst aber liegt in der unterschiedlichen und individuellen Art und Weise, in der ungeübte Hände ihr Ringen um Form bewältigten.

**WIRTSHAUSSCHILD**
*Der Wirt Beemer war Freimaurer, und jeder sollte dies wissen – zweifellos wirkte es sich gut auf seinen Umsatz aus. Das bemalte Oval ist wie ein Spiegel zwischen den beiden gedrechselten Pfosten aufgehängt. Das Schild ist sorgfältig wie ein Möbelstück geschreinert.*

## SCHIMMEL-ADLER
*Von 1860–1890 wanderte der deutsche Holzschnitzer Wilhelm Schimmel durch Pennsylvania und schnitzte für die Landbevölkerung Spielzeug und Kamingesimse von starker Ausdruckskraft. Seine Tiere arbeitete er aus rohen Kiefern-Klötzen.*

## HOLZSCHNITZEN ALS HOBBY
Heute ist die Holzschnitzerei eine beliebte Freizeitbeschäftigung, der nichts mehr vom Ruf der einst vor ihrer Haustür werkelnden Müßiggänger anhaftet. Zum Schnitzen braucht man weiter nichts als ein scharfes Messer, Phantasie und eine gute Portion Geduld. Man muß mit dem Holz arbeiten, kann ihm nicht seinen Willen aufzwingen – aber die Gestaltungsmöglichkeiten sind unbegrenzt: von Spielsachen, Figuren, Puzzlespielen und Modellen bis hin zum Schiff in der Flasche.

## BUGFIGUR
*Die schlichte Anmut und Würde dieser um 1847 in Brooklyn geschnitzten, 2,40 m hohen Bugfigur veranschaulicht die Kunstfertigkeit der amerikanischen Schiffsschnitzer, die in den meisten Hafenstädten der Ostküste wirkten.*

## ZIGARREN-INDIANER
*Dieser an seinem Kopfschmuck als Häuptling zu erkennende, 1,80 m große Indianer trägt Zigarren und eine Tabakpflanze. Im 19. Jahrhundert waren solche Figuren vor amerikanischen Tabakläden allgemein üblich; diese ist als beidseitiges Relief aus einem dünnen Kiefern-Brett herausgearbeitet.*

## LOCKENTEN
*Die Herstellung von Lockvögeln für die Jagd ist eine indianische Kunst. Die untere der abgebildeten Enten entstand 1950 in Connecticut. Beide sind von Hand nach einer alten Vorlage mit einem Ziehmesser aus gutabgelagerten Kiefernklötzen gearbeitet.*

## KETTEN, KÄFIGE, KINETISCHE OBJEKTE
Das Schnitzen einer Kette erfordert ein sorgfältiges Aufzeichnen der Grund- und Aufrisse; am schwierigsten ist es, zum Schluß die geschnitzten Glieder voneinander zu trennen. Fortgeschrittene Schnitzer können sich an Kugelkäfige, Figuren und reine Phantasiegebilde wie abstrakte kinetische Objekte heranwagen.

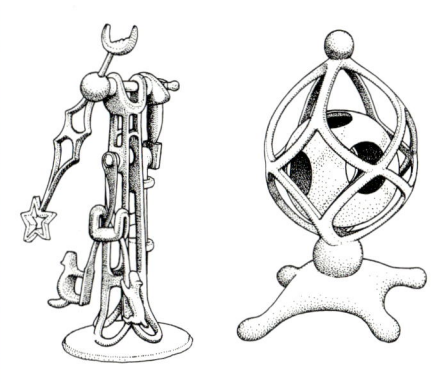

## SOLDATEN-WINDRAD
*Windräder hat man als »Sonntagsspielzeug«, als funktionelle Wetterfahnen und als Vorläufer unserer kinetischen Plastiken gebaut. Kopf und Körper dieses Soldaten sind aus einem Stück Holz geschnitzt, seine Arme an einem durch die Schultern geführten Stab befestigt.*

## WETTERFAHNE
*Wetterfahnen wie diesen Trompeter brachte man früher auf den Dächern von Häusern, Scheunen und Geschäften überall im ländlichen Amerika an. Die Figur hat die typische Form eines im Flachrelief beschnitzten und zum Schutz vor der Witterung bemalten dünnen Bretts.*

# Die Kunst des Holzschnitts

Seit mindestens zweitausend Jahren schon wird Holz als Material für Druckstöcke verwendet. Die Technik, Stoffe mit Holzmodeln zu bedrucken, wurde bereits im Altertum im großen Umfang in China, Indien und im Orient angewandt. Von dort kam sie im Frühmittelalter nach dem Westen, wo sie im 18. Jahrhundert ihre höchste Vollendung erreichte. Für die Maschinenfabrikation im 19. Jahrhundert wurden die Muster in Walzen eingraviert, aber für den Hand- oder Modeldruck verwendete man Druckformen aus mehreren verleimten Holzlagen – meist Obstbaumhölzer (überwiegend Birnbaum) und Platane oder Bergahorn.

Mit der Ausbreitung der Papierherstellung im 14. Jahrhundert nahmen sich die Holzschneider dieses neuen Materials an. Für Holzstücke zum Bedrucken von Papier wählten sie meist Obstbaumhölzer oder Birke und hoben aus Längsschnittflächen alles heraus, was nicht drucken sollte. Zu Beginn des 15. Jahrhunderts waren Holzschnitt-Illustrationen als sogenannte Einblattdrucke oder einseitig bedruckte Einzelblätter weit verbreitet, anfangs meist in Form von Andachtsbildern, Kalenderblättern und Bilderbogen. Häufig schnitt man auch Texte in den Holzstock ein, und diese Drucke wurden meist von Hand koloriert.

In der zweiten Hälfte des 15. Jahrhunderts sollte der Holzschnitt – zunächst in Deutschland, den Niederlanden und Österreich – zum ausschließlichen Illustrationsmittel der neuen Buchdruckerkunst werden. Große Künstler, vor allem Dürer, Holbein und Cranach, brachten den Holzschnitt zur höchsten Vollendung, während das volkstümlichste Produkt dieser Technik Spielkarten waren.

Im 17. und 18. Jahrhundert verdrängte dann der Kupferstich den Originalholzschnitt weitgehend, bis Holzschneider Ende des 18. Jahrhunderts dazu übergingen, in Hirnholz zu schneiden und Th. Bewick den Ton- oder Holzstich erfand, der in der Feinheit seiner Linienführung und Abstufungen dem Metallstich ebenbürtig war. Dieses Verfahren erforderte ein hartes Material mit Eigenschaften, wie sie vor allem Buchsbaum aufweist. Die neue Technik ermöglichte realistische und malerische plastische Darstellungen, und Buchsbaum war wegen seiner Elastizität für die meisten Schnellpressen hervorragend geeignet.

Im 19. Jahrhundert wurde der Holzstich überwiegend zur Massenherstellung von Buch- und Zeitschriften-Illustrationen verwendet. Neue künstlerische Impulse gaben dem Holzschnitt nach Gauguin und Munch in unserem Jahrhundert vor allem Masereel, Barlach, Marc, Marcks und HAP Grieshaber.

**ALTER HOLZSCHNITT**
*Die ersten Holzschnitte stellten religiöse Themen dar, und diese symbolische Darstellung der fünf Wunden und der Passionswerkzeuge verdeutlicht die einfache, lineare Technik der Holzschneider des 15. Jahrhunderts, deren Arbeiten an Glasmalerei erinnern. Viele Drucke wurden damals für Pilger hergestellt.*

**HOLZSTICH**
*Die durch die Verwendung quergeschnittenen, feinfaserigen Holzes ermöglichte Detailwiedergabe wurde im 18. Jahrhundert von Th. Bewick perfektioniert. Mit einem Buchsbaum-Stock konnte man bis zu 900000 Exemplare drucken, bevor es eines neuen Druckstockes bedurfte.*

MEISTER DES HOLZ-
SCHNITTS
*Sehr beliebt waren Holz-*
*schnitt-Illustrationen im*
*15. und 16. Jahrhundert*
*in Deutschland, wo sich*
*auch Dürer, Holbein und*
*Cranach dieser Technik be-*
*dienten. Links unten Dürers*
*Druckstock der 1511 ent-*
*standenen Graphik unten*

*rechts. Die Feinheit der*
*Strichlagen und das Erzäh-*
*lerische der Dürer-Holz-*
*schnitte ist nie wieder erreicht*
*worden. Dürer klebte die*
*Zeichnung auf die Platte*
*oder zeichnete unmittelbar*
*auf sie. Dann wurde alles,*
*was nicht drucken sollte,*
*ausgehoben, so daß ein spie-*
*gelbildliches Relief entstand.*

## MATERIAL UND WERKZEUG

Frühe Holzschnitte wurden, in Europa wie in Japan, mit Messern, Rund-, Flach- und Hohleisen (unten links) in Platten aus Hölzern wie Birn- und Kirschbaum, Buche oder Bergahorn eingeschnitten. Die in Europa bis zum 18. Jahrhundert verwendeten Längsschnittflächen ermöglichten nur eine begrenzte Detailwiedergabe.

Spätere Holzstecher dagegen bearbeiteten querge- schnittenes Holz, meist Buchsbaum, mit Sticheln (unten rechts). Seine kompakten, festen Fasern erlaubten eine feinere Linienführung und auch Tonabstufungen, also plastische Darstellungen.

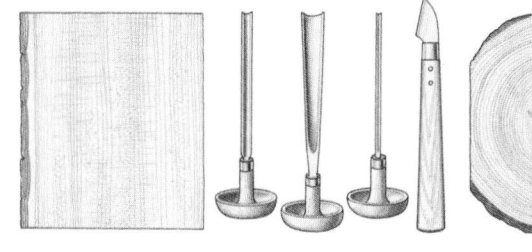

JAPANISCHE HOLZ-
SCHNITTE
*Seit dem 9. Jahrhundert*
*n. Chr. war der Holzschnitt*
*die Drucktechnik Japans.*
*Aber erst das im 19. Jahr-*
*hundert erwachende Inter-*
*esse Europas an Künstlern*
*wie Utamaro (links) führte*
*zu seiner Anerkennung als*
*eigenständige Kunst im Westen.*

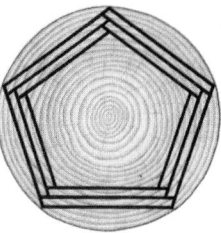

KIRSCHBAUM-
HOLZSTÖCKE
*Japanische Holzstöcke*
*wurden früher allgemein*
*aus yamasakura-Holz,*
*einer Wildkirschenart, ge-*
*schnitten. Bei Farbdrucken*
*wählte man für die Schwarz-*
*platte das harte Kernholz*
*und für die Farbplatten das*
*weichere Splintholz.*

# Haus- und Zierat

ZEICHEN DER LIEBE
*In vielen Teilen Europas waren geschnitzte Holzgegenstände früher das übliche Geschenk, mit dem ein Bauernbursche seine Liebeserklärung ausdrückte. Der Löffel versinnbildlichte die Vitalfunktion »Ernährung«, und Löffelgaben sind ja heute noch zur*

*Taufe und Hochzeit üblich. Bei den alten Liebeslöffeln bedeuteten Herzen »Liebe«, Räder »ich werde für dich arbeiten« und Brillen »ich möchte dich sehen«. Geschnitzte Ketten und Kugelkäfige sollten besagen, daß sich der Mann als Gefangener der Liebe fühlte.*

Löffel aus Holz waren in Ägypten schon in der Steinzeit gebräuchlich, und in Deutschland hielt die Landbevölkerung bis ins 19. Jahrhundert am holzgeschnitzten Löffel fest, den viele ständig mit sich herumtrugen. Hölzerne Platten, Schüsseln, Kochlöffel und Salatbestecke findet man heute noch in fast jedem Haushalt. Früher wurde solcher Hausrat unmittelbar vom Baum gearbeitet. Die großen Stammabschnitte lieferten Bohlen für die einfachen Möbel, während man die anderen Stammteile zu Gefäßen und Werkzeugen verarbeitete. Aus den kleineren Astabschnitten entstanden Trinkbecher und Schöpfkellen, und aus den kleinsten Teilen schnitzte man Löffel. Gern wählte man dafür harte Hölzer wie Eiche, Ahorn oder Bergahorn, und vom 17. Jahrhundert an war das aus Westindien importierte schwere Pockholz wegen seiner angeblichen medizinischen Qualitäten sehr beliebt. Weitere traditionelle Hausrat-Hölzer: Buche, Birke, Nußbaum und Goldregen, Stechpalme, Eibe, Buchsbaum und viele Obstbaumhölzer.

Mit der Erfindung der Wippdrehbank im Mittelalter wurden diese Artikel zu einer bedeutenden Einnahmequelle des Drechslerhandwerks, doch stellten auch Holzschnitzer weiterhin ein großes Sortiment von Haus- und Bauerngeräten her, beispielsweise die kunstvoll durchgearbeiteten Motive der Modeln für Gebildbrote und Gebäck oder der Butter- und Käseformen.

Küchengeräte wie Stampfer und Tröge, Rahmkellen, Wäschehölzer und Bügelbretter wurden von Handwerkern und von Laien gefertigt; aber es waren Amateure, die einen großen Teil des heute bei Sammlern begehrten alten hölzernen Hausrats schufen. In seinen freien Stunden schnitzte mancher Bauer oder Knecht Wäscheklammern, Käsestecher oder schlichte Nußknacker für seinen Haushalt, Pfeifenstopfer für sich selbst und einfache Spielsachen für seine Kinder. Und Matrosen auf großer Fahrt, Kriegsgefangene und Liebhaber in großer Zahl haben ihre Gefühle in sorgfältig gearbeiteten Schnitzereien ausgedrückt.

Nur handgearbeitete Stücke aus der Zeit vor 1830, als sich die Maschinenfabrikation durchzusetzen begann, gelten gemeinhin als wertvolle Sammlerstücke. Doch auch aus der Zeit danach findet man schönen hölzernen Haus- und Zierat wie Pfeifenstopfer, Klöppelspulen und die zu allen Zeiten entstandenen Zeichen der Liebe.

**TRINKBECHER**
*Die Böttcher stellten außer Fässern auch viele wasserdichte Kleingefäße wie Eimer, Bottiche und Schüsseln her. Dieser Becher mit zwei Henkeln besteht aus hellen und dunklen Dauben, die mit Weidenrutenstreifen wasserdicht zusammengebunden sind.*

**KINDERNAPF**
*Die »Schüsselseite« dieses sehr alten Napfes aus einem einseitig ausgehöhlten Eichenastabschnitt war für warme Speisen bestimmt. Anschließend wurde sie mit Brot gereinigt und die Unterseite des umgedrehten Napfes als Teller für Brot und Käse benutzt. Das zähe Holz ist fast unzerbrechlich.*

**WÄSCHEHOLZ**
*Mit diesem Wäscheholz aus Eiche schlug man vor der Zeit der Wringmaschine das Wasser aus Leib- und Bettwäsche. Halb auf ihm liegen eine Obstbaumholz-Kelle (18. Jahrhundert), eine aus Buchsbaum geschnitzte Zuckerkelle und ein Kinderlöffel aus Nußbaum (17. Jahrhundert).*

**GEMÜSESCHNEIDER**
*Bei dieser Küchenmaschine aus dem 18. Jahrhundert ist das Hackmesser an einem Ende schwenkbar angebracht. Das rohe Gemüse wurde auf dem erhöhten Block neben dem Handgriff geschnitten. War der Auffangbehälter voll, konnte man das Gemüse in den Topf geben, ohne etwas zu verschütten.*

BLANKSCHEITE
*Diese lästigen Stangen – ihr Name stammt vom französischen* planchette, *»Brettchen« – trugen Frauen vom 16. bis ins 18. Jahrhundert als vordere Versteifung ihrer Mieder. Sie konnten über 35 cm lang, dreieckig und keil-* *förmig sein und waren aus Holz oder Fischbein gearbeitet. Sie dürften recht unbequem gewesen sein, waren aber als nahe dem Herzen getragene Liebessymbole beliebt. Man verzierte sie mit Kerbschnitt-Mustern oder schnitt Gedichte und Liebesgeständnisse in sie ein.*

GESCHICKTE LIEBHABER
*Das mit diesen Gaben ausgedrückte Liebesgeständnis wurde durch meisterhafte Schnitzkunst noch unterstrichen. Aus Holzklötzen arbeiteten schnitzende Liebhaber komplizierte Ketten, frei bewegliche Kugeln in feingliedrigen Käfigen oder einen Satz Löffel an einem Ring.*

SCHNUPFTABAKDOSEN
*Schnupftabakdosen in Schuhform waren früher beliebte Hochzeitsgeschenke. Ihre Form deutet oft auf ihre Entstehungszeit hin – die mit breitem Vorderblatt stammen aus dem frühen 19. Jahrhundert. Der kleinere Schuh ist aus Goldregen gearbeitet, des-* *sen heller Splintholzstreifen hier geschickt für Sohle und Absatz genutzt ist. Die Dose ganz rechts ist aus einem massiven Stück Nußbaum gearbeitet und hat einen Deckel mit Scharnier. Die seltene Blasebalgform mit Schiebedeckel ist aus einem Klotz Kirschbaum geschnitzt.*

# Holz in Aktion

Je höhere Anforderungen der Sportler an sich, seine Geschicklichkeit und seine körperliche Leistungsfähigkeit stellt, desto größer werden auch seine Ansprüche an die Ausrüstung. Früher einmal hat man vielleicht Sportgeräte aus Holz hergestellt, weil dieses Material am leichtesten verfügbar war – heute können Sportler über ein ganzes Arsenal moderner Technologien gebieten.

Dennoch ist es erstaunlich schwierig, unter den Zehntausenden von Holzarten unserer Erde mehr als ein paar wenige mit der richtigen Kombination von Eigenschaften zu finden, und auch über die Ergebnisse des empirisch-praktischen Ausprobierens auf dem Sportplatz ist man bislang kaum hinausgelangt. Esche und Hickory sind nach wie vor die im Sport meistverwendeten Hölzer; mit ihrem Eigenschaftenspektrum zeigen sie sich nicht nur anderen Hölzern, sondern auch synthetischen Werkstoffen überlegen. Diese Hölzer hat man ursprünglich gewählt und verwendet sie weiterhin, weil sie wiederholten Schlagbeanspruchungen standhalten, ohne zu brechen, und Aufprallstöße dämpfen, ohne sie in den Arm weiterzuleiten. Sie sind schwer genug, einem Schlag Kraft zu verleihen, aber wiederum nicht so schwer, als daß sie ermüdend oder unhandlich wären.

Bei den einzelnen Sportarten kommt es auf unterschiedliche Kriterien an: Die Köpfe der Golf-Woods müssen sehr hart und verschleißfest sein und dürfen nicht reißen oder splittern; Angelruten müssen zugleich leicht, kräftig und elastisch, Billardqueues dagegen geradfaserig und formstabil sein. Für die meisten Sportdisziplinen sind aber gleichwohl Esche und Hickory deshalb die besten Hölzer, weil sie sich wegen ihrer Zähigkeit stark biegen lassen, ohne nennenswert an Festigkeit zu verlieren.

Für Handgriffe und Schäfte nutzt man häufig die Festigkeit und Federkraft von Rohr, doch wird dessen stoßdämpfende Wirkung durch Zwischenlagen aus Kautschuk verstärkt. In anderen Fällen ist Holz völlig verdrängt worden: Glasfaser-Sprungstäbe sind so fest und elastisch, daß Holz nicht mit ihnen konkurrieren kann, auch nicht das bei Skiern, Schützenbogen und Tennisschlägern so bewährte Mehrlagenholz. Zwar können die traditionellen Hölzer im Ringen um sportliche Leistungsverbesserungen nur dann bestehen, wenn sie sich modernen Austauschmaterialien gegenüber als ebenbürtig oder überlegen erweisen, doch nehmen viele von ihnen einen so zentralen Platz in ihren Sportarten ein, daß man sich einen Ersatzwerkstoff für sie schwerlich vorstellen kann.

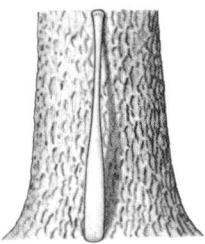

### BASEBALL
*Gute Schlagkeulen für das dem deutschen Schlagball verwandte nordamerikanische Nationalspiel Baseball stellt man aus Esche her, und zwar aus Schaftholz bester Qualität. Da das Gewicht des Schlagholzes nicht vorgeschrieben ist, können zwar auch andere Holzarten oder Schichthölzer verwendet werden, doch bleibt Esche unübertroffen. Beim Zurückschlagen schwingt der Spieler die beidhändig gefaßte Keule im weiten Bogen – so daß ihre Masse und kinetische Energie dem kleinen Ball eine enorme Geschwindigkeit verleihen.*

### KEGELKUGELN
*Mit rollenden Gegenständen ein Ziel zu treffen machte der Menschheit schon vor Jahrtausenden Spaß. In einem ägyptischen Grab aus 5200 v. Chr. fand man Teile eines Kegelspiels, die den heute verwendeten ähneln. Die erste Kegelbahn nach heutigen Vorstellungen wurde 1874 in Wien gebaut. Früher stellte man die Kegel aus Weißbuche, Birnbaum oder Elzbeere, die Kugeln fast nur aus Pockholz, später aus Quebracho her. Knappheit und Kosten dieser Hölzer haben dazu geführt, daß man jetzt oft Schichtholz oder Kunststoff verwendet.*

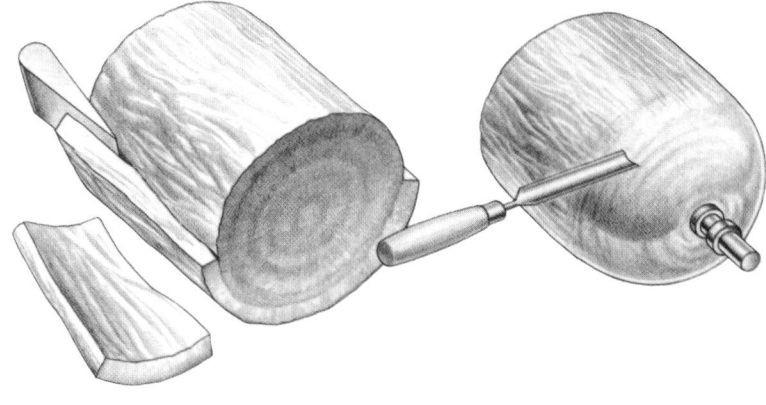

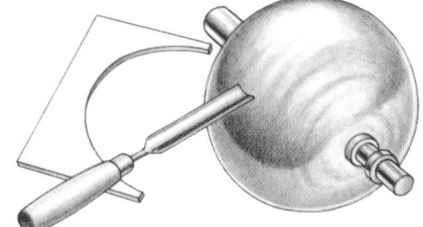

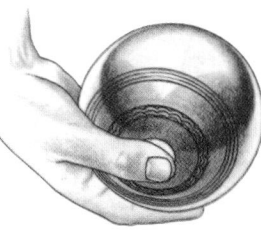

### KUGELDRECHSELN
*Pockholz wird wegen seiner Geradfaserigkeit bevorzugt und stets so verarbeitet, daß der Kern die waagerechte Achse der Kugel bildet. Bei einem Faserverlauf parallel zur Achse besteht wenig Gefahr, daß das Arbeiten des Holzes Überhang oder Neigung der Kugel ver-* *ändert. Zunächst spaltet man von dem ausgewählten Stammabschnitt das Splintholz ab, firnißt das Kernholz und lagert es. Dann werden eventuell entstandene Risse ausgeflickt, das Holz vorgedreht und ihm anschließend mittels einer Schablone die gewünschte Form* *gegeben. Zuletzt entfernt man von den vorstehenden Enden und bohrt Vertiefungen, in die Elfenbeinstücke eingesetzt werden. Hölzerne Kegelkugeln müssen mit Polierpaste behandelt und kühl aufbewahrt werden, damit keine Risse entstehen.*

### KUGELN IM SPIEL
*Die Kegelkugel wird mehr auf die Bahn gesetzt als gerollt. Sie sauber und ohne Taumeln auf die Bahn zu bringen erfordert Geschicklichkeit. Für den Kegler zählt der dumpfe Klang der wegrollenden Kugel zu den schönsten Geräuschen.*

## DER KRICKET-SCHAFT

*Der Schaft des Kricket-Schlagholzes besteht aus 16 vierkantig gehobelten Stücken Sarawak-Rohr; je 4 davon sind zu Lagen verleimt, die durch Kautschuk-Zwischenlagen voneinander getrennt sind. Das untere Ende wird in das Schlagteil geschäftet, der*

*Handgriff mit Kordel umwickelt und mit einem Gummi-Überzug versehen.*

## KRICKET

*Kricket erfordert Kraft und Geschicklichkeit. Das Schlagblatt aus Weidenholz dämpft den Aufprall des bis zu 130 Stundenkilometer schnellen Balls, während die federnden Rohr-Streifen im Schaft die Hände des Spielers vor dem plötzlichen Stoß schützen.*

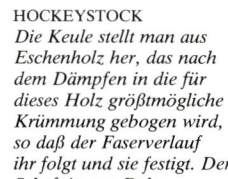

## HOCKEYSTOCK

*Die Keule stellt man aus Eschenholz her, das nach dem Dämpfen in die für dieses Holz größtmögliche Krümmung gebogen wird, so daß der Faserverlauf ihr folgt und sie festigt. Der Schaft ist aus Rohr.*

## LACROSSE-SCHLÄGER

*Lacrosse, schon im 14. Jahrhundert in Frankreich, heute vor allem in Nordamerika betrieben, wird mit einem etwa 80 cm langen Holzstab gespielt, an dessen gekrümmtem und verbreitertem Ende sich ein Netz mit abgerundeten Ecken befindet. In Amerika wird dieser Schläger seit jeher aus Hickory hergestellt.*

## GOLF-WOOD

*Persimmon ist das traditionelle, heute aber rare Holz für den Schlägerkopf. Eine gute Alternative ist Ahorn-Schichtholz. Die Schäfte bestanden früher aus Hickory und werden heute aus Stahl oder Aluminium gefertigt.*

## POLOSCHLÄGER

*Weil beim Poloschläger das Gewicht besonders kritisch ist, wählt man für seinen 20 cm langen Kopf meist Bambus-Wurzel – alternativ Ahorn oder Esche –, für den 1,10 m langen Schaft allgemein Rohr.*

## DAS SCHLAGBLATT

*Aus dem raschgewachsenen Schlagblatt-Weidenholz spaltet man zunächst Keile, die grob bearbeitet und abgelagert werden. Dann schneidet und hobelt der Handwerker das Blatt und wichtet es nach dem Gefühl aus. Zum Schluß werden Kanten und Stirnseite verdichtet.*

## TISCHTENNIS-SCHLÄGER

*Da der nur rund 2,5 g schwere Ball keine Schlagbeanspruchungen verursacht, kann das Blatt aus Sperrholz sein. Dessen kreuzweise verleimte Lagen verwerfen sich nicht so leicht wie Vollholz.*

## ANGELRUTE

*Früher stellte man Qualitätsangeln aus Greenheart mit einer Lancewood-Spitze her; heute wählt man meist das leichtere Tonkin-Rohr, Metallegierungen oder Hohlglas.*

## DER TENNISSCHLÄGER

*In der Frühzeit des Rasen-Tennis spielte man noch mit Schlägern aus massivem Eschenholz, die oft ein ganzes Pfund wogen. Die in den 1930er Jahren eingeführten Schichtholz-Schläger sind nicht nur wesentlich leichter, sondern auch billiger und verwindungsfreier.*

## SKIER

*Bis gegen Ende der 1930er Jahre fertigte man Skier nur aus Vollholz, überwiegend Esche. Heute baut man neben Ganzmetall-Skiern formverleimte Vielschichten- oder kombinierte Holz-Kunststoff- oder Holz-Metall-Skier. Die verwendeten Hölzer – vorzugsweise Hickory, aber auch Esche und Birke – müssen leicht, zäh und elastisch sein.*

## DER SCHLÄGERGRIFF

*Wo das Schichtholz vom Rahmen in den Schaft übergeht, wird das Oval mit einem verleimten Streifen Esche geschlossen. Der Keil dahinter ist meist aus Bergahorn, Walnußbaum oder Mahagoni. Die Handgriffteile arbeitet man in der Regel aus Ahorn.*

## WAHL DES HOLZES

*Esche bleibt das wichtigste Material; für die übrigen Lagen sind Geschmack und Geldbeutel bestimmend. Wegen ihrer Festigkeit oder dekorativen Wirkung gewählte andere Hölzer dürfen die Handhabung des Schlägers jedoch nicht beeinträchtigen.*

## DER RAHMEN

*Optimal sind 7 oder 8 Lagen, von denen meist 4 aus Esche bestehen. Ergänzen kann man Esche mit Maroti, einem südamerikanischen Holz mit ähnlichen Eigenschaften, mit Buche zur Verstärkung der Löcher für die Saitenbespannung oder mit dekorativen Hölzern.*

# Pfeil und Bogen

**DER IDEALE STAMM**
*Der Querschnitt zeigt den Kern- und Splintholzbereich, der einen idealen Stabbogen abgibt. Ist der Bogen gespannt, wird das Splintholz auf Zug, das Kernholz auf Druck beansprucht. Der geschmeidige Splint verhindert dabei das »Explodieren« des Kerns.*

Von Steinen, Schleudern, Speeren und Pfeilen abgesehen, bedient sich die olympische Sportart des Bogenschießens der ältesten Fernwaffe der Menschheit für Jagd- und Kriegszwecke.

Ein Bogen läßt sich zwar aus jedem Holz und sogar aus Knochen oder Horn machen, aber das klassische Bogenmaterial ist das stahlartig federnde Eibenholz: Sein heller Splint und dunkler Kern entfesseln bis zu 100 Pfund Stoßkraft, wenn der Bogen gezogen und der Pfeil gelöst wird.

Im Altertum dienten Bogenschützen und Schleuderer nur als Hilfstruppen der Reiter- und Fußsoldaten, von denen Sieg oder Niederlage abhing. Karl der Große schrieb den Bogen zwar als Ausrüstung für berittene und Fußtruppen vor, doch trat er hinter Lanze und Schwert zurück. Erst der etwa 40 kg schwere und rund 2 m lange, von den Normannen nach England gebrachte und dort weiterentwickelte Lang-Bogen entschied im späteren Mittelalter manche Schlacht, und englische Bogenschützen waren lange Zeit gesuchte Söldner – z. B. des Deutschen Ordens – auf dem Kontinent.

Die damals schon ausgereifte und für Rüstungen außerordentlich gefährliche Armbrust war keine schnelle Waffe; beim Drehen ihrer Kurbelwinde mußten die Hände des Schützen etwa 50 m zurücklegen, während für den Lang-Bogen ein guter halber Meter genügte. Für jeden Bolzenschuß mit der Armbrust konnte der Lang-Bogen acht Pfeile abschießen, und 7000 Bogenschützen waren imstande, innerhalb einer Minute einen tödlichen Hagel von 100 000 Pfeilen niederprasseln zu lassen.

Im 19. Jahrhundert kam in Europa der gestückte Bogen aus zwei in der Mitte verbundenen Armen auf. Der Grund dafür: Eibe ist oft krummschäftig und äußerst ästig und liefert selten einwandfreie Bogenstäbe. Schon im Mittelalter war gutes Eibenholz ein kostbares Gut, und europäische Herrscher trieben sehr viel diplomatischen Aufwand, um sich ihre Versorgung, meist aus Spanien, zu sichern.

Unser 20. Jahrhundert stellt Bogen aus Stahl, Laminaten und Glasfaser her. Traditionsbewußte Bogenschützen legen jedoch auf eines besonderen Wert: daß nämlich der Bogen, wenn er entspannt ist, wieder in seine gerade Form zurückfedert. Und mit dieser einzigartigen Eigenschaft können nun einmal nur die Eibe und der amerikanische Heckenbaum Osage aufwarten.

**AUFSPALTEN DES STAMMES**
*Selbst in einem geradschäftigen Rundholzstück aus einem Eibenstamm können sich Äste, Faul- oder Drehwuchsstellen verbergen. Der Bogenmacher entdeckt sie erst nach dem Aufspalten. Mit Hammer und Keilen arbeitet er, wie in allen anderen Arbeitsstufen, nach dem Faserverlauf. Für einfache Stabbogen geeignete Rundhölzer sind selten, und die meisten Bogen werden aus zwei Armen gestückt oder aus Schichtholz hergestellt.*

**HOLZTROCKNUNG**
*Eibenholz für einen Bogen sollte mindestens fünf Jahre trocknen, ist jedoch als Scheit- oder Vierkantholz unbegrenzt lagerfähig. Die Hirnflächen, manchmal auch alle Flächen, werden versiegelt, um ein zu schnelles Trocknen und Reißen zu verhindern.*

Stabbogen: Eibe

**BOGENHÖLZER**
*Bogen hat man schon aus einer großen Zahl verschiedener Hölzer gebaut. Für die nur aus einer Holzart bestehenden einfachen oder gestückten Stabbogen sind Eibe und Osagedorn die besten Materialien, gefolgt von Lancewood und Degamé. Mit Schichtkonstruktionen aus diesen Hölzern sowie aus Esche verstärkt man auch andere Hölzer, von Kornelkirsche und Holzapfelbaum bis hin zu den Exoten Purpleheart und Schlangenholz. Aber diese Kompositbogen sind meist nicht so handlich wie Stabbogen.*

**VERJÜNGEN DES ARMS**
*Wegen der starken Beanspruchungen muß der Griff oder »Scheitel« des Bogenstabes einen größeren Querschnitt haben. Der Bogenmacher hebt vorsichtig so lange mit der Axt Späne in Faserrichtung ab, bis der Arm seine verjüngte Rohform hat.*

**DAS WICHTIGE SPLINTHOLZ**
*Mit Speichenhobel und Feile gibt der Bogenmacher dem Rohling seine konisch zugespitzte Form. Als Oberfläche beläßt er eine Schicht Splintholz und läßt die Äste stehen, weil ein Durchschneiden den Bogen sehr schwächen würde.*

Stabbogen:
Amerikanische Eibe

Stabbogen: Eibe

Kompositbogen:
Hickory und
Schlangenholz

Kompositbogen:
Hickory, Fustik und Eibe

Kompositbogen:
Hickory, Greenheart und Degame

Stabbogen:
Amerikanische
Eibe

## FÜGEN DER ARME
*Die beiden Arme werden mit einfacher Keilzinkung und häufig mit tierischen Leimen verbunden, damit sich die Verleimung mittels Dämpfen wieder lösen und ein beschädigter Arm austauschen läßt. Die Verbindungsstelle wird mit Leinen umwickelt und mit einer Pfeilauflage aus Perlmutt versehen.*

## JUSTIEREN
*Letzte und schwierigste Arbeitsstufe ist das Prüfen und Justieren des Bogens. Nach Anbringen der Sehne prüft der Bogenmacher das »Gewicht« des Bogens und die Gleichmäßigkeit seiner Durchbiegung, die sich durch Abheben von mehr Holz verbessern läßt. Ein Bogen muß im Bereich der Spitzen und des »Scheitels« steif sein und sich in den übrigen Abschnitten gleichmäßig krümmen. Der Bogenmacher ist allein auf sein Gefühl angewiesen, denn die Eigenheiten des Holzes lassen sich nicht exakt messen. Zuletzt bringt er die Nocken aus Horn an, an denen die Sehne befestigt wird.*

## DER BOGENPFEIL
*Als beste Holzarten für den Pfeil haben sich Bambus-Spaltholz, Zeder, Schneeball, Kiefer und Rohr bewährt. Der Vorschaft besteht häufig aus aufgeleimtem und rundgehobeltem Hartholz. Die Befiederung – aus Federn, Leder, Kunststoff – dient zur Stabilisierung der Flugbahn.*

## TRADITIONELLE STELLUNG
*In der »Jagdstellung« zielt der Schütze kniend mit an der Wange liegender Zughand. Das Spannen der Sehne und ruhige Lösen des Pfeils erfordert große Schulterkraft. Die traditionelle Quaste am Gürtel dient zum Säubern der Pfeile.*

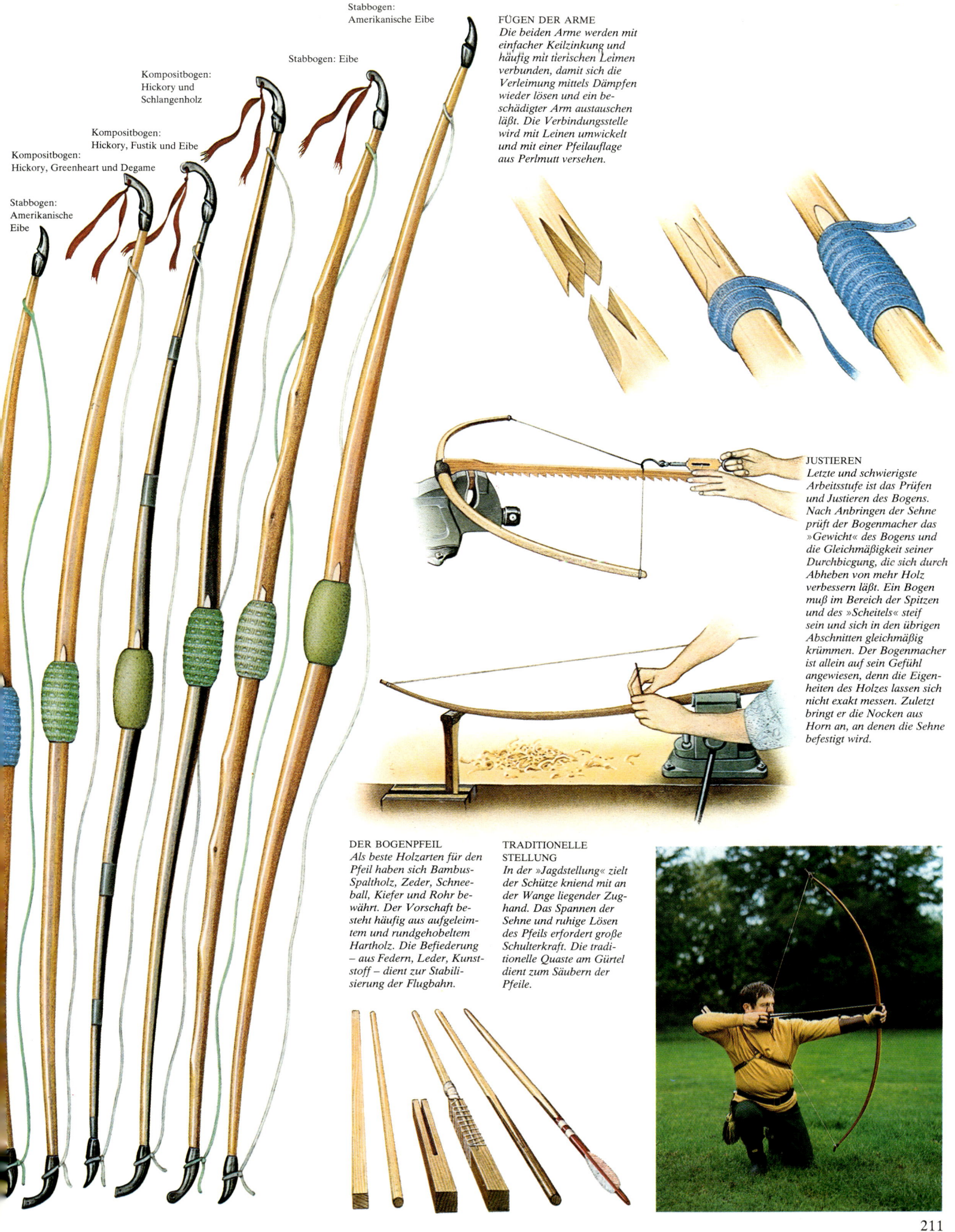

211

# Spielzeug und Puppen

Die ausgedehnten Mischwälder Mitteleuropas mit ihrem Laub- und Nadelholzreichtum und ihren schnellfließenden Bergbächen boten ideale Voraussetzungen dafür, daß sich hier einige der führenden Spielzeugzentren der Erde entwickeln konnten. Holzschnitzer, Tischler und Zimmerleute, die meist nur während der wärmeren Jahreszeit Arbeit fanden, verlegten sich im Winter aufs Spielzeugmachen – und verkauften ihre Erzeugnisse entweder selbst in der Umgebung oder an fahrende Jahrmarktshändler.

Kinderspielzeug läßt sich seit den frühesten Kulturen nachweisen, und seit ältester Zeit haben sich bestimmte Grundformen herausgebildet, die immer wieder variiert werden. Das grobgezimmerte Pferd auf Rädern, das ein römisches Kind geschenkt bekam, ist nicht so weit entfernt von dem bewußt stilisierten Modell, dem man heute das Prädikat »Gutes Spielzeug« verleiht. Und mit Hebeln betätigte einfache Holzmodelle der alten Ägypter begegnen uns fast unverändert im geschnitzten Jahrmarktsspielzeug Rußlands und Böhmens wieder.

Seit dem 14. Jahrhundert ist Nürnberg für seine Spielsachen berühmt; zu seinem Ruf verhalfen ihm nicht nur der Holzreichtum seiner Landschaft und die Wasserkraft der Pegnitz, sondern außerdem ein strenges Gewerberecht und Zunftwesen mit genauen Auflagen für jeden Handwerker. Anfang des 18. Jahrhunderts waren auch im Weichbild der Stadt ganze Familien in die Fabrikation von Burgen und Soldaten, Bauernhöfen und Tieren, Baukästen, Spielen und Puzzles einbezogen. Fichte und Lärche wählte man für billiges Spielzeug, Linde, Buche und Esche für Schnitzarbeiten und Buchsbaum für starkbeanspruchte Stücke und Teile.

Primitive Puppen dürften so alt wie die Menschheit sein, und schon 2000 v. Chr. stellte man in Ägypten Holzpuppen mit beweglichen Gliedern her. In Deutschland entstanden Puppen – die bis gegen 1850 nicht die heute übliche Babyform hatten, sondern meist weibliche Erwachsene darstellten – vor allem in Heimarbeit, im Erzgebirge und im Schwarzwald sowie in Oberbayern. Puppenmöbel und -stuben aus Nürnberg hatten im 16. und 17. Jahrhundert einen bedeutenden Markt, während sich kleinere Gemeinden in Thüringen, Böhmen und Rußland mehr auf Trachtenpuppen oder ineinandergeschachtelte Puppensätze spezialisierten.

Im 18. Jahrhundert hatten die Puppen meist einen aus einem Stück Holz gedrechselten kegelförmigen Körper, geschnitzte Arme und Beine und einen bemalten Kopf mit nur schwach herausgearbeiteten Gesichtszügen. Im 19. Jahrhundert ging man dazu über, die Köpfe zu verbessern, und stellte sie aus verschiedenen Materialien wie Papiermaché, Wachs und Porzellan her. Diese Puppen hatten jedoch weiterhin Körper aus Holz oder aus mit Sägemehl vollgestopftem Gewebe.

Aus Holz waren auch die vor Aufkommen der Modejournale im 17. und 18. Jahrhundert aus Paris an Fürstenhöfe verschickten Modepuppen, die ersten »Mannequins«. Die oft recht kunstvollen Vorgängerinnen der heute aus Kunststoff-Hohlguß gefertigten Schaufensterpuppen bestanden ebenfalls aus Holz und bildeten den Nebenerwerb der religiösen Holzschnitzer in Oberammergau und Berchtesgaden.

Eine der beliebtesten Unterhaltungen deutscher Stadt- und Landbewohner war schließlich vom 17. bis zum 19. Jahrhundert das Marionetten-Theater. Besonders viele Wanderbühnen gab es in den Landschaften, in denen auch die Puppen dafür geschnitzt wurden: in Süddeutschland und im Erzgebirge.

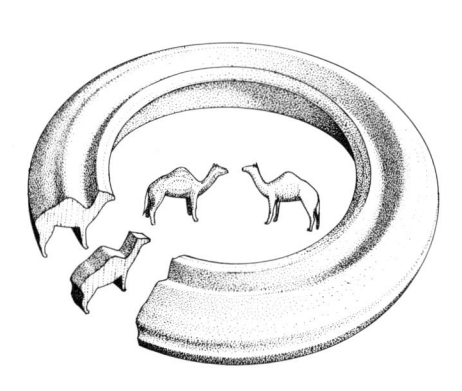

**TIERBILDRINGE**
In Sachsen, einem im 19. Jahrhundert führenden Zentrum der Spielwarenherstellung, entwickelte man den raffinierten Tierbildring: ein entsprechend dem Stammquerschnitt gedrehter Reifen aus Fichtenholz, dessen Umrisse Tierform hatten und aus dem die einzelnen Kamele, Pferde oder Vögel radial abgespalten wurden. Anschließend wurden Details wie Schwänze, Ohren oder Hörner von Hand geschnitzt und die Tiere naturgetreu bemalt.

**ÄGYPTISCHES PFERD**
*Das Pferd war schon immer ein beliebtes Kinderspielzeug – als Miniatur wie als Stecken- oder Schaukelpferd. Die Vollräder dieses 200 n. Chr. in Ägypten entstandenen Pferdchens sind wie bei den Streitwagen jener Zeit durch Vorstecker oder Lünsen gesichert.*

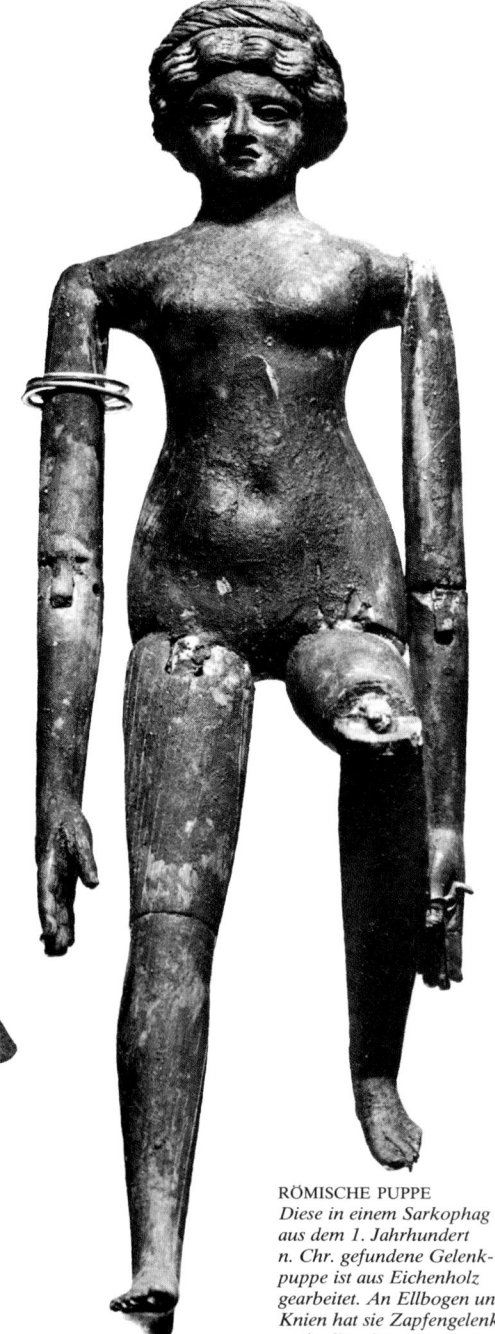

**RÖMISCHE PUPPE**
*Diese in einem Sarkophag aus dem 1. Jahrhundert n. Chr. gefundene Gelenkpuppe ist aus Eichenholz gearbeitet. An Ellbogen und Knien hat sie Zapfengelenke, und selbst ihre Finger sind beweglich.*

**MODELLBAUKÄSTEN**
*Schon vor über hundert Jahren schenkten Eltern gern Spielzeug zum Konstruieren, weil es Geschicklichkeit und logisches Denken schult. Die einzelnen Teile dieses deutschen Baukastens aus dem Jahre 1836 sind numeriert und lassen sich zu einer Vielzahl von Gebäude-Modellen zusammensetzen.*

**SCHÖNHUT-PUPPE**
*Viele Traditionen der europäischen Spielzeugmacher hielten Einwanderer in Amerika lebendig. Einer der bekanntesten war der deutsche Holzschnitzer Albert Schönhut, der um 1900 eine große Zahl von Lindenholz-Puppen mit Federgelenken schuf, deren Gesichter er durch Pressen unter Dampfdruck formte.*

**SCHAUKELPFERD**
*Das Schaukelpferd war lange eines der beliebtesten Kinderspielzeuge: vom 17. Jahrhundert, als es aus kaum mehr als zwei halbkreisförmigen, durch einen Holzsitz verbundenen Kiefernbrettern bestand, bis ins 19. Jahrhundert, als man sehr kunstvolle Stücke wie dieses Exemplar aus Weymouthkiefer mit Buchenholz-Beinen schnitzte.*

# Mythos, Kult und Zauber

Das furchteinflößende Gesicht dieser singalesischen
Kultmaske stellt einen von vielen
»Krankheitsdämonen« dar, die es in
genau festgelegten Exorzismus-Ritualen
zu beschwichtigen galt, wenn ein Erkrankter
geheilt werden sollte.

# Kultobjekte

Wir von allen nur erdenklichen Errungenschaften der Zivilisation geschützten Bewohner der westlichen Welt sind weitgehend davon abgekommen, irgend etwas mehr zu fürchten als unser eigenes Zerstörungspotential. Außerhalb unseres schützenden Kokons lebenden Menschen aber erscheint die Erde als ein gefährliches, ja sogar feindseliges Habitat. Da ihm das kräftige Gebiß und die scharfen Krallen anderer Tiere fehlen, versucht der Mensch seit je, mit Werkzeugen seine Umwelt zu beherrschen. Und weil Holz nahezu allgegenwärtig und leicht zu formen ist, bot es sich ihm als Material dafür geradezu an. Schlägt jemand mit einem Hammer, liegt es auf der Hand, warum er dies tut – andere »Werkzeuge« indes haben eine weniger eindeutige Funktion.

Die mechanische Manipulation der sichtbaren Welt ist eine der Methoden, mit denen Menschen Geschehnisse und ihre Umwelt unter ihre Kontrolle zu bringen versucht haben. Aber jene Gewalten, vor denen es sich zu schützen und die es für die eigenen Zwecke zu nutzen gilt, waren während des größten Teils der Menschheitsgeschichte und sind für die meisten Menschen bis heute ebensosehr mystische wie mechanische Kräfte. Nach dieser Weltanschauung regieren den Kosmos abstrakte und personale Mächte – die Stärke, das Gute, das Böse, die Fruchtbarkeit – und die Götter, Geister, Teufel und Dämonen, die sie repräsentieren. Diese spirituellen Wesen sind mehr oder weniger menschenähnlich, und wenn es gelingt, sie genau zu identifizieren und mit ihnen zu kommunizieren, besteht die Chance, sie dazu zu bewegen, ihren Einfluß zum Nutzen des Menschen und nach seinen Wünschen zu entfalten.

Mit dem Holz – als dem zu Instrumenten für diese Zwecke vorzugsweise verarbeiteten Material – hat sich deshalb eine große Vielfalt von Glaubensvorstellungen und eine eigene Mythologie verknüpft. So schreiben manche Stammesbräuche bestimmte Holzarten vor, so müssen Bäume nach strengen Regeln gefällt und Schnitzarbeiten nach uralten Mustern ausgeführt werden. Die Irokesen-Indianer Nordamerikas legen großen Wert darauf, ihre »Falschgesicht«-Masken aus dem innersten Kernholz, meist einer Esche, zu schnitzen; die Maori verwenden weiche Hölzer, die sich gut bearbeiten lassen, während die Bewohner der Marquesas-Inseln harte, dichte Holzarten wählen, damit ihre Schnitzarbeiten eine lange Lebensdauer haben.

Für den einzelnen Menschen erfüllen hölzerne Kultobjekte drei Hauptfunktionen, die sich vielleicht am besten in den Begriffen »Definition«, »Kommunikation« und »Schutz« zusammenfassen lassen. Da die Definition von Beziehungsgefügen und Rollen ein Bestandteil des Prozesses der Manipulation abstrakter Mächte ist, muß sich der einzelne Mensch zunächst einmal selbst definieren. Dazu

kann er sich eine Maske aufsetzen, mit der er Anspruch auf eine bestimmte Identität erhebt. Sie sagt aus, was er tut, welcher sozialen Gruppe er angehört, welche Aufgabe ihm in einem bestimmten Ritual zufällt oder wen bzw. was er repräsentiert. So kann er die Maske eines Vorfahren oder eines spezifischen geisthaften Wesens oder Gottes tragen, und indem er sie aufsetzt, übernimmt er auch vorübergehend die Persönlichkeit und Rolle dieses Wesens. Wie Masken im japanischen Nō-Theater die einzelnen Rollen definieren, so legen sie auch anderswo die Charaktere fest, die meist Bestandteile der kultischen Handlungssphäre sind. Diese Sphäre umfaßt abstrakte und unsichtbare Mächte; die zusätzlich mittels anderer Kultobjekte und Symbole wie Flöten und Trommeln, Altäre, Zauberstäbe, Opferfeuer, Schnitzfiguren und Bilder wahrnehmbar gemacht werden. Für alle diese Objekte findet Holz Verwendung; es sind Instrumente zur Kommunikation mit der Welt des Unsichtbaren.

Im Niger-Delta schnitzt der Ibo-Stamm kleine Holzfiguren als Fetische, über die er mit seinen Ah-

nen kommuniziert. Die Ibo behaupten, diese Figuren zitterten, wenn eine Bitte um Beistand erhört werde. Auch als Medium für Prophezeiungen fungiert Holz. So dienen das Ifa-Orakelbrett der westafrikanischen Yoruba-Gruppe und das Reibbrett-Orakel der weiter östlich lebenden Azande nicht nur zur Ermittlung von Fakten, sondern auch zur Anleitung zum künftigen Handeln.

Kommunikation dieser Art vermischt sich oft mit dem Wunsch nach Schutz oder Hilfe, der in hölzernen Amuletten unmittelbar zum Ausdruck kommt. Die Chinesen trugen früher kleine Pfirsichbaum-Talismane, um böse Geister abzuwehren, und den Hopi-Indianern galt versteinertes Holz als Glücksbringer, während die Irokesen Miniatur-Holzkanus mit sich herumtrugen, die sie vor dem Ertrinken bewahren sollten. Auch der bei uns bis heute lebendig gebliebene Brauch, zur Abwendung eines unerwünschten Schicksals Holz zu berühren oder dreimal zu beklopfen, rührt von den vielen Hölzern einst zugeschriebenen heiligen und magischen Eigenschaften her.

**HOLZAMULETTE**
*Mit magischen Kräften erfüllte persönliche Glücksbringer trugen einst die Dajak auf Borneo. Bei Krankheit oder Kummer trennte ein Medizinmann kleine Splitter von der Figur ab und bereitete aus ihnen eine Arznei für den Betroffenen.*

**ANTILOPEN-KOPFSCHMUCK**
*Diese geschnitzte Aufsatzmaske stellt den Geist dar, der einst den Bambara in Mali die Landwirtschaft brachte. Getragen wird sie von jungen Männern bei den Geheimbund-Ritualen vor dem Bestellen und Abernten der Felder.*

**ZWILLINGSFIGUREN**
*Bekommt ein Yoruba-Paar in Nigeria Zwillinge, wird ein Holzfigurenpaar geschnitzt. Stirbt einer der Zwillinge, füttert man seine Figur zu den gleichen Zeiten wie das überlebende Kind rituell weiter.*

**BABEMBE-MASKE**
*Solche aus einem Stück sehr leichten Holzes grobgeschnitzten, eulenähnlichen Masken stellen den Geist der Wälder dar und werden von Angehörigen des Bantustamms der Babembe in Zaire bei den »Kalunga«-Feiern getragen.*

**GELEDE-MASKE**
*Die zur Beschwichtigung der unter ihnen lebenden Hexen gedachten Masken der Gelede in den nigerianischen Yoruba-Königreichen stellen eine große Zahl verschiedener Wesen dar. Die Masken werden mit Harz, Öl und Holzkohle künstlich gealtert.*

**JAPANISCHE MASKE**
*Aus einem Stück Holz mit verwundenem Astansatz ist diese furchterweckende Maske geschnitzt – vermutlich für die possenhaften Kyogen-Szenen in den Pausen der feierlichen Nô-Spiele. Die Maserung des Holzes betont deutlich die groteske Nase.*

**IFA-ORAKELBRETT**
Überall auf der Erde trifft man auf den Glauben an magische Eigenschaften von Holzobjekten. Verwendung finden sie vor allem zur Wahrsagung, sei es als hölzernes Reiborakel eines Medizinmannes, als geworfene kleine Holzspäne oder als Haselstrauch-Gabelzweig eines europäischen Wünschelrutengängers. In Nigeria dienen runde Holztabletts mit erhöhtem Schnitzrand als Orakelbretter. Sie werden mit einer Schicht Sand oder Sägemehl bestimmter Holzarten bestreut, in die der Wahrsager verschiedene Symbole zeichnet. Dann schüttet er Palmnüsse, Kieselsteine oder Holzspäne auf das Brett und interpretiert deren Verteilungsmuster.

**KOPFSTÜTZE**
*Zum Schutz ihrer – wie bei diesen geschnitzten Figuren – kunstvollen, gewöhnlich für Festlichkeiten eigens gestalteten Haartrachten verwenden viele afrikanische Stämme kleine Kopfstützen aus Holz. Diese Stütze schnitzte ein Angehöriger des Luba-Stamms in Zaire.*

**HÖLZERNES KULTGEFÄSS**
*Die vermutlich bald nach der spanischen Eroberung entstandenen peruanischen Kerus sind bemalte und lackierte Holzbecher, die mit mythologischen oder kultischen Motiven dekoriert sind. Der Becher links stellt Szenen aus dem Vogelkult dar.*

**KÖNIGSSCHEMEL**
*Wie alle afrikanischen Schnitzereien ist auch dieser Aschanti-Königsschemel aus einem Stück Holz gearbeitet. Jeder dieser aus Osese-Holz geschnitzten Schemel wurde mit einem anderen Motiv verziert. Da man sie als Ruheplätze von Stammesvorfahren betrachtet, gelten sie als heilig.*

# Die Ahnenverehrung

PFOSTENGRAB
*Eine Art Totempfahl, enthält dieser einen Mörderwal darstellende geschnitzte Behälter auf der Wrangelinsel die Überreste eines Häuptlings der Tlingit-Indianer. Wenn der gefrorene Boden keine Beerdigung zuließ, wurden die Toten häufig auf Pfosten oder in Bäumen bestattet.*

HAIDA-TOTEMPFAHL
*Für die Indianer Nordwestamerikas lieferte der Riesenlebensbaum den Universalwerkstoff. Wegen ihrer Abmessungen eigneten sich seine Stämme auch sehr gut als Totempfähle, die – ähnlich einem Familienwappen – das Zusammengehörigkeitsgefühl eines Klans symbolisierten.*

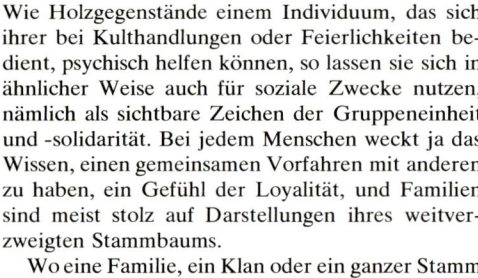

Wie Holzgegenstände einem Individuum, das sich ihrer bei Kulthandlungen oder Feierlichkeiten bedient, psychisch helfen können, so lassen sie sich in ähnlicher Weise auch für soziale Zwecke nutzen, nämlich als sichtbare Zeichen der Gruppeneinheit und -solidarität. Bei jedem Menschen weckt ja das Wissen, einen gemeinsamen Vorfahren mit anderen zu haben, ein Gefühl der Loyalität, und Familien sind meist stolz auf Darstellungen ihres weitverzweigten Stammbaums.

Wo eine Familie, ein Klan oder ein ganzer Stamm die Blutsverwandtschaft als Qualifikationskriterium für die Zugehörigkeit zur Gruppe betrachtet, stehen häufig Figuren des Urahnen, der die Gruppe einst »gründete«, im Mittelpunkt von Ritualen, die ihren Zusammenhalt dokumentieren und festigen.

Ahnenfiguren werden in vielen Völkern verehrt – vor allem in Westafrika, Melanesien und Indonesien. Diese Gesellschaften glauben, ihre Vorfahren lebten in einer anderen Welt weiter und stünden dort in Verbindung mit den die Welt regierenden Mächten – weshalb Ahnenkult häufig bis zu einem gewissen Grade zugleich Beschwichtigungspolitik ist. Wo es darauf ankommt, in physischem Kontakt mit den Ahnen zu bleiben, um sich ihren Beistand zu sichern, bewahrt man oft Teile ihres Körpers, meist Schädel und Haare, in kleinen hölzernen Särgen oder Schreinen auf. Diesen Brauch pflegen viele melanesische Stämme und die Fang in Gabun, die ihrer Vorfahren Schädel in runden Rindenbehältern aufbewahren und von einer geschnitzten Holzfigur bewachen lassen, die mit dem Schädel zugleich symbolisch die ganze Siedlung beschützt. Die Wirksamkeit des guten Ahnen-Einflusses wird durch regelmäßiges Reinigen und Einölen der Schädel wie der Holzfiguren erhalten.

Bei anderen Völkern müssen spirituelle Kräfte durch Kulthandlungen dazu bewogen werden, in eigens für sie geschnitzte Holzsymbole einzukehren. Andere Kultobjekte wiederum werden erst durch Schnitzen oder Bemalen aktiviert, etwa die Schwirrhölzer Ozeaniens oder die Götterstäbe der Maori, deren Muster gleichzeitig totemistische und religiöse Bedeutung haben. Alle Totemobjekte, wie die hohen Totempfähle der nordamerikanischen Haida-Indianer, symbolisieren und festigen zugleich die mystische Einheit der Gruppe.

GRABFIGUREN
*Von einer Galerie hoch oben auf einer Felsklippe im Bergland der indonesischen Insel Sulawesi (Celebes) blicken die lebensechten Grabfiguren der Toradja auf ihr Dorf hinunter. Sie bewachen ihre in den Fels hinter ihnen gehauenen Gräber. Realistisch aus Teak geschnitzt, tragen* *sie Kleidung und Schmuck der Verstorbenen, denn die Toradja glauben, das Weiterleben nach dem Tode sei eine Fortsetzung des irdischen Lebens, und deshalb müsse man den Toten ihre wichtigste Habe mitgeben.*

**MAORI-SCHNITZEREI**
*Dieser vor der europäischen Kolonisierung Neuseelands in der traditionellen Manier geschnitzte Türsturz stellt die »Klanmutter« dar. Ihre Augen sind aus Seeohr-Schalen gearbeitet.*

**AHNENWÄCHTER**
*Wie viele ahnenkulttreibende Stämme bewahren auch die Fang in Gabun die Gebeine oder Schädel ihrer Toten auf – in Kästen aus Baumrinde. Auf jedem Kasten steht eine geschnitzte Wächterfigur, die für ihren Teil selber einen Urahnen darstellt.*

**AHNENFIGUREN**
*Weil manche Stämme auf Neuguinea glauben, die Ahnengeister blieben in Bildnissen gegenwärtig, schnitzen sie solche Figuren. Diese Doppelskulptur wurde aus dem Sentani-See geborgen, in den Eingeborene sie auf Geheiß von Missionaren geworfen hatten.*

**HAUSPFEILER**
*Ein mit schlichten Schnitzereien verzierter Baumstamm dient als Mittelpfeiler eines vermutlich sehr alten Iatmul-Kulthauses auf Neuguinea. Zwar erfüllt er kaum statische Aufgaben, behütet aber als Schutzgeist die Besucher der Kultstätte.*

# Der Baumkult

Seit ältesten Zeiten haben Bäume eine zentrale Bedeutung im kultischen Bereich der Menschen, und immer hat es so etwas wie heilige Haine gegeben. Die ersten Tempel waren einfach Baumgruppen, die entweder tief im Wald versteckt oder weithin sichtbar an einem Berghang standen. Möglicherweise wurden manche vorgeschichtlichen Rundtempel in Anlehnung an diese gewachsenen Baumtempel gebaut, und vielleicht lassen sich sogar die hohen Säulen und Dachgewölbe späterer Kirchenbauten auf die natürlichen Formen dieser ihrer frühen Vorläufer zurückführen.

In der langen Geschichte der Religionen treffen wir immer wieder auf die Verehrung von Wäldern und Bäumen. Ihr heiliger Charakter beruht manchmal auf ihrer symbolischen Beziehung zu überirdischen Mächten oder Wesenheiten, zuweilen aber gilt die Verehrung den Bäumen unmittelbar.

So galten oder gelten Bäume als Heimstätten von Geisterwesen wie den Dryaden-Nymphen der Göttin Artemis oder von Dämonen wie den Nagas, jenen kultisch verehrten, Regen und Fruchtbarkeit gewährenden Schlangen Indiens. Und oft hat sich die Mythologie so fortentwickelt, daß Baum und Baumgeist nahezu nicht mehr voneinander zu trennen sind.

Überall auf der Erde haben Menschen bestimmte Bäume als Götter oder heilige Wesen verehrt. So war die Eiche in Germanien dem Donar geweiht, und wie Bonifatius 724 die Donar-Eiche bei Geismar fällte, so fielen damals noch viele andere heilige Eichen der Christianisierung zum Opfer. Im alten Libanon verehrten Christen, Hebräer und Moslems – jeweils aus anderen Gründen – die Zeder. Aus Akazienholz, das sie beim Auszug aus Ägypten mitgenommen hatten, bauten die Israeliten bei ihrer Wüstenwanderung ihr Zentralheiligtum, die Stiftshütte mit der Bundeslade. Die Buddhisten verehren den Boddhibaum, weil Buddha die Erleuchtung (boddhi) beim Meditieren unter einem solchen Baum kam, und den Hindus ist der Banyanbaum heilig, weil sie glauben, ihr Gott Brahma habe dessen Gestalt angenommen.

Auch bei uns in Europa haben sich Nachwirkungen alter Baumkulte der vorchristlichen Zeit bis heute erhalten, besonders im jahreszeitlichen Brauchtum, in dem z. B. Maibaum, Pfingstbaum und Weihnachtsbaum eine wichtige Rolle spielen. Ebenso wurzelt die Ausschmückung kirchlicher Prozessionen und weltlicher Feste mit Bäumen und Zweigen – man denke etwa an die Braut-, Richt-, Tanz- und Ernte-»Maien« – in altheidnischem Brauchtum. Bereits im alten Rom feierte man den

Frühlingsanfang mit einem Fruchtbarkeitskult, bei dem eine Attis (den Geliebten der Mutter- und Vegetationsgöttin Kybele) symbolisierende Kiefer zum Tempel der Göttin auf dem Paladin gebracht wurde.

Hat der Mensch viele Bäume und Hölzer unmittelbar oder als Domizil numinoser Mächte oder als Symbol steter Lebenserneuerung verehrt, so hat er andererseits im komplizierten Gefüge aus Aberglaube und Glaube, das ihn in seine Umwelt einbindet, aber auch zahllosen anderen Bäumen geheimnisvolle Kräfte zugeschrieben und mancherlei Legenden um sie gerankt.

**HEILIGE EICHEN**
*Die Eiche galt den meisten indogermanischen Völkern, aber auch den Japanern als heilig. Sie war der heilige Baum des germanischen Donnergottes Donar und gewährte jedem Schutz unter ihrem Kronendach. Wurde eine Eiche vom Blitz getroffen, bewahrte man Stückchen ihres zersplitterten Holzes als ge-* *fahrenabwehrende Amulette auf. Auch die auf Eichen schmarotzende Mistel spielt in der Mythologie der griechisch-römischen Antike wie im Aberglauben der nordischen Länder – »Hexenkraut« oder »Donnerbesen« – eine große Rolle als Arznei, Glücksbringer oder Zaubermittel gegen Blitz, Verhexung und anderes Unheil.*

## GEHÖLZE IM EUROPÄISCHEN VOLKSGLAUBEN

EBERESCHE oder Vogelbeere schützt Menschen und Haustiere vor von Hexen zugefügtem Schadenzauber wie Tötung der Leibesfrucht, Krankheiten, Milchverhexen, Hagelschlag usw. Die Mehl-Vogelbeere war eine heilige Baumart der Germanen und trägt auf Dürers »Adam und Eva« die Paradiesfrucht.

ESCHE wird seit der Antike als Heilmittel geschätzt. So soll das Holz Warzen vertreiben und bei einem Kind Rachitis oder Brüche heilen, wenn man es durch einen gespaltenen und an beiden Enden zusammengebundenen Schößling hebt.

HOLUNDER steht trotz unbestrittene Verdienste als Heil- und Nahrungspflanze, früher auch als Färbemittel, mancherorts mit dem Teufel im Bunde: wo man glaubt, Judas habe sich an einem solchen Baum erhängt.

WEIDE liefert neben Haselstrauch und Birke die besten Wünschelruten und gilt als Symbol der Keuschheit, enttäuschten Liebe oder Trauer. Gebärenden bringt sie jedoch Glück und nimmt durch Zauberspruch viele Krankheiten auf.

WEISSDORN, aus dem die Dornenkrone Christi bestanden haben soll, war im Mittelalter Symbol der Vorsicht und der Hoffnung. In manchen Landschaften herrschte der Brauch, die Wiegen Neugeborener mit ihm zu schmücken.

EIBE gilt seit alters her – wahrscheinlich wegen des giftigen Taxins in den Jungtrieben, Nadeln und Samen – als Toten- und Friedhofsbaum; zugleich aber, wohl aufgrund der strahlendroten Früchte und sattgrünen Nadeln, als Symbol des ewigen Lebens und der Fröhlichkeit.

# Der Baum des Lebens

Mit ihren tief im Boden verankerten Wurzeln, himmelwärts gerichteten Stämmen und zwischen Erde und Sonne ausgebreiteten Wipfeln verklammern Bäume die drei Ebenen der menschlichen Vorstellungswelt miteinander. Deshalb finden wir in vielen Kulturen aller Zeiten und Erdteile Bäume als Symbole des Lebens und seiner fortwährenden Erneuerung.

Auch in den Schöpfungsmythen mancher Völker spielen Bäume eine zentrale Rolle. Die Weltesche Yggdrasil der nordischen Mythologie verkörpert den Kosmos und die Brücke zwischen der himmlischen und der irdischen Sphäre, über die einst die Götter kamen, um die Erde zu erschaffen. Im Voodoo-Kult Benins und Haitis ist der Baum Symbol der Wirbelsäule und zugleich eine Brücke, über die der Götterbote Legba zur Erde und in die Körper der Eingeweihten gelangt – die dann Symptome von Besessenheit zeigen.

Der Baum also ist eine Art Skelett, das den Körper der Welt stützt, und zugleich Symbol für Wachstum, Tod und Wiedergeburt sowie für die Fruchtbarkeit. Seine Form prädestiniert ihn aber auch zum Phallussymbol, und als solches ist er immer wieder gesehen und verehrt worden. Desgleichen hat man seinen Wassertransport aus dem Boden durch den ganzen Stamm mit dem Samenerguß oder seinen Laubausbruch im Frühjahr mit der Geburt verglichen. Auf den Inseln im Südpazifik herrscht der Glaube, die Menschen seien als Triebe dem »Weltenbaum« entsprossen; auf den Admiralitätsinseln und Banks Islands dagegen glaubt man, der erste Mensch sei aus einem Baumstamm geschnitzt worden. Viele ägyptische Grabbilder stellen die Erdgöttin als Teil eines Baumes dar, aus dem sie sich herausneigt, um ihre Brüste als Quelle des Lebens darzubieten.

Aber auch den Tod repräsentiert der Baum, als Galgenbaum und »Baum des Kreuzes«, den christliche Symbolik in Beziehung zum Baum des Paradieses gebracht hat. So pflanzte einer mittelalterlichen Legende zufolge Eva einen Zweig vom Baum der Erkenntnis auf Adams Grab, wo er zu einem Baum heranwuchs, aus dessen Holz das Kreuz Christi gezimmert wurde.

Tatsächlich ist der Baum ein Symbol für den gesamten Kosmos, nicht nur im physischen, sondern auch im moralischen Sinne. Er ist der Baum der Erkenntnis – der guten wie der bösen. Er ist der Baum des Lebens und des Todes. Er ist die Welt.

**DAS KRUZIFIX**
*Der von Adam im Garten Eden zugunsten des Baums der Erkenntnis verschmähte Baum des Lebens erneuerte seine Verheißung der Unsterblichkeit, als er – durch das Kruzifix symbolisiert – Erlösung und ewiges Leben versprach.*

**DIE WELTESCHE**
*Mittelpunkt der Welt ist in der nordischen Mythologie die heilige Weltesche Yggdrasil. Ihre Äste tragen den Himmel, ihr Stamm die Erde, und ihre drei großen Wurzeln reichen hinab in die Unterwelt und werden von den Quellen der Weisheit und des Schicksals gespeist.*

**DER HEILIGE BAUM**
*Der für seine Liebesabenteuer mit Milchmädchen und Hirtinnen bekannte Hindu-Gott Krischna steht hier unter dem heiligen Kdamba-Baum, und der Klang seiner Flöte lädt Sterbliche ein, sich mit ihrem Gott unter dem Baum zu treffen.*

**AZTEKEN-SYMBOLE**
*Diese gemalte Kalendertafel stellt die fünf Regionen der Welt dar, mit der Erde in der Mitte und vier in den Himmel ragenden Bäumen. Der Baum im Osten (oben) steht auf einem Sonnenzeichen, das die Geburt symbolisiert; im Süden wächst der Baum des Opfers* *aus dem Schlund der Erde; der Baum im Westen ragt aus dem Leib des Drachens der Finsternis, der den Sonnenuntergang symbolisiert, während der Baum des Nordens in einem Kübel wächst, der mit Sühnezeichen markiert ist, die für Wiedergeburt und fortwährendes Leben stehen.*

# Nutzhölzer der Erde

Im folgenden sind einige Begriffe erläutert, die in der Übersicht über die wichtigsten Nutzhölzer der Erde benutzt werden. Die Erläuterungen sollen dem Leser das Verständnis der in dem Kapitel zusammengestellten Nutzholzbeschreibungen erleichtern.

Mit FASERVERLAUF wird die Ausrichtung der Fasern im Verhältnis zur Längsachse des Stammes bezeichnet. Häufig ist er mehr oder weniger gerade, gelegentlich aber wellig und manchmal unregelmäßig. Bei zahlreichen tropischen Hölzern sind die Fasern in aufeinanderfolgenden Wachstumsabschnitten abwechselnd in entgegengesetzten Richtungen schräg gestellt; dadurch wird auf Radialschnittflächen ein streifiges Bild hervorgerufen.

Die MASERUNG oder Textur des Holzes bezeichnet das dekorative Aussehen, das durch Markstrahlen, Jahresringe, Faserverlauf und andere strukturelle Merkmale bestimmt wird. Sie ist in den verschiedenen Schnittebenen unterschiedlich.

Unter ZEICHNUNG versteht man alle dekorativen Eigenschaften, die – unabhängig von Strukturmerkmalen – auf Farbwirkungen beruhen.

STRUKTUR beschreibt die »Glattheit« der Holzoberfläche: Bei Nadelhölzern wird sie durch die Breite der Jahresringe und den Gegensatz zwischen Früh- und Spätholz beeinflußt; bei Laubhölzern sind die Größe und Anordnung der Poren ausschlaggebend. Große Poren, wie sie zahlreiche Ulmen aufweisen, führen zu einer groben Struktur. Wenn jedoch, wie bei Buchsbaum, viele kleine Poren vorhanden sind, ist die Struktur sehr fein.

Bei TANGENTIALSCHNITTFLÄCHEN ist die Schnittebene so gelegt, daß sie mit den Jahresringen einen Winkel von weniger als 45 Grad bildet. RADIALSCHNITTFLÄCHEN entstehen, wenn der Winkel größer ist als 45 Grad. RUNDSCHÄLFURNIERE werden durch Abschälen von einem eingespannten und rotierenden Stamm gewonnen.

Die ROHDICHTE (spezifisches Gewicht) ist von Art zu Art sehr verschieden; sie hängt vom inneren Aufbau des Holzes ab und wird bei einer einheitlichen Holzfeuchtigkeit, gewöhnlich der von im Innenausbau verwendetem Holz, ermittelt. Laubhölzer unterscheiden sich erheblich im Gewicht; die Skala reicht vom sehr leichten Balsa bis zum sehr schweren Pockholz. Bei den bekannten Hölzern erstreckt sie sich von Mahagoni (leicht) über Buche (mittelschwer) bis Palisander (schwer). Die Rohdichte-Unterschiede bei Nadelhölzern sind nicht so gravierend wie bei Laubhölzern.

STEHVERMÖGEN ist eine Angabe über Form- und Volumenänderungen des trockenen Holzes bei Feuchtewechseln.

Als DAUERHAFT bezeichnet man in der Regel ein Holz, das bei einer Verwendung im Freien ohne Schutzmittelbehandlung gegen Fäulnis beständig ist.

# Der Holzhandel

Von den 2,5 Milliarden Kubikmetern Holz, die der Mensch jedes Jahr verbraucht, werden erschreckende 46 Prozent im Umkreis weniger Kilometer vom Fällort als Brennstoff verheizt. Von den übrigen als Bau- oder als anderes Nutzholz verwendeten 54 Prozent werden lediglich 8 Prozent außerhalb ihres Ursprungslandes verarbeitet: Mit diesen 8 Prozent, rund 200 Millionen Kubikmetern Nutzholz, wird der gesamte Welthandel mit Rundholz, Schnittholz und Plattenmaterial auf Holzbasis bestritten.

Handelsholz gewinnt man in drei Haupttypen von Waldbeständen. Die Koniferenwälder, aus denen die Welt ihre Nadelhölzer bezieht, bilden einen Gürtel in der arktischen und subarktischen Zone der nördlichen Halbkugel und kommen ebenfalls in Ostafrika, dem Südosten der USA und in Mittelamerika vor. Auch Laubhölzer der gemäßigten Zone sind im Norden weit verbreitet und bilden Mischwälder mit den Nadelhölzern. In der südlichen Hemisphäre findet man Laubhölzer der gemäßigten Zone in Chile sowie in Neuseeland und Australien, wo Eucalyptus-Wälder bedeutende Nutzholzquellen sind. Die meisten tropischen Laubhölzer kommen aus den Regenwäldern Südamerikas, Afrikas und Südostasiens.

WELTHOLZHANDEL
*Die auf der Karte in Millionen Kubikmetern angegebenen Mengen des ausgeführten Rund- und Schnittholzes stellen insgesamt 158 Millionen Kubikmeter des auf 187 Millionen Kubikmeter geschätzten Gesamtvolumens des Weltholzexports dar. Die übrigen 29 Millionen Kubikmeter entfallen auf kleinere Mengen und den regionalen Handelsverkehr.*

Kanada nach Japan/Korea
1,457 Mio. m³

Kanada nach USA
20,75 Mio. m³

Kanada nach Australien
4,371 Mio. m³

Kanada nach Europa
1,816 Mio. m³

USA nach Kanada
3,481 Mio. m³

USA nach Japan/Korea
13,81 Mio. m³

USA nach Europa
1,589 Mio. m³

USA nach Australien
0,424 Mio. m³

Brasilien nach Europa
0,373 Mio. m³

Brasilien nach USA
0,297 Mio. m³

Brasilien

HOLZEINSCHLAG IN DEN WÄLDERN DER ERDE
*Jährliche Welternte: 2,5 Milliarden Kubikmeter*

HOLZVERWERTUNG

- Als Brennholz 46% 1,15 Milliarden m³
- Als Nutzholz 54%
- Export-Rundholz 4,6% 115,4 Millionen m³
- Export-Schnittholz 2,9% 71,9 Millionen m³
- Export-Holzplatten 0,6% 14,0 Millionen m³
- Im Erzeugerland verwertet 45,9% 1,149 Milliarden m³

HOLZTYP

- Nadelholz 44,8% 1,120 Milliarden m³
- Tropisches Laubholz 38,0% 950 Millionen m³
- Laubholz der gemäßigten Zone 17,2% 430 Millionen m³

AUSGEFÜHRTE HOLZPRODUKTE
*Die Mengen der aus den führenden Erzeugerländern exportierten Holzprodukte sind in Einheiten von Millionen Kubikmetern angegeben.*

◩ Sperrholz und Furniere

Korea 1,322
China 1,188
Kanada 0,636
Finnland 0,597
Philippinen 0,509
Singapur 0,469
USA 0,455
West-Malaysia 0,349
Japan 0,155
UdSSR 0,316
Frankreich 0,242
Rumänien 0,123
Italien 0,100
Kongo 0,099
Deutschland 0,093

⊞ Spanplatten

Belgien 0,755
Finnland 0,480
Österreich 0,408
Deutschland 0,364
Schweden 0,332
Frankreich 0,267
UdSSR 0,168
Rumänien 0,164
Norwegen 0,163
USA 0,162

□ Nadelschnittholz

Kanada 23,22
Schweden 9,379
UdSSR 8,202
Finnland 5,195
USA 4,122
Österreich 3,340
Rumänien 1,176
Polen 0,765
Brasilien 0,688
Tschechoslowakei 0,653
Portugal 0,643
Norwegen 0,466
Jugoslawien 0,395
Deutschland 0,353

■ Laubschnittholz

West-Malaysia 2,046
Singapur 1,110
Jugoslawien 0,740
Frankreich 0,734
USA 0,670
Rumänien 0,562
Philippinen 0,427
Kanada 0,402
Brasilien 0,367
Deutschland 0,285
Sarawak 0,251
Ghana 0,240
Elfenbeinküste 0,238

△ Faserholz

UdSSR 6,662
Schweden 2,533
Frankreich 1,508
Tschechoslowakei 1,310
Kanada 1,267
Polen 0,715
Ungarn 0,687
Deutschland 0,333
Rumänien 0,328

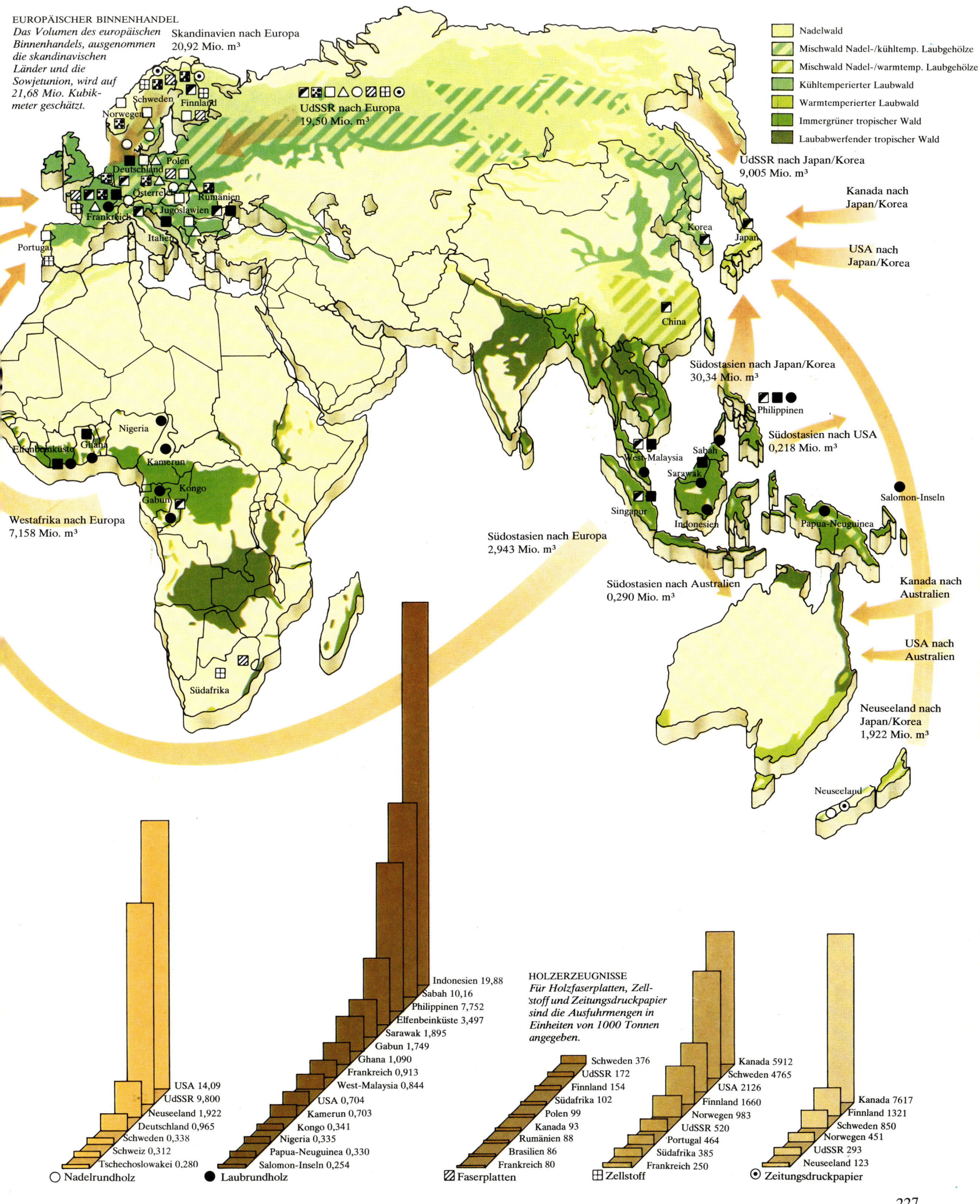

**EUROPÄISCHER BINNENHANDEL**
*Das Volumen des europäischen Binnenhandels, ausgenommen die skandinavischen Länder und die Sowjetunion, wird auf 21,68 Mio. Kubikmeter geschätzt.*

Skandinavien nach Europa
20,92 Mio. m³

Schweden
Finnland
Norwegen

UdSSR nach Europa
19,50 Mio. m³

Deutschland
Polen
Österreich
Rumänien
Frankreich
Jugoslawien
Italien

Portugal

UdSSR nach Japan/Korea
9,005 Mio. m³

Kanada nach Japan/Korea

USA nach Japan/Korea

Korea
Japan

China

Südostasien nach Japan/Korea
30,34 Mio. m³

Philippinen

Südostasien nach USA
0,218 Mio. m³

West-Malaysia
Sabah
Sarawak
Singapur
Indonesien

Salomon-Inseln

Papua-Neuguinea

Nigeria
Elfenbeinküste
Ghana
Kamerun
Kongo
Gabun

Westafrika nach Europa
7,158 Mio. m³

Südostasien nach Europa
2,943 Mio. m³

Südostasien nach Australien
0,290 Mio. m³

Kanada nach Australien

USA nach Australien

Südafrika

Neuseeland nach Japan/Korea
1,922 Mio. m³

Neuseeland

**Legende:**
- Nadelwald
- Mischwald Nadel-/kühltemp. Laubgehölze
- Mischwald Nadel-/warmtemp. Laubgehölze
- Kühltemperierter Laubwald
- Warmtemperierter Laubwald
- Immergrüner tropischer Wald
- Laubabwerfender tropischer Wald

**○ Nadelrundholz**
USA 14,09
UdSSR 9,800
Neuseeland 1,922
Deutschland 0,965
Schweden 0,338
Schweiz 0,312
Tschechoslowakei 0,280

**● Laubrundholz**
Indonesien 19,88
Sabah 10,16
Philippinen 7,752
Elfenbeinküste 3,497
Sarawak 1,895
Gabun 1,749
Ghana 1,090
Frankreich 0,913
West-Malaysia 0,844
USA 0,704
Kamerun 0,703
Kongo 0,341
Nigeria 0,335
Papua-Neuguinea 0,330
Salomon-Inseln 0,254

**◪ Faserplatten**
Schweden 376
Finnland 154
Südafrika 102
Polen 99
Kanada 93
Brasilien 86
Frankreich 80

**HOLZERZEUGNISSE**
*Für Holzfaserplatten, Zellstoff und Zeitungsdruckpapier sind die Ausfuhrmengen in Einheiten von 1000 Tonnen angegeben.*

**⊞ Zellstoff**
Kanada 5912
Schweden 4765
USA 2126
Finnland 1660
Norwegen 983
UdSSR 520
Portugal 464
Südafrika 385
Frankreich 250

**⊙ Zeitungsdruckpapier**
Kanada 7617
Finnland 1321
Schweden 850
Norwegen 451
UdSSR 293
Neuseeland 123

# Welches Holz ist das?

Charakteristische Merkmale jeder Holzart sind Größe, Form und Verteilung verschiedener Zellentypen. Auf ihnen beruhen viele der jedem Gehölz eigentümlichen physikalischen und mechanischen Eigenschaften. Außerdem ermöglichen sie die Bestimmung und Klassifizierung der mehreren tausend Holzarten. Oft kann man die unverwechselbare Zellenstruktur und -anordnung eines Holzes bereits erkennen, wenn man eine sauber geschnittene Querschnittsfläche mit bloßem Auge oder mit einer schwachen Lupe betrachtet. Meist reicht dazu schon eine nur 3 mm breite und etwa 10 mm lange (in radialer Richtung entnommene) Probe. Bei einigen Laubhölzern und den meisten Nadelhölzern erweist sich die Makrobestimmung mit der Lupe jedoch als unzulänglich für eine genaue Zuordnung. In diesen Fällen ist es erforderlich, eine dünne Schicht vom Holz abzutrennen und sie genauer unter dem Mikroskop zu untersuchen.

Um eine Holzart zu bestimmen, vergleicht man die unbekannte Probe mit bekannten Proben und sucht nach übereinstimmenden Merkmalen der Zellstrukturen. Man hat eine Reihe von Bestimmungshilfen entwickelt, deren bekannteste die dichotomen Schlüssel sind, die so lange nach dem Vorhandensein oder Nichtvorhandensein bestimmter Merkmale fragen, bis alle anderen Holzarten eliminiert sind und die Probe richtig zugeordnet ist.

Wie man mit dichotomen Schlüsseln arbeitet, verdeutlicht die graphische Darstellung auf dieser Doppelseite. Entwickelt wurde das Schema für 22 der im lexikalischen Teil dieses Buches beschriebenen Holzarten, und es eignet sich nur zur Bestimmung dieser Hölzer. Bei der Zuordnung einer größeren Zahl von Holzproben geht man nach dem gleichen Prinzip vor, verwendet zur Beschleunigung des Verfahrens jedoch Lochkarten und maschinelle Sortiertechniken. Mit Hilfe der Mikrobilder und ergänzenden Angaben unten lassen sich die 22 Proben oben nach dem Entweder-oder-Schlüssel bestimmen.

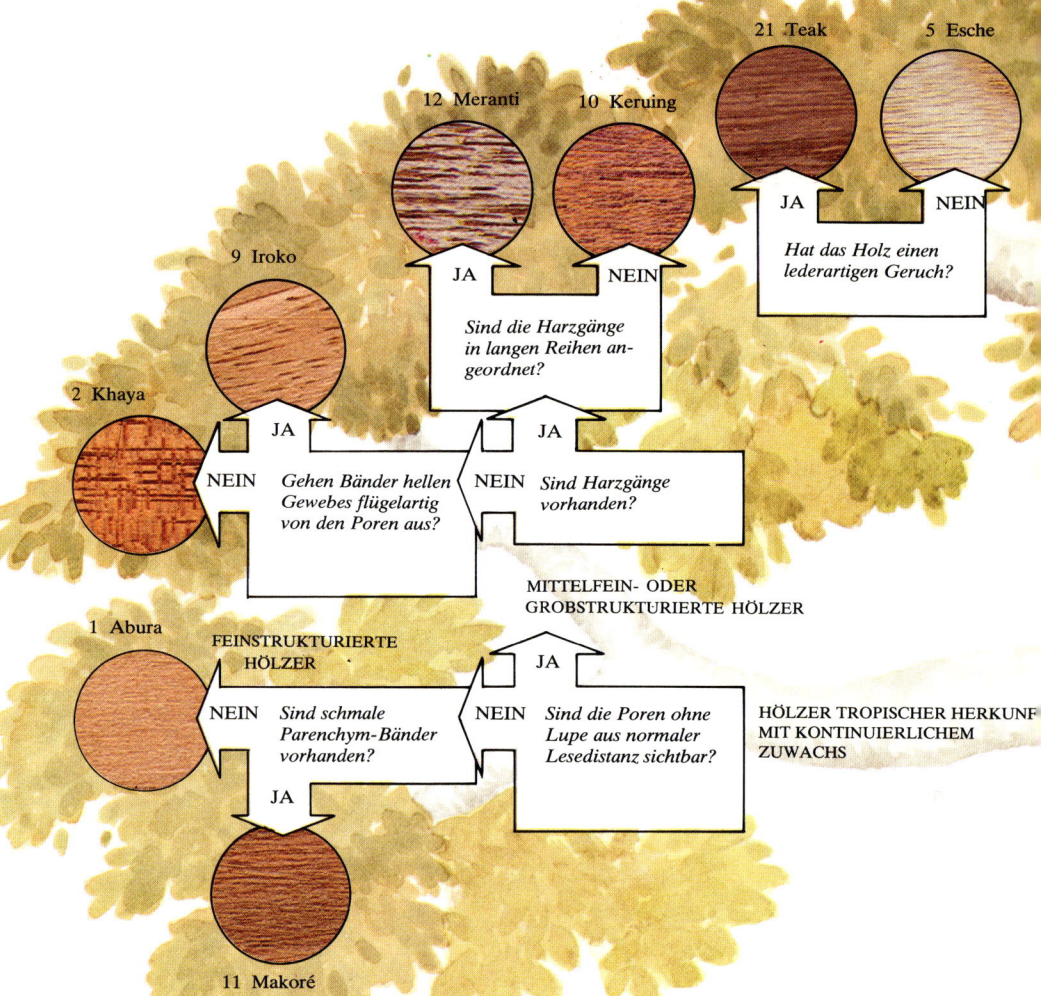

21 Teak

5 Esche

*Hat das Holz einen lederartigen Geruch?* JA NEIN

12 Meranti

10 Keruing

*Sind die Harzgänge in langen Reihen angeordnet?* JA NEIN

9 Iroko

2 Khaya

*Gehen Bänder hellen Gewebes flügelartig von den Poren aus?* NEIN JA

*Sind Harzgänge vorhanden?* NEIN JA

MITTELFEIN- ODER GROBSTRUKTURIERTE HÖLZER

FEINSTRUKTURIERTE HÖLZER

1 Abura

*Sind schmale Parenchym-Bänder vorhanden?* NEIN JA

*Sind die Poren ohne Lupe aus normaler Lesedistanz sichtbar?* JA NEIN

HÖLZER TROPISCHER HERKUNFT MIT KONTINUIERLICHEM ZUWACHS

11 Makoré

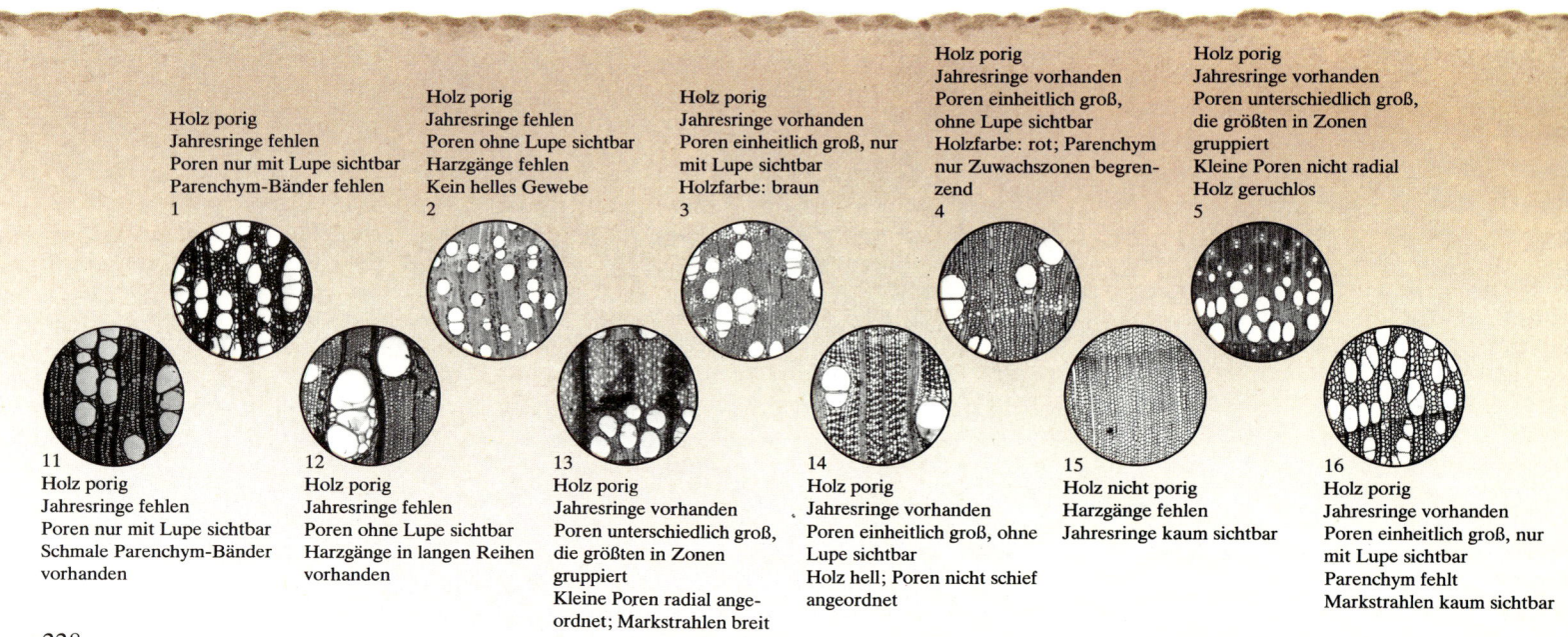

Holz porig
Jahresringe fehlen
Poren nur mit Lupe sichtbar
Parenchym-Bänder fehlen
1

Holz porig
Jahresringe fehlen
Poren ohne Lupe sichtbar
Harzgänge fehlen
Kein helles Gewebe
2

Holz porig
Jahresringe vorhanden
Poren einheitlich groß, nur mit Lupe sichtbar
Holzfarbe: braun
3

Holz porig
Jahresringe vorhanden
Poren einheitlich groß, ohne Lupe sichtbar
Holzfarbe: rot; Parenchym nur Zuwachszonen begrenzend
4

Holz porig
Jahresringe vorhanden
Poren unterschiedlich groß, die größten in Zonen gruppiert
Kleine Poren nicht radial
Holz geruchlos
5

Holz porig
Jahresringe fehlen
Poren nur mit Lupe sichtbar
Schmale Parenchym-Bänder vorhanden
11

Holz porig
Jahresringe fehlen
Poren ohne Lupe sichtbar
Harzgänge in langen Reihen vorhanden
12

Holz porig
Jahresringe vorhanden
Poren unterschiedlich groß, die größten in Zonen gruppiert
Kleine Poren radial angeordnet; Markstrahlen breit
13

Holz porig
Jahresringe vorhanden
Poren einheitlich groß, ohne Lupe sichtbar
Holz hell; Poren nicht schief angeordnet
14

Holz nicht porig
Harzgänge fehlen
Jahresringe kaum sichtbar
15

Holz porig
Jahresringe vorhanden
Poren einheitlich groß, nur mit Lupe sichtbar
Parenchym fehlt
Markstrahlen kaum sichtbar
16

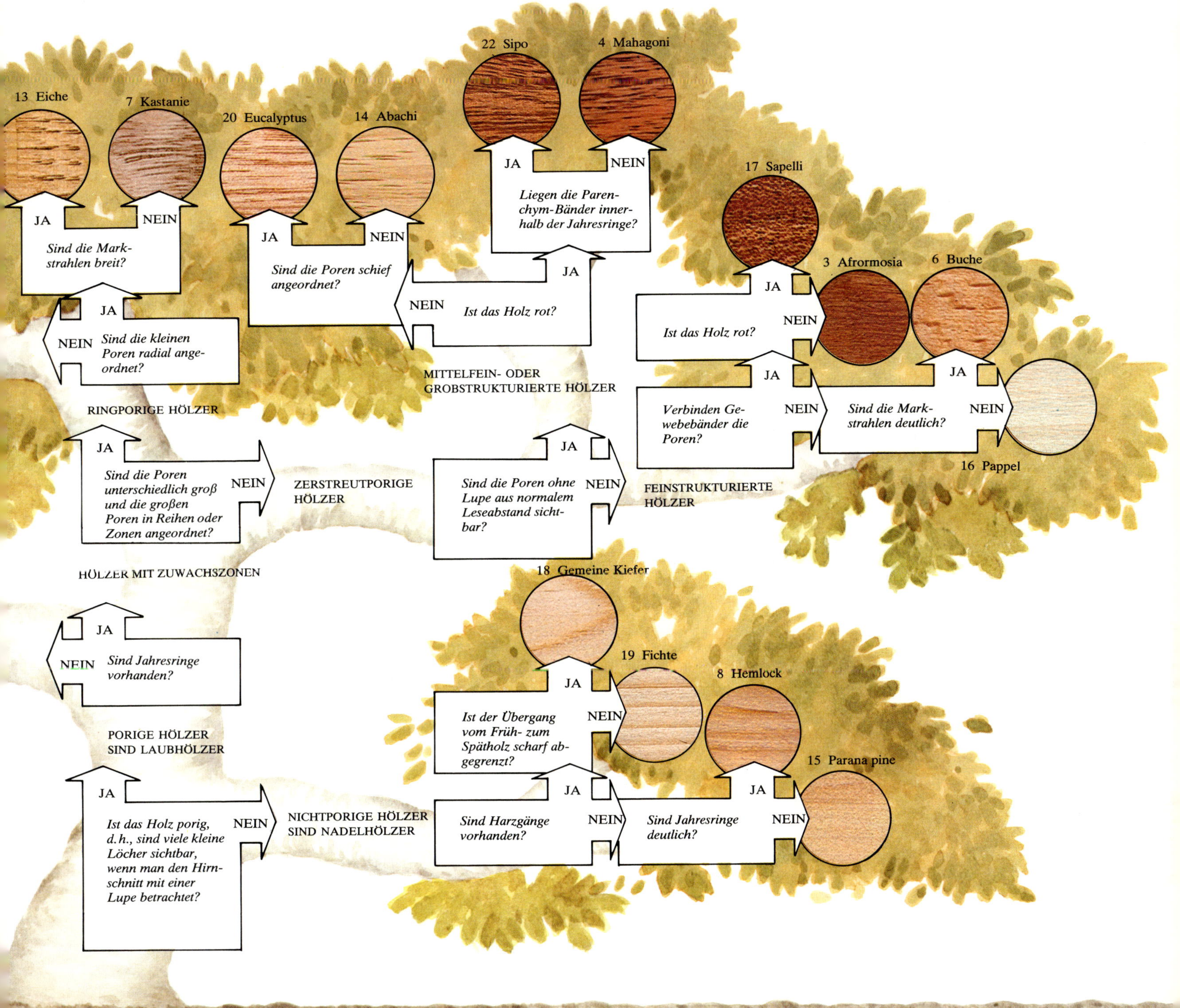

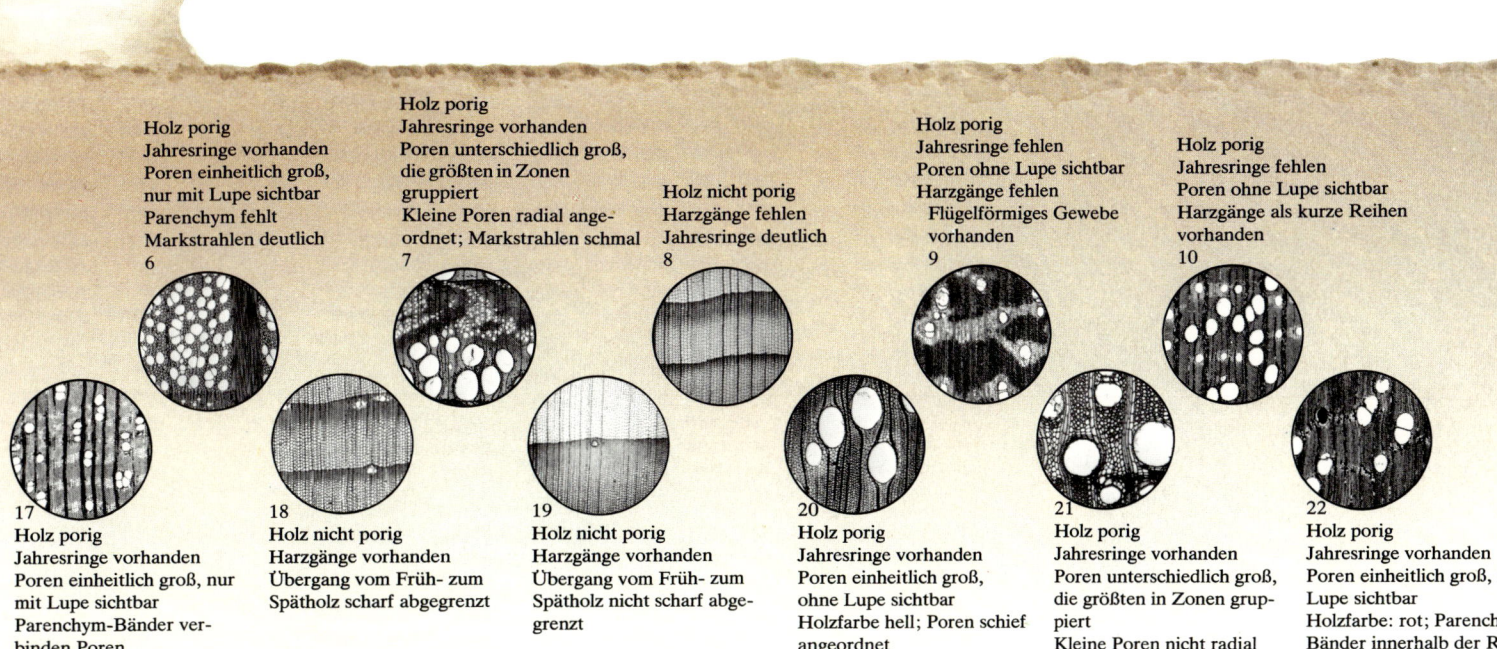

13 Eiche
7 Kastanie
20 Eucalyptus
14 Abachi
22 Sipo
4 Mahagoni
17 Sapelli
3 Afrormosia
6 Buche
16 Pappel
18 Gemeine Kiefer
19 Fichte
8 Hemlock
15 Parana pine

JA / NEIN — *Sind die Markstrahlen breit?*

NEIN — *Sind die kleinen Poren radial angeordnet?* — JA

RINGPORIGE HÖLZER

JA — *Sind die Poren unterschiedlich groß und die großen Poren in Reihen oder Zonen angeordnet?* — NEIN

JA / NEIN — *Sind die Poren schief angeordnet?*

JA / NEIN — *Liegen die Parenchym-Bänder innerhalb der Jahresringe?*

NEIN — *Ist das Holz rot?* — JA

MITTELFEIN- ODER GROBSTRUKTURIERTE HÖLZER

JA — *Sind die Poren ohne Lupe aus normalem Leseabstand sichtbar?* — NEIN

ZERSTREUTPORIGE HÖLZER

JA / NEIN — *Ist das Holz rot?*

JA — *Verbinden Gewebebänder die Poren?* — NEIN

*Sind die Markstrahlen deutlich?* — JA / NEIN

FEINSTRUKTURIERTE HÖLZER

HÖLZER MIT ZUWACHSZONEN

NEIN — *Sind Jahresringe vorhanden?* — JA

PORIGE HÖLZER SIND LAUBHÖLZER

JA — *Ist das Holz porig, d. h., sind viele kleine Löcher sichtbar, wenn man den Hirnschnitt mit einer Lupe betrachtet?* — NEIN

NICHTPORIGE HÖLZER SIND NADELHÖLZER

JA — *Ist der Übergang vom Früh- zum Spätholz scharf abgegrenzt?* — NEIN

JA — *Sind Harzgänge vorhanden?* — NEIN

*Sind Jahresringe deutlich?* — JA / NEIN

**6**
Holz porig
Jahresringe vorhanden
Poren einheitlich groß,
nur mit Lupe sichtbar
Parenchym fehlt
Markstrahlen deutlich

**7**
Holz porig
Jahresringe vorhanden
Poren unterschiedlich groß,
die größten in Zonen
gruppiert
Kleine Poren radial ange-
ordnet; Markstrahlen schmal

**8**
Holz nicht porig
Harzgänge fehlen
Jahresringe deutlich

**9**
Holz porig
Jahresringe fehlen
Poren ohne Lupe sichtbar
Harzgänge fehlen
Flügelförmiges Gewebe
vorhanden

**10**
Holz porig
Jahresringe fehlen
Poren ohne Lupe sichtbar
Harzgänge als kurze Reihen
vorhanden

**17**
Holz porig
Jahresringe vorhanden
Poren einheitlich groß, nur
mit Lupe sichtbar
Parenchym-Bänder ver-
binden Poren
Holzfarbe: rot

**18**
Holz nicht porig
Harzgänge vorhanden
Übergang vom Früh- zum
Spätholz scharf abgegrenzt

**19**
Holz nicht porig
Harzgänge vorhanden
Übergang vom Früh- zum
Spätholz nicht scharf abge-
grenzt

**20**
Holz porig
Jahresringe vorhanden
Poren einheitlich groß,
ohne Lupe sichtbar
Holzfarbe hell; Poren schief
angeordnet

**21**
Holz porig
Jahresringe vorhanden
Poren unterschiedlich groß,
die größten in Zonen grup-
piert
Kleine Poren nicht radial
Lederartiger Geruch

**22**
Holz porig
Jahresringe vorhanden
Poren einheitlich groß, ohne
Lupe sichtbar
Holzfarbe: rot; Parenchym-
Bänder innerhalb der Ringe

# Laubhölzer

Australian Blackwood      Sen

## AUSTRALIAN BLACKWOOD
*Acacia melanoxylon*

(x25)

**DER BAUM** Die Gattung *Acacia* umfaßt einige Hundert Arten, deren Hölzer sich in Farbe, Gewicht und Aussehen erheblich voneinander unterscheiden. Zu den attraktivsten gehört Australian blackwood, das Holz eines südostaustralischen Baumes, der vor allem auf Tasmanien verbreitet ist; er erreicht dort Stammdurchmesser von bis zu 1 m und Höhen von 30 m. Der Baum wird auch außerhalb Australiens angepflanzt, insbesondere in Südafrika; dort füllt er die Lücken im Bestand an einheimischen Laubhölzern.

**DAS HOLZ** Das Holz heißt zwar »blackwood«, ist aber goldfarben bis schokoladebraun mit dunklerer Markierung. Der Faserverlauf ist im allgemeinen ziemlich gerade, gelegentlich jedoch auch wellig und ergibt dann eine querbandige oder Riegeltextur, die in Verbindung mit dem starken natürlichen Glanz des Holzes ein sehr dekoratives Aussehen bewirkt. Das Holz hat eine mittlere, aber gleichmäßige Struktur und ist mäßig schwer.

**TECHNISCHE EIGENSCHAFTEN** Australian blackwood ist ein Holz mit vorteilhaften Eigenschaften, es läßt sich problemlos trocknen und leicht schneiden. Es ist fest und in dieser Hinsicht durchaus mit Buche zu vergleichen. Bei entsprechender Bearbeitung sind eine ausgezeichnete Oberfläche und ein starker Glanz zu erzielen, und nach Dampfbehandlung läßt sich das Holz gut biegen.

**VERWENDUNG** Blackwood ist eines der attraktivsten Hölzer Australiens; selbst das einfache Holz sieht gut aus. Es wird hauptsächlich wegen seiner dekorativen Wirkung für Vertäfelungen, im Innenausbau von Repräsentationsräumen und im Möbelbau verwendet. Zudem hat es eine Bedeutung als Biegeholz, z. B. im Wagen- und Bootsbau. Vor allem gewelltfaserige Stämme werden häufig gemessert. Außerhalb der Länder, in denen Australian blackwood angepflanzt wird, ist das Holz vorwiegend in Form von Furnieren anzutreffen.

## SEN
*Acanthopanax ricinifolius*

(x10)

**DER BAUM** Die geringen Mengen Sen, die im Handel sind, kommen aus Japan, der Baum ist aber auch in China und Korea verbreitet. Sein Holz ist leicht mit Esche zu verwechseln. Sen ist ein großer Baum von bis zu 25 m Höhe und liefert qualitativ gute Stämme von bis zu 1 m Durchmesser.

**DAS HOLZ** Aufgrund seiner blassen Färbung, des geraden Faserverlaufs und der ringporigen Struktur hat Sen eine erstaunliche Ähnlichkeit mit Esche. Das Holz ist fast weiß, manchmal schwach grau getönt, das Wachstum kann, wie teilweise auch bei japanischer Esche, ziemlich langsam sein. Das gegenüber Esche um etwa 20 Prozent leichtere Sen ist bei Betrachtung eines sauberen Hirnschnitts sofort zu erkennen, da es im Gegensatz zu Esche wellige Gefäßbänder zwischen den Reihen großer Poren aufweist.

**TECHNISCHE EIGENSCHAFTEN** Sen ist ein mildes Holz, dessen Bearbeitung kaum Schwierigkeiten bereitet. Beim Trocknen schwindet es allerdings ziemlich stark und neigt zu Oberflächenrissen. Es ist leichter als Esche und deutlich weicher, vor allem fehlt ihm die außerordentliche Zähigkeit des Eschenholzes; langsam gewachsenes Sen ist besonders spröde. Das Holz läßt sich leicht und gut sägen, ergibt bei Bearbeitung eine schöne Oberfläche und liefert geschält ein attraktives Furnier. Beim Nageln reißt Sen leicht auf. Für Außenanwendungen vorgesehenes Holz sollte mit einem Schutzmittel behandelt werden. Im Gebrauch ist es mäßig stabil.

**VERWENDUNG** Sen wird in Japan für viele Zwecke verwendet: für Möbel, dekorative Oberflächen, Lackarbeiten, Griffe, Kämme und dergleichen. Im allgemeinen verarbeitet man es zu Furnieren und Sperrholz; in dieser Form ist es gewöhnlich außerhalb Japans anzutreffen.

## AHORN
*Acer* spp.

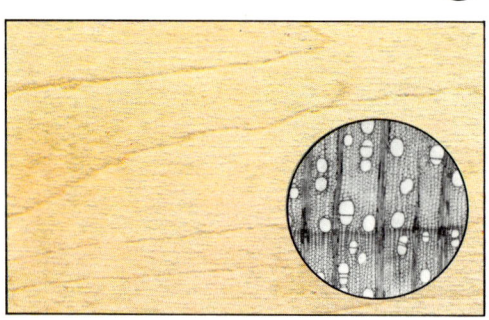

(x25)

**DER BAUM** Ahorn ist ein Baum der nördlichen gemäßigten Zonen und in Nordamerika, Europa und Japan von Bedeutung. In Amerika unterscheidet man im wesentlichen zwei Gruppen von Arten: »harten« Ahorn (vor allem *A. saccharum* – Zuckerahorn) und »weichen« Ahorn (*A. saccharinum* und andere Arten). Die in Europa vorherrschende und in England als »sycamore« bezeichnete Art ist Bergahorn (*A. pseudoplatanus*). In Japan kommt hauptsächlich *A. mono* vor.

**DAS HOLZ** Ahorn ist ein helles und in der Regel geradfaseriges Holz; der europäische Bergahorn ist allerdings gelegentlich gewelltfaserig und liefert dann Schnittflächen mit der sehr gesuchten Riegeltextur. Zuckerahorn, der manchmal eine Vogelaugentextur aufweist, ist ein wenig schwerer als Buche, während die »weichen« Ahornarten um etwa 25 Prozent leichter sind. Der japanische Ahorn hat annähernd das Gewicht des Zuckerahorns.

**TECHNISCHE EIGENSCHAFTEN** Die Ahornhölzer trocknen gut, wenn auch langsam, und sind im Gebrauch mäßig stabil. Der »weiche« Ahorn läßt sich zwar leichter bearbeiten als der Zuckerahorn, ihm fehlt aber die Festigkeit und die außerordentliche Abnutzungsbeständigkeit des schwereren Holzes. Ahorn sollte im Freien nur nach einer entsprechenden Schutzbehandlung eingesetzt werden.

**VERWENDUNG** Die hohe Dichte und die feine, gleichmäßige Struktur verleihen den schwereren Ahornarten eine außergewöhnliche Abnutzungsfestigkeit. Zuckerahorn ist ein hervorragendes Fußbodenholz und findet in Industriehallen, Tanzsälen, Bowlingbahnen und Turnhallen sowie für Rolltreppenstufen Verwendung. Daneben ist es das bevorzugte Material für Schuhleisten und für Teile der Klaviermechanik. Bergahorn und die »weichen« Ahornarten werden für Küchengeräte verwendet, und geriegelter Bergahorn ist das traditionelle Geigenbauholz.

## ROSSKASTANIE
*Aesculus* spp.

(x25)

**DER BAUM** In den wärmeren Regionen der nördlichen gemäßigten Zone kommen mehrere Roßkastanienarten vor; sie haben jedoch alle nur eine untergeordnete Bedeutung als Nutzholzlieferanten. Die europäische Roßkastanie (*A. hippocastanum*) wird in Europa weithin als Zierbaum angepflanzt; sie entwickelt oftmals nur einen kurzen, sich bald in Äste auflösenden Schaft. Die amerikanische Kastanienart, *A. octandra* (»buckeye«), ist in den zentralen und den an der Atlantikküste liegenden Staaten verbreitet; andere Arten der Gattung kommen in Indien und Japan vor.

**DAS HOLZ** Roßkastanie ist ein leichtes, feinstrukturiertes Holz von cremeweißer Farbe. Der Faserverlauf ist gewöhnlich gerade, kann aber, vor allem bei alten oder verwachsenen Bäumen, unregelmäßig sein. Das Holz ähnelt in seinen Eigenschaften sehr stark dem Pappelholz oder dem Holz der amerikanischen Balsampappel, ist allerdings etwas schwerer.

**TECHNISCHE EIGENSCHAFTEN** Roßkastanie läßt sich gut trocknen und schwindet nur mäßig; getrocknet ist das Holz stabil im Gebrauch. Es ist leicht zu bearbeiten, schöne Oberflächen sind aber nur mit sehr scharfen Werkzeugen zu erzielen. Roßkastanie ist kein sehr dauerhaftes Holz, es ist weich und neigt zu Sprödigkeit. Es weist eine geringe Pilzbeständigkeit auf, kann aber leicht mit Schutzmitteln behandelt werden.

**VERWENDUNG** Roßkastanie ist ein schlichtes Holz von geringer Festigkeit und wird für eine Anzahl allgemeiner Zwecke verwendet; es steht allerdings nur in beschränktem Umfang zur Verfügung und ist oft von minderer Qualität. Das Holz wird zu Brettern aufgeschnitten und zu Drechslerwaren, wie Bürstengriffen oder -rücken und Küchengeräten, verarbeitet. Es eignet sich für die Herstellung leichter Kisten und Steigen und bei Geradfaserigkeit zur Anfertigung von Modellen.

Ahorn

Roßkastanie

Afzelia

Erle

Aningueri

Krabak

## AFZELIA
*Afzelia* spp.

**DER BAUM** Afzelia, auch Apa oder Doussié genannt, kommt im tropischen Afrika vor. Sein Verbreitungsgebiet reicht von Sierra Leone im Westen bis zum Sudan im Osten sowie Rhodesien und Mozambique im Süden. Es gibt fünf Afzelia-Arten, von Bedeutung für den Handel ist aber hauptsächlich das Holz von *A. bipindensis* und *A. pachyloba*, das vorwiegend aus Kamerun und Nigeria auf den Markt kommt. Im Hochwald können die Bäume eine Höhe von 30 m erreichen; sie liefern Stammholz von 1 m Durchmesser und darüber.

**DAS HOLZ** Afzelia ist ein markantes Holz von kräftiger, mahagoniroter Färbung und ziemlich grober Struktur. Das beste Holz ist geradfaserig, bei Afzelia kommt aber auch unregelmäßiger Faserverlauf vor. Gelbe oder weiße Inhaltsstoffe oder Flecken sind nicht selten und können bei Feuchtigkeit zur Verfärbung des Holzes führen. Afzelia ist ein dichtes Holz, etwa 10–15 Prozent schwerer als Eiche.

(x10)

**TECHNISCHE EIGENSCHAFTEN** Bei Afzelia treffen große Festigkeit und außerordentliche Dauerhaftigkeit und Stabilität zusammen. Das Holz trocknet langsam, schwindet aber kaum; im trockenen Zustand übertrifft es sogar Teak an Stabilität. Es ist im allgemeinen fester als Eiche und etwas schwieriger zu bearbeiten; eventuell vorhandene kreidige Inhaltsstoffe können ein Abstumpfen der Werkzeuge verursachen. Afzelia ist äußerst pilzbeständig und hat eine gewisse natürliche Termitenfestigkeit.

**VERWENDUNG** Das hochwertige Holz von Afzelia wird für Tischlerarbeiten verwendet, die gleichzeitig sehr gut aussehen und problemlos zu pflegen sein sollen, also Fensterrahmen, Türen und Türverkleidungen in Repräsentationsgebäuden. Es wird auch zu Bankauflagen und Ladentischplatten verarbeitet und eignet sich hervorragend für Fußböden. Afzelia ist bekannt für seine Säurefestigkeit und wird in Chemiewerken für Fässer und Pressen verwendet.

## ERLE
*Alnus* spp.

**DER BAUM** Erle ist ein in der gesamten nördlichen Hemisphäre weit verbreiteter Baum und sowohl in Europa als auch in Amerika ein wichtiger Nutzholzlieferant. In Europa sind Schwarzerle (*A. glutinosa*) und Weißerle (*A. incana*) anzutreffen, während im westlichen Amerika die als »red alder« bezeichnete Art *A. rubra* vorkommt. Erle wächst im allgemeinen an feuchten Standorten; der Baum erreicht gewöhnlich nur eine bescheidene Höhe und einen Stammdurchmesser von 30–50 cm.

**DAS HOLZ** Frischgeschnittenes Erlenholz hat eine blasse Farbe, bei Einwirkung von Luft und Licht nimmt es jedoch eine leuchtend orangebraune Färbung an. Das Holz ist fein strukturiert, weist aber keine ausgeprägte Zeichnung auf. Es ist von mittlerer Dichte; europäische Erle hat etwa das Gewicht von Mahagoni.

**TECHNISCHE EIGENSCHAFTEN** Das Holz trocknet leicht und gut, europäische Erle schwindet allerdings stärker

(x25)

als amerikanisches »red alder«. Es ist einfach zu schneiden und mit gutem Ergebnis zu bearbeiten, sofern die Schneidwerkzeuge scharf genug sind; aus dem Holz lassen sich gute Rundschälfurniere herstellen. Es ist nicht dauerhaft.

**VERWENDUNG** Europäische Erle liefert gutes Sperrholz und dient insbesondere in Rußland zur Ergänzung von Birke; dem Erlenholz fehlt allerdings das glatte, weiße Aussehen von Birke, außerdem ist es weicher und weniger dauerhaft. »Red alder« nimmt unter den Nutzlaubhölzern der amerikanischen Pazifikküste den ersten Rang ein und wird dort weithin als Möbelholz verwendet. In Europa wie auch in Amerika gilt Erle als Material für die Herstellung von Bürsten- und Besenrücken, Griffen, Spielwaren und dergleichen und findet Verwendung für Prothesen, Spulen für die Textilindustrie und in der Herstellung von Holzkohle für Schwarzpulver.

## ANINGUERI
*Aningeria* spp.

**DER BAUM** Aninguéri wird erst seit Ende der sechziger Jahre wirtschaftlich genutzt. Dieses afrikanische Holz wurde zunächst als »Tanzanian walnut« eingeführt, doch ist die Bezeichnung irreführend, denn Aninguéri ist weder eine Nußbaumart, noch kam es aus Tansania in den Handel, obwohl es in diesem Land ebenfalls wächst. Der Hauptlieferant ist die Elfenbeinküste, wo das Holz als »anegré« bezeichnet wird.

**DAS HOLZ** Aninguéri ist ein helles Holz mit leicht rötlicher Tönung und entspricht im Gewicht etwa dem afrikanischen Mahagoni. Es ist ziemlich schlicht, aber glänzend und von feiner und gleichmäßiger Struktur. Im allgemeinen ist es geradfaserig, gelegentlich kommt welliger Faserverlauf vor, der eine gefleckte Zeichnung hervorruft.

**TECHNISCHE EIGENSCHAFTEN** Aninguéri ist zwar nur schwach kieselsäurehaltig, die Inhaltsstoffe reichen aber aus, Schneidwerkzeuge abzustumpfen. Solange andere Höl-

(x25)

zer verfügbar waren, die problemloser zu Schnittholz aufgetrennt werden konnten, fand Aninguéri wenig Interesse. Das änderte sich, als ein Holz für schlichte, feinstrukturierte Furniere gesucht wurde. Es zeigte sich, daß Aninguéri gut zu messern war und daß seine gleichmäßige Struktur ohne weiteres die Herstellung und Verarbeitung von bis zu 0,6 mm dünnen Furnieren ermöglichte.

**VERWENDUNG** Aninguéri ist fast ausschließlich als Furnier anzutreffen, und sein Erscheinungsbild ist schlicht, aber reizvoll. Seine feine, gleichmäßige Struktur macht es zu einer besonders geeigneten Unterlage für den Aufdruck von Maserbildern dekorativerer und kostbarerer Hölzer. Gegenüber Papier hat es dabei den Vorteil, daß die Holzfaser durchscheint. Bedrucktes Aninguéri-Furnier findet Verwendung für Möbel- und Plattenoberflächen, und es ist durchaus möglich, daß das Holz auch in seiner natürlichen Färbung für ebendiese Zwecke populär wird.

## KRABAK
*Anisoptera* spp.

**DER BAUM** Der malaiische Name von Krabak, dessen Verbreitungsgebiet von Bangladesch bis Neuguinea und den Philippinen reicht, ist Mersawa. Ein Dutzend oder mehr Arten liefern Handelsholz; dieses kommt in der Hauptsache aus dem östlichen Malaysia, aus Thailand (dort wird es als Krabak bezeichnet) und von den Philippinen (dort heißt es Palosapis). Der Baum ist gewöhnlich hochgewachsen und hat einen langen, geraden Schaft, der zylindrisches Stammholz in großen Abmessungen liefert.

**DAS HOLZ** Das Holz der verschiedenen Arten kann in Aussehen und Eigenschaften unterschiedlich sein, generell ist es aber blaßgelb, mäßig grob strukturiert und geradfaserig. Es ist ein schlichtes Holz ohne dekorative Zeichnung (lediglich auf ganz sauberen Radialschnitten erscheinen die Markstrahlen als Flecken), die Dichte variiert von Art zu Art. Das Gewicht entspricht dem von Teak, nur Palosapis ist etwas schwerer.

**TECHNISCHE EIGENSCHAFTEN** Geschnittenes Krabak läßt sich schwer trocknen und hat wegen seines – wenn auch geringen – Kieselsäuregehalts eine abstumpfende Wirkung auf Schneidwerkzeuge. Deshalb wird Krabak nur begrenzt als Schnittholz verwendet. Es kann jedoch rundgeschält und zu einem guten Furnier verarbeitet werden. Das Holz ist ziemlich fäulnisbeständig, sollte aber nicht Pilz- oder Termitenbefall ausgesetzt werden. Die Anwendung von Druckimprägnierung ist relativ schwierig.

**VERWENDUNG** Krabak wird zwar manchmal geschnitten, z. B. zur Verwendung im Fußbodenbau, im allgemeinen wird es heutzutage aber zu Sperrholz verarbeitet, denn dafür eignet es sich besser. Als Stammholz wurde Krabak nach Japan exportiert, doch das Sperrholz wird in zunehmendem Maße in Südostasien hergestellt. Die Deckfurniere von weißem malaiischem Sperrholz sind gewöhnlich entweder aus Krabak oder aus Weißem Meranti.

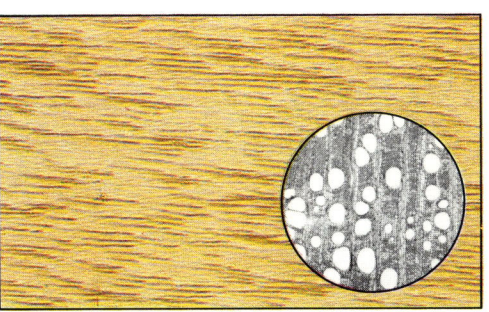

(x10)

231

# Laubhölzer

Urunday

Okoumé

## URUNDAY
*Astronium* spp.

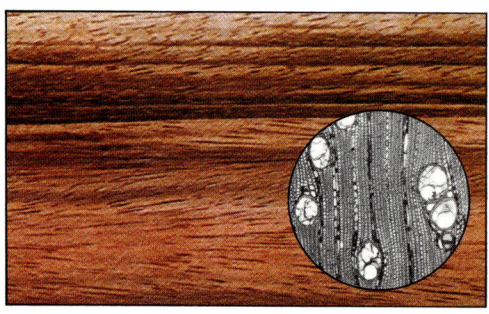

(x25)

**DER BAUM** Für diesen Baum gibt es eine Vielzahl von Bezeichnungen: Gonçalo alves, Zebrawood oder – in Amerika – Tigerwood und Kingwood; diese Namen sind jedoch nicht eindeutig, und einige werden häufiger und besser für andere Hölzer benutzt. In Mittelamerika und im tropischen Südamerika ist das Holz weit verbreitet, in den Handel kommt es jedoch vorwiegend aus Brasilien, und dort wird es als »Gonçalo alves« bezeichnet. Der Baum ist mittelgroß und liefert Rundholz von bis zu 90 cm Durchmesser.

**DAS HOLZ** Urunday ist ein sehr ausdrucksvolles Holz. Es ist mittelrotbraun, und nahezu schwarze Bänder geben ihm eine äußerst dekorative Zeichnung; das Erscheinungsbild wechselt mit der jeweiligen Schnittrichtung. Auf Radialschnittflächen tritt die dekorative Wirkung durch den Wechseldrehwuchs oder den seltener auftretenden welligen Faserverlauf noch verstärkt hervor, denn sie bedingen eine gestreifte oder geriegelte Textur. Urunday ist ein sehr dichtes Holz und im allgemeinen um etwa 30 Prozent schwerer als Buche.

**TECHNISCHE EIGENSCHAFTEN** Das Holz ist dafür bekannt, daß es große Festigkeit mit hoher Dauerhaftigkeit verbindet. Es ist zwar schwer, bereitet beim Schneiden aber keine übergroßen Schwierigkeiten und liefert bei entsprechender Bearbeitung eine glatte Oberfläche. Bei unregelmäßigem Faserverlauf ist allerdings große Sorgfalt nötig. Urunday ergibt ein äußerst dekoratives Furnier.

**VERWENDUNG** In Brasilien ist es ein gesuchtes Holz für Konstruktionszwecke und wegen seines guten Aussehens auch für den Möbelbau. Seine begrenzte Verfügbarkeit schließt eine allgemeine Verwendung außerhalb des tropischen Amerika aus; darum ist es vorwiegend als Furnier anzutreffen. In massiver Form bietet es sich an für hochwertige Gegenstände wie Bürstenrücken, Messergriffe und Billardstockenden.

## OKOUME
*Aucoumea klaineana*

(x25)

**DER BAUM** Der für dieses Holz gebräuchliche englische Name lautet »gaboon«, abgeleitet vom Namen der westafrikanischen Republik Gabun; in vielen anderen Ländern wird das Holz aber als Okoumé bezeichnet. Es stammt von einer Holzart mit bis zu 40 m hohen Bäumen, die nur in Gabun, Äquatorial-Guinea und im Kongo vorkommt, dort aber weit verbreitet ist. Okoumé wird in größeren Mengen exportiert als irgendein anderes afrikanisches Holz. Die europäischen Länder beziehen Okoumé überwiegend in Form von Stammholz; es ist eines der wichtigsten Hölzer für ihre Sperrholzindustrie.

**DAS HOLZ** Okoumé ist blaßrötlich, ziemlich fein strukturiert und hat kaum charakteristische äußere Merkmale. Es weist nur gelegentlich eine Textur auf; gewöhnlich ist es geradfaserig. Sein Gewicht entspricht dem von Fichte.

**TECHNISCHE EIGENSCHAFTEN** Da der Kieselsäuregehalt von Okoumé ein Abstumpfen von Sägezähnen und Schneidwerkzeugen bewirkt, wird das Holz selten geschnitten. Es wird statt dessen geschält und liefert ein gut zu trocknendes und zu verleimendes Furnier, aus dem sich ein ausgezeichnetes Sperrholz herstellen läßt. Allerdings eignet es sich nicht für eine Verwendung unter fäulnisfördernden Bedingungen.

**VERWENDUNG** Okoumé war das erste tropische Laubholz, das von der europäischen Sperrholzindustrie in größerem Umfang genutzt wurde. Okoumé-Furniere werden für eine Anzahl von allgemeinen Zwecken verwendet, für Möbel, Türblätter, Trennwände und dergleichen. Aufgrund seines geringen Gewichts findet Okoumé auch für den Bau kleiner Boote Verwendung; allerdings macht seine geringe Dauerhaftigkeit eine sorgfältige Pflege erforderlich. Neben der Sperrholzindustrie sind es die Hersteller von Tischlerplatten, die Okoumé verarbeiten.

## UMGUSI
*Baikiaea plurijuga*

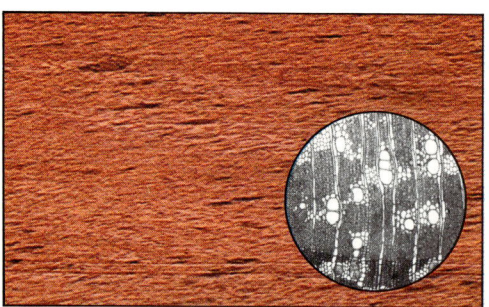

(x25)

**DER BAUM** Umgusi, das auch als »Rhodesian teak« bezeichnet wird, stammt von einem in Sambia und Rhodesien verbreiteten Baum. Es hat einige Eigenschaften des echten Teak, unterscheidet sich von diesem aber im Aussehen. Der Baum ist nicht sehr groß, er erreicht eine Höhe von etwa 20 m und liefert hochwertiges Stammholz von meist 3–7 m Länge.

**DAS HOLZ** Umgusi ist ein attraktives Holz. Es hat eine kräftige rotbraune Farbe, manchmal mit dunkleren Flecken. Das Holz ist im allgemeinen geradfaserig oder wechseldrehwüchsig, vorkommende Zeichnungen resultieren aber eher aus Farbabweichungen als aus dem Faserverlauf. Umgusi hat eine feine, gleichmäßige Struktur und eine glatte Oberfläche. Gewichtsmäßig ist es um fast 40 Prozent schwerer als echtes Teak.

**TECHNISCHE EIGENSCHAFTEN** Umgusi trocknet langsam, aber gut, und das trockene Holz erweist sich im Gebrauch als stabil. Es ist sehr schwer und bereitet Schwierigkeiten beim Einschnitt sowie bei der manuellen und maschinellen Bearbeitung; außerdem läßt es sich nicht nageln. Aufgrund seiner hohen Dichte und sehr feinen Struktur ist es äußerst abnutzungsbeständig. Es ist sehr dauerhaft und sehr resistent gegen Pilze, in geringerem Maße auch gegen Termiten. Umgusi verfärbt sich stark, wenn es in feuchter Umgebung mit Eisen in Berührung kommt.

**VERWENDUNG** Aufgrund seiner Festigkeit, Stabilität und Dauerhaftigkeit eignet sich Umgusi ganz besonders für bauliche Zwecke und Außenanwendungen in Afrika. Das Stammholz wird im allgemeinen für den lokalen Gebrauch in große Blöcke aufgetrennt, und die Abschnitte – oftmals qualitativ gutes äußeres Kernholz – werden exportiert. In Streifen oder Klötze aufgeteilt, liefern sie einen ausgezeichneten Fußboden, der attraktiv und so dauerhaft ist, daß er stärkster Beanspruchung standhält.

## GUATAMBU
*Balfourodendron riedelianum*

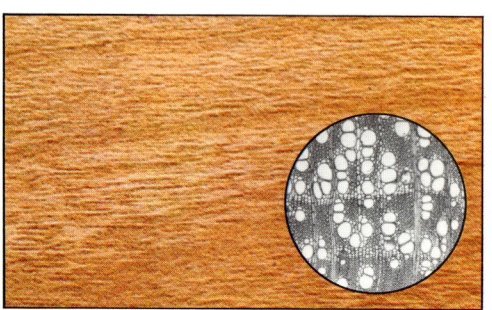

(x25)

**DER BAUM** Guatambu, das auch als »moroti« bezeichnet wird, kommt im südlichen Brasilien, in Paraguay und im nördlichen Argentinien vor. Es stammt von einem mäßig großen Baum, der eine Höhe von bis zu 25 m erreicht und gelegentlich einen Stammdurchmesser von 80 cm; im allgemeinen sind die Schäfte jedoch schlanker. Guatambu wird erst seit kurzer Zeit gehandelt und in Form von Schnittholz und Kantholz in die Vereinigten Staaten und nach Europa geliefert.

**DAS HOLZ** Guatambu ist zwar kaum texturiert, hat aber doch ein charakteristisches Aussehen durch seine blaßgelbe Farbe, die feine, gleichmäßige Struktur und die auf Tangentialschnittflächen zutage tretenden Jahresringe. Der Faserverlauf ist im allgemeinen gerade, nur gelegentlich wellig. Guatambu ist ein schweres Holz, es hat etwa das Gewicht von Hickory.

**TECHNISCHE EIGENSCHAFTEN** In seinen Festigkeitseigenschaften zeigt sich geradfaseriges Guatambu dem Eschenholz überlegen, allerdings erreicht es nicht die Festigkeit von Hickory. Guatambu soll ohne Schwierigkeiten trocknen; es läßt sich leicht bearbeiten und liefert eine schöne, glatte Oberfläche. Über seine Dauerhaftigkeit besteht keine Klarheit, das Holz eignet sich aber wahrscheinlich nicht zur Verwendung im Freien.

**VERWENDUNG** Da es zäh ist und eine glatte Oberfläche liefert, wird das wegen seiner Geradfaserigkeit ausgewählte Guatambu für die Griffe von Schlagwerkzeugen verwendet. In Südamerika kommt es im Bauwesen, in der Möbelfertigung und in der Drechslerei zum Einsatz. Wegen seiner feinen Struktur und Farbe bietet es sich als Alternative zu Buchsbaum an, z. B. für Zeichengeräte und Maßstäbe. Da es in Dichte und Struktur dem Zuckerahorn entspricht, müßte Guatambu einen strapazierfähigen Fußboden liefern.

Umgusi

Guatambu

Birke

Muhuhu

Buchsbaum

Pernambuk

## BIRKE
*Betula* spp.

(x25)

**DER BAUM** Birke hat besondere Bedeutung in Kanada (dort vor allem »yellow birch«, *B. alleghaniensis*) und Europa (Weißbirke, *B. pendula,* und Haarbirke, *B. pubescens*). In Europa wachsen die besten Birken – solche mit geraden, zylindrischen Stämmen – in den nördlichen Ländern. Birke läßt sich gut rundschälen und liefert hochwertige Furnierstämme für die bedeutenden finnischen und russischen Sperrholzindustrien.

**DAS HOLZ** Birke ist ein feinstrukturiertes und nahezu weißes Holz; Gelbbirke (»yellow birch«) hat allerdings einen bräunlichen Kern. Normalerweise ist das Holz geradfaserig und fast ohne Zeichnung, aber gelegentlich liefern Stämme texturiertes Holz: geflammte Birke und Maserbirke. Birke ist ein ziemlich schweres Holz; das Gewicht von Gelbbirke entspricht etwa dem von Eiche, die europäische Birke ist dagegen ein wenig leichter.

**TECHNISCHE EIGENSCHAFTEN** In bezug auf Zähigkeit ist Birke durchaus mit Esche zu vergleichen, in den anderen Festigkeitseigenschaften ist das Holz dem der Esche im allgemeinen überlegen. Manuell wie auch maschinell läßt sich Birke gut bearbeiten, es eignet sich gut zum Drechseln und ergibt rundgeschält ein ausgezeichnetes Furnier. Das Holz ist nicht dauerhaft, wenn es fäulnisfördernden Bedingungen ausgesetzt ist.

**VERWENDUNG** Birke kommt mehr in Form von Sperrholz und weniger als Massivholz zum Einsatz. Aufgrund seiner Festigkeitseigenschaften liefert es ein ausgezeichnetes Konstruktionssperrholz: die Mosquito-Bomber waren aus Birkensperrholz gebaut. Heutzutage wird Birkensperrholz im Bauwesen eingesetzt, z. B. für hölzerne Bauteile und Fußböden. Massiv findet Birke im Möbelbau Verwendung, vor allem für die Rahmen von Polstersesseln. Außerdem dient das Holz zur Fertigung von gedrechselten Gegenständen, wie Bürstenrücken und -griffe.

## MUHUHU
*Brachylaena hutchinsii*

(x25)

**DER BAUM** Muhuhu ist ein ostafrikanisches Holz, das vorwiegend aus Tansania in den Handel kommt, und zwar fast ausschließlich in Form von Bohlen und Klötzen. Es stammt von einem kleinen bis mittelgroßen Baum, dessen Stamm im Durchschnitt einen Durchmesser von 50 cm hat und häufig schlecht gewachsen ist.

**DAS HOLZ** Muhuhu ist hart, schwer, sehr fein strukturiert, und seine Farbe variiert zwischen gelblich und mittelbraun. Das Holz ist wechseldrehwüchsig, und solches von ungeraden Stämmen zeigt häufig einen unregelmäßigen Faserverlauf, der zum dekorativen Aussehen des Holzes beiträgt. Muhuhu ist ein dichtes Holz, das um etwa 30 Prozent schwerer ist als Buche. Eine Eigenheit dieses Holzes, die sich vor allem während der Bearbeitung bemerkbar macht, ist sein angenehmer, würziger Duft: Das Holz enthält ein aromatisches Öl, das destilliert wird und als Ersatz für Sandelholzöl in den Handel kommt.

**TECHNISCHE EIGENSCHAFTEN** Die Trocknung von Muhuhu bereitet trotz der Dichte des Holzes keine übermäßigen Schwierigkeiten; im trockenen Zustand zeigt es eine sehr hohe Stabilität. Es ist jedoch schwer zu bearbeiten, und bei unregelmäßigem Faserverlauf läßt sich nur mit großer Sorgfalt eine gute Oberfläche erzielen. Aufgrund seiner Härte, der hohen Dichte und der feinen Struktur ist Muhuhu sehr abriebfest; die übrigen Festigkeitseigenschaften sind als mäßig einzuordnen. Das Holz ist äußerst pilzbeständig und mäßig termitenfest.

**VERWENDUNG** Muhuhu eignet sich hervorragend für den Fußbodenbau in privaten Gebäuden. Aufgrund seiner ausgezeichneten Gebrauchseigenschaften eignet es sich darüber hinaus für härteste Beanspruchung im industriellen Bereich. In der ostafrikanischen Bildhauerei bildet Muhuhu zudem ein beliebtes Material für das Schnitzen von hölzernen Tierfiguren.

## BUCHSBAUM
*Buxus sempervirens*

(x25)

**DER BAUM** Die Bezeichnung Buchsbaum wird für mehrere schwere Hölzer von sehr feiner, gleichmäßiger Struktur und blaßgelber Farbe verwendet. Strenggenommen bezeichnet der Name die Arten der Gattung *Buxus*. Der europäische Buchsbaum (*B. sempervirens*) ist von Großbritannien bis Iran auf einzelne Gegenden beschränkt. Andere Buchsbaumarten sind in Asien und Südafrika beheimatet. Der europäische Buchsbaum erreicht allenfalls eine Höhe von 12 m und damit die Größe eines kleinen Baumes. Sein Holz wird in Form von kurzen Abschnitten gehandelt, deren Durchmesser oft nur 10–20 cm beträgt.

**DAS HOLZ** Buchsbaum hat eine charakteristische gelbe Farbe und gehört zu den Handelshölzern mit der feinsten Struktur. Der Faserverlauf ist gerade oder – häufiger – unregelmäßig, vor allem in Holz aus ungeraden Stämmen. Es ist schwer und selbst getrocknet gerade schwimmfähig.

**TECHNISCHE EIGENSCHAFTEN** Buchsbaum muß sehr schonend getrocknet werden, wenn eine Rißbildung vermieden werden soll; der Gebrauchswert des getrockneten Holzes hängt von seinen Bearbeitungseigenschaften ab. Buchsbaum eignet sich hervorragend zum Drechseln und erlaubt beim Schnitzen eine bemerkenswerte Detailgenauigkeit, so daß es ein ausgezeichnetes Holzschnittmaterial abgibt.

**VERWENDUNG** Schon in der Bibel und der klassischen Literatur des Altertums werden aus Buchsbaum hergestellte Kämme, Schreibtafeln und ähnliche Gegenstände erwähnt. In neuerer Zeit wird Buchsbaum vor allem für Holzschnittblöcke, Maßstäbe und Weberschiffchen verwendet. Obwohl es nur in kleinen Mengen zur Verfügung steht, ist das Holz heutzutage wohlbekannt, da es zu kleinen Drechslerarbeiten wie Schachfiguren, Korkenziehern und gelegentlich zu Werkzeuggriffen verarbeitet wird.

## PERNAMBUK
*Caesalpinia echinata*

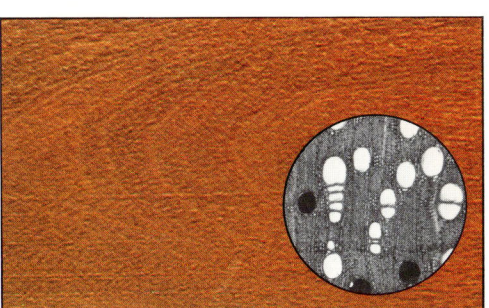

(x25)

**DER BAUM** Das Wort »brasil« bezeichnete im Mittelalter Pflanzen, die einen roten Farbstoff lieferten, insbesondere das ostindische Sappanholz (*C. sappan*). Als die Portugiesen im 16. Jahrhundert Südamerika kolonisierten, fanden sie ein ähnliches Farbholz vor und gaben dem neuen Land dementsprechend den Namen Brasilien. Das Holz (im angelsächsischen Sprachraum als »brazilwood« bezeichnet) gab also dem Land den Namen und erstaunlicherweise nicht umgekehrt das Land dem Holz. Pernambuk (*C. echinata*) kommt nur in den Küstenwäldern Brasiliens vor und bildet dort gewöhnlich kleine bis mittelgroße Bäume, die nur kleine Stammblöcke von 1 m Länge und bis zu 20 cm Durchmesser liefern.

**DAS HOLZ** Frischgeschnittenes Pernambuk ist orangefarben, das Holz dunkelt aber nach und wird tiefrot. Es hat eine feine und gleichmäßige Struktur und kann nach seiner Geradfaserigkeit ausgewählt werden.

**TECHNISCHE EIGENSCHAFTEN** Pernambuk ist zwar hart und schwer, läßt sich jedoch ziemlich leicht bearbeiten und liefert bei entsprechender Behandlung eine sehr glatte Oberfläche.

**VERWENDUNG** Pernambuk war früher als Farbholz so sehr geschätzt, daß der Handel einige Jahrhunderte lang königliches Monopol blieb; um die Mitte des 19. Jahrhunderts ging die Nachfrage zurück. Heutzutage gibt es für Pernambuk eine spezielle Verwendung: Geigenbogen. Angeblich hat es nämlich für diesen Zweck die richtige Kombination von Gewicht, Flexibilität und Festigkeit. Das eng mit ihm verwandte Rebhuhnholz (*Caesalpinia granadillo*) ist braun bis nahezu schwarz und findet Verwendung für Stöcke und Schirmkrücken. Ebenfalls botanisch verwandt ist *Caesalpinia ferrea*, ein anderes schweres, aber dekoratives Holz, das zu Furnieren verarbeitet und in der Möbelherstellung verwendet wird.

# Laubhölzer

Australian silky oak

Weißbuche

## AUSTRALIAN SILKY OAK
*Cardwellia sublimis*

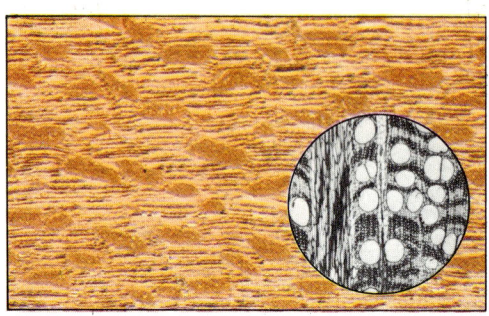

(x10)

**DER BAUM** Australian silky oak heißt ein australisches Holz mit breiten Markstrahlen und einem an Eiche erinnernden Aussehen. Der Name galt zunächst für *Grevillea robusta,* einen im südlichen Queensland und in Neusüdwales vorkommenden Baum. Als die *Grevillea*-Bestände erschöpft waren, wurde der Name auf das im nördlichen Queensland beheimatete *Cardwellia sublimis* übertragen. Die beiden Hölzer gleichen sich im Aussehen und stammen beide von großen Bäumen, die Höhen von 30 m und mehr erreichen können. Handelslieferungen kommen aus Ostafrika.

**DAS HOLZ** Die Ähnlichkeit von Australian silky oak mit echter Eiche liegt in den auf Radialschnittflächen sichtbaren Markstrahlspiegeln begründet, und die rötlich-braune Farbe von Australian silky oak gleicht ein wenig der Färbung von Roteiche. Holz aus Pflanzungen ist hellfarbig. Wie Eiche hat auch Australian silky oak eine ziemlich grobe Struktur, ist aber gewichtsmäßig um etwa ein Drittel leichter.

**TECHNISCHE EIGENSCHAFTEN** Australien silky oak muß sorgfältig getrocknet werden, läßt sich nach der Trocknung jedoch leicht schneiden und gut bearbeiten und nimmt eine schöne Oberfläche an. Das Holz splittert nicht beim Nageln und weist ein gutes Nagel- und Schraubenhaltevermögen auf. Es eignet sich auch zur Herstellung von Schäl- oder Messerfurnieren. Für sein Gewicht ist es fest und zäh, erreicht aber nicht die gleiche Festigkeit und die Dauerhaftigkeit im Außenbau wie echte Eiche. Australian silky oak läßt sich gut dämpfen und biegen.

**VERWENDUNG** Australian silky oak ist ein dekoratives Holz, das in Australien im Möbelbau, für Vertäfelungen und sehr häufig für allgemeine Bauzwecke verwendet wird. Es eignet sich außerdem für den Fußbodenbau, für Karosseriearbeiten und für Faßdauben. Außerhalb Australiens ist das Holz vorwiegend als Furnier zu sehen.

## WEISSBUCHE
*Carpinus betulus*

(x25)

**DER BAUM** Nur die in Europa, in der Türkei und in Iran vorkommende Art der Weißbuche hat wirtschaftliche Bedeutung. Der mittelgroße Baum hat Ähnlichkeit mit Rotbuche, ist gewöhnlich aber nicht so groß.

**DAS HOLZ** Weißbuche ist ein kühles, weißes Holz von feiner Struktur und unscheinbarem Äußeren. Das Holz kann einen unregelmäßigen Faserverlauf und grobwellige Jahresringe aufweisen, vor allem wenn der Stamm krummschaftig ist. Weißbuche zählt zu den dichteren Laubhölzern der gemäßigten Zone und ist etwas schwerer als Rotbuche oder Eiche.

**TECHNISCHE EIGENSCHAFTEN** Weißbuche verhält sich in mancher Hinsicht wie dichte Rotbuche. Es trocknet leicht und gut, hat aber genau wie Rotbuche bei Feuchtewechsel kein sehr gutes Stehvermögen. In bezug auf Festigkeit ist es durchaus mit Rotbuche zu vergleichen, da es besonders splitterfest ist. Aufgrund seines höheren Gewichts ist es etwas schwieriger zu bearbeiten als Rotbuche, es läßt sich aber gut drechseln und nimmt eine sehr glatte Oberfläche an. Weißbuche gibt auch ein gutes Biegeholz ab. Es ist nicht pilzbeständig, kann aber nach einer entsprechenden Schutzmittelbehandlung im Freien verwendet werden.

**VERWENDUNG** Wegen seiner begrenzten Verfügbarkeit ist Weißbuche heute ein Holz für besondere Zwecke. Sein traditionelles Einsatzgebiet waren Teile in Wind- und Wassermühlen sowie – der hohen Splitterfestigkeit wegen – Werkzeuggriffe, Schrupphobel und dergleichen. Das Holz wurde gelegentlich schwarz gebeizt und anstelle von Ebenholz verwendet. Heutzutage wird es zu Billardqueues und Trommelstöcken verarbeitet und außerdem in der Klaviermechanik eingesetzt – ein Gebiet, auf dem es erfolgreich mit Ahorn konkurriert. Aus Weißbuche läßt sich ein strapazierfähiger, splitterfreier Fußboden herstellen.

## HICKORY
*Carya* spp.

(x10)

**DER BAUM** Hickory ist ein amerikanisches Holz, das im südlichen Kanada sowie im Osten und Süden der Vereinigten Staaten auftritt. Der größte Teil des echten Hickory-Holzes stammt von vier *Carya*-Arten. Daneben gibt es Arten, die Pecan liefern – ein Holz, dem ein etwas geringerer Wert als dem echten Hickory beigemessen wird. Hickory ist ein mittelgroßer bis großer Baum und ein wichtiger Lieferant von Nutzholz.

**DAS HOLZ** Hickory besitzt weißes Splintholz und rotbraunes Kernholz. Aus seiner Ringporigkeit resultiert eine grobe Struktur, gutgewachsenes Holz ist jedoch geradfaserig. Bei Hickory handelt es sich um ein dichtes Holz, dessen Gewicht um etwa 15 Prozent über dem von Esche liegt. Wie bei allen ringporigen Hölzern ist aber auch bei Hickory die Dichte abhängig von der Breite der Jahresringe. In der Regel weist das zäheste Hickory weniger als 16 Jahresringe auf 25 mm Radialwachstum auf.

**TECHNISCHE EIGENSCHAFTEN** Wichtigstes Merkmal von Hickory ist zweifellos die außergewöhnliche Kombination von hohen Festigkeiten. Dieses harte und steife Holz besitzt eine hohe Beständigkeit gegen dynamische Beanspruchungen, in dieser Hinsicht ist es Esche weit überlegen. Hickory trocknet langsam, schwindet beträchtlich und beansprucht wegen seines Gewichts Sägen und Schneidwerkzeuge ziemlich stark.

**VERWENDUNG** Hickory wird überall dort eingesetzt, wo es auf Zähigkeit ankommt, also für Hammer-, Axt- und Pickelstiele, für Rangierstangen und dergleichen. Dem weißen Holz wird im allgemeinen der Vorzug gegeben, doch das rote Kernholz läßt sich gleich gut verwenden. Dagegen sollte Holz mit welligem oder ungeradem Faserverlauf möglichst gemieden werden. Geringerwertiges Holz wird für weniger anspruchsvolle Bauzwecke verwendet. Hickory ist sehr beliebt für das Räuchern von Nahrungsmitteln.

## EDELKASTANIE
*Castanea* spp.

(x10)

**DER BAUM** Die europäische Edelkastanie oder Eßkastanie *(C. sativa),* deren Früchte bekannter sind als ihr Holz, ist in den Mittelmeerländern heimisch, wird aber seit langem ebenso in anderen Gegenden angepflanzt. Edelkastanienarten kommen auch in Amerika und Japan vor, doch die Bestände an amerikanischer Kastanie *(C. dentata)* sind durch Rindenkrebs stark dezimiert worden. In Europa bildet die Edelkastanie große Bäume, die häufig als besonderes Merkmal eine Spiralrißstruktur der Rinde zeigen. Oftmals findet sich auch beim Holz Drehwüchsigkeit, die dann dazu beitragen kann, daß große Stämme nach dem Fällen sehr leicht reißen.

**DAS HOLZ** Edelkastanie ist ein blaßbraunes Holz mit deutlich sichtbaren Jahresringen. Das Tangentialschnittbild ähnelt dem von Eiche. Da das Holz aber keine breiten Markstrahlen aufweist, fehlt ihm auf Radialschnittflächen die Spiegeltextur von Eiche. Es ist um etwa 20 Prozent leichter als Eichenholz.

**TECHNISCHE EIGENSCHAFTEN** Edelkastanie ist nicht so hart und so fest wie Eiche, läßt sich aber im allgemeinen leichter bearbeiten und besitzt ein größeres Stehvermögen. Es trocknet nur langsam und ist anfällig für Zelleinbrüche. Das Kernholz von Edelkastanie hat wie das der Eiche eine hohe natürliche Dauerhaftigkeit und neigt dazu, eiserne Befestigungsmittel unter Feuchteeinfluß zu korrodieren.

**VERWENDUNG** Aufgrund seiner natürlichen Dauerhaftigkeit ist Edelkastanie ein ausgezeichnetes Holz für die Anwendung im Freien. Selbst Schwachholzstangen haben nur einen schmalen Splintholzanteil und ergeben nach entsprechender Behandlung gute Pfähle und Pflöcke. Das Holz wird häufig gespalten und für Zäune verwendet; nur gelegentlich wird es zu Möbeln verarbeitet. Edelkastanienfurniere ergeben reizvolle, wenn auch etwas schlichte Vertäfelungen.

Hickory

Edelkastanie

Black bean

Cedrela

Ceiba

Katsura

## BLACK BEAN
*Castanospermum australe*

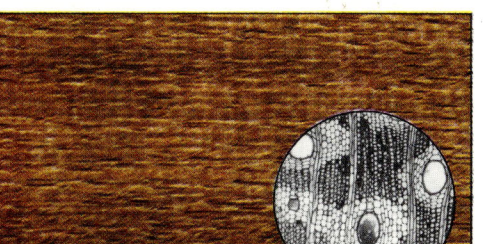
(x25)

**DER BAUM** Black bean ist ein australischer Baum, der im Osten von Queensland beheimatet ist. Der kleine bis mittelgroße Baum erreicht eine Höhe von bis zu 35 m und einen Schaftdurchmesser von 1 m. Im allgemeinen hat der Stamm einen hohen Splintholzanteil; da aber nur das Kernholz wirtschaftlich eine Rolle spielt, ist der Ertrag häufig gering.

**DAS HOLZ** Das Holz ist mittelbraun mit dekorativ wirkenden feinen, hellen Streifen, die sowohl auf Tangential- wie auch auf Radialschnittflächen erscheinen. Das dekorative Aussehen wird manchmal noch durch eine durch Wechseldrehwuchs bedingte streifige Textur verstärkt. Häufiger ist jedoch ein gerader Faserverlauf. Das Holz hat eine ziemlich grobe Struktur und ist mäßig schwer, etwa so wie Eiche oder Buche.

**TECHNISCHE EIGENSCHAFTEN** Black bean muß langsam und mit einiger Sorgfalt getrocknet werden. Man sollte es einige Zeit lang im Freien ablagern lassen, bevor man es im Trockenraum behandelt. Das trockene Holz ist im Gebrauch mäßig stabil. Es läßt sich gut schneiden und manuell oder maschinell bearbeiten. Ferner lassen sich gute Furniere daraus herstellen. Allerdings ist beim Verleimen Vorsicht geboten, da es eine etwas fettige Oberfläche hat. Es ist steif und fest, neigt jedoch zur Sprödigkeit. Black bean gilt als termiten- und pilzbeständig.

**VERWENDUNG** Black bean gehört zu den attraktiveren Hölzern Australiens und findet in der Möbelherstellung, der Kunsttischlerei und für hochwertige Tischlerarbeiten Verwendung. Wegen seiner dekorativen Erscheinung und der äußerlichen Ähnlichkeit mit Nußbaum wird es gern für Vertäfelungen und Einlegearbeiten sowie für feine Drechslerarbeiten verwendet. Das Angebot ist jedoch mengenmäßig begrenzt, und der lokale Bedarf schränkt die überregionale Verfügbarkeit ein.

## CEDRELA
*Cedrela* spp.

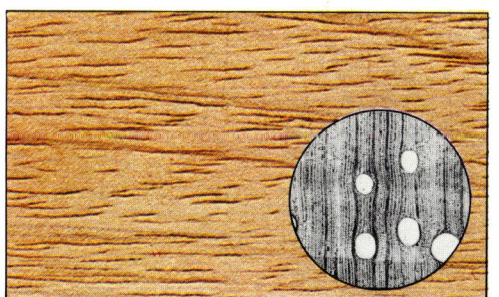
(x10)

**DER BAUM** Als »Zeder« bezeichnet man eine Reihe von Hölzern mit einem angenehmen Duft, der dem der echten Nadelholzzeder (*Cedrus* spp.) ähnelt. Das bekannteste Zedernlaubholz, das Zigarrenkistenholz und Cedrela, stammt von verschiedenen Arten, hauptsächlich aber von der *Cedrela odorata*, die in Mittel- und Südamerika verbreitet ist. Sehr ähnliche Laubhölzer kommen in Australien und Südostasien vor; sie sind ebenfalls als »Zeder« bekannt: obgleich einst in die Gattung *Cedrela* eingeordnet, werden sie heute als *Toona* spp. bezeichnet.

**DAS HOLZ** Es ähnelt Mahagoni in der Farbe, hat aber eine gröbere Struktur und ist leichter und gelegentlich harzig. Gewicht und Farbe des Holzes können je nach Wachstumsbedingungen sehr unterschiedlich sein.

**TECHNISCHE EIGENSCHAFTEN** Bei Cedrela treffen eine Reihe nützlicher technischer Eigenschaften zusammen. Es trocknet schnell und ist dann im Gebrauch sehr stabil. Seine Festigkeit ist zwar nicht hoch, steht aber in einem guten Verhältnis zum Gewicht. Es ist leicht und gut zu bearbeiten, sehr dauerhaft und resistent gegen Pilz- und Termitenbefall.

**VERWENDUNG** Bei Cedrela verbindet sich attraktives Aussehen mit Stehvermögen, Dauerhaftigkeit und leichter Bearbeitbarkeit, so daß das Holz sowohl im lokalen Bereich als auch auf überseeischen Märkten sehr gesucht ist. In den tropischen Gebieten Amerikas ist es ein bevorzugtes Holz für leichte Konstruktionen und Tischlerarbeiten, für Möbel und alle Arten des Innenbaus. Wegen des lokalen Bedarfs steht es für den Export nach Übersee nur in begrenztem Umfang zur Verfügung. Daher kommt es dort nur für besondere Zwecke zum Einsatz: traditionell wird es zur Herstellung von Zigarrenkisten verwendet, es dient aber auch zum Bau von Sportbooten.

## CEIBA
*Ceiba pentandra*

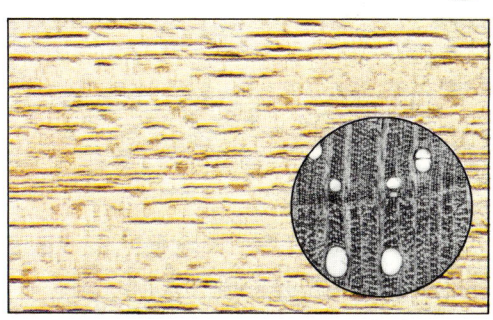
(x10)

**DER BAUM** Ceiba stammt vom Baumwollbaum, so benannt nach dem Samenhaar, dem Kapok, das seine Samen umhüllt und als Füllmaterial für Matratzen sowie für Isolierungen verwendet wird. Andere Baumwollbäume sind Arten der Gattung *Bombax*, das Holz einiger dieser Bäume ist Ceiba ähnlich. Ceiba ist in den Tropen weit verbreitet. Der Baum kann ausgesprochen groß werden: bis zu 60 m hoch und 2 m stark. In allen Waldgebieten Westafrikas ist er sehr häufig anzutreffen.

**DAS HOLZ** Ceiba ist ein blasses Holz, leichter als Abachi, aber schwerer als Balsa. Allerdings hat es nicht das gleiche klare Erscheinungsbild wie diese beiden Hölzer, wegen der zum Teil gröberen Struktur, aber auch der Schwierigkeit, die Oberfläche sauber und frei von Verfärbungen durch Pilzbefall zu halten; denn das Holz ist sehr pilzanfällig.

**TECHNISCHE EIGENSCHAFTEN** Trotz des geringen Gewichts kann die Bearbeitung von Ceiba Schwierigkeiten bereiten. Das Holz hat beim ersten Einschnitt einen hohen Wassergehalt und muß wegen der großen Pilzanfälligkeit schnell getrocknet werden. Allerdings trocknet es leicht und gut. Da es ein weiches und leichtes Holz ist, müssen Sägezähne und Maschinenmesser stets sehr scharf sein, sonst ist keine glatte Schnittfläche zu erzielen. Ceiba eignet sich zur Herstellung qualitativ guter Schälfurniere. Die Festigkeit des Holzes ist gering, selbst unter Berücksichtigung seines Gewichts, und wenn es auch leicht zu nageln ist, so läßt seine Nagelfestigkeit doch zu wünschen übrig.

**VERWENDUNG** Ceiba dient hauptsächlich zur Herstellung von Furnieren, die dann meist als Mittellagen von Sperrholz verwendet werden; außerdem wird das Holz zu Tischlerplatten verarbeitet. Aufgrund des geringen Gewichts ist es als Isoliermaterial gut geeignet. Das Holz findet überdies als Verpackungsmaterial Verwendung, und zwar dort, wo die Festigkeit keine Rolle spielt.

## KATSURA
*Cercidiphyllum japonicum*

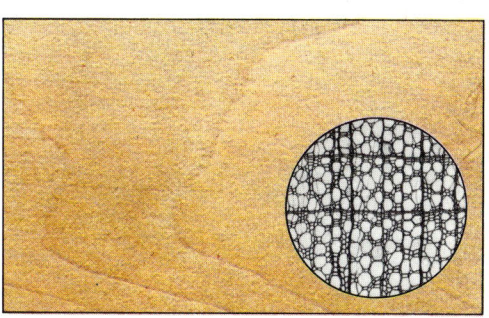
(x25)

**DER BAUM** Katsura ist ein wertvolles Holz, das vornehmlich in den nördlichen gemäßigten Klimazonen Japans, aber auch in China und Korea vorkommt. Die Bäume erreichen eine Höhe von bis zu 30 m und einen Stammdurchmesser von 1,20 m.

**DAS HOLZ** Katsura hat eine mittelbraune Farbe, eine feine Struktur und ist im allgemeinen geradfaserig. Es ist hochglänzend, weist aber keine auffällige Zeichnung auf, abgesehen von den Jahresringen, die auf Tangentialschnittflächen sichtbar werden. Im Aussehen wie im geringen Gewicht ähnelt es dem Pappelholz, nur ist Katsura etwas dunkler.

**TECHNISCHE EIGENSCHAFTEN** Katsura trocknet ohne Schwierigkeiten und ist im Gebrauch sehr stabil. Es läßt sich leicht und gut bearbeiten und ergibt eine sehr glatte Oberfläche. Das Holz ist bekannt für die Detailgenauigkeit, die sich bei manueller wie maschineller Bearbeitung erreichen läßt. Katsura eignet sich zur Herstellung guter Schälfurniere. Es ist nicht sehr fest und besitzt aufgrund seines geringen Gewichts kein besonders gutes Haltevermögen für Nägel und andere Verbindungsmittel.

**VERWENDUNG** Katsura wird hauptsächlich in Japan verwendet, hin und wieder werden aber auch kleine Mengen besäumter Bretter exportiert. Aufgrund seiner feinen, gleichmäßigen Struktur und des relativ guten Stehvermögens bietet es sich überall dort an, wo es auf die Detailgenauigkeit der Ausführung und die Stabilität im Gebrauch ankommt, also für Gußformen, Zierleisten und Schnitzereien, für Lackarbeiten und Zeichenbretter. Es findet Verwendung in der Kunsttischlerei, in der Bleistiftproduktion und in der Herstellung der als »Geta« bezeichneten japanischen Schuhe. Sperrholz oder Furnier aus Katsura zeigt eine gefällige, wenn auch etwas schlichte Oberfläche und wird für Vertäfelungen verwendet.

# Laubhölzer

Iroko             Ostindisches Satinholz

## IROKO
*Chlorophora excelsa*

(x10)

**DER BAUM** Iroko ist ein wichtiges afrikanisches Holz, das überall in seinem großen Verbreitungsgebiet von der Elfenbeinküste bis Angola, vom Sudan bis Mozambique und außerdem in Europa Verwendung findet. Der sehr große Baum erreicht eine Höhe von bis zu 50 m und hat einen schönen, zylindrischen Stamm. Für den Export – hauptsächlich aus Westafrika – werden die Stämme im allgemeinen abgeschwartet oder das Splintholz wird entfernt.

**DAS HOLZ** Das charakteristische Aussehen von Iroko, dessen Farbe von gelbbraun bis tiefbraun variiert, beruht auf dem blassen Gewebe, das die Gefäße umgibt. Das Holz ist meistens wechseldrehwüchsig, und manchmal ist der Faserverlauf unregelmäßig. Iroko wird gelegentlich mit Teak verglichen, zeigt jedoch eine gröbere Struktur, ist etwas leichter und hat nicht den Geruch und die sich fettig anfühlende Oberfläche von Teak. In Innenspalten des Holzes können weiße mineralische Ablagerungen auftreten.

**TECHNISCHE EIGENSCHAFTEN** Wenn Iroko auch nicht ganz so fest ist wie Teak, so schneidet es bei einem Vergleich der anderen Eigenschaften doch gut ab. Es ist von ebenso hervorragender Dauerhaftigkeit, und seine Stabilität im Gebrauch ist bei gerader Faserrichtung etwas höher. Es läßt sich gut schneiden und bearbeiten, allerdings können die mineralischen Ablagerungen Sägezähne und Messer beschädigen.

**VERWENDUNG** Iroko weist eine vorteilhafte Kombination von Eigenschaften auf und ist vergleichsweise billig. Es eignet sich vielfach als Ersatz für Teak, obwohl ihm dessen dekoratives Aussehen fehlt. Als Möbelholz hat es daher keine große Bedeutung. Iroko wird im Schiff- und Bootsbau verwendet, außerdem für hochwertige Tischlerarbeiten, für Werkbänke, Ladentische, Park- und Gartenbänke sowie für Parkettfußböden, selbst wenn eine Fußbodenheizung eingebaut ist.

## OSTINDISCHES SATINHOLZ
*Chloroxylon swietenia*

(x25)

**DER BAUM** Das Ostindische Satinholz oder Ceylon satinwood ist zwar nicht das ursprüngliche Satinholz (von den Westindischen Inseln), aber es ist botanisch mit ihm verwandt und wird seit mehr als 100 Jahren als »echtes« Satinholz gehandelt. Es ist heute das wirtschaftlich stärker genutzte Satinholz und kommt aus Sri Lanka auf den Markt, wächst aber auch in Zentral- und Südindien. Der mittelgroße Baum hat einen oftmals unregelmäßig gestalteten Stamm von 30–50 cm Durchmesser.

**DAS HOLZ** Ostindisches Satinholz ist ein hübsches, gut zu erkennendes Holz von feiner, gleichmäßiger Struktur. In der Farbe variiert es von blaßgelb bis goldgelb. Der unterschiedliche Faserverlauf des wechseldrehwüchsigen und bisweilen welligen Holzes ergibt eine außerordentlich dekorative gestreifte oder gefleckte Zeichnung. Allerdings können Harzkanäle das Erscheinungsbild stören.

**TECHNISCHE EIGENSCHAFTEN** Satinholz ist zwar sowohl fest als auch dauerhaft, ausschlaggebend für seine Bedeutung ist jedoch sein dekoratives Aussehen. Bei entsprechend sorgfältigem Vorgehen läßt es sich recht gut trocknen, es neigt aber zu Oberflächenrissen und Verwerfungen. Obwohl das Holz hart ist, kann man es manuell wie maschinell mit sehr gutem Ergebnis bearbeiten. Es kann gemessert und zu feinen Furnieren verarbeitet werden.

**VERWENDUNG** Ostindisches Satinholz ist im allgemeinen stärker gezeichnet als Westindisches Satinholz, wenn auch das Gelb nicht ganz so klar ist; es ist ein Holz für die Kunsttischlerei. Im 19. Jahrhundert war es ein beliebtes Möbelholz; heute trifft man es vorwiegend in Form von Spiegelfurnieren an, die zum Einlegen von feinen Kunsttischlerarbeiten verwendet werden. Es wird jedoch auch in massiver Form für kleine Drechslerarbeiten verwendet, für Rücken und Handgriffe von Haarbürsten sowie für Blockflöten.

## KAMPFERBAUM
*Cinnamomum camphora*

**DER BAUM** Der echte Kampferbaum kommt in China, Taiwan und Japan vor. Früher war er für die Gewinnung von natürlichem Kampfer sehr wichtig. Heutzutage wird Kampfer synthetisch hergestellt, und damit hat der Kampferbaum seine wirtschaftliche Bedeutung weitgehend verloren. Der Name wird heute oft für andere Hölzer mit einem ähnlichen Geruch benutzt, wenn sich diese in Aussehen und Eigenschaften auch beträchtlich voneinander unterscheiden können. Das echte Kampferholz stammt von einem Baum mittlerer Größe, der bis zu 30 m hoch wird und dessen Stamm einen Durchmesser von 1 m erreicht.

**DAS HOLZ** Typisch für das Kampferholz ist neben seinem Geruch auch sein Aussehen: es ist gelblich mit roten oder rötlichbraunen Streifen. Da der Faserverlauf aber häufig recht unregelmäßig ist, wirkt das Holz eher auffallend als dekorativ. Das Gewicht variiert, das Holz ist aber meistens ziemlich leicht.

**TECHNISCHE EIGENSCHAFTEN** Es heißt, daß Kampferholz leicht trocknet, jedoch zum Verwerfen neigt. Nach dem Trocknen soll es im Gebrauch stabil sein. Es ist ein nicht besonders festes Holz, aber für seine Dauerhaftigkeit bekannt.

**VERWENDUNG** Außerhalb des Fernen Ostens ist Kampferholz nur gelegentlich zu finden, und dann meist als Furnier, das wegen seiner dekorativen Wirkung in Marketerien und Intarsien verwendet wird. Im Fernen Osten wird es sehr geschätzt; es dient dort insbesondere zur Herstellung von Wäschetruhen, Kisten, Kleider- und Bücherschränken, da es dafür bekannt ist, daß es Motten und andere Insekten abschreckt. Außerdem wird Kampferholz traditionell als Sargholz bevorzugt. In früheren Zeiten fertigte man die Seemannskisten aus diesem Holz oder kleidete sie damit aus, da ihm allgemein konservierende Eigenschaften nachgesagt wurden.

## CORDIA
*Cordia* spp.

(x25)

**DER BAUM** Die verschiedenen Arten der Gattung *Cordia* treten in zahlreichen tropischen Ländern auf, das Handelsholz kommt jedoch vorwiegend aus Westafrika (African cordia oder omo) und aus Südamerika, insbesondere Brasilien (Freijo und Louro). Die Bäume erreichen meistens eine mittlere Größe, d. h., sie sind bis zu 30 m hoch, und der Schaft ist 60–100 cm stark.

**DAS HOLZ** Cordia-Holz kann sehr unterschiedlich sein. Gelegentlich ist es hart, schwer und dunkelbraun, aber das wirtschaftlich interessante Holz ist gemeinhin mittelbraun und leicht oder nur mäßig schwer. Freijo und Louro ähneln äußerlich dem Teakholz, sind allerdings um 10–15 Prozent leichter. Die Farbskala der Westafrikanischen Cordia reicht vom blassen Gelbbraun bis hin zum Schokoladenbraun, manchmal zusätzlich auch mit einer rötlichen Schattierung. Das Holz ist grob strukturiert und in der Regel von leichtem Gewicht.

**TECHNISCHE EIGENSCHAFTEN** Die verschiedenen Cordia-Hölzer trocknen gut und sind bekannt für ihre Stabilität im Gebrauch. African cordia ist nicht besonders fest, die schwereren amerikanischen Hölzer hingegen sind nur 15–20 Prozent schwächer als Teak. Alle lassen sich leicht schneiden und mit gutem Ergebnis bearbeiten, sie sind einfach zu nageln und nagelfest. Im allgemeinen ist Cordia dauerhaft, dennoch sollte das helle, leichte Holz keinen Bedingungen ausgesetzt werden, die der Holzfäule Vorschub leisten.

**VERWENDUNG** Diese attraktiven Hölzer finden im tropischen Amerika vielfache Verwendung als Ausstattungsholz, für Tischlerarbeiten sowie für Bauzwecke. Die geringen aus Südamerika exportierten Mengen werden als Furnier oder als Vollholz zu Möbeln verarbeitet. Das afrikanische Holz wird für Außenverkleidungen verwendet und als Anleimer für Sperrtüren.

Kampferbaum

Cordia

Dogwood

Palisander

Rosenholz

Grenadill

## DOGWOOD
*Cornus* spp.

(x25)

**DER BAUM** Dogwood ist in zahlreichen Ländern mit gemäßigtem Klima vertreten, aber eine überregionale Bedeutung als Handelsholz hat es nur im östlichen Nordamerika. Es kommt dort als kleiner Baum von 5–10 m Höhe vor, mit einem Schaftdurchmesser von nicht mehr als 15 cm, und ist für seine auffälligen Blüten bekannt. Etwa gleich groß, aber als Nutzholzquelle weniger bedeutsam ist die europäische Kornelkirsche *(Cornus mas)*, die man in weiten Teilen Europas und im westlichen Asien antrifft.

**DAS HOLZ** Dogwood ist hart, schwer, sehr fein strukturiert und im allgemeinen geradfaserig. Die typische Färbung ist gelb bis rötlichbraun, manchmal ist ein schmaler Streifen dunkelbraunes Kernholz vorhanden, das wirtschaftlich gewöhnlich nicht genutzt wird. Dogwood ist ungefähr um 15 Prozent schwerer als Buche.

**TECHNISCHE EIGENSCHAFTEN** Dogwood trocknet gut, wenn auch langsam und ist bekannt für seine Festigkeit, vor allem für seine Härte und Zähigkeit. Aufgrund seines Gewichts ist es zwar maschinell schwer zu bearbeiten, aber seine Verarbeitungseigenschaften sind gut, und es liefert sehr glatte Oberflächen. Das Holz ist fäulnisanfällig.

**VERWENDUNG** Dogwood ist ein Holz für besondere Zwecke und wird von alters her in der Textilindustrie für Webschützen und Spindeln verwendet, da es strapazierfähig ist und selbst bei ständigem Gebrauch seine glatte Oberfläche behält. Gehandelt wird das Holz in der Form von Kanteln, deren Länge und Schnitt sich nach dem jeweiligen Verwendungszweck richten. Die europäische Kornelkirsche verwendet man gelegentlich für Hammerstiele, da sie zäh und in der Struktur fein und gleichmäßig ist. Im Nahen Osten diente sie auch als Farbholz.

## PALISANDER
*Dalbergia* spp.

(x25)

**DER BAUM** Diese äußerst dekorativen Hölzer waren lange Zeit gesucht. Die Bäume sind im allgemeinen klein bis mittelgroß, und die verschiedenen Arten trifft man in vielen Gegenden der Welt an. Das Handelsholz kommt heutzutage hauptsächlich aus Indien und Brasilien, aber auch aus Madagaskar und Honduras sowie anderen mittelamerikanischen Ländern.

**DAS HOLZ** Häufig wird ein breiter Streifen hellen Splintholzes entfernt, so daß das starkgezeichnete Kernholz übrigbleibt. Das Kernholz ist meistens violettbraun und hat eine dunklere, fast schwarze Streifung; im Gewicht variiert es von schwer bis sehr schwer. Ostindisches Palisander hat einen violetten Farbton, kann allerdings sehr dunkel sein. Rio-Palisander ist braun und oftmals stark gezeichnet; »Königsholz«, eine weitere brasilianische Art, ist fein gestreift und sehr schwer. »Honduras rosewood« sowie einige madagassische Arten haben eine feine Textur.

**TECHNISCHE EIGENSCHAFTEN** Die Trocknung und Bearbeitung dieser Hölzer wirft keine übergroßen Probleme auf, obwohl sehr schweres Holz große Sorgfalt erfordert. Bei der Bearbeitung verbreitet das frische Kernholz häufig einen angenehmen rosenähnlichen Duft. Das Holz läßt sich gut zu Messerfurnieren verarbeiten.

**VERWENDUNG** Seit mehr als 200 Jahren ist Palisander ein sehr geschätztes Material für feine Kunsttischlerarbeiten. Seine Beliebtheit als Holz für hochwertige Möbel ist bis heute erhalten geblieben. Es wird überdies für gedrechselte Gegenstände verwendet, wie die Handgriffe von Bestecken oder anderen Edelstahlwaren. »Honduras rosewood« ist das bevorzugte Material für die Schlagstäbe von Xylophonen und Marimbas. Gezeichnetes Holz findet für Einlegearbeiten Verwendung.

## ROSENHOLZ
*Dalbergia* spp.

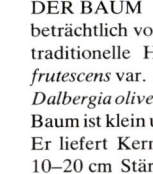

(x25)

**DER BAUM** Rosenholz unterscheidet sich im Aussehen beträchtlich von den anderen Hölzern dieser Gattung. Das traditionelle Herkunftsland des Rosenholzes *(Dalbergia frutescens* var. *tomentosa)* ist Brasilien; ein ähnliches Holz, *Dalbergia oliveri*, kam bislang aus Burma. Der brasilianische Baum ist klein und sein Stamm oftmals von ungerader Form. Er liefert Kernholzabschnitte von 60–120 cm Länge und 10–20 cm Stärke. Die burmesischen Bäume sind größer, häufig gut gewachsen und ergeben in der Regel lange, hochwertige Stämme.

**DAS HOLZ** Bemerkenswert am Rosenholz ist seine Färbung, ein cremiges Gelb mit rosa bis rötlichvioletten Streifen. Die leuchtenden Farben verblassen am Licht etwas, das Holz behält aber ein dekoratives Aussehen. Rosenholz ist geradfaserig bis wechseldrehwüchsig und von feiner Struktur. Es ist sehr schwer, ähnlich wie die dichteren Arten der Gattung.

**TECHNISCHE EIGENSCHAFTEN** Das technische Verhalten des Rosenholzes entspricht dem der dichteren Hölzer dieser Gattung. Das Holz neigt dazu, beim Trocknen zu reißen; die maschinelle Bearbeitung ist schwierig, da es leicht splittert. Glatte Oberflächen haben jedoch einen schönen Glanz. Das Holz läßt sich recht gut messern und liefert dekorative Furniere. Wie viele andere Hölzer der Gattung *Dalbergia* verbreitet das Rosenholz bei der Bearbeitung einen leichten Duft.

**VERWENDUNG** Rosenholz war zwar nie in großen Mengen verfügbar, dennoch war es oftmals beliebt für Intarsien und Marketerien, vor allem in den reichverzierten französischen Möbeln des 18. Jahrhunderts. Heutzutage wird es für ähnliche Zwecke verwendet, z. B. für Profilleisten zum Einfassen von Füllungen und als Einlage in Spieldosen und Schmuckkästchen. Als Vollholz ist es selten zu sehen.

## GRENADILL
*Dalbergia melanoxylon*

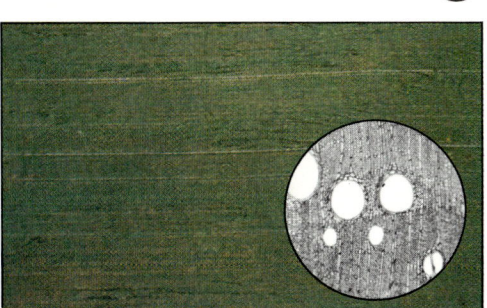

(x25)

**DER BAUM** Grenadill stellt wegen seiner schwarzen Farbe eine Besonderheit unter den Hölzern der Gattung *Dalbergia* dar. Es ist im tropischen Afrika weit verbreitet, das Handelsholz wird jedoch hauptsächlich von Tansania und Mozambique geliefert. Das Holz stammt von kleinen, oftmals unregelmäßig gewachsenen Bäumen und kommt in Form von kurzen Abschnitten in den Handel.

**DAS HOLZ** Es ist dunkelbraun bis schwarz und hat eine feine, gleichmäßige Struktur. Der Faserverlauf ist gerade bis unregelmäßig. Grenadill ist außerordentlich schwer, fast so schwer wie Pockholz, und wie dieses fühlt es sich etwas wachsig an.

**TECHNISCHE EIGENSCHAFTEN** Damit eine übermäßige Rißbildung vermieden wird, muß das Holz mit großer Sorgfalt getrocknet werden. Im trockenen Zustand nimmt Grenadill nur sehr langsam Feuchtigkeit auf, es ändert daher kaum seine Dimensionen. Abgesehen von der Neigung zur Sprödigkeit brauchen seine Festigkeitseigenschaften nicht weiter erwähnt zu werden. Die Härte und Sprödigkeit machen aber eine besonders sorgfältige Bearbeitung erforderlich. Grenadill läßt sich schwer sägen, und die Sägezähne stumpfen schnell ab.

**VERWENDUNG** Seit für den Bau von Holzblasinstrumenten nicht mehr das dafür von jeher verwendete Kokosholz zur Verfügung steht, ist die Fertigung von Oboen, Flöten, Klarinetten und Dudelsackpfeifen der Hauptverwendungszweck von Grenadill. Die Eignung für den Musikinstrumentenbau beruht auf dem guten Klang, aber vor allem auf dem Bearbeitungsverhalten: Man kann Grenadill drechseln und bohren und eine glatte Oberfläche erzielen; es ist hart genug, das Schraubengewinde der metallenen Klappenhalter aufzunehmen, und es arbeitet nur geringfügig. Grenadill findet auch Verwendung in der Drechslerei und insbesondere für afrikanische Schnitzereien.

# Laubhölzer

Cocobolo | Angélique

## COCOBOLO
### *Dalbergia retusa*

(x25)

DER BAUM Cocobolo gehört zwar zur Gattung *Dalbergia*, unterscheidet sich aber von den anderen Hölzern in der Farbe. Der Baum wächst an der Pazifikküste Mittelamerikas, von Mexiko bis Panama, der Handelsbedarf wird jedoch vorwiegend von Costa Rica und Nicaragua gedeckt. Man handelt es in Form kleiner, runder Blöcke.

DAS HOLZ Frisch geschnitten hat Cocobolo eine regenbogenartige Färbung. An der Luft verblassen die leuchtenden Farben jedoch, das Holz dunkelt nach und nimmt ein kräftiges Orangerot an, manchmal mit dunkleren Streifen oder Flecken. Es zeigt eine mittelfeine Struktur, und der Faserverlauf kann je nach Gestalt des Stammes gerade bis unregelmäßig sein. Das Holz ist sehr schwer, vergleichbar den dichteren Hölzern dieser Gattung.

TECHNISCHE EIGENSCHAFTEN Cocobolo wird gewöhnlich in kleinen Blöcken getrocknet; seine Stabilität nach der Trocknung verschaffte ihm einen guten Ruf. Angesichts seines Gewichts bereitet die Bearbeitung keine übermäßigen Schwierigkeiten. Das Holz ist bekannt dafür, daß es sich gut zum Drechseln eignet. Wenn es bearbeitet wird, verbreitet es einen leichten Duft. Dieser rührt von einem natürlichen Öl her, das zwar einerseits schöne Oberflächen entstehen läßt, andererseits aber auch das Verleimen erschwert. Bei der Bearbeitung entsteht ein feiner, äußerst lästiger Staub, der eine Hautentzündung verursachen und die Haut orange färben kann.

VERWENDUNG Früher war Cocobolo ein wichtiges Material für Messerhefte: Es ist nicht nur attraktiv, sondern kann auch eine sehr schöne Oberfläche annehmen und ist unempfindlich gegen häufiges Spülen. Cocobolo wird außerdem verwendet für die Rücken von Haarbürsten, für Werkzeugstiele, für Schachfiguren und – ganz allgemein – für dekorative Drechslereien. Gelegentlich ist es als Einlegearbeit in Schmuckkästchen und dergleichen zu sehen.

## ANGELIQUE
### *Dicorynia guianensis*

(x25)

DER BAUM Angélique (oder Basralocus) stammt aus Surinam und Französisch-Guayana; ein ähnliches Holz kommt in Brasilien vor. Es wird aus großen Bäumen gewonnen, die meist 30 m, aber auch bis zu 50 m hoch werden. Die langen, geraden Schäfte ergeben Stammholz von 60 cm Durchmesser.

DAS HOLZ Die Färbung variiert, das Handelsholz ist aber gewöhnlich ziemlich dunkel, mittelbraun bis violettbraun. Angélique hat ein etwas unscheinbares Aussehen, die geraden Linien seiner deutlich sichtbaren Gefäße lassen es jedoch zusammen mit der Farbe und der groben Struktur recht charakteristisch erscheinen. Das Holz ist schwer, d. h. im allgemeinen von etwa dem gleichen Gewicht wie Eiche.

TECHNISCHE EIGENSCHAFTEN Das Trocknen von Angélique bereitet Schwierigkeiten. Im frischen Zustand läßt es sich ziemlich leicht schneiden, nach der Trocknung wirkt es dagegen stark stumpfend. Das feste und sehr dauerhafte Holz ist resistent gegen Pilzbefall, Bohrmuscheln und angeblich auch gegen Termiten.

VERWENDUNG Angélique gehört zu den verhältnismäßig wenigen Hölzern, die in großen Abmessungen als Konstruktionsholz für stärkere Beanspruchung zur Verfügung stehen. Der Baum ist für diesen Zweck hervorragend geformt, er liefert Masten und Pfähle von 12–18 m Länge und 40/40 cm Querschnitt, die sich sowohl durch Festigkeit als auch durch große Dauerhaftigkeit auszeichnen. Das Holz findet vorwiegend im Dock-, Hafen- und Wasserbau Verwendung, aber auch als Ausstattungsholz, im Bootsbau und für Fußböden. Es wird sowohl in Amerika als auch in Europa geschätzt und hier vor allem in den Niederlanden verarbeitet.

## EBENHOLZ
### *Diospyros* spp.

(x25)

DER BAUM Ebenholz wird schon seit der Zeit des alten Ägypten verwendet. Und wenn heute auch eine Rarität, so ist seine intensiv schwarze Farbe doch immer noch wohlbekannt. Aber nicht alle Hölzer dieser Gattung sind schwarz: Makassar- und Koromandel-Ebenholz sind gestreift oder gefleckt, und viele andere, wie Persimmon, haben eine helle Färbung. Allerdings sind nur wenige dieser »weißen« Ebenhölzer wirtschaftlich von Bedeutung. Ebenholz ist in vielen Gegenden der Welt verbreitet, aber das schwarze Ebenholz, das einst hauptsächlich aus Indien und Ceylon bezogen wurde, kommt heute meist aus dem tropischen Afrika.

DAS HOLZ Zwar ist das pechschwarze Ebenholz das bekanntere, das Holz kann aber auch mittelbraun bis dunkelbraun sein und schwarze Streifen haben, wie Makassar-Ebenholz, oder graue oder braune Flecken, wie Koromandel-Ebenholz. Es ist fein und gleichmäßig strukturiert und außerordentlich schwer.

TECHNISCHE EIGENSCHAFTEN Die Behandlung von Ebenholz ist nicht einfach. Das Holz muß sehr schonend getrocknet und sachkundig verarbeitet werden, da es hart und spröde ist. Bei entsprechend sorgfältiger Bearbeitung lassen sich jedoch ausgezeichnete Ergebnisse erzielen.

VERWENDUNG Ebenholz erfreute sich in Europa und Asien stets großer Beliebtheit. Im Altertum fand es an den Höfen Ägyptens, Persiens und Indiens insbesondere für Möbel und Schnitzereien Verwendung. In der heutigen Zeit ist es nur in geringen Abmessungen verfügbar, aber es wird noch immer für Dinge verwendet, bei denen seine dekorative Wirkung zur Geltung kommt: für Handgriffe, Türknöpfe, Bürstenrücken, Teile des Billardqueue sowie für eine Reihe von gedrechselten Gegenständen. Ein weiteres Verwendungsgebiet für Ebenholz sind Musikinstrumente: Teile der Violine, Orgelregister, Kastagnetten und die schwarzen Klaviertasten werden aus Ebenholz gefertigt.

## PERSIMMON
### *Diospyros virginiana*

(x10)

DER BAUM Persimmon zählt zu den »weißen« Ebenholzarten: Es gehört zwar zur gleichen Gattung wie die Bäume mit dem bekannten schwarzen Ebenholz, aber bei Persimmon beschränkt sich der dunkle Holzanteil auf einen sehr kleinen Kern, und von wirtschaftlichem Interesse ist lediglich das Splintholz. Persimmon wächst in den zentralen und südlichen Gebieten der Vereinigten Staaten und erreicht nur eine Höhe von bis zu 30 m und einen Stammdurchmesser von 50–75 cm. Es gibt in anderen Gegenden weitere »weiße« Ebenholzarten, von denen aber nur wenige von Bedeutung sind; Asian kaki *(Diospyros kaki)* trägt allerdings genau wie Persimmon eßbare Früchte.

DAS HOLZ Das wirtschaftlich genutzte Persimmon ist von fast weißer Farbe mit einer gräulichen Schattierung. Das Holz hat eine feine, gleichmäßige Struktur und einen geraden Faserverlauf. Es handelt sich um ein dichtes Holz, das um etwa 15 Prozent schwerer ist als Buche.

TECHNISCHE EIGENSCHAFTEN Persimmon trocknet ziemlich leicht, schwindet jedoch beträchtlich. Das getrocknete Holz arbeitet merklich, wenn sich die Feuchtebedingungen ändern. Diese Instabilität spielt bei den traditionellen Verwendungszwecken kaum eine Rolle; wichtiger sind die Festigkeitseigenschaften, die besser sind als die der Buche, sowie die ausgezeichneten Endbehandlungs- und Gebrauchseigenschaften.

VERWENDUNG Persimmon verwendet man nur für bestimmte Zwecke. Für die Textilindustrie wird es in Form von Kanteln bereitgestellt, die getrocknet und zu Webschützen verarbeitet werden. Dafür ist Persimmon besonders geeignet, denn bei diesem Holz lassen sich die komplizierten Details und sehr glatte Oberflächen gut herausarbeiten. Ferner wird es von jeher für Golfschlägerköpfe verwendet, da es außerordentlich hart ist, eine sehr hohe Stoßfestigkeit besitzt und eine sehr glatte Oberfläche liefert.

Ebenholz

Persimmon

Keruing/Gurjun/Yang

Paldao

Kapur

Jelutong

## KERUING/GURJUN/YANG
*Dipterocarpus* spp.

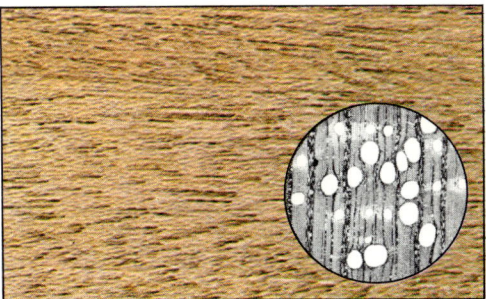

(x10)

DER BAUM Die Bäume der Gattung *Dipterocarpus*, einer der bedeutendsten Gattungen Südostasiens, sind unter Namen bekannt, die jeweils auf ihr Herkunftsland schließen lassen: Gurjun – Indien und Burma; Yang – Thailand; Keruing – Malaysia und Indonesien; Apitong – Philippinen. Handelslieferungen umfassen eine Reihe von Holzarten, die sich in ihrer Beschaffenheit etwas unterscheiden. Lieferungen aus Gebieten wie Burma, Thailand und den Philippinen, in denen nur eine begrenzte Anzahl von Arten auftritt, sind in ihrer Beschaffenheit einheitlicher als solche aus Gegenden mit einem breitgefächerten Artenangebot.

DAS HOLZ Die verschiedenen Hölzer sind von mittelbrauner bis dunkelbrauner Farbe, im allgemeinen geradfaserig, grob strukturiert und von unscheinbarem Aussehen. Einige Arten scheiden ein klebriges Harz aus. Die Hölzer variieren im Gewicht, sind aber im Durchschnitt ein wenig schwerer als Eiche.

TECHNISCHE EIGENSCHAFTEN Das Holz trocknet langsam, ist jedoch nach der Trocknung fest und ziemlich pilzbeständig. Da es Werkzeuge abnutzt und oftmals harzig ist, kann die Verarbeitung Schwierigkeiten bereiten. Seine Stabilität im Gebrauch ist nicht sehr hoch.

VERWENDUNG Aufgrund ihrer Verfügbarkeit auf dem Markt, ihrer Qualität und ihres niedrigen Preises haben diese Hölzer in vielen Ländern Verwendung gefunden. Ihnen fehlt die außerordentliche Dauerhaftigkeit des Eichenholzes, aber in Ländern mit gemäßigtem Klima bieten sich ihnen zahlreiche Außenanwendungsmöglichkeiten: im Bauwesen für Verkleidungen, Fensterbänke und Türschwellen, im Lastwagenbau, im Bootsbau sowie für Querstangen an Telegraphenmasten. Sie neigen zur Harzausscheidung, so daß bei einer Verwendung für Fußböden Probleme entstehen können. In Asien dienen sie zur Herstellung von Sperrholz.

## PALDAO
*Dracontomelum* spp.

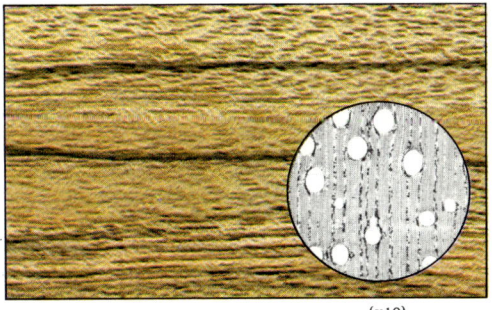

(x10)

DER BAUM Paldao (oder Dao) und das engverwandte »New Guinea walnut« sind dekorative Hölzer aus Papua-Neuguinea und von den Philippinen. Paldao ist ein großer Baum mit zylindrischem Stamm über hohen Wurzelanläufen. Er erreicht eine Höhe von 30 m und mehr.

DAS HOLZ Paldao ähnelt Nußbaum, ist aber botanisch gesehen kein echtes Nußbaumholz. Es gleicht eher Australischem Nußbaum als dem europäischem Nußbaumholz, denn es ist grau bis braun mit ziemlich regelmäßigen dunklen Streifen. Lediglich das Kernholz ist gekennzeichnet, das Splintholz, das häufig einen hohen Anteil am Stamm hat, ist hell und nicht gezeichnet. Im allgemeinen ist das Holz wechseldrehwüchsig, aber gelegentlich kommen auch Stämme mit welligem Faserverlauf vor, der dann eine besonders dekorative Wirkung hervorruft. In der Struktur ist das Holz mit echtem Nußbaumholz vergleichbar, jedoch um ungefähr 10 Prozent schwerer als dieses.

TECHNISCHE EIGENSCHAFTEN Da Paldao wegen des hohen Splintholzanteils, der keine wirtschaftliche Bedeutung hat, selten als Massivholz gebraucht wird, liegen über das Holz nur wenige technische Angaben vor. Es soll beim Trocknen zum Verwerfen neigen, aber gut zu bearbeiten sein. Es eignet sich zur Herstellung von Schäl- und Messerfurnieren und ergibt eine feine Oberfläche.

VERWENDUNG Paldao wird seit mehr als 50 Jahren wirtschaftlich genutzt. »New Guinea walnut« ist noch nicht so lange eingeführt. Beide gehoren zu den attraktivsten nußbaumähnlichen Hölzern, wenn ihnen auch das außergewöhnlich dekorative Aussehen des echten Nußbaumholzes fehlt. Sie werden hauptsächlich zu Messerfurnieren verarbeitet und als texturierte Oberflächen von Möbeln und Kunsttischlerarbeiten sowie für Vertäfelungen eingesetzt.

## KAPUR
*Dryobalanops* spp.

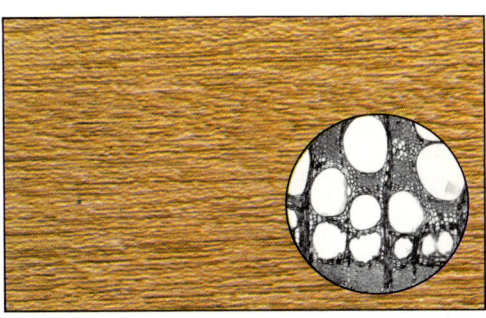

(x25)

DER BAUM Kapur ist ein südostasiatisches Holz, das aus West-Malaysia in den Handel kommt, aber auch auf Sumatra und Borneo Bedeutung hat. Der Baum ist gewöhnlich sehr groß; er wird bis zu 60 m hoch und hat einen langen, geraden, zylindrischen Stamm. Manchmal wird er wegen des angenehmen Geruchs, der sich insbesondere bei der Bearbeitung des Holzes bemerkbar macht, auch als »Borneo camphorwood« bezeichnet.

DAS HOLZ Wegen der ziemlich klaren gelbbraunen bis rötlichbraunen Färbung hat Kapur äußerlich gewisse Ähnlichkeit mit Keruing; in der Beschaffenheit ist es aber einheitlicher. Seine Struktur ist feiner, und es ist nicht harzig. Das Aussehen wird oft durch zahlreiche winzige Wurmlöcher beeinträchtigt, die vor der Bearbeitung des Holzes kaum erkennbar sind. Es ist ungefähr so schwer wie Keruing und etwas schwerer als Eiche.

TECHNISCHE EIGENSCHAFTEN Kapur ist ein festes Holz. Es ist zwar wurmanfällig, wird aber nach dem Trocknen nicht mehr von Würmern angegriffen; außerdem wird die technische Leistungsfähigkeit durch den Wurmbefall nicht gemindert. Kapur ist im Gebrauch stabiler als Keruing, auch dauerhafter, aber genau wie dieses stumpft es Schneidwerkzeuge ab, da es Kieselsäure enthält.

VERWENDUNG Das Holz ist zwar schlicht, doch im Gebrauch bei mäßiger Beanspruchung fest, stabil und dauerhaft. Wenn es auch nicht die Popularität von Keruing genießt, so bietet es sich aufgrund seiner guten technischen Eigenschaften doch für viele Zwecke an, für die Keruing und Eiche verwendet werden. Es eignet sich sehr gut für Bautischlerarbeiten, wie Fensterbänke und Türschwellen, für Verkleidungen, für Tore und Pfosten sowie für landwirtschaftliche Bauten. In großen Abmessungen bietet es sich für Rammpfähle, Pfeiler und andere Verwendungszwecke im Wasserbau an.

## JELUTONG
*Dyera costulata*

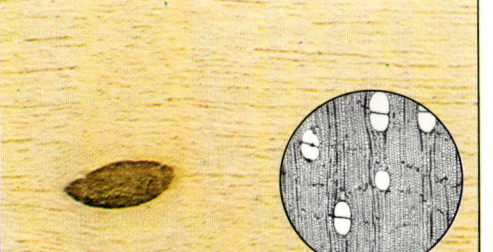

(x10)

DER BAUM Jelutong ist ein südostasiatisches Holz, das in Malaysia und auf den indonesischen Inseln Sumatra und Borneo zu finden ist. Von Bedeutung ist der Baum nicht nur wegen seines Holzes, sondern auch als Quelle eines milchigen Latex, der zur Kaugummiherstellung verwendet wird. Der Baum ist sehr groß, bis 60 m hoch, und hat einen geraden, zylindrischen Stamm. Das Holz wird als Schnittholz exportiert.

DAS HOLZ Das schlichte, strohfarbene Holz weist gewöhnlich vereinzelte, manchmal auch gruppenweise gehäufte horizontale Höhlungen auf. Dabei handelt es sich um Latexspalten, die auf Tangentialschnittflächen linsenförmig erscheinen und mehr als 10 mm hoch sein können. Im allgemeinen ist das Holz geradfaserig, fein strukturiert und ohne jede charakteristische Zeichnung. Es ist ungefähr so leicht wie Pappelholz und hat eine ungewöhnlich weiche, aber feste Struktur.

TECHNISCHE EIGENSCHAFTEN Jelutong trocknet schnell und gut, und das getrocknete Holz ist stabil im Gebrauch. Es ist weich und druckempfindlich. Die Festigkeitseigenschaften dieses weichen Holzes sind denen von Abachi ähnlich. Es läßt sich leicht schneiden und ergibt nach entsprechender Bearbeitung sehr glatte Oberflächen. Es eignet sich zum Schnitzen kleinster Details. Die Pilzbeständigkeit des Holzes ist gering, und es treten schnell Verfärbungen auf, wenn die Trocknung sich verzögert.

VERWENDUNG Jelutong ist allgemein bekannt für seine feine, gleichmäßige Struktur und seine gute Bearbeitbarkeit. Diese Eigenschaften und sein gutes Stehvermögen machten es zu einem beliebten Modellbauholz. Das Holz ist kaum ohne Latexspalten zu bekommen, und daher wird es vorwiegend in kleinen Stücken für kunsthandwerkliche Arbeiten, Spielzeug und Modelle oder für Gegenstände verwendet, bei denen das Aussehen keine Rolle spielt.

# Laubhölzer

Australischer Nußbaum          Sapelli

## AUSTRALISCHER NUSSBAUM
*Endiandra palmerstonii*

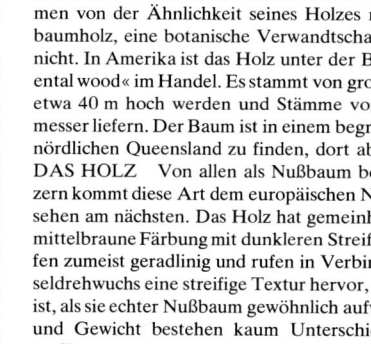
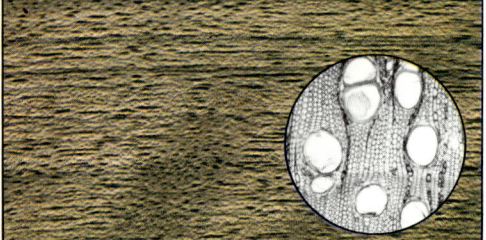

(x25)

**DER BAUM** Der Australische Nußbaum hat seinen Namen von der Ähnlichkeit seines Holzes mit echtem Nußbaumholz, eine botanische Verwandtschaft besteht jedoch nicht. In Amerika ist das Holz unter der Bezeichnung »oriental wood« im Handel. Es stammt von großen Bäumen, die etwa 40 m hoch werden und Stämme von 1,50 m Durchmesser liefern. Der Baum ist in einem begrenzten Gebiet im nördlichen Queensland zu finden, dort aber recht häufig.

**DAS HOLZ** Von allen als Nußbaum bezeichneten Hölzern kommt diese Art dem europäischen Nußbaum im Aussehen am nächsten. Das Holz hat gemeinhin eine graue bis mittelbraune Färbung mit dunkleren Streifen. Diese verlaufen zumeist geradlinig und rufen in Verbindung mit Wechseldrehwuchs eine streifige Textur hervor, die regelmäßiger ist, als sie echter Nußbaum gewöhnlich aufweist. In Struktur und Gewicht bestehen kaum Unterschiede zum echten Nußbaum.

**TECHNISCHE EIGENSCHAFTEN** Zwei technische Aspekte sind beim Australischen Nußbaum von besonderer Bedeutung: Trocknung und maschinelle Bearbeitbarkeit. Dünn geschnitten, trocknet das Holz gut, aber bei dickeren Brettern ist große Sorgfalt erforderlich. Das trockene Holz bewirkt beim Sägen und Bearbeiten ein Stumpfwerden der Schneiden, da es Kieselsäure enthält. Außerdem hat das frische Holz einen unangenehmen Geruch, der allerdings nach dem Trocknen verschwindet. Es eignet sich zur Herstellung von guten Messerfurnieren.

**VERWENDUNG** Australischer Nußbaum ist als Furnier wie auch als Massivholz im Handel. Das Massivholz wird für hochwertige Tischlerarbeiten und Einrichtungen von Läden, Banken und öffentlichen Gebäuden verwendet und ergibt attraktive Fußböden. Ausgewählte Furniere finden Verwendung in dekorativen Täfelungen und in der Möbelherstellung.

## SAPELLI
*Entandrophragma cylindricum*

(x10)

**DER BAUM** Sapelli ist zwar nach einem nigerianischen Flußhafen benannt, aber im tropischen Afrika von Sierra Leone bis Uganda und Zaire weit verbreitet. Es ist ein sehr bekanntes und bedeutendes Handelsholz, das von den westafrikanischen Ländern zwischen der Elfenbeinküste und Kamerun exportiert wird. Es stammt von sehr großen Bäumen, aus denen zylindrisches Stammholz von 1 m Durchmesser und darüber gewonnen wird.

**DAS HOLZ** Das mahagoniähnliche Sapelli-Holz ist für seine streifige Zeichnung auf Radialschnittflächen und Messerfurnieren bekannt, gelegentlich hat es aber auch eine geriegelte oder geflammte Textur. Verglichen mit Khaya (Afrikanisches Mahagoni) hat es eine dunklere Farbe, eine feinere Struktur und ein höheres Gewicht.

**TECHNISCHE EIGENSCHAFTEN** Die Trocknungs- und Bearbeitungseigenschaften von Sapelli werden insbesondere durch den Wechseldrehwuchs beeinflußt: tangential geschnittene Bretter verwerfen sich während des Trocknens, und Radialschnittflächen müssen überaus sorgfältig gehobelt werden, wenn ein Einreißen des Holzes vermieden werden soll. Da Sapelli härter und schwerer als Khaya ist, ist es auch fester, schwieriger zu bearbeiten und dauerhafter, aber nicht ganz so stabil im Gebrauch.

**VERWENDUNG** Sapelli wird weithin wie Mahagoni verwendet, es verbindet attraktives Aussehen mit Festigkeit und Dauerhaftigkeit. Das Holz dient zur Herstellung hochwertiger Tischlerarbeiten für den Innen- und Außenbau, zur Fertigung von Fensterrahmen, Treppen, Ladeneinrichtungen und Fußböden. Die dekorativen Spiegelfurniere werden für Türen, Klaviere und Möbeloberflächen verwendet, wenn Mahagoni in Mode ist. Zur Herstellung von Sperrholz, das bei entsprechender Verleimung im Bootsbau eingesetzt werden kann, wird Sapelli rundgeschält.

## SIPO
*Entandrophragma utile*

(x10)

**DER BAUM** Sipo (oder Utile) zählt zu den herausragenden afrikanischen Hölzern und kommt von Sierra Leone bis Uganda und Angola vor; als Handelsholz wird es aber hauptsächlich von der Elfenbeinküste und Ghana geliefert. Es stammt von sehr großen Bäumen, die Höhen von über 60 m und mehr erreichen und lange, gerade Stämme haben. Diese ergeben Rundholz von über 2 m Durchmesser und sehr breite Bretter.

**DAS HOLZ** Sipo entspricht im Aussehen Sapelli, ist jedoch gröber strukturiert und hat eine breitere und weniger dekorative Streifung, obwohl das Holz in der Regel wechseldrehwüchsig ist. Es hat eine mahagonirote Farbe, ist erheblich schwer als Khaya (Afrikanisches Mahagoni) und geringfügig schwerer als Sapelli.

**TECHNISCHE EIGENSCHAFTEN** Bei Sipo bereitet das Trocknen im allgemeinen nicht so große Schwierigkeiten wie bei Sapelli, sofern das Holz nicht ausgesprochen ungeradfaserig ist. Das getrocknete Sipo ist im Gebrauch stabiler. Es läßt sich leicht schneiden und gut bearbeiten, obgleich – wie bei allen wechseldrehwüchsigen Hölzern – schonend verfahren werden muß, wenn bei Radialschnittflächen ein gutes Ergebnis erzielt werden soll. Seine Dauerhaftigkeit wird höher eingestuft als die von Sapelli und Mahagoni.

**VERWENDUNG** Sipo ist eines der gesuchtesten mahagoniähnlichen Hölzer. Es wird für Fensterrahmen und Türschwellen ebenso verwendet wie für Außentüren und Türrahmen, für Verkleidungen und für Laden- und Büroeinrichtungen. Seine Festigkeit und Dauerhaftigkeit machen es zu einem brauchbaren Konstruktionsholz für Straßenfahrzeuge und im Schiff- und Waggonbau. Es dient zur Möbelherstellung, ist allerdings nicht so dekorativ wie Sapelli. Sipo wird geschält zu Sperrholz verarbeitet, das zugleich fest und dauerhaft ist und damit höchsten Ansprüchen genügt.

## EUCALYPTUS
*Eucalyptus* spp.

(x25)

**DER BAUM** »Tasmanian oak« (Eucalyptus) ist die Exportbezeichnung für drei Eucalyptus-Hölzer, die in Australien unter verschiedenen Namen bekannt und im Handel sind und allgemein »ash« genannt werden. Botanisch sind sie weder mit echter Eiche (oak) noch mit echter Esche (ash) verwandt. Das Verbreitungsgebiet der Bäume in südöstlichen Australien umfaßt Neusüdwales und Tasmanien. Die riesigen Bäume erreichen Höhen von bis zu 90 m und haben glatte, gerade Stämme mit Durchmessern von 1 m und mehr.

**DAS HOLZ** Eucalyptus-Holz besitzt einige Ähnlichkeit mit tangential geschnittener Eiche, auf Radialschnittflächen fehlen ihm jedoch jegliche Spiegel. Gewöhnlich hat es eine grobe Struktur und ist geradfaserig. Das ziemlich schlichte Erscheinungsbild wird gelegentlich durch dunkle Harzkanäle gestört. Das Holz ist mittelschwer und variiert leicht im Gewicht. Es ist aber nicht so schwer wie echte Eiche, und da die Poren nicht ringförmig angeordnet sind, kann man es leicht von ihr unterscheiden.

**TECHNISCHE EIGENSCHAFTEN** Eucalyptus ist leicht zu trocknen, neigt allerdings zu Zelleinbrüchen an der Oberfläche. Diese lassen sich aber durch Rekonditionieren nach dem Trocknen beseitigen. Das Holz ist mäßig stabil im Gebrauch. Es besitzt gute Festigkeitseigenschaften und läßt sich ohne Schwierigkeiten schneiden und bearbeiten. Es ist mäßig dauerhaft, aber nicht so widerstandsfähig gegen Fäulnis wie echte Eiche.

**VERWENDUNG** In Australien wird Eucalyptus gern als Konstruktions-, Tischler- und Möbelholz eingesetzt, z. B. im Wagenbau und – aufgrund der Zähigkeit – für Sportgeräte. Außerdem ist es ein beliebtes Material für Kisten und Böttcherwaren und ein guter Papierrohstoff. Außerhalb Australiens sieht man es hauptsächlich in Form von Friesen zur Herstellung schöner Fußböden.

| Sipo | Eucalyptus | Karri | Spotted gum | Jarrah | Blackbutt |

## KARRI
*Eucalyptus diversicolor*

(x25)

DER BAUM   Karri ist ein australisches Holz, das nur in einem begrenzten Gebiet im Südwesten von Western Australia vorkommt, dort allerdings sehr häufig ist und in großen Mengen zur Verfügung steht. Mit einer Höhe von 80–90 m gehört Karri zur Gruppe der Riesenbäume Australiens; er hat einen langen, geraden Schaft von bis zu 3 m Durchmesser und liefert Nutzholz von sehr großen Abmessungen.

DAS HOLZ   Karri zeigt eine rötlichbraune Färbung, eine grobe Struktur und äußerlich eine starke Ähnlichkeit mit Jarrah, es ist nur etwas blasser und geringfügig schwerer. Genau wie Jarrah ist es gelegentlich texturiert.

TECHNISCHE EIGENSCHAFTEN   Karri läßt sich schwerer trocknen als Jarrah und neigt zu Oberflächenrissen. In großen Abmessungen wird es an der Luft getrocknet; kleinere Abschnitte können künstlich getrocknet werden, dies muß jedoch sehr schonend geschehen. Karri ist, selbst im Vergleich zu Jarrah, ein sehr festes Holz, vor allem hart, steif und zäh. Da es schwerer ist als Jarrah, läßt es sich weniger leicht sägen und bearbeiten, es können aber gute Oberflächen erzielt werden. Karri ist widerstandsfähig gegen Pilzbefall, erreicht aber nicht die Resistenz von Jarrah.

VERWENDUNG   Das Holz steht in sehr großen Abmessungen zur Verfügung und wird in Australien wie auch in vielen anderen Teilen der Welt für eine Vielzahl von Bauzwecken verwendet, insbesondere im Brückenoberbau, für Hafendämme und Kaianlagen. In diesen Bereichen ist es Jarrah an Festigkeit überlegen, es hat aber eine geringere Resistenz gegen Pilz-, Bohrmuschel- oder Termitenbefall. Das Holz wird außerdem im Lastwagen- und Waggonbau eingesetzt, für Querstangen von Telegrafenmasten und in der Herstellung von Sperrholz.

## SPOTTED GUM
*Eucalyptus maculata*

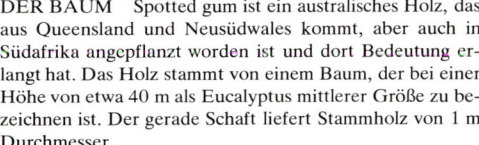

(x25)

DER BAUM   Spotted gum ist ein australisches Holz, das aus Queensland und Neusüdwales kommt, aber auch in Südafrika angepflanzt worden ist und dort Bedeutung erlangt hat. Das Holz stammt von einem Baum, der bei einer Höhe von etwa 40 m als Eucalyptus mittlerer Größe zu bezeichnen ist. Der gerade Schaft liefert Stammholz von 1 m Durchmesser.

DAS HOLZ   Spotted gum ist ein helles Holz von graubrauner bis brauner Farbe und grober Struktur. Es kann geradfaserig oder wechseldrehwüchsig sein, zeigt aber keine auffallende Zeichnung. Es ist sehr schwer; das australische Holz erreicht das Gewicht von Greenheart, während Holz südafrikanischer Provenienz etwas leichter sein kann.

TECHNISCHE EIGENSCHAFTEN   Spotted gum läßt sich schwer trocknen, neigt zu Oberflächenrissen und bei Ungeradfaserigkeit zu Verwerfungen. Das Holz ist fest und für seine Zähigkeit bekannt; trotz seiner Härte bereitet es beim Sägen keine besonderen Schwierigkeiten, und bei der Bearbeitung läßt sich eine gute Oberfläche erzielen. Spotted gum wird als mäßig pilzbeständig eingestuft.

VERWENDUNG   In Australien ist Spotted gum ein wichtiges Holz, und in Südafrika findet es zunehmend Anklang; außerhalb dieser Länder ist es jedoch recht selten anzutreffen. Aufgrund seiner Festigkeit und insbesondere seiner Zähigkeit stellt es ein wertvolles Konstruktionsholz dar und dient zum Bau von Brücken, Lastwagen und Waggons sowie von Booten. Es gehört zu den besten australischen Hölzern für Hammer-, Axt- und Pickelstiele und wird auch in Südafrika für diese Zwecke gebraucht. In Form von Streifen oder Klötzen ergibt es strapazierfähige Fußböden. Junge Stämme werden in Südafrika nach einer entsprechenden Schutzbehandlung als Leitungsmasten eingesetzt; das Holz wurde auch schon für Querstangen von Telegrafenmasten nach Europa exportiert.

## JARRAH
*Eucalyptus marginata*

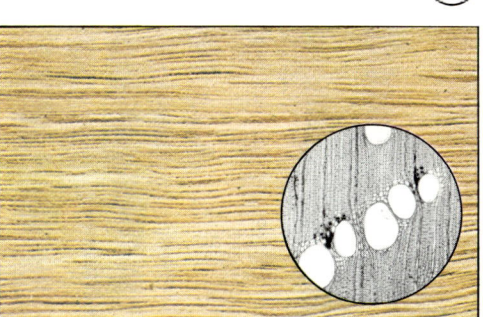

(x25)

DER BAUM   Die australische Holzart Jarrah hat nur ein begrenztes Verbreitungsgebiet, nämlich den Küstenbereich südlich von Perth in Western Australia. Dort ist sie allerdings so häufig, daß mehr Jarrah geschlagen wird als irgendein anderes australisches Holz. Der Baum erreicht die für einen Eucalyptus bescheidene Höhe von etwa 45 m und einen Stammdurchmesser von 1,50 m.

DAS HOLZ   Jarrah hat eine grobe Struktur, eine mittel- bis dunkelrötlichbraune Färbung und gelegentlich dunklere Markierungen. Sein Erscheinungsbild ist markant, aber nicht besonders dekorativ, auch wenn gelegentlich infolge einer Kombination von Wechseldrehwuchs und welliger Faser eine Maserung des Holzes festzustellen ist. Das Aussehen kann durch das Auftreten von Harzgängen und -taschen beeinträchtigt werden. Jarrah ist ein dichtes Holz; sein Gewicht variiert etwas, liegt jedoch im Durchschnitt um etwa 15 Prozent über dem von Eiche.

TECHNISCHE EIGENSCHAFTEN   In großen Abmessungen wird Jarrah an der Luft getrocknet, aber auch kleinere Abschnitte können vor der Ofentrocknung an der Luft vorgetrocknet werden. Jarrah ist fester und dauerhafter als Eiche und beständig gegen Termiten- und Bohrmuschelbefall. Trotz seiner Härte bereitet es beim Sägen und Bearbeiten keine übermäßigen Schwierigkeiten.

VERWENDUNG   Jarrah ist fest, sehr dauerhaft und steht in großen Abmessungen zur Verfügung. In Australien setzt man es im Dock-, Hafen- und Brückenbau ein, für Pfähle, Rahmen und Beplankungen; für diese Zwecke wird es auch in viele Teile der Welt exportiert. Verwendung findet es ferner im Schiffbau und in vielen Ländern für Eisenbahnschwellen. Es eignet sich für Fußböden und genügt dabei härtester industrieller Beanspruchung. In Australien wird es für hochwertige Tischlerarbeiten im Innen- wie im Außenbau verwendet.

## BLACKBUTT
*Eucalyptus pilularis*

DER BAUM   Blackbutt stellt eine der wichtigsten Eucalyptus-Arten Ostaustraliens dar und kommt besonders häufig in Teilen von Neusüdwales und Queensland vor. Es handelt sich um einen großen Baum, der Höhen von 50 m erreicht und Stämme von etwa 1 m Durchmesser liefert. Die infolge von Buschfeuern verkohlte faserige Rinde des unteren Stammteils soll dem Baum den Namen gegeben haben.

DAS HOLZ   Blackbutt ist blaßbraun, von mäßig grober Struktur, geradfaserig bis wechseldrehwüchsig und hat ein wenig dekoratives Aussehen. Häufig weist es charakteristische Harzgänge oder Streifen auf. Das Holz ist sehr schwer – um etwa 20 Prozent schwerer als Eiche –, hat aber im Vergleich zu vielen anderen Eucalyptus-Arten kein übermäßig hohes Gewicht.

TECHNISCHE EIGENSCHAFTEN   Es ist schwer, Blackbutt so zu trocknen, daß es nicht zu Trocknungsfehlern, insbesondere Oberflächenrissen, kommt. Das Holz neigt zudem zu Zelleinbrüchen, die allerdings nach der Trocknung rekonditioniert werden können. Blackbutt ist ein festes, zähes und steifes Holz. Trotz seiner Härte läßt es sich sägen, und es kann sowohl von Hand als auch maschinell mit gutem Ergebnis bearbeitet werden; genagelt werden kann es allerdings nur, wenn man die Löcher vorbohrt. Es wird als pilzbeständig eingestuft.

VERWENDUNG   Blackbutt steht in Australien in großen Mengen zur Verfügung und wird in starkem Maße genutzt; außerhalb des Landes ist das Holz aber selten anzutreffen. In Australien stellt es ein wichtiges Material für bauliche Zwecke dar und wird insbesondere in der Erstellung von Rohbauten von Wohnhäusern, aber auch für Verschalungen und Fußböden sowie in anderen Bereichen des Bauwesens verwendet. Es wird zu Telegrafen- und Stromleitungsmasten sowie zu Eisenbahnschwellen verarbeitet und ist ein brauchbares Holz für Zaunpfähle und Stangen.

# Laubhölzer

Sydney blue gum

Westindisches Satinholz

## SYDNEY BLUE GUM
*Eucalyptus* spp.

(x25)

**DER BAUM** Sydney blue gum oder Saligna gum (*E. saligna*) ist ein australischer Baum, der in vielen Teilen der Welt angepflanzt wird, so in großem Umfang und mit gutem Erfolg in Südafrika. Von vielen dieser Anpflanzungen nimmt man allerdings an, daß es sich dabei um Bäume der Art *E. grandis* oder um eine Kreuzung aus *E. saligna* und *E. grandis* handelt. Unter günstigen Bedingungen wächst der Baum sehr rasch und kann nach 6–8 Jahren wirtschaftlich genutzt werden. Im Laufe von 20 Jahren erreicht er eine Höhe von 30 m und mehr.

**DAS HOLZ** In Australien ist das Holz von Sydney blue gum schwer und mittelrot bis dunkelrot; Holz aus Pflanzungen, insbesondere das sehr rasch gewachsener oder junger Stämme, ist leicht und blaßrosa, ältere Bäume haben dagegen schwereres und dunkleres Holz. Sydney blue gum weist im allgemeinen einen geraden Faserverlauf und eine ziemlich feine, gleichmäßige Struktur auf.

**TECHNISCHE EIGENSCHAFTEN** Stammholz, speziell solches aus Pflanzungen, neigt zum Reißen, vor allem wenn es nach dem Fällen liegenbleibt; Rißgefahr besteht ferner beim Einschnitt. Das Schnittholz trocknet relativ leicht; nach der Trocknung läßt sich durch entsprechende Bearbeitung eine gute Oberfläche erzielen, wenn auch die Bearbeitungs- und Festigkeitseigenschaften beträchtlich schwanken. Schweres Holz ist mäßig dauerhaft, während leichteres Holz nicht beständig ist.

**VERWENDUNG** In Australien wird Sydney blue gum als Allzweckholz für Bauwesen und Fußbodenbau betrachtet. In Südafrika dient es vorwiegend zur Herstellung von Grubenstempeln, wird aber nach Schutzbehandlung auch für Telegrafenmasten eingesetzt. Geschnitten findet es Verwendung als Bauholz, für Kisten und Fußböden. Es liefert Fasermaterial für die Papier- und Faserplattenherstellung und Zellulose für die Kunstseidenproduktion.

## WESTINDISCHES SATINHOLZ
*Fagara flava*

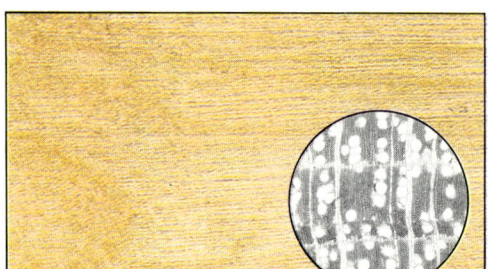

(x25)

**DER BAUM** Das Westindische Satinholz, das in Südflorida und auf den Westindischen Inseln beheimatet ist, kam als erstes Satinholz in den Handel. Es haben auch andere (vor allem afrikanische) Arten der Gattung *Fagara* wirtschaftliches Interesse gefunden, doch ihrem gelben Holz fehlt das dekorative Aussehen des Westindischen Satinholzes. Dieses Holz stammt von einem kleinen Baum von 10–12 m Höhe, dessen Schaft gelegentlich 50 cm Durchmesser erreicht, im allgemeinen aber viel schlanker ist.

**DAS HOLZ** Satinholz weist eine cremig- bis goldgelbe Färbung und eine feine, gleichmäßige Struktur auf; selbst bei Geradfaserigkeit hat es infolge seines starken seidenartigen Glanzes ein charakteristisches Aussehen. Gelegentlich wird dieser Eindruck noch verstärkt durch die sich aus welligem Faserverlauf ergebende gefleckte Textur. Westindisches Satinholz ist schwer, aber nicht ganz so dicht wie Ostindisches Satinholz.

**TECHNISCHE EIGENSCHAFTEN** Da Westindisches Satinholz lediglich für besondere Zwecke verwendet wird, stehen nur wenige technische Angaben zur Verfügung. Das Holz läßt sich ziemlich gut trocknen; nach der Trocknung ist es nicht leicht zu bearbeiten, es liefert aber eine ausgezeichnete Oberfläche. Es eignet sich gut zum Drechseln. Bei der Bearbeitung verbreitet es einen eigentümlichen, an Kokosnuß erinnernden Geruch, und von dem entstehenden feinen Staub heißt es, daß er Hautreizungen hervorruft.

**VERWENDUNG** Satinholz ist ein sehr schönes Holz, das im 18. Jahrhundert in großem Umfang in den feinen Kunsttischlerarbeiten von Adam, Sheraton und Hepplewhite Verwendung fand. Heute ist es nur noch in kleinen Mengen anzutreffen; als Furnier wird es für Einlege- und Marketeriearbeiten verwendet, und als Massivholz liefert es kleine Drehteile. Gelegentlich verarbeitet man es auch zu Rücken von Haarbürsten und zu Handspiegeln.

## BUCHE
*Fagus* spp.

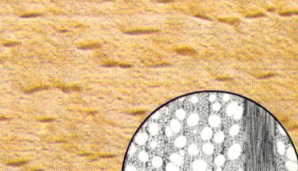

**DER BAUM** Die Buche ist in Europa neben der Eiche der am häufigsten genutzte Laubbaum. Die europäische Rotbuche (*Fagus sylvatica*) und die in Teilen des Balkans, in der Türkei und im Iran vorkommende Orientalische Buche (*Fagus orientalis*) sind mittelgroße bis große Bäume, die Höhen von über 30 m erreichen und oft dichte Bestände bilden, in denen sich ihre zylindrischen Stämme am besten entwickeln.

**DAS HOLZ** Buche ist ein weißes oder blaßbraunes Holz, das durch Dämpfen eine rötliche Färbung bekommt. Auf den bei Tangentialschnitten oder durch Rundschälen entstehenden Oberflächen zeigt das Holz deutliche Wachstumszonen, während Radialschnittflächen eine charakteristische fleckige Textur aufweisen, die seine mittelgroßen Markstrahlen hervorrufen. Buche ist im allgemeinen geradfaserig und von feiner, gleichmäßiger Struktur; das Holz ist mittelschwer, sein Gewicht variiert allerdings.

**TECHNISCHE EIGENSCHAFTEN** Buche trocknet gut, arbeitet aber in getrocknetem Zustand bei wechselnden Feuchtbedingungen beträchtlich. Speziell das Holz aus Nordeuropa ist fest, läßt sich aber leicht bearbeiten; es ergibt eine gute Oberfläche und eignet sich in besonderer Weise zum Drechseln. Gedämpft läßt es sich gut biegen; außerdem wird es rundgeschält und zu ausgezeichneten Furnieren verarbeitet. Buche ist nicht dauerhaft und ohne Schutzbehandlung ungeeignet für eine Verwendung im Freien.

**VERWENDUNG** Als hervorragendes Möbelholz wird Buche insbesondere in Form gedrechselter und gebogener Teile von Stühlen eingesetzt. Außerdem findet es vielseitige Verwendung im häuslichen Bereich, für hölzerne Löffel und andere Küchengeräte, darüber hinaus für Werkzeug- und Bürstengriffe sowie für Spielzeug. Buche ergibt auch strapazierfähige Wohnungsfußböden.

## QUEENSLAND MAPLE
*Flindersia brayleyana*

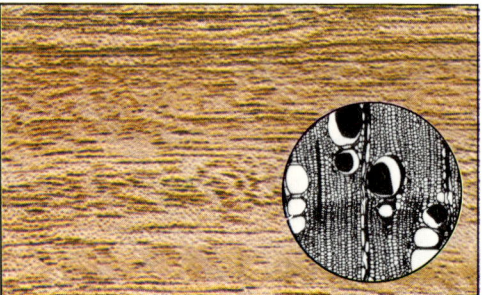

(x25)

**DER BAUM** Queensland maple ist ein dekoratives Holz und in Australien hochgeschätzt. Es sieht Ahorn (maple) äußerlich gar nicht ähnlich und ist botanisch auch nicht mit ihm verwandt. Es stammt von einem etwa 30 m hohen Baum, der einen kräftigen Stamm von 1 m Durchmesser oder mehr hat.

**DAS HOLZ** Queensland maple ist ein Holz von blaß- bis mittelrötlichbrauner bis brauner Farbe und für sein glänzendes Aussehen bekannt. Seine Struktur ist mittelgrob, aber gleichmäßig, und das Holz kann geradfaserig oder wechseldrehwüchsig sein oder einen welligen Faserverlauf und eine streifige oder fleckige Textur zeigen. Es wird gelegentlich als »silkwood« (Seidenholz) bezeichnet, weil gefleckte Textur und Hochglanz zusammen ein an Moiré-Seide erinnerndes Aussehen bewirken können. Im Gewicht ist Queensland maple mit Mahagoni zu vergleichen.

**TECHNISCHE EIGENSCHAFTEN** Queensland maple trocknet gut, wechseldrehwüchsiges Holz oder solches mit unregelmäßigem Faserverlauf neigt jedoch zum Verwerfen. Trotz seines geringen Gewichts hat es gute Festigkeitseigenschaften, und es läßt sich ausgezeichnet bearbeiten. Die Endbearbeitung von Radialschnittflächen muß allerdings sehr sorgfältig ausgeführt werden. Über die Pilzbeständigkeit des Holzes besteht keine Klarheit, sie dürfte aber gering sein.

**VERWENDUNG** In Australien wird Queensland maple auf eine Stufe gestellt mit Mahagoni und anderen klassischen Hölzern für die feine Kunsttischlerei, für Vertäfelungen und hochwertige Tischlerarbeiten. Da es fest und leicht ist, wird es für Spanten und die Inneneinrichtung von Booten sowie für den Innenausbau von Eisenbahnwagen verwendet. Es ist eines der wenigen Hölzer, die sich als für Gewehrschäfte geeignet erwiesen haben. Außerhalb Australiens findet man es vorwiegend in Form von Furnieren.

Buche

Queensland maple

Esche

Gamari

Ramin

Agba

## ESCHE
*Fraxinus* spp.

**DER BAUM** Esche ist in den nördlichen gemäßigten Zonen weit verbreitet und in Europa, Nordamerika und Japan von wirtschaftlicher Bedeutung. Die Bäume sind gewöhnlich mittelgroß bis groß und erreichen Höhen von 20–35 m bei Stammdurchmessern von 60–100 cm.

**DAS HOLZ** Esche ist weiß und beim ersten Einschnitt blaßrosa getönt. Bei diesem ringporigen Holz zeichnen sich insbesondere auf Tangentialschnittflächen die Wachstumszonen deutlich ab. Im allgemeinen ist Esche geradfaserig, manchmal verstärkt Wimmerwuchs, wie er vor allem bei Japanischer Esche auftritt, das dekorative Aussehen. Das Gewicht kann höchst unterschiedlich sein; im Durchschnitt entspricht es etwa dem der Buche, doch langsam gewachsenes Holz ist leichter.

**TECHNISCHE EIGENSCHAFTEN** Esche trocknet leicht und ist im Gebrauch mäßig stabil. Es ist ein festes Holz und insbesondere für seine Zähigkeit bekannt. Es läßt sich leicht sägen und bearbeiten, nimmt eine gute Oberfläche an und eignet sich vorzüglich als Biegeholz. Das Holz ist nicht witterungsfest und daher ohne entsprechende Behandlung ungeeignet für Außenanwendung.

**VERWENDUNG** In seinen Eigenschaften kann Eschenholz variieren: Manchmal ist es außerordentlich zäh und wird dann zur Anfertigung von Sportgeräten verwendet – in der Hauptsache für Tennis- und Hockeyschläger, Baseballschlagstöcke, Turngeräte und Kricket-Torstäbe –, außerdem für Leitersprossen und Griffe von Schlagwerkzeugen wie Äxte, Spitzhacken und Hämmer. Für diese Zwecke ist ein geradfaseriges, raschgewachsenes Holz erforderlich; bevorzugt verwendet wird europäische (speziell englische) Esche. Weitere Einsatzbereiche von Eschenholz sind: Stiele von Gartengeräten, Rahmen von Lastwagen und Bussen, hölzerne Teile landwirtschaftlicher Maschinen und Biegeteile für den Möbel- und Bootsbau.

## GAMARI
*Gmelina arborea*

**DER BAUM** Gamari hat bisher kaum wirtschaftliche Bedeutung erlangt; diese wird aber zwangsläufig zunehmen, sobald die ausgedehnten Pflanzungen in größerem Umfang liefern. Gamari ist in Indien, Bangladesch und Burma beheimatet und kommt dort als mittelgroßer Baum von 30 m Höhe und 60 cm Stammdurchmesser vor. Mittels Samen, in der Hauptsache von burmesischen Bäumen, ist Gamari in vielen Gegenden der Welt kultiviert worden: in Malaysia, Westafrika, auf den Westindischen Inseln und – in den letzten Jahren im großen Stil – in Brasilien. In Plantagen erweist sich Gamari als raschwüchsig und liefert innerhalb von 10–15 Jahren Sägerundholz von 4–5 m Länge und 20–40 cm Durchmesser.

**DAS HOLZ** Gamari ist ein schlichtes, helles, strohfarbenes Holz mit einem starken natürlichen Glanz. Es hat eine mittelgrobe bis grobe Struktur und ist schwach wechseldrehwüchsig, so daß Radialschnittflächen gezeichnet sind.

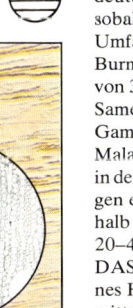

Im Gewicht entspricht Gamari in etwa dem von europäischer Kiefer.

**TECHNISCHE EIGENSCHAFTEN** Gamari trocknet gut, wenn auch – vor allem in größeren Stärken – ziemlich langsam; das trockene Holz ist im Gebrauch sehr stabil. Seine Festigkeitseigenschaften sind mäßig – es ist zwar härter als europäische Kiefer, dieser aber im übrigen deutlich unterlegen. Allerdings läßt es sich leicht schneiden und bearbeiten und ergibt eine gute Oberfläche. Es ist nicht pilzbeständig.

**VERWENDUNG** Selbst raschgewachsenes Gamari ist fest und von einer Dichte, die seine Verwendung für leichte Konstruktionen, allgemeine Zimmerarbeiten, Verpackungen und Möbelteile gestattet. Die ausgedehnten Anpflanzungen, vor allem in Brasilien, dürften Fasern für die Papier- und Plattenherstellung liefern, außerdem Holz für die Sperrholzproduktion.

## RAMIN
*Gonystylus* spp.

**DER BAUM** Ramin zählt zu den bedeutenden Hölzern, die um 1950 bekannt wurden. Seine Heimat ist Sarawak, und es stammt von einem Baum, der einen schlanken Stamm von selten mehr als 60 cm Durchmesser und in weiten Teilen der sumpfigen Küstenwälder sehr häufig vorkommt. Anfänglich wurde Ramin als Stammholz exportiert; da es sich während des Transports stark verfärbte, hätte es auf dem Markt beinahe keinen Anklang gefunden. Der Durchbruch gelang erst, nachdem das Holz schon in Sarawak eingeschnitten und getrocknet wurde. Heutzutage wird Ramin aus Indonesien, Sarawak und auch aus Westmalaysia bezogen, und es wird in so großen Mengen verlangt und eingeschlagen, daß die künftige Versorgung gefährdet erscheint.

**DAS HOLZ** Ramin ist mittelschwer, fast weiß, von mäßig feiner und gleichmäßiger Struktur und im allgemeinen geradfaserig. Der unangenehme Geruch, den es im frischen Zustand verbreitet, verschwindet bei der Trocknung.

**TECHNISCHE EIGENSCHAFTEN** Ramin trocknet leicht, neigt jedoch, insbesondere in größeren Stärken, zum Reißen und zu Verfärbungen. Es erreicht nicht ganz das Gewicht von Buche, kommt diesem Holz aber in vielen Festigkeitseigenschaften gleich; es ist nur nicht so zäh und rißanfälliger. Ramin läßt sich leicht und gut bearbeiten. Für eine Verwendung im Freien eignet es sich nicht.

**VERWENDUNG** Das Interesse an Ramin liegt in seinem schlichten Erscheinungsbild begründet. Das helle Holz läßt sich so beizen und polieren, daß es das Aussehen von dekorativeren Hölzern bekommt, und aufgrund seiner Geradfaserigkeit wurde es besonders gern maschinell verarbeitet. Vor allem in der Möbelindustrie verwendete man es als Alternative zu Buche. Darüber hinaus dient Ramin zur Herstellung von Profilleisten, Dübeln, Griffen und Spielwaren und wird überall dort eingesetzt, wo ein einwandfreies Äußeres und eine glatte Oberfläche verlangt werden.

## AGBA
*Gossweilerodendron balsamiferum*

**DER BAUM** Agba (oder Tola) ist ein westafrikanisches Holz und wird vorwiegend aus Nigeria und Angola bezogen. Der Baum zählt mit einer Höhe von bis zu 60 m zu den größten Afrikas. Er hat einen langen, geraden Schaft und liefert Stammholz von 2 m Durchmesser.

**DAS HOLZ** Agba ist von strohbrauner Farbe, gelegentlich mit einem Stich ins Rötliche, und sieht aus wie blasses Mahagoni. Es hat eine mittelfeine Struktur, und der schwache Wechseldrehwuchs ruft auf Radialschnittflächen eine breitstreifige Zeichnung hervor. Agba ist etwas leichter als Mahagoni. Es enthält ein dunkles Harz, das beim Querschneiden einiger Stämme reichlich austritt, nach der Trocknung des Holzes aber kaum noch störend wirkt und lediglich einen schwachen harzigen Geruch hervorruft.

**TECHNISCHE EIGENSCHAFTEN** Agba trocknet leicht und ist nach der Trocknung stabil im Gebrauch. Seine Festigkeit muß als mäßig bezeichnet werden, sie reicht nicht ganz an die von Khaya heran. Gelegentlich kommen besonders spröde Stücke vor. Agba läßt sich leicht schneiden und mit gutem Ergebnis bearbeiten. Trotz seines geringen Gewichts ist das Kernholz dauerhaft und pilzbeständig.

**VERWENDUNG** Agba ist ein attraktives Holz, bei dem geringes Gewicht und natürliche Dauerhaftigkeit zusammentreffen. Es findet daher Verwendung für Tischlerarbeiten im Innen- und Außenbau, für Verkleidungen sowie für Planken und verleimte Spanten von Booten. Auch wählt man es gern für Stuhlsitze sowie für Tisch- und Schreibtischplatten; vor allem bei Schulmöbeln wird es verwendet. Agba läßt sich zu Wohnungsfußböden verarbeiten und kann auch über Bodenheizungen verlegt werden. Das Holz wird rundgeschält und zu Außen- und Bootsbausperrholz verarbeitet. Wegen des von ihm ausgehenden schwachen Geruchs kann es nur dort verwendet werden, wo es nicht mit Nahrungsmitteln in Berührung kommt.

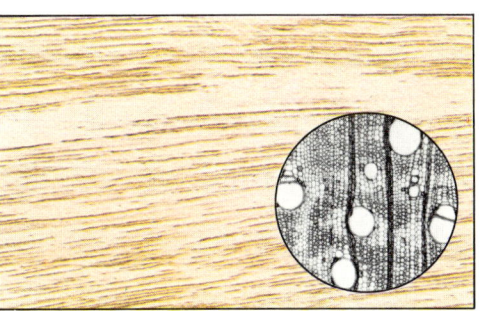

# Laubhölzer

Zapatero

Pockholz

## ZAPATERO
*Gossypiospermum praecox*

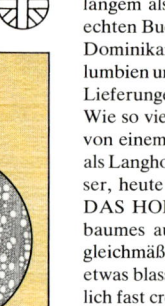

(x25)

**DER BAUM** Zapatero oder Maracaibo boxwood gilt seit langem als Buchsholz, obwohl es botanisch nicht mit dem echten Buchsbaum verwandt ist. Es ist auf Kuba und in der Dominikanischen Republik verbreitet, wird aber von Kolumbien und Venezuela auf den Markt gebracht – die ersten Lieferungen kamen aus der Gegend des Maracaibo-Sees. Wie so viele hochgeschätzte Hölzer stammt auch Zapatero von einem vergleichsweise kleinen Baum; früher wurde es als Langholz oder in Abschnitten von 15–25 cm Durchmesser, heute dagegen sehr oft als Schnittholz exportiert.
**DAS HOLZ** Zapatero ist dem Holz des echten Buchsbaumes außerordentlich ähnlich: Es hat eine sehr feine, gleichmäßige Struktur und eine gelbe Farbe, die allerdings etwas blasser ist als die des echten Buchsbaumes, gelegentlich fast cremig weiß. Zapatero ist geradfaserig, und seinem Erscheinungsbild fehlen charakteristische Merkmale. Es ist um etwa 20 Prozent leichter als echter Buchsbaum.

**TECHNISCHE EIGENSCHAFTEN** Genau wie Buchsbaum ist auch Zapatero für seine ausgezeichneten Bearbeitungseigenschaften bekannt; es ist nicht ganz so hart und läßt sich daher ein wenig leichter bearbeiten als echter Buchsbaum, neigt aber stärker zum Reißen. Es lassen sich jedoch sehr glatte Oberflächen und bei Holzschnitten eine hohe Detailgenauigkeit erzielen. Zapatero ist nicht sehr pilzbeständig, und wenn es unter Bedingungen gelagert wird, die einen Befall begünstigen, verfärbt es sich rasch.
**VERWENDUNG** Zapateroholz hat gegenüber echtem Buchsbaum den Vorteil, daß es in größeren Abmessungen zur Verfügung steht. Es eignet sich insbesondere für Maßstäbe und Zeichengeräte. Daneben findet es Verwendung für gedrechselte und geschnitzte Gegenstände sowie für Holzschnittblöcke. Gelegentlich wird es gemessert, und das so entstehende schlichte, aber gleichmäßig gefärbte Furnier verwendet man für Einlegearbeiten.

## POCKHOLZ
*Guaiacum officinale*

(x25)

**DER BAUM** Pockholz wird auch als *Lignum vitae* (Lebensholz) bezeichnet, da man bei der Entdeckung dieses Baumes im 16. Jahrhundert seinem Harz eine heilende Wirkung bei vielen Krankheiten zuschrieb. In der heutigen Zeit gilt das Interesse an diesem Baum seinem hervorragenden Holz, das das schwerste aller wirtschaftlich genutzten Hölzer ist. Pockholz stammt von einem kleinen Baum und wird in kurzen Abschnitten von bis zu 3 m Länge und 75–300 mm Durchmesser gehandelt. Das beste Pockholz kommt von den Westindischen Inseln und aus den Küstenregionen Kolumbiens und Venezuelas; es ist aber auch Pockholz mittelamerikanischer Provenienz auf dem Markt.
**DAS HOLZ** Pockholz hat eine sehr charakteristische grünlichschwarze Färbung, ist reich an Inhaltsstoffen und außerordentlich schwer, nämlich um etwa 70–80 Prozent schwerer als Eiche. Das Holz zeigt feine Struktur und weist einen engen Wechseldrehwuchs auf.

**TECHNISCHE EIGENSCHAFTEN** Pockholz ist sehr fest, außergewöhnlich hart und besitzt eine hohe Abriebfestigkeit. Seine Trocknung bereitet Schwierigkeiten, und es läßt sich schwer bearbeiten, eignet sich aber hervorragend zum Drechseln. Pockholz ist ungewöhnlich dauerhaft.
**VERWENDUNG** An erster Stelle unter den industriellen Einsatzgebieten von Pockholz steht die Herstellung von Lagerfuttern für Schiffsschraubenwellen. Hirnholzblöcke werden der Welle entsprechend zugerichtet und in das Stevenrohr eingepaßt. Da Pockholz gleichzeitig dicht, fein strukturiert und (aufgrund seines hohen Gehalts an Inhaltsstoffen) selbstschmierend ist, eignet es sich für diesen Zweck in einzigartiger Weise. Ein traditioneller Verwendungsbereich von Pockholz ist die Kegelkugelfertigung. Die Schwierigkeiten, Pockholz in entsprechenden Abmessungen zu bekommen, haben jedoch dazu geführt, daß die Kugeln heute aus anderen Materialien hergestellt werden.

## GUAREA
*Guarea* spp.

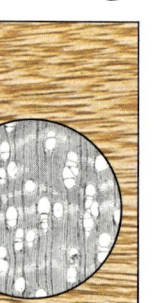

(x10)

**DER BAUM** Guarea ist eine Gattung tropischer Hölzer, die in Amerika und Afrika weit verbreitet sind, in größerem Umfang aber vor allem aus der Elfenbeinküste und Nigeria auf den Markt kommen. Es gibt zwei verschiedene Guarea-Arten, die nach der Farbe ihrer Rinde als »white« oder »scented guarea« (*G. cedrata* – Bossé) einerseits und »black guarea« (*G. thompsonii* – Diambi) andererseits bezeichnet werden. Häufig kommen Mischformen vor. In beiden Fällen handelt es sich um große Bäume von bis zu 50 m Höhe und 1 m Stammdurchmesser.
**DAS HOLZ** Die Guarea-Hölzer haben Ähnlichkeit mit Mahagoni, sind aber härter, feiner strukturiert und etwas schwerer. Bossé (der Name »scented guarea« – wohlriechendes Guarea – rührt von seinem zedernartigen Geruch her) kann etwas harzig sein. Es hat häufig das attraktivere Aussehen und weist eine streifige oder gefleckte Zeichnung auf; Diambi ist schlichter und geringfügig schwerer.

**TECHNISCHE EIGENSCHAFTEN** Beide Hölzer lassen sich gut trocknen, Diambi erfordert aber die größere Sorgfalt; nach der Trocknung sind sie im Gebrauch stabil. Diambi ist allerdings ein wenig fester als Bossé. Beide Arten lassen sich schneiden und ergeben nach entsprechender Bearbeitung glatte Oberflächen; Bossé verursacht aber aufgrund seines Kieselsäuregehaltes ein stärkeres Abstumpfen der Werkzeuge. Der bei der Verarbeitung entstehende feine Staub führt oft zu Reizungen der Haut, der Augen und des Rachens. Die Guarea-Hölzer gelten als sehr pilzbeständig und mäßig termitenfest.
**VERWENDUNG** Die Guarea-Arten liefern attraktive Hölzer, die im Möbelbau vor allem dort verwendet werden, wo ein Holz gewünscht wird, das wie Mahagoni aussieht, diesem aber an Festigkeit überlegen ist. Verwendung finden die Hölzer ferner in der Tischlerei, im Güterwagen- und Lastwagenbau und für Fußböden.

## BUBINGA
*Guibourtia* spp.

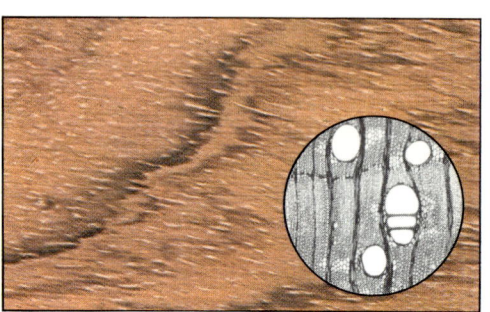

(x25)

**DER BAUM** Bubinga ist ein afrikanisches Holz, das vorwiegend aus Kamerun und Gabun in den Handel kommt; das Holz aus Gabun ist häufig stärker texturiert und wird gelegentlich als Kévazingo bezeichnet. Der Name Bubinga wird für das Holz von drei verschiedenen Arten benutzt, die alle große Bäume von bis zu 30 m Höhe bilden und schöne, zylindrische Stämme liefern. Ein ähnliches Holz ist im südlichen Zentralafrika beheimatet und unter dem Namen »Rhodesian copalwood« bekannt.
**DAS HOLZ** Bubinga ist rot bis rotbraun mit purpurfarbener Aderung, die auf frischgeschnittenen Flächen besonders deutlich hervortritt, bei längerem Einfluß von Luft und Licht aber verblaßt. Das Holz ist von mittelfeiner Struktur und oft leicht wechseldrehwüchsig; bei welligem oder unregelmäßigem Faserverlauf wirkt es auf Tangential- wie auf Radialschnittflächen äußerst dekorativ. Bubinga ist schwer und gewichtsmäßig mit Palisander zu vergleichen.

**TECHNISCHE EIGENSCHAFTEN** Bubinga trocknet langsam, aber gut, und nach der Trocknung ist es fest, aber nicht besonders elastisch. Für sein Gewicht läßt sich Bubinga leicht schneiden, und das trockene Holz liefert nach entsprechender Bearbeitung eine schöne Oberfläche. Allerdings muß man bei unregelmäßigem Faserverlauf große Sorgfalt walten lassen. Bubinga ist für seine Dauerhaftigkeit und Termitenbeständigkeit bekannt.
**VERWENDUNG** Bubinga hat eine gewisse Ähnlichkeit mit Palisander, und sein Erscheinungsbild ist charakteristisch und häufig äußerst dekorativ – vor allem dann, wenn unregelmäßiger oder welliger Faserverlauf und natürliche Farbabweichungen zusammentreffen. Das Holz ist hauptsächlich als Furnier zu finden und wird für Einlegearbeiten oder ähnliche Zwecke verwendet. Als Massivholz liefert es Messergriffe und Bürstenrücken, und trotz seiner Schwere bietet es sich als attraktives Möbelholz an.

Guarea

Bubinga

Ovangkol

Mengkulang

Stechpalme

Merbau

## OVANGKOL
*Guibourtia ehie*

(x25)

**DER BAUM** Ovangkol ist ein westafrikanisches Holz, das von der Elfenbeinküste, Ghana und Gabun in den Handel kommt. Es stammt von einem mittelgroßen bis großen Baum, der häufig eine Höhe von 30 m erreicht und einen Stammdurchmesser von 60–80 cm hat. Ähnlichkeit mit Ovangkol hat das Holz von *Guibourtia arnoldiana,* das aus Zaire kommt und als Mutenye bezeichnet wird.

**DAS HOLZ** Ovangkol ist gelb- bis dunkelbraun gefärbt und weist eine fast schwarze Aderung auf; es ist zwar botanisch mit Bubinga verwandt, im Aussehen aber unterscheiden sich die beiden Hölzer erheblich. Ovangkol hat Ähnlichkeit mit Nußbaumholz, aufgrund der ziemlich regelmäßigen Streifung allerdings mehr mit australischem als mit europäischem Nußbaum. Das schwere Holz zeigt eine mittelfeine Struktur und ist wechseldrehwüchsig; sein Aussehen wird manchmal durch eine Vielzahl kleiner weißer Flecken beeinträchtigt. Mutenye sieht Ovangkol äußerlich

ähnlich, ist aber schwerer, feiner strukturiert und infolge seines welligen Faserverlaufs in verschiedenen Fällen dekorativer.

**TECHNISCHE EIGENSCHAFTEN** Ovangkol trocknet langsam, verwirft sich dabei aber nicht; das trockene Holz zeigt ein gutes Stehvermögen. Es läßt sich ziemlich leicht schneiden, die Bearbeitung ist jedoch nicht ganz einfach: so müssen die Schneiden immer scharf sein, wenn man gute Oberflächen erzielen will. Ovangkol soll mäßig pilzbeständig und äußerst termitenfest sein.

**VERWENDUNG** Ovangkol ist erst vergleichsweise kurze Zeit auf dem Markt und vor allem in Form von Furnieren anzutreffen. Wegen seines attraktiven, nußbaumartigen Aussehens wurde es für Möbel, Kunsttischlerarbeiten und Vertäfelungen verwendet. Es ergibt ferner strapazierfähige Fußböden. Mutenye wird für ähnliche Zwecke eingesetzt.

## MENGKULANG
*Heritiera* spp.

(x10)

**DER BAUM** Mengkulang ist der malaiische Name eines in ganz Südostasien verbreiteten und von einem halben Dutzend verschiedener Arten stammenden Holzes. Das Erscheinungsbild variiert geringfügig, je nach den in den einzelnen Ländern auftretenden Arten. Die Bäume sind zumeist mittelgroß bis groß und haben im allgemeinen gutgeformte Stämme.

**DAS HOLZ** Mengkulang ist glänzend mahagonirot, seine Färbung variiert von blaßrot bis rotbraun. Es ist von mittelgrober Struktur und meistens wechseldrehwüchsig, so daß Radialschnittflächen eine streifige Zeichnung aufweisen. Bei sauber ausgeführten Spiegelschnitten zeigen die Schnittflächen deutliche Flecken, bedingt durch die ziemlich breiten Markstrahlen. Das Holz ist mäßig dicht und schwerer als Mahagoni; sein Gewicht entspricht etwa dem von Sipo und von westafrikanischem Niangon, dem Mengkulang äußerlich stark ähnelt.

**TECHNISCHE EIGENSCHAFTEN** Mengkulang trocknet schnell und gut; das trockene Holz ist stabil im Gebrauch. Es ist ziemlich fest und steht Hölzern wie Sipo und Niangon in dieser Hinsicht nicht nach. Wegen seines Kieselsäuregehalts ist es jedoch schwerer zu schneiden und zu bearbeiten, vor allem im trockenen Zustand. Es läßt sich schälen und zu einem reizvollen Furnier verarbeiten. Das Holz wird als mäßig pilzbeständig eingestuft.

**VERWENDUNG** In Malaysia wird Mengkulang in zunehmendem Maße genutzt. Zunächst war es als Schnittholz im Handel; da es aber Werkzeuge abstumpft, wird es immer häufiger geschält und stellt heutzutage eines der bekanntesten malaiischen Hölzer für die Sperrholzproduktion dar. Als Massivholz wurde Mengkulang für Zimmer- und Tischlerarbeiten verwendet, außerdem für Lastwagengestelle und Böden von Containern; als Sperrholz eignet es sich für bauliche und allgemeine Anwendungsbereiche.

## STECHPALME
*Ilex* spp.

(x25)

**DER BAUM** Die Stechpalme tritt in vielen Ländern mit gemäßigtem und tropischem Klima auf; ihr Holz ist zwar von Interesse, hat aber nirgends größere wirtschaftliche Bedeutung. Mit ihren glänzenden, stachelspitzigen Blättern und leuchtend roten Beeren kennt man sie wahrscheinlich besser als Weihnachtsschmuck. In Brasilien, Paraguay und Argentinien werden als »Mate« bezeichnete getrocknete Blätter verschiedener *Ilex*-Arten zur Zubereitung eines teeartigen Getränks verwendet. Im Gegensatz zu den großen Bäumen einiger tropischer *Ilex*-Arten ist die europäische Stechpalme *(Ilex aquifolium)* oft nur 5–10 m hoch, bei einem Stammdurchmesser von 30–50 cm.

**DAS HOLZ** Die Stechpalme hat ein weißes oder grauweißes Holz ohne Zeichnung mit feiner, gleichmäßiger Struktur, und es weist je nach Form des Stammes eine gerade oder leicht unregelmäßige Faserrichtung auf. Das Holz ist schwer, es erreicht etwa das Gewicht von Weißbuche.

**TECHNISCHE EIGENSCHAFTEN** Das Holz ist schwer zu trocknen und wird am besten in kleinere Stücke aufgeteilt; das getrocknete Holz neigt bei wechselnden Feuchtebedingungen zu Formänderungen. Stechpalmenholz ist hart und seine Bearbeitung ziemlich schwierig, insbesondere wenn der Faserverlauf unregelmäßig ist; bei sorgfältigem Vorgehen läßt sich jedoch eine sehr glatte Oberfläche erzielen. Das Holz kann sehr wirkungsvoll gebeizt werden. Gegen Pilzbefall ist es nicht resistent.

**VERWENDUNG** Das Holz der Stechpalme steht nur in geringen Mengen zur Verfügung, und da es schwer zu trocknen ist und zudem oft einen unregelmäßigen Faserverlauf aufweist, wird es gewöhnlich in kleinere Abschnitte aufgeteilt. Verwendung findet es für kleine Drechslerwaren und für Holzschnitte; außerdem – und das mag angesichts seiner weißen Farbe überraschen – wird es schwarz gefärbt und als Ebenholz-Ersatz gebraucht.

## MERBAU
*Intsia* spp.

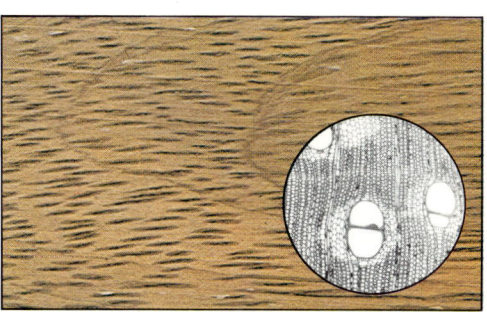

(x25)

**DER BAUM** Merbau ist der malaiische Name für ein Holz, das auf dem südostasiatischen Festland, dem Malaiischen Archipel und den Inseln des südwestlichen Pazifik vorkommt. Das Holz stammt von zwei *Intsia*-Arten: Die Bäume haben unterschiedlich gestaltete, aber häufig große Stämme von 1–1,50 m Durchmesser. Merbau ist das asiatische Gegenstück zum afrikanischen Afzelia, und beide Hölzer wurden lange der gleichen Gattung zugeordnet.

**DAS HOLZ** Merbau ist ein dunkles, mahagonirotes Holz und hat äußerlich Ähnlichkeit mit Afzelia; trotz seiner Schlichtheit sieht es hübsch aus. Es ist grob strukturiert und geradfaserig oder – häufiger – wechseldrehwüchsig, wodurch auf Radialschnittflächen eine streifige Zeichnung hervorgerufen wird. Merbau ist etwas schwerer als Afzelia und rund 15–20 Prozent schwerer als Eiche. Die in einem Teil der Poren vorhandenen gelben Inhaltsstoffe werden zur Herstellung von Farbstoffen verwendet.

**TECHNISCHE EIGENSCHAFTEN** Merbau trocknet langsam, aber ohne Trocknungsverluste. Nach der Trocknung weist es ein gutes Stehvermögen auf. Merbau ist fest, wenn auch nicht sehr elastisch und neigt zur Sprödigkeit. Das Sägen und Bearbeiten ist ziemlich schwierig, bei sorgfältigem Vorgehen läßt sich aber eine schöne Oberfläche erzielen. Es wird als sehr pilzbeständig und termitenfest eingestuft.

**VERWENDUNG** Merbau fand wirtschaftliches Interesse als Ergänzung von Afzelia-Lieferungen und wird für hochwertige Tischlerarbeiten im Innen- und Außenbau verwendet. Bei unzureichender Schutzbehandlung des Holzes kann allerdings der rote Farbstoff durch Regen ausgewaschen werden und das Mauerwerk verfärben. Merbau ist ein Konstruktionsholz und ergibt einen schönen Fußboden für höchste Ansprüche. Ausgewähltes Holz liefert attraktives Vertäfelungsmaterial.

# Laubhölzer

Walnußbaum

Khaya

## WALNUSSBAUM
*Juglans* spp.

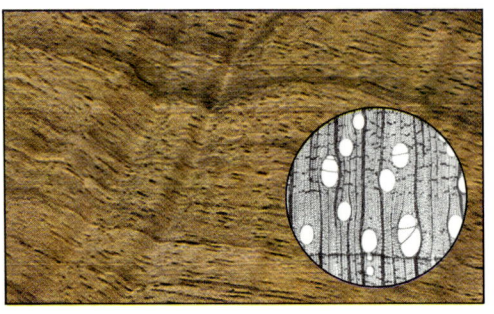

(x10)

**DER BAUM** Die Bezeichnung Walnußbaum wird für eine Reihe von Hölzern benutzt, doch liefern nur die Arten der Gattung *Juglans* echtes Walnußbaumholz. Das Verbreitungsgebiet des Baumes umfaßt die wärmeren gemäßigten Zonen der nördlichen Hemisphäre und reicht über Mittelamerika bis zu den Anden in Südamerika. Zwei Arten kommt besondere Bedeutung zu: dem europäischen Walnußbaum *(J. regia)*, der schon seit sehr langer Zeit in Europa angepflanzt wird, dessen eigentliche Heimat aber die Bergregionen Vorderasiens sind, und dem amerikanischen Nußbaum (Schwarznuß – *J. nigra*), der in den USA und in Kanada vorkommt. Der Walnußbaum ist mittelgroß und erreicht eine Höhe von 20–30 m; als Lieferant von Nüssen wie von Nutzholz spielt er eine gleich wichtige Rolle.

**DAS HOLZ** Das Holz des europäischen Walnußbaums ist graubraun mit nahezu schwarzen Streifen, seine Färbung variiert im allgemeinen stärker als die amerikanischen Nußbaums, das gewöhnlich gleichmäßig dunkelviolettbraun ist. Das Holz weist einen geraden oder gelegentlich welligen Faserverlauf und eine mittelfeine Struktur auf. Es erreicht nicht ganz das Gewicht von Buche.

**TECHNISCHE EIGENSCHAFTEN** Nußbaum trocknet langsam und ist nach der Trocknung mäßig stabil im Gebrauch. Das Holz läßt sich leicht bearbeiten und ist bekannt für seine ausgezeichnete Oberfläche. Es verfügt über eine mäßige Pilzbeständigkeit.

**VERWENDUNG** Nußbaum zählt zu den herausragenden dekorativen Hölzern; es wird seit langem für Kunsttischlerarbeiten verwendet. Heute verarbeitet man Nußbaum hauptsächlich als Furnier in Möbelstücken und dekorativen Vertäfelungen. Das Massivholz dient zur Anfertigung von feinen Tischlerarbeiten sowie von Schalen und anderen gedrechselten Gegenständen; auch ist es das bevorzugte Material für Gewehrschäfte.

## KHAYA
*Khaya* spp.

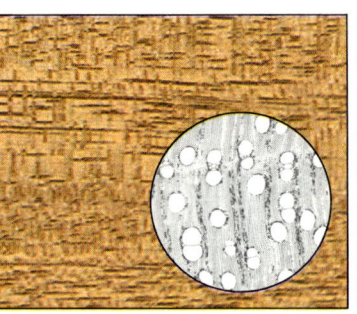

(x10)

**DER BAUM** Khaya, das auch als Afrikanisches Mahagoni bezeichnet wird, kam gegen Ende des 19. Jahrhunderts in den Handel, um die begrenzten Vorräte von echtem Mahagoni aus dem tropischen Amerika zu ergänzen. Khaya unterscheidet sich zwar von dem amerikanischen Holz, ist aber botanisch eng mit ihm verwandt und wird heute allgemein als ein Mahagoniholz anerkannt. Es gibt fünf *Khaya*-Arten, deren Verbreitungsgebiet von Guinea-Bissau bis Angola und vom Sudan bis Mozambique reicht. In den Handel kommt vorwiegend Holz der Arten *Khaya ivorensis* und *Khaya anthotheca*, das von Westafrika aus verschifft wird.

**DAS HOLZ** Es hat eine blaßrötliche bis rotbraune Färbung und weist eine mittelgrobe Struktur und im allgemeinen eine durch Wechseldrehwuchs bedingte streifige Zeichnung auf. Das Holz ist zumeist leicht, sein Gewicht liegt nur geringfügig über dem von europäischer Kiefer.

**TECHNISCHE EIGENSCHAFTEN** Khaya läßt sich leicht trocknen, hat ein gutes Stehvermögen und ist bekannt dafür, daß es ohne Schwierigkeiten bearbeitet und poliert werden kann; allerdings erfordern Radialschnittflächen ein sorgfältiges Vorgehen. Das Holz hat eine mittlere Festigkeit, das Herzholz großer Stämme kann jedoch sehr spröde sein. Aus Khaya werden Messerfurniere hergestellt. Das Holz ist mäßig pilzbeständig.

**VERWENDUNG** Die Nachfrage nach Mahagoni-Möbeln wird zwar in gewissem Maße von der Mode bestimmt, doch besteht ein ständiger Bedarf an Mahagoni für Stilmöbel, Büroschreibtische und andere Möbel. Khaya wird dabei in massiver Form für Schubladenzargen und dergleichen verwendet, aber auch als dekoratives Furnier. Es dient als Material für Tischlerarbeiten, vor allem Türen, für Laden- und Bankeinrichtungen. Ferner ist es ein beliebtes Bootsbauholz, da es leicht und ziemlich dauerhaft ist, und schließlich liefert es ein gutes Sperrholz.

## GEMEINER GOLDREGEN
*Laburnum anagyroides*

(x25)

**DER BAUM** Als natürliche Heimat des Goldregens sind Teile von Mittel- und Südeuropa anzusehen; der Baum wird in anderen Gegenden aber schon seit langer Zeit als Park- und Gartenbaum angepflanzt und ist wegen seiner in Trauben herabhängenden strahlend gelben Blüten bekannt. Der Baum ist allenfalls klein bis mittelgroß und selten mehr als 10 m hoch; häufig liefert er wegen des niedrigen Astansatzes nur kurze Nutzholzabschnitte von geringem Durchmesser.

**DAS HOLZ** Frisch geschnitten, zeigt das Holz des Goldregens ein leuchtendes Gelb mit einem Stich ins Grünliche. Unter dem Einfluß von Luft und Licht dunkelt es jedoch nach und nimmt eine goldbraune und schließlich tiefbraune Farbe an. Das farbige Kernholz hebt sich deutlich von dem schmalen Streifen fast weißen Splintholzes ab. Goldregen weist im allgemeinen einen geraden Faserverlauf, eine recht feine Struktur und eine glänzende Oberfläche auf. Tangentialschnittflächen zeigen eine Jahresringmaserung, während exakt ausgeführte Radialschnitte eine durch das Markstrahlgewebe dekorativ gefleckte Oberfläche haben. Das Holz ist dicht und etwas schwerer als Eiche.

**TECHNISCHE EIGENSCHAFTEN** Über Goldregen liegen nur wenige technische Angaben vor. Es soll leicht trocknen und trotz seiner Dichte gut zu bearbeiten sein. Es liefert eine schöne Oberfläche und gilt als dauerhaft.

**VERWENDUNG** Goldregen ist ein attraktives Holz, aber nur selten zu sehen, da seine Beschaffung Schwierigkeiten bereitet und es meist nur in kleinen Abmessungen zur Verfügung steht. Es eignet sich hervorragend zum Drechseln und ist für Teile von Musikinstrumenten, vor allem von Dudelsäcken, verwendet worden, außerdem für Messerhefte und andere Griffe. Gemessert ergibt es ein reizvolles Furnier, das man für Einlegearbeiten verwendet. Wenn das Holz quer zur Faser geschnitten wird, entstehen die bei Stilmöbeln anzutreffenden Austernmuster.

## LIQUIDAMBAR
*Liquidambar styraciflua*

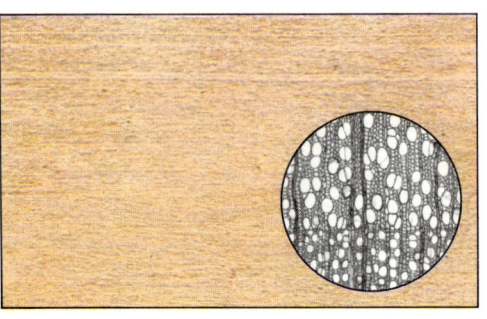

(x25)

**DER BAUM** Das Verbreitungsgebiet von Liquidambar, das im angelsächsischen Sprachraum als »American red gum«, »sap gum« oder »sweet gum« bezeichnet wird, umfaßt den Osten und Süden der Vereinigten Staaten und reicht über Mexiko bis nach Mittelamerika. Liquidambar ist ein mittelgroßer bis großer Baum von 30–45 m Höhe und enthält das nach Vanille duftende Harz Storax.

**DAS HOLZ** Die englische Bezeichnung »red gum« gilt für das glänzende rötlichbraune Kernholz, das manchmal durch dunklere Markierungen gezeichnet ist; der gut zu unterscheidende blasse und gewöhnlich breite Splint wird als »sap gum« bezeichnet. Das fein und gleichmäßig strukturierte Holz weist häufig einen unregelmäßigen Faserverlauf und Wechseldrehwuchs auf, wodurch auf Radialschnittflächen eine gestreifte Textur entsteht. Das Gewicht von Liquidambar ist mit dem der »weichen« Ahornarten zu vergleichen.

**TECHNISCHE EIGENSCHAFTEN** Liquidambar bereitet beim Trocknen Schwierigkeiten und neigt aufgrund seines Wechseldrehwuchses zum Verwerfen. Von mäßiger Härte, verfügt es über gute Festigkeitseigenschaften. Das Holz läßt sich ziemlich leicht bearbeiten; allerdings ist wegen des Wechseldrehwuchses große Sorgfalt erforderlich, wenn eine gute Oberfläche erzielt werden soll. Die Pilzbeständigkeit des Holzes ist gering.

**VERWENDUNG** Liquidambar wird in großem Umfang genutzt, und zwar fast ausschließlich in den Vereinigten Staaten. Vor dem Zweiten Weltkrieg war es auch in Europa sehr beliebt, das Kernholz unter der Bezeichnung »satin walnut« und das Splintholz als »hazel pine«. Heute findet es in Amerika in der Möbelherstellung und im Innenausbau Verwendung, außerdem für Böttcherwaren, Kisten, Steigen und Paletten. Es wird zu Sperrholz verarbeitet und dient zur Herstellung von Holzschliff.

Gemeiner Goldregen

Liquidambar

Whitewood

Bongossi

Dibétou

Magnolie

## WHITEWOOD
*Liriodendron tulipifera*

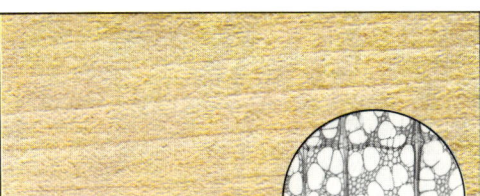
(x25)

**DER BAUM** Whitewood, das in Amerika auch als »yellow poplar« bezeichnet wird, ist das Holz des Tulpenbaumes, eines auch außerhalb Amerikas bekannten Parkbaumes. Der Baum kommt besonders häufig im Süden der Appalachian Mountains in North Carolina und Tennessee vor. Mittelgroß bis groß, erreicht er eine Höhe von bis zu 60 m und weist gewöhnlich einen gutgewachsenen Schaft auf.

**DAS HOLZ** Whitewood variiert in der Farbe; vielfach ist es weiß, so vor allem der breite Splint junger, raschgewachsener Bäume. Dagegen ist das Kernholz – speziell von älteren Bäumen – blaßbraun und häufig grün, schwarz, blau oder rot geadert. Das Holz hat eine feine und gleichmäßige Struktur, ist geradfaserig und, abgesehen von Farbabweichungen, kaum texturiert. Insbesondere das Holz älterer Bäume ist nicht sehr schwer; es erreicht etwa das Gewicht von Aspe und anderen Pappelarten.

**TECHNISCHE EIGENSCHAFTEN** Whitewood trocknet leicht und ist nach der Trocknung stabil im Gebrauch. Es ist weich und nicht sehr widerstandsfähig, vor allem weist es eine geringe Biege- und Stoßfestigkeit auf. Whitewood läßt sich gut sägen und bearbeiten und liefert eine glatte Oberfläche. Vor einer Verwendung im Freien sollte man nicht versäumen, es mit einem Holzschutzmittel zu behandeln.

**VERWENDUNG** In den zwanziger und dreißiger Jahren wurde das Holz in großen Mengen exportiert, und ausgewähltes blasses Holz fand im Innenausbau, für die Seitenteile von Schubladen und für Möbelauskleidungen Verwendung. Heutzutage ist Whitewood außerhalb Amerikas selten anzutreffen, dort jedoch ist es ein beliebtes Holz für Möbel, Tischlerarbeiten, Verpackungen und Paletten sowie Böttcherwaren. Darüber hinaus liefert es Holzschliff und Holzmehl.

## BONGOSSI
*Lophira alata*

(x25)

**DER BAUM** Das Verbreitungsgebiet des westafrikanischen Holzes Bongossi – oft besser unter dem Namen Azobé bekannt – reicht von Sierra Leone bis Gabun. Besondere Bedeutung hat das Holz in Kamerun, und die Handelslieferungen kommen auch vorwiegend aus diesem Land. Es ist das Holz eines Baumes, der mit einer Höhe von 50–60 m zu den größten Afrikas zählt und dessen glatter, gerader Schaft sich zur Gewinnung von Nutzholz in großen Längen und Formaten anbietet.

**DAS HOLZ** Bongossi hat ein charakteristisches Aussehen, nämlich eine dunkle rotbraune oder violettbraune Färbung und viele sehr kleine, fast weiße Flecken entsprechend dem Verlauf der Gefäße. Das Holz ist grob strukturiert und im allgemeinen wechseldrehwüchsig, zeigt manchmal aber auch einen unregelmäßigen Faserverlauf. Es ist ein äußerst dichtes Holz; sein Gewicht entspricht dem von Greenheart und übertrifft das von Eiche um etwa 50 Prozent.

**TECHNISCHE EIGENSCHAFTEN** Das Trocknen von Bongossi ist wegen der Gefahr des Reißens und Verwerfens schwierig. Aufgrund seines hohen Gewichts besitzt das Holz eine außerordentliche Festigkeit, die es schwer bearbeitbar macht. Im frischen Zustand läßt es sich schneiden, das trockene Holz macht dagegen schnell die Sägen stumpf. Resistent gegen Pilze, Termiten und Bohrmuscheln, ist Bongossi äußerst dauerhaft.

**VERWENDUNG** Bongossi eignet sich hervorragend für bauliche Zwecke; in Frankreich und in anderen europäischen Ländern ist es sehr beliebt, während in Großbritannien Greenheart vorgezogen wird. Es steht in großen Abmessungen zur Verfügung und bietet sich an für Hafenarbeiten, Piers, Molen, Rammpfähle sowie Eisenbahnschwellen. Ein ungewöhnlicher Anwendungsfall sind die Schienen für die mit gummibereiften Rädern ausgestatteten Wagen der Pariser Untergrundbahn.

## DIBETOU
*Lovoa trichilioides*

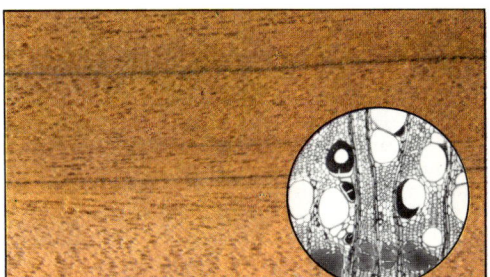
(x25)

**DER BAUM** Dibétou wird wegen seiner Ähnlichkeit mit echtem Walnußbaumholz auch als »Afrikanischer Nußbaum« bezeichnet, wobwohl es botanisch mit Mahagoni verwandt ist und nicht mit Walnußbaum. Dieses westafrikanische Holz stammt von einem großen, bis zu 40 m hohen Baum und kommt aus den Holzerzeugerländern von der Elfenbeinküste bis Gabun in den Handel. Andere *Lovoa*-Arten, die allerdings ein etwas schlichteres Holz liefern, sind in Ostafrika beheimatet.

**DAS HOLZ** Dibétou ähnelt Khaya in Faserverlauf, Struktur und Gewicht, es hat jedoch eine warme, goldbraune Farbe. Im allgemeinen zeigt es lange, gerade schwarze Striche oder Adern, die dem Holz, hauptsächlich auf Tangentialschnittflächen, eine gewisse Ähnlichkeit mit Nußbaum verleihen. Dagegen ruft der vorherrschende Wechseldrehwuchs auf Radialschnittflächen eine streifige Textur hervor.

**TECHNISCHE EIGENSCHAFTEN** Dibétou kann gut und rasch getrocknet werden und ist danach stabil im Gebrauch. Seine Festigkeit entspricht der von Khaya, und es läßt sich etwas leichter schneiden und bearbeiten als echtes Nußbaumholz; allerdings kann nur bei sorgfältigem Vorgehen ein Reißen des infolge seines Wechseldrehwuchses rißanfälligen Holzes vermieden werden. Dibétou ist mäßig pilzbeständig, aber nicht termitenfest.

**VERWENDUNG** Dibétou ist von allen als »Nußbaum« bezeichneten Hölzern am leichtesten erhältlich und vergleichsweise billig. Es sieht zwar nicht besonders dekorativ aus, doch reicht seine Ähnlichkeit mit Nußbaumholz für den Einsatz des Massivholzes in der Möbelherstellung, der Tischlerei und im Ladenbau aus. Häufig wird es zusammen mit stärker texturiertem Nußbaumholz verarbeitet, das die Deckfurniere für die größeren Flächen liefert. Dibétou ist ein beliebtes Material für gedrechselte Gegenstände.

## MAGNOLIE
*Magnolia* spp.

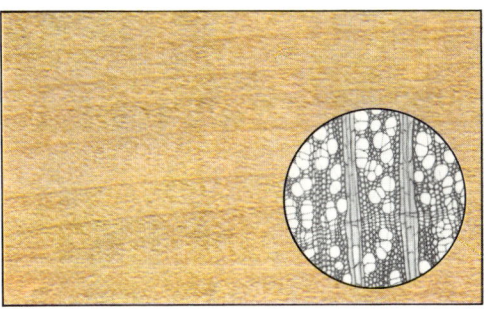
(x25)

**DER BAUM** In Ostasien, den Vereinigten Staaten und Mittelamerika kommen zwar mehr als 70 *Magnolia*-Arten vor, doch haben nur drei amerikanische Arten eine holzwirtschaftliche Bedeutung. Viele andere, die häufig Sträucher oder kleine Bäume bilden, sind wegen ihrer dekorativen Blüten für den Gartenbau von Interesse. Die drei amerikanischen Arten werden im einzelnen als »cucumber-tree« (Gurkenmagnolie), »southern magnolia« (Großblütige Magnolie) und »sweetbay« (Virginische Magnolie) bezeichnet oder zusammen als »magnolia«. Die Bäume sind mittelgroß bis groß, und ihr Verbreitungsgebiet erstreckt sich über den Osten und Süden der Vereinigten Staaten.

**DAS HOLZ** Magnolie ist ein helles Holz, das in der Farbe je nach Art von gelb bis braun variiert. Seine Struktur ist gewöhnlich sehr fein und gleichmäßig. Die auf Tangentialschnittflächen sichtbaren Jahresringe bilden die einzige Zeichnung dieses geradfaserigen Holzes.

**TECHNISCHE EIGENSCHAFTEN** Magnolie trocknet recht gut und schwindet dabei mäßig. Nach der Trocknung ist es relativ hart und steif und weist eine gute Stoßfestigkeit, aber unterdurchschnittliche Druck- und Biegefestigkeit auf. Es liefert bei entsprechender Bearbeitung eine schöne Oberfläche und läßt sich gut drechseln; beim Nageln splittert es nicht. Da es nicht pilzbeständig ist, sollte es im Freien nur nach einer Schutzbehandlung verwendet werden.

**VERWENDUNG** Magnolie ist ein schlichtes, merkmalsarmes Holz. Es läßt sich gut bearbeiten und findet Verwendung für Rahmen und Füllungen von Möbeln, für Verpackungen und Paletten, für Innenausbauten einschließlich der Türen sowie für Jalousien. Außerdem liefert es Messerfurniere. In jenen Teilen seines Verbreitungsgebietes, in denen es nur in geringen Mengen verfügbar ist, wird es häufig zusammen mit ähnlichen Hölzern, in der Hauptsache Whitewood, gehandelt.

# Laubhölzer

Apfelbaum                    Mansonia

## APFELBAUM
*Malus sylvestris*

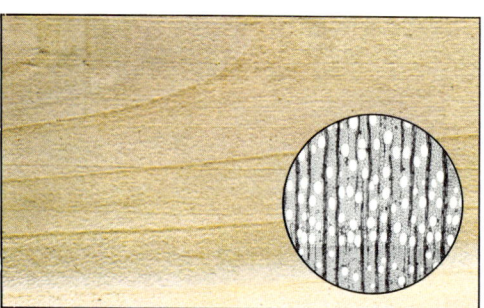

(x25)

**DER BAUM**  Der Apfelbaum, dessen Früchte bekannter und wirtschaftlich weitaus wichtiger sind als sein Holz, ist ein in Europa und Westasien heimischer Baum, der heutzutage in vielen Teilen der Welt angepflanzt wird. Der kleine Baum erreicht bestenfalls eine Höhe von 8–10 m und weist häufig einen schlechtgeformten Schaft auf. Das Holz des Wild- oder Holzapfelbaumes unterscheidet sich kaum von dem der vielen kultivierten Formen.

**DAS HOLZ**  Apfelbaum ist ein blaß- bis mittelrötlichbraunes Holz, das eine sehr feine und gleichmäßige Struktur besitzt, allerdings nicht ganz so fein ist wie Birnbaum; ungerade Stämme weisen oft einen verschränkten Drehwuchs auf. Das Holz ist mäßig schwer, sein Gewicht entspricht in etwa dem von Buche.

**TECHNISCHE EIGENSCHAFTEN**  Apfelbaum trocknet langsam und neigt dabei dazu, sich stark zu verziehen und zu reißen. Das harte und feste Holz ist für seine Zähig-

keit bekannt und schwer zu spalten. Es läßt sich gut schneiden und nimmt eine schöne Oberfläche an, allerdings ist seine Bearbeitung etwas schwierig. Bei unregelmäßigem Faserverlauf ist nur durch sorgfältiges Vorgehen ein Ausreißen der Oberfläche zu vermeiden. Das Holz läßt sich gut beizen und polieren. Unter fäulnisfördernden Bedingungen ist es nicht beständig.

**VERWENDUNG**  Seine beschränkte Verfügbarkeit einerseits und die geringen Abmessungen andererseits machen Apfelbaum eher für den handwerklichen als für den industriellen Bereich geeignet. Es ist ein außerordentlich gutes Drechselholz und erlaubt aufgrund seiner feinen Struktur eine große Detailgenauigkeit beim Schnitzen. Man verwendete es für Zahnräder, hölzerne Schrauben, Webschützen, Golfschlägerköpfe und für Zimmermannswerkzeuge wie Hobel und Holzhämmer sowie Handgriffe von Sägen.

## MANSONIA
*Mansonia altissima*

(x25)

**DER BAUM**  Mansonia stammt aus Westafrika und wird hauptsächlich von der Elfenbeinküste, Ghana und Nigeria exportiert. Die mäßig großen Bäume erreichen Höhen von bis zu 30 m und Stammdurchmesser von 60–80 cm.

**DAS HOLZ**  Mansonia hat eine mittel- bis dunkelbraune Farbe, häufig mit einem grauen oder violetten Ton, und gelegentlich eine schwache Streifung. Wenn es Licht und Luft ausgesetzt ist, kann es seine dunkle Farbe verlieren und nach längerer Zeit ein helles Gelbbraun annehmen. Das Holz ist fein strukturiert und geradfaserig oder wechseldrehwüchsig. Seinem Gewicht nach wäre es zwischen Mahagoni und Nußbaum einzuordnen.

**TECHNISCHE EIGENSCHAFTEN**  Mansonia trocknet schnell, neigt aber zum Reißen. Getrocknet zeigt es ein mäßiges Stehvermögen. Abgesehen von der Steifigkeit ist das für sein Gewicht feste Holz mit Buche gut vergleichbar. Es läßt sich leicht schneiden und mit gutem Ergebnis bearbei-

ten. Allerdings tritt insbesondere bei der Verarbeitung des trockenen Holzes eine unangenehme Eigenschaft zutage: Sein feiner Staub verursacht gewöhnlich Reizungen der Haut, der Augen sowie des Nasen- und Rachenraumes. Staubabsauganlagen und die Benutzung von Schutzmasken und -cremes sind zu empfehlen. Es handelt sich bei Mansonia um ein sehr dauerhaftes Holz, pilzbeständig und Berichten zufolge äußerst termitenfest.

**VERWENDUNG**  Mansonia ist ein attraktives, wenngleich recht schlichtes, nußbaumähnliches Holz, das noch mehr Verwendung finden würde, wenn seine Verarbeitung nicht die unangenehmen Begleiterscheinungen hätte. Bei einiger Vorsicht können die Probleme auf ein Minimum beschränkt werden. Das Holz wird dann für hochwertige Tischlerarbeiten und Möbel, für Gehäuse von Rundfunk- und Fernsehgeräten sowie für Armaturenbretter und andere Ausstattungsteile von Autos verwendet.

## ZEBRANO
*Microberlinia brazzavillensis* und *M. bisulcata*

(x10)

**DER BAUM**  Zebrano (oder African zebrawood), das vorwiegend aus Kamerun und Gabun in den Handel kommt, stammt von großen Bäumen, die zwei verschiedenen Arten angehören. Üblicherweise wird das helle, merkmalslose Splintholz abgehauen, und nur das texturierte Kernholz mit einem Durchmesser von 60–100 cm wird verschifft.

**DAS HOLZ**  Das strohfarbene oder hellbraune, mit zahlreichen dunklen Streifen durchsetzte Zebrano ist ein markantes und äußerst dekoratives Holz. Das Erscheinungsbild ist von Stamm zu Stamm verschieden und hängt außerdem von der Schnittebene ab: Auf Radialschnittflächen treten meist gleichmäßige und parallel verlaufende Streifen auf, während die durch Tangentialschnitte oder Rundschälen entstehenden Oberflächen wesentlich unregelmäßiger sind. Meist ist das Holz wechseldrehwüchsig und grob strukturiert. Es ist etwas schwerer als Eiche.

**TECHNISCHE EIGENSCHAFTEN**  Die Trocknung von

Zebrano bereitet Schwierigkeiten, da das Holz zum Verwerfen neigt. Wenn es in massiver Form zum Einsatz kommen soll, empfiehlt sich der Einschnitt nach dem Spiegelschnittverfahren, damit Formänderungen begrenzt bleiben. Zebrano weist gute Festigkeitseigenschaften auf und ist für seine Stoßfestigkeit bekannt. Es läßt sich leicht schneiden und gut bearbeiten. Es eignet sich zur Herstellung von feinen, wenn auch gelegentlich brüchigen Schäl- und Messerfurnieren. Das Holz soll pilzbeständig sein.

**VERWENDUNG**  Zebrano ist überwiegend in Form von Messerfurnieren anzutreffen, die für dekorative Intarsien in Möbeln und Kunsttischlerarbeiten sowie gelegentlich für Vertäfelungen verwendet werden. Als Massivholz bietet sich Zebrano für die Herstellung von Bürstenrücken, Griffen und kleinen Drechslerwaren an. Darüber hinaus wurde angeregt, das Holz wegen seiner guten Stoßfestigkeit in der Fertigung von Skiern und Werkzeugstielen einzusetzen.

## PANGA-PANGA/WENGE
*Millettia* spp.

(x25)

**DER BAUM**  Arten der Gattung *Millettia* kommen in zahlreichen tropischen Ländern vor. Allerdings haben nur Panga-panga *(M. stuhlmanii)* aus Mozambique und Wengé *(M. laurentii)* aus Zaire, Kamerun und Gabun eine wirtschaftliche Bedeutung. Beide Hölzer stammen von Bäumen, die mit 18 m Höhe und 50–60 cm Stammdurchmesser nur bescheidene Abmessungen erreichen.

**DAS HOLZ**  Panga-panga und Wengé stimmen in ihren Eigenschaften im großen und ganzen überein. Beide haben eine braune bis nahezu schwarze Farbe – bedingt durch die feinen Linien helleren Gewebes – ein charakteristisches Erscheinungsbild. Ihre Struktur ist grob und variiert etwas, während der Faserverlauf gewöhnlich gerade ist. Es handelt sich um dichte Hölzer: Das Gewicht von Panga-panga liegt um etwa 10 Prozent und das von Wengé um ungefähr 20 Prozent über dem von Eiche.

**TECHNISCHE EIGENSCHAFTEN**  Die beiden Hölzer

trocknen langsam, aber gut und ohne große Verluste. Sie sind fest und bekannt für ihre Stoßfestigkeit. Da sie dicht und grob strukturiert sind, bewirken die Hölzer recht schnell ein Abstumpfen der Schneidwerkzeuge. Diese müssen stets scharf sein, wenn ein gutes Ergebnis erzielt werden soll. Beide Hölzer eignen sich gut zum Drechseln. Überdies können sie gemessert werden, werden aber gewöhnlich nicht rundgeschält. Beide gelten als pilzbeständig.

**VERWENDUNG**  Diese äußerst dekorativen Hölzer haben besonders in Europa Interesse gefunden, und zwar für hochwertige Tischlerarbeiten sowie als Furnier für dekorative Vertäfelungen. Aus ihnen lassen sich attraktive und besonders stabile Fußböden herstellen, die aber aufgrund der groben Struktur der Hölzer besser für normale Trittbeanspruchung als für härtere Belastung geeignet sind. Wengé ist unter anderem auch für kleine Drechslerwaren verwendet worden.

Zebrano

Panga-panga/Wengé

Abura

Bilinga

Südbuche

Tupelo

## ABURA
*Mitragyna ciliata*

**DER BAUM** Abura ist zwar in Westafrika weit verbreitet, und in Ostafrika tritt eine Art der Gattung *Mitragyna* auf, die ein ähnliches Holz liefert; dennoch ist Nigeria der Hauptlieferant. Das Holz stammt von einem mittelgroßen Baum, der in den feuchten Sumpfwäldern an der Küste wächst.

**DAS HOLZ** Abura ist schlicht und besitzt keine besonderen Merkmale; gewöhnlich hat es eine helle, gelblichbraune bis rötlichbraune Farbe, das Holz aus der Mitte großer Stämme kann jedoch manchmal dunkler und streifig sein. Abura hat eine feine, gleichmäßige Struktur und im allgemeinen einen geraden Faserverlauf. Es ist mittelschwer, d. h. etwas schwerer als Mahagoni.

**TECHNISCHE EIGENSCHAFTEN** Das Holz trocknet schnell und fast ohne Verlust; im trockenen Zustand ist es stabil im Gebrauch. Seine geringen Festigkeitseigenschaften entsprechen in etwa denen von Mahagoni, allerdings kann es wegen seiner Geradfaserigkeit in kleinen Abmessungen fester sein als dieses. Das Säge- und Bearbeitungsverhalten ist unterschiedlich; das Holz läßt sich ziemlich leicht bearbeiten, aber gelegentlich vorkommendes kieselsäurehaltiges Holz wirkt abstumpfend auf Schneidwerkzeuge. Seine Beständigkeit gegen Pilz- und Insektenbefall ist gering, und so eignet es sich nicht für eine Verwendung im Freien.

**VERWENDUNG** Abura ist ein schlichtes und dennoch beliebtes Holz; es wird gleichermaßen seiner einheitlichen Erscheinung und der technischen Vorzüge wegen verwendet, auch wenn es sich aufgrund seines Stehvermögens für Möbelteile wie Rahmen, Anleimer, Seitenteile von Schubladen und ähnliches anbietet. Es kann gebeizt werden und so das Aussehen dekorativerer Hölzer annehmen. Abura ist ein brauchbares Holz für Tischlerarbeiten im Innenbau und wegen seiner feinen Struktur und des geraden Faserverlaufs hervorragend für Profilleisten geeignet.

(x25)

## BILINGA
*Nauclea diderrichii*

**DER BAUM** Bilinga kommt aus den großen westafrikanischen Holzerzeugerländern von der Elfenbeinküste bis Zaire in den Handel. Es stammt von stattlichen Bäumen, die oftmals Höhen von 40 m und Stammdurchmesser von 1,50 m erreichen.

**DAS HOLZ** Bilinga hat eine sehr markante, leuchtend orangegelbe Farbe und weist gelegentlich rötliche Streifen auf. Es ist grob strukturiert und kann geradfaserig oder wechseldrehwüchsig sein oder unregelmäßigen Faserverlauf zeigen. Das Gewicht dieses Holzes entspricht ungefähr dem von Eiche.

**TECHNISCHE EIGENSCHAFTEN** Bilinga trocknet langsam, und dabei entstehen häufig Oberflächenrisse, vor allem wenn das Holz in großen Blöcken getrocknet wird oder der Faserverlauf unregelmäßig ist. Das trockene Holz zeigt sich stabil im Gebrauch. Bilinga ist ein festes Holz, sein mechanisches Verhalten bei Verwendung in kleinen Abmessungen hängt allerdings wesentlich davon ab, ob der Faserverlauf gerade ist. Für sein Gewicht läßt es sich gut sägen und bearbeiten, doch erfordert die Endbearbeitung von Radialschnittflächen bei wechseldrehwüchsigem Holz besondere Sorgfalt. Bilinga ist beständig gegen Pilz- und Bohrmuschelbefall sowie mäßig termitenfest.

**VERWENDUNG** Dieses schwere, feste und dauerhafte Holz steht in großen Längen und Stärken zur Verfügung. Es wird für bauliche Zwecke in der Küsten- und Uferbefestigung, bei Schleusen-, Hafen- und Dockbauten sowie für Rammpfähle verwendet. Das Holz eignet sich hervorragend für den Kai- und Pierbau und ist für Bootsbeplankungen eingesetzt worden; allerdings neigt es zu Oberflächenrissen. Bilinga findet anstelle von Eiche Verwendung beim Bau von Fischerbooten und liefert in vielen Ländern Eisenbahnschwellen. Es ist für Tischlerarbeiten im Außenbau brauchbar und ergibt einen attraktiven Wohnungsfußboden.

(x10)

## »SÜDBUCHEN«
*Nothofagus* spp.

**DER BAUM** Die »Südbuchen« der südlichen Hemisphäre sind botanisch eng mit den echten Buchen der nördlichen Halbkugel verwandt. Es gibt ein Dutzend oder mehr Arten, von denen einige eine wirtschaftliche Bedeutung haben, so das chilenische Rauli, das neuseeländische Silver beech (auch Southland beech genannt) und das australische Tasmanian myrtle. Die Bäume erreichen Höhen von 30–60 m, sind also mittelgroß bis groß und haben Schäfte mit Durchmessern von 1 m oder mehr.

**DAS HOLZ** Die »Südbuchen« unterscheiden sich von der echten Rotbuche durch ihre mittelrötlichbraune bis rotbraune Farbe und das Fehlen der markanten Spiegelzeichnung der Rotbuche. Ihre Struktur ist fein und gleichmäßig, und im allgemeinen sind sie geradfaserig. Sie variieren im Gewicht von mäßig leicht bis mäßig schwer: Rauli und Silver beech sind etwa so schwer wie Mahagoni, das Gewicht von Tasmanian myrtle stimmt mit dem von Rotbuche überein.

**TECHNISCHE EIGENSCHAFTEN** Die weniger schweren Hölzer trocknen leicht und gut, während Tasmanian myrtle ein recht sorgfältiges Vorgehen verlangt, wenn Risse und Zelleinbrüche vermieden werden sollen. Entsprechend ihrem Gewicht haben die Hölzer unterschiedliche Festigkeitseigenschaften; Tasmanian myrtle ist in dieser Hinsicht mit Rotbuche gleichzusetzen, dagegen zeigen Rauli und Silver beech eine deutlich geringere Festigkeit. Alle diese Hölzer lassen sich leicht sägen. Silver beech und Tasmanian myrtle werden als nicht pilzbeständig eingestuft, doch Rauli ist relativ dauerhaft.

**VERWENDUNG** »Südbuchen« können vielfach anstelle von Rotbuche eingesetzt werden. Es sind attraktive Möbelhölzer, die auch für Tischlerarbeiten, Fußböden, Profilleisten und Drechslerwaren Verwendung finden. Aus den australischen und neuseeländischen Hölzern werden Kisten und Steigen für die Molkereiwirtschaft hergestellt.

(x25)

## TUPELO
*Nyssa aquatica* und *N. sylvatica*

**DER BAUM** Tupelo ist ein amerikanisches Holz und kommt aus dem Osten und Süden der Vereinigten Staaten. Es stammt im wesentlichen von zwei Arten, nämlich Tupelo gum (*N. aquatica*) und Black gum (*N. sylvatica*), die manchmal einzeln gehandelt werden. Beide haben große Bäume von bis zu 30 m Höhe, deren gerade Schäfte etwa 1 m stark sind und Wurzelanläufe besitzen. Diese treten vor allem bei dem in Sumpfwäldern wachsenden Tupelo gum auf.

**DAS HOLZ** Tupelo ist gelb bis hellbraun; gelegentlich treten dunklere Flecken auf, aber im allgemeinen ist es recht merkmalsarm. Es zeigt eine feine, gleichmäßige Struktur, aber einen unregelmäßigen Faserverlauf, häufig auch Wechseldrehwuchs. Das Holz ist mäßig leicht, insbesondere das Tupelo gum, das gewöhnlich weicher und in der Struktur nicht so dicht ist wie Black gum. Holz aus dem verdickten unteren Stammende kann außerordentlich leicht sein.

**TECHNISCHE EIGENSCHAFTEN** Tupelo trocknet gut, neigt aber stark zum Verwerfen. Es ist kein festes Holz, doch ist vor allem Black gum für seine Reißfestigkeit bekannt. Obwohl Tupelo weich und leicht ist, kann die Bearbeitung ziemlich schwierig sein, und wegen des unregelmäßigen Faserverlaufs muß sorgfältig vorgegangen werden, wenn ein gutes Ergebnis erzielt werden soll. Tupelo läßt sich problemlos nageln. Unter fäulnisfördernden Bedingungen erweist es sich als nicht dauerhaft.

**VERWENDUNG** In massiver Form stellt Tupelo ein Allzweckholz dar. Es wird aber oftmals auch rundgeschält und zu Furnieren und Sperrholz verarbeitet. Verwendung findet es im Innenausbau für Möbel, Profilleisten und Verpackungen, ferner ergibt es strapazierfähige Fußböden. Tupelo ist besonders reißfest und diente in den Vereinigten Staaten nach entsprechender Schutzbehandlung zur Fertigung von Eisenbahnschwellen. In der Sperrholzproduktion findet es Verwendung für Mittellagen.

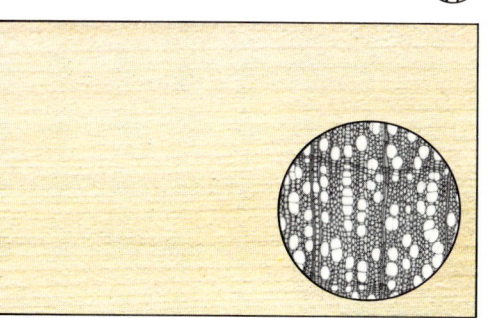

(x25)

# Laubhölzer

Balsa

Greenheart

## BALSA
*Ochroma pyramidale*

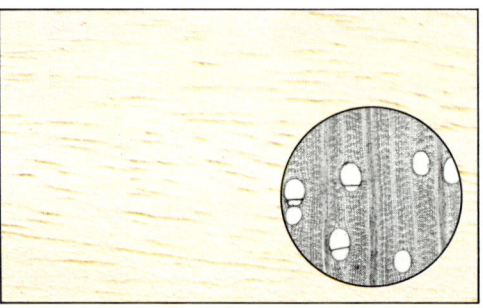

(x10)

**DER BAUM** Balsa ist ein im tropischen Amerika weitverbreitetes Holz, das man auch in anderen Teilen der Welt angepflanzt hat; der Bedarf an Handelsholz wird jedoch vorwiegend von Ekuador gedeckt, das außerdem das qualitativ beste Holz liefert. Der Baum wächst sehr schnell und erreicht innerhalb von fünf bis sechs Jahren eine Höhe von 20 m und einen Stammdurchmesser von 60 cm.

**DAS HOLZ** Balsa ist das leichteste aller Nutzhölzer, dennoch können erhebliche Gewichtsunterschiede auftreten. Für den Handel wird gewöhnlich Holz ausgewählt, dessen Dichte im trockenen Zustand im Bereich von 100 bis 250 kg/m³ liegt oder dessen Gewicht etwa ¹/₇ bis ¹/₃ des Gewichts eines Stücks Buche oder Eiche gleicher Größe entspricht. Das beste Holz hat eine weiße Farbe, manchmal mit einem leicht rötlichen Ton, und einen geraden Faserverlauf; es ist hochglänzend und fühlt sich weich und samtartig an. Balsa zeigt eine mäßig grobe, aber gleichmäßige Struktur.

**TECHNISCHE EIGENSCHAFTEN** Das Holz läßt sich leicht trocknen und bleibt stabil. Es verfügt über eine geringe Festigkeit. Balsa kann leicht bearbeitet werden, allerdings müssen die Werkzeuge stets scharf sein. Es zeichnet sich durch geringe Wärmeleitfähigkeit und hohe Schallabsorption aus. Das Holz ist nicht dauerhaft.

**VERWENDUNG** Balsa ist ein wichtiges Industrieholz, wenn es auch vielleicht besser als Material für den Modellbau und für Theaterrequisiten bekannt ist. Sehr große Mengen werden als Isoliermaterial in Transportschiffen für Flüssiggas, in Kühlhäusern und anderen kältetechnischen Einrichtungen sowie zur Schalldämmung verwendet. Überdies wird Balsa zur Anfertigung von Schwimmkörpern, beispielsweise für Lebensrettungsausrüstungen, genutzt. Das Floß Kon-Tiki war aus Balsastämmen gebaut. Als Mittellage in Sandwichkonstruktionen mit metallenen Außenseiten wurde es im Flugzeugbau verwendet.

## GREENHEART
*Ocotea rodiaei*

(x25)

**DER BAUM** Greenheart ist das wichtigste Handelsholz Guayanas. Es stammt von einem mittelgroßen bis großen Baum, der bis zu 40 m hoch wird und einen langen, zylindrischen Schaft mit einem Durchmesser von bis zu 1 m hat.

**DAS HOLZ** Die Farbskala von Greenheart reicht von hellem Gelbgrün bis zu dunklem Olivbraun; gelegentlich treten fast schwarze Streifen auf. Das Holz zeigt eine feine, gleichmäßige Struktur und ist geradfaserig oder wechseldrehwüchsig. Aufgrund seiner außerordentlich hohen Dichte – um etwa 50 Prozent schwerer als Eiche – ist es nicht schwimmfähig, nicht einmal im trockenen Zustand.

**TECHNISCHE EIGENSCHAFTEN** Greenheart trocknet sehr langsam und neigt zum Splittern und Reißen. Selbst unter Berücksichtigung seines Gewichts zeigt es eine außergewöhnliche Festigkeit; Biege- und Druckfestigkeit sowie Steifigkeit sind fast doppelt so groß wie die von Eiche. Greenheart läßt sich schwer sägen, und die Bearbeitung bereitet Schwierigkeiten. Seine Splitter sind bekannt dafür, daß sie septische Wunden verursachen. Das Holz ist gegen Pilz- und Bohrmuschelbefall ungewöhnlich resistent.

**VERWENDUNG** Da sein Schaft gerade und zylindrisch geformt ist, steht Greenheart in großen Längen und Stärken zur Verfügung; das Nutzholz kann bis zu 20 m lang sein und Querschnitte von bis zu 600/600 mm aufweisen. Meistens wird es in Form von behauenen Balken und als Schnittholz importiert. Da es hohe Festigkeit mit Dauerhaftigkeit und Abnutzungsbeständigkeit verbindet, findet das Holz in großen Abmessungen Verwendung für Uferbefestigungen, Rammpfähle und Schleusentore. Schnittholz wird beim Bau von Kais, Piers und Hafendämmen für Streben, Träger, Gurte und Beläge eingesetzt. Außerdem verwendet man Greenheart für Maschinenträger, stark beanspruchte Fußböden und in der chemischen Industrie für Fässer und Filterpressen. Es liefert zudem sehr stabile Angelruten.

## OLIVE
*Olea* spp.

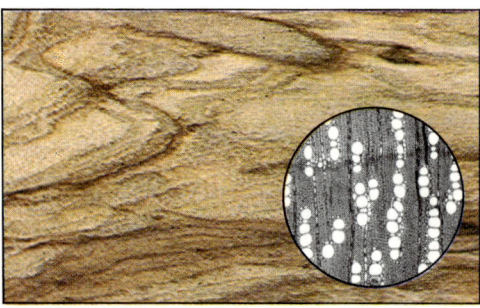

(x25)

**DER BAUM** Das Olivenholz stammt von der Europäischen Olive (*O. europaea*), die in den Mittelmeerländern hauptsächlich wegen ihrer eßbaren Früchte sowie als Lieferant von Olivenöl angepflanzt wird. Andere Arten der Gattung *Olea* kommen in Teilen Afrikas vor. So sind East African olive (*O. hochstetteri*) und Loliondo (*O. welwitschii*) in Kenia und Tansania wichtige Nutzhölzer. Die Europäische Olive ist gewöhnlich ein kleiner Baum mit einem schlechtgeformten Stamm. Die Bäume der afrikanischen Arten können zwar eine Höhe von 25 m erreichen, aber auch sie weisen häufig schlechtgeformte Schäfte auf.

**DAS HOLZ** Olivenholz sieht hübsch aus: Es hat eine hellbraune bis mittelbraune Farbe und eine dunklere, graue oder schwarze Zeichnung. Das Holz ist fein strukturiert und weist manchmal einen geraden, oft aber einen unregelmäßigen Faserverlauf oder – wie East African olive – schwachen Wechseldrehwuchs auf. Loliondo hat ein schlichteres Aussehen und ein etwas niedrigeres Gewicht als Europäische Olive und East African olive, die beide im Durchschnitt um ungefähr 20 Prozent schwerer sind als Buche.

**TECHNISCHE EIGENSCHAFTEN** Olivenholz trocknet langsam und neigt zum Reißen und Splittern. Es verfügt über eine gute Festigkeit und Abnutzungsbeständigkeit. Es läßt sich ziemlich schwer schneiden, jedoch mit Hand- wie mit Maschinenwerkzeugen gut bearbeiten. Dabei kann eine sehr glatte Oberfläche erzielt werden, und das Holz läßt sich gut beizen und polieren. Olivenholz gilt als mäßig pilzbeständig.

**VERWENDUNG** Europäische Olive ist vorwiegend in Form kleiner gedrechselter oder geschnitzter Gegenstände anzutreffen. Afrikanisches Olivenholz wird ebenfalls für Schnitzereien verwendet. Es gibt aber auch ein gutes Fußbodenholz ab, da es schön aussieht und außerordentlich abnutzungsbeständig ist.

## LANCEWOOD
*Oxandra lanceolata*

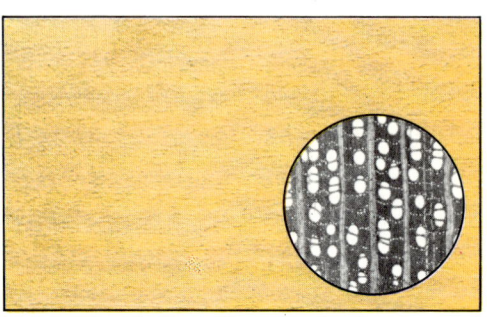

(x25)

**DER BAUM** Bei dem in den Vereinigten Staaten auch unter dem Namen »asta« bekannten Lancewood handelt es sich um ein Holz der Westindischen Inseln, das auf Jamaika, Kuba und Haiti in geringen Mengen zur Verfügung steht. Es stammt von einem kleinen Baum und wird von jeher in kurzen Abschnitten von 3–5 m Länge und 12–18 cm Durchmesser gehandelt. Eine andere Art dieses Holzes, die als Degamé oder in den Vereinigten Staaten als Lemonwood bezeichnet wird, kommt aus Teilen Mittel- und Südamerikas.

**DAS HOLZ** Lancewood hat dunkles Kernholz; der Markt bevorzugt jedoch den hellen, cremiggelben Splint, der gewisse Ähnlichkeit mit einem matten Satinholz besitzt. Das Holz weist einen geraden Faserverlauf und eine sehr feine und gleichmäßige Struktur auf. Es ist außerordentlich dicht und beinahe so schwer wie Greenheart, d. h., es zählt zu den schwersten Nutzhölzern überhaupt.

**TECHNISCHE EIGENSCHAFTEN** Über das technische Verhalten von Lancewood liegen nur wenige Angaben vor. Das Holz ist bekannt für seine guten Festigkeitseigenschaften, vor allem für seine Elastizität und die Fähigkeit zur Energieabsorption. Es läßt sich schwer schneiden, und infolge seines Gewichts bereitet die Bearbeitung Schwierigkeiten. Allerdings kann eine glatte Oberfläche erzielt werden, und die guten Drechseleigenschaften von Lancewood sind anerkannt. Gegen Pilzbefall ist es nicht resistent.

**VERWENDUNG** Lancewood steht heute nur in kleinen Mengen zur Verfügung. Wegen seiner Elastizität wurde es einst zu Radspeichen und Wagengabeln verarbeitet. Außerdem diente es zur Herstellung von Angelruten, Billardqueues, Bogen und Trommelstöcken. Degamé, das ähnliche Eigenschaften, aber keine so hohe Dichte aufweist, ist in größeren Quantitäten erhältlich und wird für dieselben Zwecke eingesetzt.

Olive

Lancewood

Tchitola

White seraya

Purpleheart

Afrormosia

## TCHITOLA
*Oxystigma oxyphyllum*

(x25)

**DER BAUM** Tchitola, das hauptsächlich aus Nigeria und Angola exportiert wird, stammt von großen, oft 40 m hohen Bäumen mit geraden, zylindrischen Schäften von 1 m Durchmesser oder mehr. Es kann im Bestand leicht mit Agba verwechselt werden, und in Angola sind beide Hölzer unter dem Namen Tola bekannt. Zur Unterscheidung wird jedoch Tchitola gewöhnlich als Tola mafuta bezeichnet, Agba dagegen als Tola branca oder Weißes Tola.
**DAS HOLZ** Tchitola hat eine strohgelbe bis mittelbraune Farbe und dunklere Adern oder Striche, die ihm eine gewisse Ähnlichkeit mit Nußbaum verleihen. Genau wie Agba ist es häufig etwas harzig. Das Holz ist geradfaserig oder schwach wechseldrehwüchsig; gelegentlich vorkommender welliger Faserverlauf ruft eine Riegeltextur hervor, die das dekorative Aussehen noch verstärkt. Es weist eine mäßig grobe Struktur auf und ein mittleres Gewicht, das geringfügig unter dem von Nußbaum liegt.

**TECHNISCHE EIGENSCHAFTEN** Das Holz trocknet gut und ohne größere Verluste; getrocknet ist es stabil im Gebrauch. Seine Festigkeitseigenschaften sind denen von Nußbaum durchaus vergleichbar. Abgesehen davon, daß es leicht zu einem Verharzen der Schneiden kommt, läßt sich Tchitola gut sägen und bearbeiten. Das Holz eignet sich zur Herstellung guter Schäl- und Messerfurniere. Normalerweise ist es mäßig pilzbeständig, einzelne Stücke haben jedoch eine geringere Resistenz.
**VERWENDUNG** In Europa ist Tchitola als ein braunes Holz für allgemeine Zwecke eingesetzt worden, doch hat es insbesondere in Form von Furnieren, die ihrer Textur wegen ausgewählt wurden, für dekorative Oberflächen von Möbeln und Fernsehgerätegehäusen Verwendung gefunden. Aus Angola importierte Stämme wurden in Südafrika früher zu einem beliebten Sperrholz für allgemeine Zwecke verarbeitet.

## WHITE SERAYA
*Parashorea malaanonan*

(x10)

**DER BAUM** White seraya ist in Sabah heimisch, kommt aber auch in anderen Gegenden auf Borneo und den Philippinen vor. Auf den Philippinen wird es Bagtikan genannt, gelegentlich allerdings zusammen mit ähnlichen Hölzern unter dem Namen White lauan verschifft. White seraya stammt von einem sehr großen Baum, der bis zu 60 m hoch wird und dessen gerader, zylindrischer Schaft über hohen Wurzelanläufen einen Durchmesser von 1,50 m oder mehr erreicht. Im großen und ganzen ist Seraya aus Sabah mit dem malaiischen Meranti gleichzusetzen, White seraya unterscheidet sich jedoch beträchtlich von White meranti. Ein Holz, das ein ähnliches Aussehen wie White seraya, aber ein höheres Gewicht hat, ist das malaiische »gerutu«.
**DAS HOLZ** White seraya hat eine strohgelbe oder helle rötlichweiße Farbe, eine mäßig grobe Struktur und ist schwach wechseldrehwüchsig, so daß auf Radialschnittflächen eine breitstreifige Zeichnung erkennbar ist. Sein Gewicht ähnelt dem von Light red meranti und Mahagoni.
**TECHNISCHE EIGENSCHAFTEN** White seraya ist leicht und schnell zu trocknen, und das trockene Holz zeigt ein gutes Stehvermögen. Seine Festigkeit entspricht der von Light red meranti und Mahagoni, und es läßt sich recht gut schneiden und bearbeiten sowie rundschälen und liefert gute Furniere. Seine Beständigkeit gegen Pilzbefall ist gering.
**VERWENDUNG** White seraya ist ein attraktives, wenn auch ziemlich schlichtes und grobstrukturiertes Holz. Zunächst fand es Beachtung als Material für Schiffsbeplankungen, da es hellfarben, leicht und in recht großen Längen verfügbar war. Es hat jedoch nicht die Dauerhaftigkeit von Teak und sollte besser im Innenbau verwendet werden. Das Holz ergibt attraktive Wohnungsfußböden und eignet sich für den Innenausbau, für Möbelrahmen und leichte Konstruktionen. Überdies findet es Verwendung als Sperrholz für allgemeine Zwecke.

## PURPLEHEART
*Peltogyne* spp.

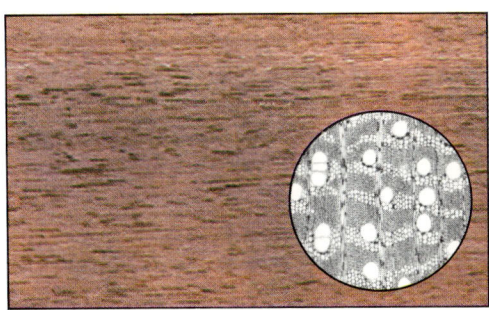

(x25)

**DER BAUM** Purpleheart, das auch als Amarant bezeichnet wird, ist im Norden Südamerikas heimisch, insbesondere in Guayana und Brasilien. Ungefähr 20 Arten liefern dieses Holz, und viele von ihnen bilden große Bäume von 30–45 m Höhe, deren Schäfte Durchmesser von 1 m oder mehr erreichen.
**DAS HOLZ** Beim ersten Einschnitt zeigt Purpleheart eine stumpfbraune Färbung, an Licht und Luft nimmt es aber schnell eine leuchtend violette Farbe an und ist dann eines der markantesten und farblich lebhaftesten Handelshölzer. Nach einiger Zeit verblaßt das Violett, das Holz färbt sich dann kräftig bräunlichrot. Die Hölzer der verschiedenen Arten unterscheiden sich in der Struktur, die fein bis mäßig grob sein kann. Der Faserverlauf ist manchmal gerade, es kann aber auch Wechseldrehwuchs oder welliger Faserverlauf vorkommen. Purpleheart hat ein hohes, von Art zu Art verschiedenes Gewicht.

**TECHNISCHE EIGENSCHAFTEN** Purpleheart trocknet gut und fast ohne Verlust; allerdings dauert die Trocknung bei stärkeren Abmessungen ziemlich lange. Das sehr feste Holz läßt sich aufgrund seiner Dichte nur schwer schneiden. Wenn es bearbeitet wird, führt es verhältnismäßig rasch zum Abstumpfen der Werkzeuge, in der Endbearbeitung kann aber eine schöne Oberfläche erzielt werden. Purpleheart ist sehr dauerhaft.
**VERWENDUNG** Obwohl Purpleheart eine leuchtende Farbe hat, wird es nur selten der dekorativen Wirkung wegen verwendet. Weiter verbreitet ist seine Verwendung als schweres Konstruktionsholz im Dock-, Brücken- und Pierbau und für ähnliche Zwecke, bei denen es auf gute Festigkeit und Dauerhaftigkeit ankommt. Ferner wird Purpleheart zur Fertigung von Fässern und Rahmen von Filterpressen für die chemische Industrie eingesetzt, und es liefert einen strapazierfähigen Fußboden.

## AFRORMOSIA
*Pericopsis elata*

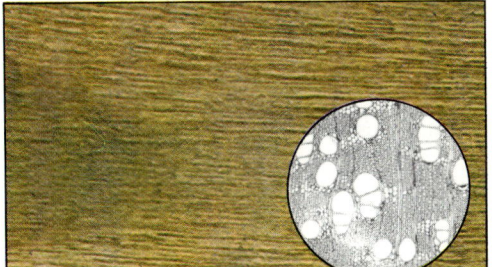

(x25)

**DER BAUM** Die Elfenbeinküste und Ghana sind die Hauptlieferanten von Afrormosia; das Holz kommt aber auch in Zaire vor. Die großen Bäume erreichen Höhen von bis zu 40 m, und ihre Schäfte von 1 m oder mehr im Durchmesser sind lang, aber häufig unregelmäßig geformt.
**DAS HOLZ** Afrormosia ist gelbbraun bis braun und zeigt einige Ähnlichkeit mit Teak; es ist ungefähr gleich schwer, aber feiner in der Struktur. Das Holz weist gewöhnlich Wechseldrehwuchs auf, der eine streifige Zeichnung bewirkt, und ihm fehlen der lederartige Geruch und die sich wachsig anfühlende Oberfläche von Teak. In feuchter Umgebung verursachen eiserne Befestigungsmittel schwarze Verfärbungen des Holzes.
**TECHNISCHE EIGENSCHAFTEN** Afrormosia trocknet langsam, aber gut und ohne große Verluste; das trockene Holz zeigt ein sehr gutes Stehvermögen. Es ist fest und in den meisten Festigkeitseigenschaften Teak sogar überlegen.

Es läßt sich gut schneiden und bearbeiten und nimmt eine feine Oberfläche an, wenn auch bei Radialschnittflächen wegen des Wechseldrehwuchses große Sorgfalt erforderlich ist. Bei Afrormosia handelt es sich um ein sehr dauerhaftes Holz, das gegen Pilz- und Termitenbefall resistent ist.
**VERWENDUNG** Afrormosia ist ein festes, stabiles und dauerhaftes Nutzholz. Als es in den Jahren nach dem Zweiten Weltkrieg erstmals in den Handel kam, fand es rasch Eingang in viele Bereiche, in denen Teak verwendet wird, und zwar vor allem im Schiff- und Bootsbau sowie in der Fertigung hochwertiger Tischlerarbeiten. Als Teak-Möbel in Mode waren, wurden aus Afrormosia häufig massive Rahmen hergestellt; schon bald fand es aber selbst als ein dekoratives Holz Anerkennung. Heute wird es weithin für Kunsttischlerarbeiten und Stühle verwendet, sowohl massiv für tragende Elemente als auch als dekoratives Furnier für große Flächen. Es ergibt attraktive, stabile Fußböden.

251

# Laubhölzer

Schlangenholz

Platane

## SCHLANGENHOLZ
*Piratinera guianensis*

(x25)

**DER BAUM** Schlangenholz oder Buchstabenholz stammt aus dem tropischen Amerika und wurde stets nur in geringen Mengen exportiert, hauptsächlich aus Guayana. Heute ist es vorwiegend von historischem Interesse als eines der schwersten Hölzer, die wirtschaftlich genutzt worden sind; sein Gewicht liegt sogar über dem von Pockholz. Schlangenholz wurde von mittelgroßen, bis zu 25 m hohen Bäumen geliefert, deren Stämme gelegentlich Durchmesser von 80 cm erreichten. Da aber nur das texturierte Kernholz wirtschaftliche Bedeutung hatte, wurde der breite helle Splint abgehauen und das Holz in kleinen Abschnitten von 1–2 m Länge und 7–18 cm Durchmesser verschifft.

**DAS HOLZ** Schlangenholz ist ein markantes, tief mahagonirotes Holz mit unregelmäßiger dunkler Zeichnung, die an die Zeichnung bestimmter Schlangen oder an Hieroglyphen erinnert – so sind auch die Namen Schlangenholz und Buchstabenholz zu erklären. Im allgemeinen zeigt das Holz geraden Faserverlauf und feine, gleichmäßige Struktur. Es ist sehr dicht, etwa 80 Prozent schwerer als Eiche.

**TECHNISCHE EIGENSCHAFTEN** Über dieses Holz liegen nur wenige Angaben vor. Fest, aber spröde, neigt es bei der Bearbeitung zum Splittern. In Faserrichtung läßt es sich leicht spalten. Es ist schwer zu schneiden; bei der Endbearbeitung kann jedoch eine glatte Oberfläche erzielt werden, und es nimmt einen starken natürlichen Glanz an. Schlangenholz ist äußerst pilzbeständig.

**VERWENDUNG** Eine Zeitlang war Schlangenholz für die Herstellung von Spazierstöcken gefragt, und stark texturierte Stücke erzielten einen sehr hohen Preis. Überdies wurde es für Schirmkrücken und in Form von Sägefurnieren für Intarsien und andere dekorative Arbeiten verwendet. Es diente zur Fertigung von Bogen für klassische Saiteninstrumente wie Gamben, aber für Geigenbogen ist Pernambuk besser geeignet.

## PLATANE
*Platanus* spp.

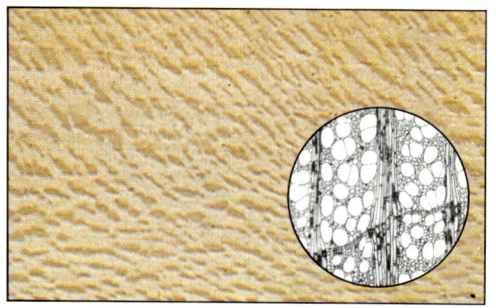

(x25)

**DER BAUM** Aus der Kreuzung der in Südosteuropa, der Türkei und im Iran beheimateten Morgenländischen Platane (*P. orientalis*) mit der aus dem Osten der Vereinigten Staaten stammenden Abendländischen Platane (*P. occidentalis*), die im Amerikanischen »buttonwood« oder »sycamore« genannt wird, ist die europäische Platane (*P. hybrida*) hervorgegangen, die wir als Straßenbaum kennen. Die Abendländische und die europäische Platane liefern lange Stämme, die Morgenländische Platane ist kleiner.

**DAS HOLZ** Platane ist ein hellbraunes Holz, dessen große Markstrahlen auf Tangentialschnittflächen deutlich zu erkennen sind. Bei exakt ausgeführten Radialschnitten entsteht durch die Markstrahlen eine sehr ausgeprägte fleckige Zeichnung, und das Holz wird dann als »lacewood« bezeichnet. Platane hat eine feine, gleichmäßige Struktur und gewöhnlich einen geraden Faserverlauf. Das Gewicht der europäischen Platane liegt um etwa 15 Prozent unter dem von Buche; das amerikanische Holz ist noch leichter.

**TECHNISCHE EIGENSCHAFTEN** Platane trocknet leicht, neigt aber zum Verwerfen. Seine Festigkeitseigenschaften sind weitgehend mit denen von Mahagoni vergleichbar. Abgesehen von der Gefahr des Klemmens der Sägeblätter läßt es sich gut schneiden und leicht und mit gutem Ergebnis bearbeiten. Die Werkzeuge müssen scharf sein, um ein Einreißen des Markstrahlgewebes auf Radialschnittflächen zu vermeiden. Das Holz ist nicht pilzbeständig.

**VERWENDUNG** Europäische Platane wird gewöhnlich in Form von Spiegelfurnieren für Vertäfelungen verwendet, z. B. in Eisenbahnwagen, oder auch in Einlege- und Marketeriearbeiten. Abendländische Platane ist leichter erhältlich. Man verarbeitet sie im Möbelbau sowie für Paletten, Verpackungen, Fleischerblöcke und in Form von Furnieren für Vertäfelungen und Decklagen von Türen.

## PAPPEL
*Populus* spp.

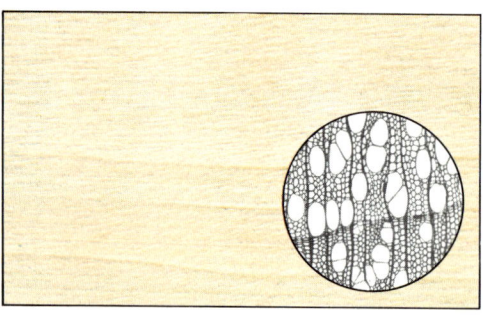

(x25)

**DER BAUM** Pappelholz wird von einer Vielzahl von Arten und kultivierten Formen geliefert, die in vielen Ländern mit gemäßigtem Klima vorkommen und oftmals im großen Stil angepflanzt werden. Die Hölzer ähneln sich, wenn sie auch teilweise unter besonderen Namen, z. B. Aspe, bekannt sind. In Nordamerika bezeichnet man Pappelholz als »cottonwood«. Die mittelgroßen bis großen Bäume erreichen gelegentlich eine Höhe von 30 m. Sie sind oftmals raschwüchsig und zählen zu den ertragreichsten Laubhölzern der gemäßigten Zone.

**DAS HOLZ** Pappel ist weiß, manchmal mit einer rötlichen oder braunen Tönung. Im allgemeinen weist es einen geraden Faserverlauf und eine feine, gleichmäßige Struktur auf. Das Holz ist leicht, vergleichbar mit Fichte; Aspe kann allerdings fester und schwerer sein.

**TECHNISCHE EIGENSCHAFTEN** Pappel trocknet leicht und ist mäßig stabil im Gebrauch. Es ist zwar kein festes, aber ein für sein Gewicht zähes Holz, das kaum reißt oder splittert. Das Schneiden und Bearbeiten erweist sich als einfach, doch entsteht leicht eine wollige Oberfläche, und die Werkzeuge müssen immer scharf sein. Aus Pappel lassen sich gute Schälfurniere herstellen. Unter fäulnisfördernden Bedingungen wird es rasch angegriffen.

**VERWENDUNG** Pappel ist ein wirtschaftlich bedeutendes Nutzholz. Als Schnittholz wird es für Möbel und leichte Konstruktionen verwendet, außerdem für Fußböden, Kisten und Steigen sowie für zahlreiche kleine Gegenstände des täglichen Bedarfs wie Holzschuhe und Küchengeräte. Das Furnier wird zu Obstkörben und Sperrholz für allgemeine Zwecke verarbeitet. Zur Streichholzherstellung aus Furnieren nimmt man am häufigsten Aspe. Pappel stellt, insbesondere in Amerika, ein wichtiges Material für Holzschliff dar. Es dient zur Erzeugung von Holzwolle, und aus großen, dünnen Spänen werden Spanplatten hergestellt.

## KIRSCHBAUM
*Prunus* spp.

(x25)

**DER BAUM** Kirschbaum wächst im gemäßigten Klima der nördlichen Breiten. Von besonderem Interesse sind zwei Hölzer, nämlich das europäische Kirschbaum, das in weiten Teilen Europas und bis nach Kleinasien anzutreffen ist, und das im Osten der Vereinigten Staaten vorkommende amerikanische Kirschbaum. Die europäische Art ist zwar ziemlich weit verbreitet, die Bäume erreichen aber nur bescheidene Größe. Der amerikanische Kirschbaum ist etwas größer, er wird bis zu 30 m hoch und liefert Stämme von gewöhnlich 35–50 cm Durchmesser.

**DAS HOLZ** Kirschbaum ist ein feinstrukturiertes, zumeist geradfaseriges Holz, das beim ersten Einschnitt eine helle rötlichbraune Färbung zeigt, an Licht und Luft aber nachdunkelt. Nach längerem Gebrauch kann es nahezu mahagonirote Farbe annehmen. Das Erscheinungsbild wird gelegentlich durch Harzgänge und Flecken beeinträchtigt. Europäisches Kirschbaum ist geringfügig schwerer als amerikanisches; es ist gewichtsmäßig zwischen Mahagoni und Nußbaum einzuordnen.

**TECHNISCHE EIGENSCHAFTEN** Beim Trocknen verlangt Kirschbaum besondere Sorgfalt, da es zum Verwerfen neigt; das trockene Holz zeigt sich aber mäßig stabil im Gebrauch. Für sein Gewicht zeigt es eine gute Festigkeit. Es läßt sich leicht schneiden, und bei der Bearbeitung kann ein ausgezeichnetes Ergebnis erzielt werden.

**VERWENDUNG** Das dekorative Kirschbaumholz findet Verwendung in der Möbelherstellung und der Kunsttischlerei. Europäisches Kirschbaum steht nur in begrenztem Umfang zur Verfügung und wird für besondere Möbelstücke eingesetzt. Das amerikanische Holz ist leichter erhältlich und hat in den mittleren Atlantikstaaten eine wirtschaftliche Bedeutung. Es dient zur Anfertigung von Vertäfelungen, Möbeln und hochwertigen Tischlerarbeiten und kommt in der Herstellung von Galvanos zum Einsatz.

Pappel

Kirschbaum

Muninga

Padouk

Pterygota

Birnbaum

## MUNINGA
*Pterocarpus angolensis*

**DER BAUM** Das Verbreitungsgebiet des ostafrikanischen Holzes Muninga erstreckt sich von Tansania nach Süden bis zu den nördlichen Regionen der Republik Südafrika. Die Bäume sind klein bis mittelgroß und haben unterschiedlich geformte Schäfte. Muninga gehört botanisch zu den Padoukhölzern, also zur Gattung *Pterocarpus*, es ist aber seit langem unter seinem eigenen Namen bekannt.

**DAS HOLZ** In der Farbe variiert Muninga von goldbraun bis tiefbraun, manchmal ist es rötlich getönt und zeigt eine unregelmäßige dunklere Zeichnung. Sein reizvolles Aussehen wird gelegentlich durch weiße Punkte oder Flecken beeinträchtigt. Es ist von mittelgrober Struktur, und der Faserverlauf ist je nach Form des Stammes gerade bis unregelmäßig. Das Gewicht ändert sich mit fortschreitendem Wachstum; das der leichtesten Stücke läßt sich mit dem von Mahagoni vergleichen, gewöhnlich jedoch entspricht es dem Gewicht von Nußbaum.

(x10)

**TECHNISCHE EIGENSCHAFTEN** Muninga trocknet langsam, aber gut; dabei schwindet es sehr wenig und verwirft sich kaum. Das trockene Holz zeigt ein ganz außergewöhnliches Stehvermögen und ist in dieser Hinsicht nahezu allen anderen Nutzhölzern überlegen. Die Festigkeit hängt von der Dichte ab, Bruchschlagarbeit und insbesondere Steifigkeit sind aber im allgemeinen gering. Muninga läßt sich leicht schneiden und gut bearbeiten und liefert eine feine Oberfläche. Es ist äußerst beständig gegen Pilz- wie auch gegen Termitenbefall.

**VERWENDUNG** Muninga ist ein feines Holz mit hervorragenden technischen Eigenschaften. Man verwendet es für hochwertige Tischlerarbeiten und – in Furnier- wie auch in massiver Form – für Möbel und Vertäfelungen. Muninga ergibt einen attraktiven Wohnungsfußboden und ist beispielsweise ganz besonders zur Verlegung über Fußbodenheizungen geeignet.

## PADOUKHÖLZER
*Pterocarpus* spp.

**DER BAUM** Die Padoukhölzer stammen aus Westafrika, hauptsächlich aus Kamerun und Nigeria, und von den Andamanen; früher besaßen sie auch in Burma eine wirtschaftliche Bedeutung. Ein stark texturiertes ostindisches Holz dieser Gattung ist als Amboyna bekannt und ein ostafrikanisches Holz als Muninga. Die Bäume werden gewöhnlich mittelgroß bis groß.

**DAS HOLZ** Padoukhölzer haben eine leuchtende Farbe, insbesondere das Rote Afrikanische Padouk, das frisch geschnitten purpurrot gefärbt ist, aber zu einem satten Purpurbraun nachdunkelt. Andaman padauk ist karmesinrotbraun bis rotbraun mit dunklerer Zeichnung und nicht ganz so lebhaftem Aussehen. Meist weisen die Padoukhölzer grobe Struktur und Wechseldrehwuchs auf und sind schwer oder mäßig schwer.

**TECHNISCHE EIGENSCHAFTEN** Die Hölzer trocknen langsam, aber gut; getrocknet sind sie für ihr außerge-

(x10)

wöhnliches Stehvermögen bekannt. Sie sind fest; Andaman padauk ist in seinen Festigkeitseigenschaften Eiche überlegen. Obwohl die Hölzer schwer sind, bereitet das Schneiden keine übermäßig großen Schwierigkeiten, und bei der Bearbeitung kann eine feine Oberfläche erzielt werden. Sie zeigen hohe Fäulnisbeständigkeit.

**VERWENDUNG** Die Padoukhölzer besitzen neben schönem Aussehen auch ausgezeichnete technische Eigenschaften. Vor allem Andaman padauk war einst ein beliebtes Holz für hochwertige Tischlerarbeiten, insbesondere für Bank- und Ladeneinrichtungen. Das Holz eignet sich hervorragend für den Bootsbau: das von Sir Alex Rose für seine Einhand-Weltumseglung benutzte Boot *Lively Lady* war aus Padouk. Das Rote Afrikanische Padouk, das heute besser verfügbar ist als Andaman padauk, findet Verwendung in der Tischlerei, für Werkzeugstiele und Wasserwaagen sowie für strapazierfähige Fußböden.

## PTERYGOTA
*Pterygota* spp.

**DER BAUM** Pterygota ist in Afrika und Asien anzutreffen, die Handelslieferungen kommen jedoch aus den westafrikanischen Holzerzeugerländern. In Nigeria treten zwei Arten auf, deren Hölzer ähnlich sind und zusammen gehandelt werden. Sie bilden Bäume von mittlerer Größe, 30 bis 35 m hoch, mit Schäften von 1 m Durchmesser über hohen Wurzelanläufen.

**DAS HOLZ** Pterygota weist eine cremiggelbe bis nahezu weiße Farbe, eine grobe Struktur und einen geraden Faserverlauf oder leichten Wechseldrehwuchs auf. Charakteristisch für das Holz: das auf exakten Radialschnittflächen in Erscheinung tretende und durch die großen Markstrahlen bedingte reizvolle Fleckmuster. Das Gewicht ist je nach Art verschieden, die Skala reicht von »geringfügig schwerer als Mahagoni« bis »etwa so schwer wie Birke«.

**TECHNISCHE EIGENSCHAFTEN** Pterygota trocknet schnell und verwirft sich kaum. Getrocknet zeigt es ein mä-

(x10)

ßiges Stehvermögen. Die Festigkeit ist unterschiedlich und hängt von der Dichte ab; das schwerere Holz weist nicht ganz die Festigkeit von Buche auf, das leichtere entspricht in dieser Hinsicht eher Mahagoni. Pterygota läßt sich ziemlich gut schneiden und bearbeiten, nimmt aber manchmal eine wollige Oberfläche an. Es kann zu attraktiven Schäl- und Messerfurnieren verarbeitet werden. Seine Pilzbeständigkeit ist gering.

**VERWENDUNG** Das weiße Pterygota neigt sehr stark dazu, sich blau oder grau zu verfärben, wenn Einschnitt oder Trocknung sich verzögern. Aus diesem Grund war es einige Jahre lang schwer abzusetzen. Heutzutage kann infolge verbesserter Handhabung sauberes Holz geliefert werden, und Pterygota stößt zunehmend auf Interesse, sowohl als Messerfurnier als auch in massiver Form für Möbel und Tischlerarbeiten im Innenbau.

## BIRNBAUM
*Pyrus communis*

**DER BAUM** Der Birnbaum ist im gemäßigten Klima der nördlichen Breiten beheimatet und wird dort weithin wegen seiner Frucht kultiviert. Das zur Verfügung stehende Nutzholz stammt zum größten Teil von alten Gartenbäumen. Der Baum erreicht mit einer Höhe von 10 m oder allenfalls 15 m nur eine bescheidene Größe und weist oft einen schlechtgeformten Schaft auf. Ein ähnliches Holz produzieren Eberesche (oder Vogelbeerbaum), Elzbeere und Mehlbeerbaum; allerdings sind diese Hölzer häufig etwas heller.

**DAS HOLZ** Es hat eine helle, rötlichbraune Farbe, eine einheitliche und sehr feine Struktur, die feiner ist als die von Apfelbaum, sowie je nach Form des Schaftes einen geraden oder unregelmäßigen Faserverlauf. Das Holz ist mäßig schwer, sein Gewicht entspricht etwa dem von Buche.

**TECHNISCHE EIGENSCHAFTEN** Birnbaum trocknet langsam und neigt zum Verwerfen, insbesondere bei unregelmäßigem Faserverlauf. Das feste Holz ist für seine

(x25)

Zähigkeit bekannt und schlecht zu spalten. Es läßt sich schwer schneiden, aber gut bearbeiten und liefert eine feine Oberfläche. Allerdings stumpft es Schneidwerkzeuge ab, und Holz mit unregelmäßigem Faserverlauf erfordert besondere Sorgfalt. Birnbaum ist nicht fäulnisbeständig.

**VERWENDUNG** Da das Angebot ungleichmäßig ist und das Holz meist nur in geringen Abmessungen zur Verfügung steht, wird Birnbaum für kleine gedrechselte und geschnitzte Gegenstände sowie für Einlegearbeiten und Marketerien verwendet. Es läßt sich außerordentlich gut drechseln und dient zur Herstellung von Schalen sowie Bürstenrücken und -griffen. Aufgrund seiner sehr feinen Struktur ist es ein gesuchtes Schnitzholz. Birnbaum hat Verwendung gefunden für Zeichengeräte, Reißschienen usw., für Blockflöten und in Form von Furnieren in der Kunsttischlerei. Ein besonderer Fall ist die Verwendung von Birnbaum für die Polierscheiben für Uhrwerkssteine.

# Laubhölzer

Weißeiche                    Roteiche

## WEISSE EICHEN
*Quercus* spp.

(x10)

**DER BAUM** Europäische Eiche, japanische Eiche und amerikanische weiße Eiche werden zwar im Handel voneinander unterschieden, sind aber in ihren Eigenschaften ähnlich und können daher zusammen als weiße Eiche betrachtet werden. Das beste Eichenholz stammt von in Wäldern gewachsenen Bäumen, die Höhen von 30 m erreichen können und lange, gerade Schäfte von bis zu 1 m Durchmesser bilden. Alte Parkbäume haben gelegentlich stärkere Schäfte.
**DAS HOLZ** Das Holz ist hellgelbbraun in der Farbe, gewöhnlich geradfaserig und aufgrund seiner Ringporigkeit grob strukturiert. Auf den bei Tangentialschnitten und beim Rundschälen entstehenden Oberflächen wird eine Wachstumsmaserung deutlich, und auf radial verlaufenden Schnitt- oder Spaltflächen treten charakteristische Spiegel auf. Das Gewicht variiert zwar, aber im allgemeinen ist das Holz mäßig schwer; amerikanische Eiche ist etwas schwerer als europäische.

**TECHNISCHE EIGENSCHAFTEN** Die Eigenschaften von Eiche sind sehr stark vom Wachstum abhängig. Raschgewachsenes Holz ist häufig dicht und erweist sich dann als fest, zäh und dauerhaft, und die Bearbeitung kann recht schwierig sein. Langsamgewachsenes Holz hat ein geringeres Gewicht, ist weniger fest und leichter zu bearbeiten.
**VERWENDUNG** Für die Verwendung von Eiche für bauliche und dekorative Zwecke sowie in der Tischlerei gibt es in historischen Gebäuden zahlreiche schöne Beispiele. Auch heute noch ist es ein wichtiges Konstruktionsholz, wenn altertümliches Aussehen oder Festigkeit und Dauerhaftigkeit gefordert werden. Eiche wird für den Bau von Booten (vor allem Fischerbooten) sowie für Tore und Zaunpfähle verwendet. Es ist ein bedeutendes Möbelholz und Material für Tischlerarbeiten, Vertäfelungen und Wohnungsfußböden. Ein besonderes Einsatzgebiet von Eiche sind Dauben für Whisky- und Sherry-Fässer.

## ROTE EICHEN
*Quercus* spp.

(x10)

**DER BAUM** Roteiche ist im gemäßigten Klima der nördlichen Breiten heimisch und in Teilen von Nordamerika und in Iran ein wichtiges Nutzholz, ohne jedoch die allgemeine wirtschaftliche Bedeutung von Weißeiche zu erlangen. In Europa wird Roteiche gelegentlich kultiviert: Zerreiche wird z. B. trotz der beschränkten Verwendbarkeit des Holzes häufig angepflanzt, allerdings gewöhnlich als Parkbaum und nicht als Waldbaum. Viele Roteichen erreichen mit Höhen von 35 m oder mehr eine stattliche Größe. Ihre Schäfte haben im allgemeinen Durchmesser von 1 m und können bei alten Bäumen bis zu 1,80 m stark sein.
**DAS HOLZ** Im Vergleich zu Weißeiche zeigt Roteiche eine deutlich rötliche Färbung. Das häufig raschwüchsige Holz besitzt eine grobe Struktur und, wenn es gut gewachsen ist, einen geraden Faserverlauf. Wie bei weißer Eiche treten auf Radialschnittflächen Spiegel auf, doch ist die Zeichnung nicht immer so klar, da die Markstrahlen vielfach kürzer

sind. Roteiche ist ein dichtes Holz; es ist geringfügig schwerer als amerikanische Weißeiche und um 10–15 Prozent schwerer als europäische Eiche.
**TECHNISCHE EIGENSCHAFTEN** Roteiche ist zwar schwerer, aber gewöhnlich durchlässiger und weniger dauerhaft als Weißeiche. Infolge des höheren Gewichts läßt sich das Holz mühsamer schneiden und bearbeiten, und vielfach bereitet das Trocknen größere Schwierigkeiten.
**VERWENDUNG** Roteiche besitzt nicht die hervorragende Dauerhaftigkeit von Weißeiche und eignet sich als Konstruktions-, Tischlerei- und Bauholz für Außenanwendungen nur, wenn eine wirksame Schutzbehandlung vorgenommen worden ist. Es ist brauchbar im Innenausbau, für Vertäfelungen, Fußböden und Möbel, auch wenn es gemeinhin weniger hoch eingeschätzt wird als Weißeiche. Persische Eiche bildet insofern eine Ausnahme, als es undurchlässig ist und zu Faßdauben verarbeitet werden kann.

## IMMERGRÜNE EICHEN
*Quercus* spp.

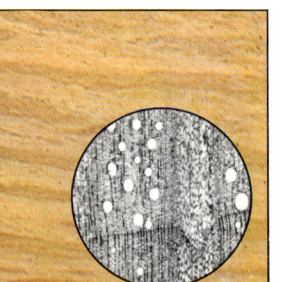

(x10)

**DER BAUM** Zahlreiche Eichen-Arten, die in Ländern mit warmem gemäßigtem Klima und in tropischen Gebieten in Mittelamerika und Südostasien wachsen, sind immergrün und haben ein charakteristisches Holz. In Europa bekannte Arten: Steineiche (oder Europäische Lebenseiche) und Korkeiche. Letztere ist eher wegen ihrer Rinde, aus der der handelsübliche Kork gewonnen wird, als wegen ihres Holzes von Bedeutung. Die dicke Schicht leichter Borke kann in Abständen von acht bis zehn Jahren abgetrennt werden, ohne daß der Baum Schaden nimmt.
**DAS HOLZ** Die Immergrünen Eichen besitzen härteres und schwereres Holz als die bekannteren Weißeichen. Es ist im allgemeinen hell- bis mittelbraun. Sehr große Markstrahlen rufen eine deutliche Spiegelzeichnung hervor, die allerdings selten so dekorativ ist wie die der besten Weißeichen. Ein weiterer Unterschied zum üblichen Eichenholz besteht darin, daß Immergrüne Eiche nicht ringporig ist.

Dadurch weist es eine feinere und gleichmäßigere Struktur auf, und eine Maserung tritt, falls überhaupt vorhanden, kaum hervor.
**TECHNISCHE EIGENSCHAFTEN** Immergrüne Eiche läßt sich schwer trocknen, da es sich verwirft und stark zum Reißen neigt. Es gilt als fest und dauerhaft, wegen seines Gewichts ist es jedoch nicht leicht zu schneiden und zu bearbeiten. Eine glatte Oberfläche ist nur schwer zu erzielen, insbesondere bei unregelmäßigem Faserverlauf.
**VERWENDUNG** Im Vergleich zu Weißeiche hat dieses Holz kaum eine wirtschaftliche Bedeutung; die Behandlung bereitet weitaus größere Schwierigkeiten, und es wird selten exportiert. Immergrüne Eiche findet innerhalb seines Verbreitungsgebietes Verwendung für einfache bauliche Zwecke, z. B. Pfosten und Einzäunungen, und manchmal für landwirtschaftliche Geräte. In vielen Ländern dient es hauptsächlich als Brennmaterial.

## MANGROVEN
*Rhizophora* spp.

(x25)

**DER BAUM** Mangroven wachsen an den Küsten zahlreicher tropischer Länder. Sie gehören zu verschiedenen Gattungen. Eine der wichtigsten ist *Rhizophora* mit drei Arten, die in allen tropischen Gegenden vorkommen. Ihre Bäume können eine Höhe von 30 m und einen Schaftdurchmesser von bis zu 60 cm erreichen, vielfach sind sie aber wesentlich kleiner. Sie sind häufig weit verzweigt und stehen auf stelzenartigen Wurzeln.
**DAS HOLZ** Das sehr schwere, harte, mäßig fein strukturierte, im allgemeinen aber merkmalslose Holz ist hell- bis dunkelrötlichbraun und weist geraden oder unregelmäßigen Faserverlauf oder gelegentlich Drehwuchs auf. Gewichtsmäßig steht es auf einer Stufe mit Greenheart.
**TECHNISCHE EIGENSCHAFTEN** Beim Trocknen des Holzes treten Schwierigkeiten auf, da es beträchtlich schwindet und zum Aufreißen an den Enden sowie zu Oberflächenrissen neigt. Es ist ein festes Holz; mit Ausnahme der

Bruchschlagarbeit liegt seine Festigkeit um wenigstens 50 Prozent über der von Eiche. Mangrovenholz läßt sich schwer schneiden, und die Bearbeitung ist schwierig, doch kann eine feine Oberfläche erzielt werden. Es ist mäßig pilzbeständig.
**VERWENDUNG** Das Holz der Mangroven ist in den Ursprungsländern von großem Wert für den lokalen Gebrauch. Aus seiner Rinde wird Gerbsäure gewonnen. Verwendung findet es als Bauholz und vor allem als Brennmaterial sowie in der Holzkohlegewinnung. Aus Teilen Südostasiens sind Mangrovenhackschnitzel nach Japan geliefert und dort zu Zellstoff verarbeitet worden. In Westafrika hat man es als Grubenholz eingesetzt und zu Dauben für Palmölfässer verarbeitet. Das Holz ist abnutzungsbeständig und eignet sich für Fußböden. Wegen seiner außerordentlichen Festigkeit wurde es bereits als Material für Werkzeugstiele in Betracht gezogen.

Immergrüne Eiche

Mangrove

Robinie

Weide

Sandelholz

Light red meranti

## ROBINIE
*Robinia pseudoacacia*

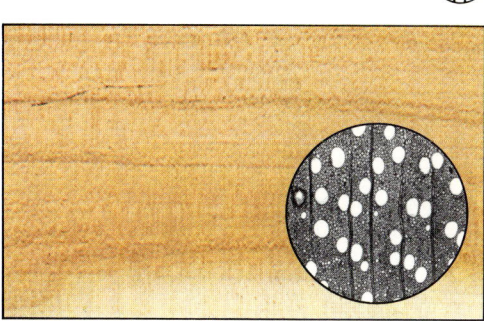
(x10)

**DER BAUM**  Robinie, auch unter dem Namen »Falsche Akazie« bekannt, ist ein Baum amerikanischen Ursprungs, der inzwischen in vielen europäischen Ländern und in Teilen Afrikas und Asiens angepflanzt wird. Er ist klein bis mittelgroß, und seine Form und Größe werden von den Wachstumsbedingungen bestimmt. Zwar erreicht er in Ausnahmefällen Höhen von 20–25 m, ist jedoch im allgemeinen kleiner und hat einen niedrigen Astansatz. Robinien sind geschätzt als Windschutz zur Verhinderung von Bodenerosion.

**DAS HOLZ**  Beim ersten Einschnitt hat Robinie eine gelbe Farbe mit einem grünlichen Ton. An Licht und Luft dunkelt das Holz jedoch zu einem mittleren Goldbraun nach. Es zeigt eine grobe Struktur, deutliche Wachstumszonen und entsprechend der Stammform einen geraden oder etwas unregelmäßigen Faserverlauf. Das mäßig schwere Holz entspricht im Gewicht ungefähr Eiche.

**TECHNISCHE EIGENSCHAFTEN**  Robinie trocknet langsam und neigt zum Verwerfen. Das trockene Holz ist fest und in der Zähigkeit durchaus mit Esche vergleichbar. Es läßt sich gut sägen, aber recht schwer bearbeiten. Trotzdem kann eine schöne Oberfläche erzielt werden. Gegen Pilz- und Termitenbefall ist Robinie resistent.

**VERWENDUNG**  In einigen Ländern wird Robinie selten verwendet, in anderen dagegen, vor allem in Ungarn, ist es beliebt und wird in großem Umfang angepflanzt. Robinie wächst rasch, und auch schlanke Schäfte besitzen nur einen schmalen Streifen Splintholz. Deshalb ist es hervorragend geeignet für Pfosten und Zäune. Aufgrund seiner Zähigkeit wird es für landwirtschaftliche Geräte, Radspeichen und Leitersprossen verwendet. Genau wie Esche eignet es sich insbesondere als Biegeholz. Gelegentlich kommt es auch im Möbelbau zum Einsatz.

## WEIDE
*Salix* spp.

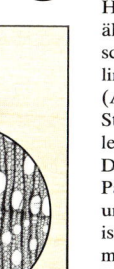
(x25)

**DER BAUM**  Zur Gattung *Salix* zählen hundert oder mehr Arten in vielen Teilen der Welt, doch sind sich die Hölzer unabhängig von ihrer Herkunft in den Eigenschaften ähnlich. Als Nutzholz hat Weide nirgends eine große wirtschaftliche Bedeutung; häufiger sind es die jungen Schößlinge, die Verwendung finden. Sie werden durch »Köpfen« (Abschneiden der Baumkrone) oder durch Kultivieren des Stockausschlags erzeugt; gewöhnlich schneidet man die vielen sehr dünnen Triebe oder Korbruten einmal im Jahr.

**DAS HOLZ**  Weidenholz zeigt große Ähnlichkeit mit Pappel, und oftmals sind die beiden Hölzer kaum oder nur unter dem Mikroskop voneinander zu unterscheiden. Weide ist ein helles, sehr fein strukturiertes und weitgehend merkmalsloses Holz. Das Gewicht entspricht ungefähr dem von Pappel, raschgewachsenes Holz ist etwas leichter.

**TECHNISCHE EIGENSCHAFTEN**  Weide trocknet schnell und gut; das trockene Holz ist stabil im Gebrauch.

Obwohl nicht besonders fest, kann es Stöße auffangen, ohne zu reißen. Aufgrund dieser Eigenschaft sind die besten Stücke für Kricketschläger geeignet. Das Holz läßt sich leicht und mit gutem Ergebnis bearbeiten, ist aber unter fäulnisfördernden Bedingungen nicht beständig.

**VERWENDUNG**  Traditionell wird Weidenholz für Prothesen verwendet, da es geringes Gewicht und Zähigkeit miteinander verbindet. Es dient, genau wie Pappel, zur Anfertigung von Obstkörben und Holzschuhen und liefert Bremsklötze für Schachtförderanlagen, da die Entzündbarkeit durch Reibung gering ist. Auch Fußböden, die splitterfest sein sollen, werden aus Weidenholz hergestellt. Für Kricketschläger verwendet man das Holz einer Varietät mit schnellem und einheitlichem Wachstum. Weidenruten werden zu Flechtwerk und Körben verarbeitet, stärkere Ausschläge zu Zäunen und Faschinen.

## SANDELHOLZ
*Santalum album*

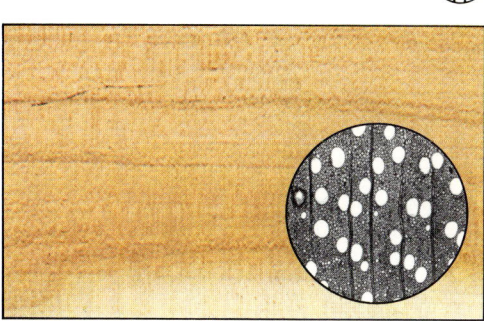

**DER BAUM**  Seit alters her ist Sandelholz wegen seines Öls und wegen seines Holzes hochgeschätzt. Das echte Sandelholz aus Indien soll das qualitativ beste Holz und den höchsten Ölertrag liefern, engverwandte Arten mit aromatischem Holz kommen in Australien und auf zahlreichen Pazifikinseln vor. In vielen Teilen der Welt werden gelegentlich aromatische Hölzer als Sandelholz bezeichnet, obwohl sie überhaupt nicht mit diesem verwandt sind. Das indische Sandelholz kommt aus Südindien, hauptsächlich aus Maisur, und stammt von einem kleinen Baum, der parasitär auf den Wurzeln anderer Bäume wächst. Das Holz ist so wertvoll, daß der Baum nicht gefällt, sondern gerodet wird; jedes Kernholz enthaltende Stück wird genutzt.

**DAS HOLZ**  Sandelholz weist eine sehr feine und gleichmäßige Struktur auf, der Faserverlauf ist gerade oder unregelmäßig. Frisch geschnitten zeigt es eine helle gelbbraune Farbe, an Licht und Luft dunkelt es jedoch nach und wird mittelbraun. Es besitzt einen charakteristischen und dauerhaften aromatischen Duft und fühlt sich etwas wachsig an. Das Holz ist schwer, ungefähr so schwer wie Palisander.

**TECHNISCHE EIGENSCHAFTEN**  Sandelholz trocknet langsam, aber ohne zu reißen. Es läßt sich leicht sägen und ist für sein hervorragendes Bearbeitungsverhalten bekannt. Vorzüglich eignet es sich zum Schnitzen. Sandelholz ist sehr dauerhaft.

**VERWENDUNG**  Sandelholz dient zwei Hauptzwecken: Aus Kernholzspänen wird das Sandelholzöl destilliert, das auf der ganzen Welt in der Parfümherstellung Verwendung findet. In massiver Form wird das Holz für Schnitzereien verwendet, insbesondere für Schmuckkästchen, Bilderrahmen, Kämme, Brieföffner und ähnliche kleine Gegenstände. Bei den Begräbnissen der Hindus verbrennt man es als Räuchermittel. Anstelle von Sandelholzöl kann das Öl des ostafrikanischen Muhuhu eingesetzt werden.

## LIGHT RED MERANTI
*Shorea* spp.

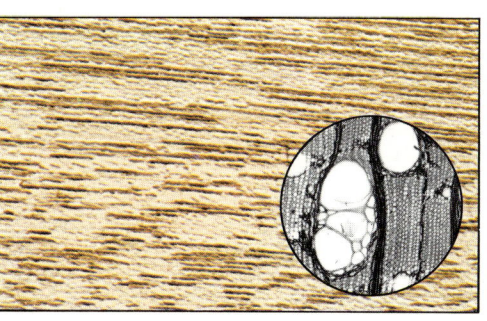
(x25)

**DER BAUM**  Als Meranti werden die Hölzer verschiedener Arten der Gattung *Shorea* bezeichnet. Sie sind leicht bis mittelschwer und werden im Handel nach ihrer Farbe in Light red meranti, Dark red meranti, Yellow meranti und White meranti eingeteilt. Die helleren, leichten roten Hölzer von der Halbinsel Malakka sind als Light red meranti bekannt, die Hölzer aus Sabah werden als Light red seraya bezeichnet und die aus den Philippinen werden in Handelslieferungen von White lauan einbezogen. Im allgemeinen bilden die zahlreichen *Shorea*-Arten, die Light red meranti liefern, große Stämme von 60 m Höhe und Schaftdurchmessern von 1 m oder mehr.

**DAS HOLZ**  Light red meranti ist ein blaßrötliches bis rotes und mittelfein strukturiertes Holz mit schwachem Wechseldrehwuchs, der auf Radialschnittflächen eine breitstreifige Zeichnung hervorruft. Das Gewicht ist uneinheitlich, meist ist das Holz jedoch leicht, etwa so wie Khaya.

**TECHNISCHE EIGENSCHAFTEN**  Light red meranti trocknet leicht und fast ohne Verlust, allerdings neigt es etwas zum Verwerfen. Es zeigt sich stabil im Gebrauch. Das Holz weist in der Festigkeit seinem Gewicht entsprechend Unterschiede auf, aber generell ist es mit Khaya vergleichbar. Wie bei diesem können gelegentlich Stücke aus der Mitte einzelner Stämme sehr spröde sein. Light red meranti läßt sich leicht und gut bearbeiten; durch Rundschälen kann man ausgezeichnete Furniere herstellen.

**VERWENDUNG**  Light red meranti hat wirtschaftlich eine überragende Bedeutung. Von der Halbinsel Malakka wird es als Nutzholz nach Europa und Australien exportiert, und die südostasiatischen Inseln liefern es für die Sperrholz- und Schnittholzproduktion nach Japan, Korea und Taiwan. Es wird weithin als Massivholz wie auch als Sperrholz für Tischlerarbeiten, im Möbelbau und für leichte Konstruktionen verarbeitet.

# Laubhölzer

Dark red meranti

Yellow meranti

## DARK RED MERANTI
*Shorea* spp.

(x25)

**DER BAUM** Mittelschweres Meranti – rot bis dunkelrot gefärbt – wird im Gegensatz zu dem helleren Light red meranti als Dark red meranti bezeichnet und ist Dark red seraya und Red lauan ähnlich. Wie die anderen Meranti-Gruppen, so umfaßt auch Dark red meranti eine Reihe von Arten. Zu diesen zählt *S. pauciflora*, ein in Malaysia verbreitetes Holz. Es stammt von einem sehr großen Baum, der eine Höhe von 70 m und einen Schaftdurchmesser von bis zu 1,50 m erreicht.

**DAS HOLZ** Dark red meranti ist an seiner mittelroten bis dunkelrotbraunen Farbe zu erkennen und zeigt häufig deutliche weiße Harzkanäle. Das Holz weist eine mittelgrobe bis grobe Struktur und schwachen Wechseldrehwuchs auf. Es ist schwerer als Light red meranti und genügt höheren Ansprüchen. Das Gewicht ist zwar in der Gruppe der Dark red meranti nicht einheitlich, im Durchschnitt aber entspricht es ungefähr dem des westafrikanischen Sipo.

**TECHNISCHE EIGENSCHAFTEN** Dark red meranti trocknet langsamer als Light red meranti und zeigt in großen Stärken eine gewisse Rißanfälligkeit. Das trockene Holz ist stabil. Es weist gute Festigkeitseigenschaften auf, die denen von Sipo vergleichbar sind, kann allerdings aufgrund des geraden Faserverlaufs besser gespalten werden. Dark red meranti läßt sich leicht sägen und gut bearbeiten. Das Holz ist pilzbeständiger als die helleren Light red meranti.

**VERWENDUNG** Als Nutzholz hat Dark red meranti große wirtschaftliche Bedeutung. Aus Malaysia exportiert man es nach Europa und in andere Teile der Welt, und von den Philippinen wird es in die USA geliefert, wo es als philippinisches Mahagoni bekannt ist. Es stellt ein beliebtes Tischlerholz dar und wird in Ländern mit gemäßigtem Klima auch im Freien verwendet. Auch im Fahrzeugbau, für Verkleidungen, Vertäfelungen, Fußböden und im Bootsbau setzt man es ein.

## YELLOW MERANTI
*Shorea* spp.

**DER BAUM** Bei den Meranti-Hölzern werden rote und helle Hölzer unterschieden, und die letztere Gruppe wird nach botanischen und technischen Gesichtspunkten wiederum unterteilt in Yellow meranti und White meranti. Yellow meranti ist in Malaysia und Indonesien anzutreffen und in Sabah unter der Bezeichnung Yellow seraya bekannt. Die Bäume der zwanzig und mehr Arten, die Yellow meranti liefern, sind durchweg mittelgroß bis groß, aber gewöhnlich nicht ganz so groß wie einige der roten Meranti-Arten.

**DAS HOLZ** Die Farbskala reicht bei Yellow meranti von hellgelb bis gelbbraun. Das Holz ist mittelfein strukturiert, also etwas feiner als rotes Meranti, und sein schwacher Wechseldrehwuchs ruft auf Radialschnittflächen eine breitstreifige Zeichnung hervor. Gelegentlich wird das nicht besonders dekorative Holz durch zahlreiche Wurmlöcher beeinträchtigt. Das Gewicht ist unterschiedlich, liegt aber im Durchschnitt um etwa 10 Prozent unter dem von Eiche.

**TECHNISCHE EIGENSCHAFTEN** Yellow meranti trocknet langsam, aber fast ohne Verlust. Das trockene Holz zeigt ein mäßiges Stehvermögen. Die Festigkeitseigenschaften sind je nach dem Gewicht des Holzes unterschiedlich, alles in allem liegen sie geringfügig über denen von Light red meranti. Yellow meranti läßt sich ohne Schwierigkeiten sägen und gut bearbeiten. Überdies kann es zu feinen Schälfurnieren verarbeitet werden. Es ist mäßig resistent gegen Pilzbefall, aber nicht termitenfest.

**VERWENDUNG** Yellow meranti ist ein nützliches Holz für allgemeine Zwecke. Allerdings ist seine Verwendbarkeit dort, wo es auf das Aussehen ankommt, durch die vielfach vorhandenen Wurmlöcher eingeschränkt. Das Holz eignet sich für Tischlerarbeiten im Innenausbau, für Waggon- und Lastwagenrahmen sowie für Wohnungsfußböden. Außerdem setzt man es auch häufig in der Sperrholzproduktion ein.

## WHITE MERANTI
*Shorea* spp.

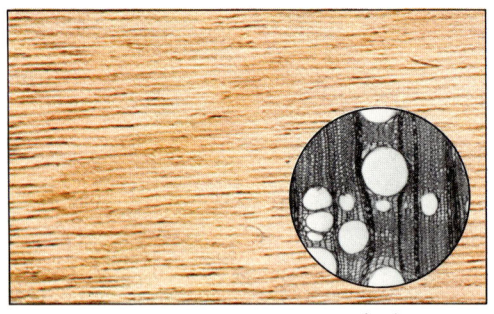
(x25)

**DER BAUM** White meranti ist das hellste, aber nicht das leichteste der Meranti-Hölzer. Es wird von mehr als zwanzig verschiedenen Arten geliefert, deren Verbreitungsgebiet sich von Burma über Südostasien bis zu den Philippinen erstreckt; besonders häufig kommen sie in Malaysia und Indonesien vor. Viele der Bäume erreichen eine beachtliche Größe und besitzen oftmals gerade, zylindrische Schäfte. Während die anderen Gruppen von Meranti und Seraya weitgehend übereinstimmen, unterscheiden sich White meranti und White seraya sowohl botanisch als auch technisch erheblich voneinander.

**DAS HOLZ** Wie bei den anderen Meranti-Hölzern treten auch bei White meranti Unterschiede in der Farbe auf. Ein großer Teil ist beim Einschnitt fast weiß, dunkelt jedoch an Licht und Luft zu einem Gelb oder Hellbraun nach. Das Holz weist eine mäßig grobe Struktur auf sowie einen leichten Wechseldrehwuchs, der auf Radialschnittflächen eine

breitstreifige Zeichnung hervorruft. Das Gewicht ist nicht einheitlich, liegt aber durchschnittlich um etwa 10 Prozent unter dem von Eiche. White meranti enthält winzige Kieselsäureeinlagerungen und unterscheidet sich insofern von den übrigen Meranti-Hölzern.

**TECHNISCHE EIGENSCHAFTEN** White meranti trocknet zwar gut und fast ohne Verlust, aber durch die Kieselsäureeinlagerungen erschwert sich die Bearbeitung derart, daß es kaum als Schnittholz verwendet wird. Wie andere mittelschwere kieselsäurehaltige Hölzer läßt es sich jedoch rundschälen und ergibt gute Furniere.

**VERWENDUNG** White meranti wird beinahe ausschließlich in der Sperrholzproduktion eingesetzt. Zusammen mit Mersawa ist es heutzutage ein wichtiger Lieferant von Deckfurnieren für malaysisches weißes Sperrholz. Das aus White meranti hergestellte Sperrholz findet Verwendung für bauliche und allgemeine Zwecke.

## SAL/BALAU
*Shorea* spp.

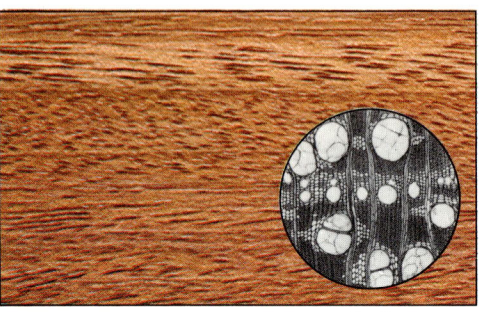
(x25)

**DER BAUM** Viele Arten der Gattung *Shorea* liefern merantiähnliches Holz, andere haben aber ein wesentlich dichteres Holz. Die letzteren variieren in der Farbe, und gelegentlich werden im Handel die schweren Hölzer von den bräunlich getönten unterschieden. Die braunen Hölzer sind überall in ihrem weiten Verbreitungsgebiet von Indien bis zu den philippinischen Inseln von besonderer Bedeutung, obwohl sie selten exportiert werden. Je nach ihrem Ursprungsland sind sie unter verschiedenen Namen bekannt: in Indien als Sal, in Thailand als Chan, in Teilen von Malaysia unter den Bezeichnungen Balau und Selangan batu und auf den Philippinen als Yakal.

**DAS HOLZ** Zumeist sind die schweren *Shorea*-Hölzer gelbbraun bis dunkelbraun, fein strukturiert und wechseldrehwüchsig. Ihr Gewicht ist verschieden, liegt aber im allgemeinen um 20–40 Prozent über dem von Eiche.

**TECHNISCHE EIGENSCHAFTEN** Sal und Balau

trocknen langsam und neigen zu Oberflächenrissen. In großen Abmessungen ist eine wirkungsvolle Trocknung nicht möglich, dies mag aber für viele Einsatzbereiche keine Rolle spielen. Die Hölzer sind bekannt für ihre Festigkeit, insbesondere für ihre Zähigkeit. Aufgrund ihres Gewichts lassen sie sich schwer schneiden und bearbeiten. Sie sind auch unter tropischen Bedingungen dauerhaft.

**VERWENDUNG** In ihren Ursprungsländern zählen die schweren *Shorea*-Hölzer zu den wichtigsten Konstruktionshölzern. Sal wird in Indien für alle Arten von Bauten sowie für Eisenbahnschwellen verwendet. Balau dient in Malaysia ähnlichen Zwecken und wird zudem für Leitungsmasten, als Grubenholz und im Schiffbau eingesetzt. In Europa und anderswo verwendet man die Hölzer gewöhnlich in großen Abmessungen als schweres Konstruktionsholz, so im Dock- und Hafenbau, in Kaianlagen und nicht zuletzt als Rammpfähle.

White meranti

Sal/Balau

Mehlbeerbaum

Mahagoni

Teak

Indian laurel

## MEHLBEERBAUM
*Sorbus aria*

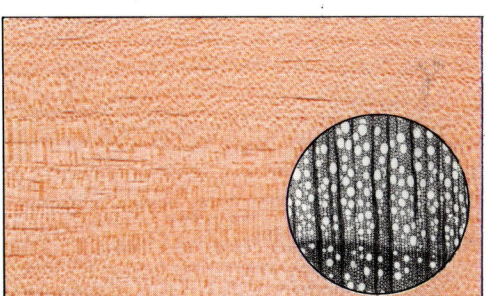
(x25)

**DER BAUM** Die zahlreichen im gemäßigten Klima der nördlichen Hemisphäre anzutreffenden Arten der Gattung *Sorbus* haben einander ähnliche Hölzer. Mehlbeerbaum wird an dieser Stelle als typischer Vertreter vorgestellt, auch wenn es nicht von besonderem wirtschaftlichem Interesse ist. Es ist in ganz Europa weit verbreitet, und die Bäume erreichen, wenn sie gut gewachsen sind, eine Höhe von 10–12 m und einen Schaftdurchmesser von bis zu 50 cm. Weitere europäische Arten sind Elzbeere und Eberesche (oder Vogelbeerbaum); es handelt sich jeweils um kleine bis mittelgroße Bäume.

**DAS HOLZ** Mehlbeerbaum variiert in der Farbe von beinahe weiß bis hellrötlichbraun und erinnert sehr stark an Birnbaum. Es ist fein und gleichmäßig strukturiert und geradfaserig. Sein Gewicht entspricht etwa dem von Birnbaum und Buche. Eberesche ist nicht ganz so schwer, im übrigen aber ähnlich.

**TECHNISCHE EIGENSCHAFTEN** Mehlbeerbaum muß langsam und schonend getrocknet werden, wenn ein Verwerfen vermieden werden soll. Das trockene Holz ist fest und für seine Zähigkeit bekannt. Es läßt sich ziemlich schwer sägen und führt recht schnell zum Abstumpfen der Schneidwerkzeuge. Bei der Bearbeitung kann jedoch ein ausgezeichnetes Ergebnis erzielt werden. Mehlbeerbaum ist ein gutes Drechsel- und Schnitzholz. Unter fäulnisfördernden Bedingungen ist es nicht dauerhaft.

**VERWENDUNG** Wie andere verwandte Hölzer steht auch Mehlbeerbaum nur sporadisch, und dann gewöhnlich in geringen Abmessungen, zur Verfügung. Es wird für kleine gedrechselte Gegenstände verwendet und eignet sich für schöne Schnitzereien. Es liefert Messerfurniere, die in Intarsien verarbeitet werden. Die anderen Hölzer der Gattung *Sorbus* dienen ähnlichen Zwecken.

## MAHAGONI
*Swietenia* spp.

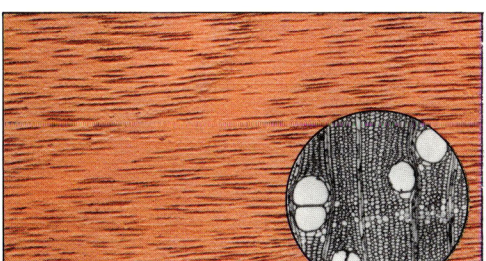
(x25)

**DER BAUM** Das Amerikanische Mahagoni ist das ursprünglich echte Mahagoni. Ende des 16. Jahrhunderts brachten die Spanier Kubanisches oder Spanisches Mahagoni aus ihren westindischen Kolonien nach Europa, und im 18. Jahrhundert machten die von Chippendale, Hepplewhite und Sheraton entworfenen Möbel das Holz berühmt. Seitdem hat es in einer Vielzahl von Stilrichtungen immer wieder für feine Kunsttischlerarbeiten Verwendung gefunden. Kubanisches Mahagoni (*S. mahagoni*) ist heute sehr selten, und der größte Teil des Amerikanischen Mahagoni (vorwiegend *S. macrophylla*) stammt vom Festland und wird entsprechend seiner Herkunft als Honduras-, Brasilien-, Peru-Mahagoni usw. gehandelt.

**DAS HOLZ** Farblich variiert Mahagoni von mittel- bis dunkelrotbraun: Kubanisches Mahagoni ist dunkel und schwer, das Festland-Holz dagegen meist leichter und heller. Mahagoni zeigt eine mittelgrobe Struktur und häufig ein schlichtes Aussehen. Allerdings liefern einzelne Stämme mit unregelmäßigem Faserverlauf starktexturiertes Holz.

**TECHNISCHE EIGENSCHAFTEN** Mahagoni ist leicht zu trocknen und stabil im Gebrauch. Es läßt sich ohne Schwierigkeiten schneiden und kann mit ausgezeichnetem Ergebnis bearbeitet werden.

**VERWENDUNG** Obwohl das heute verfügbare Amerikanische Mahagoni milder ist als das in alten Möbeln verwendete Holz, wird es immer noch als das feinste der wirtschaftlich genutzten Mahagoni-Hölzer angesehen. Es findet Verwendung für hochwertige Möbel, vor allem Stilmöbel, für feine Tischlerarbeiten und Vertäfelungen. Für die Beplankung und Einrichtung von Schiffen und Booten wird es eingesetzt, da es sowohl stabil und dauerhaft als auch leicht ist. Ferner nimmt man es für Holzschnittblöcke und Maschinenmodelle, da es, neben seiner Stabilität, beim Schnitzen eine hohe Detailgenauigkeit erlaubt.

## TEAK
*Tectona grandis*

(x25)

**DER BAUM** Teak ist eines der herausragenden Hölzer der Erde, und häufig werden andere an ihm gemessen. Zwar tragen zahlreiche Hölzer die Bezeichnung Teak, das echte Teak wird aber nur von der Art *T. grandis* geliefert. Beheimatet ist es in Burma und Thailand – aus diesen Ländern kommt der Großteil der Handelslieferungen –, ferner in Indien, Indochina und auf Java, es ist aber in vielen Teilen der Welt angepflanzt worden. Teak stammt von Bäumen unterschiedlicher Größe und Form, die, wenn sie gut gewachsen sind, eine Höhe von 40 m und einen Schaftdurchmesser von 1–1,50 m erreichen können. Allerdings treten bei großen Bäumen oftmals Stammkannelierungen auf.

**DAS HOLZ** Gewöhnlich hat Teak eine einheitliche goldbraune Farbe, doch kann es auch mittel- bis dunkelbraun sein und eine dunklere, beinahe schwarze Zeichnung aufweisen. Das Holz ist ringporig, und auf Tangentialschnittflächen läßt sich eine Jahresringzeichnung erkennen. Teak zeigt eine grobe und oft unregelmäßige Struktur, fühlt sich wachsig an und hat einen lederartigen Geruch. Es ist ein Holz von mittlerem Gewicht und schwerer als Mahagoni.

**TECHNISCHE EIGENSCHAFTEN** Teakholz trocknet langsam, aber gut; das trockene Holz ist für sein Stehvermögen bekannt. Für sein Gewicht ist es fest, bereitet allerdings Schwierigkeiten beim Sägen und Bearbeiten, da es auf Werkzeuge abstumpfend wirkt. Das Holz ist außerordentlich dauerhaft.

**VERWENDUNG** Zuallererst ist Teak ein Holz für den Schiffbau. Es findet dort Verwendung, wo Festigkeit, Stabilität und Dauerhaftigkeit verlangt werden. Es dient zur Herstellung von feinen Tischlerarbeiten und Laboreinrichtungen, insbesondere Tischplatten, und wird wegen seiner Säurebeständigkeit in chemischen Werken eingesetzt. In den vergangenen Jahren war es als Wohnmöbelholz in Mode und wurde häufig in Form von Furnieren verwendet.

## INDIAN LAUREL
*Terminalia* spp.

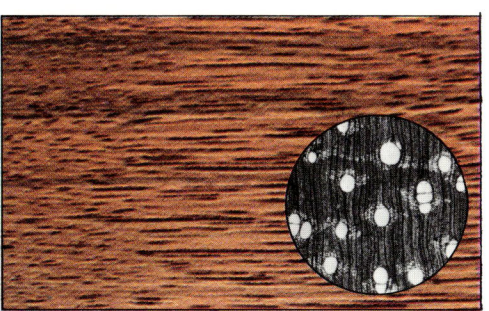
(x10)

**DER BAUM** Indian laurel ist in vielen Teilen von Indien und Burma verbreitet und dort ein beliebtes Nutzholz; außerhalb dieser Länder ist es heutzutage jedoch selten anzutreffen. Die Größe des Baumes variiert; bei gutem Wuchs kann er eine Höhe von 30 m und einen schönen, geraden Schaft von 1 m Durchmesser aufweisen.

**DAS HOLZ** Indian laurel besitzt ein dekoratives Aussehen. Es ist manchmal hellbraun und fast ohne Zeichnung, gewöhnlich wird es aber wegen seiner Textur ausgewählt, wenn nämlich Farbabweichungen von hellbraun bis dunkelbraun, stellenweise mit einem gräulichen Schimmer, vorkommen und eine dunkelbraune bis nahezu schwarze Zeichnung zu erkennen ist. Das Holz hat eine recht grobe Struktur und einen geraden oder unregelmäßigen Faserverlauf. Es ist dicht und 20 Prozent schwerer als Eiche.

**TECHNISCHE EIGENSCHAFTEN** Das Trocknen von Indian laurel bereitet, vor allem in großen Stärken, Schwierigkeiten, da das Holz sich verwirft und zum Reißen neigt. Seine Festigkeit ist mit der von Eiche durchaus vergleichbar. Es läßt sich aber nur schwer schneiden und mit Hand- oder Maschinenwerkzeugen bearbeiten, vor allem bei unregelmäßigem Faserverlauf oder Wechseldrehwuchs. Das Holz gilt als mäßig pilz- und termitenbeständig.

**VERWENDUNG** Besonders das wegen seines dekorativen Erscheinungsbildes ausgewählte Indian laurel sieht schön aus. Es wird in Indien sehr geschätzt und war außerhalb des Landes nie in großen Mengen verfügbar. Es besitzt eine gewisse Ähnlichkeit mit Nußbaum und ist in massiver Form wie auch als Furnier im Möbelbau und in der Kunsttischlerei ebenso verwendet worden wie für hochwertige Tischlerarbeiten, z. B. Treppen und Türen, und für Vertäfelungen. In Indien wird es im Bauwesen und im Kraftfahrzeug- und Eisenbahnwaggonbau eingesetzt; überdies dient es zur Fertigung von Werkzeuggriffen.

# Laubhölzer

Indian silver-grey wood — Framiré

## INDIAN SILVER-GREY WOOD
*Terminalia bialata*

(x10)

**DER BAUM** Indian silver-grey wood kommt von den Andamanen in den Handel; es stammt von Bäumen, die Höhen von 50 m und Schaftdurchmesser von 1 m oder mehr erreichen. Ein Teil der Bäume besitzt einheitlich gelbes Holz, das als White chuglam bezeichnet wird. Weniger häufig sind Bäume mit dunklem Kernholz, das unter dem Namen Indian silver-grey wood bekannt ist.

**DAS HOLZ** Indian silver-grey wood hat eine hell- bis mittelbraune Farbe mit dunkelgrauen bis fast schwarzen Strichen und erinnert an einige europäische Nußbaumsorten. Es ist mittelfein strukturiert, im allgemeinen geradfaserig und etwa so schwer wie Nußbaum. White chuglam hat zwar eine andere Färbung als Indian silver-grey wood, ähnelt ihm aber in Faserverlauf, Struktur und Gewicht.

**TECHNISCHE EIGENSCHAFTEN** Indian silver-grey wood trocknet leicht und gut und ist für seine Stabilität im Gebrauch bekannt. Es weist gute Festigkeitseigenschaften auf, die an die von Buche heranreichen, soll sich leicht schneiden und gut bearbeiten lassen und eine ausgezeichnete Oberfläche annehmen. Es gilt als mäßig pilzbeständig, aber nicht als termitenfest. White chuglam zeigt in seinen Trocknungs-, Festigkeits- und Bearbeitungseigenschaften Ähnlichkeit mit Indian silver-grey wood, doch ist es unter fäulnisfördernden Bedingungen weniger dauerhaft.

**VERWENDUNG** Einstmals stand Indian silver-grey wood in mäßigen Mengen zur Verfügung, heute ist es jedoch nur noch selten zu sehen und dann gewöhnlich als Furnier. Es wurde früher für hochwertige Tischlerarbeiten, im Möbelbau und in der Kunsttischlerei verwendet; außerdem diente es für dekorative Vertäfelungen in öffentlichen Gebäuden, in Eisenbahnwagen und Ozeandampfern. White chuglam findet in Indien Verwendung für Möbel, Tischlerarbeiten und Fußböden, für allgemeine Bauzwecke und im Bootsbau. Ferner wird es zu Teekisten verarbeitet.

## FRAMIRE
*Terminalia ivorensis*

(x25)

**DER BAUM** Das westafrikanische Framiré wird von Nigeria, Ghana und der Elfenbeinküste exportiert. Es stammt von einem großen Baum, der häufig eine Höhe von 40 m und einen Schaftdurchmesser von 1 m oder mehr erreicht; allerdings enthalten große Stämme im Innern oftmals sprödes Holz. Mittelgroße Stämme liefern besseres Nutzholz.

**DAS HOLZ** Framiré hat auf Tangentialschnittflächen eine gewisse Ähnlichkeit mit Eiche. Das Holz ist zwar nicht ringporig, läßt aber deutliche Zuwachszonen erkennen, und auch die gelbbraune Farbe erinnert an Eiche. Auf Radialschnittflächen fehlt ihm die markante Spiegeltextur von Eiche, doch kann bei wechseldrehwüchsigem Holz eine streifige Zeichnung sichtbar werden. Das Gewicht entspricht im Durchschnitt etwa dem von Mahagoni und liegt um ungefähr 25 Prozent unter dem von Eiche. Häufig treten jedoch Abweichungen auf, und einzelne Stücke – die gewöhnlich eine rötliche Färbung aufweisen – sind sehr leicht.

**TECHNISCHE EIGENSCHAFTEN** Framiré trocknet rasch und gut; das trockene Holz ist für sein außergewöhnliches Stehvermögen bekannt. Es weist nur bescheidene Festigkeit auf, die sich mit der von Mahagoni vergleichen läßt, kann aber gelegentlich sehr spröde sein. Es ist leicht zu schneiden und gut zu bearbeiten. Das Holz ist resistent gegen Pilzbefall und mäßig termitenfest.

**VERWENDUNG** Framiré ist ein attraktives und stabiles, jedoch kein festes Holz. Das Holz eignet sich hervorragend für Tischlerarbeiten im Innen- und Außenbau. Bei Verwendung in feuchter Umgebung sollten allerdings keine eisenhaltigen Befestigungsmittel benutzt werden, da es Eisen korrodiert. Framiré dient zur Herstellung von Profilleisten und Verkleidungen und wird für Wohnungsfußböden und wegen seines eichenähnlichen Aussehens im Möbelbau verwendet. Es sollte nicht mit Feuchtigkeit in Berührung kommen, da es Gewebe verfärben kann.

## LIMBA
*Terminalia superba*

(x10)

**DER BAUM** Limba ist in englischsprachigen Ländern unter dem Namen Afara bekannt. Es stammt von einem in Westafrika weit verbreiteten und häufig in großen Beständen vorkommenden Baum, der mit einer Höhe von 40 m und einem Stammdurchmesser von 1 m oder mehr eine beachtlich zu nennende Größe erreicht. Das Handelsholz wird vorwiegend aus Zaire und dem westlichen Zentralafrika geliefert.

**DAS HOLZ** Die Färbung von Limba kann unterschiedlich sein. Vielfach ist das Holz hell strohfarben und wird dann als Limba clair oder Light afara bezeichnet; verschiedentlich ist es aber dunkler und unregelmäßig grau gezeichnet und heißt dann Limba noir oder Dark afara. Es weist eine mittelgrobe Struktur sowie Geradfaserigkeit oder schwachen Wechseldrehwuchs auf. Das Gewicht variiert von sehr leicht bis mäßig schwer, entspricht aber im Durchschnitt etwa dem von Mahagoni.

**TECHNISCHE EIGENSCHAFTEN** Limba trocknet rasch und gut und ist stabil im Gebrauch. Es besitzt eine mäßige Festigkeit, die jedoch von der Dichte abhängt. Gelegentlich kommt ausgesprochen sprödes Holz vor. Limba läßt sich leicht sägen und gut bearbeiten und nimmt eine schöne Oberfläche an. Es liefert feine Schälfurniere. Unter fäulnisfördernden Bedingungen wird das Holz leicht von Pilzen befallen.

**VERWENDUNG** Das helle Limba stellt ein in kontinentaleuropäischen Ländern beliebtes Allzweckholz dar. Man verwendet es im Innenausbau und für die massiven Teile von Möbeln; allerdings muß sprödes Holz ausgesondert werden, wenn es auf gute Festigkeit ankommt. Limba wird häufig zu Sperrholz verarbeitet, das sich für den Innenbau eignet. Das dunklere, texturierte Holz liefert dekorative Messerfurniere mit nußbaumähnlichem Aussehen, die für Vertäfelungen und Einlegearbeiten verwendet werden.

## MAKORE
*Tieghemella heckelii*

(x25)

**DER BAUM** Das westafrikanische Makoré wird hauptsächlich von Ghana und der Elfenbeinküste geliefert. Es stammt von einem großen Baum mit ausgezeichnet geformtem Schaft, der eine Höhe von 40 m oder mehr und einen Schaftdurchmesser von 1–2 m erreichen kann.

**DAS HOLZ** Makoré variiert in der Farbe von hellrötlich bis dunkelrot. Es ist fein strukturiert und zeigt häufig einen geraden Faserverlauf, der dem Holz ein schlichtes, aber auch ziemlich glänzendes Aussehen verleiht. Gelegentlich ist das Holz wechseldrehwüchsig und gewelltfaserig; die dadurch entstehende Moiré-Textur macht Makoré zu einem der schönsten Hölzer Afrikas. Es ist mittelschwer.

**TECHNISCHE EIGENSCHAFTEN** Das Holz trocknet zwar langsam, aber gut und ist stabil im Gebrauch. Es besitzt gute Festigkeitseigenschaften, die erheblich besser sind als die von Mahagoni, aber an die von Sipo nicht ganz heranreichen. Insbesondere das trockene Holz bereitet Schwierig-keiten bei der Verarbeitung, da es aufgrund des Kieselsäuregehalts auf Schneidwerkzeuge abstumpfend wirkt. Zudem verursacht der beim Bearbeiten und Schleifen entstehende feine Staub gewöhnlich Reizungen der Augen sowie des Nasen- und Rachenraumes. Makoré kann jedoch ohne weiteres zu ausgezeichneten Schäl- und Messerfurnieren verarbeitet werden. Es ist ein sehr dauerhaftes Holz und gegen Pilz- und Termitenbefall beständig.

**VERWENDUNG** Makoré ist ein attraktives Holz, doch wird seine Bearbeitung durch die erwähnten unangenehmen Begleiterscheinungen erschwert. Bei sorgfältigem Vorgehen können die Schwierigkeiten jedoch überwunden werden; das Holz wird dann für hochwertige Tischlerarbeiten, im Möbelbau, im Fahrzeug- und Bootsbau und für Karosserieverkleidungen verwendet. Makoré stellt ein wichtiges Holz für die Sperrholzproduktion dar, da es wegen seiner Dauerhaftigkeit für starke Belastungen geeignet ist.

Limba

Makoré

Linde

Abachi

Ulme

Banak

## LINDE
*Tilia* spp.

(x25)

DER BAUM   Die Linde ist im gemäßigten Klima der nördlichen Regionen weit verbreitet und hat in den Vereinigten Staaten, Kanada, Europa und im östlichen Asien eine wirtschaftliche Bedeutung. Der mittelgroße bis große Baum erreicht gewöhnlich eine Höhe von etwa 20 m und wird wegen seines dekorativen Aussehens häufig in Alleen und Parks angepflanzt.

DAS HOLZ   Linde ist ein helles, fast weißes Holz, das an Licht und Luft zu einem Hellbraun nachdunkelt. Es weist einen geraden Faserverlauf und eine feine, sehr einheitliche Struktur auf; somit fehlen dem Holz im allgemeinen besondere Merkmale. Das Gewicht ist unterschiedlich: Europäische Linde ist ungefähr so schwer wie Mahagoni, amerikanisches und japanisches Holz hat dagegen ein wesentlich geringeres Gewicht, vergleichbar dem von Pappel.

TECHNISCHE EIGENSCHAFTEN   Linde trocknet gut und schnell, wenn es auch etwas zum Verwerfen neigt; ge-trocknet besitzt es ein mäßiges Stehvermögen. Es ist kein festes Holz; die Festigkeitseigenschaften europäischer Linde ähneln denen von Ahorn, während die amerikanischen und japanischen Hölzer wesentlich schwächer sind. Linde ist für vorzügliches Bearbeitungsverhalten bekannt. Unter fäulnisfördernden Bedingungen wird es leicht angegriffen.

VERWENDUNG   Linde zählt zu den besten Schnitzhölzern und wird seit langem für diesen Zweck verwendet. Die Blumen- und Früchteornamente von Grinling Gibbons aus dem späten 17. Jahrhundert lassen erkennen, welch bemerkenswerte Detailgenauigkeit erzielt werden kann. Außerdem findet Linde traditionell Verwendung für Hutformen und im Klavierbau und dient zur Herstellung von Molkerei- und Küchengeräten. Das amerikanische Holz ist das bevorzugte Material für Rahmen in Bienenkästen. Überdies wird Linde für kleine gedrechselte Gegenstände, Spielzeug, Spulen sowie in der Sperrholzproduktion verwendet.

## ABACHI
*Triplochiton scleroxylon*

(x25)

DER BAUM   Abachi gehört zu den meistexportierten Hölzern Afrikas. Es ist weit verbreitet, besonders häufig aber in der Elfenbeinküste, Ghana, Nigeria und Kamerun anzutreffen. Es stammt von einem sehr großen Baum mit einer Höhe von 50 m oder mehr und einem langen, geraden Schaft von bis zu 1,50 m Durchmesser.

DAS HOLZ   Abachi ist beachtenswert als eines der leichtesten Laubhölzer im allgemeinen Gebrauch. Generell entspricht sein Gewicht dem der leichtesten Nadelhölzer, das Holz ist aber immer noch doppelt so schwer wie Balsa. Außerdem ist Abachi für sein attraktives Aussehen bekannt. Es hat eine helle strohgelbe Farbe und starken natürlichen Glanz, der ihm einen seidigen Schimmer verleiht. Es weist eine mittelgrobe Struktur und Wechseldrehwuchs auf, der auf Radialschnittflächen eine streifige Textur hervorruft; dadurch wird eine gewisse dekorative Wirkung des Holzes noch verstärkt.

TECHNISCHE EIGENSCHAFTEN   Abachi kann sehr rasch und fast ohne Verlust getrocknet werden. Das trockene Holz zeigt ein ausgezeichnetes Stehvermögen. Infolge seines geringen Gewichts ist es nicht fest. Es läßt sich leicht sägen und gut bearbeiten; mit scharfen Werkzeugen kann eine schöne Oberfläche erzielt werden. Hirnschnitte müssen besonders sorgfältig ausgeführt werden, da die Fasern dort zum Ausreißen neigen. Abachi liefert vorzügliche Schälfurniere. Das Holz ist nicht beständig und unter fäulnisfördernden Bedingungen sehr pilzanfällig.

VERWENDUNG   Gern wird Abachi eingesetzt, wo es auf gutes Aussehen und leichte Bearbeitbarkeit, nicht aber auf hohe mechanische Festigkeit ankommt: für Rahmen von Kunsttischlerarbeiten, Seitenteile von Schubladen und für Profilleisten und Tischlerarbeiten im Innenbau. Überdies wird es für die massiven Mittellagen von Tischlerplatten und sehr häufig in der Sperrholzproduktion eingesetzt.

## ULME
*Ulmus* spp.

(x10)

DER BAUM   Ulmen kommen fast überall in der nördlichen Hemisphäre vor. Die einzelnen Hölzer unterscheiden sich etwas in ihren Eigenschaften, im großen und ganzen sind sie sich jedoch ähnlich. Besondere Bedeutung haben die amerikanischen Arten Felsenulme und Weißulme, die europäischen Arten Feldulme, Flatterulme und Bergulme sowie eine japanische Form (nire).

DAS HOLZ   Das charakteristische Aussehen von Ulme ist durch eine deutliche Wachstumszonenzeichnung, grobe Struktur und oftmals unregelmäßigen Faserverlauf bedingt. Ihr hellbraunes Holz hat manchmal einen rötlichen Ton oder, wie die Bergulme, eine grünliche Färbung. Felsenulme ist hell und schwer, und auch bei Bergulme handelt es sich um ein ziemlich dichtes Holz; die meisten anderen Ulmenhölzer sind dagegen mäßig leicht.

TECHNISCHE EIGENSCHAFTEN   Ulme trocknet leicht, neigt bei unregelmäßigem Faserverlauf jedoch zum Verwerfen. Felsenulme ist für seine Festigkeit bekannt, aber allgemein stellt Ulme kein festes Holz dar; es eignet sich allerdings sehr gut als Biegeholz. Ulme läßt sich gut bearbeiten und hat, obwohl nicht besonders pilzbeständig, als wassersattes Holz eine lange Lebensdauer. Ausgehöhlte Stücke, die als Wasserrohre dienten, sind nach jahrhundertelanger Benutzung in gutem Zustand ausgegraben worden.

VERWENDUNG   Für bauliche Zwecke wird Ulme dort eingesetzt, wo das Holz ständig im Wasser ist, z. B. in Fischerbooten und Lastkähnen, im Dockbau und für Pfahlwerk (so soll die Rialto-Brücke in Venedig auf Ulmenpfählen stehen). Seit alters werden aus dem Holz Särge, Wetterschenkel und Stuhlsitze hergestellt. Heutzutage verwendet man es wegen seines dekorativen Aussehens häufig im Möbelbau und für Fußböden. Aus Ulme werden Schalen gedrechselt, und aufgrund seiner Splitterfestigkeit eignet es sich für Fleischerblöcke.

## BANAK
*Virola* spp.

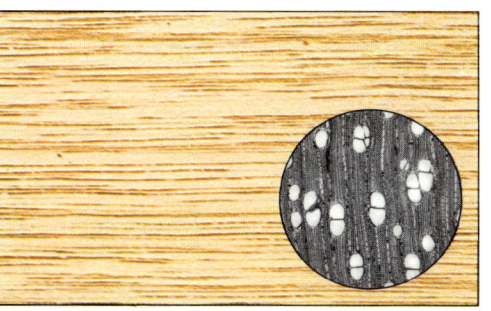

(x10)

DER BAUM   Banak ist ein amerikanisches Holz, das vorwiegend von Brasilien, wo es als »ucuhúba« bekannt ist, ferner von Surinam – als Baboen – und von Kolumbien exportiert wird. Das Holz wird von zahlreichen Arten geliefert, in den Handel kommt aber nur solches von sehr großen Bäumen, die lange, gerade Schäfte besitzen. Diese haben allerdings häufig nur bescheidene Stärken.

DAS HOLZ   Banak ist hellrötlichbraun, mittelgrob strukturiert und im allgemeinen geradfaserig. Das Holz hat keine besonderen Merkmale und ein wenig markantes Aussehen. Es ist gewöhnlich leicht, das Gewicht variiert jedoch und liegt je nach Herkunft des Holzes zwischen dem von Abachi und annähernd dem von Mahagoni.

TECHNISCHE EIGENSCHAFTEN   Obwohl Banak leicht ist, muß es schonend getrocknet werden, da es beträchtlich schwindet, zum Verwerfen neigt und rißanfällig ist. Das Holz besitzt eine geringe Festigkeit, läßt sich aber leicht schneiden und gut bearbeiten; mit scharfen Schneidwerkzeugen kann eine glatte Oberfläche erzielt werden. Banak liefert gute Schälfurniere. Unter fäulnisfördernden Bedingungen wird es leicht angegriffen. Da es so wenig beständig ist, müssen die Stämme bald nach dem Fällen aus dem Wald transportiert werden, um Schäden zu vermeiden.

VERWENDUNG   Banak zählt zu den am häufigsten exportierten Nutzhölzern des tropischen Amerika und wird insbesondere von Brasilien vor allem in die Vereinigten Staaten geliefert. Es ist ein leichtes Allzweckholz, das vorwiegend für Profilleisten, Seitenteile von Schubladen und andere nichttragende Teile von Möbeln Verwendung findet; ferner wird es im Innenausbau und für Umleimer und Einlagen von Türen eingesetzt. Banak liefert weiter ein ausgezeichnetes Sperrholz, das sich allerdings nur für den Innenbau eignet.

# Nadelhölzer

Tanne

Kauri

## TANNE
*Abies* spp.

(x10)

**DER BAUM**   Nur die Arten der Gattung *Abies* liefern echte Tanne, wenn auch der Name noch für andere Hölzer, wie Douglasie und Fichte (Rottanne), benutzt wird. Echte Tannen sind überall in Zentral- und Ostasien sowie in Mittel- und Südeuropa anzutreffen und haben in Nordamerika eine besondere Bedeutung. Die Bäume sind meistens 20–40 m hoch, die amerikanische Noble fir kann allerdings eine Höhe von 60–70 m erreichen.

**DAS HOLZ**   Die Hölzer der verschiedenen Tannen-Arten ähneln einander, sie sind cremigweiß bis hellbraun und entsprechen Fichte, glänzen aber nicht so stark. Das Holz ist geruchlos, nicht harzig und gewöhnlich geradfaserig. Tanne ist ein leichtes Holz, das Gewicht der europäischen Tanne entspricht ungefähr dem europäischer Fichte, andere Tannenhölzer sind jedoch etwas leichter.

**TECHNISCHE EIGENSCHAFTEN**   Die Tannenhölzer trocknen leicht und gut. Sie verfügen meistens nur über eine geringe Festigkeit und sind manchmal spröde. Allerdings lassen sie sich leicht bearbeiten, doch müssen die Werkzeuge stets scharf sein, wenn ein gutes Ergebnis erzielt werden soll. Sie sind nicht pilzbeständig und lassen sich nur schwer ausreichend imprägnieren.

**VERWENDUNG**   In ihrem Ursprungsgebiet besitzen die Tannenhölzer oftmals eine Bedeutung, aber international werden sie nicht in demselben Maß gehandelt wie andere Nadelhölzer. In Handelslieferungen mischt man sie vielfach mit anderen Hölzern, z. B. mit Hemlock aus West-Kanada und mit Fichte aus Mitteleuropa. Als Schnittholz finden sie Verwendung im Bauwesen, für Tischlerarbeiten und für Verpackungen. In Nordamerika stellt Tanne einen wichtigen Rohstoff für die Zellstoffindustrie dar, ein großer Teil des Bedarfs für die gewaltige Produkion in Ost-Kanada wird durch kleine Stämme von Balsam fir und Eastern Canadian spruce gedeckt.

## KAURI
*Agathis* sepp.

**DER BAUM**   Kauri-Hölzer kommen auf der Halbinsel Malakka, dem Malaiischen Archipel, einigen Pazifik-Inseln sowie in Queensland und Neuseeland vor. Aus Malaysia und von den Fidschi-Inseln werden geringe Mengen exportiert, im übrigen verwendet man das Holz fast gänzlich im jeweiligen Ursprungsgebiet. Es stammt von mittelgroßen bis großen Bäumen; New Zealand kauri wird 30 m hoch, Queensland kauri bis zu 45 m, und East Indian kauri erreicht sogar eine Höhe von 60 m.

**DAS HOLZ**   Die Farbskala der Kauri-Hölzer reicht von hellgelbbraun bis rötlichbraun; das Holz ist für seine glänzende Oberfläche bekannt. Jahresringe sind kaum zu sehen, so daß das Holz ein schlichtes Aussehen und eine feine, gleichmäßige Struktur zeigt. Im allgemeinen ist es geradfaserig und nicht harzig. Die Hölzer vom Malaiischen Archipel und aus Queensland sind leicht, die von den Fidschi-Inseln und aus Neuseeland dagegen wesentlich schwerer.

**TECHNISCHE EIGENSCHAFTEN**   Die Kauri-Hölzer trocknen leicht und gut, neigen jedoch zum Verwerfen. Die Festigkeit ist je nach Gewicht unterschiedlich; alle Hölzer lassen sich einfach bearbeiten und nehmen eine schöne Oberfläche an. New Zealand kauri wird als mäßig fäulnisbeständig eingestuft, andere Arten sind weniger dauerhaft.

**VERWENDUNG**   New Zealand kauri war früher ein wichtiges Handelsholz, das in großen Abmessungen und astrein zur Verfügung stand. Seine Beliebtheit hatte jedoch einen übermäßigen Einschlag zur Folge, und heute ist es außerhalb Neuseelands nur noch selten zu finden. Es wurde besonders für Chemikalienfässer und Behälter sowie im Bootsbau verwendet. Queensland kauri wird im Bauwesen, für Tischlerarbeiten, Lebensmittelkisten und Maschinenmodelle eingesetzt. Fiji kauri und East Indian kauri finden in der Tischlerei und im Möbelbau Verwendung und liefern Schälfurniere für die Herstellung von Sperrholz.

## PARANA PINE
*Araucaria angustifolia*

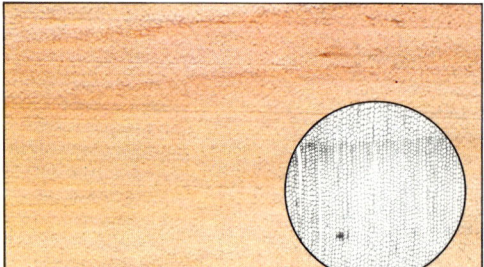
(x10)

**DER BAUM**   Parana pine kommt hauptsächlich aus Paraná in Brasilien in den Handel. Sein Verbreitungsgebiet erstreckt sich aber bis nach Paraguay und Nordargentinien hinein. Es stammt von einem mittelgroßen bis großen Baum, der bis zu 40 m hoch wird, einen langen, geraden Schaft und eine breite, flache Krone besitzt. Chilenische Araukarie ist ein engverwandter und ähnlicher Baum, der vielfach angepflanzt wird, dessen Holz aber nur wenig Bedeutung hat.

**DAS HOLZ**   Parana pine ist strohfarben bis hellbraun und zeigt gelegentlich leuchtend rote Striche. Es verfügt, da Jahresringe fast völlig fehlen, über eine sehr feine und gleichmäßige Struktur und ist gewöhnlich geradfaserig. Sein Gewicht entspricht etwa dem von Kiefer.

**TECHNISCHE EIGENSCHAFTEN**   Parana pine zählt zu den Nadelhölzern, deren Trocknung die größten Schwierigkeiten bereitet und besondere Sorgfalt verlangt, wenn Verwerfen und Reißen vermieden werden sollen. Das Holz besitzt eine mäßige Festigkeit, die – abgesehen von der Zähigkeit – mit der von Kiefer vergleichbar ist. Es läßt sich leicht schneiden und mit Hand- wie auch mit Maschinenwerkzeugen gut bearbeiten und nimmt eine glatte Oberfläche an, ist jedoch nicht dauerhaft.

**VERWENDUNG**   Parana pine stellt das wichtigste Exportholz Brasiliens dar. Es wird hochgeschätzt, weil es eine feine und gleichmäßige Struktur hat und auch in großen Längen praktisch astrein ist. Es eignet sich hervorragend für Tischlerarbeiten im Innenbau, vor allem für Treppen, wird aber auch für Möbelrahmen und Seitenteile von Schubladen, insbesondere in Weißholzmöbeln, verwendet. Außerdem wird es zur Anfertigung von Profilleisten und Ladeneinrichtungen sowie im Fahrzeugbau eingesetzt. Besonderer Beliebtheit erfreut sich Parana pine bei Heimwerkern, da es leicht zu bearbeiten und astfrei ist. In Brasilien wird es rundgeschält und zu Universal-Sperrholz verarbeitet.

## WEIHRAUCHZEDER
*Calocedrus decurrens*

(x10)

**DER BAUM**   Weihrauchzeder tritt in einem begrenzten Gebiet im Westen der Vereinigten Staaten auf; die Schwerpunkte liegen im Norden von Kalifornien und in Süd-Oregon. Der Baum hat eine mittlere Größe, gewöhnlich erreicht er eine Höhe von 30 m, manchmal auch 50 m. Sein gerader, aber unregelmäßig gestalteter Schaft hat einen Durchmesser von 1 m oder darüber.

**DAS HOLZ**   Weihrauchzeder besitzt eine gewisse Ähnlichkeit mit Western red cedar, ist jedoch heller, im allgemeinen rötlichbraun gefärbt. Es verbreitet einen schwach würzigen Geruch, und Holz von alten Bäumen weist enge Jahresringe mit sehr wenig dichtem Spätholz auf, so daß eine äußerst feine und gleichmäßige Struktur gegeben ist. Gelegentlich wird das Aussehen durch Faulstellen beeinträchtigt, die sich im Baum bilden. Das Holz ist leicht, sein Gewicht entspricht etwa dem von Western red cedar.

**TECHNISCHE EIGENSCHAFTEN**   Das Holz trocknet schnell und gut und schwindet fast gar nicht. Es verfügt über eine geringe Festigkeit, vor allem Stoßfestigkeit und Steifigkeit, ist aber für sein ausgezeichnetes Bearbeitungsverhalten bekannt; mit scharfen Werkzeugen läßt sich eine glatte Oberfläche erzielen. Das Holz ist sehr dauerhaft.

**VERWENDUNG**   Außerhalb Amerikas dient Weihrauchzeder nur zur Herstellung von Bleistiften, es ergänzt die begrenzten Vorräte an Bleistiftzeder. Weihrauchzeder ist etwas weicher als Bleistiftzeder, hat aber eine feine und gleichmäßige Struktur und läßt sich deshalb leicht und sauber schneiden. In den Vereinigten Staaten verwendet man es für Jalousien, Vorratskisten und Dachschindeln. Geringerwertige Stücke werden im Außenbau eingesetzt, denn aufgrund seiner natürlichen Dauerhaftigkeit eignet sich Weihrauchzeder besonders für Pfosten, Zäune und Eisenbahnschwellen.

Parana pine

Weihrauchzeder

Zeder

Scheinzypresse

Yellow cedar

Sugi

## ZEDER
*Cedrus spp.*

(x10)

DER BAUM   Zahlreiche Hölzer werden als Zeder bezeichnet, doch echtes Zedernholz ist nur solches von drei Nadelbaumarten: Aus der Antike ist die Zeder des Libanon ein Begriff; ihr Holz wurde zum Bau der Grabstätten für die ersten ägyptischen Könige und von Salomon für den Bau des Tempels verwendet. Die Deodar aus dem nördlichen Indien ist kaum weniger berühmt, und die Atlas-Zeder aus dem gleichnamigen Gebirge in Algerien und Marokko stellt die dritte Art dar. Die durchweg großen Bäume erreichen eine Höhe von 40–60 m, in Parks sind sie etwas kleiner und haben weitausladende Kronen.

DAS HOLZ   Die drei Arten haben einander ähnliches, hellbraunes Holz mit ziemlich deutlich abgesetzten Jahresringen und einem charakteristischen Wohlgeruch. Gewichtsmäßig nimmt Zeder innerhalb der Gruppe der Nadelhölzer einen Mittelplatz ein, es ist etwas schwerer als Kiefer.

TECHNISCHE EIGENSCHAFTEN   Zeder trocknet leicht, neigt allerdings zum Verwerfen. Es ist nicht selten spröde und im allgemeinen kein festes Holz. Es läßt sich ohne Schwierigkeiten bearbeiten und nimmt eine schöne Oberfläche an. Das Holz ist für seine Pilz- und Termitenbeständigkeit bekannt.

VERWENDUNG   Seit langer Zeit wird Zeder ob seiner außerordentlichen Dauerhaftigkeit hochgeschätzt; im Nahen Osten und in Indien gibt es Beispiele dafür, daß es viele Jahrhunderte überdauert hat. Heutzutage sind Zedern außerhalb der Ursprungsländer allenfalls vereinzelt als Parkbäume anzutreffen. Zeder stellt ein feines Tischler- und Möbelholz dar. Es wird trotz seiner geringen Festigkeit im Bauwesen eingesetzt und eignet sich hervorragend zur Verwendung im Freien. Man verarbeitet Zeder als Messerfurnier zu dekorativen Oberflächen.

## SCHEINZYPRESSE
*Chamaecyparis lawsoniana*

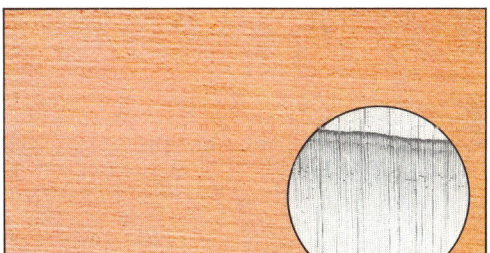

(x10)

DER BAUM   Die Scheinzypresse ist ein amerikanisches Holz und kommt in einem begrenzten Gebiet im Süden von Oregon und Kalifornien vor. Es stammt von einem großen Baum, der eine Höhe von 40–50 m und einen Durchmesser von bis zu 1,50 m erreicht. Der Baum ist in vielen anderen Gegenden angebaut worden, häufig als Parkbaum, und wird auch als Port Orford cedar bezeichnet.

DAS HOLZ   Wie viele der sogenannten Zedernhölzer verbreitet auch die Scheinzypresse einen würzigen Duft. Das Holz ist hellgelb bis hellbraun und nicht harzig; insbesondere das langsamgewachsene amerikanische Holz weist einen geraden Faserverlauf und eine feine, gleichmäßige Struktur auf. Es ist leicht, das Gewicht liegt nur geringfügig über dem von europäischer Fichte. In Pflanzungen angebautes Holz ist im großen und ganzen ähnlich, allerdings hat es ein rascheres Wachstum erlebt und ist zudem von etwas gröberer Struktur.

TECHNISCHE EIGENSCHAFTEN   Die Scheinzypresse trocknet gut und fast ohne Verlust. Das trockene Holz zeigt ein hervorragendes Stehvermögen. Es ist ein für sein Gewicht festes Holz, das steif und stoßfest ist. Es läßt sich mit Hand- wie mit Maschinenwerkzeugen leicht und gut bearbeiten und nimmt eine ausgezeichnete Oberfläche an. Das Holz ist für seine Fäulnisbeständigkeit bekannt.

VERWENDUNG   Das attraktiv aussehende Holz bildet, da es geringes Gewicht, Festigkeit und Dauerhaftigkeit miteinander verbindet, ein beliebtes Material für den Schiff- und Bootsbau. Überdies wird es gern für Tischlerarbeiten im Innen- und Außenbau eingesetzt. Außerhalb der Vereinigten Staaten ist es jedoch nur selten zu sehen. Es findet Verwendung für Möbelrahmen und für Wäschetruhen, da es als mottenabweisend angesehen wird. Aus diesem Holz hergestellte Messer-, Schäl- und Sägefurniere dienten traditionell zur Anfertigung von Akkumulatorenbrettchen.

## YELLOW CEDAR
*Chamaecyparis nootkatensis*

(x10)

DER BAUM   Yellow cedar ist an der nordamerikanischen Pazifikküste von Alaska bis Süd-Oregon beheimatet. Der Baum hat im Vergleich zu anderen Bäumen dieser Region eine bescheidene Größe, er erreicht eine Höhe von 30 m und einen Schaftdurchmesser von bis zu 1 m.

DAS HOLZ   Yellow cedar ist hellgelb und geringfügig dunkler als Scheinzypresse. Frischgeschnittenes Holz verbreitet einen starken Geruch, der jedoch beim Trocknen weitgehend verschwindet; zurück bleibt schließlich ein schwacher, kartoffelähnlicher Geruch. Gewöhnlich handelt es sich um ein sehr langsam gewachsenes Holz mit einer feinen und gleichmäßigen Struktur sowie einem geraden Faserverlauf. Sein Gewicht entspricht etwa dem von Scheinzypresse und liegt nur ein weniges über dem Gewicht von Fichte.

TECHNISCHE EIGENSCHAFTEN   Yellow cedar trocknet gut und schwindet kaum. Das trockene Holz ist für sein Stehvermögen bekannt. Es weist eine mäßige Festigkeit auf: Yellow cedar ist steif für sein Gewicht und besitzt eine gute Stoßfestigkeit. Es läßt sich leicht und gut bearbeiten, und mit Hand- wie mit Maschinenwerkzeugen kann eine schöne Oberfläche erzielt werden. Wie Scheinzypresse ist es für seine Fäulnisbeständigkeit bekannt.

VERWENDUNG   Yellow cedar stellt ein attraktives und wertvolles Holz dar, das allerdings nicht in großem Umfang verfügbar ist. Kleine Mengen kommen vor allem aus British Columbia auf den Markt. Es weist viele Merkmale von Scheinzypresse auf und wird für ähnliche Zwecke verwendet, also im Bootsbau, für Tischlerarbeiten und im Möbelbau. Es eignet sich ausgezeichnet zur Verwendung im Freien. Zu den besonderen Einsatzgebieten zählen die Fertigung von Maschinenmodellen und Vermessungsstangen. Yellow cedar wird von jeher als eines der besten Hölzer für Akkumulatorenbrettchen angesehen.

## SUGI
*Cryptomeria japonica*

(x10)

DER BAUM   Sugi ist das bedeutendste wirtschaftlich genutzte Nadelholz Japans. Der raschwüchsige Baum erreicht eine Höhe von 40 m oder mehr und einen Schaftdurchmesser von 1 m. Er kommt in verschiedenen Gegenden Chinas und Japans vor und ist in anderen Teilen der Welt in großem Umfange angepflanzt worden.

DAS HOLZ   Sugi ist hellgelbbraun bis rötlichbraun, in kultivierten Bäumen gelegentlich fast rosarot. Holz aus Naturwäldern weist zwar deutliche Jahresringe auf, besitzt aber eine feine, gleichmäßige Struktur und verbreitet einen schwachen Geruch. Holz aus Pflanzungen ist gewöhnlich raschwüchsig, und solches junger Bäume hat eine ziemlich grobe Struktur. Das geradfaserige Sugi zählt zu den leichtesten wirtschaftlich genutzten Nadelhölzern. Sein Gewicht liegt nur geringfügig über dem von Western red cedar.

TECHNISCHE EIGENSCHAFTEN   Sugi trocknet gut und schnell; das trockene Holz ist für sein Stehvermögen bekannt. Es verfügt über eine geringe Festigkeit, ist erheblich weicher und hinsichtlich Biege-, Druck- und Stoßfestigkeit geringfügig schwächer als Western red cedar, aber etwas elastischer. Es läßt sich leicht bearbeiten und nimmt eine ausgezeichnete Oberfläche an, wenn die Schneidwerkzeuge scharf sind. Sugi gilt als mäßig dauerhaft, junges Pflanzungenholz ist aber wahrscheinlich weniger beständig.

VERWENDUNG   Trotz seines niedrigen Gewichts wird Sugi in Japan in großen Abmessungen als Konstruktionsholz eingesetzt und in kleineren Stücken für Balken, Sparren, Wandpfosten und Wohnungsfußböden verwendet. Es ist ein attraktives Tischlerholz und dient zur Herstellung von Vertäfelungen, Möbeln und Bootsbeplankungen. Außerdem findet es Verwendung für Böttcherwaren, Verpackungen, Lackarbeiten und Telegrafenmasten.

# Nadelhölzer

Zypresse

Alerce

## ZYPRESSE
*Cupressus* spp.

**DER BAUM** Echte Zypresse ist in Gebieten mit warmem, gemäßigtem Klima heimisch. Es ist nirgends weit verbreitet und die natürlichen Vorkommen sind gewöhnlich nur von untergeordneter wirtschaftlicher Bedeutung. Es wurde jedoch in vielen Gegenden angebaut, hauptsächlich in Ostafrika, aber auch in Südafrika, Neuseeland, Australien und in anderen Ländern. In günstigen Lagen wachsen die Bäume schnell und erreichen innerhalb von 25–30 Jahren eine Höhe von 20 m und einen Schaftdurchmesser von 60 cm. Das Holz der europäischen Zypresse besitzt nur regionale Bedeutung; größeres wirtschaftliches Interesse findet die Leyland-Zypresse, eine Kreuzung zwischen echter Zypresse und Yellow cedar.

**DAS HOLZ** Zypresse hat eine helle gelbbraune Farbe, eine feine Struktur und im allgemeinen geraden Faserverlauf. Holz, das in Pflanzungen angebaut wurde, ist häufig rasch gewachsen und ästig; es hat ein ziemlich geringes Gewicht, das etwa dem von europäischer Fichte entspricht. Es ist nicht harzig, verbreitet aber einen schwachen zedernartigen Geruch.

**TECHNISCHE EIGENSCHAFTEN** Zypresse trocknet schnell und gut. Es besitzt eine mäßige Festigkeit, die durchaus mit der von Fichte vergleichbar ist. Das Holz läßt sich leicht und mit gutem Ergebnis bearbeiten, bei Plantagenholz können allerdings gelegentlich Äste und das Reißen der danebenliegenden, ungerade verlaufenden Fasern Schwierigkeiten bereiten. Zypresse ist dauerhaft.

**VERWENDUNG** Holz aus Pflanzungen wird vorwiegend in den Herkunftsländern verarbeitet, hin und wieder kommen aber Lieferungen aus Ostafrika auf den Markt. Das Holz stammt von ziemlich jungen Bäumen, neigt deshalb zur Ästigkeit und wird für allgemeine Bauzwecke sowie für Kisten und Steigen verwendet. Ausgewähltes Holz eignet sich für Tischlerarbeiten, auch zur Verwendung im Freien.

(x10)

## ALERCE
*Fitzroya cupressoides*

**DER BAUM** Alerce ist das spanische Wort für Lärche; diesen Namen gaben die spanischen Eroberer einem Baum, der in einem begrenzten Gebiet in Mittel-Chile vorkommt und der in seinem Aussehen und seinem Holz eher Sequoia ähnelt als der Lärche. Wie Sequoia wächst er langsam und wird manchmal über 1000 Jahre alt, doch erreicht er nicht die Größe von Sequoia. Gewöhnlich wird er etwa 30 m hoch, manchmal auch bis zu 50 m.

**DAS HOLZ** Alerce hat eine bräunlichrote Färbung und im allgemeinen zahlreiche, sehr schmale Jahresringe, wodurch auf Tangentialschnittflächen eine reizvolle Fladerung entsteht. Das Holz ist geradfaserig und überwiegend astrein; in Aussehen, Struktur und Gewicht weist es große Ähnlichkeit mit altem Sequoia auf.

**TECHNISCHE EIGENSCHAFTEN** Alerce trocknet leicht und gut. Es ist kein festes Holz, infolge seiner feinen und gleichmäßigen Struktur läßt es sich aber mit Hand- wie mit Maschinenwerkzeugen gut bearbeiten, und es nimmt trotz seines geringen Gewichts eine schöne Oberfläche an. Es ist dauerhaft.

**VERWENDUNG** Alerce ist ein attraktives Holz, jedoch selten zu sehen. Es steht nur in begrenzter Menge zur Verfügung, da der Transport aus den oftmals abseits gelegenen Sumpfwäldern schwierig ist und da nur kurze Zeit im Jahr in den Wäldern gearbeitet werden kann. Alerce eignet sich für viele Zwecke, für die Sequoia verwendet wird, z. B. Tischlerarbeiten und leichte Konstruktionen, bei denen Dauerhaftigkeit verlangt wird. In Chile stellt Alerce ein wichtiges Bauholz dar, weil es infolge seiner außerordentlichen Geradfaserigkeit gespalten und zu Brettern und Dachschindeln verarbeitet werden kann. Es wird zur Anfertigung von Fässern und Musikinstrumenten verwendet, und schlankes Rundholz ergibt Pfosten und Masten.

(x10)

## BLEISTIFTZEDER
*Juniperus* spp.

**DER BAUM** Für die Bleistiftproduktion fand als erstes Zedernholz (oder besser Wacholderholz) das aus der östlichen Hälfte der Vereinigten Staaten stammende Amerikanische Bleistiftzeder Verwendung. Als die Bestände jedoch abnahmen, wurde ein anderes Bleistiftzedernholz eingeführt, das in den Bergregionen Ostafrikas wächst. Das ostafrikanische Holz stammt von einem Baum, der eine Höhe von 30 m erreicht und oftmals einen rissigen und kannelierten Schaft aufweist. Die amerikanische Art hat gewöhnlich etwas kleinere Bäume, die 12–15 m hoch werden.

**DAS HOLZ** Es ist rötlichbraun, fein strukturiert und nicht harzig, das Holz besitzt aber einen angenehmen, zedernartigen Geruch. Gewichtsmäßig nimmt es in der Gruppe der Nadelhölzer einen Mittelplatz ein; das afrikanische Holz ist geringfügig schwerer als das amerikanische.

**TECHNISCHE EIGENSCHAFTEN** Bleistiftzederholz trocknet langsam, und nur durch sorgfältiges Vorgehen lassen sich Verwerfen und Rißbildung vermeiden. Das trockene Holz ist stabil im Gebrauch. Es handelt sich nicht um ein festes Holz, allerdings ist das afrikanische Holz etwas fester als das amerikanische. Bleistiftzeder ist für seine außerordentliche Fäulnisbeständigkeit und seine ausgezeichneten Bearbeitungseigenschaften bekannt: Es läßt sich leicht und sauber schneiden, und durch entsprechende Bearbeitung kann eine sehr glatte Oberfläche erzielt werden.

**VERWENDUNG** Dieses Holz wird traditionell für die Bleistiftherstellung verwendet, da es sich vorzüglich schneiden läßt. Heutzutage steht Holz brauchbarer Qualität aber nur in geringen Mengen zur Verfügung. Vielfach dient geringwertiges Holz für Zwecke, bei denen es auf Dauerhaftigkeit ankommt, und in Amerika wird es gerne für Zaunpfähle benutzt. Außerdem findet es Verwendung in der Tischlerei und im Möbelbau, vor allem zur Auskleidung von Schränken, da es insektenabweisend sein soll.

## LÄRCHE
*Larix* spp.

**DER BAUM** In den nördlichen Gebieten Asiens und Nordamerikas ist Lärche weit verbreitet, in Mitteleuropa tritt sie stellenweise auf. Das natürliche Verbreitungsgebiet sowohl der Europäischen als auch der Japanischen Lärche ist klein, sie werden aber, wie auch die Hybriden, in vielen Gegenden angebaut. Lärchen nehmen unter den Nadelbäumen eine Sonderstellung ein, da sie ihre Nadeln im Herbst abwerfen. Die einzelnen Arten unterscheiden sich in der Größe: Einige erreichen Höhen von 40 m oder mehr und Stammdurchmesser von 1 m, andere sind kleiner. Eine amerikanische Lärche wird auch Tamarack genannt.

**DAS HOLZ** Lärche hat eine hell- bis mittelrotbraune Farbe, und die Jahresringe sind klar zu erkennen. Das Holz ist harzig, hat einen schwachen Geruch und kann zahlreiche, gewöhnlich kleine tote Äste aufweisen. Es gehört zu den dichteren Nadelhölzern, sein Gewicht liegt über dem der Kiefer.

**TECHNISCHE EIGENSCHAFTEN** Lärche trocknet ziemlich schnell, neigt aber zum Verwerfen; getrocknet ist das Holz stabil im Gebrauch. Es zählt zu den härtesten und zähesten wirtschaftlich genutzten Nadelhölzern; lediglich Pitch pine weist im allgemeinen eine größere Festigkeit auf. Es läßt sich leicht und mit gutem Ergebnis bearbeiten. Das Holz besitzt eine mäßige Fäulnisbeständigkeit.

**VERWENDUNG** Aufgrund seiner Festigkeit und mäßigen Dauerhaftigkeit ist Lärche ein brauchbares Holz für eine Verwendung im Freien. Es wird traditionell für Bootsbeplankungen eingesetzt und eignet sich hervorragend für Verschalungen. Als Schnittholz findet es ebenso Verwendung wie als Rundholz, schlanke Stämme werden jedoch zweckmäßigerweise mit einem Schutzmittel behandelt. Amerikanische Lärche wird zu Eisenbahnschwellen und Kisten verarbeitet und dient als Konstruktionsholz sowie als Material für die Zellstoffproduktion.

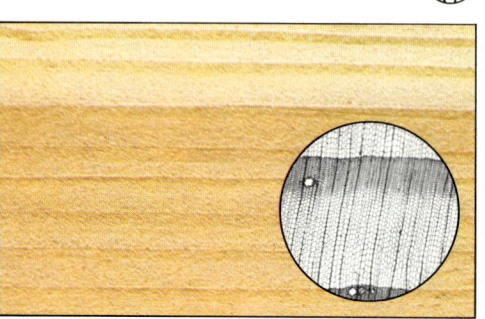

(x10)

Bleistiftzeder

Lärche

Fichte

Pitch pine

Radiatakiefer

Weymouthkiefer

## FICHTE
*Picea* spp.

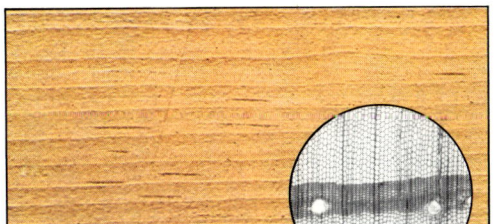

(x10)

**DER BAUM** Fichte ist nach Kiefer das am häufigsten verwendete Nadelholz. Es kommt überall in den Nadelwäldern der nördlichen Breiten vor und besitzt besondere Bedeutung in Nordamerika (Eastern Canadian spruce und Sitka) und Europa. Die Bäume haben unterschiedliche Größe; die im östlichen Amerika sind überwiegend klein, etwa 12–20 m hoch, während die im Westen anzutreffende Sitka eine Höhe von 50–60 m und einen Schaftdurchmesser von 1–2 m erreicht. Die Höhe der europäischen Fichte liegt bei 30 m oder darüber.

**DAS HOLZ** Fichte hat eine fast weiße Farbe, bei Sitka tritt gelegentlich eine rötliche Tönung auf. Das Holz ist für seinen starken natürlichen Glanz bekannt. Bei einem Vergleich mit dem zu den Rothölzern gehörenden Kiefer erweist sich Fichte als weniger harzig, seine Jahresringe sind nicht so klar zu erkennen, und das Gewicht liegt um etwa 10 Prozent unter dem von Kiefer.

**TECHNISCHE EIGENSCHAFTEN** Fichte trocknet gut und schnell. Insbesondere Sitka weist eine gute Festigkeit auf. Das Holz läßt sich leicht bearbeiten und nimmt eine schöne Oberfläche an. Es ist nicht fäulnisbeständig.

**VERWENDUNG** In Form von Schnittholz, Furnier oder Holzschliff wird Fichte für zahlreiche Zwecke verwendet. Wegen seiner hellen, weißen Farbe ist es der Welt wichtigster Rohstoff für die Zeitungspapierherstellung. Das Schnittholz dient für bauliche Zwecke – Balken, Sparren, Pfosten usw. – und für Tischlerarbeiten im Innenbau. Stangen werden gespalten und zu Leiterbäumen verarbeitet. Astreines Sitka besitzt für sein Gewicht eine hohe Festigkeit und wird für die Rahmen von Segelflugzeugen, im Bootsbau sowie für Ruder und Masten verwendet. Fehlerloses Fichtenholz verarbeitet man als Resonanzboden im Klavier und für die Decken von Violinen. Häufig dient es als Mittellage in Birken- und Douglasiensperrholz.

## PITCH PINE
*Pinus* spp.

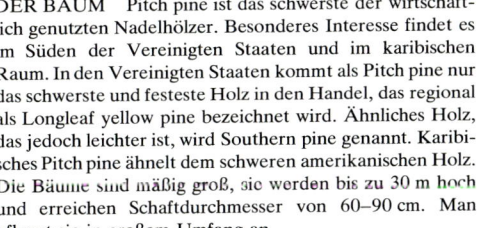

(x10)

**DER BAUM** Pitch pine ist das schwerste der wirtschaftlich genutzten Nadelhölzer. Besonderes Interesse findet es im Süden der Vereinigten Staaten und im karibischen Raum. In den Vereinigten Staaten kommt als Pitch pine nur das schwerste und festeste Holz in den Handel, das regional als Longleaf yellow pine bezeichnet wird. Ähnliches Holz, das jedoch leichter ist, wird Southern pine genannt. Karibisches Pitch pine ähnelt dem schweren amerikanischen Holz. Die Bäume sind mäßig groß, sie werden bis zu 30 m hoch und erreichen Schaftdurchmesser von 60–90 cm. Man pflanzt sie in großem Umfang an.

**DAS HOLZ** Pitch pine hat eine gelbbraune bis rotbraune Farbe und durch einen Streifen dichten Spätholzes deutlich abgesetzte Jahresringe. Oftmals ist es außerordentlich harzig. Das Gewicht von Pitch pine liegt um etwa 40 Prozent über dem von Kiefer.

**TECHNISCHE EIGENSCHAFTEN** Das Holz trocknet langsam und neigt etwas zum Reißen. Echtes Pitch pine ist für seine Festigkeit bekannt, da es Härte, Steifigkeit und gute Stoßfestigkeit miteinander verbindet. Die Bearbeitung erweist sich als ziemlich schwierig, und die Schneiden können leicht verharzen. Das Holz gilt als mäßig dauerhaft.

**VERWENDUNG** Im 19. Jahrhundert besaß Pitch pine große wirtschaftliche Bedeutung, als es in Industriebauten, für Kirchengestühl, Schultische und Fußböden verwendet wurde; heutzutage steht es nicht mehr in so großen Mengen zur Verfügung. Es wird vor allem als schweres Konstruktionsholz – für Pfahlwerk, im Dock- und Brückenbau – sowie im Schiffbau und zur Herstellung von Chemikalienfässern eingesetzt. In Amerika stellt man einen großen Teil des Sperrholzes aus Southern pine her, und auch für die Zellstoffproduktion ist dieses Holz ein wichtiger Rohstoff. Geringerwertiges Holz wird für allgemeine bauliche Zwecke verwendet.

## RADIATAKIEFER
*Pinus radiata*

(x10)

**DER BAUM** Das natürliche Verbreitungsgebiet von Radiatakiefer ist zwar auf Kalifornien und die Insel Guadalupe vor der Küste Nieder-Kaliforniens beschränkt, doch besitzt das Holz eine besondere Bedeutung als das am häufigsten kultivierte Nadelholz. Es wurde in zahlreichen Ländern mit warmem, gemäßigtem Klima angebaut, und in den Nadelwäldern Neuseelands, Australiens, Chiles und – in geringerem Umfang – Südafrikas herrscht Radiatakiefer vor. Aus Neuseeland wird das Holz sogar schon exportiert. An günstigen Standorten wachsen die angepflanzten Bäume rasch; sie erreichen innerhalb von 20 Jahren eine Höhe von 30 m und einen Schaftdurchmesser von 50 cm.

**DAS HOLZ** Das Kernholz von Radiatakiefer ist rötlichbraun, allerdings ist der Anteil hellen Splintholzes in raschgewachsenen jungen Bäumen sehr groß. Jahresringe sind vorhanden, treten aber nicht deutlich hervor; das Holz weist eine gleichmäßige Struktur auf, ist allerdings oftmals ästig.

Sein Gewicht ist nicht einheitlich, im Durchschnitt entspricht es jedoch etwa dem der europäischen Kiefer.

**TECHNISCHE EIGENSCHAFTEN** Das Holz trocknet schnell und gut und ist stabil im Gebrauch. Radiatakiefer stellt ein für sein Gewicht festes Holz dar. Es läßt sich gut bearbeiten, ist allerdings nicht dauerhaft.

**VERWENDUNG** Die Verwendung von Radiatakiefer nimmt schnell zu, da immer mehr Pflanzungen die Schlagreife erreichen. In Australien, Neuseeland und andernorts ersetzt es importierte Nadelhölzer im Hausbau und für andere Konstruktionszwecke, als Fußboden und in Verkleidungen. Außerdem wird es für Kisten und Steigen sowie für Bürsten- und Besenstiele verwendet, und qualitativ besseres Holz wird im Möbelbau eingesetzt. Aus Schälfurnieren stellt man Sperrholz her, und daneben findet das Holz in der Spanplatten- und Faserplattenproduktion Verwendung. Es ist ein wichtiges Zellstoffholz.

## WEYMOUTHKIEFER
*Pinus strobus*

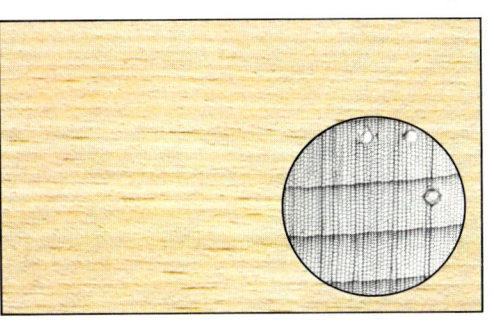

(x10)

**DER BAUM** Weymouthkiefer (oder Strobe) gehört zu den weichen Kiefernhölzern, einer Gruppierung von Arten mit leichtem Holz. Außerdem zählen zu den weichen Kiefernhölzern mit wirtschaftlicher Bedeutung die amerikanischen Arten Western white pine und Sugar pine sowie das sibirische Yellow pine. Weymouthkiefer stammt von einem Baum mittlerer Größe, er wird bis zu 30 m hoch und hat einen Schaftdurchmesser von 60–90 cm. Sein natürliches Verbreitungsgebiet erstreckt sich auf die östlichen Landesteile von Kanada und den Vereinigten Staaten. Gelegentlich ist er auch andernorts anzutreffen, doch kann er infolge seiner Pilzanfälligkeit nur bedingt angepflanzt werden.

**DAS HOLZ** Es hat eine blaßgelbe bis hellbraune Farbe, manchmal mit einem leichten Stich ins Rötliche. Jahresringe sind zwar vorhanden, jedoch wenig ausgeprägt; das Holz ist für seine feine, gleichmäßige Struktur und den geraden Faserverlauf bekannt. Es ist ein leichtes Holz, das Gewicht liegt um rund 20 Prozent unter dem von Gemeiner Kiefer. Ähnliches gilt für die anderen weichen Kiefernhölzer.

**TECHNISCHE EIGENSCHAFTEN** Weymouthkiefer trocknet schnell und gut; das geringe Schwinden bei der Trocknung wie auch die Stabilität im Gebrauch sind bekannt. Es ist nicht sehr fest, läßt sich aber sehr leicht bearbeiten und nimmt eine ausgezeichnete Oberfläche an. Es ist nicht fäulnisbeständig.

**VERWENDUNG** Qualitativ gutes Weymouthkiefernholz erzielt einen sehr hohen Preis und wird vor allem als Material für Maschinenmodelle sehr geschätzt, da feinste Details herausgearbeitet werden können und das Holz ein bemerkenswertes Stehvermögen besitzt. Ferner verwendet man Weymouthkiefer für Tischlerarbeiten, Vertäfelungen, im Orgelbau, für Zeichenbretter, hölzerne Rollen sowie im Schiff- und Bootsbau. In Amerika wird geringerwertiges Holz im Behälterbau und für Verpackungen eingesetzt.

# Nadelhölzer

Kiefer

Podocarpus

## KIEFER
*Pinus sylvestris*

**DER BAUM** Gemeine Kiefer, auch als Weißkiefer bekannt, ist wahrscheinlich das am häufigsten verwendete Nutzholz. Es kommt in fast ganz Mitteleuropa und Zentralasien vor und wird in großen Mengen aus Schweden, Finnland, Polen und der Sowjetunion in den Handel gebracht. Das Holz stammt von einem Baum bescheidener Größe, der eine Höhe von 20–30 m und einen Schaftdurchmesser von 60 cm und gelegentlich mehr erreicht. Ähnliche Hölzer sind Schwarzkiefer und Korsikakiefer aus Südeuropa, das japanische Akamatsu und Amerikanische Rotkiefer.

**DAS HOLZ** Kiefer besitzt rötlichbraunes Kernholz. Die Jahresringe zeichnen sich deutlich ab, doch weist das Holz in seiner Beschaffenheit große Unterschiede auf: vom feinstrukturierten, langsam gewachsenen Holz aus dem Norden der Sowjetunion bis zum rascher gewachsenen, dichteren Holz aus Südschweden und anderen Gebieten Europas. Kiefer ist schwach harzig und mehr oder weniger ästig. Für

*(x10)*

ein Nadelholz ist es mittelschwer, im Vergleich zu Laubhölzern wie Eiche und Buche allerdings leicht.

**TECHNISCHE EIGENSCHAFTEN** Das Holz trocknet leicht und gut und ist stabil im Gebrauch. Gemessen an seinem Gewicht besitzt es gute Festigkeit. Es läßt sich gut bearbeiten und nimmt eine schöne Oberfläche an, ist aber nicht fäulnisbeständig.

**VERWENDUNG** Kiefer sortiert man nach Verwendungszwecken: Das bessere Holz wird in der Tischlerei und – in begrenztem Maße – im Möbelbau verwendet, die Durchschnittsware dient als Konstruktionsholz, vor allem im Wohnungsbau, sowie zur Fertigung von Kisten und Steigen. Nach einer Schutzmittelbehandlung wird das Holz für Eisenbahnschwellen und Telegrafen- sowie Stromleitungsmasten eingesetzt. Es ist ein wichtiger Rohstoff für die Papierproduktion und wird in zunehmendem Maße in der Sperrholzindustrie verwendet.

## PODOCARPUS
*Podocarpus* spp.

**DER BAUM** Die Arten der Gattung *Podocarpus* sind in der südlichen Hemisphäre und in den wärmeren Regionen der nördlichen Halbkugel in Mittelamerika, Ostafrika und Asien verbreitet. Für ihre Hölzer gibt es keinen Sammelnamen, statt dessen sind sie unter verschiedenen, ihre Herkunft andeutenden Bezeichnungen bekannt, z. B. Manio aus Chile, Podo aus Ostafrika, Yellowwood und Cypress aus Teilen von Mittelamerika, Yellowwood aus Südafrika. In Neuseeland sind die Arten unterschiedlich benannt: Miro, Matai, Totara, Kahikatea. Die Bäume erreichen Höhen von 30 m und manchmal mehr.

**DAS HOLZ** Die *Podocarpus*-Hölzer sind größtenteils hellfarben, gelb bis gelbbraun. Einige neuseeländische Hölzer haben allerdings eine dunklere, fast rötlichbraune Färbung. Jahresringe sind nicht vorhanden oder so schwach entwickelt, so daß das merkmalsarme Holz eine sehr feine und gleichmäßige Struktur aufweist. Die einzelnen Hölzer

*(x10)*

unterscheiden sich im Gewicht; die Skala reicht von etwa so schwer wie Fichte bis rund 20 Prozent schwerer als Kiefer.

**TECHNISCHE EIGENSCHAFTEN** Im allgemeinen trocknen die Hölzer gut, doch einige neigen zum Reißen. Sie sind mäßig fest, aber nicht selten spröde. Sie lassen sich leicht und gut bearbeiten und liefern eine sehr glatte Oberfläche. Ihre Dauerhaftigkeit ist unterschiedlich: Podo und Kahikatea sind nicht beständig, Totara ist dagegen sehr dauerhaft.

**VERWENDUNG** *Podocarpus*-Hölzer werden vorwiegend in ihren Herkunftsländern verwendet, und zwar für Rahmen, Wetterschenkel, Fußböden und sonstige bauliche Zwecke. Totara ist für seine Widerstandsfähigkeit gegen Bohrmuscheln bekannt und wird im Dock-, Kai- und Schiffbau eingesetzt. Überdies verarbeitet man es zu Fässern für Chemikalien.

## DOUGLASIE
*Pseudotsuga menziesii*

**DER BAUM** Douglasie ist eines der besten Nadelhölzer der Erde; es wird auch als Oregon pine bezeichnet, obwohl es botanisch nicht zur Gattung *Pinus* gehört. Es stammt von herrlichen Bäumen, die in British Columbia und an der Pazifikküste der Vereinigten Staaten vorkommen, gewöhnlich 50–60 m, vereinzelt auch 90 m hoch werden und lange, gerade Schäfte von 1–2 m Durchmesser – manchmal auch mehr – besitzen. Douglasie ist in zahlreichen Ländern mit gemäßigtem Klima angebaut worden.

**DAS HOLZ** Es hat eine hell- bis mittelrotbraune Farbe und eine deutliche Jahresringzeichnung, vor allem auf durch Tangentialschnitte oder Rundschälen entstandenen Oberflächen. Im allgemeinen ist das Holz geradfaserig, oftmals etwas harzig und für ein Nadelholz mittelschwer. Sein Gewicht liegt geringfügig über dem von Gemeiner Kiefer.

**TECHNISCHE EIGENSCHAFTEN** Douglasie trocknet schnell und gut, ist für seine Festigkeit bekannt und läßt sich

*(x10)*

mit Hand- wie mit Maschinenwerkzeugen leicht bearbeiten. Es ist mäßig fäulnisbeständig.

**VERWENDUNG** Im Westen Nordamerikas ist Douglasie das wichtigste Holz für bauliche Zwecke. Es steht in sehr großen Abmessungen zur Verfügung, wenn diese auch immer schwieriger zu bekommen sind, und wird zugerichtet in Pfahlwerk und im Pier-, Dock- und Hafenbau verwendet. Im Hausbau setzt man es für Dachsparren und Brettschichtträger ein. Überdies findet es in der Tischlerei Verwendung und stellt ein wichtiges Material für Eisenbahnschwellen und Chemikalienfässer und -behälter dar. Das Holz wird zu Fußböden und Belägen verarbeitet. Allerdings sollte es für diese Zwecke radial geschnitten sein, damit die Splittergefahr auf ein Minimum beschränkt wird. Douglasie ist der Welt wichtigster Rohstoff für Sperrholz, dieses wird hauptsächlich im Bauwesen verwendet.

## SEQUOIA
*Sequoia sempervirens*

**DER BAUM** Sequoia ist ein amerikanisches Holz von einem der größten Bäume der Welt. Er erreicht Höhen von 90 m und mehr und Schaftdurchmesser von 3 m, findet sich allerdings nur in den Küstengegenden Kaliforniens. Das Holz wird in Amerika als »redwood« bezeichnet und auch unter diesem Namen gehandelt; dies kann zu Verwechslungen mit Kiefer führen, die im angelsächsischen Sprachraum »European redwood« heißt. Die engverwandte Riesensequoie, auch Mammutbaum oder Wellingtonia genannt, erreicht ein hohes Alter und eine enorme Größe. Die wenigen erhaltenen Bestände dieses ebenfalls in Kalifornien beheimateten Baumes stehen jetzt unter Naturschutz.

**DAS HOLZ** Es ist mittel- bis tiefrotbraun, geradfaserig und nicht harzig. Obwohl es vielfach langsam gewachsen ist, besitzt es eine deutliche Jahresringzeichnung. Das Holz ist leicht, sein Gewicht liegt um etwa 20 Prozent unter dem von Kiefer.

*(x10)*

**TECHNISCHE EIGENSCHAFTEN** Sequoia trocknet gut und ist danach stabil im Gebrauch. Obwohl es leicht ist, erweist sich langsamgewachsenes Holz als hart und mäßig fest. Es läßt sich leicht bearbeiten und nimmt eine ausgezeichnete Oberfläche an, sofern die Werkzeuge zur Verarbeitung scharf genug sind. Das Holz ist für seine Fäulnisbeständigkeit bekannt.

**VERWENDUNG** Dem Handel steht Sequoia nur in begrenztem Umfang zur Verfügung, es ist aber in großen Abmessungen und als im wesentlichen astreines Holz erhältlich. Es eignet sich hervorragend für Fenster, Türen und andere Tischlerarbeiten und wird für Fässer, Behälter und Silos sowie für die Lattengerüste in Kühltürmen verwendet. Wegen seines geringen Gewichts ist es nicht für schwere Konstruktionen geeignet, kommt aber in landwirtschaftlichen Gebäuden, Gewächshäusern, Gartenmöbeln und Verschalungen zum Einsatz.

Douglasie

Sequoia

Zweizeilige Sumpfzypresse

Eibe

Western red cedar

Hemlock

## ZWEIZEILIGE SUMPFZYPRESSE
*Taxodium distichum*

(x10)

**DER BAUM** Die Zweizeilige Sumpfzypresse oder Virginische Sumpfzeder ist in den Sümpfen und Niederungen im Südosten der Vereinigten Staaten beheimatet. Der Baum erreicht eine Höhe von 30 m oder mehr und kann sehr alt werden (bis zu 1000 Jahre). Bemerkenswert an diesem Baum ist, daß er, wie nur wenige andere Nadelbäume, im Herbst seine Nadeln abwirft. In Ländern mit gemäßigtem Klima wird er vielfach in Parkanlagen an See- und Flußufern angepflanzt.

**DAS HOLZ** Zweizeilige Sumpfzypresse ist insofern ein ungewöhnliches Holz, als es unterschiedliche Färbungen von hellgelbbraun bis dunkelrotbraun und tiefschokoladenbraun aufweist. Es verfügt über geraden Faserverlauf und, trotz oft langsamen Wachstums, über klar abgesetzte Jahresringe, die eine deutliche Maserung hervorrufen. Das Holz ist nicht harzig, fühlt sich aber etwas wachsig an und riecht leicht ranzig. Für ein Nadelholz ist es mittelschwer.

**TECHNISCHE EIGENSCHAFTEN** Das Holz trocknet gut, wenn auch langsam. In seinen Festigkeitseigenschaften unterscheidet es sich kaum von Kiefer. Es läßt sich leicht bearbeiten, und mit scharfen Werkzeugen kann eine schöne Oberfläche erzielt werden. Das Holz ist für seine Dauerhaftigkeit bekannt.

**VERWENDUNG** Früher wurde Zweizeilige Sumpfzypresse in gewissem Umfang exportiert, doch heutzutage wird es größtenteils in den Vereinigten Staaten verwendet. Es stellt dort ein wertvolles Konstruktionsholz dar, wo Fäulnisbeständigkeit verlangt wird, z. B. im Dock- und Brückenbau sowie beim Bau von Lagerhäusern und Fabrikanlagen. Es ist ein feines Tischlerholz, das im Innen- wie im Außenbau eingesetzt werden kann, und wird als das beste Material für Chemikalienfässer und -behälter angesehen. Außerdem findet es Verwendung für Böttcherwaren, im Schiff- und Bootsbau, für Eisenbahnschwellen und für Dachschindeln.

## EIBE
*Taxus baccata*

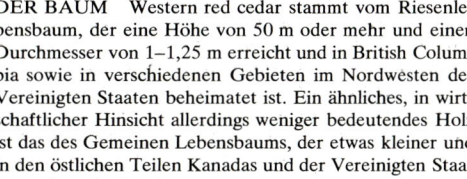

(x10)

**DER BAUM** Eibe ist in West- und Mitteleuropa heimisch und auch in Teilen Westasiens und Nordafrikas anzutreffen. Der Baum ist zwar allgemein bekannt, doch sein Holz besitzt nur eine untergeordnete wirtschaftliche Bedeutung, da Eibe nirgends sehr häufig ist; überdies erreicht der Baum mit einer Höhe von 10–20 m lediglich eine bescheidene Größe, und oftmals ist der Schaft kurz und spannrückig.

**DAS HOLZ** Das hübsche Eibenholz ist beim ersten Einschnitt rot, nimmt aber nach einiger Zeit an Licht und Luft eine braune Färbung an. Jahresringe sind zwar vorhanden, treten aber nicht deutlich hervor; das ist oftmals auf das außerordentlich langsame Wachstum zurückzuführen. Eibe weist eine sehr feine und gleichmäßige Struktur auf, und des öfteren trägt unregelmäßiger Faserverlauf zum dekorativen Aussehen des Holzes bei. Eibe gehört zu den schwersten Nadelhölzern, sein Gewicht entspricht etwa dem von Pitch pine.

**TECHNISCHE EIGENSCHAFTEN** Eibenholz trocknet ziemlich schnell und gut; es ist fest, beinahe so hart wie Eiche, und seine Elastizität und Rißfestigkeit sind bekannt. Es läßt sich gut bearbeiten, doch muß bei Holz mit unregelmäßigem Faserverlauf die Endbearbeitung sorgfältig ausgeführt werden. Eibe eignet sich gut zum Drechseln und gehört zu den wenigen Nadelhölzern, die unter Dampf gebogen werden können. Es ist dauerhaft.

**VERWENDUNG** Am bekanntesten ist vielleicht die Verwendung von Eibe für Bogen; vor allem die Langbogen des Mittelalters waren aus diesem Holz hergestellt. Eibe ist ein schönes Möbelholz, wird allerdings vorwiegend in Handwerksbetrieben verarbeitet. Außerdem verwendet man es traditionell für gebogene Teile von Stühlen. Es liefert Messerfurniere für Vertäfelungen, und kleine Stücke dienen als Drechselholz. Auch eignet es sich hervorragend für Zäune und Torpfosten.

## WESTERN RED CEDAR
*Thuja plicata*

**DER BAUM** Western red cedar stammt vom Riesenlebensbaum, der eine Höhe von 50 m oder mehr und einen Durchmesser von 1–1,25 m erreicht und in British Columbia sowie in verschiedenen Gebieten im Nordwesten der Vereinigten Staaten beheimatet ist. Ein ähnliches, in wirtschaftlicher Hinsicht allerdings weniger bedeutendes Holz ist das des Gemeinen Lebensbaums, der etwas kleiner und in den östlichen Teilen Kanadas und der Vereinigten Staaten weit verbreitet ist.

**DAS HOLZ** In der Farbe variiert Western red cedar von hellrötlichbraun bis dunkelbraun. Es ist nicht harzig, besitzt aber einen schwachen scharfen Geruch. Gewöhnlich weist es geraden Faserverlauf und eine deutliche Jahresringzeichnung auf. Von den allgemein gehandelten Nadelhölzern ist es das leichteste; Western red cedar ist um etwa 25 Prozent und Gemeiner Lebensbaum um 35 Prozent leichter als Kiefer.

**TECHNISCHE EIGENSCHAFTEN** In dünnen Brettern trocknet Western red cedar schnell und gut. Bei stärkerem Trocknungsgut können Schwierigkeiten auftreten, da das Holz zu Zelleinbrüchen neigt. Das trockene Holz ist stabil im Gebrauch. Dieses weiche, leichte Holz mit entsprechend niedriger Festigkeit läßt sich ohne weiteres bearbeiten und nimmt eine schöne Oberfläche an, sofern die Werkzeuge scharf sind. Es ist dauerhaft.

**VERWENDUNG** Western red cedar zählt zu den dauerhaftesten Nadelhölzern, die in großen Mengen zur Verfügung stehen. Da es jedoch leicht ist, eignet es sich nur für solche Zwecke, bei denen es weniger auf die Tragfähigkeit ankommt. Es wird sehr oft zu Wandverkleidungen und Wetterschenkeln verarbeitet und ist ein beliebtes Material für Garten- und Gewächshäuser. Vor allem in Amerika verwendet man es für Dachschindeln, und geringerwertiges Holz wird in Amerika für Pfosten und Pfahlwerk eingesetzt.

## HEMLOCK
*Tsuga* spp.

**DER BAUM** Hemlock ist in Ostasien beheimatet, das Handelsholz kommt allerdings ausschließlich aus Nordamerika. Das Verbreitungsgebiet von Western hemlock erstreckt sich von Süd-Alaska bis Oregon, eine besondere Bedeutung besitzt dieses Holz in British Columbia. Es stammt von einem großen Baum von 50–60 m Höhe. Eastern hemlock ist ein weniger attraktives Holz, das wirtschaftlich eine erheblich geringere Bedeutung hat. Es stammt von einem kleineren Baum, der im Osten der Vereinigten Staaten und in den angrenzenden Gebieten Kanadas verbreitet ist.

**DAS HOLZ** Western hemlock ist ein weißes Holz, wenn auch nicht ganz so blaß wie Fichte, da es eine bräunliche Tönung und gelegentlich graue Striche aufweist. Es ist nicht harzig und zeigt einen geraden Faserverlauf sowie deutlich abgesetzte Jahresringe. Es besitzt ein für ein Nadelholz mittleres Gewicht. Eastern hemlock ist ähnlich, allerdings grober strukturiert und etwas leichter.

**TECHNISCHE EIGENSCHAFTEN** Hemlock trocknet ziemlich langsam, doch das trockene Holz verfügt über ein mäßiges Stehvermögen. Das Holz hat nicht die Festigkeit von Douglasie, ist aber fester als Fichte. Hemlock läßt sich leicht bearbeiten und liefert eine schöne Oberfläche. Keine der beiden Holzarten ist fäulnisbeständig.

**VERWENDUNG** Western hemlock ist ein wichtiges Handelsholz, das in viele Teile der Welt verschifft wird. Es wird in zunehmendem Maße anstelle von Douglasie für bauliche Zwecke verwendet, vor allem im Wohnungsbau für Balken, Sparren, Wandpfosten usw. Es dient zur Herstellung von Kisten, Steigen und Paletten, und aus sauberen Stücken werden Leiterbäume angefertigt. Überdies liefert Western hemlock Sperrholz und Zellstoff. Eastern hemlock wird gewöhnlich im Ursprungsland verarbeitet, hauptsächlich zu Schnittholz und Zellstoff.

# Register

# Register

# Register

# Register

# Danksagungen

Sehr viele Personen, Institutionen und Organisationen haben bei der Vorbereitung dieses Buches helfend und beratend mitgewirkt. Ihnen allen dankt der Verlag für ihre wertvollen Beiträge, vor allem:
Dem Direktor und den Mitarbeitern des Building Research Establishment, Princes Risborough Laboratory, insbesondere Mr. R. Brodie, Mr. D. C. Bedding (Applications and Services) Mrs. C. Abbot, Mrs. A. Cooper, Miss F. B. Tillott (Library) Mrs. A. Miles (Properties of Materials) Mr. W. B. Banks (Operations and Services) Mr. R. Cockcroft (Preservation) Mr. J. G. Savory, Mrs. S. J. Read (Bio-deterioration); dem Direktor, Konservator und den Mitarbeitern der Forestry Commission, Alice Holt Research Station, insbesondere Mr. R. J. Power, Mr. R. Gladman, Mr. J. Wood, Mr. R. Herring, Mr. T. Anderson, Mr. N. Blatchford; dem Direktor, Bibliothekar und den Mitarbeitern der Library of the Royal Botanic Gardens, Kew; dem Direktor und den Mitarbeitern des London College of Furniture, insbesondere Mr. P. Shirtcliffe, Miss P. Nasmyth, Mr. T. Wicking (Dept. of Musical Instruments) Mr. A. Smith; Mr. G. C. Cheeke, American Forestry Institute, Washington, DC; The American Library, University of London; Mrs. K. Bond (Kurator) Mrs. S. Ford, American Museum in Britain, Bath; Mr. R. F. Anderson (Manager, Special Services) American Plywood Association; Mr. K. S. Rolston (Executive Vice-President) American Pulpwood Association; dem Bibliothekar der Ancient Egypt Exploration Society, London; dem Institute of Archaeology, London; Miss E. M. Aslin (Kustos) Bethnal Green Museum, London; Miss C. Lattar (stellvertr. Kustos) Birmingham Museum and Art Gallery; British Antarctic Survey; Mr. D. W. Macklin (Pressereferent) Council of Forest Industries of British Columbia; Mr. R. D. Barnsdale (Geschäftsführer) British Longbow Society; Mr. B. Hutchinson (Horological Students' Room) British Museum, London; Mr. W. A. Oddy, British Museum Research Laboratory; dem Photographic Dept und den Bibliothekaren (Botany Library) British Museum (Natural History); Herrn Prof. Dr. D. Noack, Bundesforschungsanstalt für Forst- und Holzwirtschaft, Hamburg; California Academy of Sciences, San Francisco; California Redwood Association; Cambridge Botanic Gardens; Commonwealth Forestry Institute, Oxford; Mr. N. Meeus, Conservatoire Royale de Musique, Brüssel; Council for Small Industries in Rural Areas, London; Miss J. Collin, Courtauld Institute of Art, London; Crafts Advisory Committee, London; Design Centre, London; Mr. J. Offerd (Kurator) Dodington Carriage Museum, Bristol; den Botschaften, Fremdenverkehrsbüros und Instituten folgender Länder: Ägypten, Bundesrepublik Deutschland, Frankreich, Italien, Japan, Kanada, Rumänien, Türkei, USA und UdSSR; dem Direktor und den Mitarbeitern des Museum of English Rural Life, Reading; Mr. L. Collins, Dept. of Environment, London; Institute of Geological Sciences, London; Mr. I. Sparkes (Kurator) High Wycombe Museum; Historical Monuments Records Office, London; Mr. A. G. Wilkinson (Kurator) Henry Moore Museum, Art Gallery of Ontario, Toronto; Mr. D. M. Boston (Kurator) and staff, Horniman Museum, London; Kon-Tiki Museet, Oslo; London Library; London School of Oriental and African Studies; dem Direktor, den Mitarbeitern und Bibliothekaren des Museum of Mankind, London; National Maritime Museum, London, insbesondere Mrs. Etherington; Mr. N. Dugano, Mr. D. Maidment, Mr. D. Sommerin, National Motor Museum, Beaulieu; Mr. C. R. Morschcauser (Technical Director) National Particle Board Association, Maryland; National Trust, London, und Mr. T. Graham (Housekeeper) Audley End House; Mr. J. M. Stikvoort (Pressereferent) Het Nederlands Openluft Museum, Arnhem; Norsk Folkemuseum, Oslo; Mr. J. Scott Taggart, Paper Industries Research Association, Leatherhead; dem Kurator und den Mitarbeitern des Pitt-Rivers Museum, Oxford; dem Bibliothekar der Royal Aeronautical Society, London; Royal Botanic Gardens, Kandy; den Bibliothekaren des Royal Institute of British Architects; Mr. B. W. Bathe (Ships) Miss S. Snowden (Transport) den Bibliothekaren und Mitarbeitern des Science Museum, London; dem Direktor des Schwarzwälder Freilichtmuseums Vogtbauernhof, Wolfach-Gutach; Miss C. E. Stephens (Museum Technician) Miss C. Forsyth (Photo Services) Smithsonian Institution, Washington DC; dem Direktor und den Mitarbeitern der Timber Research and Development Association, High Wycombe, insbesondere Dr. O. P. Hansom, Mrs. D. Bedding, Mr. R. Allcorn; Ministry of Trade and Agriculture, Saint Vincent, Westindien; Institut für Tropenforstwirtschaft, Puerto Rico; dem Direktor und den Bibliothekaren des Tropical Products Institute, London; Dept. of Wood Science and Technology, University of the Philippines, Laguna; dem Direktor, den Bibliothekaren und Mitarbeitern des Victoria and Albert Museum, London; Herrn F. Birkebaek, Vikingeskibshallen, Roskilde; dem Direktor, den Mitarbeitern und Miss H. Jackson, Weald and Downland Museum, Singleton; Mr. J. L. Blackwood (Executive Director) Western Forestry Center, Oregon; Mr. P. M. King (Director, Public Affairs) Western Wood Products Association, Washington DC; Mr. D. J. Bryden (Kurator) Whipple Science Museum, Cambridge; Mr. C. Jagger (Geschäftsführer) Worshipful Company of Clockmakers; Mr. H. C. Leslie (Public Information Specialist) US Dept. of Agriculture Forest Service; Mr. F. Davis und Abbey Pattern Works Ltd; dem Lehrkörper der American School in London; Prof. S. Kapoor und Anthropos Gallery; Mr. K. E. Davis, Mr. S. Swift und Antique Restorers Ltd.; Mr. B. Arnold; Mr. M. Biddle; dem Wirt der Boat Inn, Stoke Bruerne; Bluthner Pianos Ltd.; Broadwood and Sons Ltd; Mr. M. Binnings; Mr. G. Hill, Mr. G. Corser und Courtaulds Ltd.; Mr. A. J. Robards und Coutts & Co; Mr. T. Crispin; Mr. D. B. und Miss L. Ercolani und Ercol Furniture Ltd.; Mr. und Mrs. A. Galliers-Pratt; Mr. R. Goodearl; Mr. B. Moser, Mr. A. Singer und Granada Television Ltd.; Rev. J. L. St. C. Garrington (Vikar) Greensted Church; Mrs. G. Hale; Mr. R. Hamilton; dem Pressereferenten des Hotel d'Hane Steenhuse; Hardy Bros. Ltd.; Mr. M. Harris; Mr. L. Hill; Mr. A. Hornak; Mr. M. Lee und JCB Sales Ltd.; Mr. J. Jones; Malden Antiques Ltd.; Cmdr. J. E. G. McKee; Mercedes Benz AG; Mitchell Proctor & Associates; Mr. K. Potter; Mr. C. Pierson, Mr. A. Preston, Mr. A. Redfern, Mr. V. Stockton und Price and Pierce (World Pulp) Ltd.; Mr. J. Robins; dem Vikar der St. Wendreda's Church, March; F. R. Shadbolt and Son Ltd; Miss R. Sheradski; Skimaster Ltd; Miss J. Foster und Slazengers Ltd; Mr. W. Souter und WA Souter Ltd; Mr. D. Stamp; Stuart Surridge & Co. Ltd.; Mr. J. Swigoniak; Mr. F. van Doorninck; Mr. D. Wason; Mr. A. Whateley; Wiggins Teape Ltd.; Mr. Hall (Bursar) Winchester School; dem Dekan und Domkapitel der Worcester Cathedral.
Unser besonderer Dank gilt: Mr. Nicholas Cooper; Mr. David Cutler vom Jodrell Laboratory, Royal Botanic Gardens, Kew; Miss Georgina Fuller; Mr. Roy King; Mr. John Makepeace; Mr. Henry Moore; Mr. Norman Place; Colonel Humphrey Quill; Mr. John L. Rawlings; Mr. Ronnie Rustin; Mr. Noel Taylor; und den folgenden Angehörigen der International Paper Company in New York, Washington DC und Longview, Washington: Doug Bartels; Curt R. Copenhagen; Arthur D'Arazien; Steven A. Mowe; Thomas H. Mutchler; Peter Quatz; Milton Wooley. Ebenfalls zu Dank verpflichtet sind wir Toni und Peter Schwed bei Simon and Schuster, New York.

# Quellennachweis der Abbildungen